Reihe
Innovative Psychotherapie und Humanwissenschaften
Band 55
Herausgegeben von
Hilarion Petzold

Hilarion G. Petzold (Hrsg.)

Frühe Schädigungen – späte Folgen?

Psychotherapie & Babyforschung – Bd. 1
Die Herausforderung der Längsschnittforschung

Junfermann Verlag • Paderborn
1993

© Junfermannsche Verlagsbuchhandlung, Paderborn 1993
Fotos auf Front-Cover: Stefan Blume

Alle Rechte, insbesondere das der Übersetzung in fremde Sprachen, vorbehalten.

Nachdruck oder Vervielfältigung des Buches oder von Teilen daraus nur mit ausdrücklicher Genehmigung des Verlages.

Satz: adrupa Paderborn
Druck: PDC – Paderborner Druck Centrum

CIP-Titelaufnahme der Deutschen Bibliothek
Frühe Schädigungen – späte Folgen?: Psychotherapie und Babyforschung, Bd 1. Die Herausforderung der Längsschnittforschung/ Hilarion G. Petzold (Hrsg.). – Paderborn: Junfermann, 1993.
  (Reihe Innovative Psychotherapie und Humanwissenschaften, Bd. 55)
  ISBN 3-87387-092-4
NE: GT

ISBN 3-87387-092-4

Inhaltsverzeichnis

Vorwort von Prof. Dr. Hans Strotzka   7

Einführung   9

**Entwicklungsforschung in longitudinaler Perspektive
– Herausforderungen an die Psychotherapie**

Michael Rutter, Wege von der Kindheit zum Erwachsenenalter 23

Cécile Ernst, Sind Säuglinge psychisch besonders verletzlich?
Argumente für eine hohe Umweltresistenz in der
frühesten Kindheit 67

Elisabeth Fremmer-Bombik, Klaus E. Grossmann,
Über die lebenslange Bedeutung früher
Bindungserfahrungen 83

Andre Vyt, Das Tonband-Modell und das transaktionale
Modell für die Erklärung früher psychischer
Entwicklung 111

Marcel R. Zentner, Passung: Eine neue Sichtweise
psychischer Entwicklung 157

Katherine Nelson, Ereignisse, Narrationen, Gedächtnis:
Was entwickelt sich? 195

Henry N. Massie, Abbot Bronstein, Joseph Afterman,
B. Kay Campbell, Innere Themen und äußeres
Verhalten in der frühkindlichen Entwicklung
– eine Longitudinaluntersuchung 235

Robert N. Emde, Die endliche und die unendliche
Entwicklung – Angeborene und motivationale Faktoren
aus der frühen Kindheit 277

Hilarion G. Petzold, Joy J. M. Goffin, Jolanda Oudhof,
Protektive Faktoren und Prozesse – die „positive"
Perspektive in der longitudinalen, „klinischen
Entwicklungspsychologie" und ihre Umsetzung
in die Praxis der Integrativen Therapie 345

Autorenverzeichnis 499

Personenregister 501

Sachwortregister 509

Übersicht über Themen und Autoren des 2. Bandes:
Die Kraft liebevoller Blicke – Psychotherapie und Babyforschung Bd. 2

Brian Hopkins, Kindheit und Erziehung: Das Auf und Ab einer vernachlässigten Beziehung

Athanasios Chasiotis, Heide Keller, Zur Relevanz evolutionsbiologischer Überlegungen für die klinische Psychologie

Gudrun Gauda, Blickkontaktvermeidung in den ersten Lebensmonaten und Elternidentität

Andre Vyt, Ein Blick hinter den Spiegel

Hanus Papoušek, Mechthild Papoušek, Vorsprachliche Kommunikation

Carolyn Rovee-Collier, Ramesh Bhatt, Langzeitgedächtnis im Säuglingsalter

Katherine Nelson, Erinnern und Erzählen

Daniel N. Stern, Die Repräsentation von Beziehungsmustern

Robert N. Emde, Die Aktivierung grundlegender Formen der Entwicklung

Joseph D. Lichtenberg, Einige Parallelen zwischen den Ergebnissen der Säuglingsbeobachtung und klinischen Beobachtungen an Erwachsenen

Yolanda van Beek, Anne-Marike van der Hoek, Hilarion Petzold, Muster der Kommunikation von der Säuglingszeit über die Lebensspanne

Heinz Stefan Herzka, Wolf Reukauf, Kinderpsychotherapie als dialogischer Prozeß

Hilarion Petzold, Integrative Therapie in der Lebensspanne

Vorwort

Mit diesem Sammelband hat der Herausgeber einen bedeutenden Beitrag für die Entwicklung der Psychotherapie geleistet, die nach meinem Eindruck wieder einmal vor einem Umbruch steht. Dieser geht von drei Impulsen aus: 1. der wissenschaftlichen Erforschung psychotherapeutischer Prozesse und ihrer Wirkungen, 2. der Rezeption der neuen Säuglings-, Kleinkind- und longitudinalen Lebenslaufforschung, 3. der vergleichenden Psychotherapieforschung, die sich mit den unterschiedlichen Erkenntnissen, Stärken und Schwächen der einzelnen Schulen befaßt. Auf dieser Grundlage wird man über eklektische Modelle, die oftmals so schlecht nicht sind, hinauskommen zu wirklich integrativen Formen der Therapie. *Hilarion Petzold* hat auf diesem Gebiet beeindruckende Arbeit geleistet, was ich schon 1975 anläßlich einer seiner ersten Publikationen vermerkt hatte. Als Forscher, Autor, Therapeut und Herausgeber hat er stets den Entwicklungs- und den Integrationsgedanken in der Psychotherapie vertreten.

Die Entwicklungspsychologie muß in die Psychotherapie integriert sein. Das war eine der großen Erkenntnisse von *Freud*. Er hat diese Position sein Leben lang vertreten. Die *neuen Erkenntnisse* der Entwicklungspsychologie müssen in die Psychotherapie integriert werden, denn sie verändern unser Verständnis der Persönlichkeitsentwicklung und die Entstehung von seelischen Erkrankungen grundlegend, wie die Beiträge dieses Bandes zeigen. Wäre die Psychoanalyse nicht lernfähig, wäre dies ein Buch vom Ende der Psychoanalyse. Säuglings- und Längsschnittforschung verlangen Revisionen ihrer Grundannahmen. Für die praktische, psychotherapeutische Arbeit wird dies weitreichende Konsequenzen haben. Psychotherapie wird flexibel und undogmatisch aus der mitmenschlichen Beziehung all das unternehmen müssen, was der Patient und das Arbeitsbündnis braucht. Diese Auffassung habe ich in meiner Arbeit stets vertreten und sie wird durch die Arbeiten in diesem Werk unterstrichen. Die Beiträge betonen „protektive Faktoren", die positiven Kräfte, die Entwicklungen beeinflussen, sie unterstreichen „Ketten von Einflüssen", gehen von der Monokausalität traumatischer Einzelereignisse ab und vertreten eine „Lebenslaufperspektive" für Gesundheit, Krankheit und Therapie: ich sprach 1978 von einer „Psychotherapie der Lebensalter". Die Menge neuer und wichtiger Information ist beeindruckend und fast überflutend. Umso verdienstvoller ist es, daß der Herausgeber in zwei großen, integrierenden Beiträgen eine kreative Synthese dieser neuen und doch in guter psychoanalytischer Tradition stehenden Sicht „entwicklungszentrierter Psychotherapie" vorlegt.

Univ. Prof. Dr. med. *Hans Strotzka*
Wien, Dezember 1993

Einführung

Dieser Sammelband entstand vor dem Hintergrund einer fünfundzwanzigjährigen Tätigkeit als Psychotherapeut, Hochschullehrer und Forscher, die am „life span developmental approach", der „Entwicklungspsychologie der Lebensspanne" ausgerichtet war und ist. Die Arbeit mit Säuglingen in Form psychomotorischer Behandlungen – was sonst wäre indiziert – mit ihren Eltern in Form psychosozialer Beratung, die Psychotherapie mit Kleinkindern und Kindern und die Forschungsarbeit mit diesen Gruppen war für mich dabei immer von hervorragender Bedeutung, nicht zuletzt auch für die psychotherapeutische Behandlung von erwachsenen Patienten, denn in der Arbeit mit Kindern sieht man die Neurosen in *statu nascendi*, erlebt man aber auch die ganze Fülle heilender Einflüsse, die Vitalität und Kreativität, mit der Kinder selbst schwierigste Situationen bewältigen. Vor allen Dingen habe ich gelernt, daß Kinder und ihre Entwicklungsprozesse von gänzlich anderer Art sind als das, was ich in den entwicklungspsychologischen Exkursen psychotherapeutischer Lehrbücher gelesen hatte.

Die Chance, an einer im Paradigma lebenslaufbezogener „klinischer Entwicklungspsychologie" forschenden und klinisch-therapeutisch arbeitenden Abteilung der Freien Universität Amsterdam tätig sein zu können (seit 1979), hat mir vielfältige Perspektiven eröffnet, besonders, weil hier ein führendes Zentrum psychobiologischer Entwicklungsforschung entstanden ist, in dem Babyforscher wie *Hanus Papoušek, Brian Hopkins* u.a. tätig sind, die zu diesem Buch wichtige Beiträge geliefert haben. Es war mir ein Anliegen, in diesem Buch international führende Baby-, Kleinkind- und Longitudinalforscher zusammenzubringen, und zwar spezifisch mit dem Blick auf mögliche Nutzanwendungen in der Psychotherapie. Weiterhin habe ich mich bemüht, Arbeiten und Untersuchungen zur Gedächtnis-, Sprach- und Selbstkonzeptentwicklung (*K. Nelson, A. Vyt, C. Rovee-Collier*) zu erhalten, weil sie für die Psychotherapie und ihre Konzeptbildung ein revolutionierendes Potential haben, von Psychotherapeuten bislang aber nicht zur Kenntnis genommen wurden. Schließlich haben Psychoanalytiker und Psychotherapeuten mitgearbeitet, die selbst als Babyforscher tätig sind oder darauf zentrieren, diese Forschungsergebnisse für psychotherapeutisches Handeln mit Kindern (*Herzka*, s. Bd. II)* und Erwachsenen (*Lichtenberg*, s. Bd. II; *Emde*, dieses Buch, S. 277) umzusetzen. Neben der grundlegenden Übersichtsarbeit von *Michael Rutter* (dieses Buch, S. 23) wurden einige Texte, die schon anderen Orts erschienen sind, aber grundsätzliche Bedeutung haben (z.B. von *R. Emde, D. Stern, H. Massie*) in den Band aufgenommen. So hoffe ich, eine Veröffentlichung vorlegen zu können, die für die Entwicklung der Psychotherapie fruchtbare Anstöße geben kann – und solche sind in einer lebendigen Wissenschaft notwendig.

Neuere Baby- und Kleinkindforschung und der *„longitudinal research"* haben eine Reihe von Grundannahmen der traditionellen Psychotherapie, insbesondere der Richtungen, die der humanistisch-psychologischen Hier-und-Jetzt-Fixiertheit und dem psychoanalytischen Paradigma linearkausaler Pathogenese folgen, in Frage gestellt. An die Stelle des von *Perls* gezeichneten Bildes eines ahistorischen, sich selbst regulierenden **Organismus** ist die Vorstellung eines sich im Lebenslauf entwickelnden, reflexiven **Subjekts** getreten, das von seinen biographischen Erfahrungen geprägt wird. Und an die Stelle der überwiegend durch die frühe Kindheit determinierten Persönlichkeit der *Freud*schen Theorie ist das Konzept des **„life span developmental approach"** getreten, das die lebenslangen Entwicklungsmöglichkeiten und die Selbstwirksamkeit des Menschen als *„makers of their own development"* betont. Wo die humanistische Psychologie beim Bereich der Frühentwicklung eine Leerstelle in die Biographie setzt und die Psychoanalyse das Bild eines inkompetenten, hilflosen Säuglings entwirft, der „autistisch" vor sich hin dämmert, versunken in symbiotische Einheit, ist das Bild eines kompetenten, anpassungsfähigen, hochkommunikativen, ja in gewisser Weise „robusten" Säuglings getreten (*Vyt*, dieses Buch, S.111). In der klinischen Psychologie wird der Blick nicht mehr nur auf „Risikofaktoren", sondern auf „Salutogenese" (*Antonovsky* 1979,

---

* *H.G. Petzold* (Hrsg.), Die Kraft liebevoller Blicke, Psychotherapie und Babyforschung, Bd. II, Paderborn, Junfermann 1994

1987) gerichtet, auf „protektive Faktoren" (*Rolf* et al. 1990; *Petzold* et al., dieses Buch S. 345). Die „frühkindliche Amnesie" stellt sich keineswegs mehr so geschlossen dar, als daß man auf die Entwicklungsperspektive verzichten könnte, wie es viele Gestalttherapeuten (*Rosenblatt* 1988) tun, denn die Gedächtnisleistungen des Säuglings sind besser als man glaubt (*Rovee-Collier* 1987, Bd. II; *Petzold* Bd. II). Die Perspektive, den Säugling als in sich geschlossene Monade zu sehen, die sich allmählich zur Welt hin öffnet, auf die Mutter zentriert, mit der er eine geschlossene Mutter-Kind-Dyade bildet (*M. Mahler*), beginnt sich zu wandeln in Richtung zu einem weltoffenen, Kontaktvielfalt suchenden kleinen Wesen (*Chasiotis, Keller*, Bd. II; *Petzold* Bd. II). Unter der überzeugenden Aussagekraft longitudinaler Forschung (*Rutter*, dieses Buch, S. 23; und 1988; *Robins, Rutter* 1990) zeigt sich: Die Frühkindheit stellt die Weichen nicht (*Ernst*, dieses Buch, S. 67) oder nicht so allumfassend, wie es besonders in der neueren Psychoanalyse das Theorem der „frühen Störung" suggerierte, aber sie ist auch nicht so unbedeutend, wie die klassischen Gestalttherapeuten oder Rogerianer es uns glauben machen wollen, denn die Bedingungen früher Erfahrungen hinterlassen Spuren (*Gauda*, Bd. II). *Trajektorien, convoys, strands, Viationen, Ereignisketten* (*chains of adversive and protective events*), *Karrieren* werden erkennbar, und die *Typik solcher Karrieren*, in denen sich Risikofaktoren, protektive Faktoren, positive Erfahrungen, negative Erfahrungen und Defiziterfahrungen verflechten, wird das *Paradigma der Zukunft* sein (*Petzold* et al., dieses Buch, S. 345), was Theorien der Pathogenese anbetrifft. Die zunehmende Zahl longitudinaler Studien gibt auf jeden Fall eindimensionalen oder linearkausalen Erklärungsmodellen eine Abfuhr. So populäre Theorien wie die von *Mahler* und die von *Kernberg* kommen aufgrund solcher Ergebnisse wissenschaftlich sehr unter Druck. Ihre entwicklungspsychologischen Grundannahmen, von denen her sie ihre Krankheitslehre aufbauen, erweisen sich zu einem großen Teil als „Entwicklungsmythologien". Die Rezeption der modernen Babyforschung, die auch von seiten psychoanalytischer Autoren in zunehmendem Maße erfolgt (*Lichtenberg* 1983; *Köhler* 1990), führt nur allmählich zu neuen Überlegungen. Die weitreichenden Konsequenzen, die im

Hinblick auf eine grundsätzliche Revision der Krankheitslehre notwendig wären, sind bislang noch nicht gezogen worden, aber es zeigen sich neue, wichtige Ansätze (*Emde*, dieses Buch, S. 277; *Stern*, Bd. II; *Lichtenberg*, Bd. II). *Kohuts* Selbstpsychologie und ihre Weiterentwicklungen indes haben für die Psychoanalyse einen Paradigmenwechsel eingeläutet, und es ist zu Recht die Frage gestellt worden, ob nicht die Selbstpsychologie ein gänzlich neues Paradigma einer Theorie und Praxis der Therapie darstelle – mit dem Ansatz *Freuds* habe sie nur noch wenig zu tun. Die bahnbrechenden Arbeiten von *Daniel Stern* (1985) machen deutlich: auch von der Psychoanalyse herkommende Autoren können den Mut zu radikaler Kritik finden. *Sterns* Arbeiten stellen auf dem Hintergrund eines breiten Fundus an empirischer entwicklungspsychologischer Forschung Grundpositionen der psychoanalytischen Theorie der Persönlichkeitsentwicklung, aber auch die der Abwehrmechanismen in Frage – *Spaltung* kann z. B. nicht als „früher Mechanismus" angesehen werden (idem, vgl. auch *Petzold*, Bd. II). Die scharfsichtige Unterscheidung, die *Stern* u. a. zwischen dem „empirischen Kind", das man in seinem Verhalten beobachten kann, und dem „klinischen Kind", das aus der analytischen Erfahrung rekonstruiert wird, vornehmen, wird letztlich den Erklärungswert der psychoanalytischen Entwicklungstheorie und Krankheitslehre nicht sichern können. Was bleiben wird, was überdauert, wenn man mutig und radikal genug Positionen revidiert, ja aufgibt, um Raum für alte Schätze (z. B. die Praxeologie *Ferenczis*) und für neue Entwicklungen (*Basch* 1988; *Sander* 1985; *Robbins* 1983) zu haben, wird sich erst in Zukunft zeigen. Bei den humanistisch-psychologischen und behavioralen Therapieverfahren gibt es nichts zu revidieren, denn sie haben sich zu Fragen der kindlichen Entwicklung kaum und nicht sehr profiliert oder sehr unbekümmert geäußert.

Bei der Psychoanalyse gerät, nachdem die Metapsychologie *Freuds* unter der Kritik der Wissenschaftstheorie praktisch aufgegeben werden mußte, die empirische Outcomeforschung nur mäßige Effizienznachweise erbrachte (*Grawe* et al. 1993), nun auch noch das „Fundament klinischer Theorie" ins Wanken. Chancen zu Neuformulierungen (z. T. von sehr grundsätzlicher Art) eröffnen sich hier.

Dabei steht die Frage im Raum, ob die Nachfolger *Freuds* mit der gleichen Radikalität das „heraklitische Moment" der Psychoanalyse, das ihr Urheber selbst immer wieder durch Revisionen und Neuentwürfe seiner eigenen Theorie praktizierte, aufzugreifen bereit sind. Die Folge wäre, daß Psychoanalyse und Humanistische Psychologie, daß die Psychotherapieschulen insgesamt „integrativer" werden müßten. So steht der Dialog mit der empirischen Emotionsforschung und mit der Gedächtnisforschung zur Funktion und Entwicklung des Gedächtnisses an oder die Betrachtung der Entwicklung von sozialen Netzwerken oder von Beziehungsgeschichten. Es wird um die Umstellung von starren *Phasen* auf höchst individualisierte *Convoys* und *Trajektorien* (*Petzold* et al., dieses Buch, S. 345; *Rutter*, dieses Buch, S. 23) gehen, die kulturspezifisch, ja intrakulturell, z. B. schichtspezifisch variieren (*Emde*, dieses Buch, S. 277), und dies wird zu einer neuen Betrachtung von „Krankheit *und* Gesundheit" führen, die jenseits des medizinalisierten Paradigmas psychologische, sozialpsychologische und soziologische Erkenntnisse aufnehmen muß. Die Einflüsse von *Piaget* und seiner Schule und – von gleicher Gewichtigkeit – die von *G.H. Mead*, das Entwicklungsparadigma und das Sozialisationsparadigma haben für das Verständnis des Menschen „in der Lebensspanne" zentrale Beiträge zu leisten.

Integrative Ansätze der Therapie müssen sich an einem „*life-span-developmental-approach*" ausrichten und versuchen, der Erkenntnis Rechnung zu tragen, daß das menschliche Leben nur als „Ganzes" wirklich begriffen werden kann und Späteres nicht nur aus Früherem erklärt werden darf, sondern eine Dialektik zwischen Anfang und Ende besteht, zwischen Ursprung und Entwurf. Wir haben *deshalb* mit Babys, Kleinkindern, Kindern (*Ramin, Petzold* 1987; *Beek, Petzold, Hoek*, Bd. II), mit Jugendlichen, Erwachsenen (idem 1988n), alten Menschen gearbeitet (idem 1985a) und mußten feststellen: klinisches Wissen ist nicht von entwicklungspsychologischem zu lösen. Daß ich dennoch in all diesen nach Veränderung rufenden Impulsen, die aus der Forschung, aus sozialwissenschaftlichen Theorien, aus den Neurowissenschaften kommen, *auch* eine *psychoanalytische Identität* behalten konnte, liegt in dem Reichtum der

Möglichkeiten, die das Oeuvre von *Freud* – in seiner ganzen *Heterogenität* und durch sie – bereitstellt.

Die hermeneutische und heraklitische Seite von *Freuds* Psychoanalyse macht Revisionen möglich, ja notwendig, und so wird es für die Psychotherapie insgesamt unverzichtbar werden, die Ergebnisse der sensumotorischen, emotionalen, mnestischen, kognitiven, sozialen, ökologischen Entwicklungspsychologie aufzunehmen. Allein diese „Mehrperspektivität" (*Petzold* 1990o), die durch den Blick auf die Felder entwicklungspsychologischer Forschung aufscheint, führt zwingend zu einer Veränderung klinischer Sichtweisen, wenn man nicht aufgrund eingefahrener Raster Bereiche ausgrenzt und Ergebnisse so auswählt, daß sie zum eigenen *„main stream"* konform stehen.

Offenbar sind die schulengebundenen Psychotherapeuten gegenüber anderen Denkmöglichkeiten äußerst sensibel, defensiv – und als Folge – ausgrenzend oder sogar aggressiv. Das Schicksal der Dissidenten *Jung, Adler, Reich*, in gewisser Weise auch von *Ferenczi* und *Rank*, zeigt dies. Der Allgemeingültigkeitsanspruch der jeweiligen Schule, was die Auslegung der menschlichen Existenz anbetrifft, dient offenbar der Identitätssicherung, und die Infragestellung eines solchen Anspruches gefährdet offenbar Identität. Das macht Dialoge so schwierig. Aussagen über die Entwicklung, über das „Herkommen" des Menschen, bringen uns auf einer psychologischen Ebene nahe an den Bereich der Aussagen über das „Wesen" des Menschen, Aussagen, die eigentlich eine Domäne der Theologie oder der Philosophie sind (*Kühn, Petzold* 1992). Vielleicht tut man sich deshalb in der Psychotherapie mit einem neuen Überdenken von *Grundpositionen* – und darum geht es – so schwer. Wahrscheinlich auch, weil man damit wirklich zu den anthropologischen Fundamenten vorstoßen müßte, um sie explizit zu machen. Als Problem wird sich dann zeigen, daß es nicht das der „two theories in one" ist – einer mechanistisch-physikalistischen und einer hermeneutischen, die unvereinbar erscheinen, einer energiedynamischen und einer entwicklungsdynamischen (*Herzog* 1984, 1991) –, sondern daß eine mechanistische Grundkonzeption in der Theorie letztlich auch zu einer Mechanik in der Behandlungspraxis führt, weil physikalische und biologische Erklärungsmodelle für die Entwicklung des *sozialen Wesens „Mensch"* nicht ausreichen, weil linearkausale Erklärungsmodelle für Situationen nicht greifen, für die transaktionale und nichtlineare Modelle notwendig wären (*Vyt*, dieses Buch, S. 111). Dabei geht es keinesfalls darum, die Beiträge der Biologie auszugrenzen. Evolutionsbiologische Perspektiven (*Chasiotis, Keller*, Bd. II) liefern wichtige Impulse (*Emde*, dieses Buch, S. 277). Nur, ... sie müssen in einem *metahermeneutischen* Prozeß verarbeitet werden (*Petzold* 1992a), eingepaßt werden in das Gesamtkonzept eines psychotherapeutischen Entwurfes, in dem Anthropologie, Persönlichkeitstheorie und Entwicklungstheorie konsistent und in ihren Positionen aufeinander abgestimmt sind, wie ich dies durch das Modell des „Tree of Science" (ibid 45ff) deutlich gemacht habe. Die Konsistenzlinie, d. h. das Bemühen um eine durchgängige „Stimmigkeit", setzt sich fort zur Gesundheits- und Krankheitslehre, weil die gesunde und/oder kranke Person hier und heute sich über die Lebensspanne hin bis zu diesem Augenblick entwickelt hat und sich über das gegebene Jetzt hinaus in die Zukunft entwirft. Eine in einer *„life-span-developmental-perspective"* gegründete klinische Praxis muß deshalb immer *aspektiv*, von einer vorfindlichen Gegenwart ausgehend, *retrospektiv* in die Vergangenheit vorstoßen, um aus ihr Gegenwart zu erklären, aber auch *prospektiv* in die Zukunft greifen, denn auch die Antizipationen bestimmen das Hier und Heute. Es gilt also, **„von den Phänomenen zu den Strukturen zu den Entwürfen"** zu kommen. Ein solches Prozedere ist aber nur möglich, wenn die memorierte Vergangenheit – auch die frühe (*Rovee-Collier*, Bd. II) – von einer Gegenwart her geprüft wird an empirischem Wissen über menschliche Entwicklung, wenn gesehen wird, daß die Bewertung von biographischen Verletzungen (Plural – es gibt *die* „narzißtische Wunde" nicht) eine Bewertung mit den Parametern des Patienten *und* des Therapeuten *heute* ist und daß die Explikation, wenn sie einen Anschluß von *narrativer Wahrheit* an *historische Wahrheit* sucht (*Spence* 1982, 1987), sich an entwicklungspsychologischem Faktenwissen eichen muß (*Petzold* 1991o), denn sonst bleibt biographische Arbeit nur *Konstruktion* – eine Sicht, zu der auch der späte *Freud* tendierte – und nicht *Rekonstruktion*, in der über den individuellen Entwicklungsverlauf hinaus zeitgeschichtliche und gesellschaftshistorische Einflüsse mit in den Blick kommen müssen (idem 1989f). Eine „**mehrperspektivische, klinische Entwicklungspsychologie**" (idem 1992a, 536f) tut also not, um der gemeinschaftlichen Durchdringung einer formierenden Lebensgeschichte im therapeutischen Prozeß ein zusätzliches Fundament zu geben. Gegenüber einer „*developmental psychopathology*" (*Achenbach* 1982; *Sameroff, Emde* 1989) scheint mir der Begriff einer „*mehrperspektivischen, klinischen Entwicklungspsychologie*" brauchbarer, steht er doch dem medizinalisierten Diskurs ferner.

Klinische Entwicklungspsychologie hat sich mit den Fragen der *Psychopathologie* und *Salutogenese* im Lebenslauf zu befassen – das Leben schlägt ja nicht nur Wunden, es heilt auch, fördert, trägt zur Entfaltung bei. Ist Entwicklung ein kontinuierlicher Prozeß, muß davon ausgegangen werden, daß das Paradigma beständiger Entwicklung auch für den psychotherapeutischen Prozeß und für ein psychotherapeutisches Verfahren selbst zu gelten hat. Entwicklungsbezogenes Denken stellt an Therapeuten viele Fragen, gibt ihnen viele Anregungen. Es konfrontiert sie mit der eigenen Elternschaft (*Gauda*, Bd. II), mit ihrer Fähigkeit zum „*intuitive parenting*" (*Papoušek, Papoušek* Bd. II) bzw. „*sensitive caregiving*" (*Vyt* 1989). Es bringt sie in Kontakt mit dem Phänomen der *Regression*, den Möglichkeiten von Therapeuten, selbst zu regredieren und auch zu progredieren, in der Zeit zu reisen (*Petzold* 1989f). Sie lenkt den Blick auch auf die eigene Elternschaft (nicht nur die in der Therapie, den „Therapiekindern" gegenüber), den Haltungen zu Elternrollen (*Gauda* 1989). In interventiver Hinsicht wird sich eine „*mehrperspektivische klinische Entwicklungspsychologie*" mit Fragen und Handhabungen von Emotionen (*Kruse* 1991), von nonverbaler Kommunikation – etwa von Blickdialogen (*Vyt*, Bd. II) – zu befassen haben. Richtet man den Interventionsstil an entwicklungspsychologischen Fakten aus, so wird man in einer klassisch-analytischen Abstinenz nicht verbleiben können, sondern zu variablen, situationsangemessenen Beziehungsqualitäten kommen müssen. Für diese ist die empathische Interaktion (*Emde*, dieses Buch, S. 277 und Bd. II) zwischen Eltern und Kindern ein ideales Modell, zumal es – besonders was die Verhaltensweisen im ersten Lebensjahr anbetrifft – auf genetische Vorgaben zurückgreifen kann, wie z. B. Muster des *„intuitive parenting"* (*Papoušek, Papoušek*, Bd. II). Im zweiten Lebensjahr und in der Kleinkindzeit werden Stile eines *„sensitive caregiving"* (*Petzold*, Bd. II) Modelle abgeben können, die Menschen aus der eigenen Erfahrung als Kinder und der eigenen Erfahrung als Eltern zugänglich sein sollten. Auf jeden Fall können Baby- und Kleinkindforschung mit ihren Erkenntnissen über „gelingende Interaktionen" für die Psychotherapie wichtige Beiträge liefern. Hier ist sicherlich besserer Grund zu finden als in Spekulationen, die an fragwürdigen theoretischen Annahmen orientiert sind und zu Interaktionsformen führen, deren Effizienz im einzelnen und vergleichend durch Forschung nie ausreichend überprüft wurden. Was wirkt nun besser: eine abstinente, eine affektiv neutrale oder eine aktiv-zugewandte Haltung? Zumindest können die empirische Therapieprozeßforschung (*Grawe* et al. 1993) und Forschungen aus dem Bereich der klientenzentrierten Psychotherapie den Nachweis erbringen, daß „einfühlendes Verstehen" (*Mente, Spittler* 1984), emotionale Wärme und Echtheit in Interaktionen Verhaltensstile sind, die mit persönlichem Wohlbefinden und der Gesundung von Patienten hoch korrelieren. Sie decken sich im übrigen weitgehend mit den für ein *„sensitive caregiving"* bei Kleinkindern charakteristischen Verhaltensmerkmalen. Wohlwollende *Neutralität (Kernberg)* genügt weder bei Kindern noch bei erwachsenen Patienten.

Was die Baby- und Kleinkindforschung und der *longitudinal research* für die Psychotherapie bringen können, sind neben genaueren Erkenntnissen über die Entwicklung der Persönlichkeit, Materialien zu einer „klinischen Entwicklungspsychologie", die ein erweitertes Verständnis von Gesundheit und Krankheit ermöglicht. Sie können uns weiterhin Methoden für den Umgang mit regredierten Patienten liefern, Aufschlüsse über Kommunikationsformen wie das „Spiegeln", d. h. die Kommunikation im und mit dem Spiegel, d. h. aus Glas, aber auch mit dem eines Gesichts (*Vyt*, Bd. II; *Petzold*, Bd. II). Sie wird uns – besonders wenn die Ergebnisse longitudinaler Forschung herangezogen werden – Aufschlüsse geben, was Menschen krank macht und in welcher Form das geschieht und natürlich auch darüber, was zu ihrer Gesundheit beiträgt (*Rutter*, dieses Buch, S. 23). Sie setzt weiterhin einen Hoffnungsraum, weil sie zeigt, daß die „Frühkindheit" die Weichen so endgültig *nicht* stellt. Sie eröffnet uns schließlich die Möglichkeit, in der Therapie mit Erwachsenen, die Eltern sind und Eltern werden, eine „*fördernde Umwelt*" erfahrbar zu machen, und Väter und Mütter darin zu unterstützen, einen wachstumsfördernden, ermöglichenden Raum (*potential space*) für ihre Kinder zu schaffen. Diese Konzepte *Winnicotts*, die für seine große entwicklungspsychologische Klarsichtigkeit sprechen und auch zu einer sehr lebendigen, aktionalen, humanen Therapiepraxis geführt haben, gründen in einem „erfahrenen" entwicklungspsychologischen Wissen, das darum weiß: Eltern müssen *nicht mehr* als „hinreichend gut" sein, „*good enough parents*" (um die Väter noch miteinzuschließen). Es ist zu hoffen, daß wir auf diesem Hintergrund „*good enough therapists*" sein können – ein gütiges Schicksal möge uns vor Dogmatikern, Zeloten und Perfektionisten bewahren.

La Palma, Dezember 1993
Hilarion Petzold

Literatur

Achenbach, T.M., Developmental psychopathology, Wiley, New York 1982².
Antonovsky, A., Health, stress and coping, Jossey Bass, London 1979.
Antonovsky, A., Unraveling the mystery of health, Jossey Bass, London 1987.
Basch, M.F., Understanding Psychotherapy, Basic Books, New York 1988.
Chasiotis, A., Keller, H., Zur Relevanz evolutionsbiologischer Überlegungen für die klinische Psychologie: Psychoanalytische und interaktionistische Ansätze im Lichte der Kleinkindforschung, *Integrative Therapie* 1/2 (1992); repr. Bd. II.
Ernst, C., Sind Säuglinge besonders resistent gegen psychische Einwirkungen? *Integrative Therapie* 1/2 (1992) und repr. dieses Buch.
Gauda, G., Blickkontaktvermeidung in den ersten Lebensmonaten – Ursachen, Folgen, Prävention, *Integrative Therapie* 1/2 (1992); repr. Bd. II.

Grawe, U., Donati, R., Bernauer, P., Psychotherapie im Wandel. Von der Konfession zur Profession, Hogrefe, Göttingen 1993 (in Vorber.)

Herzog, W.: Modell und Theorie in der Psychologie, Hogrefe, Göttingen, 1984

Herzog, W., Das moralische Subjekt. Pädagogische Intuition und psychologische Theorie, Huber, Bern 1991.

Köhler, L., Neuere Ergebnisse der Kleinkindforschung. Ihre Bedeutung für die Psychoanalyse, *Forum der Psychoanalyse* 6 (1990) 32-51.

Kruse, O., Emotionsentwicklung und Neuroseentwicklung, Perspektiven einer klinischen Entwicklungspsychologie, Enke, Stuttgart 1991.

Kühn, R., Petzold, H.G. (Hrsg.), Psychotherapie & Philosophie. Philosophie als Psychotherapie? Junfermann, Paderborn 1992.

Lichtenberg, J.D., Psychoanalysis and infant research, Erlbaum, Hillsdale 1983; dtsch.: Psychoanalyse und Säuglingsforschung, Springer, Berlin 1991.

Mente, A., Spittler, H.-D., Erlebnisorientierte Gruppenpsychotherapie, 2 Bde., Junfermann, Paderborn 1984.

Osofsky, J.D., Handbook of infant development, Wiley, New York 1987.

Papoušek, H. P., Papoušek, M., Frühe Phasen der Eltern-Kind-Beziehungen, *Integrative Therapie* 1/2 (1992), repr. Bd. II.

Petzold, H.G., Mit alten Menschen arbeiten, Pfeiffer, München 1985a.

Petzold, H.G., Integrative Bewegungs- und Leibtherapie. Ausgewählte Werke Bd. I, Junfermann, Paderborn 1988n.

Petzold, H.G., Zeitgeist als Sozialisationsklima – zu übergreifenden Einflüssen auf die individuelle Biographie, *Gestalt und Integration* 2 (1989f) 140-150.

Petzold, H.G., Zeit, Zeitqualitäten, Identitätsarbeit und biographische Narration – Chronosophische Überlegungen 1991o in: idem (1992a) 333-395.

Petzold, H.G., Konzept und Praxis von Mehrperspektivität in der Integrativen Supervision, dargestellt an Fallbeispielen für Einzel- und Teambegleitung, *Gestalt & Integration* 2 (1990o) 7-37.

Petzold, H.G., Integrative Therapie. Modelle, Theorien und Methoden für eine schulenübergreifende Psychotherapie, Bd 1, (1991a): Klinische Philosophie; Bd 2 (1992a): Klinische Theorie; Bd 3 (1993a): Klinische Praxeologie, Junfermann, Paderborn 1992a

Petzold, H.G., Das Ko-respondenzmodell als Grundlage der Integrativen Therapie und Agogik, 1991e, in: *Petzold* (1991a).

Petzold, H.G., Ramin, G., Schulen der Kinderpsychotherapie, Junfermann, Paderborn 1987.

Robins, M., Towards a new mind model for the primitive Personalities, *Int. J. Psycho Anal.* 64 (1983) 127-148.
Ramin, G., Petzold, H.G., Integrative Therapie mit Kindern, in: *Petzold, Ramin* (1987) 359-427.
Rolf, J., Masten, A.S., Ciccetti, D., Nuechterlein, K.H., Weintraub, S. (eds.), Risk and protective factors in the development of psychopathology, Cambridge University Press, Cambridge 1990.
Rosenblatt, D., Türen öffnen, Edition Humanistische Psychologie, Köln 1988.
Rovee-Collier, C., Learning and memory in infants, in: *Osofsky* (1987) 98-148.
Sandner, L., Toward a logic of organization in psychobiological development. In: *Klar, H., Siever, L.;* Biologic response Styles: Clinical implications. Monogr. Serv. in Psychiat. Press, New York 1985.
Spence, D.P., Narrative truth and historical truth, Norton, New York 1982.
Spence, D.P., The Freudian metaphor – towards paradigm change in psychoanalysis, Norton, New York 1987.
Stern, D.N., The interpersonal world of the infant, Basic Books, New York 1985.
Vyt, A., The second year of life as a developmental turning point: Implications for sensitive caretaking, *European Journal of Psychology of Education* 2 (1989) 145-158.

Entwicklungsforschung in longitudinaler Perspektive – Herausforderungen an die Psychotherapie

Wege von der Kindheit zum Erwachsenenalter

Michael Rutter*

Einführung

In den letzten drei Jahrzehnten hat sich das Verständnis des Entwicklungsprozesses in der Wissenschaft wesentlich verändert. In den fünfziger Jahren ging man überwiegend davon aus, daß die Persönlichkeit in sich konsistent sei und es nach den ersten Lebensjahren kaum noch zu grundlegenden Persönlichkeitsveränderungen käme (vgl. *Kelly* 1955). Längsschnittuntersuchungen wurden durchgeführt, um diese frühe Festlegung der Persönlichkeit auszuloten (vgl. *Moss, Susman* 1980); der Grundsatz, nach dem das Fehlen mütterlicher Zuwendung (*maternal deprivation*) in der Säuglingszeit zu anhaltenden, unwiderruflichen Schäden führe, wurde nachhaltig verfochten (*Bowlby* 1951). Diese Längsschnittuntersuchungen konnten allerdings keine Beweise für eine zeitliche Stabilität liefern; die Annahmen über die Folgen fehlender mütterlicher Zuwendung zogen scharfe wissenschaftliche Kritik auf sich (z.B. *O'Connor* 1956; *Orlansky* 1949; *Yarrow* 1961). Es zeigte sich, daß sich Menschen im Verlauf ihrer Entwicklung sehr wohl verändern und daß die Folgen früher Entbehrungen stark divergierten; Langzeiteffekte hingen sehr stark von anschließenden Lebenserfahrungen ab (*Clarke, Clarke* 1976). Selbst ausgesprochen negative Erfahrungen in der Säuglingszeit bringen dann kaum Risiken für die weitere Entwicklung mit sich, wenn die anschließende Erziehungsumgebung gut ist (*Rutter* 1981).

Dann verfiel man ins andere Extrem: Es wurde argumentiert, die psychische Entwicklung weise nur geringe Kontinuität auf, und diese sei zudem von der Interpretation der eigenen Erfahrungen abhängig (*Kagan* 1984). *Mischel* (1968, 1969) ging so weit, das ganze Konzept der Persönlichkeitsmerkmale in Frage zu stellen, und be-

---

* Vortrag in London vor der Association for Child Psychology and Psychiatry am 1.7.1988; veröffentlicht in *Child Psychol. Psychiat.* 30, No. 1 (1989), pp. 23-51. Übersetzung und Nachdruck mit freundlicher Genehmigung des Autors.

hauptete, jedes Verhalten sei überwiegend situationsgebunden. Diese Behauptungen führten zu heißen Debatten über die Konzepte wie über die empirischen Erkenntnisse (*Block* 1979; *Epstein* 1979; *Epstein, O'Brien* 1985; *Hinde, Bateson* 1984; *McCall* 1977; *Magnusson* 1988; *Nesselroade* 1988; *Olwens* 1979).

In den letzten Jahren kam es zu einem erneuten, wenn auch begrenzten Meinungsumschwung, da neuere Forschungsergebnisse eine komplexe Mischung aus Kontinuität und Diskontinuität zeigen (*Rutter* 1987a). Das gilt für sämtliche Stadien des Entwicklungsprozesses. Allerdings liegt mein Fokus in den folgenden Ausführungen auf dem größeren Zeitraum der Verbindungen zwischen Kindheit und Erwachsenenleben.

Prinzipien und Konzepte der Entwicklung

Ich möchte zunächst einige der Prinzipien und Konzepte vorstellen, die aus den Ergebnissen der Forschung zum normalen (*Rutter* 1987a) und zum psychopathologischen (*Rutter* 1984a, 1984b, 1988) Entwicklungsverlauf entwickelt worden sind, bevor ich mich mit den entscheidenden Erkenntnissen aus einigen wichtigen Längsschnittuntersuchungen beschäftige.

1. Nötig ist eine Perspektive, die die gesamte Lebenszeit berücksichtigt (*Rutter* 1984b), denn der Homo sapiens ist ein soziales Wesen, und die soziale Entwicklung verläuft in Beziehung zu den Interaktionen und Transaktionen eines Menschen mit seiner sozialen Umgebung (*Erikson* 1963; *Bronfenbrenner* 1979; *Hinde* 1987; *Hinde, Stevenson-Hinde* 1988). Da soziale Schlüsselerfahrungen wie Heirat und Schwangerschaft normalerweise nicht in der Kindheit gemacht werden, muß man auch für das Erwachsenenleben von sozialer Entwicklung sprechen. Außerdem umfaßt Entwicklung sowohl den *Inhalt* von Gefühlen und Beziehungen als auch die *Fähigkeiten* in diesen Lebensbereichen. Laut *Maccoby* (1984) hat Entwicklung zwar wichtige universelle Merkmale, aber soziale Entwicklung geht mehr als nur einen Weg und hat mehr als nur ein Ziel (deshalb wird auch im Titel dieses Aufsatzes ausdrücklich der Plural benutzt).

2. Die Wirkung von Erfahrungen hängt nicht nur von der Art der Erfahrungen, sondern auch von ihrem Zeitpunkt ab. Der Zeitpunkt

ist aus mehreren Gründen wichtig: (a) Die Auswirkungen von Erfahrungen auf die neurale Struktur und Funktion sind abhängig vom Entwicklungsstand der neuralen Entwicklung. Pränatale Androgene z.B. haben sowohl Auswirkungen auf die Hirnstruktur als auch Einfluß auf späteres sexuell dimorphes Verhalten (*Mayer-Bahlburg, Ehrhardt, Feldman* 1986), Hirnschäden wirken sich in verschiedenen Altersstufen unterschiedlich aus (*Goodman* 1987; *Rutter* 1982), und unkorrigiertes Schielen in der Säuglingszeit beeinflußt das binokulare Sehen. (b) Die Wirkung hängt auch von Empfindungsvermögen und Verletzlichkeiten ab, welche die zum Zeitpunkt der Erfahrung vorhandenen psychischen Prozesse mit sich bringen. So sind z.B. Säuglinge in den allerersten Lebensmonaten vor Trennungserfahrungen geschützt, weil sie noch keine starken Bindungen entwickelt haben, ältere Kinder sind geschützt, weil sie gelernt haben, Beziehungen zeitlich und räumlich aufrechtzuerhalten, während Kleinkinder stark gefährdet sind, weil zu diesem Zeitpunkt Bindungen erst entstehen und die ihnen notwendigen kognitiven Fähigkeiten noch fehlen, um Beziehungen während der Abwesenheit des anderen aufrechterhalten zu können (*Rutter* 1981, 1987a). (c) Die Wahrnehmung von und die sozialen Reaktionen auf Erfahrungen hängen auch davon ab, ob ihr Zeitpunkt normativ ist oder nicht. Das gilt z.B. für den Zusammenhang zwischen Teenager-Schwangerschaften und Erziehungsproblemen (*Hayes* 1987), Frühehen und erhöhtem Scheidungsrisiko (*Otto* 1979), aber auch für die sehr unterschiedlichen Auswirkungen des Arbeitsplatzverlusts bei Menschen im mittleren Lebensalter und bei Rentnern (*Warr* 1987) oder für die psychischen Konsequenzen ungewöhnlich früh einsetzender Pubertät (*Graham, Rutter* 1985).

3. Eine biologische Perspektive muß natürlich den Schwerpunkt auf beide, also auf die intrinsischen und die erfahrungsbedingten Entwicklungseinflüsse legen. Genetische Faktoren prägen nicht nur die individuellen psychischen Merkmale mit, sondern auch den Entwicklungsverlauf (*Plomin* 1986; *Plomin, Thompson* 1988). Und auch physiologische Übergangsphasen wie die Pubertät mit ihren großen Veränderungen im Hormonhaushalt und im Körperbau haben wahrscheinlich psychische Konsequenzen (*Petersen* 1988; *Rutter*, 1990a). Entwicklung wird aber auch von Umweltfaktoren beeinflußt, bei denen es nicht zu somatischen Veränderungen

kommt. Erfahrungen innerhalb und außerhalb des Elternhauses haben nachgewiesenermaßen Einfluß auf die Entwicklung im intellektuellen (*Rutter* 1985a) und im Verhaltensbereich (*Rutter* 1985b).

4. Ebenfalls aus biologischer Perspektive ist zu berücksichtigen, daß man sowohl Kontinuitäten als auch Diskontinuitäten erwarten muß (*Hinde* 1988; *Hinde, Bateson* 1984; *Rutter* 1987a). Beim Entwicklungsprozeß geht es um Veränderung, und deshalb ist die Annahme früh festgelegter Muster unvernünftig. Psychische Funktionen werden von physiologischen Veränderungen, z.B. der Pubertät, und von neuen Erfahrungen geprägt. Und trotzdem gibt es Kontinuitäten, weil Kinder die Konsequenzen ihrer bisherigen Lernerfahrungen und struktureller und funktionaler Veränderung in sich tragen. Das bedeutet nicht unbedingt, daß Persönlichkeitsmerkmale in einem bestimmten Alter Ausmaß oder Art späterer *Veränderung* voraussagen, sondern es bedeutet, daß sie wahrscheinlich spätere *Niveaus* des Funktionierens voraussagen, weil sie frühere Niveaus inkorporieren. Die ausgezeichnete Untersuchung über Grundschulleistungen von *Mortimore* u. a. (1988) hat deutlich gemacht, wie wichtig diese Unterscheidung ist. Denn während das Niveau der Abschlußkenntnisse deutlich mit dem familiären Hintergrund und dem Niveau des Kindes bei Schulbeginn korrelierte, korrelierte der *Fortschritt* der Schüler zwischen sieben und elf Jahren am stärksten mit den Merkmalen der Schule. Auch die wichtige Längsschnittuntersuchung über Kinder aus innerstädtischen Kindergärten von *Tizard* u. a. (1988) zeigt die Wichtigkeit einer Differenzierung zwischen Fortschritt und abschließendem Leistungsniveau.

5. Man kann nicht einfach voraussetzen, daß bei einer normalen und bei einer abweichenden Entwicklung dieselben Mechanismen und dieselben Eigenschaften vorhanden bzw. nicht vorhanden sind. Nötig ist vielmehr die empirische Bemühung, auf Ähnlichkeiten oder Unterschiede zu testen (*Rutter, Sandberg* 1985; *Rutter* 1988), weil eindeutig beide vorhanden sind. Zum Beispiel können Merkmale, die mit der Entwicklung eines Musters starken Trinkens in der Allgemeinbevölkerung korrelieren, durchaus Parallelen zu Merkmalen aufweisen, die beim Entstehen von Alkoholismus eine Rolle spielen. Andererseits können die Wege, die zu Schizophrenie oder bipolaren affektiven Störungen führen, Elemente enthalten, die nicht zur normalen Entwicklung gehören.

6. Man muß nicht nur nach homotypischen, sondern auch nach heterotypischen Kontinuitäten suchen. Anders ausgedrückt: Es geht um die Einsicht, daß Verhaltensweisen ihre *Form* ändern und trotzdem denselben grundlegenden *Prozeß* spiegeln können. Allerdings gibt es methodische Risiken, die bei der Untersuchung heterotypischer Kontinuitäten zu vermeiden sind. Ein Ergebnis, bei dem ein Verhalten X in einem bestimmten Alter mit einem Verhalten Y in einem späteren Alter korreliert, läßt für sich betrachtet die Annahme einer Kontinuität noch nicht zu. In jeder komplexen statistischen Analyse gibt es zwangsläufig viele solcher zufälliger Korrelationen. Um auf Kontinuität schließen zu können, muß man entweder zeigen, daß beide Verhalten trotz ihrer unterschiedlichen Form in ihrer Verbindung mit Risikofaktoren und/oder -konsequenzen ähnlich funktionieren, oder man muß die Längsschnittkorrelation mit einem anderen Sample wiederholen (am besten beides). Es gibt heterotypische Kontinuitäten, die dieser Prüfung standgehalten haben, z.B. der Zusammenhang zwischen sozialer Isolation, Ablehnung durch Gleichaltrige, merkwürdigem, unberechenbarem Verhalten und Aufmerksamkeitsdefiziten in der Kindheit und schizophrener Psychose im Erwachsenenalter (*Nuechterlein* 1986; *Rutter* 1984a). Und nachgewiesenermaßen führen Verhaltensstörungen in der Kindheit nicht nur zu antisozialen Persönlichkeitsstörungen (bei Männern häufiger als bei Frauen), sondern auch zu einem breiteren Störungsfeld sozialer Fehlfunktionen im Erwachsenenalter, die mit einer erhöhten Anfälligkeit für depressive Störungen korrelieren (bei Frauen häufiger als bei Männern) (*Robins* 1986; *Quinton, Rutter, Gulliver* 1990; *Zeitlin* 1986).

7. Eine Perspektive der Lebensspanne muß die Vielfalt der Übergänge im Verlauf der Entwicklung beachten, z.B. Verlassen des Elternhauses, Berufsbeginn, Heirat und Elternschaft. Damit wird es aber nötig, auf den Prozeß des *Umgangs* mit diesen Lebensübergängen zu fokussieren und nicht einfach nur darauf, ob sie vorhanden sind oder welche Folgen sie für das Verhalten haben. Es ist eine Sache festzustellen, daß eine Person in einem bestimmten Alter geheiratet hat; aber genauso wichtig ist die Untersuchung, wie und warum und wann die Entscheidung getroffen wurde, in welchem sozialen Kontext sie steht und welche Merkmale der Ehepartner oder die Ehepartnerin haben.

8. Bei der Bedeutung solcher Übergänge und der Reaktionen darauf müssen auch individuelle Unterschiede berücksichtigt werden. Es ist etwas anderes, ob jemand mit 15 ungewollt Mutter oder Vater wird oder ob junge Erwachsene im Kontext einer glücklichen Ehe ein Wunschkind bekommen, und es ist wieder etwas anderes, wenn ein Paar nach zehn Jahren erfolgloser Empfängnisversuche und zahlreichen Behandlungen wegen Unfruchtbarkeit das erste Kind bekommt. Diese drei Fälle unterscheiden sich wiederum von Elternschaft als Ergebnis künstlicher Befruchtung durch einen Samenspender, Adoption oder Pflegschaft.

9. Risiko- *und* Schutzfaktoren sowie die Art ihrer Interaktionen müssen gleichermaßen in Betracht gezogen werden (*Rutter* 1983, 1990a). Entwicklung wird von guten und schlechten Erfahrungen gleichermaßen beeinflußt. Erfahrungen, die zunächst negativ scheinen, können aber, und das ist sehr wichtig, trotzdem eine Schutzfunktion haben. Wie die Resistenz gegen Infektionskrankheiten durch „erfolgreiche" Ansteckung mit dem Infektionsträger in modifizierter oder geringer Form ermöglicht wird (das Prinzip der Schutzimpfung), so *kann* vielleicht auch eine erfolgreiche Bewältigung früherer belastender Erfahrungen die Abwehrkräfte gegen psychosoziale Entbehrungen stärken). Als Beispiel dafür erwähnt *Elder* (1974, 1979), daß die Verantwortung, die ältere Kinder während der großen Depression in den dreißiger Jahren für ihre Familien übernehmen mußten, stabilisierende Wirkung hatte.

10. Damit verbunden ist die Notwendigkeit, nicht nur auf direkte Einflüsse zu achten, sondern auch die Bedeutung indirekter Kettenreaktionen im Entwicklungsprozeß zu berücksichtigen *(Brown* 1988). Über die direkten Verhaltensänderungen hinaus, die aus manchen Kindheitsfaktoren resultieren, ist auch die Kettenreaktion wichtig, die sie in Gang setzen und bei der eine „schlechte" Erfahrung andere nach sich zieht oder umgekehrt eine gute Erfahrung die Wahrscheinlichkeit weiterer guter Erfahrungen erhöht. Daß ein akademischer Erfolg z.B. die Chancen auf eine gut bezahlte Stelle und damit auf bessere Lebensbedingungen im Erwachsenenalter erhöht, liegt nicht etwa daran, daß gute Noten die Persönlichkeit verändern, sondern daß gute Zeugnisse den Einstieg in berufliche Karrieren ermöglichen, was wiederum mit einer Bandbreite sozialer Vorteile im Erwachsenenleben verbunden ist.

11. Die Prozesse und Mechanismen, die an solchen indirekten und direkten Auswirkungen beteiligt sind, müssen sichtbar gemacht werden. Selbstverständlich müssen auch die verschiedenen Faktoren bestimmt werden, die mit einer psychosozialen Anpassung verbunden sind. Von daher waren Untersuchungen wichtig, die nachgewiesen haben, daß die Wahrscheinlichkeit dieser Anpassung steigt, wenn das Kind positive Merkmale hat, wie z.B. hohe Selbstachtung und positive soziale Orientierung; wenn die Familie Wärme, Harmonie und Kohäsion zeigt und wenn adäquate soziale Unterstützungssysteme vorhanden sind (*Masten, Garmezy* 1985). Wenn es aber darum geht, mit Hilfe dieser Erkenntnis effektive Mittel zu entwickeln, um eine normale Entwicklung zu fördern und psychische Störungen zu verhindern, muß man fragen, *wie* sich Selbstachtung entwickelt, welche Erfahrungen oder biologischen Eigenschaften sie fördern und welche Mechanismen daran beteiligt sind.

12. Schließlich bleibt bei der Untersuchung dieser Prozesse und Mechanismen zu berücksichtigen, daß Alter eine vieldeutige Variable ist: Das Ergebnis, daß bestimmte psychische Funktionen mit dem Alter der Kinder wachsen, läßt die Frage offen, warum oder wie das geschieht (*Rutter* 1989b). Es kann sich dabei um das Ergebnis körperlicher Reifung handeln (aber kognitive und endokrinologische Reife verläuft nicht notwendigerweise gleichzeitig; welcher Aspekt der Reifung ist also entscheidend?). Psychischer Fortschritt kann sich aber auch von der kumulativen Wirkung bestimmter Arten von Erfahrung ableiten oder davon, daß bestimmte Erfahrungen gemacht wurden, die normalerweise erst später in der Kindheit oder in der Adoleszenz auftreten.

Kurz, bei der Untersuchung der Wege von der Kindheit zum Erwachsenenalter geht es um die Analyse eines recht komplexen Sets von Bindegliedern über eine lange Zeit, nicht einfach um die Bestimmung von Korrelationen bestimmter Verhaltensweisen zwischen einer Altersstufe und einer späteren.

Längsschnittuntersuchungen von der Kindheit bis ins Erwachsenenalter

Auf dem Hintergrund dieser Überlegungen möchte ich nun empirische Untersuchungsergebnisse über Wege von der Kindheit ins Erwachsenenalter vorstellen. Nicht berücksichtigt werden dabei Ergebnisse über zeitliche Korrelationen bei bestimmten psychischen Merkmalen, da diese bereits an anderen Stellen ausführlich behandelt worden sind (vgl. z.B. *Moss, Sussman* 1980; *Rutter* 1987a). Der Hinweis soll hier genügen, daß die Korrelationen zwischen der frühen oder mittleren Kindheit und dem Erwachsenenalter für die meisten psychischen Merkmale zwar allgemein positiv, aber ziemlich niedrig sind. Tendenziell läßt sich mit dem Verhalten des Kindes das des Erwachsenen voraussagen, aber die Korrelationen sind zu schwach, um auf individueller Ebene brauchbare Voraussagen machen zu können.

Psychopathologische Kontinuitäten

Diese Schlußfolgerung gilt für normal verteilte Merkmale, wie sie in der allgemeinen Bevölkerung erhoben wurden. Bei psychopathologischen Merkmalen ist das etwas anders, insofern als einige Typen von Störungen, insbesondere Verhaltensstörungen, substantielle Kontinuitäten zwischen Kindheit und Erwachsenenalter aufweisen. Laut *Robins* (1978) gingen antisozialen Persönlichkeitsstörungen bei Erwachsenen fast immer Verhaltensstörungen in der Kindheit voraus, so daß sich im Rückblick tatsächlich eine sehr starke Kontinuität feststellen läßt. Bedenkt man aber, daß kindliche Verhaltensstörungen sehr häufig sind und nur ungefähr ein Drittel der Störungen bis ins Erwachsenenalter anhält, ist die vorwärtsweisende Kontinuität schon nicht mehr so überzeugend. Daraus ergeben sich wichtige Fragen. Zunächst muß geklärt werden, ob es wirklich einen Rückgang der Verhaltensprobleme gibt oder ob die Störung nur in anderer Form fortbesteht – also das Problem der heterotypischen Kontinuität. Wie bereits angemerkt, haben Verhaltensprobleme tatsächlich eine größere Bandbreite von Störungen bei Erwachsenen zur Folge. Unter Verwendung der retrospektiven Daten des *ECA* hat *Robins* (1986) festgestellt, daß 85 % der Frauen mit drei oder mehr Verhaltensproblemen in der Kindheit als Erwachsene unter wie auch immer gearteten psychiatrischen Störungen litten; bei den anderen Gruppen waren es 41 %. Das relative Risiko war bei Drogen-,

Alkohol- und antisozialen Problemen vierfach und bei emotionalen Störungen immerhin noch zweifach erhöht.

Weiter stellt sich die Frage nach den Merkmalen der Menschen, bei denen die Störung mit der größten Wahrscheinlichkeit bis ins Erwachsenenalter anhält. Die Stockholmer Längsschnittuntersuchung von *Magnusson* (1988) hat ein besonders hohes Risiko für Jungen ergeben, bei denen eine Kombination von Aggression, Hyperaktivität und schlechten Beziehungen zu Gleichaltrigen vorhanden war. Verglichen mit der Gruppe von gut angepaßten Jungen gab es bei ihnen ein zwanzigfaches und, verglichen mit der Gesamtbevölkerung, immer noch ein mehr als siebenfach erhöhtes Risiko für Straffälligkeit *und* Alkoholmißbrauch *und* psychische Störungen im Erwachsenenalter. Zwar war die Anzahl der Kinder mit vielfältigen Problemmustern klein, aber sie war für einen Großteil der Kontinuität verantwortlich.

Auch die Längsschnittuntersuchung von Cambridge mit Londoner Jungen aus der Arbeiterklasse hat das deutlich erhöhte Risiko anhaltender Kriminalität im Erwachsenenalter in Korrelation mit Hyperaktivität und Verhaltensstörungen in der Kindheit bestätigt. 24 von 411 Jungen waren im Alter von 26 Jahren bis zu sechsmal verurteilt worden. Bei 20 der 24 jungen Männer waren zwischen ihrem 8. und 10. Lebensjahr Hyperaktivität und/oder Verhaltensstörungen manifest geworden; das bedeutet ein zehnfach erhöhtes Risiko, das 83 % der erwachsenen Mehrfachstraftäter betraf *(Farrington, Loeber, Van Kammen)*.

Der exzellente Überblick über die Verbindungen zwischen schlechten Beziehungen zu Gleichaltrigen in der Kindheit und Störungen bei Erwachsenen von *Parker* und *Asher* (1987) unterstreicht die prognostische Bedeutung geringer Akzeptanz durch Gleichaltrige sowie Aggressivität für Schulabbruch, Erwachsenenkriminalität und vermutlich auch andere Gruppen von Problemen im Erwachsenenalter. Schüchternheit oder Rückzug bringt anscheinend nicht dieselben Risiken mit sich. Die Autoren weisen darauf hin, daß viele Bereiche noch ungeklärt sind. So ist zum Beispiel noch offen, ob das Risiko aus mangelnden sozialen Fertigkeiten, mangelnden sozialen Bindungen oder negativem, sozial abgelehntem Verhalten entsteht. Und man weiß noch nicht, ob die Korrelation zwischen geringer Akzeptanz durch Gleichaltrige und anhaltenden psychopathologischen Störungen nur zufällig ist oder ob sie eine kausale Rolle bei den zeitlichen Kontinuitäten spielt, weil sie für abweichende Sozialisationserfahrungen und -gelegenheiten prädisponiert. Trotzdem zeigen die Ergebnisse der Längsschnittuntersuchungen, die sich mit Hyperaktivität, Verhaltensstörungen und schlechten Beziehungen zu Gleichaltrigen beschäftigt haben, daß sie bei deutlichem und anhaltendem Auftreten ein stark vergrößertes Risiko für erwachsene Störungen der einen oder anderen Art bilden.

Das bedeutet nicht unbedingt, daß die Kontinuitäten ihre Ursache in intrinsischen psychischen Prozessen haben. Es kann sein, daß das Anhalten der Störung einfach die Kontinuität der psychosozialen Risikofaktoren reflektiert, die überhaupt erst zu den Problemen der Kinder geführt haben. Die Annahme ist deshalb realistisch, weil Verhaltensstörungen deutlich mit tendenziell anhaltenden disharmonischen und desorganisierten Familien und Defiziten der Eltern korrelieren (*Rutter* 1985b). Man muß auf die Umstände fokussieren, die zu einer deutlichen Verbesserung in der Umgebung der Kinder geführt haben, dann läßt sich feststellen, ob sich parallele Verbesserungen in den Verhaltensstörungen eingestellt haben. *Richman, Stevenson* und *Graham* (1982) haben in ihrer Längsschnittstudie mit Kindern vom dritten bis achten Lebensjahr festgestellt, daß eine Verringerung ehelicher Disharmonie die Wahrscheinlichkeit einer Verringerung der Probleme der Kinder nicht erhöht hat, daß aber die Kinder von einer Verbesserung der Eltern-Kind-Beziehung (die sich in größerer Wärme der Eltern und geringerer Kritik äußerte) profitiert haben. Demnach sind die Einzelheiten zwischenmenschlicher Interaktion bei Kindern für die Kontinuität wichtiger als die generellen Familienumstände.

Mit drastischeren Veränderungen in den Lebensumständen von Kindern haben sich *Hodges* und *Tizard* (1989a, b) in ihrer Follow-up-Untersuchung mit Sechzehnjährigen beschäftigt, die mindestens bis zum Alter von zwei Jahren in Säuglingsheimen aufgezogen und dann zwischen dem zweiten und dem siebten Lebensjahr adoptiert wurden oder wieder bei ihren biologischen Eltern lebten (*Tizard, Hodges* 1978). Bei der Gruppe, die von ihren Eltern in die meist gestörten und unterprivilegierten Familien zurückgeholt worden war, zeigte sich eine hohe Rate antisozialen Verhaltens; fast alle waren schon bei der Polizei und/oder psychiatrischen Diensten auffällig geworden. Bei der Gruppe der Adoptierten, die zumeist ein stabiles, harmonisches Heim hatten, lag die Wahrscheinlichkeit zur Entwicklung solcher Muster sehr viel niedriger, aber in der Tendenz hatten sie mehr Probleme, waren unzufriedener und ängstlicher als die Kontrollgruppe. Diese Unterschiede hängen anscheinend stärker mit ihren gegenwärtigen Lebensumständen als mit den frühen Institutionserfahrungen zusammen. Es hat sich aber gezeigt, daß die Gruppen der adoptierten und der bei den leiblichen Eltern lebenden Kinder große Ähnlichkeiten haben und sich insgesamt von den Kontrollgruppen unterscheiden: Sie sind stärker auf die Aufmerksamkeit von Erwachsenen angewiesen, haben mehr Schwierigkeiten und seltener enge Beziehungen zu Gleichaltrigen. Aufgrund der sehr unterschiedlichen Erfahrungen der beiden Gruppen in den zehn Jahren vor der Follow-up-Untersuchung im 16. Lebensjahr muß man annehmen, daß die Heimerziehung in den ersten Lebensjahren soziale Folgen hinterlassen hat, die zumindest bis zum Alter von 16 Jahren gegen spätere Einflüsse resistent geblieben sind. Trotzdem ist die starke Kontinuität dieser subtilen Merkmale in der Beziehung zur Gleichaltrigengruppe auffallend und unterscheidet sich deutlich von anderen Verhaltensmustern.

Weiter muß berücksichtigt werden, daß sich das Verhalten der Kinder auf andere auswirkt und damit mit größerer Wahrscheinlichkeit auch später zu belastenden Umgebungen führt. Bei den beiden beharrlichsten psychopathologischen Störungen, Verhaltensstörungen und schlechte Beziehungen zu Gleichaltrigen, ist dieses Potential eindeutig vorhanden. So hat *Robins* (1986) mit Hilfe der ECA-Daten gezeigt, daß es bei Frauen zwischen 30 und 49 Jahren, bei denen in der Kindheit zwei oder mehr Verhaltensstörungen festgestellt worden waren, ein zweifach erhöhtes Risiko gab, in den sechs Monaten vor dem Interview den Arbeitsplatz zu verlieren und die Beziehung zu Ehemann oder Lebenspartner abzubrechen, und ein vierfach erhöhtes Risiko, im selben Zeitraum mit einer besten Freundin zu brechen. Diese retrospektiven Daten müssen noch durch weitere Längsschnittuntersuchungen erhärtet werden, implizieren aber deutlich, daß Verhaltensstörungen in der Kindheit die Wahrscheinlichkeit ungünstiger psychosozialer Erfahrungen oder Lebensereignisse im Erwachsenenalter erhöhen. Die Analyse der Daten aus Längsschnitterhebungen anhand von Fragebögen (*Kandel, Davies* 1986) hat ebenfalls die Korrelation zwischen adoleszenter Depression und einem erhöhten Risiko für bestimmte soziale Streßsituationen im frühen Erwachsenenalter ergeben.

Psychosoziale Wege

Damit ist der Hintergrund für die Beschäftigung mit einigen Längsschnittuntersuchungen bezeichnet, die die Bestimmung der verschiedenen Schritte auf den Wegen von der Kindheit zum Erwachsenenalter zum Ziel haben. Zunächst soll die Follow-up-Untersuchung von Londoner Kindern zwischen 10 Jahren und einem Jahr nach Schulabschluß betrachtet werden (*Gray, Smith, Rutter* 1980). Abbildung 1 zeichnet die Wege von geringer Schulbildung zu geringem beruflichen Erfolg schematisch nach. Direkte Kontinuitäten der Schulbildung unabhängig von späteren Umständen haben sich nicht ergeben, allerdings waren die indirekten Kontinuitäten relativ stark. Bei Kindern, die keine guten Schulen besuchten, verdoppelte sich die Wahrscheinlichkeit unregelmäßigen Schulbesuchs; unregelmäßiger Schulbesuch verdoppelte die Wahrscheinlichkeit, die Schule ohne Abschluß zu verlassen, das heißt, aus dieser Gruppe hatte keiner schulische Qualifikationen, verglichen mit nur einem Fünftel der anderen Schüler. Bei Jugendlichen ohne Qualifikationen gab es wiederum eine doppelt so große

Wahrscheinlichkeit für unqualifizierte Arbeitsplätze und unregelmäßige berufliche Lebensläufe, wie die häufige Entlassung belegt. Diese Kontinuitäten waren auch bei Kontrollen anderer Variablen, wie die gemessene Intelligenz und die sozialen Umstände der einzelnen, konsistent.

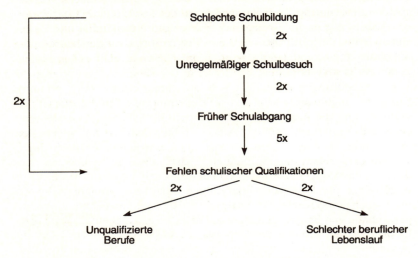

Abb. 1: Schematische Darstellung der Wege von geringer Schulbildung zu geringem beruflichen Erfolg (*Gray* u.a. 1980)

Diese Kette von Widrigkeiten ist natürlich nicht zwangsläufig, denn jedes ihrer Glieder ist offen für Einflüsse, die die Kette durchbrechen (oder stärken) können. Schwarze Mädchen z.B. besuchten mit sehr hoher Wahrscheinlichkeit die Schule regelmäßig und über die Dauer der Schulpflicht hinaus (*Maughan, Dunn, Rutter* 1985a; *Maughan, Rutter* 1986). Das heißt, ihre Qualifikationen bei Schulabschluß waren wesentlich besser als die Prognosen erwarten ließen, die auf der Basis ihrer Lesefähigkeiten beim Eintritt in die Hauptschule oder der Qualität der Schulen, die sie besuchten, erstellt worden waren. Umgekehrt gab es bei Jungen mit schlechten Lesefähigkeiten die Tendenz, die Schule ohne Abschluß zu verlassen, aber nicht unbedingt deshalb, weil die intellektuellen Einschränkungen zum Schulversagen geführt hätten, sondern weil ihre Verhaltensprobleme tendenziell mit frühem Schulabgang ohne Abschluß korrelierten (*Maughan, Gray, Rutter* 1985b).

Die zweite Untersuchung ist ein Follow-up mit Heimkindern (*Quinton, Rutter* 1988). Dabei wurden Tiefeninterviews mit Mittzwanzigern durchgeführt und Vergleichsdaten aus einer Stichprobe mit Gleichaltrigen erhoben, die bei ihren biologischen Eltern aufgewachsen waren und über einen vergleichbaren Zeitraum verfolgt wurden. Die Ergebnisse ergaben eine Kette, bei der elterliches Versagen in einer Generation zu Elternversagen in der nächsten Generation führen *kann*. Das Ergebnis der im Heim aufgezogenen Mädchen als Erwachsene war signifikant schlechter als das der Vergleichsgruppe, was kaum überraschen kann; offenes Elternversagen gab es nur in der Gruppe der ehemaligen Heimkinder, und da bei einem Drittel der Fälle. Die möglichen Mechanismen, die den heterogenen Ergebnissen zugrundeliegen, wurden mit Hilfe von zahlreichen statistischen Analysen bestimmt.

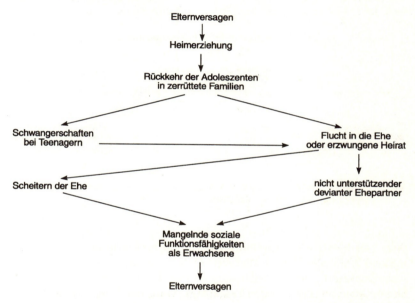

Abb. 2: Schematisches Modell des generationsübergreifenden Elternversagens (*Quinton, Rutter* 1988)

Abbildung 2 zeigt, welche Schritte zum Elternversagen führen. Den Anfang bilden vielfältige psychosoziale Probleme bei den Eltern der Mädchen, die mit Erziehungsschwierigkeiten und mangelnder sozialer Unterstützung korrelieren. Das bedingt dann den sporadischen oder kontinuierlichen Aufenthalt der Mädchen in Kinderheimen oder ähnlichem bis zur Adoleszenz. Beim Verlassen des Heims hatten viele entweder keine Familie, in die sie hätten zurückgehen können, oder sie kehrten in dieselben zerrütteten Familien zurück, aus denen man sie als Kinder „gerettet" hatte. Angesichts dieser belastenden Umstände „flüchteten" sich viele in überstürzte Ehen oder heirateten unter dem Druck einer Schwangerschaft als Teenager. Viele der Mädchen hatten durch die Heimerziehung nicht das Gefühl, ihr Leben selbst bestimmen zu können, und entwickelten keinerlei Lebensplanung, weder im beruflichen noch im ehelichen Bereich. Diese Ehen, die impulsiv und aus negativen Gründen mit meist devianten Männern aus ähnlich nachteiligen Verhältnissen geschlossen wurden, scheiterten entweder oder beließen die Frauen ohne Unterstützung in einer konfliktreichen Beziehung ohne Gratifikationen. Das wiederum korrelierte mit einem deutlich erhöhten Risiko mangelnder sozialer Funktionsfähigkeit im Erwachsenenalter und damit auch einem erhöhten Risiko des Elternversagens.

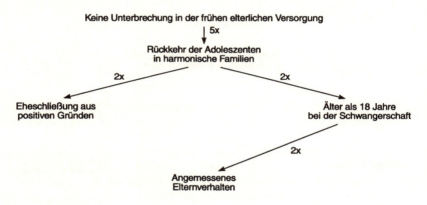

Abb 3: Schematische positive Kette von Umständen bei Frauen, die im Heim aufgewachsen sind (1) (*Quinton, Rutter* 1988)

Diese Kette von Widrigkeiten ist abhängig von einer Reihe von Bedingungen, deren Veränderung zu ganz anderen Konsequenzen führen kann. Abbildung 3 zeigt, wie eine besser angepaßte Kette von Umständen zustande kommen kann. Bei den Mädchen, die nach dem zweiten Lebensjahr in ein Heim aufgenommen wurden und bei denen es keine frühen Unterbrechungen in der elterlichen Versorgung gab, war die Wahrscheinlichkeit, nach dem Verlassen des Kinderheims in der Adoleszenz in eine harmonische Familie zurückzukehren, deutlich höher. Ein harmonisches Zuhause zu diesem Zeitpunkt steigert dann die Wahrscheinlichkeit, daß eine Ehe aus positiven Gründen (d. h. nicht unter Druck oder als Flucht) geschlossen wird und die erste Schwangerschaft nach dem 18. Lebensjahr eintritt, um mehr als das Doppelte. Beides erhöht dann die Wahrscheinlichkeit adäquaten oder guten Elternverhaltens.

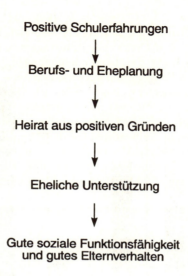

Abb. 4: Schematische positive Kette von Umständen bei Frauen, die im Heim aufgewachsen sind

Zu dieser Kette gehörte eine Reihe teilweise miteinander verbundener sozialer Umstände. Allerdings können auch zufällige Ereignisse manche Risikowege in günstigere Bahnen lenken. So verteilte z.B. das Kinderheim die Kinder grundsätzlich auf verschiedene Schulen, da eine unangemessene Häufung von Heimkindern in einer Schule zu ungünstiger Etikettierung hätte führen können. Folglich machten manche der Kinder viel bessere Erfahrungen in der Schule als andere. Bei den Kindern mit guten Schulerfahrungen zeigte sich eine ums Dreifache erhöhte Wahrscheinlichkeit von Planung im beruflichen und ehelichen Bereich. Damit steigt auch signifikant die Wahrscheinlichkeit, daß sie aus positiven Gründen heiraten, und somit die Wahrscheinlichkeit, einen nicht-devianten Ehepartner zu finden, mit dem sich eine warme, vertrauensvolle Partnerschaft aufbauen läßt, was wiederum die Chancen für gute soziale Funktionsfähigkeiten und damit für gutes Elternverhalten der jungen Erwachsenen erhöht. Diese Verbindungskette blieb auch bei der Kontrolle auf andere Variablen, wie z.B. nicht deviantes Verhalten der Mädchen in Kindheit und Adoleszenz konsistent.

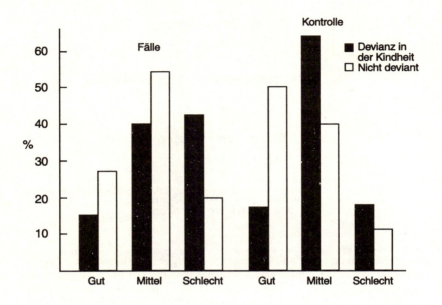

Abb. 5: Devianz in der Kindheit und Ergebnisse im Erwachsenenalter (männlich) (nach *Rutter, Quinton, Hill* 1990)

Trotzdem gab es Korrelationen zwischen deviantem Verhalten an sich und den Ergebnissen, wobei diese statistische Beziehung bei Männern wesentlich ausgeprägter war als bei Frauen (*Rutter, Quinton, Hill* 1990). Die Ergebnisse der Untersuchung bei Männern ergaben eine signifikante Korrelation mit verdoppeltem Risiko zwischen Devianz in der Kindheit und geringen allgemeinen sozialen Funktionsfähigkeiten im Erwachsenenalter. Aber bei den Fällen von Kindheitsdevianz korrelierte die Heimerziehung mit einem zweifachen Anstieg schlechter sozialer Funktionsfähigkeiten. Das heißt also: Es gibt einen Weg, zu dem Devianz in der Kindheit gehört, aber auch einen oder mehrere Wege, bei denen andere Faktoren eine Rolle spielen.

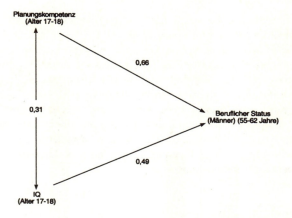

Abb. 6: Berkeley Längsschnittuntersuchungen: Die Rolle der Planungskompetenz (*Clausen* 1986)

Unsere Daten zeigen, daß Planung ein wichtiger Bestandteil guter Ergebnisse im Erwachsenenalter ist. Allerdings mußten wir die Planung rückblickend messen, mit all den dazugehörenden Unsicherheiten. Mit Hilfe der Berkeley-Längsschnittuntersuchungen (*Clausen* 1986) läßt sich der gleiche Effekt prospektiv einschätzen. „Planungskompetenz" wurde zwischen 17 und 18 Jahren gemessen, im gleichen Alter wie der IQ. Die beiden Messungen korrelierten nur gering auf der 0.31-Ebene. Auffälligerweise betrug die Korrelation von Planungskompetenz und späterem beruflichen Status zwischen 55 und 62 Jahren im mittleren Erwachsenenleben 0.66; sie war also stärker als beim IQ. (Tabelle 1 s. u.)

Tabelle 1: Anzahl der Ehen entsprechend der Ebene der Planungskompetenz beim Hauptschulabschluß (männlich) (Daten nach *Clausen* 1986)

	Planungskompetenz		
	Hoch	Mittel	Niedrig
Insgesamt	100	100	100
Keine	–	5	–
Eine	82	75	55
Zwei	18	15	32
Drei oder mehr	–	5	14
Anzahl der Subjekte	28	20	22

Wie in unserer Stichprobe von Heimkindern korrelierte auch hier mangelnde Planungskompetenz mit einem erhöhten Risiko ehelichen Versagens. Fast die Hälfte (46 %) der Gruppe mit geringer Planungskompetenz waren zweimal oder öfter verheiratet; bei der Gruppe mit hoher Planungskompetenz waren es 18 %. Die Vergleichszahlen für Frauen (basierend auf einer leicht veränderten Messung) lagen bei 46 % vs. 6 %. Es ist evident, daß Merkmale aus der Adoleszenz eine starke Voraussagegültigkeit für eheliche und berufliche Lebensumstände im mittleren Lebensalter haben, mehr als 40 Jahre später. Wichtig dabei ist, daß *nicht* das zeitlich unveränderte Verhalten die negativen Chancen ansteigen läßt, sondern der Stil im Umgang mit bestimmten Lebensumständen.

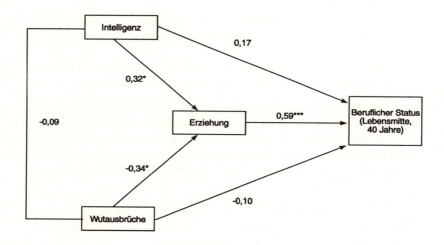

Abb. 7: Wutanfälle in der Kindheit und beruflicher Status im Erwachsenenalter (nach *Caspi, Elder, Herbener* 1990)

Caspi, Elder und *Herbener* (1990) haben anhand der Untersuchungen von Berkeley und Oakland eine Vielzahl von Kettenreaktionen festgestellt. Abbildung 7 faßt zusammen, welche Konsequenzen häufige Anfälle von Jähzorn in der Kindheit haben. Durch dieses „explosive" Verhaltensmuster steigt die Wahrscheinlichkeit eines frühen Schulabgangs und damit einer schlechten Schulbildung im frühen Erwachsenenalter signifikant. Schlechte Schulbildung korreliert mit einem niedrigeren beruflichen Status im mittleren Erwachsenenalter. Das Verhalten in der Kindheit hat also keine direkten Auswirkungen für die berufliche Ebene, aber es gibt einen wichtigen indirekten Effekt durch den Einfluß auf die Schulbildung.

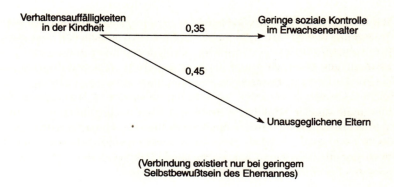

Abb. 8: Berkeley-Längsschnittuntersuchung von Frauen: Folgen kindlichen Problemverhaltens im Erwachsenenalter (*Caspi, Elder* 1988)

Bei Frauen ergab sich eine Korrelation zwischen kindlichem Problemverhalten und dem erhöhten Risiko von unausgelichener Elternschaft und geringer sozialer Kontrolle (*Caspi, Elder* 1988). Interessanterweise hing dieses Ergebnis vom Ausmaß des Selbstvertrauens des Ehemannes ab. Verhaltensauffälligkeit erhöht die Wahrscheinlichkeit signifikant, daß ein Ehemann mit geringem Selbstbewußtsein gewählt wird, und das wiederum erhöht die Wahrscheinlichkeit geringer sozialer Kontrolle im mittleren Lebensalter. Diese Tendenz zeigte sich nicht, wenn der Ehepartner mehr Selbstvertrauen hatte.

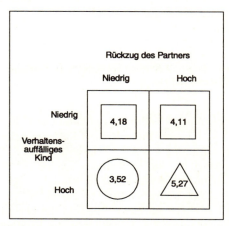

Abb. 9: Verhaltensauffälligkeiten in der Kindheit

Abbildung 9 faßt die Ergebnisse zusammen. Die Zahl im unteren rechten Dreieck gibt den Wert für geringe Kontrolle im Erwachsenenalter bei einer Kombination von problematischem Kindheitsverhalten und einem Ehemann mit geringem Selbstvertrauen und dadurch bedingtem Rückzug an. Der Wert für geringe Kontrolle ist hier signifikant höher als in den anderen Feldern. *Caspi* und *Elder* (1988) schlossen daraus, daß die Kontinuitäten in dem interaktionalen Stil liegen müssen, der unterschiedlich funktioniert: erstens durch Auswahl der Umgebungen und Beziehungen (wie bei der Partnerwahl gezeigt), zweitens durch Evozieren von Interaktionen, die ein fehlangepaßtes Verhalten ans Tageslicht bringen (der interaktive Effekt von Abb. 9).

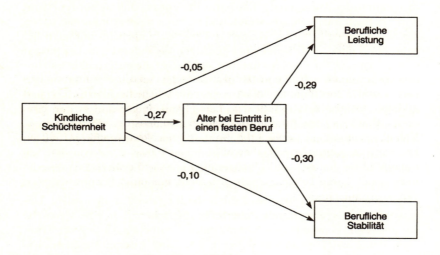

Abb. 10: Folgen kindlicher Schüchternheit für das Erwachsenenalter (nach *Caspi, Elder, Herbener* 1990)

Kindliche Schüchternheit, ebenfalls ein früh manifestes Merkmal, zieht eine andere Ursachenkette nach sich. Dazu gehört die erhöhte Wahrscheinlichkeit späten Eintritts in eine stabile berufliche Laufbahn, was wiederum mit einer geringeren Ebene beruflicher Leistung und häufigerer beruflicher Instabilität korreliert. Ein atypisch später Beginn der beruflichen Laufbahn geht anscheinend mit geringeren Investitionen in berufliche Fertigkeiten und Vorteile einher und birgt von daher mehr berufliche Risiken.

Die Verbindung von ungewöhnlich späten entscheidenden Lebensübergängen und beruflichen Nachteilen ist allerdings nicht zwingend. Laut *Elder* (1986) können späte Übergänge dann auch Schutzfunktionen haben, wenn sie neue Möglichkeiten eröffnen. In der Berkeley-Guidance-Untersuchung zeigte sich bei Jugendlichen mit geringer Leistung aus sozial benachteiligten Milieus mit geringen Werten bei der sozialen Kompetenz in der Adoleszenz die Tendenz zu einem ungewöhnlich frühen Eintritt in die Armee, häufig begleitet von Schulabbrüchen (das war in den späten 40er Jahren während einer Einberufungsphase). Der Militärdienst korrelierte mit einer verlängerten Ausbildung (die große Mehrzahl begann in der Armee eine Ausbildung) und mit einem Aufschub des ehelichen wie beruflichen Bereichs. Für diese sozial benachteiligten Jugendlichen war der Militärdienst ein wichtiger Wendepunkt, der es ihnen ermöglichte, schulische und berufliche Fertigkeiten zu erwerben, die sie sonst nicht bekommen hätten; der Aufschub der Ehe hatte den Vorteil, daß sie bei der Heirat wirtschaftlich unabhängiger waren und zu einer besser funktionierenden sozialen Gruppe gehörten. Follow-up-Untersuchungen im mittleren Lebensalter zeigten, daß die mit einer günstigen Veränderung im Lebenslauf verbunden war; ihr Ergebnis übertraf signifikant die aufgrund ihres Hintergrunds und ihrer Funktionsfähigkeiten in der Adoleszenz aufgestellten Prognosen. In der Gesamtbevölkerung hat der Militärdienst natürlich nicht dieselben günstigen Wirkungen, und es geht auch nicht darum, den Militärdienst etwa als Ideallösung für unterprivilegierte Jugendliche zu empfehlen. Entscheidend ist die Einsicht, daß selbst Erfahrungen mit vielen negativen Aspekten günstige Auswirkungen haben können, sofern sie Gelegenheiten zur Anpassung bieten, die sonst nicht vorhanden wären.

In einem anderen Längsschnittprojekt, der Stockholm-Studie, über die *Magnusson* (1988) berichtet, wird die Bedeutung des Timing evident. Ungewöhnlich früh einsetzende Pubertät bei Mädchen, d. h. eine Menarche vor dem 11. Lebensjahr, korreliert mit einem deutlichen Anstieg von Trunkenheit und anderen Formen der Normverletzung in der mittleren Adoleszenz. Dieser Anstieg war Teil einer stärkeren Hinwendung zu einer älteren Peer-Gruppe. Bei frühreifen Mädchen, die nicht mit älteren Teenagern zusammen waren, war kein Anstieg der Normverletzungen erkennbar. Man kann annehmen, daß der Reiz physiologisch, aber der Mechanismus psychosozial bedingt war *(Magnusson, Stattin, Allen* 1986). Eine spätere Follow-up-Untersuchung der jetzt Mittzwanziger ergab keine Korrelation zwischen Frühreife und einem Anstieg von Normverletzungen. Das heißt, die frühreifen Mädchen haben den Verhaltensstil älterer Adoleszenter übernommen, aber nicht kontinuierlich, denn mit der Veränderung der Peer-Gruppe veränderten sich auch die Verhaltenseinflüsse; eine Langzeitkontinuität fehlte.

Bei frühreifen Mädchen gab es auch eine erhöhte Wahrscheinlichkeit vorzeitigen Schulabbruchs, und auch das entspricht wieder dem Muster älterer Mädchen. Allerdings bedeutete dieser Schulabbruch im Unterschied zu dem regulären Schulabgang der älteren hier einen geringeren Bildungsstand. Dieses Ergebnis war durchgängig, wohl weil es nur durch die Wiederaufnahme der Schulbildung zu einem späteren Zeitpunkt hätte umgekehrt werden können, was zwar möglich gewesen wäre, aber doch einen großen Schritt erforderte, den nur wenige schafften. Die Kontinuität ergab sich weniger durch etwaige intrinsische Persönlichkeitsveränderungen an sich als durch mangelnde Gelegenheiten. Außerdem führte der Schulabbruch entsprechend zu einer verstärkten Konzentration auf Ehe und Familie. Konsequenterweise hatten die Frühreifen mit 26 Jahren signifikant mehr Kinder als der Rest des Samples. Wieder lag die Kontinuität eher in den Konsequenzen frühen Verhaltens als in inneren Veränderungen der Frauen.

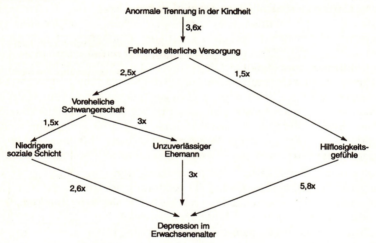

Abb 11: Schematische Darstellung der Bindeglieder zwischen anomaler Trennung in der Kindheit und Depression im Erwachsenenalter (nach *Brown* u.a. 1986)

Viele der hier vorgestellten Untersuchungen betonen die Bedeutung von Schwangerschaft, Ehe und Berufswahl als wichtige Wendepunkte im Leben. Die Bedeutung dieser Lebensübergänge wird auch in der Untersuchung erwachsener Frauen von *Brown* und seinen Kollegen nachgewiesen (*Brown, Harris, Bifluco* 1986; *Harris, Brown, Bifulco* 1986, 1987). Abbildung 11 faßt die Hauptergebnisse zusammen. Die Wege beginnen mit anomalen Trennungen von den Eltern in der Kindheit (was in manchen Fällen zur Heimeinweisung führte). Damit korreliert ein erhöhtes Risiko (3,6x) schlechter elterlicher Versorgung. Schlechte elterliche Versorgung wiederum korreliert mit der 2,5fach erhöhten Wahrscheinlichkeit vorehelicher

Schwangerschaft. Das erhöhte das Risiko der Ehe mit einem unzuverlässigen Mann und die Wahrscheinlichkeit, daß die Mädchen nicht in eine höhere soziale Schicht aufsteigen. Dazu kam eine durch fehlende elterliche Versorgung erhöhte Wahrscheinlichkeit, daß die Frau Gefühle von Hilflosigkeit entwickelte. Jeder dieser drei Stränge (d. h. niedrigere soziale Schicht, schlechte Ehe und Gefühle von Hilflosigkeit) korrelierte mit einer erhöhten Anfälligkeit für Depression im Erwachsenenalter. Wie in den anderen Untersuchungen fiel auch hier auf, daß jedes Glied in der Kette davon abhängig war, wie mit den Lebensübergängen umgegangen wurde. So brachte z.B. die Trennung von den Eltern dann keine Risiken mit sich, wenn sie nicht zu schlechter elterlicher Versorgung führte. Genauso hatte auch eine gut bewältigte voreheliche Schwangerschaft keine der in Abbildung 11 gezeigten nachteiligen Auswirkungen.

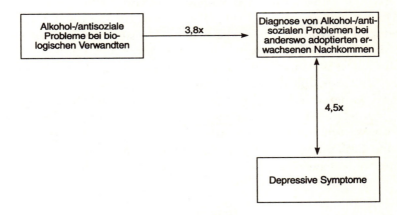

Abb. 12: Schematische Darstellung der Verbindungen zwischen genetischen Risikofaktoren für Alkohol- und antisoziale Probleme und Auftreten von Depression (*Cadoret* u.a. 1990)

Ein anderer Weg, der erwähnt werden muß, ist der der genetischen Einflüsse. Bei der Untersuchung von Kindern, die früh adoptiert und deshalb nicht bei ihren biologischen Eltern aufgewachsen waren, wurden direkte und indirekte genetische Einflüsse festgestellt (*Cadoret, Troughton, Morens* und *Whitters* 1990). Alkohol- oder antisoziale Probleme bei biologischen Verwandten korrelierten mit einer 3,8fach erhöhten Anfälligkeit für diese Probleme bei den adoptierten erwachsenen Nachkommen, was auf direkte genetische Einflüsse verweist. Zwischen diesen Problemen in der biologischen Familie und Depression bei den Nachkommen hat sich keine direkte Korrelation ergeben. Da es aber andererseits bei Menschen mit Alkohol-

oder antisozialen Problemen eine vierfach erhöhte Anfälligkeit für depressive Symptome gibt, existiert ein wesentlicher indirekter genetischer Effekt. Die Gründe für die Korrelation zwischen antisozialen Störungen und einem erhöhten Depressionsrisiko sind unklar, aber die Verbindung selbst ist in vielen Untersuchungen aufgezeigt worden. Es ist möglich, daß abweichendes Verhalten sowohl zu belastenden interpersonalen Interaktionen als auch sozialen Nachteilen führt (vgl. *Robins* 1986), was beides für Depression prädestiniert.

Mein Bericht über Langzeit-Längsschnittuntersuchungen ist bewußt unvollständig. Das Muster der Ergebnisse der zitierten Studien ist komplexer, als ich hier andeuten konnte, und natürlich gibt es eine große Zahl weiterer Untersuchungen, die ich hätte berücksichtigen können. Trotzdem sind die hier vorgestellten generellen Muster, wie ich glaube, relativ repräsentativ für die Literatur; außerdem wurden zahlreiche Schlüsselmuster in verschiedenen Untersuchungen repliziert. Natürlich läßt sich anhand dieser Muster keinesfalls eine auch nur ansatzweise vollständige Erklärung von entwicklungsmäßigen Zusammenhängen versuchen. Trotzdem zeigen sie einige Möglichkeiten von Ketteneffekten. Jetzt müssen die Ergebnisse zusammengebracht werden, um die jeweiligen Prozesse und Mechanismen zu untersuchen, die den Kontinuitäten (und Diskontinuitäten) zwischen Kindheit und Erwachsenenalter zugrunde liegen (vgl. *Maughan, Champion* 1990; *Rutter* 1984c).

Mögliche Vermittungsfaktoren für Kontinuitäten und Diskontinuitäten

Genetische Mechanismen

Die erste Möglichkeit ist die, daß sowohl Kontinuitäten als auch Veränderung genetisch vermittelt sind. Dafür ließen sich verschiedene Möglichkeiten denken. So könnte das Anhalten einer Störung von der Kindheit ins Erwachsenenalter Funktion der intrinsischen Eigenschaften einer genetisch bestimmten Bedingung sein; z.B. beim Autismus, der anscheinend eine starke genetische Komponente besitzt *(Folstein, Rutter* 1987; *Smalley, Asarnow, Spence* 1988). Aber genetische Faktoren müssen auch bei der Kontinuität von Verhaltensstörungen in der Kindheit und Persönlichkeitsstörungen im Erwachsenenalter berücksichtigt werden, obwohl sie hier nicht so offensichtlich sind. Auch wenn es bei der überwiegenden Zahl von Verhaltensproblemen und delinquentem Verhalten in der Kindheit anscheinend nur eine schwache genetische Komponente gibt, gibt es doch Anzeichen dafür, daß bei der Untergruppe, bei der die Störung bis ins Erwachsenenleben anhält, genetische Faktoren sehr wohl eine Rolle spielen können (*Rutter, MacDonald, Le Couteur, Harrington, Bolton, Bailey* 1990). Aber genetische Mechanismen können ebenso auch bei den Kontinuitäten zwischen zwei verschiedenen Verhaltensformen eine Rolle spielen. Das könnte für die Verbindungen zwischen sozialen Auffälligkeiten und Aufmerksamkeitsdefiziten in der Kindheit und schizophrenen Psychosen im Erwachsenenalter gelten (*Nuechterlein* 1986; *Gottesman, Shields* 1976), aber auch bei der Depression im frühen Erwachsenenalter, die ein Vorläufer der Huntingdonschen Krankheit im mittleren Lebensalter ist (*Folstein, Franz, Jensen, Chase, Folstein* 1983).

Zusätzlich können sich genetische Faktoren auch indirekt auswirken, wenn sie zu Psychopathologie-Typen führen, die dann mit einer erhöhten Anfälligkeit für andere Formen psychiatrischer Störungen korrelieren. Wie die Untersuchung von *Cadoret* u. a. (1990) gezeigt hat, kann es durchaus eine solche Wirkung von genetischen Mechanismen bei antisozialen Störungen geben, die ihrerseits mit einem erhöhten Risiko einer depressiven Symptomatologie korrelieren.

Biologische Mechanismen

Zweitens kann die Vermittlung über nicht genetisch determinierte Aspekte biologischer Mechanismen laufen. So haben z.B. verschiedene Untersuchungen statistische Korrelationen zwischen Komplikationen bei Schwangerschaft und Geburt und Schizophrenie im Erwachsenenalter ergeben (*Lewis, Murray* 1987; *Murray* u. a. 1988; *Parnas, Schulsinger, Teasdale, Schulsinger, Feldman, Mednick* 1982). Die Mechanismen bei dieser Korrelation sind unklar, aber möglicherweise aktiviert die spätere Reifung von Gehirnsystemen, bei denen ein Zusammenhang zur Schizophrenie existiert (wie vielleicht die dopaminergen Nervensysteme), die psychische Störung, weil die relevanten Gehirnstrukturen bei der Geburt geschädigt worden sind (*Weinberger* 1987). Die Pathologie des Gehirns als solche ist nicht progressiv, aber die Effekte werden erst sehr viel später manifest, weil sich die mit Schizophrenie assoziierten Hirnsysteme erst noch entwickeln müssen. In bezug auf die Schizophrenie bleibt diese These spekulativ, aber es gibt gut dokumentierte medizinische Beispiele für ähnliche spätere Auswirkungen oder für Manifestationen, die sich mit dem Alter verändern. So gibt es eine Verbindung zwischen Encephalitis lethargica (oder Hirnschäden bei Boxern) im frühen Erwachsenenalter und der späteren Entwicklung der Parkinsonschen Krankheit. Und es gibt eine gut belegte Korrelation zwischen Virusinfektionen und Krebserkrankungen, die Jahrzehnte danach ausbrechen. Ein Beispiel für pränatale Auswirkungen wäre die Korrelation von hoher Alkoholzufuhr in utero und Aufmerksamkeitsstörungen in der Kindheit (*Porter, O'Conner, Whelan* 1984); die Folgen im Erwachsenenalter sind noch nicht bekannt.

Aber für die Vermittlung sind nicht unbedingt organische Hirnschäden nötig. So haben z.B. die Tierversuche von *Levine* und anderen (*Hennessy, Levine* 1979; *Hunt* 1979) gezeigt, daß körperlicher Streß in der Kleinkindzeit zu vergrößerten Nebennieren und zu erhöhter Widerstandsfähigkeit gegen spätere Streßfaktoren führt. Und die pränatale Gabe von Adrenogenen korreliert mit einer erhöhten Neigung zu jungenhaftem Verhalten bei Mädchen (*Mayer-Bahlberg* u. a. 1986). Adäquate sinnliche Erfahrungen sind für die Entwicklung der verwandten Nervensysteme notwendig. Für das Sehvermögen wurde das umfassend gezeigt, aber auch der Mangel an anderen Sinnesreizen hat nachgewiesenermaßen Auswirkungen auf Hirnstruktur und -funktionen (*Greenough, Black, Wallace* 1987; *Rosenzweig, Bennett* 1977).

Die Gestaltung der Umgebung

Die Konsequenzen von Kindheitsverhalten oder -erfahrungen für die Umweltgestaltung im Erwachsenenleben bilden einen dritten Mechanismus der Vermittlung. Wie viele der hier vorgestellten Längsschnittuntersuchungen gezeigt haben, ist das besonders offensichtlich bei den Verbindungen zwischen Ausbildungsstand und späterem beruflichen Status. Ich möchte noch einmal betonen, daß es sich bei dieser Verbindung gerade *nicht* um eine sekundäre Folge individueller Eigenschaften wie z.B. den IQ handelt. Die Stockholm-Untersuchung (*Magnusson* 1988; *Magnusson* u. a. 1986) hat gezeigt, daß eine früh einsetzende Pubertät bei Mädchen zu einem Schulabbruch führen kann; unsere eigene Längsschnittuntersuchung (*Maughan* u. a. 1985b) hat ähnliche Auswirkungen für Verhaltensstörungen ergeben. Die Berkeley-Untersuchungen (*Caspi* u. a. 1990) kamen zu vergleichbaren Ergebnissen und haben darüber hinaus gezeigt, daß der Eintritt in die Armee zu einer Verlängerung der Ausbildung führen kann (*Elder* 1986). Und unsere Untersuchungen mit farbigen Schulkindern haben ergeben, daß ihre größere schulische Ausdauer sich günstig auf ihre intellektuellen Leistungen ausgewirkt hat (*Maughan, Rutter* 1986). In all diesen Fällen eröffnete bzw. versperrte die Ausbildung bzw. der Abbruch der Ausbildung berufliche Möglichkeiten, die mit hoher Wahrscheinlichkeit die sozialen Lebensumstände im Erwachsenenalter beeinflussen. Die Lebensbedingungen einzelner Menschen lassen sich zum Teil auf Schritte zurückführen, die sie selbst gemacht haben und die Konsequenzen für spätere Erfahrungen haben (vgl. *Scarr, McCartney* 1983). Diese Erkenntnis ist sehr wichtig.

Die Wahl des Ehepartners ist als Faktor zur Gestaltung der Umgebung im Erwachsenenalter nicht minder wichtig. Unsere Untersuchung von Mädchen, die in Heimen aufgewachsen sind, hat eine starke Tendenz zu sehr frühen und überstürzt eingegangenen Ehen ergeben, durch die sie aus einer in ihren Augen unerträglichen Familiensituation fliehen wollten. Durch diese Tendenz erhöhte sich für sie die Wahrscheinlichkeit einer unbefriedigenden, zum Scheitern verurteilten Ehe. In dieser und der Berkeley-Untersuchung (*Clausen* 1986) wurde die positive Funktion von Planung deutlich; Planung korrelierte mit einem signifikanten Anstieg in der Stabilität der Ehe. Die Untersuchungen von *Brown* u. a. (1986) haben die Schlüsselrolle von vorehelichen Schwangerschaften belegt; sehr viele Untersuchungen zeigen, daß Teenager-Ehen häufiger geschieden werden.

Kontinuierlicher wird die Umgebung durch die Auswirkungen geformt, die das eigene Verhalten auf die Reaktionen anderer hat. Dafür gibt es viele Belege. So haben z.B. experimentelle Untersuchungen gezeigt, daß widerständige Kinder bei Erwachsenen andere Verhaltensweisen hervorrufen als passive und brave (*Brunk, Henggeler* 1984). Beobachtende Untersuchungen haben ergeben, daß die Reaktionen von Gleichaltrigen auf aggressive Jungen tendenziell negativ sind (*Dodge* 1980). Bereits erwähnt wurden die Ergebnisse der ECA-Untersuchung, die eine Korrelation zwischen Verhaltensstörungen in der Kindheit und einem erhöhten Risiko sozialer Ablehnung und Arbeitsplatzverlust im Erwachsenenleben gezeigt hat (*Robins* 1986).

Dem ist hinzuzufügen, daß auch antisoziales Verhalten gesellschaftliche Reaktionen hervorruft, die die spätere Umgebung prägen, z.B. durch strafrechtliche Maßnahmen oder Bewährungshilfe, die einerseits antisoziale Einflüsse der Peer-Gruppe „etikettieren" und stärken, andererseits aber auch Umgebungen schaffen kann, die der Anpassung förderlicher sind.

Aus dem vorhandenen Material läßt sich im positiven Sinne der Schluß ziehen: Wenn die mit guten Erziehungserfahrungen korrelierten Gewinne überhaupt anhalten, dann deshalb, weil die Kinder mit größerer Wahrscheinlichkeit eine positive Einstellung zum Lernen entwickeln, die es lohnend macht, sie zu unterrichten, und *nicht*, weil es eine anhaltende Wirkung auf die kognitiven Fähigkeiten gäbe (*Pedersen, Faucher, Eaton* 1978; *Berreuta-Clement, Schweinart, Barnett, Epstein, Weikart* 1984).

Und wer Kinder hat, ist natürlich auch deren Einflüssen auf das eigene Leben ausgesetzt. Freud und Leid der Elternschaft entstammen dem eigenen Verhalten zum Zeitpunkt der Übernahme der Elternverantwortung. Ob die Auswirkungen positiv oder negativ sind, hängt mit von den Umständen (d. h., ob man z.B. als unverheiratete Teenager oder als glücklich verheiratete Erwachsene ein Kind bekommt), von der Zahl der Kinder und dem Zeitpunkt der Geburten ab.

Kognitive und soziale Fertigkeiten

Die Erweiterung oder Reduzierung kognitiver und/oder sozialer Fertigkeiten bildet den vierten möglichen Vermittlungsmechanismus. Zahlreiche Untersuchungen von Kindern, die in Risiko-Umgebungen aufwachsen, haben gezeigt, daß ein höherer IQ oder bessere Schulleistungen die Wahrscheinlichkeit späterer psychiatrischer Störungen verringert (*Cohler* 1987; *Garmezy* 1983; *Rutter* 1979). Die Gründe für die schützende Wirkung besserer kognitiver Fertigkeiten liegen noch im dunkeln. Zweifellos liegt ein Grund darin, daß solche Fertigkeiten die Selbstachtung steigern und mit Umgebungsvorteilen korrelieren. Aber die Schutzfunktion dieser Fertigkeiten kann auch damit zusammenhängen, daß sie das Repertoire adaptiver Strategien für den Umgang mit Herausforderungen und Gefahren im späteren Leben erweitern.

Wahrscheinlich sind soziale Fertigkeiten genauso wichtig wie kognitive. *Dodge (Dodge* 1983; *Dodge, Pettit, McClaskey, Brown* 1986) hat gezeigt, daß es aggressiven Jungen an zwischenmenschlichen Fertigkeiten fehlt und daß sie in sozialen Interaktionen ungeschickt sind. Wahrscheinlich spielen diese mangelnden sozialen Fertigkeiten eine Rolle bei der Perpetuierung ihrer Verhaltensprobleme. Wie bereits gesagt, lassen sich aus sozialer Inkompetenz und schlechten Beziehungen zu Gleichaltrigen spätere Psychopathologien vorhersagen (*Parker, Asher* 1987).

Ein Grundsatz der Bindungstheorie lautet, daß die frühe Eltern-Kind-Beziehung die Basis aller späteren Beziehungen ist. Entsprechend geht sie davon aus, daß Kinder, die in den ersten Lebensjahren keine feste Bindung entwickelt haben, als Erwachsene nur eingeschränkt feste, vertrauensvolle Beziehungen eingehen können (*Bowlby* 1969, 1988; *Bretherton, Waters* 1985; *Waters, Hay, Richters* 1986). Anfangs haben die Autoren, die sehr stark von der Psychoanalyse beeinflußt waren, einen ziemlich starren Effekt auf die Persönlichkeitsstruktur postuliert (*Bowlby* 1951). Unter dem Einfluß der Verhaltensforschung sah man in der Eltern-Kind-Bindung ein Äquivalent zu der Prägung auf die anschließende Reaktion bei bestimmten Vogelarten (*Bowlby* 1969). Heute allerdings geht *Bowlby* von der Hypothese eines sehr viel flexibleren Prozesses aus, dessen Entwicklungswege im Verlauf des Lebens stets Veränderungen zulassen. Trotzdem gilt für ihn weiterhin, daß die Basis der Kontinuität die frühe Beziehung ist, die alle späteren Beziehungen formt und beeinflußt. Inwieweit es diese Korrelation gibt und welche Mechanismen gegebenenfalls daran mitwirken, dafür fehlen noch überprüfbare Daten. Man kann allerdings die Daten der Follow-up-

Untersuchung von *Hodges* und *Tizard* (1989a, b) mit Kindern, die ihre ersten Lebensjahre in Kinderheimen verbracht haben, als vorsichtige Bestätigung dieser These verstehen. Zwar sind die Auswirkungen nicht so extrem wie man früher glaubte, aber es gibt eine Korrelation zwischen dem Aufwachsen in einem Kinderheim in den ersten Lebensjahren und weniger intensiven und selektiven Beziehungen in der Adoleszenz. Ob dieses Merkmal im Erwachsenenleben anhält, bleibt abzuwarten.

Auch unsere eigene Follow-up-Untersuchung von Mädchen, die im Heim erzogen wurden, hat gezeigt, daß es verglichen mit Mädchen aus normalen Familien hier eine größere Wahrscheinlichkeit für Störungen gibt, wenn sie als Erwachsene mit sozialen Problemen konfrontiert werden (*Quinton, Rutter* 1988). Waren die sozialen Umstände günstig, entsprach ihr Ergebnis überwiegend dem der Kontrollgruppe, aber die Wahrscheinlichkeit eines Zusammenbruchs war höher. Es kann sein, daß dabei auch mangelnde Bewältigungsfähigkeiten eine Rolle spielen, aber das ist bis jetzt nicht nachgewiesen worden. Auch die Kauai-Längsschnittuntersuchung (*Werner, Smith* 1982; *Werner* 1985) hat eine Korrelation zwischen Widerstandsfähigkeit und guter Problembewältigung ergeben.

Es ist immer wieder behauptet worden, diese Anfälligkeit sei die Folge einer fehlenden „Durcharbeitung" von belastenden Erfahrungen der Vergangenheit. Besonders betont wird die Notwendigkeit des Durcharbeitens bei der Trauer um einen verstorbenen Menschen, weil ein erhöhtes Risiko für spätere psychische Störungen vermutet wird, wenn die Trauer zum Zeitpunkt des Ereignisses nicht manifest ist. Es mag eine gewisse Korrelation zwischen dem Trauerprozeß und dem Anfälligkeitsgrad für spätere Störungen geben; dennoch zeigen die vorhandenen Daten eindeutig, daß das Fehlen einer Depression nach Verlusten kein Risikofaktor ist, sondern eher das Gegenteil (*Wortman, Silver* 1989). Und auch *Vaillant*s Follow-up der Stichprobe von *Glueck* mit sozial benachteiligten Kindern aus dem Großstadtraum hat gezeigt, daß ein gutes Funktionieren in der Kindheit tendenziell gutes Funktionieren im Erwachsenenalter zur Folge hat; die Abwesenheit von Störungen läßt sich nicht als Risikofaktor werten (*Felsman, Vaillant* 1987). Aber es ist natürlich möglich, daß die Konzeptualisierung früher nachteiliger Erfahrungen eine Bedeutung für die Bestimmung späterer Folgen hat *(Main, Kaplan, Cassidy* 1985; *Bowlby* 1988).

Selbstachtung und Selbsteffizienz

Eine ähnliche These besagt, daß negative Kindheitserfahrungen deshalb anfällig für spätere psychische Störungen machen, weil sie das Selbstwert- und das Selbsteffizienzgefühl herabsetzen. Das wurde als eines der Bindeglieder zwischen fehlender emotionaler Zuwendung in der Kindheit und Depressionsneigung im Erwachsenenleben postuliert *(Brown* u.a. 1986). Es gibt Ergebnisse, die diese Hypothese bestätigen, aber ein direkter Längsschnittnachweis fehlt bisher. Belegen läßt sich aber, daß erfolgreiche Bewältigung und/oder positive Erfahrungen tendenziell eine Schutzfunktion haben, und es scheint durchaus plausibel, daß diese Schutzfunktion in dem durch solche Erfahrungen gestärkten Selbstvertrauen liegt *(Rutter* 1987a; 1990a). So wurde in der Follow-up-Untersuchung von Mädchen mit Heimerziehung eine Korrelation zwischen positiven Schulerfahrungen und einer erhöhten Tendenz zur „Planung" in den Bereichen Ehe und Beruf festgestellt (*Quinton, Rutter* 1988; *Rutter* u.a. 1990). Die Erklärung ist naheliegend, daß die erfolgreiche Bewältigung einer Situation, hier der Schule, die Wahrscheinlichkeit erhöht, daß die Mädchen sich auch in anderen Lebensbereichen kompetent fühlen und Einfluß auf den Verlauf ihres Lebens nehmen können. Entsprechend hat *Elder* (1974, 1979) tendenziell bessere Ergebnisse bei älteren Kindern festgestellt, die während der großen Depression in den zwanziger Jahren erfolgreich die Verantwortung für ihre Familie übernommen haben.

Gewohnheiten, kognitive Muster und Bewältigungsstile

Ein sechster Vermittlungsmechanismus betrifft festgelegte Gewohnheiten, kognitive Muster und Bewältigungsstile, also das, was lange unter dem Begriff der Kontinuität verstanden wurde. Die generelle Auffassung besagt, daß durch Wiederholung gewohnheitsmäßige Verhaltensweisen entwickelt werden, die sich selbst verstärken, von anderen verstärkt und durch die Entwicklung kognitiver Muster über die eigene Person, die Beziehungen und Umgebung innerpsychisch strukturiert werden

(*Rutter* 1987 a, b, c). Es ist eine plausible Annahme, daß sich Persönlichkeitsfunktionen auf diesem Wege entwickeln und stabilisiert werden, aber über die dabei beteiligten Prozesse wissen wir noch nichts. Hilfreich wären z.B. Untersuchungen, die sich auf die Zusammenhänge zwischen Kognitionen und manifestem Verhalten und auf die Umstände konzentrieren, in denen sich beides im Verhältnis zu bestimmten Gegebenheiten verändert. Beispiele für die so verstandenen Persönlichkeitsfunktionen wären „funktionierende Beziehungsmodelle" (*Bretherton, Waters* 1985), Bewältigungsstile in Streßsituationen (*Moos* 1986; *Snyder, Ford* 1987) und die Vielzahl von Routinen und Mustern, mit denen fast alle Menschen ihr Leben strukturieren. Dabei muß berücksichtigt werden, daß diese Gewohnheiten, kognitiven Muster und Bewältigungsstile nicht nur (und vielleicht nicht einmal hauptsächlich) ein und dasselbe Verhalten perpetuieren, sondern auch Auswirkungen haben, die zu anderen Konsequenzen führen. So prädisponieren z.B. die Bewältigung von Streß oder Langeweile mit Hilfe von Drogen (wie Nikotin, Alkohol, Opiate oder Tranquilizer) wahrscheinlich für Probleme, die die Droge selbst verursacht, wenn der Drogengebrauch bei wachsenden Streßfaktoren im späteren Leben ansteigt. Das Engagement in einem befriedigenden Beruf hat in vielen Bereichen eine Schutzfunktion, aber diese Schutzfunktion kann umschlagen, wenn der Arbeitsplatz wegrationalisiert wird. Wie bei den anderen Mechanismen müssen die Möglichkeiten einbezogen werden, daß sie Verhalten ändern oder stabilisieren können.

Verbindungen zwischen Erfahrungen

Der letzte mögliche Vermittlungsmechanismus, der erwähnt werden muß, ist das Bindeglied zwischen Erfahrungen. Es gibt zahlreiche Beispiele für wichtige Veränderungen in der Umgebung; aber eine negative Umgebungserfahrung erhöht die Wahrscheinlichkeit, weitere negative Umgebungserfahrungen zu machen, und umgekehrt prädisponieren günstige Umwelterfahrungen für andere günstige Erfahrungen. Wie schon gesagt, hat sich das in unserer Follow-up-Untersuchung von Heimkindern bestätigt (*Quinton, Rutter* 1988). Dort war eine Ereigniskette deutlich geworden, bei der psychische Störungen der Eltern zu Störungen in der Familie führten, bei denen ein Zusammenhang mit dem Elternversagen vorhanden war, welches schließlich zur Heimeinweisung der Kinder führte. Bei der Entlassung dieser Kinder als Jugendliche aus dem Heim bedeutete dieses frühe Elternversagen meist, daß sie keine Familie mehr hatten, in die sie zurückkehren könnten, so daß sie in einem sehr gefährdeten Alter auf sich selbst angewiesen waren. Ähnlich bringt Ehestreit mit anschließender Scheidung Streit über Sorgerecht und Besuchsregelungen und zusätzliche Veränderungen durch ein Stiefelternteil in der Familie mit sich (*Hetherington* 1988; *Hetherington, Cox, Cox* 1982; 1985). Dadurch entstehen zahlreiche Umgebungsveränderungen, aber die grundlegende Kontinuität bleibt potentiell belastend. Auch bei positiven Erfahrungen gibt es solche sich gegenseitig verstärkenden Ketten. Für Kinder aus privilegierten Elternhäusern ist die Wahrscheinlichkeit höher, gute Schulen zu besuchen; diese gute Erziehung erhöht dann die Wahrscheinlichkeit einer weiterführenden Ausbildung; und die wiederum ebnet nicht nur den Weg zu beruflichem Erfolg, sondern auch zu sozialen Privilegien.

Schlußfolgerungen

Die begrenzten empirisch fundierten Erkenntnisse über die Verbindungen zwischen Kindheit und Erwachsenenalter machen die Notwendigkeit deutlich, Kontinuitäten wie Diskontinuitäten zu erklären und die vielfältigen Wege in der gesamten Lebensspanne mit ihren unterschiedlichen Endpunkten zu berücksichtigen. Die Lebensübergänge sind an diesen Prozessen entscheidend beteiligt; sie können die entstehenden Verhaltensmuster verstärken, aber auch die Mittel für eine Richtungsveränderung des Lebenslaufs liefern. Die traditionelle Sichtweise dieser Übergänge als aufsteigende Progression mit voraussagbaren Phasen, in denen jeweils eigene Aufgaben zu lösen sind, wie es die Konzepte sowohl von *Erikson* (1963) als auch von *Levinson* (1976) nahelegen, wirkt auf diesem Hintergrund allzu starr und führt entsprechend in die Irre. Die meisten Übergänge gelten nicht universell: nicht jeder hat einen Beruf, nicht jeder heiratet, nicht jeder hat Kinder, nicht jeder überlebt seine Eltern und erlebt so ihren Tod, nicht jeder hört im Rentenalter auf zu arbeiten. Dazu kommt, daß sehr entscheidende Übergänge rein individuell sein können, zum Beispiel Migration, späte Adoption oder Verlassen einer institutionellen Umgebung. Lebensübergänge müssen individuell betrachtet werden.

Bei der Berücksichtigung der individuellen Erfahrungen mit Ehe oder Scheidung, Pensionierung, Tod wichtiger Menschen und körperlichen Krankheiten wird deutlich, wie ungeheuer verschieden Anzahl, Art und Zeitpunkt von Übergängen sein können. Entsprechend variiert auch ihre Bedeutung. Der langersehnte Beginn des Rentenalters nach einem belastenden Berufsleben ist eine völlig andere Erfahrung als die unfreiwillige altersbedingte Aufgabe einer befriedigenden Tätigkeit.

Aber das wichtigste Ergebnis dieser Längsschnittuntersuchungen ist die Erkenntnis, wie stark individuelle Verhaltensweisen und Erfahrungen der Vergangenheit das Ergebnis der Übergänge und den Umgang mit ihnen bestimmen. Das Verhalten prägt die Erfahrungen, und genauso prägend sind die Bindeglieder zwischen verschiedenen Umgebungstypen. Natürlich haben auch gesellschaftliche Faktoren Einfluß auf die Art der Übergänge: Arbeitsmarktbedingungen wirken sich auf die berufliche Laufbahn aus, der Wohnungsmarkt auf die Erfahrung von Ehe und Kindererziehung, Rassen- und andere Formen von Diskriminierung auf Berufs- und Wohnungswahl. Und der Umgang mit den Übergängen schließlich wird von vergangenen individuellen Erfahrungen und gesellschaftlichen Faktoren gleichermaßen beeinflußt.

So wie wir mittlerweile gelernt haben, die Einflüsse von Natur und Umgebung nicht mehr als sich gegenseitig ausschließende, sondern ergänzende Faktoren zu sehen, so müssen wir meines Erachtens jetzt auch von der unzulässig vereinfachten Frage wegkommen, ob das Verhalten eines Menschen Ergebnis vergangener oder gegenwärtiger Erfahrungen ist. Das Verhalten wird nicht nur von genetisch oder nicht genetisch bestimmten biologischen Mechanismen und psychosozialen Einflüssen bestimmt, sondern auch von vergangenen und gegenwärtigen Erfahrungen, die aber, und das ist das Entscheidende, nicht unabhängig voneinander sind. Die Vergangenheit bestimmt über eine Vielzahl verschiedener Mechanismen mit über die gegenwärtige Umgebung. Wenn wir den Entwicklungsprozeß begreifen wollen, müssen wir von Kettenwirkungen ausgehen, das heißt, wir müssen jedes einzelne Glied in der Kette analysieren, untersuchen, wie die einzelnen Glieder ineinandergreifen und wie Veränderungen im Lebenslauf zustande kommen. Dadurch können Lebensübergänge sowohl als Endprodukt vergangener wie auch als Auslöser zukünftiger Prozesse gesehen werden, oder, in der Sprache der Datenanalyse, als gleichzeitig unabhängige und abhängige Variablen. Es ist wichtig, die Mechanismen, die den vielfältigen Pfaden von der Kindheit zum Erwachsenenalter zugrunde liegen, auf generalisierbare Prinzipien hin zu untersuchen, ohne darüber die individuelle Komponente und den Kontext der spezifischen Interaktionen von Person und Umgebung zu vernachlässigen. Wenn wir die Prozesse verstehen, die für die unterschiedlichen Pfade verantwortlich sind, bekommen wir auch sinnvolle Anhaltspunkte für Prävention und Behandlung, weil wir dann besser wissen, wie Veränderung wirklich geschieht, denn das bedeutet nichts anders als Entwicklung.

Literatur

Berreuta-Clement, J. R., Schweinart, L. J., Barnett, W. S., Epstein, A S. & Weikart, D. P. (1984): Changed lifes: The effects of the Perry Pre-School Program on youths through age 19. Ypsilanti: High Scope.

Block, J. (1979): Advancing the science of personality: Paradigmatic shift or improving the quality of research? In: *D. Magnusson, M. S. Endler* (Eds): Psychology at the crossroads: Current issues and interactional psychology. Hillsdale, NJ: Erlbaum.

Bowlby, J. (1951): Maternal care and mental health. Genf: World Health Organization; dt.: Mütterliche Zuwendung und geistige Gesundheit. München: Kindler, 1973.

—, (1969/1982): Attachment and loss. Vol. 1: Attachment. London: Hogarth; dt.: Bindung. Eine Analyse der Mutter-Kind-Beziehung. Frankfurt: Fischer, 1986.

—, (1988): A secure base. Clinical applications of attachment theory. London: Routledge.

Bretherton, I. & Waters, E. (Eds) (1985): Growing points of attachment theory and research. *Monographs of the Society for Research in Child Development* Serial No. 209, 50, Nos 1-2.

Bronfenbrenner, U. (1979): The ecology of human development. Experiments by nature and disign. Cambridge, MA.: Harvard University Press; dt.: Die Ökologie der menschlichen Entwicklung. Stuttgart: Klett-Cotta, 1981.

Brown, G. W. (1988): Causal paths, chains and strands. In: *M. Rutter* (Ed.): Studies of psychosocial risk: The power of longitudinal data. Cambridge University Press.

Brown, G. W., Harris, T. O. & Bifulco, A. (1986): The long term effects of early loss of parent. In: *M. Rutter, C. E. Izard & P. B. Read* (Eds.): Depression in young people: Clinical and development perspectives (pp. 251-296). New York Guilford.

Brunk, M. A. & Henggeler, S. W. (1984): Child influences on adult controls. An experimental investigation. *Developmental Psychology*, 20, 1074-1081.

Cadoret, R. J., Troughton, E., Moreno, L. & Whitters, A. (1990): Early life psychosocial events and adult affective symptoms. In: *L. N. Robbins & M. Rutter* (Eds): Straight and devious pathways from childhood to adult life. Cambridge: Cambridge University Press.

Caspi, A. & Elder, G. H. (1988): Emergent family patterns: The intergenerational construction of problem behaviors and relationships. In: *R. A. Hinde & J. Stevenson-Hinde* (Eds): Relationships within families: Mutual influences. Oxford: Clarendon Press.

—, *Elder, G. H. & Herbener, E. S.* (1990): Childhood personality and the prediction of life-course patterns. In: *L. N. Robins & M. Rutter* (Eds): Straight and devious pathways from childhood to adult life. Cambridge: Cambridge University Press.

Clarke, A. D. B. & Clarke, A. M. (1984): Consistency and change in the growth of human characteristics. *Journal of child Psychology and Psychiatry*, 25. 191-210.

—, *& Tizard, B.* (Eds) (1983): Child development and social policy. The life and work of Jack Tizard. Leicester: British Psychological Society.

Clarke, A. M. & Clarke, A. D. B. (1976): Early experience: Myth and evidence. London: Open Books.

Clarke, R. B. G. (1985): Delinquency, environment and intervention. *Journal of Child Psychology and Psychiatry*, 26, 505-523.

Clausen, J. A. (1986): Early adult choices and the life course. *Zeitschrift für Sozialisationsforschung und Erziehungssoziologie*, 6. 313-320.

Cohler, B. J. (1987): Adversity, resiliance and the study of lives. In: *E. J. Anthony & B. J. Cohler* (Eds): The invulnerable child (pp. 363-424). New York: Guilford.

Dodge, K. A. (1980): Social cognition and children's aggressive behavior. *Child Develoment*, 51, 162-172.

—, (1983): Behavioral antecedents of peer social status. *Child Development*, 54, 1386-1399.

—, *Pettit, G. S., McClaskey, C. L. & Brown, M. M.* (1986): Social competence in children. *Monographs of the Society for Research Development*, Serial No, 213.

Elder, G. H. (1974): Children of great depression. Chicago: University of Chicago Press.

—, (1979): Historical change in life patterns and personality. In: P. Baltes & O. G. Brim (Eds): Life span development and behavior, Vol 2. New York: Academic Press.

—, (1986): Military times and turning points in men's lives. *Developmental Psychology*, 22, 233-245.

Epstein, S. (1979): The stability of behavior: I: On predicting most of the people much of the time. *Journal of Personality and Social Psychology*, 37, 1097-1126.

—, & O'Brien, E. J. (1985): The person-situation debate in historical and current perspectives. *Psychological Bulletin*, 98, 513-537.

Erikson, E. H. (1963): Childhood and society (2nd edn). New York: W. W. Norton; dt.: Kindheit und Gesellschaft, Stuttgart: Klett-Cotta, 9. Aufl. 1982.

Farrington, D. P., Loeber, R. & van Kammen, W. B. (in Druck): Long-term criminal outcomes of hyperactivity-impulsivity-attention deficit and conduct problems in childhood. In: L. N. Robins & M. Rutter (Eds): Straight and devious pathways from childhood to adult life. Cambridge: Cambridge University Press.

Felsman, J. K. & Vaillant, G. E. (1987): Resiliant children as adults: A 40-year study. In: E. J. Anthony & B. J. Cohler (Eds): The invulnerable child (pp. 289-374). New York: Guilford

Folstein, S. & Rutter, M. (1987): Family aggregation and genetic implications. In: E. Schopler & G. Mesibow (Eds): Neurobiological issues in autism (pp. 83-105). New York: Plenum.

Folstein, S. E., Franz, M. L., Jensen, B. A., Chase, G. A. & Folstein, M. F. (1983): Conduct disorder and affective disorder among the offspring of patients with Huntington's disease. *Psychological Medicine*, 13, 45-53.

Garmezy, N. (1983): Stressors of childhood. In: N. Garmezy & M. Rutter (Eds): Stress, coping and development in children (pp. 43-84). New York: McGraw-Hill.

Goodman, R. (1987). The developmental neurobiology of language. In: W. Yule & M. Rutter (Eds): Language development and disorders. Clinics in developmental medicine, No. 101/102. London: MacKeith/Blackwell.

Gottesman, I. I. & Shields, J. (1976): A critical review of recent adoption, twin and familiy studies of schizophrenia: Behavioral genetics perspective. *Schizophrenia Bulletin*, 2, 360-400.

Graham, P. & Rutter, M. (1985): Adolescent disorders. In: M. Rutter & L. Hersov (Eds): Child and adolescent psychiatry: Modern appraches (2nd edn) (pp. 351-367). Oxford: Blackwell Scientific.

Gray, G., Smith, A. & Rutter, M. (1980): School attendance and the first year of employment. In: L. Hersov & I. Berg (Eds): Out of school: Modern perspectives in truancy and school refusal (pp. 343-370). Chichester: Wiley.

Greenough, W. T., Black, J. E. & Wallace, C. S. (1987): Experience and brain development. *Child Development*, 58, 539-559.

Harris, T., Brown, G. W. & Bifulco, A. (1986): Loss of parent in childhood and adult psychiatric disorder. The role of lack of adequate parental care. *Psychological Medicine*, 16, 641-659.
—, (1987): Loss of parent in childhood and adult psychiatric disorder: The role of social class position and premarital pregnancy. *Psychological Medicine*, 17, 163-183.
Hayes, C. D. (Ed.) (1987): Preventing adolescent pregnancy: An agenda for America. Washington DC: National Academy Press.
Hennessy, J. & Levine, S. (1979): Stress, arousal and the pituitary-adrenal system: A psychoendocrine hypothesis. In: *J. M. Sprague* & *A. N. Epstein* (Eds): Progress in psychobiology and physiological psychology (pp. 133-178). New York: Academic Press.
Hertzig, M. E., Birch, H. G., Richardson, S. A. & Tizard, J. (1972): Intellectual levels of school children severely malnurished during the first two years of life. *Pediatrics*, 49, 814-824.
Hetherington, E. M. (1988): Parents, children and siblings: 6 years after divorce. In: R. A. Hinde & J. Stevenson-Hinde (Eds): Relationships within families: Mutual influences. Oxford: Clarendon Press
—, Cox, M. & Cox, A. (1982): Effects of divorce on parents and children. In: M. E. Lamb (Ed.): Nontraditional families (pp. 223-288): Hillsdale, NJ: Erlbaum.
—, (1985): Long-term effects of divorce and remarriage on the adjustment of children. *Journal of the Academy of Child Psychiatry*, 24, 518-530.
Hinde, R. A. (1987): Individuals, relationships and culture: Links between ethology and the social sciences. Cambridge: Cambridge University Press.
—, (1988): Continuities and discontinuities: Conceptual issues and methodological considerations. In: M. Rutter (Ed.): Studies of psychological risk: The power of longitudinal data. Cambridge: Cambridge University Press.
—, & Bateson, P. A. (1984): Discontinuities versus continuities in behavioral development and the neglect of process. *International Journal of Behavioural Development*, 7, 129-143.
—, & Stevenson-Hinde, J. (Eds) (1988): Relationships within families: Mutual influences. Oxford: Clarendon Press.
Hodges, J. & Tizard, B. (1989 a): IQ and behavioural adjustment of ex-institutional adolescents. *Journal of Child Psychology and Psychiatry*, 30, 53-75.
—, (1989 b): Social and family relationships of ex-institutional adolescents. *Journal of Child Psychology and Psychiatry*, 30, 77-97.
Hunt, J. (1979): Psychological development: Early experience. *Annual Review of Psychology*, 30, 103-143.
Kagan, J. (1984): The nature of the child. New York: Basic Books; dt.: Die Natur des Kindes. München: Piper, 1987.
Kandel, D. B. & Davies, M. (1986): Adult sequelae of adolscent depressive symptoms. *Archives of General Psychiatry*, 43, 255-262.
Kelly, E. L. (1955): Consistency of the adult personality. *American Psychologist*, 10, 659-681.

Levinson, D., with Darrow, D. N., Klein, E. B., Levinson, M. H. & McKee, D. (1976): The seasons of a man's life. New York: Alfred Knopf.
Lewis, S. W. & Murray, R. M. (1987): Obstetric complications, neurodevelopmental deviance and risk of schizophrenia. *Journal of Psychiatric Research*, 21, 413-421.
Maccoby, E. E. (1984): Socialization and developmental change. *Child Development*, 55, 317-328.
Magnusson, D. (1988): Individual development from an interactional perspective: A longitudinal study. Hillsdale, NJ: Erlbaum.
—, Stattin, H. & Allen, V. L. (1986): Differential maturation amongst girls and its relation to social adjustment: A longitudinal perspective. In: D. Featherman & R. M. Lerner (Eds): Life span development, Vol. 7. New York: Academic Press.
Main, M., Kaplan, M. & Cassidy, J. (1985): Security in infancy, childhood and adulthood: A move to the level of representation. In: *I. Bretherton & E. Waters*, (Eds): Growing points of attachment theory and research. Monographs of the Society for Research in Child Development, Serial No. 209, 50, Nos 1-2. (pp. 66-106).
Masten, A. S. & Garmezy, M. (1985): Risk, vulnerability, and protective factors in developmental psychopathology. In: *B. B. Lahey & A. E. Kazdin* (Eds): Advances in clinical child psychology, Vol. 8 (pp. 1-52). New York: Plenum.
Maughan, B. & Rutter, M. (1986): Black pupils' progress in secondary schools: II: Examination attainments. *British Journal of Developmental Psychology*, 4, 19-29.
Maughan, B. M. & Champion, L. (1990): Risk and protective factors in the transition of young adults. In: *P. B. Baltes & M. M. Baltes* (Eds): Successful aging: Research and theory. New York: Cambridge University Press.
Maughan, D., Dunn, G. & Rutter, M. (1985 a): Black pupils' progress in secondary schools: In: Reading attainment between 10 and 14. *British Journal of Development Psychology*, 3, 113-121.
Maughan, B., Gray, G. & Rutter, M. (1985 b): Reading retardation and antisocial behaviour: A follow-up into employment. *Journal of Child Psychology and Psychiatry*, 26, 741-758.
Mayer-Bahlberg, H. F. L., Ehrhardt, A. A. & Feldman, J. F. (1986): Long-term implications of the prenatal endocrine milieu for sex-dimorphic behavior. In: *L. Erlenmeyer-Kimling & N. E. Miller* (Eds): Life-span research on the prediction of psychopathology (pp. 17-30). Hillsdale, NJ: Erlbaum.
McCall, R. B. (1977): Challenges to a science of development psychology. *Child Development*, 48, 333-344.
Mischel, W. (1968): Personality and assessment. New York, Wiley.
—, (1969): Continuities and change in personality. *American Psychologist*, 24, 1012-1018.
Moos, R. H. (Ed) (1986): Coping with life crises: An integrated approach. New York: Plenum.
Mortimore, P., Sammons, P., Stoll, L., Lewis, D. & Etob, R. (1988): School matters: The junior years. Wells, Somerset: Open Books.

Moss, H. A. & Susman, E. J. (1980). Longitudinal study of personality development. In: O. G. Brim & J. Kagan (Eds): Constancy and change in human development (pp. 530-595). Cambridge, MA: Harvard University Press.

Murray, R. M., Lewis, S. W., Owen, M. J. & Foerster, A. (1988): The neurodevelopmental origins of demenia praecox. In: P. Bebbington & P. McGuffin (Eds): Schizophrenia: The major issues. London: Heinemann.

Nesselroade, J. (1988): Some implications of the trait-state distinction for the study of development over the life-span: Case of personality. In: P. B. Baltes, D. L. Featherman & R. M. Lerner (Eds): Life span development and behaviour, Vol. 8 (pp. 163-189). Hillsdale, NJ: Erlbaum.

Nuechterlein, K. H. (1986): Childhood precursors of adult schizophrenia. *Journal of Child Psychology and Psychiatry*, 27, 133-144.

O'Connor, N. (1956): The evidence for the permanently disturbing effects of mother-child separation. *Acta Psychologica*, 12, 174-191.

Olweus, D. (1979): Stability of aggressive reaction patterns in males: a review. *Psychological Bulletin*, 86, 852-875.

Orlansky, H. (1949): Infant care and personality. *Psychological Bulletin*, 46, 1-48.

Otto, L. B. (1979): Antecedents and consequences of marital timing. In: W. R. Burr, R. Hill, F. I. Nye & I. L. Reiss (Eds): Contemporary theories about the family, Vol. 1. (pp. 101-126). New York Free Press.

Parker, J. G. & Asher S. R. (1987): Peer relations and later personal adjustment: Are low-accepted children at risk? *Psychological Bulletin*, 102, 357-389.

Parnas, J., Schulsinger, R., Teasdale, T. W., Schulsinger, H., Feldman, P. M. & Mednick, S. A. (1982): Perinatal complications and clinical outcome within the schizophrenia spectrum. *British Journal of Psychiatry*, 140, 416-420.

Pedersen, E., Faucher, T. A. & Eaton, W. W. (1978): A new perspective on the effects of first grade teachers on children's subsequent adult status. *Harvard Educational Review*, 48, 1-31.

Petersen, A. C. (1988): Adolescent development. *Annual Review of Psychology*, 39, 583-607.

Plomin, R. (1986): Development, genetics and psychology. Hillsdale, NJ; Erlbaum.

—, & Thompson, L. (1988): Life-span developmental behavioral genetics. In: P. B. Baltes, D. L. Featherman & R. M. Lerner (Eds): Life-span development and behavior, Vol. 8 (pp. 1-31). Hillsdale, NJ: Erlbaum.

Porter, R., O'Conner, M. & Whelan, J. (Eds) (1984): Alcohol damage in utero. Ciba Foundation Symposium No. 105. London: Pitman.

Quinton, D. & Rutter, M. (1988): Parental breakdown. The making and breaking of intergenerational links. Aldershot: Gower.

Quinton, D., Rutter, M. & Gulliver, L. (1990): Continuities in psychiatric disorders from childhood to adulthood, in the children of psychiatric patients. In: L. N. Robins & M. Rutter (Eds): Straight and devious pathways from childhood to adult life. Cambridge: Cambridge University Press.

Richman, N., Stevenson, J. & Graham, P. (1982): Preschool to school: A behavioural study. London: Academic Press.

Robins, L. (1978): Sturdy childhood predictors of adult antisocial behaviour: Replications from longitudinal studies. *Psychological Medicine*, 8, 611-622.

Robins, L. N. (1986): The consequences of conduct disorder in girls. In: D. Olweus, J. Block & M. Radtke-Yarrow (Eds): Development of antisocial and prosocial behaviour: Research, theories and issues (pp. 385-408). New York: Academic press.

Rosenzweig, M. R. & Bennett, E. L. (1977): Effects of environmental enrichment or impoverishment on learning and on brain vaulues in rodents. In: A. Oliviero (Ed.): Genetics, environment and intelligence (pp. 163-196), Amsterdam: North Holland.

Rutter, M. (1979): Protective factors in children's responses to stress and disadvantage. In: M. W. Kent & J. E. Rolf (Eds): Primary prevention of psychopathology, Vol. 3: Social competence in children (pp. 49-74). Hanover, NH: University Press of New England.

—, (1981): Maternal deprivation reassessed (2nd edn). Harmondsworth: Penguin.

—, (1982): Developmental neuropsychiatry: Concepts, issues and prospects. *Journal of Clinical Neuropsychiatry*, 4, 91-115.

—, (1983): Statistical and personal interactions: Facets and perspectives. In: D. Magnusson & V. Allen (Eds): Human development: An interactional perspective (pp. 295-319). New York: Academic Press.

—, (1984 a): Psychopathology and development. I: Childhood antecedents of adult psychiatric disorder. *Australian and New Zealand Journal of Psychiatry*, 18, 225-234.

—, (1984 b): Psychopathology and development: II: Childhood experiences and personality development. *Australian and New Zealand Journal of Psychiatry*, 18, 314-327.

—, (1984 c): Continuities and discontinuities in socioemotional development: Empirical and conceptual perspectives. In: R. Emde & R. Harmon (Eds): Continuities and discontinuities in development (pp. 41-68). New York: Plenum.

—, (1985 a): Family and school influences on cognitive development. *Journal of Child Psychology and Psychiatry*, 26, 683-704.

—, (1985 b): Family and school influences on behavioural development. *Journal of Child Psychology and Psychiatry*, 26, 349-368.

—, (1987 a): Continuities and discontinuities from infancy. In: J. Osofsky (Ed.): Handbook of infant development (2nd edn) (pp. 1256-1298). New York: Wiley.

—, (1987 b): Temperament, personality and personality development. *British Journal of Psychiatry*, 150, 443-458.

—, (1987 c): The role of cognition in child development and disorder. *British Journal of Medical Psychology*, 60, 1-16.

—, (1988): Epidemiological approaches to developmental psychopathology. *Archives of General Psychiatry*, 45, 486-495.

—, (1990 a): Psychosocial resilience and protective mechanism. In: J. E. Rolf, A. S. Masten, D. Cicchetti, K. Nuechterlein & S. Weintraub (Eds):

Risk and protective factors in the development of psychopathology. New York: Cambridge University Press.

—, (1989 b): Age as an ambiguous variable in developmental research. *International Journal of Behavioural Development*, 12, 1-34.

—, Macdonald, H., Le Couteuer, A., Harrington, R., Bolton, P. & Bailey, A. (1990): Genetic factors in child psychiatric disorders: II: Empirical findings. *Journal of child Psychology and Psychiatry*, 31, 39-83.

—, Quinton, D & Hill, J. (1990): Adult outcome of institution-reared children: Males and females compared. In: *L. N. Robins & M. Rutter* (Eds): Straight and devious pathways from childhood to adult life. Cambridge: Cambridge University Press.

—, & Sandberg, S. (1985): Epidemiology of child psychiatric disorder: Methodological issues and some substantive findings. *Child Psychiatry and Human Development*, 15, 209-233.

—, Tizard, J. & Whitmore, K. (1970): Education, health and behaviour. London: Longman.

—, Tizard, J., Yule, W., Graham, P. & Whitmore, K. (1976): Isle of Wight Studies 1964-1974. *Psychological Medicine*, 6, 313-332.

Scarr, S. & MacCartney, K. (1983): How people make their own environments: A theory of genotype-environment effects. *Child Development*, 54, 424-435.

Smalley, S. L., Asarnow, R. F. & Spence, M. A. (1988): Autism and genetics: A decade of research. *Archives of General Psychiatry*, 45, 953-961.

Snyder, C. R. & Ford, C. E. (Eds) (1987): Coping with negative life events: clinical and social psychological perspectives. New York: Plenum.

Tizard, B. & Hodges, J. (1987): The effect of early institutional rearing on the development of eight-year old children. *Journal of Child Psychology and Psyciatry*, 19, 99-118.

Tizard, B., Blatchford, D., Burk, J., Farquahar, C. & Plewis, I. (1988): Young children at school in the inner city. London: Erlbaum.

Tizard, J. (1975): Three dysfunctional environmental influences in development: malnutrition, non-accidental injury and child minding. In: *D. Baltrop* (Ed.): Pediatrics and the environment. Unigate Paediatric Workshops No. 2 (1974) (pp. 19-27). London: Fellowship of Postgraduate Medicine.

—, (1976): Psychology and social policy. *British Psychological Bulletin*, 29, 225-234. (Reprinted in: *A. D. B. Clarke & B. Tizard*, 1983. Child development and social policy. The life and work of Jack Tizard. Leicester: British Psychological Society).

Warr, P. (1987): Work, unemployment and mental health. Oxford: Clarendon Press.

Waters, E., Hay, D. & Richters, J. (1986): Infant-parent attachment and the origins of prosocial and antisocial behavior. In: *D. Olweus, J. Block & M. Radtke-Yarrow* (Eds): Development of antisocial and prosocial behavior: Research theories and issues (pp. 97-125). London: Academic Press.

Weinberger, D. R. (1987): Implications of normal brain development for the pathogenesis of schizophrenia. *Archives of General Psychiatry*, 44, 660-669.

Werner, E. E. (1985): Stress and protective factors in children's life. In: A. R. Nicol (Ed.): Longitudinal studies in child psychology and psychiatry: Practical lessons from research experience (pp. 335-355). Chichester: Wiley.

—, & Smith, R. S. (1982): Vulnerable but invincible: A longitudinal study of resilient children and youth. New York: McGraw-Hill.

Wortman, C. B. & Silver, R. C. (1989): The myths of coping with loss. Journal of Consulting and Clinical Psychology, 57, 349-357.

Yarrow, L. J. (1961): Maternal deprivation: Toward an empirical and conceptual re-evaluation. Psychological Bulletin, 58, 459-490.

Zeitlin, H. (1986): The natural history of disorder in childhood. Institute of Psychiatry/Maudsley Monograph No. 29. Oxford: Oxford University Press.

Übersetzung aus dem Englischen von Irmgard Hölscher, Frankfurt.

Sind Säuglinge psychisch besonders verletzlich?
Argumente für eine hohe Umweltresistenz in der frühesten Kindheit

Cécile Ernst

Trennung als „Urtrauma"

Freud hat in seinen frühen Schriften *prinzipiell datierbare* Traumen neben einer erblichen Prädisposition als Ursachen krankhafter psychischer Entwicklungen bezeichnet: Verführung, Urszene, Kastrationsdrohungen. „Datierbar" heißt: die Traumen gehören zur realen, objektivierbaren Geschichte eines Menschen. Außerdem hat *Freud* aber auch ein Geburtstrauma angenommen, welches die Quelle einer Urangst sei, die sich der analytischen Deutung entziehe: diese Urangst sei eine ursprüngliche Angst vor der Trennung von der Mutter.

Vom sexuellen Trauma als einem historischen Ereignis hat *Freud* sich in den 90er Jahren abgewendet: die Erlebnisse, welche ihm seine Patienten schilderten, kamen ihm allmählich unglaubwürdig vor (1948 a, b). Er kam zum Schluß, daß es sich dabei um Phantasien handle und daß nicht das Verhalten der Eltern, sondern eine konstitutionelle Anfälligkeit der Patienten deren Neurosen begründe. Auch in der Geschichte der analytisch orientierten Entwicklungspsychologie ist die sexuelle Traumatisierung des Kleinkindes in den Hintergrund getreten – es sei denn, man betrachte das gegenwärtige Interesse an sexueller Mißhandlung im Kindesalter als die Bestätigung von *Freud*s ursprünglicher Meinung. Allerdings ist die Inzidenz solcher Ereignisse, wenn wir Befragungen von jungen Erwachsenen Glauben schenken wollen, gering (*Elliger, Schötensack* 1991; *Schindler, Ernst* unveröff.). *Freud*s Lehre von einer ursprünglichen Trennungsangst wurde dagegen von mehreren seiner einflußreichsten Schüler ausgebaut und ist noch heute nicht verlassen. Dabei lassen sich etwas summarisch zwei Schulen unterscheiden: Die eine legt das Gewicht auf die pathogene Wirkung von frühen

Trennungen des Kleinkindes von seiner Mutter. Die andere spricht von einer „inneren Trennung" von Mutter und Kind und betont die pathogene Wirkung einer ungenügenden Bemutterung.

Die Trennungstheoretiker

Die Hypothese, die Trennung eines Säuglings von seiner Mutter gefährde die psychische Entwicklung, ist durch die Psychoanalytiker *René Spitz* und *John Bowlby* fast zum Dogma geworden. *Spitz* führte bekanntlich Depressionen, frühen Tod, Idiotie und die Entstehung von Schizophrenien auf das Trennungstrauma zurück (*Spitz* 1945). Allerdings ist *Spitz* neun Jahre nach dem Erscheinen seiner ersten Arbeit auf die „ungenügende Bemutterung" eingeschwenkt. Er sprach von einer „psychotoxischen" unbewußten Einstellung der Mutter, welche auch bei ihrer ständigen Gegenwart einen Säugling schwer schädigen könne (*Spitz* 1954).

John Bowlby, der andere große Trennungstheoretiker, hat jahrzehntelang gelehrt, nur die Gegenwart einer einzigen, konstanten mütterlichen Betreuungsperson „während 24 Stunden am Tag und 365 Tagen im Jahr" bewahre den Säugling und das Kleinkind vor Bindungs- und Beziehungsstörungen (*Bowlby* 1951). Er hat später denselben Weg eingeschlagen wie *Spitz*: neben die Trennung, welche nach *Bowlby* (vergleichbar dem Erreger der Tuberkulose) als einzige Ursache die Wurzel praktisch aller nicht organisch bedingten Formen psychischer Störungen oder Krankheiten bildete, trat 1977 nicht etwa „bad mothering", sondern, dem Zeitalter der Gleichberechtigung entsprechend, „bad parenting". Die ungenügende Reaktion beider Eltern auf die emotionalen Bedürfnisse von Säugling oder Kleinkind können nach *Bowlby* verhindern, daß eine Bindung zwischen Eltern und Kind entsteht, und dieser Mangel führe zu späteren generalisierten Beziehungsstörungen.

Die Theoretiker der „ungenügenden Mutter"

Der Mainzer Psychosomatiker *S. O. Hoffmann* hat 1986 darauf hingewiesen, daß sogenannte „frühe Störungen" nach psychoanalytischem „common sense" im Säuglings- und frühesten Kindesalter entstünden. Er nennt in diesem Zusammenhang *Mahler, Klein, Winnicott* und *Balint*: Nach diesen Autoren wirkt die Betreuung durch die Mutter pathogen, wenn sie entweder objektiv ungenügend ist oder überdurchschnittlich starken Bedürfnissen der Kinder nicht entsprechen kann, so daß sich eine relative Mangelsituation heranbildet. Dabei soll im Kind eine anhaltende Dysphorie entstehen, welche sich schließlich in Charakter- und Persönlichkeitsstörungen äußert. In diesem Zusammenhang sind auch *Kernberg*s und *Kohout*s Annahmen zur Entstehung von Psychosen und psychosenahen Erkrankungen, insbesondere des Borderline-Syndroms und der narzißtischen Neurosen zu erwähnen. Die Argumentationslinien dieser Autoren versuchen, das Konzept der „frühen Störung" durch eine linear-kausale Herleitung von schweren Erkrankungen durch Störung der frühen „Objektbeziehung", insbesondere der mütterlichen Empathie gegenüber dem Säugling und Kleinkind, zu fundieren. Die Psychoanalyse der Frühkindheit ist also den Weg gegangen, den *Freud* vorgezeichnet hat: weg vom datierbaren Ereignis und hin zu einer Dauereinwirkung, deren Ungenügen durch die Konstitution des Kindes bedingt oder mitbedingt sein kann.

Die Untersuchungsmethoden

Freud hat widerlegbare und nicht-widerlegbare Aussagen zur Entstehung psychischer Störungen im Kindesalter auf Grund der freien Assoziationen und der Traumerzählungen seiner Patienten formuliert. Seine Lehre bildet ein großartiges, in sich kohärentes Gebäude, das sich beliebig erweitern läßt und das den Bedürfnissen der Jahrhundertwende nach Enttabuisierung und einer neuen Metaphysik genau entsprochen hat. Es gibt sicher keine vergleichbare Theorie, welche wie die seine beinahe hundert Jahre lang Künstler und Literaten fasziniert und befruchtet hat. Aber diese Tatsache sagt nichts über den empirischen Wahrheitsgehalt der Theorie aus, sofern diese den Anspruch macht, die psychische Entwicklung von Kindern und die Entstehung psychischer Störungen im Sinn einer auf die Realität bezogenen Wissenschaft zu erfassen.

Erlebnisse, welche Patienten aus ihrer frühen Kindheit berichten, können erstens kaum je durch Drittpersonen verifiziert werden. Zweitens läßt sich ein kausaler Zusammenhang solcher Aussagen mit einer derzeit feststellbaren psychischen Störung nicht beweisen, auch wenn der Zusammenhang den Beteiligten überaus plausibel erscheint. Die Partner in jeder Psychotherapie teilen bestimmte Werte und Anschauungen (sonst käme eine Psychotherapie gar nicht zustande), und jede Psychotherapie – nicht nur die analytische – ist eine Art Indoktrination (Verhaltenstherapie und kognitive Therapien anerkennen diese Lehr- und Lernsituation expressis verbis). Die therapeutische Wirkung aller Psychotherapien – nicht nur der analytischen – beruht darauf, daß Therapeut und Patient als Partner einen Verstehens- und Bewertungskontext für den Patienten finden, mit welchem dieser besser – frustrationsfreier, stabiler, erfolgreicher, empathischer – leben kann. Es ist völlig ausgeschlossen, daß in dieser Situation relevante Aussagen über die Genese einer Störung gesammelt werden können, denn was erinnert und wie interpretiert wird, ist immer schon durch die Vorgabe der psychotherapeutischen Theorie gefärbt. Wohl aber können aufgrund von Patientenaussagen Hypothesen gebildet werden, die sich dann außerhalb der therapeutischen Situation nach den Regeln der kontrollierten Erfahrung überprüfen lassen müssen. Die Ergebnisse dieser empirischen Überprüfungen sprechen dafür, daß *Freud*s Genie zwar intuitiv die Bedürfnisse der Kultur seiner Zeit, aber nicht die Faktoren erfaßt hat, welche die psychische Entwicklung des Menschen bestimmen (*Kline* 1986).

Nicht datierbares Trauma, sondern Dauerbedingungen

Daß Trennung von der Mutter im frühesten und frühen Kindesalter eine Disposition zu psychischen Störungen oder speziell zu Depressionen zurücklassen, läßt sich heute an der Gesamtbevölkerung kaum mehr untersuchen. Diese Ereignisse sind dank der geringen Müttersterblichkeit und der fast regelmäßigen Zuteilung von sehr jungen Scheidungskindern zur Mutter äußerst selten geworden, vor allem, wenn man – streng theoriegemäß – nur Trennungen im 1. bis 4. Lebensjahr berücksichtigt. Hingegen gibt es eine umfangreiche

Literatur, welche Trennungen während der *ganzen* Kindheit – bis zum 16. oder 19. Jahr – untersucht (Übersicht bis 1984 bei *Ernst, v. Luckner* 1985; *Perris* et al. 1986; *Roy* 1987; *Harris* et al. 1986).

Diese Arbeiten zeigen, daß Trennung infolge des Todes von Vater oder Mutter eine andere Bedeutung hat als Trennung wegen Scheidung oder Unverträglichkeit der Eltern. Trennung durch den Tod ist in der Regel nicht mit psychischen Störungen bei den betroffenen Kindern verbunden, wohl aber Trennung unter den Bedingungen anhaltenden elterlichen Streites. Also sind es anhaltende Verunsicherungen und Spannungen, welche die psychische Entwicklung eines Kindes beeinträchtigen und nicht die Tatsache der Abwesenheit von Vater oder Mutter. Der Schnitt der Trennung wird ertragen, wenn die Umgebung auch nachher dem Kind Stabilität, Zuneigung und Fürsorge bietet, d. h. wenn die Trennung nicht zu einer anhaltenden Verschlechterung der emotionalen Beziehungen führt (*Harris* et al. 1986). Eine im folgenden zusammengefaßte eigene Untersuchung stützt diese Ergebnisse: im Bezug auf Kinder, welche die Säuglingsperiode in Heimen verbrachten (*Ernst, v. Luckner* 1985).

Eine Nachuntersuchung von Heimsäuglingen im Pubertätsalter

In den Jahren 1958-61 hat die bekannte Zürcher Kinderärztin, Krippen- und Heimreformerin Dr. med. *Marie Meierhofer* mit einer Gruppe von Ärzten und Psychologen alle in den zwölf öffentlichen und privaten Säuglingsheimen des Kantons Zürich untergebrachten Säuglinge und Kleinkinder untersucht. Frau Dr. *Meierhofer* hat lic. phil. *N. v. Luckner* und der Verfasserin die Daten zur Ergänzung und Auswertung in dankenswerter Weise überlassen.

Die Heimsäuglinge unterschieden sich von den Kindern der Zürcher Allgemeinbevölkerung: jedes zweite Kind war unehelich, die Eltern waren fast ausnahmslos Hilfsarbeiter, und ein Teil der Kinder stammte von italienischen Gastarbeitern. Die Eltern der unehelichen Kinder waren in vielen Fällen wegen sozialer Schwierigkeiten (Alkoholismus, Prostitution) aktenkundig. Mit Entwicklungstests und nicht-standardisierten Verhaltensbeobachtungen ließen sich im Vergleich zu Zürcher Familienkindern ein psychomotorischer Entwicklungsrückstand, ein körperlicher Entwicklungsrückstand (Untergewicht) sowie apathisches und ängstliches Verhalten und in vielen Fällen Stereotypien feststellen.

1971-1983 hat dasselbe Team die Kinder zwischen ihrem 14. und 15. Geburtstag nachuntersucht. Viele Kinder waren mit ihren Eltern ins Ausland zurückgekehrt. Von der Ausgangsgruppe konnten 137 Kinder nachuntersucht werden (56 % der Kinder, von denen eine Adresse vorhanden war). Das mittlere Alter der nachuntersuchten Untergruppe bei der Erstuntersuchung betrug 12.6 ± 8 Monate. Der Entwicklungsquotient wich bei der Erstuntersuchung hochsignifikant von der Norm ab, und die oben geschilderten Verhaltensstörungen waren ebenfalls hochsignifikant häufiger vorhanden.

Die Nachuntersuchung fand leider ohne eine mit der gleichen Methode untersuchte Kontrollgruppe und daher auch nicht blind statt. Sie bestand in Interviews mit Eltern und Versorgern, dem Lehrer und dem Kind selber, einem Intelligenztest, zwei Beurteilungsskalen, einem Kinder-Angst-Test und einem Soziogramm sowie einer Auswertung aller vorhandenen Akten. Psychiatrische Symptome, die während der letzten sechs Monate vor dem Interview aufgetreten waren, wurden in die Symptom-Skala nach *Thalmann* eingetragen.

Die Nachuntersuchung der Kinder, welche ihre Frühkindheit in einem Heim verbracht hatten, ergab folgende Resultate:
– Die Hälfte der Kinder lebte bei der Nachuntersuchung nicht mit beiden leiblichen Eltern zusammen;
– Größe und Gewicht der Vierzehnjährigen entsprach den Werten einer Kontrollgruppe von Familienkindern;
– Der mittlere Intelligenzquotient betrug 103 ± 13 Punkte und war normal verteilt;
  Die Schulbildung entsprach derjenigen von Schweizer- und Gastarbeiterkindern gleicher sozialer Herkunft;
– Im Soziogramm unterschieden sich die Vierzehnjährigen nicht von einer Kontrollgruppe von Klassenkameraden;
– Die Vierzehnjährigen wurden hinsichtlich psychischer Symptome mit einer Gruppe gleichaltriger Kinder aus dem Schweizer Mittelstand und einer Gruppe 14jähriger Schulkinder aus dem Kanton Zug verglichen. Die beiden Vergleichsgruppen waren teilweise auf ähnliche Art, aber weit weniger gründlich untersucht worden. Die ehemaligen Heimkinder unterschieden sich von beiden Gruppen durch ein depressives Syndrom: durch niedergeschlagene Stimmung, Ängstlichkeit, Überempfindlichkeit, geringe Lebhaftigkeit, Zurückgezogenheit, Aggressionshemmung und Überanpassung.

Die weitere statistische Bearbeitung der Daten ergab einen engen Zusammenhang der Symptome mit psychosozialen Risikofaktoren, welchen die Kinder nach dem Verlassen des Säuglingsheimes ausgesetzt waren. Das zeigt z. B. ein Vergleich des obersten und untersten Quartals hinsichtlich Symptomhäufigkeit (Tab. I). 34 Kinder mit einem bis drei Symptomen unterscheiden sich von den 37 schwerst belasteten Kindern mit 8-19 Symptomen nicht durch die Lebensbedingungen im ersten und zweiten Jahr, aber – teilweise hochsignifikant – durch die anhaltenden gespannten und unsicheren menschlichen Beziehungen nach dem frühesten Kindesalter.

Tabelle I: Psychisch hochbelastete im Vergleich zu wenig belasteten Vierzehnjährigen in Hinsicht auf das Vorkommen unterschiedlicher unabhängiger Variablen der frühen und späteren Kindheit

Variablen der Erstuntersuchung		*Unterschied*
Grund für Heimeinweisung		nicht signifikant
Einstellung der Mutter zum Kind		nicht signifikant
Allgemeines Verhalten bei der Erstuntersuchung		nicht signifikant
Stereotypien festgestellt		nicht signifikant
Stilldauer		nicht signifikant
Heim-EQ*)		nicht signifikant
Zeit pro Kind/Tag		nicht signifikant
Kinderzahl pro Pflegerin		nicht signifikant
Alter bei Trennung von Mutter		nicht signifikant
Besuche im Heim (Mutter, Eltern)		nicht signifikant
Gesamt-EQ sowie Untertests		nicht signifikant
Variablen der Nachuntersuchung		
1. Persönlichkeit		
Häufiger POS diagnostiziert	Chi-Quad = 5.59	p = .02
IQ		nicht signifikant
Beim Status häufiger als krank bezeichnet	t = 2.08	p = .04
Höherer Score im KAT**)	t = 2.30	p = .03
Beliebter im Soziogramm	t = .90	p = .00
2. Biografie		
Mehr Heimaufenthalte	t = 3.51	p = .002
Häufiger Milieuwechsel	t = 2.57	p = .01
Höheres Alter bei definitiver Familienaufnahme	t = 1.78	p = .08
3. Psychosoziale Belastungsfaktoren		
Häufiger Scheidung erlebt	Chi-Quad = 4,52	p = .03
Häufiger Lebensgemeinschaft mit Stiefvater abgebrochen	Chi-Quad = 4.94	p = .03

Häufiger Lebensgemeinschaft mit Stiefgeschwister abgebrochen	Chi-Quad = 3.90	p = .05
Langdauernde Eltern-Kind-Konflikte	Chi-Quad = 11.60	p = .0007
Psychosoziale Störung bei Stiefvater	Chi-Quad = 3.90	p = .05
Mißhandlung	Chi-Quad = 3.51	p = .06
Körperstrafen	Chi-Quad = 2.75	p = .10

*) Mittelwert der EQ aller im gleichen Heim befindlichen Kinder
**) Kinder-Angst-Test

(*Ernst v. Luckner* 1985, S. 142)

Die Untersuchung zeigt, daß sogar die Trennung von der Mutter im Säuglingsalter vor allem dann mit psychischen Beeinträchtigungen in der Pubertät verbunden ist, wenn sich das Schicksal nach dem frühesten Alter ungünstig gestaltet, d. h. wenn die atypische Situation in der Frühkindheit spätere Dauerbelastungen anzeigt.

Zusammenspiel von Anlage und ständig einwirkender Umwelt

Es gibt sehr eindrückliche Langzeituntersuchungen an Säuglingen und Kleinkindern, welche nachweisen, daß Störungen im frühen „Zusammenspiel" von Mutter und Säugling Jahre später überzufällig häufig mit Kontaktschwierigkeiten der Kindergartenkinder verbunden sind (*Ainsworth* 1974; *Suess* 1987). Daraus hat man abgeleitet, daß ungenügende Bemutterung im Sinn eines Kausalfaktors die Beziehungsfähigkeit des Kindes beeinträchtige. Nun teilen aber Mutter und Kind im Mittel die Hälfte ihrer Gene. Labile Mütter haben häufiger labile Kinder als stabile Mütter, und Mutter und Kind können wegen ihrer Labilität, die das Verhalten des Partners nicht „aufzufangen" vermag, in den ersten Jahren in fast unerträgliche Interaktionszyklen hineingeraten. Das Kind erwirbt sich allmählich ein Verhalten, das sich in der Schule negativ auswirkt – nicht, weil es im Säuglingsalter durch die mangelhafte Mutter-Kind-Beziehung für den Rest seines Lebens traumatisiert worden wäre, sondern weil die negativen Interaktionen labiler Persönlichkeiten über Jahre weitergehen.

Der „verletzliche Säugling" als kulturspezifisches Konzept

Die Auffassung, gerade Säuglinge seien in ganz besonderem Maße auf eine sehr einfühlende Umwelt angewiesen, ist relativ neu. Sie hat mehrere Wurzeln: die ständige Anwesenheit der Mutter als einzige Erwachsene im Haushalt, die Isolation der Familien und das moderne Bild vom Kind. Diese Faktoren haben zu einer starken Bezogenheit der Mütter auf die Kinder und der Kinder auf die Mütter geführt.

Neben der Zweigenerationenfamilie hat es zu allen Zeiten und in allen Kulturen andere Familienformen gegeben: Mehrgenerationenfamilien, erweiterte Familien, polygyne Familien, Familien mit – oft zahlreichen – Dienstboten. Bereits die Form dieser Familien eröffnete die Chance oder das Risiko der Mehrfachbetreuung (*Bourguière* u. a. 1986). Erst in jüngster Vergangenheit ist in den industrialisierten Ländern der Wohlstand so gestiegen, daß Mütter vom Broterwerb als Bäuerin, Tagelöhnerin, Handwerkerin, Fabrikarbeiterin, Marktfahrerin entlastet wurden, weil nun auch bei wenig begüterten Schichten ein Lohn genügte (*Knapp* 1986). Daß sich Mütter in Abwesenheit anderer Frauen im Haushalt und ohne andere Aufgaben voll dem Kleinkind zuwenden können, ist eine kulturgeschichtlich neue Erscheinung. Die Verstädterung, welche die Bauten in die Höhe ragen läßt und den Kontakt unter Nachbarn erschwert, die Mobilität, welche Straßen und Plätze der Benützung durch die Anwohner entzieht, die Wanderbewegungen, welche von Verwandten wegführen, haben die Zweigenerationenfamilie isoliert. Wohnungen sind in den reichen Ländern nicht mehr dunkle, überfüllte Unterstände, die man bei jedem Sonnenstrahl für Straße oder Hof verläßt, sondern mehr oder weniger behagliche Räume, deren Ausstattung die Persönlichkeit ausdrückt. Dadurch ist ein schützendes und isolierendes Refugium für die Mutter mit ihrem Kind entstanden, welches es in ärmeren Jahrhunderten nicht gegeben hat und in den nicht industrialisierten Teilen der Welt für die Mehrzahl der Bevölkerung auch heute nicht gibt. Die neuzeitliche Absonderung der ausschließlich mit dem Erwerb von Konsumgütern und der Kindererziehung beschäftigten Mutter von der Umwelt ist die Voraussetzung dafür, daß die Theorie der entscheidenden Bedeutung einer einfühlenden Betreuungsperson überhaupt hat entstehen können (*Minturn* 1964).

Auch das Bild vom Kind hat sich in jüngster Zeit gewandelt. Bis gegen Ende des 19. Jahrhunderts waren in Europa vor allem in den wenig begüterten Schichten Natalität und Kindersterblichkeit hoch. Vor Einführung der Schulpflicht dauerte die Kindheit nur wenige Jahre. Mit zehn bis elf Jahren verließen die Kinder das Elternhaus und traten Stellen als Lehrling oder Dienstbote an. Kinder hatten lebenswichtige ökonomische Aufgaben zu erfüllen. Weil die Kinder sich so früh – und widerstrebend – dem Joch der Arbeit beugen mußten, galten sie viele Jahrhunderte lang vor allem als sündige, eigennützige Triebwesen, denen die väterliche Autorität Kultur und Gehorsam beizubringen hatte. Die Mütter wurden als zu weich und nachgiebig bezeichnet. Auch bei *Freud* findet sich das Bild vom Kind als Triebwesen, welches vom Vater zum Triebverzicht gezwungen wird, noch überaus deutlich. Mehrfach zitiert er in seinen Werken den Aufklärungsphilosophen *Diderot* (1713-1784): „Wäre der kleine Wilde (das Kind) sich selber überlassen und bewahrte seine ganze (geistige) Schwäche, vereinigte mit der geringen Vernunft des Kindes in der Wiege die Gewalt der Leidenschaften des Mannes von dreißig Jahren, so bräch' er seinem Vater den Hals und entehrte die Mutter" (1940, S. 350; 1941, S. 119). Für seine eigenen Kinder hielt sich *Freud* übrigens sechs Frauen: die Mutter, zwei ledige Schwestern der Mutter und drei Hausangestellte. Die Forderung, vor allem seine Frau müsse sich als einfühlsame Betreuerin um die zahlreiche Nachkommenschaft kümmern, wäre von *Freud* kaum verstanden worden (*Graf-Nold* 1988, S. 163).

Im 19. Jahrhundert ist dann im Zusammenhang mit *Rousseau*, der Romantik und den Anfängen der Zivilisationskritik ein anderes Bild vom Kind aufgetaucht: das von Natur aus gute, unschuldige Wesen, welches durch falsche Erziehung und durch die Ansprüche der Zivilisation verdorben wird. Für dieses Kind ist der richtige, „natürliche" Kontakt mit der Mutter am Anfang des Lebens entscheidend. Das Bild vom gefährdeten und zerbrechlichen Kind hat – mit Höhepunkt in den ersten Jahrzehnten der Nachkriegszeit – die heutige Entwicklungspsychologie bestimmt. Als *Freud* das Geburtstrauma „entdeckte", lag er genialerweise genau im Trend seiner Zeit: Er ist dem alten *und* dem neuen Bild vom Kind – dem Zerstörer und dem fragilen Wesen – gerecht geworden.

Seit der „homo sapiens" entstanden ist, hat er unter Bedingungen von hoher Müttersterblichkeit, Hunger, Kampf, Flucht und Krankheit gelebt. Das Menschengeschlecht hätte nicht überlebt, wären Säuglinge nur unter der Bedingung einer einfühlenden Pflege durch ihre konstant anwesende Mutter psychisch gesund geblieben. Die Lebenssituation der reichen westlichen Nationen ist historisch gesehen einmalig. Es ist etwas naiv, wenn die Lebensbedingungen einer europäischen oder amerikanischen Mittelstandsfamilie zu den Bedingungen psychischer Gesundheit des Menschen überhaupt emporstilisiert werden.

Die umweltresistenten Adoptivsäuglinge

In der Entwicklungspsychologie stehen sich heute zwei Lager gegenüber. Das erste Lager hat die auf *Freud* zurückgehende Theorie einer Prägung der Persönlichkeit durch die Bedingungen der frühen und frühesten Kindheit übernommen. Das andere Lager geht von einer relativen Umwelt-Impermeabilität der ersten zwei Lebensjahre aus.

Eine neue Adoptionsstudie aus Denver, die Colorado Adoption Study von *Plomin* und *de Fries* (1985), bringt gewichtige Argumente für das zweite Lager. Sie ist in vielen Beziehungen ungewöhnlich.

Diese Studie ist longitudinal: 192 adoptierte Kleinkinder einer kirchlichen Vermittlungsstelle, welche im Mittel 30 Tage nach der Geburt zur Adoptivfamilie gekommen waren, wurden bisher mit 12 und 24 Monaten untersucht; die Untersuchungen sollen bis zum 16. Jahr fortgesetzt werden. Alle Adoptivkinder, praktisch alle biologischen Mütter, ein Viertel der leiblichen Väter und alle Adoptiveltern werden untersucht, dazu eine den Probanden angepaßte Kontrollgruppe von nichtadoptierten Kindern und ihren Eltern. Die Untersuchung, welche mehrere Stunden dauerte, umfaßt – neben standardisierten Tests, Rating und Fragebogen – auch Hausbesuche, die Beobachtung und Dokumentation der Interaktionen zwischen Mutter und Kind sowie die Bewertung des Milieus und der kognitiven Fähigkeiten, der Persönlichkeit und allfälliger psychischer Störungen der Eltern. Die Frage lautet: in welchem Ausmaß werden Unterschiede im Verhalten von Kleinkindern (kognitive Entwicklung, Temperament, „Kinderfehler") durch den Umgang der Eltern mit ihren Kindern erklärt.

Dabei erlaubt das Design der Untersuchung folgende Unterscheidungen:
- Zusammenhänge zwischen dem Verhalten der Adoptivkinder und Eigenschaften ihrer leiblichen Eltern müssen auf genetische Faktoren zurückgehen, weil die Trennung sehr früh stattgefunden hat;
- Zusammenhänge zwischen dem Verhalten der Adoptivkinder und Eigenschaften der Adoptiveltern oder des Adoptivmilieus müssen auf Umweltfaktoren zurückgehen, welche die Kinder beeinflussen, weil zwischen diesen und den Adoptiveltern keine genetische Verwandtschaft besteht;
- Zusammenhänge zwischen dem Verhalten der nichtadoptierten Kinder und Eigenschaften ihrer leiblichen Eltern, bei denen sie auch aufwachsen, können auf genetische oder Umweltfaktoren oder auf eine Kombination von beiden zurückgehen.

Die Ergebnisse der Untersuchung können hier nur ganz kurz zusammengefaßt werden:
1. Selektive Plazierung ließ sich nicht feststellen.
2. Eine unterschiedliche Behandlung der Geschlechter ließ sich in den ersten zwei Jahren nicht feststellen.
3. Der Umgang mit den Kindern und Milieufaktoren wie Aktivität und Anteilnahme der Mutter, Anregungscharakter des Milieus usw. erwies sich über zwei Jahre hinweg als außerordentlich stabil.
4. Die kognitive Entwicklung der Adoptivkinder variiert mit 12 und 24 Monaten in engerem Zusammenhang mit einer Reihe von kognitiven Testresultaten der leiblichen Eltern als mit den Testresultaten der Adoptiveltern und Bewertungen des Anregungscharakters des Milieus. Genetisch werden 15 % der kognitiven Entwicklungsunterschiede erklärt, durch das Milieu 5 % mit 12 und 8 % mit 24 Monaten. Rund 80 % der Unterschiede lassen sich durch die gemessenen Variablen nicht erklären.
5. Hinsichtlich der mit 12 und 24 Monaten gemessenen Temperamentseigenschaften der Kinder ergeben sich noch geringere Zusammenhänge. In den Kontrollfamilien werden 10% der Temperamentsunterschiede der Kinder durch Persönlichkeitseigenschaften der Eltern und Unterschiede des Erziehungsmilieus erklärt. In den Adoptivfamilien liegt der Anteil unter 10%, was die Beteiligung genetischer Faktoren der leiblichen Eltern impliziert. Über 90% der Varianz bleibt unerklärt.
6. Der letzte untersuchte Bereich betrifft die „Kinderfehler": Eßstörungen, Schlafstörungen, Weinerlichkeit, Probleme mit der Reinlichkeit. Diese Störungen wurden mit Meßwerten für das Milieu und mit Persönlichkeitsvariablen der Eltern sowie mit psychischer Auffälligkeit der Eltern in Verbindung gesetzt. Es zeigen sich schwache Zusammenhänge der Störungen der Adoptivkinder mit Auffälligkeiten bei der leiblichen

Mutter, deutliche Zusammenhänge zwischen Auffälligkeiten der Kontrolleltern und Störungen bei den Kontrollkindern und wieder schwache Zusammenhänge zwischen Auffälligkeiten der Adoptiveltern und Störungen der Adoptivkinder. Der größte Teil der Unterschiede bleibt unerklärt, und die schwachen genetischen Einflüsse erweisen sich – auch in diesem Bereich – stärker als die ebenfalls schwachen Umwelteinflüsse.

Plomin und *de Fries* (1985) ziehen zwei Schlußfolgerungen: „Mindestens während der ersten zwei Lebensjahre hat das Verhalten der Eltern und Eigenschaften der Umwelt nur einen geringen systematischen Einfluß auf die Entwicklung der Kinder" (S. 330), und „Zusammenhänge zwischen dem Milieu und der kindlichen Entwicklung sind oft durch genetische Faktoren mitbedingt" (S. 335). Offensichtliche Umwelteinflüsse in Nicht-Adoptivfamilien müssen mit Vorsicht betrachtet werden, denn bei ihren Folgen könnten genetische Faktoren mitbeteiligt sein. *Untersuchungen in „normalen" Familien müßten also immer die Persönlichkeit beider Eltern miteinbeziehen.*

Selbstverständlich läßt sich auch diese überaus gründliche Untersuchung kritisieren: die Meßmethoden können inadäquat sein; mögliche Folgen von Umwelteinflüssen zeigen sich vielleicht erst in Jahren (*Sleeper-effect*), und Extreme der Vernachlässigung kamen in den mittelständischen Verhältnissen der Adoptiv- und Kontrollfamilien nicht vor. Trotzdem beeindruckt, daß die genaueste Realzeituntersuchung der ersten Jahre, die bisher bekannt geworden ist, nur so wenig Varianz aufklären kann.

Schlußfolgerungen

Wie steht die Beweislage für oder gegen eine hohe Umweltresistenz des Säuglings und damit für die Bedeutung von frühesten Beziehungen? Eine einzige Studie, nämlich die erwähnte Colorado-Adoption-Studie, erfüllt u. W. die Bedingung, daß sie nicht nur Milieueinwirkungen mißt, sondern anhand der Erfassung der Persönlichkeiten der Eltern und der Adoptionssituation auch die Vulnerabilität der Kinder für Umgebungseinflüsse zu erfassen sucht. Das vorläufige Ergebnis spricht für eine hohe Umweltresistenz der frühen Kindheit, welche – so wagen wir vorauszusagen – mit dem Heranwachsen der Kinder allmählich zurückgehen wird. Damit hätte die allerfrüheste Kindheit ihr Gewicht als prägende Phase verloren; wir müßten uns nach anderen Kausalfaktoren für Borderline-Störungen, Charakterabweichungen und Depressionen umsehen als ungenügende Bemutterung im Säuglings- und frühesten Kindesalter.

Der amerikanische Entwicklungspsychologe *Kagan* (1981), welcher auf die transkulturelle Variabilität der frühkindlichen Lebensbedingungen hingewiesen hat, stellt die Hypothese auf, daß die rasch heranbrandenden Entwicklungswellen im Säuglingsalter durch Autonomie und Äquifinalität gekennzeichnet sind: Bestimmte Entwicklungsstufen erreicht ein somatisch gesundes Kind unter allen möglichen Bedingungen. *Kagan* nimmt an, daß pathogenes Lernen aus Erlebnissen einer belastenden und angsterregenden Umwelt in dem Maße auftrete, wie sich beim Kind gegen Ende des zweiten Jahres ein Selbstbild entwickle. Sofern eine entsprechend genetische Disposition gegeben ist, kann das Selbstbild in ständiger Interaktion mit der Umwelt allmählich negative Züge annehmen und irreversibel oder schwer reversibel werden.

Wir leben im Zeitalter einer explosionsartigen Zunahme der Erkenntnis genetischer Zusammenhänge, welche den Bereich menschlichen Verhaltens nicht aussparen wird. Die äußeren und inneren Einflüsse, welche Menschen formen und verformen, müssen prospektiv und unter Einbezug genetischer Vulnerabilität (d. h. unter Einbezug der Persönlichkeit der Eltern) geklärt werden. Wir wissen heute durch Zwillings- und Adoptionsstudien mit Sicherheit, daß Eltern ihre Kinder nicht nur durch ihr Verhalten, sondern auch durch die biologische, genetische Weitergabe von Verletzlichkeiten und Widerstandskraft beeinflussen. Schon heute tritt das Bild vom fragilen Säugling, dessen Charakter wie eine Wachstafel vom Verhalten seiner Mutter geprägt wird, mit zunehmender Differenziertheit der Untersuchungen immer stärker in den Hintergrund.

Kinder werden nicht in ihren frühesten Jahren durch Traumen geprägt, sondern – bei entsprechender Vulnerabilität – nach der frühesten Kindheit allmählich durch anhaltenden Druck verbogen.

Literatur

Ainsworth, MDS, Bell, MS (1974): Mother infant interaction and the development of competence. In: *Conolly, K., Brunner, J.* (eds): The development of competence. London.
Bourguière, A., Lapisch, C. (1986): Histoire de la famille. Armand Cohn, Paris.
Bowlby, J. (1951): Maternal care and mental health. WHO, Genf.
— (1977): The making and breaking of affectional bonds. *Br. J. Psychiat.* 140: 201-210.
Elliger, T. J., Schötensack, K. (1991): Sexueller Mißbrauch von Kindern. In: *Nissen, G.*: Psychogene Psychosyndrome. Huber, Bern.
Ernst, C., v. Luckner, N. (1985): Stellt die Frühkindheit die Weichen? Enke: Stuttgart.
Freud, S. (1940): Vorlesungen zur Einführung in die Psychoanalyse. GW Bd 11.
— (1941): Abriß der Psychoanalyse. GW Bd 17.
— (1948a): Hemmung, Symptom und Angst. GW Bd 14.
— (1948b): Selbstdarstellung. GW Bd 14.
Graf-Nold, A. (1988): Der Fall Hermine Hug-Hellmuth. Verlag Internationale Psychoanalyse. München/Wien.
Harris, T., Brown, G. W., Bifulco, A. (1986): Loss of parent in childhood and adult psychiatric disorder: The role of lack of adequate parental care. *Psychol. Med.* 16: 641-659.
Hoffmann, S. O. (1986): Die sogenannte frühe Störung. *Prax Psychother Psychosom* 31:179-190.
Kagan, J. (1981): The second year: The emergence of self-awareness. Harvard Univ. Press, Cambridge, Mass.
Kline, P. (1981): Facts and Fantasy in Freudian Theory. Methuen, London, New York.
Knapp, U. (1986): Frauenarbeit in Deutschland. Minerva, München.
Minturn, L. (1964): Mothers of six cultures. Wiley, New York.
Perris, C., Homgren, S., v. Knorring, L. u. a. (1986): Parental loss by death in the early childhood of depressed patients and their healthy siblings. *Br. J. Psychiat.*148:165-169.
Plomin, R., de Fries, J. C. (1985): Origins of individual differences in infancy. The Colorado Adoption Project. Academic Press, London, New York.
Roy, A. (1987): Five risk factors for depression. *Br. J. Psychiat.* 150:536-541.
Spitz, R. A. (1945): Hospitalism. *Psychoanal. Study. Child* 1:53.
— (1954): Die ersten Objektbeziehungen des Kleinkindes. Klett, Stuttgart.
Suess, G. (1987): Auswirkung frühkindlicher Bindungserfahrung auf die Kompetenz im Kindergarten. Diss. Regensburg.
Schindler, B., Ernst, C. (unpublished): Inzidenz des sexuellen Mißbrauchs im Kindesalter.

Über die lebenslange Bedeutung früher Bindungserfahrungen

Elisabeth Fremmer-Bombik und Klaus E. Grossmann

1. Bindungstheorie – ein integraler Bestandteil der modernen Entwicklungspsychologie

In den letzten Jahren ist das Interesse sowohl an der Bindungstheorie als auch an der Bindungsforschung sehr stark gestiegen. Nicht nur Entwicklungspsychologen zeigen sich beeindruckt von der Stimmigkeit zwischen Theorie und Empirie. Es gibt derzeit keinen besseren Weg, um die angenommenen lebenslangen Auswirkungen wirklicher Erfahrungen beim Aufbau lebensnotwendiger Bindungen im Kleinkindalter nachzuweisen. Die Bindungsforschung, einschließlich unserer eigenen, ist auf Längsschnittstudien angewiesen. Sie ist damit ein integraler Bestandteil einer modernen Entwicklungspsychologie der Lebensspanne. Dabei betont sie vor allem die gesetzmäßigen Kontinuitäten früher Erfahrungen. Veränderungen – Diskontinuitäten – durch spätere Erfahrungen, z.B. durch lebensverändernde Ereignisse oder durch therapeutische Interventionen, sind dazu komplementär und zentral für die angewandten Interessen.

Im folgenden sollen in einem kurzen Abriß die Schwerpunkte der Bindungstheorie und ihre empirischen Belege erläutert werden, um daran anschließend deren mögliche Bedeutung für die praktische Psychotherapie zu erläutern.

Schon *Freud* (1938) hat darauf hingewiesen, daß ein Kind aufgrund biologischer Notwendigkeit eine Bindung zu seiner Mutter aufbaut, selbst dann, wenn diese sich eher abweisend verhält. Von der Qualität dieser ersten Beziehungen – auch der zum Vater – hinge es ab, wie die weitere sozial-emotionale Entwicklung des Individuums bis ins Erwachsenenalter hinein verlaufe. Die Psychoanalyse beschäftigt sich fast ausschließlich mit pathologischen Entwicklungsverläufen und deren Ursachen in der frühen Kindheit, die sie lediglich mit retrospektiven Methoden aufzudecken versucht, ohne die wirklichen Erfahrungen in der Entwicklung der Patienten zu belegen. Dabei konstruiert sie sogar Phantasien, die den Kindern ungeprüft zugeschrieben werden, als Ursache für Fehlanpassungen.

John Bowlby, Begründer der Bindungstheorie und Psychoanalytiker, hat *Freuds* grundlegende Erkenntnisse aufgegriffen und durch Integration ethologischer und systemtheoretischer Konzepte neu formuliert, um sie so einer prospektiven wissenschaftlichen Überprüfung zugänglich zu machen. Auf der Basis von Beobachtungen kleinkindlichen Verhaltens (z.B. von *Schaffer, Spitz* und *Robertson*; genaue Referenzen s. *Bowlby* 1969) und vergleichbarer Studien aus der biologischen Verhaltensforschung (z.B. von *Lorenz, Tinbergen* und v.a. *Harlow*; genaue Referenzen s. *Bowlby* 1969) konnte er die typische Ontogenese von Bindungsbeziehungen und deren mögliche Störungen beschreiben. Im Mittelpunkt des Interesses standen auch für Bowlby zunächst die Entwicklungsschäden bei fehlender mütterlicher Zuwendung in der Tradition der Deprivationsstudien von *Spitz* und vergleichbarer experimenteller Beobachtungen bei Rhesusaffen durch *Harlow*. *Bowlby* legte dazu 1951 im Auftrag der Weltgesundheitsorganisation eine Enquête vor, die wesentlich zur Überwindung der gröbsten Mißstände bei der Betreuung von Kleinkindern in Kinderheimen und Krankenhäusern etc. beitrug (*Bowlby* 1951). In der Folge konzentrierten sich jedoch die Bindungsforscher auf die nicht pathologischen Entwicklungsverläufe von Kindern innerhalb ihrer Familien. *Ainsworth* (1967) in Uganda und *Schaffer* und *Emerson* (1964) in Schottland leisteten hier Pionierarbeit und lieferten *Bowlby* die ersten empirischen Grundlagen für seine Bindungstheorie, wie er sie in der Trilogie „Attachment and Loss" (1969, 1973, 1980) formuliert hat. Davon ausgehend haben sich zahlreiche Forscher mit der Frage nach der Stabilität bereits bestehender Bindungsstrategien und deren Bedeutung für die weitere Entwicklung des Kindes im kognitiven, emotionalen und sozialen Bereich, den Grundpfeilern psychischer Gesundheit, beschäftigt.

2. Bindung – emotionales Band zwischen Mutter und Kind

Bindungsverhalten begleitet den Menschen von der Geburt bis zum Tod (*Bowlby* 1979). Bei der Geburt ist das Kind mit einem Verhaltensrepertoire ausgestattet, das dazu dient, die Nähe zu einer Pflegeperson aufrechtzuerhalten. Weinen ist das auffälligste unter den Signalverhaltensweisen. Das Pflegeverhalten des Betreuers ist das Komplement zum Bindungsverhalten des Kindes. Beide Systeme sind fein aufeinander abgestimmt und entwickeln sich in einer bestimmten Abfolge. In den ersten Lebensmonaten werden die Signale noch relativ wahllos ausgesandt, doch bald beginnt das Kind, zwischen Personen zu unterscheiden und sein Bindungsverhalten zielgerichtet zu lenken. In der Mitte des ersten Lebensjahres finden einige wichtige Veränderungen statt. Parallel zur immer stärkeren Individualisierung der Bindungspersonen entwickeln sich gerichtetes Greifen und Fassen und die Fortbewegung, wodurch Verhalten, das darauf abzielt, Nähe zu erhalten, aktiver und effektiver und damit zielgerichtet wird. Jetzt formt sich das Kind ein Bild von seiner hauptsächlichen Bindungsperson. Es hat die Fähigkeit entwickelt, auch dann nach der Pflegeperson zu suchen, wenn diese nicht anwesend ist. Mit dieser Errungenschaft tritt auch Kummer bei einer Trennung auf. Das Kind ist an diesem Punkt seiner Entwicklung zu einer festen Bindung fähig (*Ainsworth* 1985a).

Auf der Grundlage der Bindung erfolgt die weitere Entwicklung des Kindes, die für die Bindungsbeziehung in der Fähigkeit zu einer ziel-„korrigierten" Partnerschaft gipfelt. Das Kind ist dann in der Lage, nicht nur die eigenen Bedürfnisse, sondern auch die der Bezugsperson zu berücksichtigen. So gewinnt es Einblick in die Gefühle und Motive seiner Bezugsperson. Durch Beobachtung des Verhaltens der Bezugsperson und des eigenen Einflusses darauf, lernt das Kind etwas über die von der Bezugsperson gesetzten Ziele und über ihre Pläne, die sie dabei verfolgt. Das Weltbild des Kindes wird komplexer und sein Verhalten beim Gelingen der Beziehung wesentlich flexibler. Damit sind die Grundlagen für die Entwicklung einer weitaus komplexeren Beziehung gelegt, die *Bowlby* dann zielkorrigierte Partnerschaft nennt (*Bowlby* 1969).

Neben dem Bindungssystem und komplementär dazu ist das Erkundungssystem wichtig für eine gesunde Entwicklung des Kindes. Beide Systeme müssen in Balance gehalten werden. Wird das Kind im Laufe seines Erkundens der Umwelt verunsichert etwa durch zu große Entfernung von der Mutter oder durch fremde Reize, so sorgt die Aktivierung des Bindungssystems und des damit verbundenen Verhaltens für Nähe und Schutz durch die Mutter. Sie dient als sichere Basis, von der aus das Kind, nachdem die Erregung des Bindungssystems abgeklungen ist, von neuem erkunden kann.

3. Die differentielle Entwicklung von Bindungsbeziehungen

Ainsworth beobachtete in zwei Längsschnittstudien – einmal in Uganda und einmal in Baltimore, USA – die Entwicklung des Bindungsverhaltens von Kindern gegenüber ihren Müttern (*Ainsworth* 1967 und *Ainsworth, Blehar, Waters & Wall* 1978). In Uganda beobachtete sie Mütter und ihre Kinder im ersten Lebensjahr in ihrer natürlichen Umgebung. Sie unterschied zwischen sicher gebundenen Kindern und ängstlich gebundenen Kindern, wobei die Mütter der sicher gebundenen Kinder empfänglicher für die kindlichen Signale waren und öfter positive Reaktionen zeigten als die Mütter der ängstlich gebundenen Kinder. Die Mütter der sicher gebundenen Kinder fungierten als sichere Basis, von der aus sie ihre Erkundungen starteten und zu der sie bei Verunsicherung zurückkehrten. Aus diesen Beobachtungen wuchs die Idee von der Bedeutung der Feinfühligkeit der Mütter und ihrer Verfügbarkeit als sichere Basis für die Beziehungsqualität zum Kind, die sie dann in Baltimore systematisch untersuchte.

Obwohl sich die Mütter in den USA in vielfacher, vor allem kultureller Hinsicht von der Stichprobe in Uganda unterschieden, stimmten das Bindungsverhalten und die Phasen der Entwicklung bei den Kindern jeweils mit Uganda überein. In Baltimore beobachtete *Ainsworth* die Mutter-Kind-Beziehung in regelmäßigen Abständen während des ersten Lebensjahres zu Hause. Sie erkannte deutlich unterschiedliche Bindungsqualitäten zwischen Mutter und Kind und im Zusammenhang damit unterschiedliche kindliche

Bindungs„strategien". Sie überprüfte die unterschiedlichen kindlichen Bindungsstrategien in standardisierten Beobachtungen in der sogenannten „Fremden Situation". Dabei wird durch zwei kurze Trennungen von der Bezugsperson das Bindungsverhaltenssystem des Kindes aktiviert. Unterschiedliche kindliche Bindungsstrategien zeigen sich vor allem in den beiden Wiedervereinigungsepisoden. *Ainsworth* fand dabei drei hauptsächliche Bindungsstrategien. Kinder mit der Strategie A gaben ihr Erkundungsverhalten nicht auf. Sie ließen sich durch die Trennungen von der Mutter dem Anschein nach nicht aus der Fassung bringen und, was am auffälligsten war, sie vermieden die Mutter in den Wiedervereinigungsphasen oder ignorierten sie sogar. Kinder mit der Strategie C waren schon sehr früh in der Situation stark verunsichert, die Trennungen, soweit sie überhaupt durchführbar waren, belasteten die Kinder extrem, aber sie verhielten sich widersprüchlich gegenüber der Mutter nach der Trennung. Einerseits suchten sie die Nähe der Mutter, andererseits fanden sie dort aber keine Sicherheit und weinten weiter und/oder waren gleichzeitig wütend auf sie. Die Kinder mit der Strategie B dagegen zeigten Erkundungsverhalten, wenn die Mutter anwesend war, schränkten dieses in der Abwesenheit der Mutter ein und suchten aktiv die Nähe der Mutter in den Wiedervereinigungsphasen. Wenn sie durch die Trennung stark beunruhigt waren, so konnte die zurückgekehrte Mutter sie schnell und effektiv beruhigen. Auch die Kinder, die nicht stark beunruhigt waren, freuten sich sichtlich über die Rückkehr der Mutter und bauten eine positive Interaktion mit ihr auf.

Die Einstufung der Bindungsstrategien durch das Verhalten der Kinder in der Fremden Situation hat sich inzwischen weltweit durchgesetzt und ist für vielerlei Kulturen validiert (*Fox, Kimmerley & Schafer* 1991).

Kinder mit dem Muster B wurden von *Ainsworth* (*Ainsworth* et al. 1978) als sicher gebunden bezeichnet, sowohl aufgrund ihres Verhaltens in der Fremden Situation, als auch wegen ihres Verhaltens im Zusammenspiel mit ihren Müttern zu Hause im ersten Lebensjahr. Sie weinten zu Hause weniger als Kinder mit den Mustern A oder C, vor allem bei den kurzen alltäglichen Trennungen. Sie wandten sich auch zu Hause während der Wiedervereinigungen eindeutiger der Mutter zu, und sie zeigten sich kooperativer bei mütterlichen Forderungen. Aber auch die Mütter verhielten sich sehr unterschiedlich. Die Mütter der sicher gebundenen Kinder reagierten häufiger feinfühlig auf kindliche Signale. Die Feinfühligkeit zeigte sich in angemessenen und prompten Reaktionen der Mütter. Die Effektivität der mütterlichen Reaktionen (z.B. schnelle Beruhigung des Kindes) zeigte, daß diese Mütter die Signale der Kinder nicht nur wahrgenommen, sondern auch richtig interpretiert hatten und bereit waren, prompt und angemessen zu reagieren.

Die Kinder mit den Mustern A oder C wurden als unsicher oder ängstlich an die Mutter gebunden bezeichnet. Zu Hause hatten sie im ersten Jahr mehr geweint, mehr gegen alltägliche Trennungen protestiert und die Mutter bei deren Wiederkehr eher mit Weinen begrüßt. Sie genossen es weniger, von ihren Müttern gehalten zu werden, reagierten aber trotzdem negativer, wenn sie niedergelegt wurden. Sie waren seltener in „en face"-Situationen mit ihren Müttern, zeigten sich weniger kooperativ gegenüber mütterlichen Anforderungen und waren allgemein öfter aggressiv. In all diesen Verhaltensweisen unterschieden sich die unsicher gebundenen Kinder von den sicher gebundenen während des ersten Lebensjahres zu Hause. Wegen ihres Verhaltens in der Fremden Situation wurden Kinder mit der Bindungsstrategie A als „unsicher vermeidend" gebunden und Kinder mit der Bindungsstrategie C als „unsicher ambivalent" gebunden bezeichnet (*Ainsworth* et al. 1978).

Die Mütter beider Gruppen unsicher gebundener Kinder unterschieden sich ebenfalls deutlich von den Müttern der sicher gebundenen Kinder in ihrem Verhalten während des ersten Lebensjahres des Kindes zu Hause. Besonders auffällig war ihre geringere oder sogar mangelnde Feinfühligkeit, die sich z.B. in verzögerten Reaktionen auf kindliches Weinen, aber auch in einem Mangel an Zärtlichkeit, z.B. wenn sie das Baby im Arm hielten, ausdrückte. Die Unterschiede zwischen den Müttern der beiden unsicheren Bindungsstrategien – vermeidend und ambivalent – zeigten sich folgendermaßen: Mütter der unsicher vermeidenden Kinder verhielten sich eher abweisend. Vor allem auf negative Gefühlsäußerungen der Kinder reagierten sie verzögert oder gar nicht, teilweise auch mit Gereiztheit und Ärger. Bindungsverhalten der Kinder, vor allem ihren Wunsch nach Nähe und Trost, ignorieren sie oder antworten darauf sogar mit deutlicher Zurückweisung. Die Mütter der Kinder mit der unsicher ambivalenten Bindungsstrategie (C) waren zwar nicht durchgehend abweisend, tendierten aber dazu, sich entweder einzumischen, wenn das Kind zufrieden spielte, oder das Verhalten des Kindes gerade dann zu ignorieren, wenn das Kind Bindungsverhalten zeigte. Sie waren unbeständig in ihren Reaktionen, konnten aber phasenweise auch sehr einfühlsam reagieren. Oft aber interpretierten sie die Signale des Kindes falsch, boten z.B. Körperkontakt an, obwohl das Kind keinen suchte, verweigerten ihn aber, wenn das Kind danach verlangte. Ihre Reaktionen waren für die Kinder nicht vorhersehbar, nicht zuverlässig (*Ainsworth* et al. 1978).

Diese Zusammenhänge zwischen mütterlicher Feinfühligkeit im ersten Lebensjahr und der Qualität der Bindung konnten inzwischen in mehreren Studien nachgewiesen werden (vgl. z.B. *Grossmann, Grossmann, Spangler, Süß & Unzner* 1985; *Spangler* 1992; zusammenfassend: *Goldsmith & Alansky* 1987).

Bis etwa Mitte der 80er Jahre gingen praktisch alle bindungstheoretisch orientierten Untersuchungen im Kleinkindalter von der Fremden Situation und den drei von *Ainsworth* gefundenen Bindungsstrategien 12 Monate alter Kinder aus. Etwa 10 % der beobachteten Kinder waren allerdings nicht klassifizierbar gewesen. Zudem waren einige Kinder, für die eindeutige Hinweise auf Vernachlässigung oder gar Mißhandlung vorlagen (*Crittenden* 1985), als B klassifiziert worden, was sich nicht mit bindungstheoretischen Überlegungen vereinbaren ließ. *Main* und *Solomon* (1986) unternahmen deshalb Reanalysen zahlreicher Fremder Situationen, vor allem aus Risikostichproben. Neben den Verhaltensweisen, die zur A-, B- oder C-Klassifikation führten, fanden sie auch Verhaltensweisen, aufgrund derer sie eine neue Bindungskategorie D einführten. In diese Kategorie gehören Kinder, die sich ungleichmäßig oder unpassend bewegen, die Stereotypien zeigen, deren Stimmung bedrückt ist, bei denen Anzeichen von Furcht vor der Bindungsperson vorkommen und die in den Wiedervereinigungsphasen besonders deutlich Konfliktverhalten (im ethologischen Sinne) zeigen. Ein anschauliches Beispiel für Konfliktverhalten ist die Vermeidung im Kontakt. Das Kind sucht in der Wiedervereinigung die Nähe der Mutter wie ein sicher gebundenes Kind, ist im Kontakt aber vermeidend, d. h. es sieht die Mutter nicht an, dreht den Kopf weg, ist sehr steif und wenig anschmiegsam, zeigt aber keinen offenen Kontaktwiderstand, wie das ambivalente Kind. Diese Verhaltensweisen wirken desorganisiert und desorientiert. Besonders Kinder, die bisher als nicht klassifizierbar galten, wurden jetzt in die Kategorie D eingeordnet. *Main* und *Solomon* (1986) interpretieren die Verhaltensweisen, die zur Einordnung in die Kategorie D führen, als „mangelhafte" Bindungsstrategie. Kinder der Kategorien A, B und C verfolgen klare Strategien; im Falle B: Sicherheit bei der Bindungsperson suchen und finden; im Falle A: keinen Trennungsschmerz zeigen und so eine vorhersehbare Zurückweisung vemeiden; im Falle C: durch fast permanent aktiviertes Bindungsverhalten die Trennung im voraus vermeiden, da keine Sicherheit bezüglich der Reaktionen der Bindungsperson gegeben ist. Im Gegensatz dazu zeigen die Kinder der Kategorie D keine eindeutige Strategie beim Umgang mit den kurzzeitigen Trennungen.

Das Verhalten der Mütter dieser Kinder im ersten Lebensjahr kann derzeit noch nicht genau beschrieben werden, weil dafür erst diejenigen Fremden Situationen, für die es Längsschnittdaten aus dem ersten Lebensjahr gibt und die auf Video aufgezeichnet sind (die Baltimore-Studie von *Ainsworth* war es nicht), bezüglich D reanalysiert werden. In einigen Forschungslabors – auch bei uns – wird daran gearbeitet. Aus den Überlegungen und den empirischen Befunden von *Ainsworth* und *Eichberg* (1991) und *Main* und *Hesse* (1990) läßt sich jedoch die Hypothese ableiten, daß die Mütter von desorganisiert gebundenen Kindern von eigenen Bindungsproblemen betroffen sind und deshalb als Bindungspersonen nur sehr eingeschränkt fungieren können. Eindeutig nachweisen konnten *Ainsworth* und *Eichberg* (1991) den Zusammenhang zwischen desorganisiertem Verhalten der Kinder in der Fremden Situation und bindungsrelevanten Problemen der Mütter, so z.B. wenn die Mutter den Tod einer Bindungsperson nicht verarbeitet hatte, entweder keine Trauer zugelassen oder die Trauerarbeit noch immer nicht abgeschlossen hatte. Aber auch Scheidung, Mißhandlung der Mutter als Kind oder Drogenmißbrauch des Partners scheinen sich in desorganisiertem Verhalten auf die Mutter-Kind-Bindung auszuwirken (*Ainsworth* & *Eichberg* 1991).

In der wissenschaftlichen Diskussion (*Hinde* & *Stevenson-Hinde* 1990; *Sagi* & *Lewkowicz* 1987) der unterschiedlichen Bindungsstrategien wurde die Vermutung geäußert, daß Kinder der A-Strategie durch die Fremde Situation nicht genügend betroffen sind, um Bindungsverhalten zu zeigen, oder daß ihr Verhalten kulturell bedingt und daher gut angepaßt sei. Ähnlich schwierig ist es, die Verunsicherung derjenigen Kinder der D-Gruppe nachzuweisen, die zunächst als sicher klassifiziert waren oder vorher als nicht klassifizierbar galten. Einen Ausweg aus diesem Dilemma bietet die Kontrolle ausgewählter physiologischer Parameter vor, während und nach der Fremden Situation. *Spangler* (1992) konnte mit Hilfe von Speichelproben unterschiedliche Reaktionen im Nebennierenrindensystem und im Cortisolspiegel von sicher und unsicher gebundenen Kindern in der Fremden Situation nachweisen. Ein Anstieg von Cortisol im Verlauf der Situation – und vor allem danach – stellt die Gegenreaktion des Körpers auf Streß dar, wobei das System vor allem dann reagiert, wenn keine adäquate Verhaltensstrategie zur Verfügung steht (*Spangler* & *Grossmann* 1993). 15 und 30 Minuten nach der Fremden Situation sind die Cortisolwerte der sicher gebundenen Kinder auf dem Ausgangsniveau geblieben, während der Cortisolspiegel der unsicher gebundenen Kinder (A, C und D) signifikant angestiegen ist. Somit ist nachgewiesen, daß auch die unbeteiligt wirkenden Kinder, die die vermeidende Strategie verfolgen, durch die Trennungen belastet werden und vor allem belastet bleiben, d. h. durch die Rückkehr der Bindungsperson nicht sofort entlastet werden. Besonders deutlich wurde, daß auch die als desorganisiert klassifizierten Kinder verunsichert sind – und zwar im besonderen Maße – und ebenfalls durch die Rückkehr der Bindungsperson nicht entlastet werden.

Um die Stabilität von Beziehungsqualitäten untersuchen zu können, haben *Main* und Mitarbeiter (*Main, Kaplan* & *Cassidy* 1985) eine Situation entwickelt, die bei sechjährigen Kindern das Bindungssystem aktiviert. Die Kinder werden in diesem Alter eine Stunde lang von der Bindungsperson getrennt und in dieser Zeit mit Tests und Interviews konfrontiert. Die Wiedervereinigung mit der Bindungsperson wird wiederum zur Einschätzung der Bindungsqualität herangezogen. Entwicklungsbedingt werden beim sechsjährigen Kind andere Verhaltensweisen zur Klassifikation herangezogen als beim Kleinkind. Ein sicher gebundenes sechsjähriges Kind begrüßt seine Bindungsperson freundlich, es entwickelt einen offenen, flüssigen

Dialog mit ihr. Es ist der Bindungsperson zugewandt, die Stimmung wirkt entspannt, das Kind wirkt nicht eingeengt. Das unsicher vermeidend gebundene Kind dagegen ist höflich, aber distanziert zu seiner Bindungsperson. Seine Antworten sind kurz, auf das Nötigste beschränkt. Es entsteht kein flüssiger Dialog zwischen beiden. Das Kind scheint eine Art unsichtbare Mauer aufgebaut zu haben, hinter der es nicht hervorkommt, über die aber auch die Bindungsperson nicht hinweg kann. Das unsicher ambivalent gebundene Kind wirkt sehr unreif, es erinnert in seinem Bindungsverhalten eher an ein Kleinkind.

Auch bei den sechsjährigen Kindern haben *Main* und Mitarbeiter (*Main* et al. 1985) Verhaltensweisen entdeckt, die sie als D klassifiziert haben. Das Verhalten der Kinder ist jetzt nicht mehr desorganisiert, im Gegenteil, es ist kontrollierend. Kinder, die mit sechs Jahren eine D-Beziehung zu ihrer Mutter hatten, wirkten kontrollierend gegenüber der Mutter. Diese Kontrolle zeigte sich entweder in überfreundlich fürsorglichen Verhalten, wo das Kind sich um das Wohlergehen der Mutter während der Trennung sorgt, oder in bestrafendem Verhalten, wenn das Kind nach einstündiger Trennung inkooperativ oder sogar aggressiv gegenüber seiner Mutter ist. In beiden Fällen sieht man Anzeichen von Rollenumkehr, das Kind fungiert als Bezugsperson, es sorgt sich um seine Mutter oder es erzieht sie.

In einer Längsschnittstudie in Berkeley (*Main & Cassidy* 1988) fand man eine Stabilität der Mutterbindung bezüglich der ABCD-Klassifikation vom zweiten zum sechsten Lebensjahr von 84 % bzw. 86 %. *Wartner* und Mitarbeiter (*Wartner, Grossmann, Fremmer-Bombik & Süß* 1994) fanden in einer unserer Regensburger Längsschnittstudien eine Stabilität von 82 % über denselben Zeitraum.

4. Vom Bindungsverhalten zur inneren Repräsentation von Bindung

Die Bindungstheorie (*Bowlby* 1969, 1988a; *Ainsworth* 1985; *Main* et al. 1985; *Bretherton* 1985) geht davon aus, daß sicher gebundene Kinder ein inneres Arbeitsmodell („inner working model") von ihrer Mutter aufgebaut haben, in dem diese als verantwortlich und zugänglich repräsentiert ist. Beim Kleinkind wird dieses Modell als die grundlegende Organisation von Erwartungen und den damit verbundenen Gefühlen angesehen, die es von einer Situation zur anderen trägt. Auch wenn sich das Verhalten des Kindes in den verschiedenen Situationen unterscheidet, so bleibt doch diese innere Organisation grundsätzlich erhalten. Unterschiedliche Modelle führen zu unterschiedlichem Verhalten. Mit einem sicheren Modell bringt das Kind Vertrauen in die Verfügbarkeit der Mutter, z.B. in die Fremde Situation, mit. Es kann, ausgehend von seinem Modell, die Mutter als sichere Basis benutzen, um die fremde Umgebung zu erforschen (vgl. 3.). Auch wenn die Mutter den Raum verlassen hat, empfindet das Kind die Mutter noch als verfügbar, und es sorgt sich nur allmählich, wenn sie länger nicht zurückkommt. Die Rückkehr der Mutter bestärkt das Kind in seinem Glauben an die Zuverlässigkeit der Mutter. Folglich sucht das besorgte, sicher gebundene Kind sofort und unzweideutig Trost bei der Mutter, läßt sich schnell und wirksam beruhigen und kann so sein Erkundungsverhalten fortsetzen (*Ainsworth* 1985b). Die negativen Gefühle, die die Trennung beim Kind auslöst, führen zu Bindungsverhalten, das eine positive Lösung, nämlich Trost und damit Beendigung des Leids verspricht. Allgemein gesagt, negative Gefühle werden mit Hilfe dieses Arbeitsmodells in eine insgesamt positive gefühlsmäßige Erwartung über einen guten Ausgang integriert.

Unsicher ambivalent gebundene Kinder haben dagegen ein Modell von ihren Müttern, das diese in ihrem Verhalten als nicht berechenbar abbildet. Die innere Einstellung, die diese Kinder in die Fremde Situation mitbringen, macht sie unruhig und aktiviert ihr Bindungssystem allein schon wegen der fremden Umgebung und der fremden Person. Ihr unsicheres inneres Arbeitsmodell über ihre Erwartungen an die Mutter aufgrund bisheriger Erfahrungen läßt sie die Nähe der Mutter schon vor der Trennung suchen. Durch die chronische Aktivierung ihres Bindungssystems ist ihr Erkundungsverhalten stark eingeschränkt. Verläßt die Mutter dennoch den Raum, so werden diese Kinder in ihrer Erwartung bestärkt, daß die Mutter wohl wieder nicht verfügbar ist. Die Trennung belastet diese Kinder besonders stark. Der wiederkehrenden Mutter gegenüber verhalten sie sich widersprüchlich. Sie suchen ihre Nähe, sind aber zugleich ärgerlich und wütend auf sie, was sich in ihrem ambivalenten Verhalten zeigt (*Ainsworth* 1985a). Da keine positive Erwartungshaltung beim Kind aufgebaut wurde, kann es seine negativen Gefühle nicht auf ein positives Ziel hin integrieren.

Die unsicher vermeidenden Kinder wirken während der Fremden Situation nicht beunruhigt, sie vermeiden sogar die Nähe zur wiederkehrenden Mutter. Ihre Erfahrungen mit der Mutter zu Hause haben zu einem Modell von der Mutter als in vielen Situationen zurückweisend geführt. Um aber die Wahrscheinlichkeit für die doch sehr schmerzhafte Zurückweisung zu verringern, haben sie die Strategie der Vermeidung entwickelt. Sie zeigen möglichst ihre Verunsicherung nicht mehr und suchen auch die Zuwendung durch Trost und körperliche Nähe der Mutter nicht mehr, da sie von ihr keine Auflösung der Verunsicherung mehr erwarten (*Ainsworth* 1985b). Auch bei diesen Kindern ist keine Integration negativer Gefühle in eine positive Erwartungshaltung möglich, deshalb versuchen sie, negative Gefühle gegenüber der Bindungsperson nicht mehr auszudrücken.

Über das Arbeitsmodell der unsicher desorganisierten Kinder gibt es noch keine konkreten Aussagen. Es ist jedoch anzunehmen, daß bindungsrelevante Probleme der Mütter (z.B. ihre unverarbeitete Trauer, vgl. 3.) ihr eigenes Bindungssystem aktiviert hält und so das Pflegesystem, hier vor allem ihre Funktion als feinfühlige Bindungsperson, nur eingeschränkt tauglich ist. Ihre Kleinkinder sind länger nicht in der Lage, eine klare Bindungsstrategie zu entwickeln und ihre Erwartungen an die Bindungsperson in einem Arbeitsmodell abzubilden. Im Lauf der Zeit entwickeln sie die bereits beschriebene kontrollierende Strategie, die in vielen Fällen an Rollenumkehr erinnert.

Die wichtigste Funktion der Arbeitsmodelle ist es, Ereignisse der realen Welt zu simulieren bzw. vorwegzunehmen, um so das Individuum in die Lage zu versetzen, sein Verhalten mit Einsicht vorausschauend zu planen. Je besser und genauer die Simulation der Wirklichkeit entspricht, desto besser ist selbstredend das darauf basierende Verhalten angepaßt. Basiert das Arbeitsmodell auf Erfahrungen, wie sie beim sicher gebundenen Kind beschrieben sind, so erleichtert es die emotionale Integration und Kohärenz, vor allem im Hinblick auf zielkorrigiert partnerschaftliches Verhalten.

Diese Überlegungen über die Entstehung und Funktion von Arbeitsmodellen finden auch im Erwachsenenalter ihre Bestätigung. Um das Arbeitsmodell, das die Bindungspersonen selbst von Bindung haben, untersuchen zu können, haben *Main* und Mitarbeiter (*Main* et al. 1985) das „Adult Attachment Interview" (AAI) entwickelt, in dem die Befragten ihre Beziehung zu ihren Eltern beschreiben. Sie werden vor allem nach ihrem Verhalten in Kummersituationen, bei Drohungen, bei Zurückweisungen, bei Trennungen und bei Verlusten gefragt und sollen beurteilen, inwiefern das Verhalten ihrer Bezugspersonen sie selbst beeinflußt hat. Die Analysen der Interviews ergaben drei Hauptstrukturen von Bindungsmodellen: eine autonome, eine distanzierte und eine verstrickte Struktur.

Das Arbeitsmodell der Autonomen entsteht nach *Main* (*Main* et al. 1985) entweder aus einer sicheren Kindheitsbindung oder aus einer tiefgreifenden Verarbeitung negativer Kindheitserlebnisse. Für solche Menschen haben Bindungen einen hohen Stellenwert, und sie betrachten Erfahrungen, die sie mit Bindungspersonen gemacht haben, als wesentlich für ihre Entwicklung. Gemäß dieser Überlegungen sollten ihre Kinder sicher gebunden sein.

Die Distanzierten erinnern sich kaum an Ereignisse aus ihrer Kindheit, vor allem aber können sie nicht mehr nachempfinden, was sie in den Episoden, an die sie sich erinnern können, gefühlt haben. Sie machen sich fast immer ein idealisiertes Bild von ihren Eltern. Widersprüche zwischen dem idealisierten Bild der Eltern und einzelnen Episoden, an die sie sich erinnern und, die die Zurückweisung oder mangelnde Nähe durchblicken lassen, werden von ihnen nicht erkannt. Sie halten sich für starke, unabhängige Menschen, für die Nähe zu anderen und Bindungen wenig bedeuten. *Ainsworth* (1985b) vermutet, daß diese Menschen zwei Tendenzen in sich tragen, die zum Konflikt führen. Sie haben zwei Modelle entwickelt: ein dominierendes, in dem die Eltern idealisiert werden, und ein unbewußtes, das auf den realen Erfahrungen von Zurückweisung und Mangel an sicherheitsspendender Nähe basiert. Wir erwarten, daß diese Erwachsenen eine unsicher vermeidende Beziehung zu ihren eigenen Kindern aufbauen.

Die Verstrickten beschreibt *Main* (*Main* et al. 1985) als verwirrt, widersprüchlich im Verhalten und besonders wenig objektiv, wenn sie über ihre Beziehungen und deren Einflüsse Auskunft geben. Sie sind in ihren frühen Bindungserfahrungen gefangen, dabei aber passiv, ängstlich oder auch ärgerlich gegenüber den Bindungspersonen. Zu ihren eigenen Kindern sollten sie eine unsicher ambivalente Beziehung aufbauen.

Jedes dieser drei Arbeitsmodelle kann überlagert sein von unverarbeiteten traumatischen Erlebnissen, wie z.B. Tod einer Bindungsperson oder Mißhandlung durch eine Bindungsperson. In diesen Fällen erwarten wir eine unsicher desorganisierte Beziehung zum eigenen Kind (*Ainsworth & Eichberg* 1991).

Der Zusammenhang zwischen den aus den Interviews über Kindheiterinnerungen analysierten Arbeitsmodellen der Erwachsenen und der Bindungsqualität zu ihren eigenen Kindern ist erstaunlich hoch. In mehreren Untersuchungen, darunter auch in zwei unserer eigenen Längsschnittstudien, konnte eine generationsübergreifende Stabilität gemäß der oben beschriebenen Erwartungen von 75 % bis zu 82 % für Mütter und zwischen 60 % und 68 % für Väter gefunden werden (*Main* et al. 1985; *Ainsworth & Eichberg* 1991; *Fremmer-Bombik* 1987; *Schwarz* 1990; *Schwarzmeier* 1990; *Baisl* 1991; *Fonagy, Steele & Steele* 1991). *Ainsworth* und *Eichberg* (1991) konnten erstmals auch den theoretisch erwarteten Zusammenhang zwischen unverarbeiteter Trauer bzw. unverarbeitetem Trauma auf seiten der Bindungsperson und kindlicher Desorganisation in der Fremden Situation nachweisen. Für 10 von 13 Kindern konnten sie aus dem AAI der Mutter die Desorganisation des Kindes vorhersagen.

5. Die Bedeutung der Bindungserfahrungen im Kontext der individuellen Entwicklung

In dem bisher beschriebenen engeren Rahmen von Bindung ist die lebenslange Bedeutung unterschiedlicher Bindungserfahrungen vielfach empirisch nachgewiesen. Aber auch in anderen Bereichen menschlicher Entwicklung finden sich empirische Belege für die Bedeutsamkeit früher Bindungserfahrungen. Dies gilt vor allem für die emotionale und soziale Entwicklung. In den letzten Jahrzehnten hat es zahlreiche Untersuchungen gegeben, die sich mit der Bedeutung der frühen Bindungserfahrungen befaßt haben. Einige ausgewählte Aspekte sollen im folgenden angesprochen werden. Wir wollen dabei chronologisch vorgehen.

Die Bedeutung der Feinfühligkeit der Bindungspersonen wurde bereits ausführlich besprochen. Wie *Bowlby* bereits vermutet hat, haben auch temperamentsartige Eigenschaften des Kindes Einfluß auf die Entwicklung der Bindungsqualität (*Bowlby* 1988b). In zwei Untersuchungen (*Crockenberg* 1981 und *Van den Boom* 1990) konnte gezeigt werden, daß leicht irritierbare Neugeborene, die viel weinen und nur schwer zu trösten sind, mit höherer Wahrscheinlichkeit eine unsichere Beziehung zur Mutter aufbauen. Wir haben in unserer Bielefelder Längsschnittstudie gefunden, daß auch die Orientierungsfähigkeit des Neugeborenen die Bindungsqualität statistisch signifikant beeinflußt. Gute Orientierer hatten mit höherer Wahrscheinlichkeit eine sichere Bindung. Es gab eine Gruppe von Neugeborenen, die leicht irritierbar waren und gleichzeitig eine geringe Orientientierungsfähigkeit zeigten. Diese Kinder entwickelten eine unsichere Beziehung zu ihren Müttern, obwohl die Mütter ein sicheres Arbeitsmodell von Bindung hatten und sich in ihrer Feinfühligkeit nicht von den Müttern der sicher gebundenen Kinder unterschieden. Dieser Zusammenhang ist ein Hinweis darauf, daß es Kinder gibt, die sich aufgrund ihrer Eigenheiten als Neugeborene sehr schwer tun, eine sichere Beziehung aufzubauen, auch wenn die Voraussetzungen auf seiten der Bindungsperson eigentlich recht gut sind.

Parallel zur Fremden Situation haben wir in einer unserer Regensburger Längsschnittstudien frühe Formen empathischen Verhaltens untersucht (*Fremmer-Bombik* & *Grossmann* 1991). Wir konnten zunächst feststellen, daß ein- und eineinhalbjährige Kinder schon sehr ausgeprägt auf das Weinen eines Erwachsenen reagieren, nämlich mit kummervollem Gesicht und erhöhter Aufmerksamkeit. Sie lassen sich aber nicht mehr vom Weinen anstecken, weinen weder mit, noch suchen sie selbst Trost. Wir konnten aber auch sehen, daß unter den Kindern, die diese kummervolle Aufmerksamkeit ausgeprägt zeigten, mehr sicher gebundene Kinder waren, während unsicher gebundene Kinder öfter inkohärente Reaktionsmuster zeigten, d.h. die weinende Person zwar aufmerksam beobachteten, ohne dabei kummervolle Mimik zu zeigen bzw.

einen kummervollen Gesichtsausdruck zeigten, ohne dabei die weinende Person anzusehen.

Im Alter von zwei Jahren konnten *Sroufe* und Mitarbeiter (*Matas, Arend & Sroufe* 1978) zeigen, daß sicher gebundene Kinder in Problemlösesituationen weniger belastet sind und sich eher die Hilfe ihrer Mütter holen. Ihre Mütter leisten aber auch kompetente Hilfe, nämlich immer nur so viel, wie unbedingt notwendig ist. Das Kind hat aber immer noch den Eindruck, einen wesentlichen Anteil zur Lösung selbst beigetragen zu haben. In unserer Bielefelder Studie (*Grossmann* 1984) konnten wir beobachten, daß sicher gebundene Zweijährige in ihrem Streben nach mehr Eigenständigkeit von ihren feinfühligen Eltern unterstützt werden, indem sich die Eltern so lange zurückhalten, bis ihre Hilfe nötig wird, dann aber kooperativ zur Hilfe bereit sind. Ferner sind diese Eltern offen für Zärtlichkeit, wenn sie von den Kindern verlangt wird. Eltern unsicher gebundener Kinder dagegen neigen zu Einmischung, Strenge und Ungeduld.

Deutliche Zusammenhänge zwischen Sozialverhalten im Kindergarten und den frühen Bindungserfahrungen konnten inzwischen mehrfach nachgewiesen werden (*Arand, Gove & Sroufe* 1979; *Suess, Grossmann & Sroufe* 1992; *Turner* 1991). Sicher gebundene Kinder sind im Kindergarten eher unauffällig. Sie werden von den Kindergärtnerinnen häufiger als „resiliente" Persönlichkeiten eingestuft, d.h. sie erweisen sich in vielen Situationen als flexibel, angepaßt und kompetent. Sie zeigen häufiger positive Spielqualität, kompetente Konfliktlösestrategien und kaum Verhaltensauffälligkeiten. Ihr Verhalten ist oft bereits von der Fähigkeit zu zielkorrigierter Partnerschaft gekennzeichnet (vgl. 2.). Unsicher gebundene Kinder dagegen werden eher als schwierig eingestuft, sie sind entweder besonders anhänglich und aufmerksamkeitsfordernd gegenüber der Kindergärtnerin oder aggressiv und inkooperativ. *Turner* (1991) konnte zeigen, daß unsicher gebundene Mädchen eher überangepaßt sind, während unsichere Jungen eher aggressiv und inkooperativ sind.

Bei einer Untersuchung der Bielefelder Studie im Alter von zehn Jahren notierten die Forscher unter anderem, wie sich die Kinder dem Interviewer gegenüber verhielten, ob sie distanzlos waren, irgendwelche Tics hatten oder sonst in ihrem Sozialverhalten auffällig waren. Es zeigte sich, daß nur zwei zur Mutter sicher gebundene Kinder solche Auffälligkeiten aufwiesen, aber über die Hälfte der unsicher gebundenen Kinder. Da es sich um Hausbesuche handelte, konnten die Forscher auch die Geschwisterbeziehung beurteilen. Nur *ein* sicher gebundenes Kind hatte eine belastete Beziehung zu seinen Geschwistern, während fast zwei Drittel der unsicher gebundenen Kinder eine belastete Geschwisterbeziehung hatten. Befragt nach ihren Freundschaftsbeziehungen konnten die sicher gebundenen Kinder eine realistische Anzahl von Freunden nennen und die Beziehungen nachvollziehbar beschreiben. Ihre Angaben fanden in gleichzeitig durchgeführten Elterninterviews Bestätigung. Die unsicher gebundenen hatten entweder keine Freunde, oder sie nannten unrealistisch viele Freunde, von denen die Eltern nichts wußten. Auch bei der Untersuchung der zehnjährigen Kinder zeigte sich wieder, daß die unsicher gebundenen Kindern im Bereich der Sozialentwicklung eher Probleme aufweisen als sicher gebundene Kinder (*Scheurer-Englisch* 1989).

Kobak und *Sceery* (1988) haben mit Hilfe des AAI das Arbeitsmodell amerikanischer Jugendlicher am Beginn der Collegezeit erhoben. Sie fanden, daß Jugendliche mit unsicherem Modell von ihren Kommilitonen als weniger resilient, d.h. hier flexibel und umgänglich eingeschätzt wurden. Die distanzierte Gruppe wurde eher als feindselig und mißtrauisch, die verstrickte Gruppe eher als ängstlich beurteilt. Letztere wiesen mehr psychosomatische Symptome auf und beurteilte sich selbst als wenig sozial kompetent. Die distanzierte Gruppe fühlte sich von anderen weniger unterstützt, und ein halbes Jahr später gaben sie öfter an, einsam zu sein. Die Jugendlichen unserer Bielefelder Längsschnittstudie werden zur Zeit nach ähnlichen Gesichtspunkten untersucht.

Alle bisher besprochenen Befunde zeigen die Bedeutung der frühen Bindungserfahrungen für die soziale und emotionale Entwicklung.

Vom Standpunkt der Bindungstheorie aus zeichnet sich nach *Bowlby* (1979) eine gesunde Persönlichkeit dadurch aus, daß sie ein Vorstellungsmodell von sich entwickelt hat, demzufolge sie sowohl in der Lage ist, sich selbst zu helfen, als auch wert ist, daß andere ihr bei Schwierigkeiten helfen. Eine sichere Bindung ist keine Garantie für lebenslanges Wohlbefinden, doch scheint sie ein wichtiger Schutzfaktor zu sein. Unsichere Bindungen müssen dagegen als wichtige Risikofaktoren eingestuft werden, weil die Arbeitsmodelle, die auf unsicheren Bindungserfahrungen aufbauen, eher zu unangepaßtem Verhalten gegenüber anderen, zu Fehleinschätzungen anderer im Hinblick auf deren Pläne und Ziele und zu einer mangelhaften Integration und Kohärenz der Gefühle, vor allem negativer Gefühle in Zusammenhang mit Belastungen, führen.

6. Bindungstheorie und ihre mögliche Bedeutung für die Psychotherapie

John Bowlby selbst hat sich in einem Vortrag (veröffentlicht als Kapitel 7 von *Bowlby* 1979) über mögliche Zusammenhänge von frühen Bindungserfahrungen, einer daraus abgeleiteten Psychopathologie und verschiedenen Aspekten psychotherapeutischer Prozesse geäußert. Es gibt noch wenige empirische Befunde in diesen Bereichen. *Harris* und *Bifulco* (1991) konnten z.B. einen Zusammenhang zwischen Elternverlust vor dem 11. Lebensjahr und Depression im Erwachsenenalter nachweisen. Weitere klinische Ansätze befassen sich mit dem Versagen, Beziehungen aufrechtzuerhalten, mit der Entstehung von Agoraphobie oder mit Bindung und psychiatrischen Problemen nach dem Tod des Partners (alles berichtet in *Parkes, Stevenson-Hinde & Marris* 1991). Diese Untersuchungen sind erste Ansätze, einige von *Bowlbys* Hypothesen, die im folgenden zusammenfassend dargestellt sind, zu überprüfen. Als im Sinne der Bindungstheorie relevante pathologische Entwicklungen sieht *Bowlby* Patienten, die als ängstlich, unsicher, überabhängig oder unreif beschrieben werden und die unter Streß zur Entwicklung neurotischer Symptome, Depressionen oder Phobien neigen. Nach *Bowlby* gibt es typisches Verhalten von Bindungspersonen, auf das diese Entwicklung zurückführbar ist:
– beständiges Ignorieren des kindlichen Wunsches nach Nähe und Fürsorge oder aktive Zurückweisung und Ablehnung des Kindes,
– häufige oder längere Trennungen zwischen Eltern und Kind, z.B. durch Krankenhaus- oder Heimaufenthalte,
– ständige Drohungen mit Liebesentzug oder tatsächlicher Liebesentzug als Erziehungsmittel,

- häufige Drohungen eines Elternteils, die Familie zu verlassen, den anderen Elternteil zu verlassen oder gar Selbstmord zu begehen,
- Hervorrufung von Schuldgefühlen beim Kind, indem es z.B. für die Krankheit oder den Tod eines Elternteils verantwortlich gemacht wird.

Jede dieser Erfahrungen kann zu einer sogenannten Angstbindung führen, die sich vor allem dadurch auszeichnet, daß das Bindungssytem dieser Personen fast immer aktiviert ist, d.h. die Schwelle, bei der Bindungsverhalten ausgelöst wird, extrem niedrig liegt.

Patienten, die dazu neigen, übergewissenhaft zu sein, unter Schuldgefühlen zu leiden, z.B. Schulphobien oder Platzangst zu entwickeln, haben häufig unter Rollentausch zu leiden, d.h., sie müssen auf Druck eines Elternteils als Bindungsperson für diesen fungieren, sind also verantwortlich für dessen Wohlbefinden.

Die bisher beschriebenen Fehlformen elterlichen Verhaltens lösen nach *Bowlby* starken, teilweise unbewußten Groll aus, der aber nicht gegen die Eltern geäußert werden kann und sich deshalb oft gegen Schwächere (z.B. das eigene Kind) richtet oder in Symptomen wie „halbherzigen Selbstmordversuchen, Konversionssymptomen, nervöser Appetitlosigkeit, Hypochondrie" (*Bowlby* 1979) äußert.

Den bisher beschriebenen Persönlichkeitsentwicklungen sind vergleichbar oder als Extremfälle der von *Main* und Mitarbeitern (*Main* et al. 1985) als „verstrickt" bezeichneten Arbeitsmodelle (vgl. 4.) zu betrachten. Vergleichbar mit den dort beschriebenen Arbeitsmodellen der „Distanzierten" sind die Entwicklungen zu zwanghaftem Selbstvertrauen. „Eine Person, die dieses Verhaltensmuster aufweist, ist weit davon entfernt, Liebe und Fürsorge zu suchen, und besteht darauf, die Zähne zusammenzubeißen und unter allen Umständen alles selbst zu tun. Auch diese Leute neigen dazu, unter Streß zusammenzubrechen und unter psyochsomatischen Symptomen und Depression zu leiden" (*Bowlby* 1979, 170). Diese Personen haben auf die Zurückweisungen ihrer Bindungspersonen reagiert, indem sie Bindungsgefühle und -verhalten unterdrückt haben (vgl. das vermeidende Bindungsmuster in der Fremden Situation, Abschnitt 3). Um weitere Zurückweisung zu vermeiden, verleugnen sie jedes Verlangen nach engen Beziehungen, entwickeln Mißtrauen und Angst davor, sich auf jemanden zu verlassen.

In Abschnitt 3 haben wir auch auf den von *Main* und *Solomon* (1986), vor allem aber von *Ainsworth* und *Eichberg* (1991) nachgewiesenen Zusammenhang zwischen der emotionalen Desorganisation einjähriger Kinder und der nicht überwundenen Trauer über einen tiefgehenden Verlust ihrer Mütter hingewiesen. Für *Bowlby* (1979) entsteht aus der Tatsache, daß eine Mutter aufgrund einer Depression oder anderer Belastungen nicht in der Lage ist, adäquat für ihr Kind zu sorgen, vielleicht sogar noch die Fürsorge für jüngere Geschwister dem Kind aufbürdet, häufig zwanghaftes Fürsorgeverhalten. In allen Beziehungen, die solche Personen eingehen, sind sie die Fürsorge gebenden, weil sie die Erfahrung solcher (inadäquater) affektiver Beziehungen gemacht haben. *Bowlby* prognostiziert hier bereits die Probleme, die diese Personen mit Verlust und Trennungen haben, so wie *Ainsworth* und *Eichberg* (1991) sie inzwischen empirisch nachweisen konnten. Wir gehen davon aus, daß die durch die Traumata ausgelösten Gefühle von diesen Personen nicht angemessen zielkorrigiert integriert und damit auch nicht verarbeitet werden können.

Ein weiteres Problem, das aus frühen Bindungserfahrungen entsteht, sieht *Bowlby* in der starken Tradierung von Fürsorgeverhalten, wie sie durch die hohe Stabilität von Arbeitsmodellen über die Generationen hinweg nachgewiesen ist (vgl. Abschnitt 3). Dies gilt im negativen Bereich vor allem für Mißhandlung. *Bowlby* betont hier, „wenn wir einem solchen unannehmbaren [...] Verhalten begegnen, ist es nützlich, sich daran zu erinnern, daß jeder von uns dazu neigt, anderen das anzutun, was ihm angetan wurde. Der tyrannisierende Erwachsene ist das tyrannisierte Kind von gestern" (*Bowlby* 1979, 173).

Bei längerer Deprivation mütterlicher Fürsorge geht *Bowlby* (1979) davon aus, daß „psychopathische" und „hysterische" Persönlichkeiten entstehen können, die überhaupt nicht in der Lage sind, stabile affektive Beziehungen einzugehen.

Warum die frühen Bindungserfahrungen ein ganzes Leben lang fortwirken können, erklärt sich die Bindungstheorie aus der Stabilität der in der Kindheit entstandenen Arbeitsmodelle von sich und den Bindungspersonen. Jede neue Person, zu der eine Bindung entwickelt wird, wird den bestehenden Modellen angepaßt. Nach *Bowlby* können dabei mehrere geeignete und ungeeignete Modelle nebeneinander bestehen. Je stärker aber die mit einer Beziehung verbundenen Gefühle sind, umso wahrscheinlicher beherrschen die früheren, weniger bewußten Modelle das Verhalten. *Bowlby* sieht daher die Bewußtmachung und Bearbeitung dieser frühen Modelle und ihre Ablösung durch sichere Modelle als Hauptaufgabe des therapeutischen Prozesses. Die Bedeutung der Bindungstheorie und ihrer empirischen Erforschung für die Psychotherapie kann zweigleisig betrachtet werden. Zum einen gibt es Fälle von Störungen primärer Beziehungen, die regelrechte „Bindungstherapie" erfordern, d.h. die Beziehung zwischen Bindungsperson und Kind wird nach den vorne beschriebenen Prinzipien behandelt. Die Therapie ist darauf ausgerichtet, das unsichere innere Arbeitsmodell der Mutter zu einem sicheren umzugestalten, so daß die Mutter besser als sichere Basis fungieren und die Signale und Gefühle des Kindes besser verstehen kann. Zum anderen kann jeder Therapeut, egal welcher Schule er angehört, sich die Erkenntnisse von Bindungstheorie und -forschung zunutze machen, um so die mangelhafte Integration der Gefühle beim Patienten aus seinen Erfahrungen heraus besser zu verstehen und ihm zu einer besseren Integration zu verhelfen.

Die „Bindungstherapie" selbst steckt noch in den Kinderschuhen. In der Literatur sind erste Ansätze dazu beschrieben. *Murray* (in Vorb.) hat die Bindungsqualität zwischen depressiven Müttern und ihren Kindern untersucht. Sie fand einen sehr stark erhöhten Anteil unsicherer Beziehungen bei depressiven Müttern, vor allem bei Müttern von Jungen (82 %). Von einer hochmotivierten Mutter, die vom Vermeidungsverhalten ihres Kindes in der Wiedervereinigung der Fremden Situation stark betroffen war, wurde die Forscherin um therapeutische Hilfe gebeten. Ihr Bindungsmodell wurde mit Hilfe des Interviews über Kindheitserinnerungen als unsicher distanziert eingestuft. Die daraufhin angebotene Kurztherapie verlief zweigleisig. Zum einen wurde an den Kindheitserinnerungen gearbeitet und versucht, die Gefühle als Kind zu aktualisieren und in Beziehung zu den Gefühlen, die das eigene Kind jetzt auslöst, zu setzen, zum anderen wurde in nur acht Therapiesitzungen mit

Mutter und Kind das Interaktionsverhalten interpretiert und die Zusammenhänge nach der Vorstellung der Bindungstheorie erläutert. Bei der Wiederholung der Fremden Situation nach vier Monaten hatte sich das Verhalten beider soweit geändert, daß die Beziehungsstrategie jetzt als sicher klassifiziert wurde. Ein weiteres halbes Jahr später wurde das Interview wiederholt. Das Bindungsmodell der Mutter hatte sich ebenfalls verändert, es wurde jetzt als sicher autonom klassifiziert. Die Verhaltensstrategie des Kindes nach einer kurzen Trennung war immer noch sicher.

Liebermann und Mitarbeiter (*Liebermann, Weston & Pawl* 1991) haben therapeutische Interventionen zur Verbesserung der mütterlichen Feinfühligkeit mit einer Stichprobe von unsicher gebundenen einjährigen Kindern und ihren Müttern durchgeführt und die Validität mit zwei Kontrollstichproben – einer sicher und unsicher gebundenen, beide ohne Intervention – überprüft. Die Intervention bestand ein Jahr lang in wöchentlichen eineinhalbstündigen Hausbesuchen. Hier wurde die Feinfühligkeit der Mutter geschult; die kindlichen Verhaltensweisen wurden für die Mutter interpretiert; die Kenntnisse der Mutter bezüglich Entwicklungsprozessen wurden verbessert, und die Mutter konnte alle ihre Probleme mit dem Therapeuten durchsprechen. Die Forscherinnen konstatierten eine Verbesserung der mütterlichen Empathiefähigkeit, des mütterlichen Engagements, weniger wütendes und mehr partnerschaftliches Verhalten, sowie weniger Vermeidung und weniger Kontaktwiderstand der Kinder. Die Interventionsgruppe unterschied sich mit zwei Jahren, also nach einem Jahr Therapie, in vielen Verhaltensweisen nicht mehr signifikant von der sicheren Kontrollgruppe.

Neben diesen ersten Ansätzen von direkter Bindungstherapie können die Prinzipien der Bindungstheorie nach *Bowlby* (1979 und 1988) in verschiedener Weise sowohl auf seiten des Klienten als auch auf seiten des Therapeuten nützlich für therapeutische Prozesse sein.

Auf seiten des Klienten kann der Therapeut untersuchen, welche Bindungsstrategie er typischerweise verwendet. Dafür ist relevant, was er über sich selbst und über seine Beziehungen erzählt, aber auch, wie er sich potentiellen Helfern gegenüber verhält. Wichtig sind außerdem seine Reaktionen auf relevante Lebensereignisse, wie Todesfälle, Krankheiten oder längere Trennungen, und ob die aktuellen Symptome eventuell als unmittelbare oder verspätete Reaktionen auf diese Ereignisse verstanden werden können. „Alle historischen Daten, die Licht auf die Entstehung der vorhandenen Interaktionsmuster werfen, schärfen unsere Wahrnehmung" (*Bowlby* 1979, 176). Der Therapeut muß in diesem Zusammenhang natürlich besonders beachten, daß die Wahrnehmungen und Erinnerungen des Klienten bewußt oder unbewußt durch Abwehrprozesse verfälscht und lückenhaft sein können. „... Oder ein Symptom wird dadurch hervorgerufen, daß der Patient zu vermeiden versucht, mit unverfälschten Gefühlen auf eine wahrhaft schmerzliche Situation zu reagieren. (So) ist es die erste und wichtigste Aufgabe, die Situation oder die Situationen zu erkennen, auf die der Patient entweder reagiert oder auf die zu reagieren er sich wehrt" (*Bowlby* 1979, 177).

Bowlby (1979) formuliert vier Aufgaben für den Therapeuten:
1. Dem Klienten eine sichere Basis zur Verfügung stellen, von der aus er seine Erkundungen vornehmen, seine eigenen Schlüsse ziehen und seine eigenen Entscheidungen treffen kann.
2. Dem Klienten bei seinen Nachforschungen helfen, vor allem mit welchen Gefühlen, Gedanken und Handlungen er in Interaktionen mit wichtigen Personen reagiert, wobei der Schwerpunkt auf den tatsächlichen Erlebnissen und nicht auf Phantasien liegt.
3. Der Klient muß verstehen lernen, wie er die Gefühle und das Verhalten des Therapeuten deutet, welche Vorhersagen und Handlungsweisen er daraus ableitet, ob er die Pläne und Absichten des Therapeuten im Sinne einer zielkorrigierten Partnerschaft richtig einschätzt. Der Therapeut hilft ihm dabei, unangemessene Deutungen zu erkennen. Ein Hilfsmittel des therapeutischen Arbeitens liegt in der Untersuchung der Erlebnisse des Klienten mit seinen Eltern in der Kindheit, der Adoleszenz und in der Gegenwart (diese Erlebnisse sind auch Schwerpunkt des Interviews über Kindheitserinnerungen).
4. Wenn der Therapeut als sichere Basis fungieren kann, so muß er sich bewußt sein, daß Unterbrechungen im Behandlungsverlauf (z.B. durch Urlaub oder Krankheit) als Trennungen zu verstehen sind. Er muß sehr vorsichtig damit umgehen, kann aber gleichzeitig die Gelegenheit nutzen zu untersuchen, wie der Klient

solche Trennungen interpretiert und darauf reagiert und mit dem Klienten gemeinsam diese Reaktionen durcharbeiten.

Diese von *Bowlby* erarbeiteten bindungstheoretischen Aspekte therapeutischer Prozesse müssen in Zukunft weiter empirisch erforscht werden. *Bowlby* meint dazu: „Unterdessen sind diejenigen, die sich die Bindungstheorie zu eigen machen, davon überzeugt, daß sowohl die Struktur der Theorie als auch ihre Beziehung zu den empirischen Daten es nun erlauben, systematisch ihre Nützlichkeit zu überprüfen. Auf den Gebieten der Ätiologie und der Psychopathologie kann sie dazu dienen, spezifische Hypothesen zu entwickeln, die eine Verbindung der verschiedenen Formen der Familienerfahrungen zu den sie begleitenden neurophysiologischen Veränderungen bilden [...]. Auf dem Gebiet der Psychotherapie kann sie dazu dienen, therapeutische Techniken zu spezifizieren, therapeutische Prozesse zu beschreiben und, sofern die notwendigen technischen Entwicklungen stattfinden, Veränderungen zu messen" (*Bowlby* 1979, 195). Wer die neuere Literatur zur Bindungstheorie und -forschung verfolgt, sieht, daß die ersten Schritte in diese Richtung bereits unternommen sind. Die von *Parkes* (1991) beschriebenen therapeutischen Prozesse lassen ihn optimistisch sein. Auf den Erkenntnissen der Bindungstheorie basierende Therapien pathologischer Entwicklungen durch Verlust eines Partners oder eines Kindes erwiesen sich als nicht allzu schwierig und hatten eine gute Prognose. Patient und Therapeut bauten eine Beziehung auf, in der sich der Patient sicher genug fühlte, die schmerzlichen Folgen des Todes zu erkennen und die damit verbundenen negativen Gefühle als normal und wichtig zu akzeptieren. Die Normalität des Trauerns und die guten Aussichten nach dem Trauern wurden betont, so daß eine Erwartung der Heilung an die Stelle des Schmerzes treten konnte (*Parkes* 1991).

In einer bindungstheoretisch orientierten Therapie soll also die Abwehr gegen oder die Überreaktion auf negative Gefühle abgelöst werden durch die Deutung der negativen Gefühle im Kontext ihrer realen Ursachen, d.h. was sie ausgelöst hat und was sie im Hinblick auf diese Ursachen bedeuten. Sie sollen in eine übergreifende positive Erwartungshaltung integriert werden. Die positive Erwartungshaltung wird durch die Umstrukturierung der inneren Arbeitsmodelle erreicht in Übereinstimmung mit einer realistischen Einschätzung der Absichten und Pläne anderer. Die Therapie verhilft zur Fähigkeit einer zielkorrigierten Partnerschaft als Grundlage zur Überwindung tiefgreifender emotionaler Verunsicherungen.

Literatur

Ainsworth, M.D.S. (1967). Infancy in Uganda: Infant care and the growth of love. Baltimore: John Hopkins University Press.
Ainsworth, M.D.S. (1985a). Patterns of infant-mother attachments: Antecedents and effects on development. *Bulletin of the New York Academy of Medicine*, 61 (9), 771-791.
Ainsworth, M.D.S. (1985b). Attachment across the life span. *Bulletin of the New York Academy of Medicine*, 61 (9), 792-812.
Ainsworth, M.D.S., Blehar, M.C., Waters, E. & Wall, S. (1978). Patterns of attachment. A psychological study of the strange situation. Hillsdale, NJ: Lawrence Erlbaum Associates.
Ainsworth, M.D. S. & Eichberg, C.G. (1991). Effects on infant-mother attachment of mother's unresolved loss of an attachment figure, or other traumatic experience. In C.M. Parkes, J. Stevenson-Hinde & P. Marris (Hg.), Attachment across the life cycle. London/New York: Tavistock/Routledge, 160-183.
Arend, R., Gove, F.L. & Sroufe, L.A. (1979). Continuity of individual adaptation from infancy to kindergarten. A predictive study of ego-resiliency and curiosity of preschoolers. *Child Development*, 50, 950-959.
Baisl, M. (1991). Zusammenhänge zwischen Bindungsrepräsentation und Bindungsqualität bei Vätern und ihren Kindern. Diplomarbeit, Universität Regensburg.
Bowlby, J. (1951). Maternal care and mental health. *Bulletin of the World Health Organization*, 3, 355-534.
Bowlby, J. (1969). Attachment and loss. Vol. 1: Attachment. London: Hogarth Press and Institute of Psycho-Analysis (dt: Bindung. München: Kindler 1975).
Bowlby, J. (1973). Attachment and loss. Vol. 2: Separation: Anxiety and anger. New York: Basic Books (dt: Trennung. München: Kindler 1976).
Bowlby, J. (1979). The making and breaking of affectional bonds. London: Tavistock Publications (dt: Das Glück und die Trauer. Stuttgart: Klett-Cotta).
Bowlby, J. (1980). Attachment and Loss. (Vol. 3) Loss. New York: Basic Books.
Bowlby, J. (1988a). A secure base. Clinical applications of attachment theory. London: Tavistock/Routledge.
Bowlby, J. (1988b). Developmental psychiatry comes of age. *American Journal of Psychiatry*, 145, 1-10.

Bretherton, I. (1985). Attachment theory: Retrospect and prospect. In I. Bretherton & E. Waters (Hg.), Growing points of attachment theory and research. *Monographs of the Society for Research in Child Development*, 50, 3-35.

Crittenden, P.M. (1985). Maltreated infants: Vulnerability and resilience. *Journal of Child Psychology and Psychiatry*, 26 (1), 85-96.

Crockenberg, S.B. (1981). Infant irritability, mother responsiveness and social support influences on the security of infant-mother attachment. *Child Development*, 52, 857-865.

Fonagy, P., Steele, H. & Steele, M. (1991) Intergenerational patterns of attachment: Maternal representation during pregnancy and subsequent infant-mother attachment. *Child Development*, 62, 891-905.

Fox, N.A., Kimmerly, N.L. & Schafer, W.D. (1991). Attachment to mother/attachment to father: A meta-analysis. *Child Development*, 62, 210-225.

Fremmer-Bombik, E. (1987). Beobachtungen zur Beziehungsqualität im zweiten Lebensjahr und ihre Bedeutung im Lichte mütterlicher Kindheitserinnerungen. Dissertation, Universität Regensburg.

Fremmer-Bombik, E. & Grossmann, K.E. (1991). Frühe Formen empathischen Verhaltens. *Zeitschrift für Entwicklungspsychologie und Pädagogische Psychologie*, 23, 299-317.

Freud, S. (1938). Abriß der Psychoanalyse. Neuaufl. 1977. Frankfurt: Fischer.

Goldsmith, H. H. & Alansky, J. A. (1987). Maternal and infant temperamental predictors of attachment: A meta-analytic review. *Journal of Consulting and Clinical Psychology*, 55, 805-816.

Grossmann, K. (1984). Zweijährige Kinder im Zusammenspiel mit ihren Müttern, Vätern, einer fremden Erwachsenen und in einer Überraschungssituation: Beobachtungen aus bindungs- und kompetenztheoretischer Sicht. Dissertation, Universität Regensburg.

Grossmann, K., Grossmann, K.E., Spangler, G., Suess, G. & Unzner, L. (1985). Maternal sensitivity and newborns' orientation responses as related to quality of attachment in northern Germany. In I. Bretherton & E. Waters (Hg.), Growing points in attachment theory and research. *Monographs of the Society for Research in Child Development*, 50, 233-256.

Grossmann, K.E., Fremmer-Bombik, E., Friedl, A., Grossmann, K., Spangler, G. & Suess, G. (1989). Die Ontogenese emotionaler Integrität und Kohärenz. In E. Roth (Hg.), Denken und Fühlen. Aspekte kognitiv-emotionaler Wechselwirkung. Berlin: Springer-Verlag, 36-55.

Harris, T. & Bifulco, A. (1991). Loss of parent in childhood, attachment style, and depression in adulthood. In C. M. Parkes, J. Stevenson-Hinde & P. Marris (Hg.), Attachment across the life cycle. London/New York: Tavistock/Routledge, 234-267.

Hinde, R.A. & Stevenson-Hinde, J. (1990). Attachment: Biological, cultural, and individual desiderata. *Human Development*, 33, 62-72.

Kobak, R. & Sceery, A. (1988). Attachment in late adolescence: Working models, affect regulation, and representations of self and others. *Child Development*, 59 (1), 135-146.

Liebermann, A.F., Weston, D. & Pawl, J.H. (1991). Preventive intervention and outcome with anxiously attached dyads. *Child Development*, 62, 199-209.

Main, M. & *Cassidy, J.* (1988). Categories of response to reunion with the parent at age six: Predictable from infant attachment classification and stable over a one-month period. Developmental Psychology, 24 (3), 415-426.

Main, M. & *Hesse, E.* (1990). Parents' unresolved traumatic experiences are related to infant disorganized attachment status: Is frightened and/or frightening parental behavior the linking mechanism? In *M.T. Greenberg, D. Cicchetti* & *E.M. Cummings* (Hg.), Attachment in the preschool years. Chicago: University of Chicago Press, 161-184.

Main, M., Kaplan, N. & *Cassidy, J.* (1985). Security in infancy, childhood, and adulthood: A move to the level of representation. In *I. Bretherton* & *E. Waters* (Hg.), Growing points in attachment theory and research. Monographs of the Society for Research in Child Development, 50, 66-106.

Main, M. & *Solomon, J.* (1986). Discovery of an insecure disorganized/disoriented attachment pattern: Procedures, findings and implications for the classification of behavior. In *T. B. Brazelton* & *M. Yogman* (Hg.), Affective development in infancy. Norwood, NJ: Ablex, 95-124.

Matas, L., Arend, R. & *Sroufe, L.A.* (1978). Continuity of adaptation in the second year: The relationship between quality of attachment and later competence. Child Development, 49, 547-556.

Murray, L. (1994) Clinical application of attachment theory and research: Change in infant attachment with brief psychotherapy. Journal of Child Psycholology and Psychiatry. Occasional Papers 9, 15-24

Parkes, C.M. (1991). Attachment, bonding, and psychiatric problems after bereavement in adult life. In *C.M. Parkes, J. Stevenson-Hinde* & *P. Marris* (Hg.; 1991), Attachment across the life cycle. London/New York: Tavistock/Routledge, 268-292.

Parkes C.M., Stevenson-Hinde, J. & *Marris, P.* (Hg.; 1991), Attachment across the life cycle. London/New York: Tavistock/Routledge.

Sagi, A. & *Lewkowicz, K.S.* (1987). A cross-cultural evaluation of attachment research. In *L.W.C. Tavecchio* & *M.H. van Ijzendoorn* (Hg.), Attachment in social networks. Amsterdam: Elsevier, 427-454.

Schaffer, H.R. & *Emerson, P.E.* (1964). The development of social attachment in infancy. In: Monographs of the Society for Research in Child Development 29, 3, 1-77.

Scheuerer-Englisch, H. (1989). Das Bild der Vertrauensbeziehung bei zehnjährigen Kindern und ihren Eltern: Bindungsbeziehungen in längsschnittlicher und aktueller Sicht. Dissertation, Universität Regensburg.

Schwarz, G. (1990). Bindungskontinuität – Zusammenhänge zwischen der mütterlichen Bindungsrepräsentation, der Bindung zum eigenen Kind und verwandten Längsschnittvariablen. Diplomarbeit, Universität Regensburg.

Schwarzmeier, I. (1990). Bindungskontinuität – Zusammenhänge zwischen der väterlichen Bindungsrepräsentation, der Bindung zum eigenen Kind und verwandten Längsschnittvariablen. Diplomarbeit, Universität Regensburg.

Spangler, G. (1992). Sozioemotionale Entwicklung im ersten Lebensjahr: Individuelle, soziale und physiologische Aspekte. Unveröffentlichte Habilitationsschrift. Universität Regensburg

Spangler, G. & Grossmann, K.E. (1993). Biobehavioral Organization in securely and insecurely attached infants. Child Development, 64, 1439-1450.

Suess, G., Grossmann, K.E. & Sroufe, L.A. (1992). Effects of infant attachment to mother and father on quality of adaptation in preschool: From dyadic to individual organisation of self. International Journal of Behavioral Development 15, 43-65.

Turner, P. (1991). Relations between attachment, gender and peers in preschool. Child Development, 62, 1475-1488.

Van den Boom, D.C. (1990). Preventive intervention and the quality of mother-infant interaction and infant exploration in irritable infants. In: W. Koops et al. (Hg.). Developmental psychology behind the dikes. Delft, Netherlands, Uitgeverij Ekuron.

Wartner, U., Grossmann, K., Fremmer-Bombik, E. & Seuss, G. (1994). Attachment patterns at age six in South Germany: Predictability from infancy and implications for preschool behavior. Child Development, 65, 1010-1023.

Das Tonband-Modell und das transaktionale Modell für die Erklärung früher psychischer Entwicklung

Zu einigen Mythen über allumfassende Einflüsse und weitreichende Auswirkungen der frühen Kindheit*

Andre Vyt

Das Tonbandmodell – die Attraktivität des Einfachen

Wie die Psychotherapie untersucht auch die Entwicklungspsychologie, wie verschiedenes Verhalten über die Zeit, verschiedene Verhaltensbereiche und verschiedene Verhaltensweisen unterschiedlicher Organismen sich gegenseitig beeinflussen und welche Beziehungen zwischen ihnen bestehen. Wer versucht, Verhaltensmuster und Einflüsse nachzuweisen, sei es durch die Berechnung von Korrelationen oder durch die klinische Diagnose der Mutter-Kind-Beziehung, läßt sich von klar umrissenen Prinzipien und logischen Gedankengängen verlocken, die leicht zu begreifen sind. Wissenschaftler und Psychotherapeuten verhalten sich also entsprechend der menschlichen Natur: Sie schätzen bedeutungsvolle Beziehungen, selbst wenn sie objektiv gesehen nicht existieren, indem sie unter Verwendung der ungeheuren Datenbank des Gedächtnisses zeitliche und räumliche Verbindungen konstruieren. Bei der Suche nach Bedeutung in der Wildnis der Ereignisse führt die menschliche Unfähigkeit zu einem wirklichen Verständnis der Entwicklungsprozesse und zur Errichtung psychischer Repräsentanzen für die komplexen Interaktionen der Entwicklung schnell zu einheitlichen, eingleisigen und linearen Entwicklungstheorien. In der Entwicklungspsychologie ist eine klare Unterscheidung zwischen konzeptueller Kontinuität und realer Entwicklungskontinuität nötig. So

---

* Aus dem Laboratory of Developmental and Personality Psychotherapy der Universität Ghent

hat die Psychoanalyse z.B. Begriffe eingeführt, die sehr vielseitig verwendbar sind und die sich auf verschiedenste Settings und Altersgruppen anwenden lassen. Der Ich-Begriff z.B. umfaßt sämtliche bewußten Funktionen, weshalb diejenigen, die mit solchen Begriffen arbeiten, weniger Schwierigkeiten haben, eine Kontinuitätsperspektive zu finden und zu formulieren, sogar im Rahmen einer Theorie, die als Prototyp einer stufenweisen Entwicklung gilt.

Ein Paradigma, das sich auf das schlichte Konzept der Kontinuität bezieht, ist das Tonbandmodell, das unter Entwicklung die Aufzeichnung von Erfahrungen in einem Organismus versteht, die späteres Verhalten potentiell beeinflussen, selbst wenn sie latent im Langzeitgedächtnis, oder im psychoanalytischen Sprachgebrauch, im Unbewußten gespeichert sind. Dieses Konzept schränkt das Verständnis der Entwicklungsprozesse in mehrfacher Hinsicht ein:

Zunächst fördert diese Begriffsbildung die Verwendung einheitlicher Konzepte und die Fokussierung auf augenfällige Erfahrungen, da diese einen anhaltenden und durchgängigen Charakter haben sollen. Danach würde die lauteste Stimme am besten aufgezeichnet. Zweitens zeichnet das Tonbandmodell die Auswirkungen früher Erfahrungen allzu vereinfacht und behindert ein Verständnis der Mechanismen, die Entwicklung bestimmen, weil man nur eine eindeutige und direkte Kontinuität betrachtet. Die Auswirkungen früher Erfahrungen können Ergebnis von interagierenden Faktoren über die Zeit hin sein und sind kaum zu erkennen wegen der Auswirkungen hinzukommender Erfahrungen, der Komplexität der Reifungsprozesse oder der Diskontinuitäten in der Reifung des zentralen Nervensystems (*Kagan* 1984).

Drittens ist das Tonbandmodell der Verhaltenskontinuität stark an ein Hauptursachen-Modell der Entwicklungsdeterminanten gebunden. Aus dieser Sicht beeinflussen verschiedene Erfahrungen und Reifungskomponenten die psychische Entwicklung komplementär oder konkurrierend, aber sie werden nur selten als wirklich interagierend gesehen, wie eben auch ein einfaches Tonbandgerät nur ein Lied auf einmal aufnehmen oder abspielen kann, aber nicht imstande ist, verschiedene Melodien zu einer neuen zu verbinden. Das psychoanalytische Modell hat mit der Traumatheorie zweifellos zu dieser Sichtweise beigetragen. Demnach bildet ein frühes Trauma oder eine wichtige Erfahrung, wie z.B. die Entdeckung des

Kleinkindes, daß es zwei Geschlechter gibt, einen Knoten, um den spätere Erfahrungen gewoben werden, allerdings nicht in einem interagierenden Sinne. Vielmehr benutzt der zentrale Knoten das neue Material nur als ein Werkzeug, das kognitiv (z.B. im Traum) verarbeitet wird. Bei dieser Auffassung ist die Diagnose die Suche nach der einen und einzigen Wahrheit, dem verborgenen Faktor X, nach Erfahrungen, die latente Auswirkungen auf die Psyche haben und „nicht durchgearbeitet worden sind". Viele psychopathologische Störungen sind zweifellos an frühe Erfahrungen und Beziehungen gebunden, aber nicht in dem Sinne, daß diese Erfahrungsfragmente eine Art Komplex mit latentem Einfluß auf das Unbewußte bilden und plötzlich manifest werden. Auch zeigen sich bei Säuglingen und Kleinkindern, die frühe Vernachlässigung oder Traumen erlitten haben, häufig nicht die vorhergesagten langfristigen Auswirkungen. Kliniker, die aus frühen Erfahrungen auf unauslöschliche Auswirkungen geschlossen haben, waren immer wieder überrascht durch gut dokumentierte Fälle von Widerstandskraft (vgl. den Überblick von *Clarke, Clarke* 1986; *McDonald* 1986). Umgekehrt müssen Erfahrungen nicht extrem, durchgängig oder anhaltend sein, um sich indirekt lang anhaltend auswirken zu können. In vielen Fällen ist ein Verhaltensmuster oder ein charakteristisches Verhalten Ergebnis eines Zusammentreffens verschiedener Erfahrungsfragmente oder eines Aspekts einer Erfahrung, um die ein ganzes Netz sekundärer Erfahrung gewoben wurde.

Wenn Ergebnisse falsch interpretiert werden, d.h. als endlos wirkender Einfluß einer frühen Erfahrung statt als Ergebnis kontinuierlicher miteinander verbundener Aspekte der Umwelteinflüsse, beeinträchtigt das die erwartete Durchführbarkeit einer Intervention. Um eine bessere Vorstellung davon zu bekommen, welche Dimensionen von Erfahrungen oder Elternverhalten für welche Altersstufe wichtig sind und wie diese Mechanismen funktionieren, sind noch viele Untersuchungen über Spezifität, Stabilität und Kohärenz des Eltern- und Kindverhaltens und ihrer wechselseitigen Einflüsse nötig.

Transaktionale und nichtlineare Prozesse in der frühen psychischen Entwicklung

Selbst Untersuchungen, die ursprünglich ein interaktionales Entwicklungsmodell gefördert haben, sind in Gefahr, vom generalisierenden und eingleisigen Denken vereinnahmt zu werden. So gab es z.B. frühe Untersuchungen, die potentielle Auswirkungen von Säuglingsmerkmalen und spezifischen Elternstilen oder Interaktionsweisen zeigten (*Lewis, Rosenblum* 1974; *Goldberg* 1978). Heute werden in populären Darstellungen Empfindlichkeit und physische Eigenschaften des Kindes als wichtige Variablen in Fällen von Kindesmißhandlung als Beweise dafür angeführt, daß das Kind die Mißhandlung schlicht und kontinuierlich selbst provoziert habe, vergleichbar mit der Unterstellung, daß Vergewaltigungsopfer das Verbrechen „im allgemeinen" selbst provoziert hätten. Natürlich verdient dieser Gedanke keine weitere Überlegung, aber Menschen neigen zu Radikalität, sei es im Bereich der Verallgemeinerung, sei es in Annahme zeitlicher Kausalität.

In den letzten Jahren haben verschiedene transaktionale Untersuchungen der Mutter-Kind-Interaktion bei Frühgeburten gezeigt, wie ein nur Tage oder Wochen altes Kind die Art der Interaktion mit den Eltern formt und wie empfindliche Säuglinge harmonische Interaktionserfahrungen belasten können. Nur wenige Untersuchungen verfolgten diesen *transaktionalen* Weg weiter, um Einflußgrößen in langfristigen zweigleisigen Prozessen zu entwirren und transaktional Prozesse zwischen Organismen deutlich zu machen. Statt dessen ist das Bild vom Säugling als Verursacher bestimmter Umwelteinflüsse entstanden, als wären bei der kindlichen Entwicklung mit „sich selbst erfüllenden Prophezeiungen" alle wesentlichen Merkmale der Interaktionsprozesse erfaßt und keine anderen Determinanten dabei beteiligt als die ziemlich stabilen Züge zweier Organismen in der Dyade. Wenn das zuträfe, wären Voraussagen ein Kinderspiel, weil alle empfindlichen Säuglinge automatisch später zu Verhaltensschwierigkeiten verurteilt wären – was zweifellos weit von der Wirklichkeit entfernt ist. Aus diesem Entwicklungsverständnis läßt sich nur der Schluß ziehen, daß es für den Säugling am günstigsten sei, wenn er als attraktive Schönheit, pünktlich zum festgelegten Geburtstermin und ohne Temperamentsschwierigkeiten zur Welt kommt, nicht in einer sozial unvorteilhaften Umgebung aufwächst und nicht in einem Heim landet. Solche Richtlinien sind so allgemein, daß sie keine praktischen Rückschlüsse für Interventionen unter normalen Bedingungen zulassen. Bei dem Versuch, den Tanz vom Tänzer zu unterscheiden, wird Entwicklung manchmal in allzu abstrahierenden Termini formuliert, die dem Einzelfall nicht mehr gerecht werden können. Die Auffassung, daß der Säugling selbst für seine Entwicklung verantwortlich sei, hat heute zu einer Erneuerung der Hauptursachen-Modelle (main-effects models) statt zu dynamischen transaktionalen Modellen in den verschiedenen Forschungsbereichen geführt. Die Forschung sollte sich stärker darauf konzentrieren, wirkliche sensible Phasen festzustellen und Spezifität und Interventionsmöglichkeiten herauszuarbeiten. Einen möglichen Forschungsrahmen könnten die mathematischen oder formalen Modelle des dynamischen Systemansatzes (*van Geert* 1991) bieten, der die möglichen Übergänge von einem komplexen Interaktionsmuster zweier Organismen zu einem anderen charakteristischen Interaktionsmuster erklären kann.

Ein methodologischer Mangel vieler Untersuchungen zur Säuglingszeit hängt mit der Priorität linearer Modelle zusammen, die zwar mathematisch leichter anzuwenden und zu konzeptualisieren sind und direkte Interpretationen ermöglichen, aber nicht ausreichen, weil viele Entwicklungsphänomene als nichtlinear zu verstehen sind. Eine nichtlineare Perspektive kann Verhaltenssysteme mit starken Reifekomponenten erklären, z.B. kognitive Fortschritte in der senso-motorischen Phase, und Verhalten wie das Bindungssystem zwischen Säugling und Mutter, das als flüchtige ontogenetische Adaptation begriffen wird (*Oppenheim* 1981). Eine nichtlineare Perspektive kann auch Umwelteinflüsse erklären, die Schwelleneffekte für die Entwicklung bestimmter Verhaltenseigenschaften zeigen (*Roberts* 1986). Der Entzug wichtiger sozialer Stimulierung führt nur dann zu abweichender oder wenigstens nicht optimaler Entwicklung, wenn diese Deprivation einen bestimmten Grad erreicht. Es gäbe also eine angelegte Robustheit und Plastizität beim Säugling, die bestimmte Erfahrungsebenen abfedern oder überwinden kann. Demnach verläuft also die Beziehung zwischen Input und Output nichts weniger als linear. Entsprechend hat auch ein Zuwachs an Stimulierung über einen bestimmten Schwellenwert hinaus, der ein normales Funktionieren des Systems gewährleistet, kaum weitere Auswirkungen. Zusätzliche Stimulierung kann sich aber negativ auswirken, wenn für die Umgebung ein optimaler Level überschritten wird. Reaktionen der Eltern auf das Verhalten des Säuglings z.b. können bis zu einem bestimmten Punkt gut und vielleicht nötig sein; wird dieser Punkt aber überschritten, gewinnen sie die Qualität des Bedrängenden, werden „schrecklich störend".

Heute ist die Auffassung sehr populär, daß die Befriedigung der Grundbedürfnisse völlig ausreicht, damit der Säugling seine angeborenen Fähigkeiten von sich aus entwickelt (*Kagan* 1984). Sie beruht auf der Annahme, daß emotionale Stimulation und Wärme trotz der engen Verknüpfung der verschiedenen Verhaltensbereiche in der Säuglingszeit die Kognition nicht beeinflusse, weil sie mehr an Reifungsprozesse als an affektive Zuwendung gebunden sei. Selbst wenn es ein solches Einflußpotential gäbe, würde dieser Einfluß angesichts der Kraft der angelegten Entwicklungstendenzen des Individuums verschwinden (*Waddington* 1975). Von diesen Annahmen könnte die letzte sogar richtig sein. Der sich entwickelnde Organismus besitzt eine gewisse Plastizität und Robustheit gegenüber einem bestimmten Grad an Deprivation durch die Umwelt. Aber abgesehen von der Vernachlässigung transaktionaler Prinzipien und der Überschätzung einer Trennung zwischen objektiven Verhaltensbereichen in der Säuglingszeit, besteht die Gefahr dieser modischen Auffassung darin, daß sie eine fatalistische Einstellung gegenüber Prävention und Intervention begünstigt.

Dieser Fatalismus ist abhängig von der Ebene der Analyse und dem Status, den wir vermittelnden Wirkungen beimessen, d.h., wie weit man bei der Prävention und Verbesserung der Eltern-Kind-Interaktion gehen will. Zweifellos kann ein Säugling langfristig einen gewissen Grad von emotionaler Not verkraften, aber diese Hypothese rechtfertigt es erstens nicht, eine Intervention in der Zwischenzeit aufzuschieben, und ist zweitens nicht immer korrekt in dem Sinne, daß man mehr Variablen kennen muß als nur den Prozentsatz, zu dem ein Säugling bestimmten Erfahrungen ausgesetzt oder von ihnen depriviert war, um eine gewisse Voraussagbarkeit zu erreichen.

Hierin liegt der Kernunterschied zu den eindimensionalen Hauptursachen-Modellen der Entwicklung, die mit Verhältnisbestimmungen des Einflusses von Erfahrungen und Dispositionen arbeiten, als wären der Organismus und die Umgebung über die Zeit hin stabil und als wäre Interaktion nur statistisch zu werten. Die dynamische Sichtweise betont, daß es keine Voraussagbarkeit und keine Eins-zu-eins-Beziehungen zwischen frühen Erfahrungen und späteren Entwicklungen gibt. Natürlich gibt es Hauptursachen, aber nur in gut abgesicherten arttypischen Verhaltensweisen und in Situationen extremer Deprivation, die mögliche feinkörnige Formen des Entwicklungsprozesses behindern. Statt diese als Ausnahmen von der Regel zu sehen (wenn wir etwa bewußt experimentelle Designs aufbauen, um klare Ursachen und nicht die schwieriger zu interpretierenden Transaktionseffekte zu finden), sollte das Transaktionsmodell zur Regel werden und gut abgesicherte Hypothesen über Einflüsse die Ausnahme sein. Das transaktionale Modell, das ursprünglich von *Sameroff* (1975) entwickelt worden ist, zeigt, daß man Voraussagen anhand der frühen Einschätzung von Kindern, die Streßfaktoren aus der Umwelt ausgesetzt waren, nur dann machen kann, wenn weiter hinzukommende Umwelteinflüsse berücksichtigt werden, und daß Langzeitwirkungen aus der frühen Umgebung nicht auf den Zustand des Kindes in dieser früheren Zeit und nicht auf spätere, unabhängig vom Organismus handelnde Umgebungen zurückzuführen sind, sondern Ergebnis transaktionaler Prozesse sind *(McDonald* 1986). *Wohlwill* (1973) hat eine beeindruckende Vorstellung zur Beschreibung der wesentlichen Entwicklungsprozesse benutzt: Wettschwimmen und Tennisspiel sind für ihn zwei Modelle, mit denen sich Interaktion verstehen läßt. Nur das Modell des Tennisspiels enthält alle Merkmale eines wirklichen Zusammenspiels von Verhalten und Erwartungen zweier oder mehrerer Organismen über das Auftreffen und Schlagen des Balles. Beim Wettschwimmen gibt der Schwimmer einfach sein Bestes, ohne auf die Leistung der anderen Wettbewerber zu achten.

Wie eingeschränkt die Tennis-Metapher für eine Konzeption der Entwicklung als Entwicklung von Kompetenz und Performanz auch sein mag, so bezeichnet es doch genau den wesentlichen Charakter der Entwicklung: das Zusammenspiel zwischen Verhaltensweisen, gegenseitigen Wahrnehmungen und Erwartungen der beteiligten Partner. Untersuchungen zur Entwicklung des Temperaments des Säuglings in bezug auf soziale und kognitive Kompetenz zeigen, wie wichtig die Berücksichtigung dieses grundlegenden Merkmals ist.

Wahrnehmung des Temperaments des Säuglings als Auslöser von Entwicklungsprozessen in der frühen Säuglingszeit

Es gibt keine konsistenten Beweise dafür, welche Auswirkung die Wahrnehmung von schwierigen Säuglingen auf die mütterliche Reaktionsbereitschaft hat. Es gibt zwar Berichte über eine geringere Reaktionsbereitschaft von Müttern, die ihre Säuglinge als schwierig wahrnehmen (z.B. *Campbell* 1979; *Peters-Martin, Wachs* 1984), aber andere Untersuchungen haben festgestellt, daß schwierige Säuglinge aufmerksames und engagiertes Verhalten bei der Mutter hervorrufen *(Bates, Olson, Pettit, Bayles* 1982; *Klein* 1984) oder keine feststellbare Wirkung haben *(Daniels, Plomin, Greenhalgh* 1984).

Diese widersprüchlichen Ergebnisse lassen sich auf die benutzten Forschungsmethoden zurückführen. Schwierigkeiten bei Säuglingen sind vielfältig, und ebenso vielfältig sind die gemessenen Verhaltensweisen der Mütter. Ein Grundverhalten wie Aufmerksamkeit kann von unterstützender Anwesenheit bis zur Bedrängung reichen. Darüber hinaus ist sowohl die ökologische Bedeutung von Temperamentseigenschaften als auch deren Deutung durch die Eltern stark von kulturellen Faktoren abhängig. So muß man z.B. bei *Kleins* (1984) Untersuchung, derzufolge schwierige Säuglinge das engagierte Verhalten der Mütter positiv beeinflussen, berücksichtigen, daß sie in Israel stattfand. Temperament und Bindungsqualität von Säuglingen z.B. wird in verschiedenen Kulturen unterschiedlich bewertet (Protestverhalten oder beständige Bindungsmuster z.B. finden sich verhältnismäßig häufiger bei japanischen und israelischen Kindern; *van Ijzendoorn* 1986). Die normativen westlichen Wege zu „sicherer" Bindung oder „angenehmem" Temperament haben in anderen Kulturen, für die anderes Verhalten zählt, nicht dieselbe Anpassungsbedeutung. So hat eine sichere Bindung für einen israelischen Säugling, der im Kibbuz aufwächst, nicht dieselben Vorteile wie für einen Säugling in der westlichen Kultur. Für israelische Kinder, die in der Obhut verschiedener Personen aufwachsen und lernen müssen, für sich selbst zu sorgen, ist es wahrscheinlich vorteilhafter, wenn sie sich nicht so stark an eine Versorgungsperson binden. Ähnlich unterscheiden sich die Implikationen von Intelligenztests nicht nur zwischen den Kulturen, sondern auch zwischen verschiedenen Bevölkerungsgruppen innerhalb einer Kultur. Gewisse Merkmale bei Kindern, die wir als lernbehindert bezeichnen, haben unter bestimmten Lebensumständen Vorteile *(Cole, Traupman* 1981). Und entsprechend einem Eignungsmodell sind die Implikationen von Temperamentsunterschieden für die spätere Entwicklung vermutlich stark von soziokulturellen und ökologischen Bedingungen abhängig. So ergab eine Untersuchung, daß Kinder mit „schwierigem Temperament" die höchste Überlebenschance in primitiven Lebensbedingungen wie der Sahara hatten *(de Vries* 1984). Auch die Deutung der Eltern muß im kulturellen Kontext betrachtet werden, der den weiteren Anpassungskontext bestimmt. Die elterliche Interpretation des Säuglingsverhaltens in bezug auf dessen Gesundheit und erwünschte Auswirkungen auf die Sozialisation ist mit hoher Wahrscheinlichkeit von der Kultur abhängig, in der sie leben. Was für uns als auffällig gilt, kann in anderen Kulturen ein Zeichen für Stärke und Führungsqualität sein. Ein anderer Temperamentszug, die „Unregelmäßigkeit" im Schlaf-Wach-Zyklus, schafft zwar Probleme in westlichen bürgerlichen Familien, wird aber z.B. von puertoricanischen Familien, die kein streng geregeltes und streßreiches Lebens- und Arbeitsprogramm haben und von ihren Kindern nicht erwarten, daß sie sich an voraussagbare Routinen halten, nicht als Problem empfunden *(Korn, Gammon* 1983).

Es gibt verschiedene Untersuchungen, die die prognostische Gültigkeit früher mütterlicher Wahrnehmungen bestätigen. Mütterliche Wahrnehmungen vom Temperament und entwicklungsgemäßem Funktionieren des Säuglings prognostizieren zuverlässig die Berichte der Mütter von Problemverhalten bei Dreijährigen *(Bates, Maslin, Frankel* 1985) und bei Sechsjährigen *(Bates, Bayles* 1987). Diesen Untersuchungen zufolge reflektieren voraussagende

Beziehungen nicht nur eine Konsistenz in einer generellen positiv-negativen Richtung der Berichte der Mütter, sondern weisen unterschiedliche qualitative Assoziationen zwischen verschiedenen Typen von Voraussage- und Ergebnisvariablen auf. Natürlich liegt diese Stabilität nur auf der Ebene von Wahrnehmung und Interpretation und sagt nichts aus über das kausale Potential früher Wahrnehmungen auf Verhaltensergebnisse. Aber die mütterliche Bewertung der Merkmale des Kindes im zweiten Jahr spiegelt nicht nur ihre eigenen Maßstäbe über Verhaltensanpassung, sondern decken sich (was objektiver ist) mit den Leistungsmessungen in den Bereichen kognitiver Kompetenz und sozialer Anpassung durch Lehrer und Prüfer und Laboruntersuchungen *(Olson, Bates, Bayles* 1989). Das könnte bedeuten, daß die elterlichen Berichte über die Merkmale der Kleinkinder verläßlich und ökologisch valide – also objektiv – sind; es könnte aber auch bedeuten, daß bei Diskrepanzen zwischen objektiven Merkmalen und mütterlicher Wahrnehmung leicht sich selbst bestätigende Prophezeiungen auftreten. Allerdings sind in diesem Punkt die Ergebnisse der Untersuchung von *Olson* u.a. begrenzt. Im zweiten Jahr sind sowohl die Merkmale des Kindes als auch die mütterlichen Verhaltensmuster stabiler (s. u.) und voraussagbarer.

Dabei spielt aber auch ein Aspekt der Messung und Datensammlung eine Rolle. Es ist leichter, Voraussagen über „Verhaltensanpassung" zu machen, da sie sich auf extreme Merkmale der Kleinkindzeit stützen können, und voraussagbare Korrelationen lassen sich statistisch durch die Anwesenheit von Sonderfällen (outliers) bei der Datenstreuung vergrößern. Aber für differenziertere, instabilere Merkmale des Kleinkindes, die mehr Raum für die Interpretation der Eltern lassen, werden andere vermittelnde Faktoren für äußerst wichtig gehalten, vor allem in den ersten Lebensmonaten, in denen ein guter Start eine große Rolle spielt. So können Eltern z.B. dem ersten Lächeln des Kindes oder den ersten Reaktionen visueller Orientierung viele Deutungen über Aufmerksamkeitsfähigkeit, Intelligenz und soziale Fähigkeiten zuschreiben. Abhängig von ihrer Deutung kann die Mutter ihr Engagement dem Kind gegenüber regulieren, und ihre Deutung wiederum ist sehr wahrscheinlich bedingt durch die Kultur, in der sie lebt, und wird von Streß und kompensierender Unterstützung durch die Familie und die soziale

Umgebung, von ihrem Wissen über die Säuglingsentwicklung, ihrer Wahrnehmung der eigenen Effizienz und ihren Erwartungen an die Veränderbarkeit des Verhaltens des Säuglings beeinflußt. Es läßt sich also leicht begreifen, daß eine nomothetische Forschung bei dieser Komplexität von Variablen, deren Bedeutung von individuellen Lebensumständen abhängt, sehr schwer ist.

In jedem Fall muß man bei der Einschätzung möglicher Einflußfaktoren bei schwierigen Säuglingen die elterliche Wahrnehmung der Schwierigkeiten berücksichtigen, gemeinsam mit verwandten Variablen. Die Wahrnehmung des Säuglingstemperaments, der Attributionsstil der Eltern und soziale Belastungen gelten als potentielle Determinanten für das positive Engagement und die Reaktionsbereitschaft der Mutter auf das Säuglingsverhalten. Verschiedene Untersuchungen haben signifikante Korrelationen zwischen mütterlichem Verhalten und der Kompetenz des Kindes aufgezeigt (z.B. *Ward, Vaughn, Robb* 1988). Mütter, die sowohl positive affektive Reaktionen als auch angemessenes Engagement bei explorierenden Aktivitäten aufbringen, haben Kinder mit einem hohen Grad an Beharrungsvermögen *(Grolnick, Frodi, Bridges* 1984).

Elterliche Sensibilität als Katalysator für die Entwicklung

Der aktive Anteil des Kleinkindes bei der Formung des eigenen Entwicklungsverlaufs besteht darin, daß sie Wahrnehmungen, Kognitionen und Verhaltensweisen bei den Eltern hervorrufen, die mit den objektiven Merkmalen oder dem Genotypus des Kindes vereinbar sind oder auch nicht. Auf der Ebene der Wahrnehmung und Kognition kann ein Säugling die Eltern stark beeinflussen, aber langfristig gesehen beeinflussen die Eltern aufgrund ihrer größeren Macht *(Maccoby, Martin* 1983) und der größeren Formbarkeit des Kindes *(McDonald* 1986) das Verhalten des Kindes stärker als umgekehrt. Zudem ist die Mutter im transaktionalen Prozeß gegenseitiger Einflußnahme immer einen Schritt voraus, weil sie zuerst an das Verhalten des Partners (d.h. des Kindes) Erwartungen richtet, Voraussagen und Wahrnehmungen macht. Grundlegende elterliche Haltungen wie eine bedingungslos positive Einstellung, unterstützende und kooperative Anwesenheit und Raum für das Kind zur Erkundung und Kommunikation seiner Bedürfnisse können ein Katalysator für die Charakteristik des Kindes sein (*Vyt* 1989). Eine Kurzzeit-Längsschnittuntersuchung, bei der Art und Qualität der täglichen Erfahrungen der Kinder wiederholt im häuslichen Umfeld beobachtet wurden, hat katalytische Einflüsse und transaktionale Verbindungen zwischen individueller Anlage, Qualität des elterlichen Stils und psychischer und motivationaler Entwicklung aufgezeigt (*Spangler* 1989). Nach dieser Untersuchung war die emotionale Kooperationsbereitschaft der Mütter ein sehr wichtiger Faktor mit großem Potential für eine Veränderung des Verhaltens des Kindes, vor allem bei besonderer Empfindlichkeit des Kindes. Anders als bei den schwierigen Kindern mit sehr kooperativen Müttern zeigte keines der schwierigen Kinder mit emotional unkooperativen Müttern eine hohe Ausdauer bei der Bewältigung von Aufgaben am Ende des zweiten Lebensjahres, und von den fünf unauffälligen Kindern mit emotional kooperativen Müttern hatte keines eine unterdurchschnittliche Ausdauer. In diesem Sinne eignet sich *Mahler*s Bild der Mutter als Basis für emotionales Auftanken (*Mahler, Pine, Bergman* 1975) sehr gut zur Charakterisierung eines effektiven Elternstils im Kleinkindalter und läßt sich auf die kognitiven und kommunikativen Bereiche ausdehnen.

Subjektive Wahrnehmungen können genau, aber auch verzerrt sein, je nach den Umständen der Situation und der Beobachtungssensibilität. Die Sensibilität der Eltern (in bezug auf Beobachtungen und auf Reaktionen) kann man als den Angelpunkt der transaktionalen Wahrnehmungs-, Kognitions- und Verhaltensprozesse verstehen. *Engfer* (1986; vgl. auch *Engfer, Gavranidou* 1987) hat festgestellt, daß Auffälligkeiten, die Mütter bei Kindern zwischen vier und 18 Monaten beobachteten, eher mit einem Mangel mütterlicher Sensibilität im Alter von 0 bzw. 8 Monaten verbunden waren als mit dem Charakter des Kindes. Im Alter von 33 und 43 Monaten waren jedoch Merkmale der Mutter nur noch wenig mit Schwierigkeiten der Kinder verbunden, was auf eine Veränderung verweist: zunächst ließ die mangelnde Sensibilität der Mütter die Kinder in ihren Augen schwierig erscheinen, während diese Kinder später beobachtbare Merkmale aufwiesen, die die ursprüngliche Wahrnehmung der Mütter bestätigten und deshalb die Ansicht festigten, ihre Kinder seien tatsächlich schwierig. Die Sensibilität der Mutter (oder das Fehlen sensibler Wahrnehmung) kann der Auslöser für sich selbst bestätigende Prophezeiungen sein, in denen subjektiv wahrgenommene Merkmale schließlich zu objektiv vorhandenen werden, aber nicht wie im Märchen von Dornröschen als Konsequenz eines schlummernden Orakelspruchs, der plötzlich wahr wird. Unsensible Beobachtung geht vielmehr meist mit unsensiblem Verhalten einher. Wird ein Kind zu Unrecht als schwierig wahrgenommen, neigen die Eltern eher zu harten und gereizten Reaktionen. Umgekehrt *schaffen* unter Umständen Eltern, die sich sehr genaue Vorstellungen machen, wie ihr Kind sein sollte, und die nicht die Flexibilität und Wertschätzung für die großen individuellen und altersspezifischen Unterschiede besitzen, erst in der Eigenwahrnehmung und später auch in der Realität Verhaltensschwierigkeiten bei einem Kind. Eine neuere Untersuchung hat z.B. gezeigt, daß mütterliche Unflexibilität bei der Kindererziehung im Alter von sechs Wochen eine Voraussage über die Wahrnehmung von Schwierigkeiten beim vier Monate alten Kind mit einer Zuverlässigkeit machen läßt, die weit über den Beitrag der Messungen von Schwierigkeiten bei einem Kind im Alter von 6 Wochen hinausgeht *(Power, Gershenhorn, Stafford* 1990).

Die elterliche Sensibilität, selbst wenn sie in der frühen Kindheit stabil ist *(Pianta, Sroufe, Egeland* 1989), muß nicht a priori ein stabiles Charakteristikum sein, sondern das „sensitive Caregiving" kann durch geringfügige zufällige Umstände oder Verhaltensweisen des Kleinkindes beeinflußt werden, vor allem in den ersten Wochen nach der Geburt, z.B. Streß und mangelnde soziale Unterstützung, aber auch Voraussagen über Persönlichkeitsmerkmale, die die Großeltern machen, oder falsch interpretiertes Schreien des Säuglings in den ersten Stunden nach der Geburt. Selbsteffizienz, Selbstvertrauen und Offenheit sind sehr wichtige Vermittlungsfaktoren zwischen der Wahrnehmungssensibilität der Eltern auf der einen und dem Entwicklungsergebnis des Kindes auf der anderen Seite. Das Ausmaß der perzipierten Selbsteffizienz der Mutter ist ein entscheidender Faktor dafür, ob sie sensibel auf die Signale des Kindes reagiert oder nicht *(Donovan, Leavitt, Walsh* 1987). Wenn eine Mutter sich nur in geringem Maße als effektiv wahrnimmt, verstärken ihre Reaktionen auf ein teilnahmsloses Kind dessen Teilnahmslosigkeit noch, was zeigt, wie die Verhaltensmuster des Kindes interagieren mit elterlichen Attributionen bezüglich der Kontrolle über Sozialisationsstrategien der Erwachsenen. Deshalb ist es nicht überraschend, daß eine unsichere Bindung des Kindes im zweiten Lebensjahr assoziiert ist mit einer mütterlichen Wahrnehmung von übermäßiger Kontrolle, depressivem Stimmungszustand und einer aversiven Konditionierung gegenüber dem Schreien des Säuglings im Alter von 5 Monaten *(Donovan, Leavitt* 1989) und nicht mit den wahrgenommen Schwierigkeiten im zweiten Lebensjahr an sich *(Bates, Maslin, Frankel* 1985). Eine Mutter kann ihr Kind als schwierig wahrnehmen, aber trotzdem sensibel reagieren.

Generell läßt sich das enorme Potential von Wahrnehmungen und Kognitionen der Eltern nicht leugnen. Die elterlichen Erkenntnisse können die Entwicklungsergebnisse des Kindes direkt beeinflussen, z.B. durch Erziehungsmethoden oder Disziplinierungsformen, aber auch indirekt durch die absichtliche oder unabsichtliche Strukturierung der Umwelt des Kindes. So kann eine Mutter z.B. ihr Kind negativ wahrnehmen und seinem kognitiven Fortschritt desinteressiert gegenüberstehen. Ergebnis dieser negativen, desinteressierten Einstellung kann dann eine frühere Wiederaufnahme ihrer Berufsarbeit sein als geplant oder eine Ganztagsbetreuung des Kindes durch Fremde statt einer Halbtagsbetreuung. Auf diese Weise wird indirekt den negativen elterlichen Wahrnehmungen und Ansichten automatisch die Erweiterung des versorgenden Personenkreises entgegengesetzt. Das ist leider aber nicht immer der Fall; für die Entwicklung des Kindes läßt sich die Auffassung, daß jedes Problem seine Lösung bereits in sich trägt, nicht zum Axiom erheben.

Man muß aufpassen, daß man am Ende nicht das Potential der stabilen Ansichten und Emotionen der Mutter überschätzt, wie es z.B. bei einer generationenübergreifenden Betrachtung der Bindungsqualitäten von Eltern und Kind schnell der Fall sein kann. Die mütterliche Verarbeitung der eigenen Kindheitserfahrungen und die Arbeitsmodelle für enge Beziehungen, die aus eigenen Bindungserfahrungen entwickelt wurden, haben dieselben Auswirkungen auf das Elternverhalten wie aktuelle Erfahrungen *(Main, Kaplan, Cassidy* 1985; *Stern* 1985); und der Einfluß der Kindheitserfahrungen, -erinnerungen und -erwartungen der Eltern auf ihr

Elternverhalten *(Belsky* 1984; *Ricks* 1985; *Rutter, Quinton, Liddle* 1983), auf den Bindungsstatus ihrer Kinder *(van Ijzendoorn* u.a. 1991) und deren anschließende kognitive und soziale Entwicklung *(Heinicke* 1984; *Maccoby, Martin* 1983) ist auch empirisch nachgewiesen worden. Darüber hinaus hat sich gezeigt, daß das Verhalten der Kinder bei Problemlösungstests mit den inneren Beziehungsmodellen der Mütter, basierend auf der Beschreibung der eigenen Kindheitsbeziehungen, korrespondiert, selbst wenn die Mutter die Auswirkungen ihres Verhaltens beseitigt hat *(Crowell, Feldman* 1988).

Es gibt aber auch hier einige verwirrende Faktoren, deren Klärung gleichzeitig einer fatalistischen Einstellung begegnen könnte, die aus diesem generationenübergreifenden Ansatz resultieren mag. In diesen Untersuchungen wurde die Qualität der internen Arbeitsmodelle und Kindheitserfahrungen der Eltern großenteils aus der verbalen Qualität und der Kohärenz ihrer Antworten in Interviews abgeleitet (z.B. *van Ijzendoorn* u.a. 1991). Man könnte aber argumentieren, daß diese Messung in gleichem Maße wie die frühe Kindheitserfahrung der Eltern ihren verbalen IQ und ihre Erinnerungen erschließt. Außerdem sind Erkenntnisse über die (verbale) Intelligenz bekannt, die die generationenübergeifende Kontinuität der kognitiven Fähigkeiten erklären. Erstens ist der IQ natürlich stark von genetischen Komponenten bestimmt. Zweitens ist der verbale IQ stark durch das kulturelle und sozioökonomische Setting einer Familie bestimmt; wir wissen auch, daß extreme Settings sich nicht in einer oder zwei Generationen ändern. Drittens sind Reaktionsbereitschaft und Sensibilität in unserer Kultur stark verbal bestimmt *(Vyt* 1991); wir wissen, daß verbale Reaktionsbereitschaft und Stimulierung Faktoren sind, die die Bindungsqualität und verbale Kompetenz wesentlich beeinflussen. Von daher könnte ein hypothetisches Bindeglied zwischen den inneren Arbeitsmodellen der Mütter, der Bindungsqualität des Säuglings und der verbalen Kompetenz durchaus eine Täuschung sein, hinter der sich die bekannte Assoziation von verbal stimulierender Reaktionsbereitschaft und Bindungsverhalten oder Kompetenzergebnissen verbirgt. Mehrere Faktoren sind also dafür verantwortlich, daß diese Untersuchungen zu denselben Ergebnissen kommen wie die Hypothese, daß biographische Aspekte der Eltern immerwährenden Einfluß auf die Entwicklung des Kindes haben. Der direkte generationenübergreifende Ansatz potentiell immerwährender Auswirkungen kann in diesem Sinne eine genauso extreme Position darstellen wie der biogenetische Ansatz, der zeitliche Verhaltenskontinuitäten innerhalb des Individuums entdecken will.

Die Prognose der Kompetenz des Kindes aus dem frühen Entwicklungsstatus des Säuglings: das zweite Lebensjahr als Wendepunkt der Entwicklung

Die empirischen Nachweise für Verhaltenskontinuitäten sind immer noch wenig beeindruckend, besonders wenn es darum geht, aus der Säuglingszeit Prognosen abzuleiten, und zwar bei kognitiven Fähigkeiten genauso wie bei Verhaltensweisen, die mit dem Temperament in Verbindung gebracht werden.

Für die Zeit von der Geburt bis zu 24 Monaten ist nur eine geringe prognostische Beziehung zwischen Variablen im Temperament belegt *(Riese* 1987). Für den Aktivitätsgrad, Kernbestandteil der meisten Theorien über das Temperament, sind signifikante Stabilitätskorrelationen in der Säuglingszeit problematisch *(Eaton, McKeen* 1990). Das ist nicht überraschend, wenn man bedenkt, wie komplex die Veränderungen und die Entwicklung in den ersten zwei Jahren sind. Und der einzige bedeutungsvolle stabile Temperamentsfaktor durch die Säuglingszeit, die perzipierte Schwierigkeit des Kindes, scheint, wie oben gezeigt wurde, zugleich der subjektivste.

Bei der Feststellung der kognitiven Fähigkeiten haben neuere Methoden, die die pfadanalytischen Modelle einer Übermittlung durch erbliche Anlage und gemeinsame familiäre Umwelt verbinden, eine substantielle genetische Stabilität in der kognitiven Fähigkeit von der Säuglingszeit und frühen Kindheit bis ins Erwachsenenalter gezeigt, wenn eine breite Bewertungsskala für die gemessenen Fähigkeiten vorhanden war und potentiell wichtige und durchgängige Einflußfaktoren, wie z.B. eine Adoption, einbezogen wurden *(LaBuda, De Fries, Plomin, Fulker* 1986). Abgesehen von familiengenetischer Stabilität waren aber so gut wie alle Bemühungen erfolglos, von der Ebene der Säuglingsentwicklung und der Säuglingserfahrungen ausgehend Kompetenz und Intelligenz im

Schulalter vorauszusagen. Für den Mangel an positiven Ergebnissen können verschiedene methodologische Einschränkungen verantwortlich gemacht werden. Man könnte erstens argumentieren, der Fall sei unbewiesen, weil die Forscher meist die einfachen, direkten Beziehungen zwischen frühen und späteren Verhaltensbewertungen untersuchen und dabei viele potentiell vermittelnde Einflußfaktoren nicht ernsthaft berücksichtigen. Wenn man solche substantiellen Veränderungen im Individuum im Verlauf der Zeit betrachtet, die zunächst weder wichtig noch interpretierbar scheinen, werden sie verständlicher, und die Bedingungen, die die Entwicklungskontinuität beeinflussen, lassen sich besser einschätzen (*Thompson, Lamb* 1984).

Zudem haben viele Wissenschaftler die Tendenz, individuelle Variablen isoliert zu betrachten, statt bedeutungsvolle Beziehungen zwischen den Variablen zu berücksichtigen, die die Kontinuität beeinflussen können. Im Licht der Verhaltensorganisation lassen sich Beweise für Kontinuität oder Diskontinuität leichter interpretieren, wenn Veränderungs- und Stabilitätsmuster in verwandten Bereichen mit einbezogen werden. Die isolierte Betrachtung von Variablen führt zu unpassenden Messungen, genauso wie die Auswahl falscher altersübergreifender Verhaltensdimensionen, die vernachlässigt, daß die Kontinuität „heterotypisch" sein kann; d.h., eine bestimmte kognitive Fähigkeit in der Säuglingszeit kann durch einen grundlegenden Prozeß gesteuert werden, der in der späteren Kindheit für eine phänotypisch andere Funktion verantwortlich ist. Die Skalen der Säuglingsentwicklung kombinieren nicht nur zu viele Verhaltensweisen, reflektieren nicht nur unpassende Auswahlkriterien, sondern erschließen auch sensorische und motorische Fähigkeiten, die konzeptuell wenig Beziehungen zu den Maßstäben traditioneller psychometrischer Intelligenztests haben. Die Anforderungen an Kinder verschiedener Altersstufen ändern sich sehr stark von der Säuglingszeit bis zur Kindheit. Anders ausgedrückt: Psychische Tests in der Säuglingszeit sollten nicht deshalb primär auf neurologisches und motorisches Funktionieren abzielen, weil *Piaget* behauptet hat, daß senso-motorisches Wissen auf dem Umgang mit Objekten basiert. Darüber hinaus sollte die Einschätzung der Voraussagegültigkeit von Intelligenz im Idealfall informationsverarbeitende Fähigkeiten in der Säuglingszeit mit

Hilfe von soliden psychometrischen Methoden berücksichtigen, die relativ frei von motorischen Einschränkungen sind *(Bornstein, Sigman* 1986).

Spezifischen Untergruppen von Items innerhalb des Tests wird oft ein – ungerechtfertigt – höherer Rang zugeschrieben als anderen, was das Gesamtergebnis manipuliert. Ein körperlich behinderter Säugling kann einen niedrigen psychischen Entwicklungs-Index (MDI – *mental development index*) haben, auch wenn er kognitiv fortgeschritten ist, und die Entwicklung eines Kindes aus einer Immigrantenfamilie kann in der Säuglingszeit normal verlaufen, aber sobald das verbale Element im Test die Überhand gewinnt, läßt sich voraussagen, daß es einen fälschlich niedrigen MDI hat. Abgesehen von der problematischen Beziehung der Untergruppen zur Gesamtwertung messen die verbalen Komponenten einer Kleinkind-Entwicklungsskala darüber hinaus speziell den Spracherwerb, während die verbalen Subtests der Intelligenzskalen verschiedene Fähigkeiten berücksichtigen, wie Gedächtnis, Mathematik und konzentriertes Zuhören.

Es ist falsch, auf einheitliche Indices zu fokussieren; statt dessen sollte der Fokus auf klar definierten Fähigkeiten liegen, die Konsequenzen in spezifischen und unterschiedlichen Lernsituationen haben und die homotypische und heterotypische Kontinuitäten zeigen können. Die Ergebnisse einiger neuerer Forschungsprogramme (vgl. den ausführlichen Überblick bei *Bornstein, Sigman* 1986; *Fagan* 1988) rechtfertigen eine solche Kontinuitätsperspektive. Die Geschwindigkeit visueller Informationsverarbeitung, gemessen anhand von Habituationsexperimenten im ersten halben Jahr, korrelieren in bescheidenem Maße mit ausgewählten kognitiven Kompetenzen, die in der Kindheit bewertet werden. In einigen Untersuchungen wurde gezeigt, daß die Voraussage für die verbalen Komponenten der Intelligenz besser ist als für Leistungs- oder Wahrnehmungsintelligenz. Das ist nicht überraschend, wenn man bedenkt, daß Aufmerksamkeit eine Rolle bei allen Lernsituationen spielt, nicht nur beim konstruktiven Spiel, sondern auch beim verbalen Lernen, weil auch die intensive Koordination der Aufmerksamkeitsprozesse gemäß dem kommunikativen Verhalten des anderen Menschen erfolgt. Obwohl es beim Spracherwerb große individuelle Unterschiede gibt, sind die Extreme in dieser Hinsicht recht stabil, während z.B. Probleme beim Zusammensetzen von Puzzles leicht aufgeholt werden können. Mit der Fähigkeit der Informationsverarbeitung ist unter Umständen ein Maßstab gefunden, der enorme Konsequenzen in sehr verschiedenen Lernsituationen hat und eine der wesentlichen Lernmethoden des Säuglings reflektiert. Das kann insofern als universal gelten, als Säuglinge sich im wesentlichen in der gleichen Weise habituieren, unabhängig von ihren soziokulturell geprägten Erfahrungen der Aufzucht (*Bornstein, Sigman* 1986).

Um die Voraussagevalidität und -stärke weiter zu bestätigen, muß die Analyse der kognitiven Aktivitäten des Säuglings in Richtung auf Habituation und Geschwindigkeit der Informationsverarbeitung durch andere grundlegende Lernprozesse und andere als visuelle Forschungssettings ergänzt werden (*Malcuit, Pomerleau, Lamarre* 1988). Wie bei der Einschätzung der Bindungsqualität müssen auch hier konzeptuell verwandte Verhaltensweisen, entsprechend bedeutungsvollen Mustern, zusammen evaluiert werden, um eine ökologische Validität zu erweitern.

Zweifellos ist Vorsicht auch noch aus anderen Gründen geboten. Ein Grund zur Skepsis liegt auch in einem Publikationsbias: Wie viele Untersuchungen gibt es, die keine Korrelation zwischen der Gewöhnung in der Säuglingszeit und den Intelligenzmessungen im Kindesalter zeigen? Ein verwandter methodologischer Aspekt in bezug auf Berichte über Ergebnisse ist eine mögliche Ausnutzung von Zufällen: die Forscher können Verbindungen mit einem Meßbereich veröffentlichen, obwohl dieser von den verschiedenen tatsächlich bewerteten Fähigkeiten das einzige Ergebnis liefert, das eine signifikante Beziehung zu den Messungen der Säuglingszeit aufweist. *Lécuyer* (1989) kam bei seinem Überblick über die Literatur zu diesem Thema zu dem seltsamen Ergebnis, daß die Korrelation um so höher lag, je kleiner die Stichprobe war. Die Stichproben sind wohl deshalb so klein, um mögliche verwirrende Variablen wie SES ausschließen zu können, was an ihrer Generalisierbarkeit zweifeln läßt; oder die Wissenschaftler haben, ohne darauf hinzuweisen, mit ausgewählten Säuglingen von einer Neugeborenenstation gearbeitet, was die Gültigkeit des Konzepts angreifbar macht und die Kritik bestärkt, daß nichts weiter gemessen wird als die allgemeine Aufmerksamkeit oder die Intaktheit des zentralen Nervensystems. Im letzteren Fall besteht vielleicht ein geringer Prozentsatz der untersuchten Säuglinge aus Sonderfällen, die an organischen Behinderungen leiden (Frühgeburt oder kleinere Hirnschäden). Bei solchen Säuglingen können später eine geringe Habituationsrate und auch geringere IQ-Werte auftreten; bei den verbleibenden Säuglingen der Untersuchung zeigte sich keine solche Beziehung. Aber schon ein geringer Prozentsatz kann genügen, um die Korrelation soweit anzuheben, daß sie der berichteten Korrelation entspricht. Es ist aber auch die Interpretation möglich, daß in den kleinen Stichproben die Methoden sensibler und genauer angewandt werden konnten.

Abgesehen von Datensammlung und Berichten läßt sich eine Kontinuität auch auf einen indirekten Effekt konkurrierender oder störender Variablen zurückführen. So könnten z.B. Pflegepersonen eine kontinuierliche äußere Unterstützung für die bewertete Stabilität zwischen Säuglingszeit und Kindheit bieten. Speziell eine kontinuierliche langfristige Stimulierung durch die Eltern kann unter Umständen individuelle Unterschiede bei der Habituierung in der Säuglingszeit bis zu der Durchführung eines Intelligenztests in der frühen Kindheit aufrechterhalten oder etablieren. Wer vorgibt, durch eine konkurrierende Variable eine indirekte Kontinuität oder eine zugrundeliegende früher existierende Variable gefunden zu haben, die die Kontinuität erklären soll, muß darauf achten, daß der sogenannte Hilfs- oder Basisprädikator nicht einfach ein früherer Prädikator funktionaler Umgebungsvariablen ist, die die psychische Leistung erst später in der Kindheit beeinflussen. Es ist oft nicht möglich, zwischen dem frühen Vorläufer und dem frühen dysfunktionalen Korrelat eines späteren kausalen Faktors zu unterscheiden, außer in ganz bestimmten Umständen.

So konnten *Heinicke* und *Lampl* (1988) mittels einer Pfadanalyse zeigen, daß bestimmte vorschulische Verhaltensweisen wie kontinuierliche Aufmerksamkeit überwiegend von vorgeburtlichen Eltern- und frühen Säuglingscharakteristika antizipiert werden, während andere Verhaltensweisen, wie positive Gegenseitigkeit zwischen Eltern und Kind, von frühen und gegenwärtigen Einflüssen geprägt werden. Festgestellt wurde, daß Varianz bei der Aufmerksamkeit und dem verbalen Ausdruck im 36. Monat und im verbalen IQ im 48. Monat signifikant mit der gleichzeitigen Stimulierung der kognitiven und verbalen Erfahrung durch die Eltern korrelierten, daß aber, sobald der Einfluß bestimmter vorgeburtlicher und früher nachgeburtlicher Variablen in der Pfadanalyse zugelassen wurde, die konkurrenten Relationen nicht mehr signifikant waren. Bei allen drei vorschulischen Verhaltensbereichen war der verbale IQ der Mutter vor der Geburt ein signifikanter Einflußfaktor. Im Gegensatz dazu blieb die signifikante Korrelation mit der konkurrenten Elterninteraktion bei der Modulierung der 48-Monats-Aggression des Kindes bestehen, selbst als die vor- und nachgeburtlichen Charakteristika in die Pfadanalyse aufgenommen wurden.

Das könnte bedeuten, daß kindliche Verhaltensweisen, die wir per definitionem mit der Intelligenz verbinden, am besten anhand der Intelligenz der Eltern, im Gegensatz zu sozialem Verhalten, prognostiziert werden könnte, und damit sind wir wieder beim Ausgangspunkt angekommen: der bekannten genetischen Übertragung des IQ. Aber Antworten auf die Frage, welche Prozesse beteiligt sind und wann und wo sich die Intelligenz im Lauf der Zeit entwickelt, haben wir nicht gefunden. Es wäre z.B. möglich, daß ein tatsächlicher Einfluß verbal sehr intelligenter Mütter nicht auf genetischen Mechanismen beruht, sondern auf der Interaktion im Säuglingsalter, und daß ihr gegenwärtiger Verhaltenseinfluß nicht besonders tiefgreifend ist, weil er im Schatten schulischer Einflüsse steht, so daß man das, was vom mütterlichen Einfluß übrig bleibt, tatsächlich einer genetischen Familienerbschaft zuschreiben kann. Gegenwärtig lassen sich nur wenige Rückschlüsse über Ursprünge und Aufrechterhaltung individueller Unterschiede bei den kognitiven Funktionen des Säuglings ziehen, die über das hinausgehen, was die Logik vorgibt (*Bornstein, Sigman* 1986).

Die Forschung der letzten zwanzig Jahre läßt annehmen, daß *Verhaltenskontinuitäten nach dem zweiten Lebensjahr hervorzutreten* beginnen, wenn *Selbstbewußtheit* und ein strukturiertes handelndes *Selbstkonzept* konsolidiert werden. Eine Konzeptualisierung früher psychischer Entwicklung, die diese Perspektive integriert, wird von *McCall* (1981) vorgeschlagen, der die anscheinend konfligierenden Fakten über die frühe psychische Entwicklung miteinander in Einklang bringt. Wie ist es z.B. möglich, daß so vieles bei der frühen psychischen Entwicklung von der Reife bestimmt wird, obwohl individuelle Unterschiede stabil bleiben und kaum mit genetischen oder Umweltfaktoren korrelieren?

*McCall*s (1981) Modell impliziert einen artenspezifischen Pfad, „Creode" genannt, auf dem die Entwicklung fast aller Mitglieder einer Spezies sich vollzieht. Wenn die Entwicklung „hoch kanalisiert" ist, folgen die Individuen der Arten-Creode in einer Bandbreite unterschiedlichster Umgebungen und zeigen, nachdem sie hochgradig atypischen Milieus ausgesetzt waren, starke selbstregulierende Tendenzen, wenn sie wieder in normale Umgebungen kommen. Eine der grundlegenden Thesen lautet, daß die frühe psychische Entwicklung in den ersten beiden Lebensjahren stark, aber später weniger kanalisiert verläuft. Die relative Instabilität der individuellen Unterschiede leitet sich aus der starken Tendenz zur Selbstregulierung ab. *McCall* stellt die Hypothese auf, daß die intraindividuelle Variabilität, die für diese Periode charakteristisch ist, als Anpassungsfunktion die Wahrscheinlichkeit erhöht, nach der das Verhalten schließlich auf die Umweltumstände zugeschnitten werden kann.

Mit der Entstehung der Sprache und bestimmter symbolischer Fähigkeiten am Ende des zweiten Lebensjahres steigen die Prognosen für den späteren IQ steil an. In der frühen Kindheit tauchen Charakteristika und Fähigkeiten auf, die alle Kinder erreichen, aber einige erreichen später sehr verschiedene Leistungsebenen.

Mehrere Untersuchungen unterstützen die Scoop-Hypothese. Tatsächlich kommt es beim Übergang von der Säuglingszeit zur frühen Kindheit bei der Langzeit-Voraussagbarkeit zu einer entscheidenden Veränderung; die magere Langzeit-Voraussagbarkeit der IQ-Werte in den ersten zwei Lebensjahren vergrößert sich in den zwei folgenden Jahren beträchtlich (*Wohlwill* 1980). Das kann auch an methodologischen Einschränkungen liegen, aber der Veränderungscharakter im zweiten Lebensjahr ist in Untersuchungen der Selbstbewußtheit (*Kagan* 1981; *Vyt* 1990) und auch bei *Bronson*s (1985) Längsschnittuntersuchungen über die Stabilität individueller Reaktionen im ersten und im dritten Trimester des zweiten Lebensjahres eindeutig belegt. Entsprechende Beobachtungen bei Entwicklungstests lieferten Daten für die Untersuchung von Unterschieden im Ausmaß situationsübergreifender Funktionskohärenz im Alter von zwei Jahren, während nachfolgende Einschätzungen des Verhaltens dieser Kinder im Kindergarten dazu dienten, die Unterschiede in der Voraussagbarkeit des späteren Funktionierens innerhalb des zweiten Lebensjahres zu untersuchen. Die Ergebnisse zeigen einen signifikanten Zuwachs in Konsistenz wie Bandbreite der Reaktionen, einen Trend zur gesetzmäßigeren Verbundenheit zwischen den Reaktionen, die von den zwei verschiedenen Situationen im zweiten Lebensjahr hervorgerufen wurden, und einen deutlichen Zuwachs der Fähigkeit, späteres Funktionieren vorauszusagen, am Ende des Jahres. Bronson (1985) hat konsequenterweise die Ergebnisse als augenscheinlichen Zuwachs in der Vermittlung von Verhalten über internale Faktoren am Ende des zweiten Jahres interpretiert.

Laut *McCall* läßt der Scoop-Ansatz annehmen, daß die stärkste Sensitivitätsphase für Umwelteinflüsse und potentielle Veränderungen in der psychischen Leistung nicht die Säuglingszeit, sondern die frühe Kindheit ist. Der Einfluß der Erfahrung vor dem Ende des zweiten Lebensjahres wird als gering angesehen, weil er bei der Rückkehr zur Creode wieder ausgeglichen wird.

Biopsychologische Nachweise für spezifische Sensitivitätsphasen in der Säuglingszeit

Bis jetzt haben wir uns nur mit der potentiellen Komplexität transaktionaler Prozesse bei der Entwicklung psychischer Fähigkeiten und Verhaltensmerkmale beschäftigt; gezeigt wurde, daß selbst die Suche nach grundlegenden Lernprozessen, von denen man annimmt, daß sie mit der genetischen Ausstattung zusammenhängen und deshalb stabil sind, keine tragkräftige Basis für direkte Voraussagbarkeit liefert. Die Metapher für Entwicklung ist nicht so sehr der gradlinige Weg, sondern eine Treppe, wie sie *Escher* gezeichnet hat. In den letzten Jahren haben Forschungsergebnisse im Bereich Neurologie und Ethologie die Annahme weiter unterminiert, daß Prozesse, die ihren Ursprung in der Biologie haben, stabil und vorherbestimmt sind und kontinuierlich reifen.

Die neueste Forschung hat die Annahme widerlegt, derzufolge *die Entwicklung des zentralen Nervensystems* von äußeren Bedingungen und ontogenetischer Erfahrung *unabhängig wäre*. Bei jungen wie bei ausgewachsenen Tieren ist das Gehirn formbar. So behält das Gehirn ausgewachsener Ratten die Fähigkeit bei, neue synaptische

Verbindungen zu bilden, wenn sie einer intensiven Lernerfahrung ausgesetzt waren *(Greenough, Schwark* 1984). Außerdem haben Stärke und Spezifität der Reifemuster viele Autoren zu der Hypothese einer kortikalen Entwicklung des Menschen geführt, bei der die genetisch programmierte Entfaltung von spezifischen kortikokortikalen Verbindungen in bestimmten nachgeburtlichen Altersphasen mit den von *Piaget* aufgezeigten Phasen der kognitiven Entwicklung übereinstimmen (vgl. *Epstein* 1986; *Thatcher, Walker, Giudice* 1987).

Die Ethologie hat ebenfalls die Existenz strukturierter Verhaltenssysteme aufgezeigt, die in bestimmten frühen Lebensphasen wichtig sind und anschließend verschwinden. Ein spezifisches Verhaltensrepertoire kann in einer bestimmten Phase maximale Anpassung fördern, aber wenn die nächste Phase erreicht ist, werden viele dieser Anpassungsfunktionen nicht mehr gebraucht. Die *vorübergehenden ontogenetischen Anpassungsverhalten (Oppenheim* 1981) werden dann durch funktionalere ersetzt. Diese neue Auffassung von Veränderungen und vorübergehenden Anpassungsfunktionen in der Ontogenese stimmt mit der Evolutionstheorie überein: Ein struktureller Prozeß wird nur dann beibehalten, wenn er der Anpassung dient; hat er nur in einer bestimmten Lebensphase eines Individuums eine Anpassungsfunktion, wird er entsprechend einem zeitlichen Mechanismus des Ein- und Ausschaltens in das Verhaltensrepertoire übernommen. Die Annahme der Existenz solcher „biologisch-verhaltensmäßigen Veränderungen" („biobehavioral shifts") *(Emde, Harmon* 1984), die nicht mit späteren Verhaltensänderungsprozessen verbunden sein können, entspricht der modernen Genetik, die festgestellt hat, daß sich Regulatoren-Gene im Laufe der Entwicklung anscheinend ein- und ausschalten.

Anstatt die Säuglingszeit als *eine* große sensible Phase mit möglichen langfristigen Auswirkungen zu betrachten, sollte sich die Forschung darauf konzentrieren, entsprechend einer nichtlinearen Entwicklungsperspektive und entsprechend der Konzeption von der Spezifität der Prozesse sensible Phasen innerhalb der Säuglingszeit zu spezifizieren. Bestimmte Situationen, bestimmte organismische Merkmale und bestimmte Lebensphasen können sich je spezifisch auswirken. Der Fokus früher Untersuchungen sogenannter sozial benachteiligter Kinder lag auf so gravierenden Deprivationen, daß ihre Schlußfolgerungen alles andere als differenziert waren. Frühe Studien mit hospitalisierten Kindern konnten nur zu dem Schluß kommen, daß die Anwesenheit einer stabilen Pflegeperson in den ersten drei Jahren eine Vorbedingung für eine gesunde Entwicklung ist. Natürlich gab es weitere Begleitumstände, die bei diesen sozial benachteiligten Kindern einen normalen Entwicklungsverlauf verhinderten. Selbst ältere Kinder, die ins Heim kamen, müssen zweifellos unter Bedingungen leiden, wie wir sie heute z.B. in einigen Heimen in Rumänien sehen können.

Mehr als Schimpansenbabies brauchen menschliche Säuglinge ganz „primitiven" Kontaktkomfort, um die differenzierten kognitiven Fähigkeiten und Funktionsweisen entwickeln zu können, die zweifellos am besten in einem dyadischen Kontext ausgebildet werden, ohne daß dieser als geschlossene Einheit betrachtet werden darf. Aus dieser Sicht ist die Brust für die Entwicklung der Kommunikation zwischen Mutter und Säugling mindestens genauso wichtig wie Daumen und Zeigefinger für die Entwicklung der Koordinationsfertigkeiten (*Vyt* 1990). Ein intensiver dyadischer Kontext impliziert diesen Kontaktkomfort und wächst damit. Menschen können keinen Schritt der biologischen Funktionen auslassen, so wie Frühgeborene im Brutkasten auch vermehrt ruhiger schlafen (was die Reifung des ZNS stimuliert), wenn sie durch aktiven Körperkontakt zu einem Teddybären, der ihren eigenen Atemrhythmus wiedergibt, die Gelegenheit haben, ihre Stimulierung selbst zu regulieren (*Thoman, Graham* 1986). Physiologische und sozio-emotionale Nahrung sind eng miteinander verflochten, aber das gilt auch für den kognitiven Bereich. Wenn man diesen Bereich betrachtet, denkt man fast zwangsläufig an die bewußte Verbindung von Erfahrungen bei der Lösung von Problemen. Aber dieser Rahmen der kognitiven Funktionen ist viel zu eingeschränkt, genauso wie die Auffassung, die unter Kommunikation nur die Sprachentwicklung versteht. Säuglinge funktionieren auf der kognitiven Ebene, indem sie auf der senso-motorischen Ebene lernen, auf bestimmte Muster von Umweltreizen konditioniert oder durch Erfahrung an bestimmte Informationen gewöhnt werden. Diese Art des Lernens findet schon im Mutterleib statt, wo sich der Säugling an die Atem- und Herzschlagmuster der Mutter gewöhnt. Der Reifungsprozeß von Frühgeborenen wird beschleunigt, nicht weil sie die Stimulation einfach „mögen", sondern weil sie kognitiv darauf konditioniert sind, erkennbare Umgebungsereignisse und Ereignisse, die von eigenem Verhalten abhängig sind oder Selbsteffizienz fördern, zu erfahren, so wie sich auch Erwachsene in gewohnter Umgebung und mit gewohnten Umweltreizen weniger belastet fühlen. Das Thema wiedererkennbarer Ereignisse ist für eine Vielzahl von Lernsituationen wichtig. Säuglinge, die die Möglichkeit zu regelmäßiger Konditionierung und Lernen bekommen haben, können zunehmend darauf ausgerichtet werden, Kontigenzen festzustellen und Feedback-Signale zu erkennen, und bilden schon bald kommunikative Fähigkeiten aus, die im Kontext der Eltern-Kind-Interaktion und des Spracherwerbs wichtig sind. Die artenspezifische Neigung zu verbaler Kommunikation wird in der Säuglingsphase geformt, in der die Säuglinge ihre Aufmerksamkeit in dyadischen Situationen von Angesicht zu Angesicht regulieren.

Die Ergebnisse der ethologische Forschung über die grundlegenden Lernprozesse, der biologischen Forschung zu Reifungsveränderungen in der Säuglingszeit und der Entwicklungsforschung zu Verhaltensdiskontinuitäten haben eindeutig zu der Erkenntnis geführt, daß die sensiblen Phasen der Säuglingszeit nicht einfach als Phasen der Vulnerabilität oder physischen Reifung betrachtet werden können. Während sich die Psychoanalyse auf das Kleinkindalter als die Phase zentrierte, in der „anale" Fixierungen und Probleme mit der Individuation des Ich und der libidinös-ödipalen Beziehung entstehen, wird dieses Alter heute dagegen als entscheidende Phase für Selbst-Bewußtheit, Aufbau einer sicheren Bindungsbeziehung und Etablierung der Motivation zu kognitiver Mastery begriffen. Sprach man bislang vom „schrecklichen zweiten Jahr", kann man heute aufgrund der enormen kognitiven Veränderungen in dieser Phase vom „erstaunlichen zweiten Lebensjahr" sprechen.

Diese veränderte Interpretation des Verhaltens ist historisch bedingt. Zu *Freud*s Zeiten war Sexualität ein delikates Thema, das stärker als heute zu Mißverständnissen und Erziehungsproblemen führte. Die ödipalen Strukturen sind im paternalistischen Kontext der jüdischen Familienstruktur, aus der auch *Freud* stammte, wohl am relevantesten. Und eine spezifische psychosexuelle Phase wie die anale konnte in einer Zeit angenommen werden, in der das Sauberwerden eine wichtige Erziehungsfrage war (mittlerweile haben die Wegwerfwindeln einen Großteil der damit zusammenhängenden Probleme beseitigt) und die kognitive Entwicklung weniger im Zentrum der Aufmerksamkeit stand, nicht so kontrovers diskutiert wurde und nicht so wichtig war wie heute, wo jedes Kind mit vorschulischen Standards zu kämpfen hat. Säuglinge und Kleinkinder galten damals noch wirklich als *infans*, unfähig zu sprechen und deshalb für eine Analyse ihrer kognitiven Prozesse noch nicht geeignet. Wenn heute ein Kind Geburtsphantasmen spricht, sagt uns das mehr über seine Kreativität, Sprachentwicklung und logisches Argumentieren als etwas über seine libidinöse Ökonomie.

Abhängig von historischen Kontexten und Theoremen, gibt es in der Säuglingszeit und frühen Kindheit deshalb verschiedene sensible Phasen, die von der Existenz diskreter Phasen im gesamten Lebenslauf zeugen sollten. Nach *Freud*s Theorie waren die sensiblen Phasen bestimmt von der Reifung der erogenen Zonen. Kam es dabei zu Fixierungen, konnte das zu psychischen Fehlfunktionen führen. Im bioethologischen Sinne reflektiert eine sensible Phase einen Abschnitt der Entwicklung mit einer eingebauten Kompetenz für einen bestimmten Austausch zwischen Organismus und Umwelt, der das System auf seine Entwicklungszukunft vorbereitet, indem es die reife Struktur oder Funktion im Verhältnis zur frühen Erfahrung in Übereinstimmung mit dem Evolutionsprogramm des Organismus vorwegnimmt. Das erlaubt einen schnellen und vollständigen Informationserwerb und eine Stärkung grundlegender Kompetenzen, die, wie angenommen wird, die Wahrscheinlichkeit des Überlebens und das Erreichen adaptiver Kompetenz vergrößert (*Bornstein* 1989). Die populärsten Themen der Forschung über sensible Phasen waren die Wahrnehmungsfähigkeit und die Prägung. So gibt es z.B. Evidenz für eine sensible Phase bei der Entwicklung der auditiven Unterscheidungsfähigkeit. Innerhalb des ersten Lebensjahres bilden sich die auditiven Pfade, und sogar das Innenohr wird entsprechend relevanten und herausragenden phonetischen Erfahrungen geformt, was den Säugling fähig macht, für den Spracherwerb wichtige phonetische Unterschiede zu erkennen. Prägung ist der Prototyp des Lernens in einer sensiblen Phase, das darin besteht, auf der Basis der kindlichen Bindungsprozesse artenspezifische Merkmale und Identität zu erreichen. Bindungen, die zwischen jungen Tieren und Muttertieren aufgebaut werden, liefern gleichzeitig auch Schutz vor Raubtieren, was mit Sicherheit die Überlebenschancen vergrößert.

Im folgenden werden wir zeigen, daß die Entwicklung grundlegender Funktionen wie die Fokussierung und Koordination der Aufmerksamkeit besonders verletzlich oder beeinflußbar für die Formung im Kleinkindalter ist. Das ist nicht überraschend, da die Zeit der Unreife bei Menschen sehr viel länger ist als bei Tieren. Um gehobene Fähigkeiten wie Lesen, Schreiben und Fahrradfahren entwickeln zu können, ist eine genetisch eingebaute Formbarkeit von Koordinierungskapazitäten sehr sinnvoll. Das Kleinhirn, dessen Reifung bis weit ins Kleinkindalter reicht, dient, wie wir heute wissen, bestimmten Funktionen, zu denen nicht nur die motorische Koordination, sondern auch Fähigkeiten wie Lesen und Schreiben gehören, bei denen räumliche und zeitliche Wechsel der Aufmerksamkeit nötig sind.

Der *Imprinting*-Mechanismus hat für den menschlichen Säugling nicht die gleiche festschreibende Macht oder Plausibilität wie beim Tierkind. Das Entwicklungsproblem beim Menschen liegt anders: Menschliche Säuglinge haben tatsächlich ungewöhnlich lange Phasen der Unreife mit einer zeitweise umfassenden Lernfähigkeit. Das sind adaptive Fähigkeiten, weil der Mensch in unterschiedlichen ökologischen „Nischen" oder Umgebungen und in einer Vielzahl von Versorgungssystemen überlebensfähig sein muß, die dazu noch zeitweilig unflexibel, unstabil und teilnahmslos sein können. In solchen Situationen ist das Überleben des Individuums wie das der Gattung am besten garantiert, wenn die Empfänglichkeit des Säuglings für Bindungen über eine lange Zeitspanne anhält und wenn das Bindungssystem auf eine *Gruppe von Personen* fokussiert anstatt nur auf ein einziges Individuum, das Muttertier. Bindungsprozesse, wie wir sie bei Entchen, Gösseln u. a. oder anderen Arten kennen, würden bei menschlichen Säuglingen nicht der Anpassung dienen, wenn sie genau die gleichen wären. Bei menschlichen Säuglingen, für die die kognitiven Fähigkeiten ein Knotenpunkt des Funktionierens sind, wäre ein Bindungssystem, das in der ganzen Zeit der Unreife durch physische Nähe charakterisiert wäre, eine Behinderung der kognitiven Exploration und Motivation zum autonomen Lernen, die für die menschliche Anpassung überhaupt entscheidend ist – und auch für die Spezies. Auch deshalb sprechen wir von der „Qualität" statt der Stärke der Bindung. Starke, tief verwurzelte und unumkehrbare Bindungen wären theoretisch nicht zur Anpassung geeignet: Man stelle sich vor, daß Säuglinge den Schutz von versorgenden Figuren suchen, die inadäquat oder nicht verfügbar wären; das würde ihre Fähigkeit zur bequemen Exploration der Umgebung ersticken. In einem optimalen Bindungssystem wäre ein Säugling periodisch empfänglich für modifizierende Bindung oder würde neue bilden. Gleichzeitig müssen aber diese Bindungen einen gewissen Grad von Permanenz aufweisen: Es wäre ineffizient und kontraproduktiv, wenn der Säugling Bindungen aufgrund von geringfügigen, flüchtigen Störungen in der Versorgungsbeziehung ändern müßte (*Reed, Leiderman* 1983).

Der phylogenetische Wert der menschlichen Flexibilität ist eindeutig: starre Prägung ist am wertvollsten, wenn die Zeit zum Lernen kurz und die Variabilität des zu Lernenden klein ist. Rigidität und eins-zu-eins-Prägungs-Mechanismen sind bei hoher Reproduktionsrate des Organismus geeigneter, denn er ist hochspezialisiert und anfällig für schwere Fehler, wenn sich die Umstände deutlich verändern (*Reed, Leiderman* 1983). Deshalb hat die Natur entschieden, in den menschlichen Organismus eine sehr wichtige Alternative einzubauen: die Fähigkeit, durch einfache Mittel, nämlich Beobachtung und Kommunikation, zu lernen, aber auf sehr hohem Niveau. Die dyadischen Mutter-Säugling-Settings und die Beweise für die Effizienz des sozialen Funktionierens haben die Entwicklung feinkörniger Kommunikationsformen gefördert. Aber unser genetisches System hat noch kein Niveau der genetischen Integration erreicht, das einen gut ausgeglichenen und kommunikativ nährenden dyadischen Kontext in der Ontogenese überflüssig machen würde.

Zwei zeitgenössische Untersuchungslinien sind einer nichtlinearen Sichtweise der Entwicklung, der Bedeutung des Kleinkindalters und der Notwendigkeit einer dyadischen Beziehung verpflichtet: zum einen neuere Untersuchungen von gefährdeten Kindern, besonders Kindern von depressiven Eltern, zum anderen die umfangreicher werdende Literatur über die Bindung bei Säuglingen.

Untersuchung von Heimkindern und Kindern von depressiven Eltern: das Kleinkindalter als entscheidende Phase für die Formung grundlegender kognitiver Fähigkeiten

Hodges und *Tizard* (1989) haben eine Follow-up-Untersuchung mit Kindern durchgeführt, die ihre ersten Lebensjahre in Heimen verbracht haben, bevor sie von relativ wohlhabenden Familien adoptiert wurden. In der Gruppe der Kinder, die zwischen zwei und fünf Jahren adoptiert wurden, gab es nach der Adoption einen dramatischen und andauernden Anstieg bei den Intelligenz-Werten. Im Gegensatz dazu zeigte sich nur bei einem Drittel der Gruppe, die bei der Adoption älter als fünf Jahre war, ein substantieller Anstieg der IQ-Werte. Im Alter von 16 Jahren war der IQ der Gruppe der früh adoptierten Kinder viel höher als der Gruppe der später adoptierten Kinder. Diese Unterschiede zwischen früher und später Adoption könnten auf die Existenz einer sensiblen Phase für die Intelligenz-Entwicklung verweisen, in der irgendein Aspekt institutioneller Versorgung zu anhaltenden Schäden bei irgendwelchen Fundamenten der kognitiven Funktionen führt, wenn das Kind nicht vor dem fünften Lebensjahr in günstige Familienumgebungen kommt. Es wäre falsch, daraus zu schließen, daß institutionelle Versorgung vor dem fünften Lebensjahr schlecht für die Entwicklung der Fähigkeiten des Kindes ist, denn das alles ist abhängig von organisatorischen Aspekten, von dem sozialen Risiko, in dem sich das Kind vor dem Heimaufenthalt befand, und von den vorhandenen Alternativen. In einer Untersuchung *(Vyt, Ceulemans* 1992) konnte gezeigt werden, daß Kinder aus sozial benachteiligten häuslichen Umgebungen, die in Heime kamen, im Bereich der Intelligenz starke Unterschiede aufwiesen, die davon abhingen, in welchem Alter sie in die Institution gekommen waren. Die Kinder, die zwischen zwei und fünf Jahren ins Heim kamen, zeigten signifikant höhere Intelligenzleistungen als die, die zwischen sechs und neun Jahren eingewiesen worden waren. Es scheint, daß sie von der Veränderung des Erziehungskontextes stärker profitierten. Kinder, die vor dem Alter von zwei Jahren ins Heim kamen, litten tatsächlich unter dem Fehlen einer stabilen Gruppe von Pflegepersonen, an die sie sich hätten binden können, und Kinder, die bei der Heimeinweisung älter als fünf Jahre sind, haben schon zu sehr unter den Nachteilen der häuslichen Umgebung gelitten. Die Kinder, deren Alter bei der Heimeinweisung zwischen den beiden Gruppen lag, konnten von einer dyadischen Beziehung in der Säuglingszeit (d.h. der eins-zu-eins-Beziehung zu einer Pflegeperson) profitieren und gleichzeitig kognitive Nachteile abdecken, wenn sie eine gute Erziehung und Führung von den Pflegepersonen bekamen. Die wissenschaftlichen Erkenntnisse über die Forschung zu kognitiven Ergebnissen müssen als sehr relativ betrachtet werden. Wenn man sich auf andere Unteraspekte der Verhaltensfunktionen konzentriert statt auf die kognitiven Fähigkeiten, die bei „schulischen" Intelligenztests gemessen werden, käme man wahrscheinlich zu anderen differenzierten Schlußfolgerungen.

Aber trotzdem liefert die Untersuchung von *Hodges* und *Tizard* (1989) einige Beweise dafür, daß es eine sensible Phase für Aufmerksamkeit gibt, die vor dem fünften Lebensjahr endet. Auch wenn die Entwicklungsergebnisse der adoptierten Heimkinder generell günstig waren, hatten doch die früh adoptierten Kinder mehr Verhaltens- und Konzentrationsprobleme im Bereich der Aufmerksamkeit als die Kontrollgruppe, und das bis weit ins Adoleszenzalter hinein. Daß die Probleme im Bereich der Aufmerksamkeit noch nach mehr als zehnjährigem Aufenthalt in günstigen Familienumständen anhielten, ist ein verblüffendes Ergebnis. Auch wenn es möglich ist, daß sich die Aufmerksamkeitsstörungen genetisch von den biologischen Eltern der Kinder übertragen haben, so können diese Störungen doch ebenfalls die Existenz einer sensiblen Phase für die Entwicklung der Aufmerksamkeit in den Vorschuljahren belegen.

Der Einfluß früher Umweltfaktoren auf die Aufmerksamkeitsfähigkeiten wird auch durch die Auswirkungen mütterlicher Depression auf die Konzentration von Kleinkindern illustriert. *Breznitz* und *Friedman* (1988) haben festgestellt, daß depressive Mütter nur schwer einen gemeinsamen Aufmerksamkeitsfokus mit ihren Kindern aufrechterhalten konnten, was wahrscheinlich teilweise für die gestörte Aufmerksamkeit der Kinder verantwortlich ist. Eine andere Untersuchung (*Richman, Stevenson, Graham* 1982) hat ergeben, daß die Depression der Mütter bei dreijährigen Kindern ein besonders starker Prognosefaktor für bestimmte Retardierungen der Lesefähigkeit im Alter von acht Jahren war. Eine sensible Phase für die Entwicklung der Aufmerksamkeit könnte auch diese Ergebnisse erklären. Mütterliche Depression kann wie schlechte institutionelle Versorgung Säuglingen und Kleinkindern die Gelegenheit vorenthalten, kontinuierliche Aufmerksamkeit zu üben, und schließlich zu einer Behinderung der Systeme führen, die die Aufmerksamkeit des Kindes regulieren. Aber genauso gut kann es sich dabei auch um das Ergebnis eines kumulativen Effekts handeln; es ist auch möglich, daß eine Depression der Mutter bei Achtjährigen nicht dieselbe Wirkung hat wie bei Dreijährigen, weil eine essentielle Funktion didaktischer Anleitung und Verhaltensregulierung von der Schule übernommen wird.

Auf jeden Fall ist es wichtig zu wissen, daß depressive Zustände der Mutter schon in der Säuglingszeit ein hohes Einflußpotential auf das Kind haben. Das kann sowohl das Bedürfnis des Kleinkindes nach emotionaler Annahme als auch nach kognitiver Anleitung illustrieren.

Mütterliche Depression wirkt sich erwiesenermaßen auf das emotionale Verhalten des Vorschulkindes aus, z.B. im Bereich Angst und Furchtsamkeit (vgl. u.a. *Ghodsian, Zajicek, Wolkind* 1984; *Pound, Cox, Puckering, Mills* 1985). Kinder depressiver Mütter zeigen auch Einschränkungen in der kognitiven und sozialen Kompetenz (*Weintraub, Winters, Neale* 1986). Einer begrenzten Untersuchung zufolge zeigen sich bei Kindern depressiver Eltern Symptome von Depression und antisozialem Verhalten (*Zahn-Waxler, Mayfield, Radke-Yarrow, McKnew, Cytryn, Davenport* 1988), die im zweiten Lebensjahr nachweisbar werden und die Kinder dann im sechsten Lebensjahr charakterisieren.

Bei Aufgabenkompetenz, Aufgabenfreude und Beharrungsvermögen sind die Auswirkungen schon bei Ein- bis Zweijährigen erkennbar (*Redding, Harmon, Moran* 1990). Besonders das zweite Lebensjahr gilt als entscheidend für die Entwicklung, weil in dieser Zeit die Wende von den senso-motorischen Funktionen zu den mental-symbolischen Funktionen stattfindet. Die Rolle der Mutter bei der Unterstützung der autonomen Experimente und des Meisterungsverhaltens des Kindes gilt aus verschiedensten Perspektiven als besonders entscheidend (vgl. *Vyt* 1989). In der zweiten Hälfte des zweiten Lebensjahres entstehen größere Handlungsfähigkeit und Selbst-Bewußtheit *(Kagan* 1981; *Mahler, Pine, Bergman* 1975; *Vyt* 1990). Kleinkinder dieser Altersgruppe möchten das, was sie tun oder erleben, mitteilen (referentielle Kommunikation), sie initiieren Interaktionen, die Freude hervorrufen, zeigen Stolz über erfolgreiches Aufgabenverhalten und erwarten Ermutigung und Anerkennung von den Eltern. Schon *Mahler* u.a. (1975) haben dieses Phänomen beschrieben, bei dem das Kind die Freude über seine Fähigkeiten in der „Wiederannäherungsphase" der Mutter mitteilt.

Relativität des Bindungssystems von Säugling und Eltern und falsche Auffassungen über die Auswirkungen für Kinder

Im Rahmen des Tonbandmodells hat ein verzerrtes Verständnis der Bindungssysteme, soweit sie sich auf die menschliche Ökologie beziehen, zu einem Bild der Mutter als Alma mater geführt: die erste und prototypische affektive Beziehung, die die psychischen Funktionen auf immer prägt. Neuere Richtungen der Bindungstheorie *(attachment theory)* beschreiben die Bindung als emotionales Band oder Beziehung, aus der ein kognitives Überzeugungssystem entsteht – das sogenannte „innere Arbeitsmodell" *(internal working* model) von *Bowlby*. Säuglinge mit sicherer Bindung haben demzufolge durch ihre Interaktionen mit der Pflegeperson eine vertrauensvolle Erwartung entwickelt, daß der Erwachsene verfügbar ist, wenn er gebraucht wird. Sie haben gelernt, daß sie sich genügend auf die Eltern verlassen können, um ihre Umgebung explorieren zu können. Aus der ethologischen Perspektive kann man nur davor warnen, eine Bindungsbeziehung zwischen Eltern und Säugling als eine Art immerwährender Bindung, einen Komplex oder ähnliches zu betrachten, das denselben Status wie das Ich hat. Die Attachmentliteratur ist heute in Gefahr, das Bindungskonstrukt nicht mehr innerhalb eines ethologisch-ökologischen Rahmens als strukturiertes System mit zeitweise adaptiven Qualitäten, die Umweltveränderungen unterliegen, zu betrachten. Die Bindungsqualität wird heute wie damals im Grunde nicht als Muster von Verhaltenskommunikation bestimmt, sondern als sehr stabiles inneres

Arbeitsmodell, das latent das Potential besitzt, das Verhalten des Säuglings zu steuern. Wahrscheinlich wäre es langfristig genauer, die einflußreiche Beziehung zwischen einer unsicheren Bindung und Verhaltensergebnissen so zu definieren, daß ein unsicher gebundener Säugling in alle möglichen Arten negativer Kommunikation investiert, also in die aktive Ablehnung der Mutter, die Vermeidung dyadischer Settings oder in ambivalentes Verhalten, und zwar so stark, daß gesunde Gelegenheiten zur Exploration und kognitiven Mastery gehemmt werden. Ein verbales Mitteilen geschieht seltener, weil Mütter mit unsicherer Bindung generell nicht sensibel genug sind, um auf Augenblicke gegenseitiger Kommunikation zu achten (*Vyt* 1986, 1991); aber auch ein autonomes Explorieren geschieht seltener, weil die Verhaltensmuster des Säuglings davon beherrscht sind, seine sozial-emotionalen wie seine kognitiven Bedürfnisse klarzumachen.

Die entwicklungspsychologische Literatur zeigt, daß die Sensibilität der Mütter für das Säuglingsverhalten in Zusammenhang steht mit der späteren sozialen und kognitiven Kompetenz des Kindes (z.B. *Ward, Vaughn, Robb* 1988). Es gibt keine Übereinstimmung, ob der Einfluß des Elternverhaltens direkt durch die Bereitstellung von Erfahrungen stattfindet, die die Entwicklungskompetenz erweitern, oder indirekt durch die Herstellung einer sicheren Bindung, die den Säugling ermutigt, zu explorieren und zu lernen. Sicher gebundene Säuglinge sind den Untersuchungen zufolge begeisterter und neugieriger bei der Lösung von Problemen und zeigen größere Willigkeit und Kooperation mit den Eltern oder dem Testleiter (z.B. *Bates, Maslin, Frankel* 1985). Die Beziehung zwischen Bindungsqualität und langfristigen Verhaltensergebnissen wie soziale Kompetenz (z.B. Willigkeit, Kooperation und affektives Mitteilen), Spielebene und Problemlösungskompetenz ist in mehreren Untersuchungen festgestellt worden. Eine der ersten Untersuchungen, die direkt nach der Entwicklung der Sensibilitätsmessungen und der Methode der „Fremde Situation", „strange situation " durchgeführt wurde, war die von *Matas, Arend* und *Sroufe* (1978). Seitdem haben viele Untersuchungen gegenteilige Ergebnisse gebracht, einige positiv (z.B. *Belsky, Garduque, Hrncir* 1984; *Frankel, Bates* 1990; *Slade* 1987), andere negativ (z.B. *Riksen-Walraven, Meij, van Roozendaal* 1990; *Van der Veer, van Ijzendoorn, Van Vliet-Visser* 1986).

Das läßt sich auf verschiedene störende Variablen zurückführen. Zunächst einmal ist, wie bereits festgestellt, ein Kind innerhalb gewisser Grenzen relativ widerstandsfähig gegen sozio-emotionale Varianz, und zweifellos sind die Grenzen enger, wenn die Widerstandsfähigkeit des Kindes schwächer ist. Die Wirkungen einer sicheren Bindung lassen sich z.b. deutlich bei Risikogruppen zeigen. *Morisset* und *Spieker* (1988) z.B. haben den Einfluß von Bindungsqualität und mütterlicher Stimulation auf den Spracherwerb in Gruppen von voll ausgetragenen Säuglingen, Frühgeburten und sozial gefährdeten Kindern verglichen. In allen drei Gruppen hat die Analyse die Ansicht belegt, daß eine verbale mütterliche Stimulierung mit einer frühen Säuglingskommunikation verbunden ist. Aber in bezug auf den Einfluß der Bindungsqualität waren die Ergebnisse nicht eindeutig. Bindungssicherheit spielte für den Umfang der Säuglingskommunikation für die Stichprobe der voll ausgetragenen Säuglinge aus bürgerlichen Familien eine vernachlässigbare Rolle. Aber sowohl für die Gruppe der Frühgeborenen mit sehr geringem Geburtsgewicht als auch für die Gruppe der sozial gefährdeten Kinder war Bindungssicherheit ein signifikanter und substantieller Faktor. Auf dieser Basis ließe sich argumentieren, daß Bindungssicherheit bei gefährdeten Säuglingen die sich entwickelnden kommunikativen Fähigkeiten eines verletzlichen Kindes stark unterstützt. Das soll nicht heißen, daß diese Kinder eine starke emotionale Beziehung brauchen, um Kommunikationsfähigkeiten zu entwickeln, während andere ohne diese Beziehung auskommen. Vielmehr heißt das, daß erstens in der Gruppe der Frühgeburten und der sozial gefährdeten Säuglinge wahrscheinlich begleitende Variablen existieren, die die einflußreiche Beziehung deutlicher machen, und daß zweitens sowohl die begleitenden Variablen wie die einflußreiche Beziehung eher im Bereich der Kommunikation als der Emotionalität liegen. Wie wir wissen, gibt es sehr früh individuelle Unterschiede in der Quantität der Säuglingskommunikation, die wichtige interaktionale Prozesse in der Eltern-Kind-Interaktion initiieren können. Bei sozial sehr gefährdeten Säuglingen ist die Neigung, Gelegenheiten zur Konversation zu schaffen, die in einer chaotischen Familienumgebung nicht ohne weiteres zur Verfügung stehen, schon an sich eine Förderung kontinuierlicher sozialer Interaktion *(Morisset, Spieker* 1988). Bei Frühgeborenen kann ein Stereotyp von Retardierung zu nicht-reziproker Überstimulierung führen *(Chiodo, Mann* 1990) oder Berührungen und Körperkontakt seitens der Mutter einschränken *(Stern, Karraker, Meldrum, Norman* 1990). Darüber hinaus kann auch die Bindungsqualität als Indikator für harmonische Kommunikation zwischen Eltern und Säugling als vermittelnder Faktor für die kommunikative Entwicklung bei sozial gefährdeten Kindern dienen, nicht weil sozial benachteiligte Eltern weniger sensitiv und kommunikativ wären als bürgerliche, sondern weil Säuglinge in den untersten gesellschaftlichen Schichten keine Kompensationsmöglichkeiten haben, wenn sie von nicht sensiblen Eltern erzogen werden. Während bürgerliche Kinder meist früh auch von Tagesmüttern oder vorschulischen Einrichtungen versorgt werden, werden Kinder von Sozialhilfeempfängern oder von adoleszenten Müttern meist ausschließlich von der (in vielen Fällen alleinerziehenden) Mutter erzogen und gehen häufig unregelmäßig und/oder spät zur Schule. Sozial gefährdete Säuglinge haben ein höheres Risiko, weil ihnen ein soziales Unterstützungssystem fehlt, das ein Ausgleich für die Nicht-Sensibilität der Eltern bieten kann. Bei Frühgeborenen können die Mechanismen, die zu den Stereotypen der Retardierung oder Empfindlichkeit beitragen oder sie produzieren, so extrem sein, daß sie auch in der Interaktion mit einer Tagesmutter auftreten, weshalb eine Fremdversorgung während des Tages in diesem Fall keinen unvoreingenommenen kompensierenden Einfluß auf die Säuglingsentwicklung hat.

Generell scheint der Nachweis für die Wirkung des Bindungsstatus in normalen Populationen und unter normalen Lebensbedingungen nicht sehr konsistent *(Lamb* 1987). Natürlich hängt das davon ab, was und wann gemessen wird. Methodische Aspekte können die Verifizierung der Hypothesen verhindern. So wird z.B. kindliche Kompetenz als Ergebnisvariable meist in interaktionalen Situationen zwischen Eltern und Kind beobachtet. In dieser Art Setting läßt sich natürlich die „absolute" Kompetenz des Kindes nicht messen, selbst wenn man sie messen will, denn schließlich bedingen sich Kognition und Kommunikation gegenseitig. In einer Längsschnittstudie mit Kleinkindern hat *Slade* (1987) festgestellt, daß sichere Kinder längere Phasen symbolischen Spiels haben und daß sie nach dem zweiten Lebensjahr mehr Zeit mit symbolischem

Spiel auf der höchsten Ebene verbrachten als die ängstlichen Gleichaltrigen. Allerdings waren die Mütter in dieser Spielsituation anwesend; die Mütter sicherer Kinder nahmen mehr Anteil an ihrem Spiel und zogen anscheinend Spiele vor, bei denen sie aktiv mit dem Kind interagieren konnten. Darüber hinaus wurde festgestellt, daß sichere Kinder längere Spielepisoden und ein höheres Niveau beim symbolischen Spiel erreichten, wenn die Mütter sich aktiv daran beteiligten. Man könnte sagen, daß sicher gebundene Kinder der Situation angepaßt sind, in der sie zu funktionieren gewöhnt sind. Das bedeutet, daß sie besser in dyadischen Kontexten funktionieren, während unsicher gebundene Kinder langfristig besser in Situationen funktionieren, in denen sie allein ohne ihre Pflegepersonen sind, so wie auch manche Kinder, die als „lernbehindert" gelten, besser an Bedingungen angepaßt sind, die Selbstvertrauen und den Umgang mit unstrukturierten Aufgaben erfordern *(Cole, Traupman* 1981). Solange es keine validen, wirklich langfristigen Längsschnittstudien gibt, die die Ergebnisse in einem Alter messen, in denen die Pflegepersonen in den Hintergrund der Interaktion getreten sind, läßt sich nicht beantworten, ob das interne Bild einer zuverlässigen und sensiblen Pflegeperson wirklich gebraucht wird oder ob ein generalisiertes inneres Modell von Selbstvertrauen nötig ist, das auf Erfahrungen einer reagierenden Umwelt basiert oder auf Erfahrungen, die das Selbstvertrauen herausfordern.

Aber auch wenn man die Explorationsfähigkeiten eines Kindes soweit wie möglich unabhängig von der Qualität der Eltern-Kind-Interaktion messen und feststellen würde, daß es überhaupt keine Auswirkungen von Bindungsqualität gibt, würde das nicht bedeuten, daß sicher gebundene Säuglinge keine Vorteile bei der weiteren Entwicklung der kognitiven Kompetenz hätten. Im Zweifelsfall sollte man zu ihren Gunsten entscheiden, entsprechend dem Wert, der der anhaltenden Eltern-Kind-Kommunikation zugeschrieben wird. Die Anwesenheit der Eltern scheint in der Vorschulzeit immer noch wichtig, besonders für sicher gebundene Kinder, weil ihre Abwesenheit das exploratorische Verhalten des Kindes zu hemmen scheint. Sicher gebundene Kleinkinder bemühen sich stärker um die Initiierung von Interaktionen mit ihren Eltern und zeigen größere affektive Mitteilsamkeit während ihrer Explorationen. Unsicher gebundene Kinder neigen stärker zu einem expressiven Stil des

Spracherwerbs (sie benutzen z.B. Kommunikationen mit einer rein sozialen oder emotionalen Bedeutung, wie „nein" oder „will das") oder fangen spät an zu sprechen, während sicher gebundene Kinder einen referentiellen Sprachstil haben (z.B. sich kognitiv durch Objektwörter und Handlungswörter mitteilen) (*Meins* 1990), bzw. wahrheitsgemäßer: Bei sicher gebundenen Kind-Eltern-*Dyaden* ist die referentielle Kommunikation häufiger. Im Rahmen des transaktionalen Modells ist es wichtig, diese ökologische Perspektive in der Messung mit zu berücksichtigen, weil angenommen wird, daß kognitive Kommunikation Kommunikation an sich und auch die soziale Akzeptanz im vorschulischen Alter fördert. Langfristig gesehen könnten diese positiven Kommunikationshaltungen produktivere Bedeutung bekommen als ein Selbstvertrauen, das nicht auf einem guten inneren Arbeitsmodell basiert oder labil und nicht durchgängig ist.

Bei der Untersuchung der komplexen Beziehung zwischen dem Eltern- und dem Kindverhalten, besonders bei der Arbeit mit Konzepten, die weitreichende Konsequenzen behaupten, muß man sehr stark auf die Frage der Validität achten, d.h. die Frage, ob man das mißt, was man messen will. Das läuft auf den Einsatz klarer Konzepte und Klärung oder Eliminierung von verwirrenden Variablen hinaus. Versucht man also z.B. Beziehungen zwischen der Sensibilität der Eltern und der Bindungsqualität des Kindes zu behaupten, kann es nicht überraschen, daß sich aus der elterlichen Sensibilität im ersten Lebensjahr nicht die Bindungsqualität mit 12 Monaten vorhersagen läßt, sondern daß sie signifikant an die Bindungsqualität mit 18 Monaten geknüpft ist (*Riksen-Walraven, Meij, van Roozendaal* 1990). Die Messung der Bindungsqualität nach der Methode der „*strange situation*" bezieht in hohem Maße Verhaltensreaktionen von Kindern auf belastende Ereignisse ein. Wie wir wissen, ist emotionale Labilität und Schmerz bei Trennung eine sehr charakteristische Verhaltenseigenschaft von Kindern im ersten Viertel des zweiten Lebensjahres. Dieses Verhalten ist kein sehr durchgängiges, sondern labil, augenblicklich und temporär. Temporär in dem Sinne, daß es in dieser Altersphase auftritt, augenblicklich in dem Sinne, daß das Verhalten stark durch Situationsmerkmale beeinflußt werden kann (nicht nur durch das Verhalten der Eltern, sondern z.B. auch durch das Ausmaß, in dem das Kind den Trennungsereignissen ausgesetzt ist). Bekanntlich beginnt die Zeit der außerhäuslichen Versorgung bei den meisten Kindern zu diesem Zeitpunkt. Das Verhalten in fremden Situationen mit 12 Monaten wird so in unserer Kultur von äußeren Umständen beeinflußt, die ein Krisenmerkmal fördern, und das kann fälschlich als durchgängige unsichere Bindung interpretiert werden. Individuelle Unterschiede, die nicht an äußere Umstände gebunden sind, könnten also mehr mit dem Temperament des Kindes als mit Unterschieden in der Eltern-Kind-Bindung verbunden sein, vor allem, weil die Messung der Bindungsqualität in diesem Alter eher auf Verhalten fokussiert, das stark mit Schmerz verbunden ist, z.B. Weinen und Beruhigbarkeit als typisch temperamentsbezogene Faktoren. Statt dessen könnte die Bedeutung von Protestverhalten oder eindeutig ambivalenter Kontaktsuche bei Kindern, die einige Monate älter sind, ein plausibleres Anzeichen dafür sein, wie das Kind die erlebte Beziehung mit den Eltern einschätzt, zumindest dann, wenn andere Einflußfaktoren für möglichen Schmerz, z.B. Scheidung und Geburt eines Geschwisters, ausgeschlossen werden können.

Wenn man von einem Kommunikationsmuster, das für unsicher gebundene Kinder charakteristisch ist, auf bleibende Langzeitfolgen schließt, ist das genauso, als würde man behaupten, Säuglinge, die negative Gefühle kommunizieren oder ein schwieriges Temperament haben, seien zu späteren Verhaltensproblemen verurteilt. Die grundlegende Dimension der menschlichen Entwicklung, also Stabilität und Sicherheit in wichtigen Beziehungen, auf die die Bindungstheorie und die Methode der Fremde-Situation fokussiert, kann durchaus ein Faktor sein, der dazu beiträgt, wie Kinder eine kulturell angemessene Kompetenz erwerben und beibehalten. Aber eine Klassifikation, die meist im Alter von 12 Monaten erfolgt und auf einer einzigen Messung beruht, kann solche kulturell angemessenen sozialen, emotionalen und kognitiven Kompetenzen nicht wirklich voraussagen. In einer langfristigen Follow-Up-Untersuchung, die über 12 Jahre lief und bei der 200 Kinder beteiligt waren (*Weisner, Bernstein, Garnier, Rosenthal, Hamilton* 1990), zeigten sich bei Kindern, die mit 12 Monaten als unsicher gebunden eingeschätzt wurden, keine Anzeichen für anhaltende negative Charakterdispositionen, die ihre Funktionen in anderen Kontexten im späteren Leben (z.B. schulische Leistungen und Verhaltensprobleme) beeinträchtigt hätten. Zu entsprechenden Problemen mit der kulturellen Kompetenzleistung hat nach dieser Untersuchung eine längere Zeit anhaltende Erfahrung einer instabilen Familie und elterlicher Schwierigkeiten geführt.

Die Schlußfolgerung könnte also lauten, daß selbst in der hoch angesehenen Bindungsforschung, die zu den Prototypen der Interaktionsforschung gehört, der Arbeit mit bedeutungsvollen Verhaltensmustern und Kontextvariablen bei der Interpretation von Längsschnittergebnissen viel Vorsicht geboten bleibt.

Literatur

Ainsworth, M.D., Blehar, M.C., Waters, E., Wall, S. (1978): Patterns of attachment. Hillsdale, N.J.: Erlbaum.

Bates, J.E., Olson, S.L., Pettit, G.S., Bayles, K. (1982): Dimensions of individuality in the mother-infant relationship at 6 months of age. Child Development 53, 446-461.

Bates, J.E., Bayles, K. (1987): The role of attachment in the development of behavior problems. In: *J. Belsky, T. Nezworski* (Eds.): Clinical implications of attachment. Hillsdale, N.J.: Erlbaum.

Bates, J.E., Maslin, C.A., Frankel, K.A. (1985): Attachment security, mother-child interaction and temperament as predictors of behavior problem ratings at three years. In: *I. Bretherton, E. Waters* (Eds.): Growing points in attachment theory and research. Monographs of the Society for Research in Child Development 50 (Serial No. 209).

Belsky, J., Garduque, L., Hrncir, E. (1984): Assessing performance, competence, and executive capacity in infant play: Relations to home environment and security of attachment. Developmental Psychology 20, 406-417.

Belsky, J. (1984): The determinants of parenting: A process model. Child Development 55, 83-96.

Bornstein, M.H. (1989): Sensitive periods in human development: Structural characteristics and causal interpretations. Psychological Bulletin 105, 1-19.

Bornstein, M.H., Sigman, M. (1986): Continuity in mental development from infancy. Child Development 57, 251-274.

Breznitz, Z., Friedman, S.L. (1988): Toddlers' concentration: Does maternal depression make a difference? Journal of Child Psychology and Psychiatry 29, 267-279.

Bronson, W.C. (1985): Growth in the organization of behavior over the second year of life. Developmental Psychology 21, 108-117.

Campbell, S.B.G. (1979): Mother-infant interaction as a function of maternal ratings of temperament. Child Psychiatry and Human Development 10, 67-76.

Chiodo, L.M., Mann, J. (1990): Stimulation and reciprocal interaction among extremely-low-birth-weight preterm infants and their mothers. Paper presented at the International Conference on Infant Studies, Montreal, Canada, April 1990.

Clarke, A.M., Clarke, A.D.B. (1986): Thirty years of child psychology: A selective review. *Journal of Child Psychology and Psychiatry* 27, 719-759.

Cole, M., Traupman, K. (1981): Comparative cognitive research: learning from a learning disabled child. *Minnesota Symposia for Child Psychology* 14, 125-154.

Crowell, J.A., Feldman, S.S. (1988): Mothers' internal models of relationships and children's behavioral and developmental status: A study of mother-child interaction. *Child Development* 59, 1273-1285.

Daniels, D., Plomin, R., Greenhalgh, J. (1984): Correlates of difficult temperament in infancy. *Child Development* 55, 1184-1194.

De Vries, M.W. (1984): Temperament and infant mortality among the Masai of East Africa. *American Journal of Psychiatry* 141, 1189-1194.

Donovan, W.L., Leavitt, L.A. (1989): Maternal self-efficacy and infant attachment: Integrating physiology, perceptions, and behavior. *Child development* 60, 460-472.

Downey, G., Coyne, J.C. (1990): Children of depressed parents: An integrative review. *Psychological Bulletin* 108, 50-76.

Eaton, W.O., McKeen, N.A. (1990): Infant temperament: Longitudinal instability from 6 months to 2 years. Paper presented at the International Conference on Infant Studies. Montreal, April 1990.

Emde, R.N., Harmon, R.J. (1984): Entering a new era in the search for developmental continuities. In: *R.N. Emde, R.J. Harmon:* Continuities and discontinuities in development (pp. 1-10). New York: Plenum.

Engfer, A. (1986): Antecedents of behaviour problems in infancy. In *G.A. Kohnstamm* (Ed.): Temperament discussed (pp. 165-180). Lisse, Netherlands: Swets & Zeitlinger.

Engfer, A., Gavranidou, M. (1987): Antecedents and consequences of maternal sensitivity: A longitudinal study. In: *H. Rauh, H.C. Steinhausen* (Eds.): Psychobiology and early development (pp. 71-99). Amsterdam: North Holland.

Epstein, H.T. (1986): in *Developmental Brain Research* 30, 114.

Fagan, J.F. (1988): Evidence for the relationship between resonsiveness to visual novelty during infancy and later intelligence: A summary. *European Bulletin of Cognitive Psychology* 8, 469-475.

Frankel, K.A., Bates, J.E. (1990): Mother-toddler problem-solving: Antecedents in attachment, home behavior, and temperament. *Child Development* 61, 810-819.

Ghodsian, M., Zajicek, E., Wolkind, S. (1984): A longitudinal study of maternal depression and child behavior problems. *Journal of Child Psychology and Psychiatry* 25, 91-109.

Goldberg, S. (1978): Premature birth: Consequences for the parent-infant relationship. *American Scientist* 67, 225-242.

Goldsmith, H.H., Alansky, J.A. (1987): Maternal and infant temperamental predictors of attachment: A meta-analytic review. *Journal of Consulting and Clinical Psychology* 55, 1-12.

Greenough, W.T., Schwark, H.D. (1984): Age-related aspects of experience effects upon brain structure. In: R.N. Emde, R.J. Harmon (Eds.): Continuities and discontinuities in development (pp. 69-86). New York: Plenum.

Grolnick, W., Frodi, A., Bridges, L. (1984): Maternal control style and the mastery motivation of one-year-olds. *Infant Mental Health Journal* 5, 72-82.

Heinicke, C.M. (1984): Impact of prebirth parent personality and marital functioning on family development: A framework and suggestions for further study. *Developmental Psychology* 20, 1044-1053.

Hodges, J., Tizard, B. (1989): IQ and behavioural adjustment of ex-institutional adolescents. *Journal of Child Psychology and Psychiatry* 30, 53-75.

Kagan, J. (1981): The second year: The emergence of self-awareness. Cambridge, MA: Harvard University Press.

—, (1984): Continuity and change in the opening years of life. In: R.N. Emde, R.J. Harmon (Eds.): Continuities and discontinuities in development (pp. 15-39). New York: Plenum.

Klein, P.S. (1984): Behavior of Israeli mothers toward infants in relation to infants' perceived temperament. *Child Development* 55, 1212-1218.

Korn, S., Gammon, S. (1983): Temperament, culture variation, and behavior disorders in preschool children. *Child Psychiatry and Human development* 13, 203-212.

LaBuda, M.C., DeFries, J.C., Plomin, R., Fulker, D.W. (1986): Longitudinal stability of cognitive ability from infancy to early childhood: Genetic and environmental etiologies. *Child Development* 57, 1142-1150.

Lamb, M.E. (1987): Predictive implications of individual differences in attachment. *Journal of Consulting and Clinical Psychology* 55, 817-824.

Lécuyer, R. (1989): Habituation and attention, novelty and cognition: Where is the continuity? *Human Development* 32, 148-157.

Lewis, M., Goldberg, S. (1969): Perceptual-cognitive development in infancy: A generalized expectancy model as a function of the mother-infant interaction. *Merrill-Palmer Quarterly* 15, 81-100.

Lewis, M., Rosenblum, L.A. (Eds.) (1974): The effect of the infant on its caregiver. New York: Wiley.

Maccoby, E.E., Martin, J.A. (1983): Socialization in the context of the family: Parent-child interaction. In: E.M. Hetherington (Ed.), P.H. Mussen (Series Ed.): Handbook of Child Psychology. Vol. 4. Socialization, personality, and social development (pp. 1-101). New York: Wiley.

MacDonald, K. (1986): Developmental models and early experience. *International Journal of Behavioral Development* 9, 175-190.

Mahler, M.S., Pine, F., Bergman, A. (1975): The psychological birth of the human infant. New York: Basic Books; dt.: Die psychische Geburt des Menschen. Symbiose und Individuation. Frankfurt: Fischer, 1968.

Main, M.M., Kaplan, N., Cassidy, J. (1985): Security in infancy, childhood and adulthood. A move to the level of representation. *Monographs of the Society for Research in Child development* 50 (Serial No. 209), 66-104.

Malcuit, G., Pomerleau, A., Lamarre, G. (1988): Habituation, visual fixation and cognitive activity in infants: A critical analysis and attempt at a new formulation. *European Bulletin of Cognitive Psychology* 8, 415-440.

Matas, L., Arend, R.A., Sroufe, L.A. (1978): Continuity of adaptation in the second year. The relationship between quality of attachment and later competence. *Child Development* 49, 547-556.

McCall, R.B. (1981): Nature-nurture and the two realms of development: A proposed integration with respect to mental development. *Child Development* 52, 1-12.

Meins, S.E. (1990): Cognitive correlates of the quality of attachment. Poster given at the IVth European Conference on Developmental Psychology, Stirling, Scotland, August 1990.

Morisset, C.E., Spieker, S.J. (1988): Contribution of attachment security to amount of infant-mother conversation: A comparison of high and low-risk samples. Paper presented at the International Conference on Infant Studies. Washington, D.C., April 1988.

Olson, S.L., Bates, J.E., Bayles, K. (1984): Mother-infant interaction and the development of individual differences in children's cognitive competence. *Developmental Psychology* 20, 166-179.

Olson, S.L. Bates, J.E., Bayles, K. (1989): Predicting long-term developmental outcomes from maternal perceptions of infant and toddler behavior. *Infant behavior and development* 12, 77-92.

Oppenheim, R.W. (1981): Ontogenetic adaptations and retrogressive processes in the development of the nervous system and behavior: A neuroembryological perspective. In: *K.J. Connolly, H.F.R. Prechtl* (Eds.): Maturation and development: Biological and psychological perspectives (pp. 73-109). Philadelphia: Lippincott.

Peters-Martin, P., Wachs, T.D. (1984): A longitudinal study of temperament and its correlates in the first 24 months. *Infant Behavior and Development* 7, 285-298.

Pianta, R.C., Sroufe, L.A., Egeland, B. (1989): Continuity and discontinuity in maternal sensitivity at 6, 24, and 42 months in a high-risk sample. *Child Development* 60, 481-487.

Pound, A., Cox, A., Puckering, C., Mills, M. (1985): The impact of maternal depression on young children. In: *J.E. Stevenson* (Ed.): Recent research in developmental psychopathology. Oxford: Pergamon.

Power, T.G., Gershenhorn, S., Stafford, D. (1990): Maternal perceptions of infant difficultness: The influence of maternal attitudes and attributions. *Infant Behavior and Development* 13, 421-437.

Redding, R.E., Harmon, R.J., Moran, G.A. (1990): Relationships between maternal depression and infants' mastery behaviors. *Infant Behavior and Development* 13, 391-395.

Richman, N., Stevenson, J., Graham, P.J. (1982): Pre-school to school: A behavioural study. London: Academic Press.

Ricks, M.H. (1985): The social transmission of parental behavior: Attachment across generations. *Monographs of the Society for Research in Child Development* 50 (Serial No. 209), 211-227.
Riese, M.L. (1987): Temperament stability between the neonatal period and 24 months. *Developmental Psychology*, 23, 216-222.
Riksen-Walraven, J., Meij, J., van Roozendaal, J. (1990): Exploratory competence in toddlers as related to attachment quality and different dimensions of parental support. Paper presented at the European Conference of Developmental Psychology, Stirling, Scotland, August 1990.
Roberts, W.L. (1986): Nonlinear models of development: An example from the socialization of competence. *Child Development* 57, 1166-1178.
Rutter, M., Quinton, D., Liddle, C. (1985): Parenting in two generations: Looking backwards and looking forwards. In: *N. Madge* (Ed.): Families at risk (pp. 60-98). London: Heineman.
Sameroff, A.J. (1975): Early influences: Fact or fancy? *Merrill-Palmer Quarterly* 20, 275-301.
Slade, A. (1987): Quality of attachment and early symbolic play. *Developmental Psychology* 23, 78-85.
Spangler, G. (1989): Toddlers' everyday experiences as related to preceding mental and emotional disposition and their relationship to subsequent mental and motivational development: A short-term longitudinal study. *International Journal of Behavioral Development* 12, 285-303.
Stern, D.N. (1985): The interpersonal world of the infant: A view from psychoanalysis and developmental psychology. New York: Basic; dt.: Die Lebenserfahrung des Säuglings. Stuttgart: Klett-Cotta, 1992.
Stern, M., Karraker, K., Meldrum, A., Norman, S. (1990): Prematurity stereotype: Behavioral implications in mothers of premature infants. Paper presented at the Int. Conference on Infant Studies, Montreal 1990.
Thatcher, R.W., Walker, R.A., Giudice, W. (1987): Human cerebral hemispheres develop at different rates and ages. *Science* 236, 1110-1113.
Thoman, E.B., Graham, S.E. (1986): Self-regulation of stimulation by premature infants. *Pediatrics* 78, 855-860.
Thompson, R.A., Lamb, M.E. (1984): Continuity and change in socioemotional development during the second year. In: R.N. Emde, R.J. Harmon (Eds.): *Continuities and discontinuities in development* (pp. 315-338). New York: Plenum.
van Geert, P. (1991): A dynamic systems model of cognitive and language growth. *Psychological review* 98, 3-53.
van IJzendoorn, M.H., Kranenburg, M.J., Zwart-Woudstra, H.A., van Busschbach, A.M., Lambermon, M.W.E. (1991): Gehechtheid over meer generaties. De gehechtheid van de ouder, de gehechtheid van het kind en diens soziaal-emotionele Entwikkeling [Parental attachment quality and the social-emotional development of the infant]. *Kind en Adolescent* 12, 87-97.
van IJzendoorn, M.H. (1986): The cross-cultural validity of the strange situation from a Vygotskian perspective. *The Behavioral and Brain Sciences* 9, 558-559.

Van der Veer, R., van IJzendoorn, M.H., Van Vliet-Visser, S. (1986): Gehechtheid en cognitie: Een longitudinaal onderzoek naar de relatie tussen affectieve en cognitieve ontwikkeling in de voorschoolse periode [Attachment and cognition: A longitudinal study on the relationship between affective and cognitive development in preschool age]. Pedagogisch Tijdschrift 11, 286-295.
Vyt, A. (1986): Sensitiviteit en gehechtheid. Methodologische kanttekeningen bij validiteitsonderzoek [Sensitivity and attachment. Methodological comments on validity research]. Kind en Adolescent 7, 227-234.
—, (1989): The second year of life as a developmental turning point: Implications for 'sensitive' caretaking. European Journal of Psychology of Education 4, 145-158.
—, (1990): The amazing twos. Cognitive development in the second year of life and its implications on parent-infant interaction. Unveröff. Dissertation, University of Ghent 1990.
Vyt, A. (1991): Leven met z'n tween: ouder-kind communicatie in het tweede levensjaar. Het Kind 1, 3-15.
Vyt, A., Ceulemans, M. (1992): Cognitive competence and perceived self-efficacy in institutionalized children. Psychological Reports of the Laboratory of Developmental and Personality Psychology, University of Ghent.
Waddington, C.H. (1975): The evolution of an evolutionist. Edinburgh: Edinburgh University Press.
Ward, M.J., Vaughn, B.E., Robb, M.D. (1988): Social-emotional adaptation and infant-mother attachment in siblings: Role of the mother in cross-sibling consistency. Child Development 59, 643-651.
Weintraub, S., Winters, K.C., Neale, J.M. (1986): Competence and vulnerability in children with an affectively disordered parent. In: M. Rutter, C.E. Izard, P.B. Read (Eds.): Depression in young people. New York: Guilford.
Weisner, T.S., Bernstein, M., Garnier, H., Rosenthal, J., Hamilton, C.E. (1990): Children in conventional and nonconventional family lifestyles classified as C in attachment at 12 months: A 12-year longitudinal study. Poster presented at the International Conference on Infant Studies, Montreal, Canada, April 1990.
Wohlwill, J. (1973): The study of behavioral development. New York: Academic Press.
—, (1980): Cognitive development in childhood. In: O.G. Brim, J. Kagan (Eds.): Constancy and change in human development (pp. 359-444). Cambridge, MA: Harvard University Press.
Zahn-Waxler, C., Mayfield, A., Radke-Yarrow, M., McKnew, D., Cytryn, L., Davenport, Y. (1988): A follow-up investigation of offspring of parents with bipolar disorder. American Journal of Psychiatry 145, 506-509.

Übersetzung aus dem Englischen von Irmgard Hölscher, Frankfurt.

Passung: Eine neue Sichtweise psychischer Entwicklung

Die Entwicklung des Kindes aus der Perspektive moderner Temperamentforschung und ihrer Anwendungen

Marcel R. Zentner

1. Einleitung

In diesem Jahrhundert haben tonangebende entwicklungspsychologische Theorien, und wir denken hier in erster Linie an die behavioristische Lerntheorie, die Psychoanalyse und die Bindungstheorie, einen einseitig umweltbezogenen Standpunkt favorisiert, von dem aus individuelle Verhaltensunterschiede lediglich als *Folgen* primärer, unabhängiger Variablen erschienen, wie zum Beispiel als Folgen von Lernmechanismen, als Ergebnis der Art, in welcher die Triebregulierung in einer bestimmten Entwicklungsphase erfolgte oder als Konsequenzen eines bestimmten Betreuungs- bzw. Erziehungsstils. Eine solche Auffassung der Herkunft individueller Verhaltensunterschiede ging Hand in Hand mit dem Konzept des Säuglings als *tabula rasa*. Wenn es auch stimmt, daß diese Position in ihrer radikalen Version nur von orthodoxen Behavioristen (*Watson* 1924, 1928; *Skinner* 1953) vertreten wurde, wichen Psychoanalytiker (u.a. *Spitz* 1965) und Bindungstheoretiker (z.B. *Bowlby* 1969) kaum davon ab, indem sie dem Säugling wohl bestimmte angeborenen Triebe oder Reflexe zugestanden, letztlich aber ihr Augenmerk dennoch fast ausschließlich auf die Reaktionen der primären Bezugspersonen auf diese Triebe oder Reflexe richteten und diese Reaktionen denn auch für die Entwicklung des kindlichen Verhaltens verantwortlich machten (vgl. *Ainsworth* 1973). Analoge Auffassungen genießen heute noch unbestreitbare Popularität (u.a. *Miller* 1983).

Nicht nur hat uns die Verhaltensgenetik inzwischen gezeigt, daß eine solche Auffassung gar nicht stimmen kann (*Plomin* 1990; *Scarr*

1992). Es gibt mindestens drei weitere Gründe, diese heute noch von zahlreichen Eltern und den meisten Angehörigen psychosozialer Berufe geteilte Perspektive psychischer Entwicklung ernsthaft in Frage zu stellen: (1) Es ist heute erwiesen, daß Säuglinge sich in ihrem Verhalten schon in den ersten Lebenswochen voneinander unterscheiden (vgl. hierzu die Übersicht von *Tourrette* 1991). Dies aber läßt die von behavioristischer Lerntheorie, Bindungstheorie und Psychoanalyse verbreitete Auffassung des Säuglings als gestaltlos-passives Wesen zweifelhaft erscheinen. (2) Die Forschung der letzten vierzig Jahren hat die Korrelationen zwischen frühkindlichen Entwicklungsumständen und den späteren Eigenschaften des Kindes, die nach obiger Theorie zu erwarten gewesen wären, nicht aufzeigen können (vgl. *Maccoby & Martin* 1983, bes. S. 82). (3) Gleichwohl auftretende Korrelationen zwischen einem Erziehungsstil bzw. anderen frühkindlichen Entwicklungsumständen und den Eigenschaften des Kindes, berechtigen nicht zu kausalen Attributionen in dem Sinne, als würden Unterschiede in Umwelten und Erziehungsverhalten der Eltern Unterschiede in der Entwicklung des Kindes bewirken. Das Umgekehrte ist genauso denkbar: daß nämlich Unterschiede im Verhalten des Säuglings, die gewöhnlich als Produkte elterlicher Erziehung angesehen werden, ebenso als Ursache elterlichen Erziehungsverhaltens in Betracht kommen (vgl. *Bell* 1968). Wenn aber, insgesamt beurteilt, Kinder von früh weg Eigenschaften aufweisen, die das Zusammenleben zwischen Eltern und Kind mitbestimmen, es einfacher oder schwieriger gestalten, müßten dann diese Eigenschaften für die *psychische Entwicklung* und demnach auch für die Diagnose und Therapie von Verhaltensstörungen nicht ebenso relevant sein wie elterliche Einstellungen und Erziehungspraktiken?

Ein entscheidender Impuls zur Beantwortung dieser Frage ging von der modernen *Temperamentforschung* aus. Sie nahm Ende der 50er Jahre ihren Anfang, als ein Psychiaterehepaar aus New York City zunehmend Beobachtungen sammelte, die mit den damaligen Verständnisformen psychischer Entwicklung im Widerspruch standen: „Als Kliniker fiel uns immer wieder auf, daß wir keine direkte Korrelation zwischen Umwelteinflüssen wie Einstellungen und Erziehungspraktiken der Eltern und der psychischen Entwicklung des Kindes herstellen konnten" (*Thomas & Chess* 1980, 4). Die

Autoren waren dabei der Überzeugung, daß ihre Intervention deshalb oft scheiterte, weil sie auf Theorien basierte, die eine solche Korrelation postulierte (vgl. *Chess* 1975). Dabei bekamen die Psychiater „immer größere Bedenken gegen den in jener Zeit immer stärker werdenden Trend, die Ursachen aller geistigen Erkrankungen des Kindes, angefangen von einfachen Verhaltensstörungen bis hin zur Jugendkriminalität und sogar zur Schizophrenie, im Schoße der Familie zu vermuten" *(Thomas & Chess* 1980, 4f.). Wie die Autoren weiter ausführen, war von solchen Ursachenzuschreibungen primär die Mutter betroffen, die sich mit einer Schuld konfrontiert sah, die ihre Flexibilität im Umgang mit den Problemen des Kindes reduzierte. So wurde der gegen ihre Erziehungspraktiken erhobene Vorwurf letztlich zu einer sich selbst erfüllenden Prophezeiung. Aufgrund solcher Überlegungen begannen die Autoren in den frühen 50er Jahren verschiedene Ansätze für eine systematische Untersuchung früh beobachtbarer Unterschiede in Reaktions- und Verhaltensformen von Kindern zu konzipieren (vgl. *Chess* 1975). Im Jahre 1956 starteten sie ihre erste große *Langzeitstudie*, die New York Longitudinal Study (NYLS). Sie wurde sowohl zum Ausgangs- als auch zu einem ständigen Referenzpunkt von Temperamentstudien beim Kind. Wie die rasche Zunahme an einschlägigen Publikationen im vergangenen Jahrzehnt verrät (vgl. *Bates* 1986, 1; *Strelau & Angleitner* 1991, vii), hat sich die Temperamentforschung (nicht zuletzt auch aufgrund ihrer spannenden Querverbindungen zur Ethnologie, Verhaltensgenetik, Attachment-Forschung usw.) in den USA als populäres Forschungsfeld der Entwicklungspsychologie und Kinderpsychiatrie etabliert. Demgegenüber sind die einschlägigen Untersuchungen aus Übersee im deutschsprachigen Raum bislang kaum bekannt geworden.[1] Umso wichtiger scheint es, einige Grundzüge aufzuzeigen, wobei dem übergreifenden Thema des Sammelbandes entsprechend, klinisch relevante Studien und Aspekte besonders berücksichtigt werden sollen.[2]

2. Grundlagenforschung

2.1. *Die New Yorker Langzeitstudie (NYLS)*

Aus einer Stichprobe von 133 Kindern aus jüdischen, katholischen und protestantischen Familien der New Yorker Mittelschicht wurden Informationen über das Verhalten des Säuglings in vielen alltäglichen Situationen und den Ablauf von Verhaltensweisen über Stunden und Tage hinweg gesammelt. Zunächst wurden die Eltern als primäre Datenquelle herangezogen. Als die Kinder älter wurden, haben die Untersucher die Informationsquelle erheblich erweitert. Angefangen wurde mit den Elternbefragungen als die Säuglinge 3 Monate alt waren, denn es herrscht Einigkeit darüber, daß Verhaltensunterschiede bei Neugeborenen zwar existieren (*Birns* et al. 1969; *Brazelton* 1973; *Strauss & Rourke* 1978; Überblick bei *Tourrette* 1991), aber nicht stabil sind (*Sameroff* 1978). Solche früh hervortretenden Unterschiede im Verhaltensstil bezeichneten die Autoren aus Rücksicht auf die heftigen Angriffe aus dem Lager der Psychoanalytiker und Lerntheoretiker zunächst noch als „individual patterns of reactivity" (*Chess* 1975). Später folgten sie dem Rat von *Michael Rutter* und bezeichneten solche früh hervortretenden Unterschiede in der Reaktivität als *Temperament* (vgl. *Kohnstamm* 1989). Grundsätzlich verstehen die Autoren unter Temperament die Art und Weise, wie ein bestimmtes Verhalten ausgeführt wird: „Temperament wäre demzufolge synonym mit Verhaltensstil. Beide Bezeichnungen drücken eher das *Wie* als das *Was* (Fähigkeit und Inhalt) oder das *Warum* des Verhaltens aus" (*Thomas & Chess* 1980, 8). Aufgrund der inhaltsanalytischen Auswertung einer Anzahl (n=22) umfangreicher Interviewprotokolle wurden folgende Dimensionen des Temperaments abgeleitet, die sich nach Auffassung der Forscher schon bei Neugeborenen dazu eignen, Unterschiede im Verhaltensstil zu beschreiben (vgl. *Thomas & Chess* 1980; *Chess & Thomas* 1986, 1987a&b):

Tabelle 1: Dimensionen des Temperaments

1.	Aktivität:	Niveau motorischer Tätigkeit. Ausmaß körperlicher Bewegung während Essen, Schlaf, Spiel usf.
2.	Regelmäßigkeit:	Berechenbarkeit biologischer Funktionen wie Hunger, Schlaf-Wach-Rhythmus, Ausscheidung.
3.	Annäherung/ Rückzug:	Die charakteristische Reaktion auf neue Leute oder neue Situationen.
4.	Anpassungsfähigkeit:	Toleranz gegenüber Veränderungen. Die Leichtigkeit, mit der das Kind sich an neue oder veränderte Situationen gewöhnt.
5.	Sensorische Reizschwelle:	Empfindlichkeit sinnlichen Reizen gegenüber, wie Geräusch, Licht, Geruch, Geschmack, Berührung, Schmerz und Temperatur.
6.	Intensität:	Die Heftigkeit, bzw. das Energieniveau von Reaktionen.
7.	Stimmungslage:	Die vorherrschende Stimmungslage.
8.	Ablenkbarkeit:	Die Leichtigkeit, mit welcher das Kind von Reizen abgelenkt wird.
9.	Ausdauer:	Länge des Ausharrens bei einer Tätigkeit trotz vorhandener Hindernisse und Schwierigkeiten.

Aufgrund von Eltern- und Lehrerinterviews konnte das Temperament jedes der 133 Kinder in allen neun Dimensionen auf einer 3-Punkte Skala (hoch, mittel, niedrig) erfaßt werden. Von besonderer klinischer Relevanz erwiesen sich drei Konstellationen des Temperaments (vgl. 2.3.), die Kombinationen der neun Dimensionen in bestimmten Ausprägungsgraden entsprechen. Diese durch Faktorenanalyse bestimmten Konstellationen bezeichnen die Autoren als „pflegeleicht" ("easy"), „langsam auftauend" ("slow-to-warm-up") und „schwierig" ("difficult").

Besondere Aufmerksamkeit hat das Konzept des schwierigen Temperaments oder Kindes auf sich gezogen. Während man früher dazu neigte, das schwierige Verhalten eines Säuglings im Zusammenhang mit entsprechenden Entwicklungsumständen zu sehen, fanden *Thomas* und *Chess*, daß ungefähr 10% der Kinder, unabhängig von Umwelteinflüssen, folgende „schwierige" Merkmale aufweisen: (1) Unberechenbarkeit biologischer Funktionen (Schlaf-Wach-Rhythmus, Nahrungsaufnahme, Ausscheidung), (2) Rückzugsreaktionen angesichts neuer, unvertrauter Situationen und (3) eine erschwerte Anpassungsfähigkeit an neue Wendungen und Abläufe und (4) Intensität des (häufig negativen) Stimmungsausdrucks (Schreien, Weinen usw.). Das *einfache Kind*, das ca. 40% der Stichprobe ausmachte, zeigte gerade umgekehrt Regelmäßigkeit biologischer Funktionen, Annäherungsreaktionen gegenüber unbekannten Menschen und Situationen, gutes Anpassungsvermögen an neue Wendungen und Abläufe und einen gemäßigten und häufig positiven Stimmungsausdruck – Verhaltenszüge, die ein Kleinkind pflegeleicht machen, weshalb man hier von einem „einfachen" Kind spricht. Das *langsam auftauende* Kind endlich ist durch die Merkmale (2) und (3) des „schwierigen" Kindes gekennzeichnet, während Eigenschaften (1) und (4) zurücktreten. Solche Kinder erscheinen in der Regel als „scheu".

Diese Dimensionen und Typen konnten auch in Untersuchungsgruppen puertorikanischer Arbeiterkinder, behinderter Kinder und in einer Stichprobe von Kindern mit Röteln nachgewiesen werden (*Thomas* & *Chess* 1980). Die Einteilung des Temperaments in neun Dimensionen und drei Typen ist zudem durch verschiedene Forschungsarbeiten in Amerika selbst, Europa, Kanada, Japan, Indien, Israel, Taiwan und Kenya bestätigt worden (Ciba Foundation 1982). Es scheint also, daß die von den Autoren vorgeschlagene Klassifizierung des Temperaments generalisiert werden kann, wenn auch die funktionelle Bedeutung der ubiquitären Merkmale von Kultur zu Kultur zu variieren scheint.[3]

2.2. Weitere Temperamentkonzeptionen

Zahlreiche Forscher haben sich durch die Untersuchungen von *Chess* und *Thomas* zu eigenen Temperamentstudien anregen lassen. Dabei konnte es nicht ausbleiben, daß sich manche Forschergruppen von den Arbeiten der Pioniere absetzten. Diese Absetzung erfolgte nun je nach Herkunft und Ausrichtung der Forscher auf unterschiedliche Weise, so daß wir heute verschiedenen Richtungen innerhalb der Temperamentforschung mit entsprechend anderen Temperamentauffassungen gegenüberstehen. Den unterschiedlichen Forschungsinteressen, Methoden und Auffassungen entsprechend, ist eine einheitliche Definition des Ausdrucks „Temperament" noch nicht gefunden worden (vgl. *Goldsmith* et al. 1987). So bezieht er sich für psychopathologisch orientierte Forscher, wie erwähnt, auf interindividuelle Unterschiede im Verhaltensstil (*Thomas & Chess* 1977; *Carey & McDevitt* 1978), für psychophysiologisch ausgerichtete Forscher auf Unterschiede in konstitutionsbedingten Merkmalen der Reaktivität und Selbstregulation des Organismus (*Rothbart & Derryberry* 1981; ähnlich *Strelau* 1983) und für psychogenetisch orientierte Autoren auf interindividuelle Unterschiede in erbbedingten, früh in der Ontogenese auftretenden Eigenschaften (*Buss & Plomin* 1984). Für eine weitere Gruppe umschreibt das Temperamentkonzept (*Goldsmith & Campos* 1982) Regulationsaspekte der Emotion, die nicht die inneren psychophysiologischen, sondern die sozialen Prozesse regulieren. Endlich gibt es eine Gruppe von Autoren (*Kagan* et al. 1987), die es ablehnt, Theorien und Definitionen des Temperaments auszuarbeiten solange nicht eine genügend breite Induktionsbasis verhaltensphysiologischer Daten vorliegt. Die Gruppe hat damit angefangen, Daten zu früh beobachtbaren Unterschieden in der psychophysiologischen Reaktivität auf neue Situationen zu sammeln, womit erstmals ausgedehnte Untersuchungen zur Genese von Introversion und Extraversion im Kleinkindalter vorliegen.

Die laufenden Fortschritte in der Genetik und Neurophysiologie lassen entsprechend ausgerichtete Temperamentstudien zweifellos vielversprechend erscheinen. So große und wichtige Fortschritte man hier aber auch gewärtigen darf: Pädagogisch und klinisch ausgerichtete Psychologen werden in den bislang erschienenen Arbeiten aus diesen Richtungen keinen fruchtbaren Boden für ihre Bemühungen finden. In der Tat erweisen sich für die Angehörigen psychosozialer Berufe die Arbeiten von *Chess* und *Thomas* (1977) und ihrer Nachfolger (*Turecki* 1988; *Carey & McDevitt* 1989; *Carey & McDevitt* 1994) als richtungsweisend, wobei auch die osteuropäische

Schule zu den Anwendungsmöglichkeiten der Temperamentforschung interessante Ansätze entwickelt hat (vgl. *Strelau* 1984).

Trotz dieser auseinanderstrebenden Richtungen mit ihren divergierenden Temperamentkonzeptionen lassen sich dennoch einige Merkmale hervorheben, die momentane Auffassungen des Temperaments übergreifend charakterisieren. Diesen zufolge wäre das Temperament (vgl. *Lamb & Bornstein* 1987, 338):

(1) ein Konstrukt, das sich auf interindividuelle Unterschiede bezieht, die früh im Leben hervortreten.
(2) konstitutionellen Ursprungs und von der Art her disponierend.
(3) ein Phänomen, das sich im Verhaltensrepertoire des Individuums manifestiert.
(4) durch die Umwelt modifizierbar.
(5) ein Konstrukt, das sich primär nicht auf inhaltliche, sondern auf formale Aspekte des Verhaltens bezieht.

Eine Frage, die sich im Zusammenhang mit der Definition des Temperamentbegriffs häufig stellt, ist, inwiefern sich dieser vom Konzept der Persönlichkeit unterscheidet. *Strelau* (1987, zit. nach *Angleitner & Riemann* 1991, 192) bringt zur Differenzierung beider Konzepte die folgenden fünf Merkmale in Vorschlag: 1. Determinanten der Entwicklung (Temperament: biologisch; Persönlichkeit: sozial). 2. Formende Entwicklungsstadien (Temperament: Kindheit; Persönlichkeit: Erwachsenenalter). 3. Bezugspopulation (Temperament: Menschen und Tiere; Persönlichkeit: Menschen). 4. Inhaltliche Verhaltenseigenschaften (Temperament: fehlend; Persönlichkeit: vorhanden). 5. Zentrale Regulierungsfunktion (Temperament: unwichtig; Persönlichkeit: wichtig).

2.3. Herkunft und Stabilität von Temperamentmerkmalen

Zahlreiche Befunde sprechen dafür, daß die Art des Temperaments von genetischen Einflüssen abhängt, ebenso wie Haar- und Augenfarbe. Tatsächlich wiesen *Rosenberg* und *Kagan* (1987) Zusammenhänge zwischen Temperament und Iris-Pigmentierung nach. *Torgersen* und *Kringlen* (1978) untersuchten eine Gruppe von 34 monozygotischen und 16 dizygotischen Zwillingen gleichen Geschlechts im Säuglingsalter und verwendeten *Chess'* & *Thomas'* Kriterien zur Bestimmung des Temperaments. Bei allen neun Dimensionen des Temperaments wurden bei den monozygotischen Zwilligen signifikant höhere Korrelationen ermittelt als bei den dizygotischen Zwillingen. Die höhere Konkordanz von eineiigen Zwillingen gegenüber zweieiigen Zwillingen wurde bis ins Alter von fünfzehn Jahren mit steigender Tendenz beibehalten (*Torgersen* 1987). *Buss & Plomin* (1984), *Matheney* (1980) und *Plomin & Rowe* (1977) kommen zu ähnlichen Ergebnissen, auch wenn ihre Temperament-Definition zum Teil von derjenigen von *Thomas* und *Chess* abweicht. In einer systematischen Durchsicht von Langzeitstudien aus den vergangenen zwei Dekaden, die den Vergleich zwischen monozygotischen und dizygotischen Zwillingspaaren zum Inhalt haben, kam *Goldsmith* (1983) zum Schluß, daß bestimmte Merkmale des Temperaments, wie Bewegungsdrang oder Soziabilität bei monozygotischen Zwillingen durchwegs höhere Korrelationen aufweisen als bei dizygotischen Zwillingen (vgl. auch *Plomin & Rowe* 1979 & *Scarr* 1969).

Empirische Überprüfungen der *Stabilität* von Temperamentmerkmalen ergaben bislang heterogene Resultate. In der *NYLS* zeigten sich für die meisten Dimensionen zwar *zwischenjährlich* signifikante Korrelationen. Betrachtete man jedoch den Altersabschnitt zwischen 1 und 5 Jahren, waren die Zusammenhänge nicht signifikant (*Thomas & Chess* 1977). *Rutter* (1982) berichtet in einem einschlägigen Übersichtsreferat zwar von einer existenten, aber nur mäßigen *Stabilität* von Temperamentmerkmalen zwischen dem Säuglings- und dem mittleren Kindesalter ($r \approx 3$). Erstaunliche Stabilität fand hingegen die „Harvard-Gruppe" um *Jerome Kagan* bei der Langzeituntersuchung der Temperamentvariable „behavioral inhibition" (*Kagan* et al. 1987). Im Vordergrund der Definition dieses Ausdrucks steht die Reaktion von Kindern auf unvertraute Menschen und Situationen. *Kagan* fand, daß sich im 2. Lebensjahr ungefähr 10-15 % von Kindern angesichts solcher Situationen sofort zurückziehen, während eine gleiche Anzahl von Kleinkindern die unvertrauten Personen oder Objekte ungehemmt exploriert, so, als wäre die Unterscheidung von vertraut und unvertraut von minimaler psychologischer Konsequenz. Zwischen 21 Monaten und 7,5 Jahren wurden die Verhaltensunterschiede beibehalten mit einem Stabilitätskoeffizienten der sich zwischen .5 und .7 bewegte. Diese antithetischen Verhaltensstile waren bereits in der *Fels Longitudinal Study* als die einzigen aufgefallen, die vom Alter von drei Jahren über die Kindheit bis in die Adoleszenz hinein eine gewisse Konstanz zeigten (*Kagan & Moss* 1962 [1983]). Man darf annehmen, daß sich C.G. *Jung* über diese Resultate gefreut hätte, ging er doch davon aus, daß es sich bei Intro- und Extraversion um angeborene und umweltresistente Reaktionsformen handelt (*Jung* 1960).

Bis zur Frage der *Stabilität* etwas Gültiges ausgesagt werden kann, müssen noch tiefliegende methodologische Probleme bewältigt werden. Um hier nur eines zu erwähnen: Da es sich beim Temperament um ein Konstrukt handelt, scheint es fraglich, ob die Stabilität eines Temperamentmerkmals mit den gleichen Maßen auf verschiedenen Altersstufen gemessen werden *(homotype Stabilität)* kann und ob nicht vielmehr auf verschiedenen Altersstufen unterschiedliche Maße als Indikatoren desselben Merkmals verwendet werden sollten *(heterotype Stabilität)*. Wenn man sich – was bei den großen Entwicklungsschritten im frühen Kindesalter sinnvoll erscheint – für verschiedene Maße entscheidet, müssen allerdings Kriterien gefunden werden, die uns erlauben, die *funktionelle Äquivalenz* zwischen diesen zu establieren (*Rutter* 1982, 1989).[4]

2.4. Temperament und Verhaltens- bzw. Leistungsstörungen

Ein zentrales Anliegen der Forschungsarbeit von *Thomas* et al. (1968) war die Beziehung zwischen dem Temperament und später auftretenden Störungen. Die Resultate der *NYLS* waren diesbezüglich eindeutig. Sie zeigten, daß Kinder mit bestimmten Temperamentkonstellationen mehr als andere dazu neigen, im Laufe der Kindheit psychische Störungen zu entwickeln (vgl. *Thomas & Chess* 1977; *Chess & Thomas* 1987b). Als klare Risikofaktoren erwiesen sich die Kombinationen von Temperamenteigenschaften, die *Chess* und *Thomas* als „schwieriges" und als „langsam auftauendes" Temperament bezeichnet haben (vgl. 2.1.). Ungefähr 10 % der gesamten Stichprobe wies ein „schwieriges" Temperament auf. Von diesen 14 Kindern entwickelten 10, oder 71%, psychische Störungen, wobei die qualitative Analyse der Fälle jeweils zeigte, wie das Temperament bei der Entstehung der Störung beteiligt war. In den allermeisten Fällen (12 von 14) führte diese Konstellation bereits im Kleinkindalter zu erheblichen Schwierigkeiten. Von den Kindern mit langsam auftauendem Temperament, die 15 % der Stichprobe ausmachten, entwickelten gut die Hälfte Verhaltensstörungen. Im Gegensatz zur vorherigen Gruppe erwies sich diese Konstellation nicht im Kleinkindalter als problematisch, sondern erst später, als vom Kind rasche Anteilnahme in einer neuen Umgebung (z.B. in der Schule) erwartet wurde. Demgegenüber wurde bei der viel größeren Gruppe der Kinder mit „einfachem" Temperament (40 % der gesamten Untersuchungsgruppe) nur in 4 Fällen eine psychische Störung registriert, bei deren Entstehung das Temperament eine wesentliche Rolle gespielt hatte. Aus der quantitativen Analyse gingen keine eindeutigen Zusammenhänge zwischen *einzelnen* Temperamentdimensionen und psychischen Störungen hervor, während die qualitative Analyse diesbezüglich interessante Zusammenhänge enthüllt (vgl. *Chess* & *Thomas* 1987b). Die Störungen, von denen hier die Rede ist, können insgesamt als leicht bis mittelschwer eingestuft werden und unter die DSM-IIIR Kategorien der Störungen des Sozialverhaltens (Ziffer 312.90), der Angststörungen (Ziffern 301.21; 313.00; 313.21) und der Anpassungsstörungen (Ziffern 309.24; 309.00; 309.30; 309.40) subsumiert werden (vgl. *Chess* & *Thomas* 1986).

Aufgrund des Umfangs und der Art der Stichprobe, kann diesen Resultaten nicht mehr als Hinweischarakter zugestanden werden. Mittlerweile haben allerdings verschiedene, unabhängig von der *NYLS* durchgeführte Studien weitere Hinweise dafür geliefert, daß Beziehungen zwischen bestimmten Temperamentmerkmalen und der Entwicklung spezifischer Störungsbilder bestehen. Auf der Grundlage epidemiologischer Untersuchungen an immerhin 4500 Kindern konnte *Maziade* (1994) bestätigen, daß eine Kombination extremer Temperamentmerkmale, ähnlich wie wir sie im Konzept des „schwierigen" Temperaments bei *Chess* und *Thomas* finden, (Vermeidungsverhalten gegenüber neuen Situationen, niedriges Anpassungsvermögen gepaart mit hoher Intensität und negativer Stimmungslage) ein Risikofaktor für die Entwicklung von Verhaltensstörungen, insbesondere von expansiven Verhaltensstörungen wie Hyperaktivität und Störungen des Sozialverhaltens darstellt. Andere Studien legen ebenfalls nahe, daß bei der Entwicklung spezifischer klinischer Konditionen, einschließlich Angststörungen (*Rosenbaum* et al. 1989), Kindesmißhandlungen (bes. *Engfer* 1991), Eßstörungen (*Mehrabian* 1987), *Diabetes (Garrison* 1989), Darmkolik (*Carey* 1972), Unfallrisiko (*Matheney* 1989) und neurotischen Reaktionen angesichts der Geburt eines neuen Kindes (*Dunn* 1994) bestimmte Temperamentfaktoren eine erhebliche Rolle spielen können. Diese Faktoren hier im einzelnen auszuführen, würde den Rahmen dieser Übersicht bei weitem sprengen. Der Leser sei aber auf die inzwischen verfügbaren Gesamtdarstellungen zum Thema verwiesen (*Garrison* & *Earls* 1987; *Carey* & *McDevitt* 1989; *Carey* & *McDevitt* 1994).

Von Interesse ist auch die Frage, ob Beziehungen zwischen Temperament und Schulerfolg bestehen. Zusammenfassend läßt sich hierzu sagen, daß obschon zwischen Temperament und IQ keine Zusammenhänge bestehen, der Schulerfolg dennoch auf vielfältige, wenn auch noch nicht hinreichend geklärte Weise vom Temperament abzuhängen scheint. Einerseits scheinen bestimmte Temperamentmerkmale Verhaltensweisen zu begünstigen, die sich auf die Aufnahme und Verarbeitung relevanter Information ungünstig auswirken. Andererseits sind die Beziehungen zwischen Temperament und schlechten Schulleistungen so zu verstehen, daß bestimmte Temperamenteigenschaften, darunter besonders Ablenkbarkeit, hohe Aktivität, niedrige Ausdauer und Scheuheit zu negativen Einschätzungen seitens der Lehrer führen und damit unproduktive Interaktionen zwischen Lehrer und Schüler zur Folge haben können (vgl. *Keogh* 1989; *Martin* 1989; *Martin* et al. 1994).

2.5. Passung: Ein neues Modell psychischer Entwicklung

Um praktische Bedeutung zu haben, müssen die statistischen Assoziationen zwischen Temperament und Psychopathologie im Sinne zugrundeliegender Mechanismen verstanden werden. Für ein solches Verständnis ist zunächst von Bedeutung, daß die gefundenen Assoziationen nur partiell sind. So zeigte sich in den Untersuchungen von *Chess* und *Thomas* (1987b) ebenso wie in denjenigen von

Maziade (1994), daß es eine Reihe von Kindern mit „schwierigem" Temperament gibt, die keine Störungen entwickeln und daß umgekehrt ein sogenanntes „einfaches" Temperament gegen die Entwicklung von Störungen nicht immunisiert. Es zeigte sich, daß die Umwelt entscheidend dazu beitragen kann, welche Auswirkungen ein bestimmtes Temperament auf die psychische Entwicklung hat. Als wichtiges Prinzip ergibt sich daraus, daß niemals dem Temperament *per se* ätiologische Bedeutung zuerkannt werden kann, sondern immer nur der Temperament-Umwelt-Interaktion. In Zusammenhang damit geht man davon aus, daß alle bisher ermittelten Temperamentkonstellationen, einschließlich des „schwierigen" Temperaments, *Variationen innerhalb normaler Grenzen* darstellen (*Chess & Thomas* 1986).

Es ist das Verdienst von *Chess* und *Thomas*, ein Modell entwickelt zu haben, das uns nicht nur sagt, daß organismische Faktoren (z.B. das Temperament) psychische Störungen nur als Funktion der Umwelt vorhersagen, sondern auch Einsicht in die entsprechenden Mechanismen vermittelt. Das Modell meint ganz einfach, daß eine optimale Entwicklung am ehesten dann zustandekommt, wenn eine Konsonanz zwischen dem Temperament, ebenso wie Motivationen und Fertigkeiten des Kindes einerseits und den Erwartungen, Anforderungen und Möglichkeiten der Umwelt andererseits besteht. Liegt hingegen eine Dissonanz zwischen den Möglichkeiten und Anforderungen des Umfeldes auf der einen Seite und dem Temperament, ebenso wie weiterer organismischer Eigenschaften des Kindes auf der anderen Seite vor, ist fehlangepaßtes Verhalten und eine gestörte Entwicklung zu erwarten (vgl. *Thomas & Chess* 1980, 10). Wenn z.B. eine Eigenschaft des Temperaments (z.B. regelmäßiger Schlaf-Wach-Rhythmus) in einem bestimmten sozialen Kontext (z.B. die Familie) von einem maßgebenden Anderen (z.B. die Mutter) erwartet wird, dann wird das Kind, das die entsprechende Eigenschaft besitzt, gut mit seinem Umfeld übereinstimmen. In solchen Fällen darf erwartet werden, daß das Kind im entsprechenden Verhaltensbereich positive Interaktionen erleben wird, und man darf vorhersagen, daß seine Entwicklung diesbezüglich positiv verlaufen wird. Wenn ein Kind allerdings die vom Umfeld erwünschten Verhaltenszüge nicht besitzt, dann sind negative Interaktionen und entsprechend ungünstige Entwicklungen angesagt. Wir alle können nachvollziehen, daß der Verhaltensstil eines Kindes, der für eine Familie unerträglich ist, für die andere kein Problem darstellt. Ein sehr aktives, impulsives, leicht reizbares fünfjähriges Mädchen wird auf einem Bauernhof unter ihren vier älteren Brüdern kaum auffallen. Dasselbe Mädchen würde aber in einer engen Stadtwohnung, die mit zerbrechlichen Gegenständen angefüllt ist, von ängstlichen Eltern unschwer als „gestört" wahrgenommen werden und eine entsprechende Diagnose (z. B. einer Hyperaktivitätsstörung) riskieren.

Besonders die Forschergruppe um *Richard Lerner* hat begonnen, Methoden zu entwickeln, um die Passungshypothese empirisch zu überprüfen. Die Resultate der entsprechenden Untersuchungen sind ermutigend, insofern sich zeigt, daß nur Diskrepanzwerte zwischen Temperament und Umweltanforderungen mit späteren Anpassungsmaßen (u.a. Verhaltensprobleme, soziale Beliebtheit und Integration, schulische Kompetenz) signifikant korrelierten, während das Temperament für sich genommen keine solchen Voraussagen erlaubte (*Talwar* et al. 1991; *Lerner & Lerner* 1994). Der entscheidende Unterschied zu früheren Auffassungen des Temperaments liegt demnach darin, daß man nicht mehr von einer *direkten* Beziehung zwischen Temperament und Psychopathologie ausgeht. Damit können wir uns von der nicht ungefährlichen Vorstellung „abweichender" oder „minderwertiger" Temperamente (z.B. *Lombroso* 1911; *Schneider* 1923; *Pawlow* [vgl. *Strelau* 1983]; *Sheldon* 1942) verabschieden.

Liegt die Attraktivität des Passungs-Konzeptes einerseits gerade darin begründet, daß eine ganze Reihe von Verhaltensstörungen weder auf eine Pathologie der Eltern (oder anderer Umweltnoxen) zurückgeführt werden, noch auf eine wie auch immer zu erklärende Störung des Kindes, sondern vielmehr auf eine *Unvereinbarkeit der normalen Variationen der beiden,* darf uns andererseits deshalb nicht entgehen, daß es gleichwohl Temperamentsformen gibt, die von einer Mehrzahl von Betreuern als „schwierig" erlebt werden. Um innerhalb normaler Grenzen zu bleiben, erfordern Kinder mit solchen Temperamentsstrukturen einen besonderen pädagogischen Zugang. Das heißt aber auch, daß eine gute Passung bei Kindern mit „schwierigem" Temperament in der Regel schwieriger zu erzielen ist, als bei Kindern mit „einfachem" Temperament. Doch sind inzwischen auch schon Strategien entwickelt worden, um diese Aufgabe zu erleichtern (vgl. 3.4.; weiterführend *Zentner* 1993). Wir vergleichen das Passungskonzept mit anderen klinischen Verständnisformen am besten dadurch, daß wir es in die folgende Konflikttheorie übersetzen:

Inkompatibilität von Temperament-
merkmalen (oder anderen organismischen → Überforderung, Streß, Konflikt → Symptom
Variablen) und Umweltanforderungen

Wir müssen betonen, daß dieser Erklärungsversuch Existenz und Bedeutung von Abwehrmechanismen oder negativen Verstärkungssequenzen, wie sie im Mittelpunkt von tiefenpsychologischen und lerntheoretischen Paradigmen stehen, keineswegs in Frage stellen. Nur postulieren wir, daß die Anwendung von Abwehrmechanismen oder die Etablierung negativer Verstärkungen weniger Reflexionen fixer Umweltnoxen (z.B. inkompetente Erziehung) darstellen, als vielmehr aus der Unvereinbarkeit der normalen Variationen von Eltern und Kind dynamisch zu verstehen sind. Ein Erziehungsstil ist demnach so gut, wie er der Natur des einzelnen Kindes angepaßt ist. Das Erziehungsverhalten, das sich bei einem Kind bewährt, kann beim nächsten schon zu stürmischen und unproduktiven Interaktionen Anlaß geben. Das aber heißt, daß es den optimalen Erziehungsstil, wie er von zahllosen populärwissenschaftlichen Büchern propagiert wird, gar nicht geben *kann*.

3. Anwendungen

Nachdem ein Verständnis für die Mechanismen gewonnen worden ist, die den Zusammenhängen zwischen Temperament und Psychopathologie zugrundeliegen, sollen im folgenden einige Möglichkeiten aufgezeigt werden, wie dieses Verständnis in der klinischen und pädagogischen Praxis umgesetzt werden kann. Während Untersuchungen und Entwürfe zu den Anwendungsmöglichkeiten neuerer Temperamentforschung längere Zeit im Hintergrund standen, beginnen heute erste Erträge dieser Bemühungen hervorzutreten (vgl. *Carey & McDevitt* 1989; *Zentner* 1993; *Carey & McDevitt* 1994).

3.1. Kann das Temperamentkonzept für Präventionszwecke verwendet werden?

Wenn die Datenbasis auch noch zu schmal ist, um diese Frage eindeutig beantworten zu können, ist die Logik des Zusammenhangs zwischen den Befunden aus der Temperamentforschung und ihrer Relevanz für die Prävention ebenso einfach wie einleuchtend. Wir wissen aus *Chess'* und *Thomas'* Untersuchungen und aus anderen bereits zitierten Studien, daß bestimmte Temperamentprofile mit späteren Störungen korrelieren. Das heißt also, daß bestimmte, im Säuglingsalter beobachtbare Temperamentmerkmale prognostischen Wert haben in bezug auf das Auftreten bestimmter Störungsbilder. Auf der anderen Seite sind diese Beziehungen nur partiell, was heißt, *daß die Umwelt einen entscheidenden Beitrag dazu leistet, ob Temperamentmerkmale, die als Risikofaktoren auftreten, zu Störungen führen oder nicht.* Die Frage ist, wie man diesen Wirkungsbereich der Umwelt zur Verringerung der Konfliktgefahr nutzen kann.

Auf dem Boden des Tatbestandes, „daß Kinder mit unterschiedlichen Temperamentprofilen unterschiedliche Voraussetzungen für die Entwicklung von Verhaltensschwierigkeiten mitbringen, besonders dann, wenn diese Eigenschaften des Temperaments mit Erwartungen der Eltern nicht im Einklang stehen" (*Cameron* et al. 1989, 155), führen *Cameron* und seine Mitarbeiter (*Cameron & Rice* 1986; *Cameron* et al. 1989; *Cameron* et al. 1994) in Zusammenarbeit mit verschiedenen Krankenhäusern in Kalifornien seit Jahren Prävention von psychischen Störungen durch. Die Resultate ihrer Untersuchungen bestätigen, daß bestimmte Eigenschaften des Temperaments, wie sie schon im Alter von 4 Monaten erhoben werden können, mit bestimmten Problemen zusammenhängen, die im Altersabschnitt zwischen 5 und 16 Monaten beobachtet werden. Dies unterstreicht die prädiktive Validität des Temperamentkonzepts. So korrelieren Trotzreaktionen (z.B. häufiges Neinsagen) mit dem Aktivitätsniveau des Säuglings; Unfallgefahren wie vom Tisch oder Bett herunterfallen, korrelieren ebenfalls mit dem Aktivitätsniveau und der Stimmungslage des Säuglings; Schlafstörungen korrelieren mit dem Anpassungsvermögen und der Stimmungslage, Empfindlichkeit und Ängstlichkeit korrelieren mit Annäherung-Rückzugs-Werten, Stimmungslage und sensorischer Reizschwelle; und endlich zeigen sich Abhängigkeits- und Trennungsprobleme mit überzufälliger Häufigkeit bei der Temperamentdimension niedriger Ausdauer. Eindrückliche Zusammenhänge fand man auch zwischen Temperamentfaktoren wie Unregelmäßigkeit in Eß- und Schlafgewohnheiten, niedriges Anpassungsvermögen, negative Stimmungslage, Ablenkbarkeit und hohe Reaktionsintensität einerseits und der *Verletzungsgefahr* von Kleinkindern andererseits (vgl. *Matheney* 1989).

Angesichts solcher Zusammenhänge scheint es angezeigt, dem Temperamentfaktor im Bereich der frühkindlichen Gesundheitspflege vermehrt Rechnung zu tragen. *Cameron* und seine Mitarbeiter zogen die entsprechenden Konsequenzen und setzten das Wissen um die genannten Zusammenhänge um in eine *antizipatorische Beratung* für Eltern neugeborener Kinder, die im wesentlichen darin besteht, daß Eltern über Umgangstechniken und Erziehungsstile informiert werden, die auf das Temperament *ihres* Kindes zugeschnitten sind. *Cameron* konnte in Untersuchungen mit Kontrollgruppen die Nützlichkeit einer solchen antizipatorischen Beratung bestätigen (*Cameron & Rice* 1986; *Cameron* et. al. 1989; *Cameron* et al. 1994). Überdies sprach die große Mehrheit der Eltern sehr positiv auf diese Art von antizipatorischer Beratung an, was meiner Erfahrung nach damit zusammenhängt, daß viele Eltern – wohl im Gegensatz zu den meisten Angehörigen psychosozialer Berufe – nicht aufgehört haben, eine temperamentbezogene Sicht kindlicher Verhaltensformen zu vertreten.

3.2. Parent guidance: Ein Paradigmenwechsel?

Trotz der relativ kleinen Anzahl von Studien zu den *klinischen Anwendungsmöglichkeiten* der Temperamentforschung, läßt sich den einschlägigen Bemühungen entnehmen, daß im Mittelpunkt einer temperamentbezogenen Intervention keine eingehende Psychotherapie des Kindes, sondern eine Form der *Eltern- oder Erziehungsberatung* steht. *Chess* und *Thomas* (1984, 1986, 1987a & b; *Carey & McDevitt* 1994), aber auch andere, die sich an ihren Ansatz anlehnen (bes. *Turecki* & *Tonner* 1988, 1989), sprechen in diesem Zusammenhang von *parent guidance*. Angesichts herkömmlicher Interventionsformen entspricht diese Akzentverlagerung vom Kind auf die Eltern einem Paradigmenwechsel, den man am ehesten mit dem Perspektivenwechsel vergleichen könnte, den die Familientherapie mit sich gebracht hat (vgl. *Guntern* 1980). Nun geht *parent guidance* insofern über die Familientherapie hinaus, als bei der Behandlung von Störungen die Eltern nicht nur *mit* einbezogen, sondern *in erster Linie* einbezogen werden. Dem Kind wird demnach primär *via* Eltern gedient.

Wie ist das zu erklären? Im Grunde handelt es sich dabei um nichts anderes als um eine logische Umsetzung des *Passungs*-Konzeptes. Wir erinnern uns, daß die mit diesem Konzept einhergehende Konflikttheorie davon ausgeht, daß Kinder unter Streß geraten, wenn ihr Temperament mit gängigen Erwartungen und Erziehungspraktiken kollidiert. Eine Streßreduktion ist demnach zu gewärtigen, wenn diese Erwartungen und Erziehungspraktiken in Einklang mit dem Temperament des Kindes zu stehen kommen. So impliziert diese Art von Elternberatung meistens eine Revision der elterlichen Erwartungen und Ansprüche, die mit dem Temperament des Kindes unvereinbar sind. *Chess* und *Thomas* (1984, 8) fassen zusammen (Übers. v. Verf.): „In der Tat, das Ziel von *parent guidance* bestand darin, die fehlende Passung zwischen Kind und Umwelt zu identifizieren, die die Verhaltensstörung ausgelöst hatte und darauf, mit den Eltern eine Strategie auszuarbeiten und zu implementieren, welche die mangelnde Passung in eine gute Übereinstimmung konvertieren würde."

Bevor wir näheres zu dieser temperamentbezogenen Form der Intervention sagen, sollte geklärt werden, wann ein solcher Ansatz überhaupt angezeigt ist.

3.3. Diagnostische Aspekte

Differentialdiagnostisch ist zunächst abzuklären, ob Temperamentfragen bei einer vorhandenen Störung überhaupt vorliegen, oder ob das Problem nicht vielmehr auf andere Faktoren wie eine hirnorganische Störung oder eine Lernbehinderung zurückzuführen ist. Hierzu wird zusätzlich zu einer kinderpsychiatrischen Standard-Evaluation auch ein Temperamentbild des Kindes erstellt. Zur Erfassung des Temperaments stehen dem Kliniker unterschiedliche Methoden zur Verfügung, wobei Fragebogen (Überblick z.B. bei *Slabach* et al. 1991 und *McDevitt* 1994), halb- oder ganzstrukturierte Interviews und Verhaltensbeobachtungen zu den gängigsten Mitteln gehören. Einige Richtlinien zur Erstellung von Interview-Bögen liegen ebenso wie Beispiele zu Verhaltensbeobachtungen vor *(Chess & Thomas* 1986; *Zentner* 1993). Solche Interview- bzw. Fragebögen sind m. W. allerdings noch in keiner geprüften oder verbreiteten deutschen Fassung verfügbar. Physiologische Messungen haben bislang zwar primär in der Forschung (u.a. *Kagan* et al. 1987, 1991), in der klinischen Praxis kaum eine Rolle gespielt. Dies könnte sich jedoch aufgrund der erkannten prädiktiven Bedeutung physiologischer Marker wie Herzschlagvariabilität auch ändern (*Maziade* 1994).

Die Verhaltensdaten zur Erstellung eines Temperament-Profils werden in der Regel aus Fragebögen, die den Bezugspersonen des Kindes vorgelegt werden und/oder aus Interviews mit denselben gewonnen. Einer der Hauptgründe hierfür ist, daß sich das Temperament, wie *Strelau* z.B. zu Recht bemerkt, „als Komplex formaler Merkmale in *allen Arten von Reaktionen,* unabhängig von deren Inhalt", offenbart (1984, 210). Demnach muß der Diagnostiker bei der Erstellung eines Temperamentprofils seine Beurteilung im Bereich verschiedenartiger, möglichst aller Kategorien von Reaktionen vornehmen. Für eine rasche Zusammenfassung eines solchen Reaktionsinventars gibt es keine bessere Quelle als die Bezugspersonen des Kindes, weshalb eine Diagnose ohne deren Mithilfe undenkbar ist.

Nach der Erstellung des Temperamentprofils kann auf dem Boden der Anamnese und einer genauen Erkundung der Einstellungen und Erwartungen der Eltern untersucht werden, inwiefern beim vorliegenden Problem das Temperament des Kindes eine Rolle spielt. Für eine entsprechende Diagnose sind dabei folgende Kriterien zu berücksichtigen: (1) Hinweise aus der Anamnese für eine auffallende Stabilität der beobachteten Temperamenteigenschaften; (2) Fehlen schwerwiegender hirnorganischer Beeinträchtigungen oder schwerwiegender Umweltnoxen; (3) relative Konstanz des vorliegenden Musters angesichts intensiver pädagogischer bzw. therapeutischer Bemühungen; (4) Konvergenz zwischen anamnestischen Daten und klinischen Beobachtungen und (5) Absicherung durch testpsychologische Befunde. Die Erfahrung zeigt, daß es vielfach extreme Merkmale des Temperaments sind, die zu einer fehlenden Passung zwischen dem Kind und einem Elternteil oder anderen Bereichen seiner Umwelt Anlaß geben. Es ist nicht erstaunlich, daß das sogenannte „schwierige" Temperament einen besonderen Risikofaktor für die Entwicklung psychischer Störungen darstellt (vgl. 2.4.), weil seine Definition ja mehrere extreme Merkmale des Temperaments miteinschließt.

Ein interessanter Punkt betrifft die Frage, ob sich Temperament-Umwelt-Dissonanzen tendenziell in einer bestimmten Klasse von Symptomen ausdrücken. Die diesbezüglichen Ergebnisse wurden bereits erwähnt (2.6.). Eine interessante Beobachtung, die hier hinzugenommen werden kann, ist, daß das Symptom vielfach in einer *Überzeichnung* des Temperamentmerkmals zum Ausdruck zu kommen scheint, dem man mit unangebrachten pädagogischen Maßnahmen begegnet (*Cameron* 1978; *Chess & Thomas* 1986, 1987a). Man könnte dies als eine Form von aggressiver Weigerung interpretieren, die darauf ausgerichtet ist, authentische Tendenzen und Bedürfnisse des Kindes zu verteidigen.[5] Wir können uns hier ein Kind mit „langsam auftauendem" Temperament vorstellen, von dessen Umgebung her, sei es durch Eltern oder Lehrer, ständig Druck ausgeübt wird, sich rasch, ja möglicherweise sofort an neue Situationen (sei es an eine Spielgruppe, Schule oder anderes, z.B. eine Geburtstagsparty) anzupassen, ohne dieses Kind den Anpassungsprozeß schrittweise vollziehen zu lassen, wie es seinem Temperament entsprechen würde. Das Kind wird sich den Erwartungen seiner Umwelt nicht gewachsen fühlen (*schlechte Passung*), Gefühle von Unzulänglichkeit entwickeln und seine anfänglichen Rückzugsreaktionen in der Regel noch verstärken. Es liegt auf der Hand, daß es in einem solchen Fall verfehlt wäre, im Verhalten des Kindes eine neurotisch reaktive (Angst-) Störung zu sehen, die in irgendwelchen frühkindlichen Entwicklungsumständen oder im Erziehungsstil der Eltern ihre eigentliche Ursache hat und entsprechend wegtherapiert werden muß. Es wird hier vielmehr darum gehen, das Temperament dieses Kindes als etwas Normales zu akzeptieren und den speziellen Zugang zu diesem Kind zu entwickeln.[6]

3.4. Pädagogische und therapeutische Aspekte

Spielt das Temperament bei einer Störung eine Rolle, wird man mit den Eltern zunächst das Temperamentprofil diskutieren und ihnen das Passungskonzept erläutern, d.h. man versucht ihnen begreiflich zu machen, daß beim vorliegenden Problem weder sie „versagt" haben, noch das Kind „abnormal" ist, sondern daß hier das Zusammenspiel zwischen dem kindlichen Temperament und den elterlichen Erwartungen und Anforderungen das Hauptproblem darstellt. Damit werden Schuldzuweisungen vermieden und der Weg für eine unbelastete, konstruktive Zusammenarbeit zwischen Berater und Ratsuchendem geebnet.

Dann werden im Rahmen einer temperamentbezogenen Beratung heute in der Regel Vorschläge gemacht, die ich andernorts unter dem Begriff der „akkomodativen Strategien" zusammengefaßt habe (*Zentner* 1993). Eltern und Erziehern wird dazu geraten, ihre erzieherischen Ansprüche so zu modifizieren, daß das Temperament des Kindes dabei nicht mehr überfordert wird – dies in der Annahme, daß die Störung oft ein Endpunkt einer solchen Überforderung darstellt. Überfordert wäre in diesem Sinne z.B. ein Kind mit unregelmäßigen Schlaf-Wach-Rhythmen, dem man eine bestimmte Schlafenszeit aufzwingt. Bei einem Kleinkind mit dieser Temperamenteigenschaft liegt der Schlüssel darin, die Bettzeit von der Schlafenszeit zu trennen. Die Eltern können ohne weiteres verlangen, daß das Kind jeden Abend zur gleichen Zeit in sein Zimmer gehe und sich zum Schlafen bereit mache. Wenn sie aber das Kind dazu zwingen einzuschlafen, wird unweigerlich der Keim zu stürmischen und unproduktiven Konfrontationen gelegt. Das alles mag relativ banal klingen: man muß sich jedoch vergegenwärtigen, daß erst langjähriges Studium uns in den Stand gesetzt hat, die an den entsprechenden Überforderungsreaktionen beteiligten Temperamentsfaktoren einigermaßen präzis zu erkennen.

Meine Zusammenarbeit mit der Oregon-Gruppe[7] hat mir klargemacht, daß für eine wirksame Intervention bei temperamentsbedingten Problemen akkomodative Strategien allein allerdings oft zu kurz greifen. Das Problem ergibt sich daraus, daß es im Rahmen der Sozialisation Aufgaben gibt, die das Kind einfach bewältigen muß, unabhängig davon, wie sehr sie das Kind aufgrund seiner spezifischen Temperamenteigenschaften überfordern mögen. Zu solchen Aufgaben gehört das Erlernen von Grundregeln des Sozialverhaltens, das Annehmen bestimmter Eßgewohnheiten, die Sauberkeitserziehung, die Bewältigung schulischer Grundanforderungen usw. Würde man dem Kind diese Aufgaben erlassen, weil sie gegen sein Temperament gehen oder dieses überfordern, so käme man zum Punkt, an dem das Temperament die Akzeptanz des Kindes situationsübergreifend beeinträchtigt. Einen solchen Punkt zu erreichen, ist in der Regel weder im Interesse des Kindes noch in dem seiner Umwelt. Die Frage ist also nicht, ob man dem Kind Aufgaben zumuten darf, die ihm gemäß seines Temperaments nicht liegen, sondern *wie* man dies tun soll.

Hier eine praktische Anleitung vorzulegen, hätte nicht viel Sinn, da jedes Temperament seine je eigenen Vorzüge und Probleme mit sich bringt und wir deshalb, um die jeweiligen Probleme abzudecken, gleich ein ganzes Arsenal von Strategien aufführen müßten. Nützlicher erscheint es, einige theoretische Grundüberlegungen anzustellen, aus denen der Kliniker die praktischen Konsequenzen selbst ableiten kann, besonders wenn er die weiterführende Literatur konsultiert (*Turecki* & *Tonner* 1988; *Zentner* 1993; *Smith* 1994).

Psychoanalytisch oder lerntheoretisch geschulte Therapeuten und Pädagogen gehen in der Regel davon aus, daß Kinder grundsätzlich mit denselben Verhaltensbereitschaften heranwachsen. Sie neigen daher zur Annahme, daß die geschickte Anwendung einer Reihe von (für die jeweilige Schule charakteristischen) therapeutischen oder pädagogischen Strategien bei virtuell jedem Kind zum Erfolg führen kann. Die Theorie, die sich aus der Temperamentsforschung und anderen verwandten Gebieten wie die Verhaltensgenetik zu entwickeln beginnt, widerspricht dem radikal. Es drängt sich hier die Einsicht auf, daß Kinder mit grundsätzlich verschiedenen Verhaltens- und Reaktionsbereitschaften aufwachsen, und daß unterschiedliche Verhaltens- bzw. Reaktionsbereitschaften, die in Temperamentmerkmalen begründet sind, Differenzen im Schwierigkeitsgrad von Lernvorgängen bestimmen. Veranschaulichen wir diesen grundlegenden Tatbestand an einem Beispiel. Nehmen wir aufgrund der mittlerweile gesicherten temperamentsbezogenen Basis bestimmter Arten von Scheuheit (*Kagan* et al. 1987) das Beispiel eines scheuen Kindes.

Man kann sich alle möglichen Temperamentszüge als eine Dimension vorstellen, die auf einer 7-Punkt-Skala liegt. Die Scheuheitsdimension läßt sich wie folgt illustrieren:

Annäherungstendenzen 1 2 3 4 5 6 7 Rückzugstendenzen

Wenn das Temperament eines Kindes auf die Mitte dieser Dimension fällt und demnach als „4" eingestuft werden kann, dürfen wir annehmen, daß dieses Kind ziemlich flexibel sein wird, wenn Verhaltensweisen der Annäherung oder des Rückzuges geboten sind. Stellen wir uns nun aber vor was passiert, wenn das Temperament eines Kindes auf das Extrem einer Dimension fällt. Nehmen wir ein Kind, das nicht als „4", sondern als „7" eingestuft werden kann. Das Erlernen von Verhaltensweisen, die mit dem *Zugehen* auf neue Situationen oder Menschen zu tun haben, wird für dieses Kind eine überdurchschnittlich schwierige Aufgabe darstellen. Genauso wird für ein Kind, dessen Temperament als „1" eingestuft werden kann, die *Vermeidung* von Neuem eine überdurchschnittlich schwierige Aufgabe darstellen. Dieses Paradigma läßt sich auf sämtliche Temperamentsdimensionen übertragen.

Was daraus folgt ist, daß extrem ausgeprägte Temperamentmerkmale stets ein gewisses Verhaltensdefizit bedingen. Dies zu erkennen, ist der erste wichtige Schritt. Denn unsere Einstellung wird eine ganz andere sein, wenn wir denken, daß das Problemverhalten eines Kindes daraus hervorgeht, daß es nicht anders *will* oder aber nicht anders *kann*. Im letzten Fall können die fehlenden Fertigkeiten dem Kind nicht einfach abverlangt werden, sondern sie müssen dem Kind Schritt für Schritt *beigebracht* werden. Es ist wie wenn man einem Kind das Radfahren beibringen sollte. Wir werden dem Kind nicht einfach erklären, wie Radfahren funktioniert und diese Fertigkeit gleich erwarten. Was an der Metapher des Radfahrenlernens so klar erscheint, ist weit weniger klar, wenn wir den Blick auf Probleme richten, die eine vom Temperament her abhängige Basis haben. Doch ist vorsichtiges Verhalten bei einem Kind mit hohen Annäherungswerten, anhaltende Aufmerksamkeit bei einem Kind mit hoher Ablenkbarkeit, Stillsitzen und ruhiges Benehmen bei einem Kind mit hoher Aktivität, regelmäßiges Einschlafen bei einem Kind mit unregelmäßigen Schlaf-Wach-Rhythmen, rascher Wechsel der Beschäftigung bei einem Kind mit niedriger Anpassungsfähigkeit eine vergleichbar schwierige Aufgabe wie das Radfahrenlernen. Die entsprechenden Fertigkeiten einfach verlangen, herandrillen oder gar erzwingen zu wollen, wäre, wie wenn man Radfahren bei einem Kind, das es noch nicht kann, einfach verlangen bzw. durch ein System heranzüchten wollte, das im Wesentlichen aus Lohn und Strafe besteht. Die analoge Situation wäre die: Man gibt dem Kind einfach das Fahrrad, erklärt ihm, wie Radfahren funktioniert, belohnt es, wenn etwas funktioniert und bestraft es, wenn etwas schief geht. Ist das eine gute Idee? Man wird dies als abstrus ablehnen, gleichwohl ist es das, was viele von uns tun, wenn wir unerwünschte Verhaltensweisen eines Kindes kategorisch bestrafen und erwünschte belohnen, ohne die Anlage des Kindes in unsere erzieherischen Bemühungen miteinzubeziehen. Die betrüblichen Folgen eines Zuganges, der die Anlage eines Kindes unberücksichtigt läßt, haben die Pioniere moderner Temperamentforschung an zahlreichen Fallgeschichten aufgezeigt (*Chess & Thomas* 1986, 1987b).

Wir können nach diesen Vorüberlegungen zur Frage übergehen, welche Strategien sich anbieten, um Kindern mit temperamentsbezogenen Verhaltensproblemen zu helfen. Ein Rückgriff auf die Metapher des Radfahren-Lernens kann hilfreich sein. Wir müssen zunächst anerkennen, daß das Erlernen einer bestimmten Verhaltensweise, die das Kind aufgrund seines Temperaments nicht hervorbringen kann, tatsächlich eine sehr schwierige Aufgabe darstellt. Zahlreiche, je nach Temperament variierende, praktische Übungen sind zum Zweck entwickelt worden, dem Kind solche schwierigen Aufgaben zu erleichtern. Durch sie kann das Kind die entsprechenden Defizite graduell abbauen. Während dieses Prozesses gewinnt das Kind Einsicht in sein Temperament und wird ab einem bestimmten Punkt imstande sein, diese Übungen selbst anzuwenden. Diese Übungen, die ich andernorts als *Führungsstile* bezeichnet habe, können hier unmöglich ausgeführt werden. Beispiele für solche Übungen, einschließlich von Richtlinien zur Entwicklung derselben liegen aber vor (vgl. *Zentner* 1993).

Fassen wir die Hauptpunkte einer temperamentbezogenen Beratung zusammen: Erstellung eines Temperamentprofils, Differentialdiagnose, Diskussion des Temperamentprofils und der Passungsproblematik mit den Eltern, Anwendung von akkomodativen Strategien und der eben erwähnten *Führungsstile*. Eine solche Beratung dauert in der Regel nicht mehr als zehn Stunden. Der Erfolg wird entscheidend davon abhängen, inwieweit die Ratsuchenden imstande sind, die erforderlichen pädagogischen Maßnahmen zu implementieren. *Chess* und *Thomas* berichten von einer Erfolgsquote von 50%, doch beschränkt sich ihr Ansatz weitgehend auf die Empfehlung akkomodativer Strategien (vgl. *Chess & Thomas* 1986, 185ff.). Durch die zusätzliche Anwendung von Führungsstilen dürfte eine höhere Wirksamkeit gewährleistet sein, wenn auch Erfolgskontrollen hierzu erst am Anfang stehen (vgl. *Smith* 1994). Immerhin weisen die Resultate darauf hin, daß die temperamentbezogene Beratung (oder *parent guidance*) eine sinnvolle und notwendige Ergänzung herkömmlicher Interventionsansätze in der Kinderpsychotherapie und in der Erziehungsberatung darstellen könnte.

4. Diskussion

Wir können uns nun abschließend fragen, inwiefern sich die geschilderten Ergebnisse und Programme dazu eignen, gängige Verständnis- und Interventionsformen in der Kinderpsychologie und -psychotherapie zu erweitern.

Die dem Passungs-Konzept verpflichtete Temperamenttheorie liegt mit systemorientierten Verständnisformen insofern auf einer Linie, als eine Symptomatik nicht nur als individuelles Problem, sondern ebenso als Ausdruck eines interpersonalen Geschehens verstanden wird. Wie aber kommt es erst zu solchen Interaktionsstörungen, zunächst innerhalb, später auch außerhalb der Familie? Dem hier skizzierten Standpunkt zufolge ist im Zusammenhang mit dieser Frage der Bedeutung anlagebedingter Faktoren zu wenig Aufmerksamkeit geschenkt worden. Solche Faktoren tragen zur frühen Differenzierung individueller Verhaltensmuster bei, deren Relevanz für die Entwicklung sowohl normalen als auch fehlangepaßten Verhaltens in der deutschsprachigen Psychologie bislang kaum ein Thema gewesen ist.

Neuere Untersuchungen zum Temperament erlauben uns, solche Muster von den ersten Lebenswochen an differenziert erfassen und beschreiben zu können und sie dadurch auf systematische Weise in eine Beratung einzuschließen. Zugleich liegt ein Modell vor, das ein Verständnis dafür ermöglicht, *wie* solche früh erfaßbaren Eigenschaften des Temperaments bei der Entwicklung von Verhaltensstörungen mit Umwelteinflüssen zusammenwirken. Dieses Modell bedeutet einen Fortschritt über rein quantitative Bestimmungen (wie sie zum Beispiel in der Verhaltensgenetik untersucht werden) hin zu einem Verständnis der *Wechselwirkung* von Anlage und Umwelt bei der Entwicklung von Verhaltensstörungen. Mit diesem Gesichtspunkt gehen zwei wesentliche Erkenntnisse einher. Die erste ist die, daß anlagebedingte Grundlagen des Verhaltens keineswegs abweichend sein müssen, um psychopathologisch relevant zu sein, sondern daß auch normale Variationen bei der Genese psychischer Störungen eine herausragende Rolle spielen können, nämlich dann, wenn sie inkompatiblen Umwelteinflüssen begegnen. Zweitens führen die neueren Untersuchungen zum Temperament unmittelbar zur Anerkennung, daß die individuellen Grundkräfte, die im Wechselwirkungsprozeß zwischen Kind und Umwelt eine leitende Aufgabe innehaben, vielfältig und variabel sind, so daß eine Reduktion derselben auf einige wenige allgemeine Grundnenner wie „Zärtlichkeitsbedürfnis" oder „Aggressionstrieb" irreführend scheint. Daraus ergibt sich die Forderung nach einer Orientierung auf das Individuum und seine Einzigartigkeit von Anfang an, denn „dasselbe Motiv, dieselbe Anpassungsform, dieselbe Struktur objektiver Einflüsse oder dieselben neurophysiologischen oder biochemischen Mechanismen werden sich in ihrer funktionellen Bedeutung gemäß dem Temperamentstil des einzelnen Kindes unterscheiden" (*Thomas & Chess* 1980, 159).

Ebenso wichtig wie die theoretischen sind die praktischen Ergänzungen, die neuere Arbeiten zum Temperament für etablierte Verständnisformen psychischer Entwicklung bereithalten. So eröffnet das entstehende Wissen über die Zusammenhänge zwischen früh erfaßbaren Temperamentmerkmalen und späteren Störungen für die Pädagogik und Prävention von psychischen Störungen einen bisher unbemerkten Wirkungsbereich. Dieser setzt bei der Erkenntnis an, daß Temperamentunterschiede Differenzen im Schwierigkeitsgrad von Lernvorgängen bestimmen. Die genaue Kenntnis des frühkindlichen Temperaments erlaubt frühzeitig jene Tätigkeitsbereiche zu orten (Essen, Anziehen, soziale Kontakte, Veränderungen, Aufmerksamkeit), in welchen ein bestimmtes Kind mit Lernprozessen konfrontiert wird, die ihm besondere Mühe bereiten, so daß maligne Entwicklungen von Anfang an vermieden werden können.

Im Bereich der klinischen Intervention, also dort wo wir es mit einer bestimmten Symptomatik zu tun haben, wird eingeräumt, daß es sich dabei um den Ausdruck einer Unvereinbarkeit der normalen Variationen zwischen Eltern und Kind handeln kann. In solchen Fällen erscheint die Erziehung des Kindes als „schwierig", weil sich eine Spannung zwischen zwei zwar normalen aber unvereinbaren Polen aufgebaut hat. Bei Kindern, die mehrere extreme Merkmale des Temperaments aufweisen, ist eine solche Spannung besonders wahrscheinlich, weil der Umgang mit solchen Kindern für die meisten Eltern eine Herausforderung darstellt. In solchen Fällen kann herkömmliche fachmännische Hilfe, von individuellen Langzeittherapien über Elterntherapien bis hin zur Familientherapie wohl hilfreich sein, doch die zentrale Frage, nämlich das herausfordernde Temperament des Kindes und das Problem des Umgangs mit demselben, wird dabei unberührt bleiben. Keine dieser Behandlungsformen kann als Ersatz für eine aufgeklärte Behandlung des Kindes dienen, die sich ja auf das Verständnis für sein Temperament stützt.

Es ist hier nicht der Ort, auf die Schwierigkeiten methodologischer und konzeptueller Natur einzugehen, denen die moderne Temperamentforschung gegenübersteht (eine gute Übersicht über dieselben bietet *Rutter* [1989] und das von *Plomin & Dunn* [1986] herausgegebene Buch). Vielmehr sollen an dieser Stelle einige *Vorurteile* adressiert werden, die häufig entfachen, wenn heute erneut von Temperamentsformen die Rede ist. Zunächst steht für manche Leute der Begriff des Temperaments im Widerspruch mit der egalitären Ethik unserer Gesellschaft. Im Grunde beruht ein solcher Eindruck auf zwei Mißverständnissen. Erstens geht man heute nicht von einer Hierarchie, sondern von einer Äquivalenz von Temperamenteigenschaften aus. Es gilt also zunächst, klar zwischen Un-gleich*artig*keit und *Ungleichwertigkeit* zu unterscheiden. Menschen können ungleichartig und trotzdem gleichwertig für die Gesellschaft sein. Zweitens wäre es, wie bereits *Eysenck* (1976) betonte, nicht nur unsinnig, sondern auch gefährlich, die Gleichheit vor dem Gesetz, Gleichheit der Entfaltungsmöglichkeiten sowie die Gleichheit der staatsbürgerlichen Rechte und Pflichten als eine Frage der Gleichheit der genetischen Ausstattung zu betrachten. Denn der wissenschaftliche Nachweis der genetischen Ungleichartigkeit würde so unweigerlich den Zusammenbruch der Egalität als fundamentales Menschenrecht bedingen. Ein weiteres Vorurteil betreffend muß wiederholt werden, daß nach modernem Standpunkt das Temperament in keiner Weise Werdegänge determiniert. Durch den Ausdruck „Temperament" werden heute nicht mehr und nicht weniger als Unterschiede in formalen Verhaltensmerkmalen bezeichnet, die sich (an sich betrachtet) innerhalb normaler Grenzen bewegen. Ob diese Grenzen überschritten werden, ist niemals eine Frage des Temperaments allein, sondern eine Frage der Passung zwischen dem Temperament bzw. anderen organismischen Eigenschaften einerseits und den jeweiligen Entwicklungsumständen andererseits. Ebenso unbegründet erscheint letztlich das Vorurteil, man handle sich durch die Wiedereinführung des Temperamentbegriffs das Verdikt der Unveränderlichkeit ein. Wir können nur sagen, daß das Temperament relativ konstant ist, also im Vergleich zu anderen Persönlichkeitsmerkmalen eine gewisse Stabilität aufweist. Die heterogenen Befunde, die bislang zur Frage der Stabilität von Temperamentmerkmalen vorliegen, scheinen aber erneut darauf hinzuweisen, daß eine solche Stabilität nicht statisch, sondern dynamisch zu sehen ist, und daß sie sowohl durch konstitutionelle wie Umwelteinflüsse geprägt wird.

Wir müssen umdenken: Die Zeiten, in welchen nach altkonstitutionalistischer Auffassung das Temperament zum Kernstück einer Theorie menschlicher Entwicklung erhoben wurde, sind vorbei.

Deswegen brauchen wir aber nicht das Kind mit dem Bade auszuschütten. Das Temperament bleibt ein relevanter Faktor psychischer Entwicklung, aber seine Bedeutung muß innerhalb eines systemischen Rahmens neu interpretiert werden, der Entwicklung nicht als Resultat einzelner Faktoren begreift, sondern aus der Interaktion verschiedener biopsychosozialer Variablen hervorgehen sieht.

Anmerkungen

1 In Standardwerken zur sozialen Entwicklung des Kindes (*Schmidt-Denter* 1988), zur pädagogischen Psychologie (*Weidenmann* & *Krapp* 1986), zur klinischen Psychologie (*Baumann* & *Perrez* 1991), zur Kinderpsychiatrie (*Remschmidt* 1987; *Eggers* et al. 1989), ja selbst in namhaften Lexika (*Dorsch* et al. 1987; *Fröhlich* 1987 u.a.), findet man, wenn überhaupt, Hinweise auf veraltete und überholte Temperamentauffassungen. Nur ausnahmsweise werden neuere Arbeiten erwähnt (vgl. *Steinhausen 1988*).

2 Es ist hier selbstverständlich nicht möglich, einen umfassenden Überblick über neuere Temperamentbegriffe und -forschungsansätze zu vermitteln (vgl. hierzu aber das Handbuch von *Kohnstamm* et al. 1989). Für eine ausführlichere Darstellung der hier genannten Studien und Programme, die auch verschiedene andere klinisch und pädagogisch relevante Aspekte moderner Temperamentforschung miteinbezieht, vgl. *Zentner* 1993.

3 Zur Kontextabhängigkeit dessen, was man als „schwieriges" Temperament definieren kann, liegen einige sehr interessante kulturübergreifende Untersuchungen vor. Ein geradezu dramatisches Beispiel stammt von *Marten de Vries* (1984). Er untersuchte 47 Säuglinge im Alter zwischen zwei und vier Monaten aus dem in Kenya siedelnden Masai-Stamm. Er identifizierte die zehn Babys mit dem schwierigsten Temperament und einfachsten Temperament nach *Chess* & *Thomas* Kriterien. Die Daten wurden kurz vor einer schweren Dürreperiode erhoben. Als er fünf Monate später zurückkehrte, war 97 % des Viehbestandes der Dürreperiode erlegen. *De Vries* konnte nur noch sieben Familien der schwierigen und sechs Familien der einfachen Babies orten. In unseren westlichen Gesellschaften ist es im allgemeinen das Kind mit „einfachem" Temperament, welches unter belastenden Umständen am besten wegkommt, während die Entwicklung des Kindes mit schwierigem

Temperament größeren Gefahren ausgesetzt ist (*Chess* & *Thomas* 1987b). Doch beim Masai-Stamm fand *de Vries*, daß von den sieben „einfachen" Babies fünf gestorben waren, während alle übriggebliebenen „schwierigen" Babies überlebt hatten! Naheliegende Deutungen dieses Tatbestandes sind, daß die „schwierigen" Babys entweder aufgrund ihres langen und lauten Schreiens mehr Aufmerksamkeit erzwangen oder daß ein „schwieriger" Säugling in dieser Kultur höher eingeschätzt wird.

4 Ein interessantes Beispiel *heterotyper Stabilität* stammt von *LaGasse* und seinen Mitarbeitern (1989). Sie fanden, daß 2 Tage alte Babys, die ihre Saugrate erhöhten, wenn das Wasser, das man ihnen verabreichte, süß wurde, im zweiten Lebensjahr sowohl als „gehemmt" im Sinne *Kagans* als auch als „unsicher gebunden" im Sinne *Ainsworths* klassifiziert werden konnten, während jene Neugeborene, die angesichts der selben Reizkonstellation nur eine geringe Erhöhung der Saugrate gezeigt hatten, eher ungehemmte, sicher gebundene Kleinkinder wurden. Vergleichbare Resultate stammen von *Kagan*, der hinter den disparaten Erscheinungen auf Verhaltensebene, Kontinuitäten auf der neurophysiologischen Ebene aufdecken konnte (*Kagan* & *Snidman* 1991).

5 Das Phänomen der Nichtveränderung bzw. Übertreibung von Temperamenteigenschaften ist auch hinsichtlich von Kindsmißhandlungen bedeutungsvoll. *Kadushin* & *Martin* (1981) stellten fest, daß Kindsmißhandlungen im Erleben der Eltern die Endpunkte eskalierender Machtkämpfe darstellen: Eltern versuchen zunächst, mit anscheinend angemessenen Mitteln ihre pädagogischen Vorstellungen beim Kind durchzusetzen. Wenn die Kinder auf die wiederholten Versuche elterlicher Einflußnahme immer nur mit aggressiver Weigerung oder gar nicht reagieren, kommt es zu dem Punkt, wo den Eltern schließlich die „Sicherung" durchbrennt und sie ihr Kind aus hilfloser Wut heraus verprügeln. Es ist plausibel anzunehmen, daß Kinder gerade dort mit aggressiver Weigerung reagieren, wo Eltern (mit falschen Mitteln) Einfluß über ein Verhalten des Kindes zu gewinnen suchen, das in Temperamentmerkmalen desselben begründet ist (vgl. hierzu auch *Engfer* 1991).

6 Die diagnostische Relevanz des Temperamentkonzepts läßt sich am besten anhand einiger Fallbeispiele erläutern, die hier aus Platzgründen jedoch nicht untergebracht werden können. Ich verweise den interessierten Leser daher an die entsprechenden Quellen (*Chess* & *Thomas* 1986; *Turecki* & *Tonner* 1988).

7 1991 hatte ich die Möglichkeit, mich an der Gestaltung des Temperament-Projekts am *Center for Human Development* in LaGrande, Oregon (USA) zu beteiligen. Dieses Projekt steht unter wissenschaftlicher Leitung von *S. Chess* und *A. Thomas* und offeriert als eines der ersten der

Art psychiatrische Dienste auf dem Boden des hier besprochenen Temperament-Modells. Wo nicht anders angegeben, gehen die Ausführungen in den folgenden Abschnitten auf diese Erfahrung zurück.

Literatur

Angleitner, A. & Riemann, R. (1991). What can we learn from the discussion of personality questionnaires for the construction of temperament inventories? In J. Strelau & A. Angleitner (Hg.), Explorations in temperament. International perspectives on theory and measurement. London & New York: Plenum Press, S. 191-204.

Bates, J.E. (1980). The concept of difficult temperament. *Merrill-Palmer Quarterly*, 26, 399-319.

Bates, J.E. (1986). The measurement of temperament. In R. Plomin & J. Dunn (Hg.), The study of temperament: changes, continuities and challenges. Hillsdale NJ: Erlbaum, S. 1-11.

Bates, J.E. (1989). Applications of temperament concepts. In *Kohnstamm* et al. (Hg.), Temperament in childhood. New York: Wiley, S. 321-356.

Baumann, U. & Perrez, M. (1991). Klinische Psychologie, Bd. I & II. Bern: Huber.

Bell, R.Q. (1968). A reinterpretation of the direction of effects in studies of socialisation. *Psychological Review*, 75, 81-95.

Birns, B., Barten, S. & Bridger, W. (1969). Individual differences in temperamental characteristics of infants. *Transactions of the New York Academy of Sciences*, 31, 1071-1082.

Bowlby, J. (1969). Attachment and loss. Vol. 1, Attachment. London: Hogarth.

Brazelton, T. B. (1973). Neonatal behavior assessment scale. Little Club Clinics in Developmental Medicine, no. 50. London: William Heinemann Medical Books, 1973; Lippin, 1973.

Buss, A. & Plomin, R. (1984). Temperament: early developing personality traits. Hillsdale, NJ: Erlbaum.

Cameron, J.R. (1978). Parental treatment, children's temperament and the risk of childhood behavior problems: 2. *American Journal of Orthopsychiatry*, 48, 140-147.

Cameron, J.R. & Rice, D. (1986). Developing anticipatory guidance programs based on early assessment of infant temperament: Two tests of a prevention model. *Journal of Pediatric Psychology*, 81, 823-828.

Cameron, J., Hansen, R. & Rosen, D. (1989). Preventing behavioral problems in infancy through temperament assessment and parental support programs. In *Carey*, W.B. & S.C. McDevitt (Hg.), Clinical and educational applications of temperament research. Lisse: Swets & Zeitlinger; Berwyn, PA: Swets North America, S. 155-165.

Cameron, J.R., Rice, D., Hansen, R. & Rosen, D. (1994). Developing temperament guidance programs within pediatric practice. In *W.B. Carey & S.C.*

McDevitt (Hg.), Prevention and early intervention: Individual differences as risk factors for the mental health of children. A Festschrift for Stella Chess and Alexander Thomas. New York: Brunner / Mazel, S. 226-234.
Carey, W.B. (1972). Clinical applications of infant temperament measurements. *Journal of Pediatrics*, 81, 823-828.
Carey, W.B. (1974). Night waking and temperament in infancy. *Journal of Pediatrics*, 84, 756-758.
Carey, W.B. & McDevitt (1978). Revision of the Infant Temperament Questionnaire. *Pediatrics*, 61, 735-739.
Carey, W.B. (1989). Clinical use of temperament data in pediatrics. In W.B. Carey & S.C. McDevitt (Hg.), Clinical and educational applications of temperament research. Amsterdam/Lisse: Swets & Zeitlinger; Berwyn PA: Swets North America, S. 11-20.
Carey, W.B. & McDevitt, S.C. (Hg.)(1989). Clinical and educational applications of temperament research. Amsterdam/Lisse: Swets & Zeitlinger; Berwyn PA: Swets North America.
Carey, W.B. & S.C. McDevitt (Hg.)(1994). Prevention and early intervention: Individual differences as risk factors for the mental health of children. A Festschrift for Stella Chess and Alexander Thomas. New York: Brunner / Mazel.
Chess, S. (1975). The conception, birth and childhood of a behavioral research. In E.J. Anthony (Hg.), Explorations in child psychiatry. New York: Plenum, S. 183-191.
Chess, S. & Thomas, A. (1984). Genesis and evolution of behavioral disorders: from infancy to early adult life. *American Journal of Psychiatry*, 141, 1-9.
Chess, S. & Thomas, A. (1986). Temperament in clinical practice. New York & London: Guilford.
Chess, S. & Thomas, A. (1987a). Know your child. New York: Basic books.
Chess, S. & Thomas, A. (1987b). Origins and evolution of behavior disorders from infancy to early adult life. Cambridge: Harvard University Press. Paperback-Ausgabe.
Ciba Foundation Symposion 89 (1982). Temperamental differences in infants and young children. R. Porter & C.G. Collins (Hg.). London: Pitnam.
deVries, M. (1984). Temperament and infant mortality among the Masai of East Afrika. *American Journal of Psychiatry*, 141, 1189-94.
Dorsch, F., Häcker, H. & Stapf, K.-H. (1987). Psychologisches Wörterbuch. Bern: Huber. 11. ergänzte Auflage.
DSM-III-R = Diagnostisches und Statistisches Manual psychischer Störungen, Revision 1989. Deutsche Bearbeitung von H.U. Wittchen, H. Sass, M. Zaudig & K. Koehler. Weinheim & Basel: Beltz.
Dunn, J. (1994). Temperament, siblings, and the development of relationsships. In W.B. Carey & S.C. McDevitt (Hg), Prevention and early intervention. Individual differences as risk factors for the mental health of children. A Festschrift for Stella Chess and Alexander Thomas. New York: Brunner/Mazel, S. 161-169.
Eggers, C., Lempp, R., Nissen, G., Strunk, P. (1989). Kinder- und Jugendpsychiatrie. 5. Aufl. Berlin: Springer.

Engfer, A. (1991). Temperament und Kindesmißhandlung. *Psychosozial*, **14**, 106-116.
Eysenck, H.J. (1976). Die Zukunft der Psychologie. München: Goldmann.
Fröhlich, W.D. (1987). Psychologisches Wörterbuch. München: Deutscher Taschenbuch Verlag. 15. erweiterte und bearbeitete Auflage.
Garrison, W.T. (1989). Temperament methodology and chronic physical illness: an example from juvenile diabetes. In W.B. *Carey* & S.C. *McDevitt* (Hg.), Clinical and educational applications of temperament research. Amsterdam/Lisse: Swets & Zeitlinger; Berwyn, PA: Swets North America, S. 107-111.
Garrison, W.T. & Earls, F.J. (1987). Temperament and child psychopathology. Newbury Park, CA: Sage.
Goldsmith, H.H. (1983). Genetic influences on personality from infancy to adulthood. *Child Development*, **54**, 331-355.
Goldsmith, H.H. & Campos, O. (1982). Toward a theory of infant temperament. In R. *Emde* & R. *Harmon* (Hg.), Attachment and affiliative systems. New York: Plenum, S. 161-193.
Goldsmith, H.H., Buss, A.H., Plomin, R., Rothbart, M.K., Thomas, A., Chess, S., Hinde, R.A. & McCall, R.B. (1987), Roundtable: What is temperament? Four approaches. *Child Development*, **58**, 505-529.
Guntern, G. (1980). Die kopernikanische Revolution in der Psychotherapie: der Wandel vom psychoanalytischen zum systemischen Paradigma. *Familiendynamik*, **5**, 2-41.
Hagekull, B. (1989). Longitudinal stability of temperament within a behavioral style framework. In G.A. *Kohnstamm* et al. (Hg.), Temperament in childhood. New York: Wiley, S. 283-298.
Jung, C.G. (1920). Psychologische Typen. Ges. Werke Bd. VI. Zürich: Rascher. 1960.
Kadushin, A. & Martin, J.A. (1981). Childabuse: an interactional event: New York: Columbia University Press.
Kagan, J. (1982). The construct of difficult temperament. A reply to Thomas, Chess, and Korn. *Merrill-Palmer Quartely*, **28**, 21-24.
Kagan, J. (1989). Unstable ideas. Cambridge, MA: Harvard University Press.
Kagan, J. & Moss, H. A. (1962). Birth to maturity. New York: Wiley. Neuaufgelegt 1983, New Haven: Yale University Press.
Kagan, J. & Snidman, N. (1991). Temperamental factors in human development. *American Psychologist*, **46**, 856-862.
Kagan, J., Reznick, J.S. & N. Snidman, N. (1987). The physiology and psychology of inhibition to the unfamiliar. *Child Development*, **58**, 1459-1473.
Keogh, B. (1989). Applying temperament research to school. In G.A. *Kohnstamm* et al. (Hg.), Temperament in childhood. New York: Wiley, S. 437-451.
Kohnstamm, G.A. (1989). Historical and international perspectives. In G.A. *Kohnstamm* et al. (Hg.), Temperament in childhood. New York: Wiley, S. 557-567.
Kohnstamm, G.A., Bates, J.E. & M.K. Rothbart, M.K. (Hg.) (1989). Temperament in childhood. New York: Wiley.

Kretschmer, E. (1921). Körperbau und Charakter. Berlin: Springer.
LaGasse, L.L., Gruber, C.P. & Lipsitt, L.P. (1989). The infantile expression of avidity in relation to later assessments of inhibition and attachment. In S. Reznick (Hg.), Perspectives on behavioral inhibition. Chicago: University of Chicago Press, S. 159-176.
Lamb, M.E. & Bornstein, M.H. (1987). Development in infancy. New York: Random House. 2. Aufl..
Lerner, R.M. (1982). Children and adolescents as producers of their own development. *Developmental Review*, 2, 342-370.
Lerner, R.M. & Busch-Rossnagel, N.A. (1981). Individuals as producers of their development. New York: Academic Press.
Lerner, R.M., Lerner, J.V., Windle, M. Hooker, K, Lernez, K. & East, P.L. (1986). Children and adolescents in their contexts: Tests of a goodness of fit model. In R. Plomin & J. Dunn (Hg.), The study of temperament: changes, continuities and challenges. Hillsdale, NJ: Erlbaum, S. 99-114.
Lerner, J.V. & Lerner, M.R. (1994). Explorations of the goodness-of-fit model in early adolescence. In W.B. Carey & S.C. McDevitt (Hg), Prevention and early intervention. Individual differences as risk factors for the mental health of children. A Festschrift for Stella Chess and Alexander Thomas. New York: Brunner/Mazel, S. 161-169.
Lombroso, C. (1911). Crime and its causes. Boston: Little Brown.
Maccoby, E.E. & Martin, J.A. (1983). Socialisation in the context of the familiy: Parent-child interaction. In E. Mavis Hetherington (Hg.), Socialisation, personality and social development. In P.H. Mussen (Hg.), Handbook of child psychology, Vol. IV, 4. Aufl.. New York: Wiley, S. 1-101.
Martin, R. (1989). Temperament and education: Implications for underachievement and learning disabilities. In W.B. Carey & S.C. McDevitt, Clinical and educational applications of temperament research. Lisse: Swets & Zeitlinger; Berwyn, PA: Swets North America, S. 37-52.
Martin, R., Olejnik, S. & Gaddis, L. (1994). Is temperament an important contributor to schooling outcomes in elementary school? Modeling effects of temperament in scholastic ability and academic achievement. In Carey & S.C. McDevitt (Hg.), Prevention and early intervention: Individual differences as risk factors for the mental health of children. A Festschrift for Stella Chess and Alexander Thomas. New York: Brunner/Mazel, S. 59-68.
Matheney, A.P. (1980). Bayley's Infant Behavior Record: Behavioral components and twin analyses. *Child Development*, 51, 1157-1167.
Matheney, A.P. (1987). Developmental research of twin's temperament. *Acta Geneticae Medicae et Gemellologicae*, 36, 135-143.
Matheney, A.P. (1989). Injury prevention and temperament. In W.B. Carey & S.C. McDevitt (Hg.), Clinical and educational implications of temperament research. Lisse: Swets & Zeitlinger; Berwyn, PA: Swets North America, S. 103-106.
Maziade, M. (1989). Child temperament as an epidemiological concept. In W.B Carey & S.C. McDevitt (Hg.), Clinical and educational applications

of temperament reserach. Lisse: Swets & Zeitlinger; Berwyn, PA: Swets North America, S. 175-187.

Maziade, M. (1994). Temperament research and practical implications for clinicians. In W.B. Carey & S.C. McDevitt (Hg.), Prevention and early intervention. Individual differences as risk factors for the mental health of children. A Festschrift for Stella Chess and Alexander Thomas. New York: Brunner/Mazel, S. 69-80.

Maziade, M., Capérà, P., Laplante, B., Boudreault, M., Thiverge, J., Côté, R. & Boutin, P. (1985). Value of difficult temperament among 7-year-olds in the general population for predicting psychiatric diagnosis at age 12. American Journal of Psychiatry, 142, 943-946.

McDevitt, S.C. (1994). Assessment of individual differences in the temperament of children: evaluation of interactions. In W.B. Carey & S.C. McDevitt (Hg.), Prevention and early intervention. Individual differences as risk factors for the mental health of children. A Festschrift for Stella Chess and Alexander Thomas. New York: Brunner/Mazel, S. 193-201.

Mehrabian, A. (1987). Eating characteristics and temperament. New York: Springer.

Miller, A. (1983). Das Drama des begabten Kindes und die Suche nach dem wahren Selbst. Frankfurt a. Main: Suhrkamp.

Plomin, R. (1990). Nature and nurture. An introduction to human behavioral genetics. Pacific Grove: Brooks / Cole.

Plomin, R. & Rowe, D.C. (1977). A twin study of temperament in young children. The Journal of Psychology, 97, 107-113.

Plomin, R. & Rowe, D.C. (1979). Genetic and environmental etiology of social behavior in infancy. Developmental Psychology, 15, 62-72.

Plomin, R. & Dunn, J. (Hg.) (1986). The study of temperament: Changes, continuities and challanges. Hillsdale, NJ: Erlbaum.

Remschmidt, H. (1987). Kinder- und Jugendpsychiatrie. Eine praktische Einführung. Stuttgart & New York: Thieme. 2. Aufl..

Rosenbaum, J.F., Biederman, J. & Gersten, M. (1989). Anxiety disorders and behavioral inhibition. In S. Reznick (Hg.), Perspectives on behavioral inhibition. Chicago: University of Chicago Press, S. 255-270.

Rosenberg, A. & Kagan, J. (1987). Iris pigmentation and behavioral inhibition. Developmental Psychobiology, 20, 377-392.

Rothbart, M.K. (1989). Temperament and development. In G.A. Kohnstamm et al. (Hg.), Temperament in childhood. New York: Wiley, S. 187-248.

Rothbart, M.K. & Derryberry, P. (1981). Development of individual differences in temperament. In M.E. Lamb & Brown, A. (Hg.), Advances in developmental psychology (Vol. 1). Hillsdale, NJ: Erlbaum.

Rutter, M. (1982). Temperament: Concepts, issues and problems. In R. Porter & C.G. Collins (Hg.), Temperamental differences in infants and young children. Ciba Foundation Symposion 89. London: Pitnam, S. 1-19.

Rutter, M. (1989). Temperament: Conceptual issues and clinical implications. In G.A. Kohnstamm et al. (Hg.), Temperament in childhood. New York: Wiley, S. 463-479.

Sameroff, A.J. (1978). Summary and conclusions: the future newborn assessment. In *A.J. Sameroff* (Hg.), Organisation and stability of newborn behavior: A commentary on the Brazelton Neonatal Behavior Assessment Scale. *Monographs of the Society for Research in Child Development*, **43**, No. 5-6, S. 102-117.

Scarr, S. (1969). Social Introversion-Extraversion as a heritable response. *Child Development*, **40**, 823-832.

Scarr, S. (1992). Developmental theories for the 1990s: Development and individual differences. *Child Development*, **63**, 1-19.

Schmidt-Denter, U. (1988). Die soziale Entwicklung des Kindes. München: Psychologie Verlags Union.

Schneider, K. (1923). Die psychopathischen Persönlichkeiten. Leipzig: Deuticke.

Sheldon, W.H. (1942). The varieties of temperament. New York: Harper.

Skinner, B.F. (1953). Science and human behavior. New York: Free Press.

Slabach, E.H., Morrow, J. & Wachs, T.D. (1991). Questionnaire measurement of infant and child temperament. Current status and future directions. In *J. Strelau & A. Angleitner* (Hg.), Explorations in temperament. International perspectives on theory and measurement. London & New York: Plenum Press, S. 205-234.

Smith, B. (1994). The Temperament Program: Community-based prevention of behavior disorders in children. In *W.B. Carey & S.C. McDevitt* (Hg.), Prevention and early intervention: Individual differences as risk factors for the mental health of children. A Festschrift for Stella Chess and Alexander Thomas. New York: Brunner / Mazel, S. 257-266.

Spitz, R. (1965). The first year of life. New York: International Universities Press.

Steinhausen, H.-Chr. (1988). Psychische Störungen bei Kindern und Jugendlichen. München, Wien, Baltimore: Urban & Schwarzenberg.

Stevenson-Hinde, J. & Hinde, R.A. (1986). Changes in associations between characteristics. In *R. Plomin & J. Dunn* (Hg.), The study of temperament: Changes, continuities and challenges. Hillsdale & London: Erlbaum, S. 115-129.

Strauss, M.E. & Rourke, D.L. (1978). A multivariate analysis of the neonatal behavioral assessment scale in several samples. In *A.J. Sameroff* (Hg.), Organisation and stability of newborn behavior. A commentary on the Brazelton Neonatal Behavior Assessment Scale. *Monographs of the Society for Research in Child Development*, **43**, No. 5-6, S. 81-91.

Strelau, J. (1983). Temperament, personality, activity. London: Academic Press.

Strelau, J. & Angleitner, A. (Hg.) (1991). Explorations in temperament. International perspectives on theory and measurement. London & New York: Plenum Press.

Talwar, R., Nitz, K., Lerner, J.V. & Lerner, M.R. (1991). The functional significance of organismic individuality, the sample case of temperament. In *J. Strelau & A. Angleitner* (Hg.), Explorations in temperament, internatio-

nal perspectives on theory and measurement. London & New York: Plenum Press, S. 29-42.
Thomas, A. & Chess, S. (1977). Temperament and development. New York: Brunner/Mazel.
Thomas, A. & Chess, S. (1980). Temperament und Entwicklung. Stuttgart: Enke. Übersetzung von Thomas & Chess 1977.
Thomas, A., Chess, S. & Birch, H.G. (1968). Temperament and behavior disorders in children. New York: New York University Press; London: University of London Press.
Thomas, A., Chess, S. & Korn, S. (1982). The reality of difficult temperament. Merrill-Palmer-Quarterly, 28, 1-20.
Thomas, A., Chess, S., Birch, H.G., Hertzig, M. & Korn, S. (1963). Behavioral individuality in early childhood. New York: New York University Press.
Torgersen, A.M. & Kringlen, E. (1978). Genetic aspects of temperament differences in twins. Journal of the American Academy of Child Psychiatry, 17, 433-444.
Torgersen, A.M. (1987). Longitudinal research on temperament in twins. Acta Medicae et Gemellologicae, 36, 145-154.
Tourrette, C. (1991). D' un bébé a l' autre. Les différences individuelles au début du développement. Paris: Presses Universitaires de France.
Turecki, S. & Tonner, L. (1988). Das lebhafte Kind: Fordernd und begabt. Aus dem Amerikanischen von Ingrid Lacker. München: Knaur.
Turecki, S. & Tonner, L. (1985). The difficult child. New York: Bantam Books. Durchgesehen und erweitert 1989.
Watson, J. B. (1924). Behaviorism. New York: Norton.
Watson, J. B. (1928). Psychological care of infant and child. New York: Norton.
Weidenmann, B. & Krapp, A. (Hg.) (1986). Pädagogische Psychologie. Ein Lehrbuch. München: Urban & Schwarzenberg.
Zentner, M.R. (1993). Die Wiederentdeckung des Temperaments. Die Entwicklung des Kindes im Licht moderner Temperamentforschung und ihrer Anwendungen. Paderborn: Junfermann Verlag.

Ereignisse, Narrationen, Gedächtnis: Was entwickelt sich?

*Katherine Nelson**

Forscher, die sich mit Erinnerungsvermögen und Gedächtnis beschäftigen, sehen sich permanent mit dem Problem konfrontiert, was es eigentlich ist, das sie da untersuchen, und ob es verschiedene Arten von Erinnerung bzw. Gedächtnis gibt oder ob es sich um eine einzige Struktur, einen Prozeß oder eine Funktion handelt, die als Gedächtnis bzw. Erinnerung bezeichnet wird. Entwicklungspsychologen sehen sich mit diesem Problem insbesondere dann konfrontiert, wenn sie herauszufinden versuchen, wann eine bestimmte Fähigkeit oder Funktion des Gedächtnisses in der Kindheit auftaucht und ob sie dies tut. In den letzten Jahren haben Forscher, die im Bereich der Entwicklungspsychologie tätig sind, ihre Aufmerksamkeit auf das generische Ereignis-Gedächtnis oder Scripts, auf das episodische Gedächtnis für spezifische Episoden von Ereignissen und auf das autobiographische Gedächtnis als einen speziellen Typ des episodischen Gedächtnisses, das die Lebensgeschichte des Betreffenden ausmacht, konzentriert. Im Gegensatz zu diesen Arten von Ereignis-Gedächtnis gibt es auch noch ein semantisches Gedächtnis, das von *Tulving* (1972) identifiziert wurde; dieses ist als dekontextualisiertes Wissenssystem organisiert. In diesem Aufsatz möchte ich verfolgen, wie sich die Auseinandersetzung mit diesen Arten des Erinnerns entwickelt hat, wobei ich von frühen Untersuchungen ausgehen werde, die ich zusammen mit einer Gruppe von Kollegen und Studenten an der Yale University und an der CUNY durchgeführt habe. Anschließend werde ich die damals gewonnenen Erkenntnisse dem heutigen Stand der Erkenntnis anpassen, wobei ich ein großes Spektrum von Studien aus anderen Instituten sowie auch aus unserem eigenen einbeziehen werde.

---

* Vortrag anläßlich des *Symposium on Emotion and Memory* [Oktober 1991] in Minnesota

*Tulving*s (1972) Unterscheidung zwischen semantischem und episodischem Gedächtnis hat meine eigene Herangehensweise an die Probleme im Zusammenhang mit der Entwicklung des Gedächtnisses in der frühen Kindheit von Anfang der siebziger Jahre an beeinflußt. Doch weil Erinnerungen an Erfahrungen aus dem realen Leben, und insbesondere diejenigen aus der Kindheit und aus der Periode der sehr frühen Kindheit, mir nicht gut charakterisiert erscheinen, wenn man sie als „semantisch" bezeichnet (weil sie möglicherweise keine verbale Komponente enthalten), ziehe ich den Begriff „generisch" als Gegensatz zu „episodisch" vor. Es hat sich jedoch herausgestellt, daß es mehr als eine Art von generischem Gedächtnis gibt.

Ich hatte zunächst den Eindruck, daß sich das entwicklungspsychologische Problem, das durch diese Unterscheidung entsteht, einfach aufgrund der Ursprünge des episodischen und des generischen (semantischen) Gedächtnisses fassen läßt – konnte es sein, daß das eine sich vor dem anderen entwickelte? (Siehe *Nelson & Brown* 1979.) Als wir anfingen, uns mit dieser Frage auseinanderzusetzen, gab es so gut wie keine Untersuchungen über das Erinnerungsvermögen von Kindern im Vorschulalter. Dies hat sich im Laufe der letzten zwanzig Jahre dramatisch verändert, da ein wachsendes Bewußtsein für die Bedeutung ökologischer und ethnographischer Aspekte die Gedächtnisforschung aus den Laboratorien in die Haushalte und Kinderhorte verlagerte, so daß sie sich auf die natürlichen Aktivitäten konzentrieren konnte, mit denen Kinder ihren Alltag zubringen, sowie auch auf die Arten von Information, an die sie sich erinnern müssen, um jene Alltagsaktivitäten erfolgreich bewältigen zu können. Heute fragen Forscher nicht mehr, ob Kinder sich an die Dinge erinnern können, die man ihnen zum Erinnern speziell vorgibt – gewöhnlich sind das Wörter, Bilder oder Objekte –, sondern die Probanden werden bezüglich ihrer Erinnerung an die Dinge befragt, mit denen sie in ihrem Alltag zu tun haben. Dies stand an der CUNY von Anfang an im Zentrum unserer Untersuchungen. Wir haben das Erinnerungsvermögen von Kindern für erlebte Ereignisse untersucht, wobei beteiligte Personen, die Orte des Geschehens und die speziellen Aktivitäten einbezogen wurden. Wir haben die Fähigkeit, sich an Wörter und Objekte zu erinnern, nicht als kontextlose Untersuchungsgegenstände betrachtet, sondern einbezogen, wie sie in die dem Kind eigenen Schemata des Wissens über Ereignisse hineinpassen. (Siehe *Perlmutter* 1980; dort ist eine Sammlung von Aufsätzen über diese frühen Untersuchungen aufgeführt.)

Unsere ersten Untersuchungen bezogen sich hauptsächlich auf das allgemeine Ereignis-Gedächtnis von Kindern oder auf Scripts für vertraute Ereignisse (*Nelson* & *Gruendel* 1981). Wir stellten fest, daß Kinder bereits im Alter von drei Jahren recht gute und zuverlässige Repräsentationen von vertrauten, wiederkehrenden Ereignissen hatten und daß sie einen verbalen Bericht über diese geben konnten. Wir bezeichneten dieses Wissen als generisch, weil es fast immer auf sehr verallgemeinernde Weise formuliert war. Weil die gleichen Kinder keine besonders guten Repräsentationen von *spezifischen* Episoden aus ihrem Leben zu haben schienen (*Hudson* & *Nelson* 1986), stellten wir die vorläufige Hypothese auf, daß das generische Gedächtnis dem episodischen in der Entwicklung vorangeht. Diese Schlußfolgerung erschien ein wenig radikal, insofern sie implizierte, daß das Gedächtnis von Kindern zunächst abstrakt sei, bevor es spezifisch würde, was das genaue Gegenteil der traditionellen Annahmen über die Entwicklung war.

Das Script-Modell, das *Schank* und *Abelson* (1977) entwickelten, um das narrative Verständnis und Pläne als Handlungssequenzen, die um ein Ziel herum organisiert sind, zu beschreiben, schien mit jenen frühen Untersuchungsergebnissen, die von Kleinkindern gewonnen wurden, ausgezeichnet zusammenzupassen. Unsere Untersuchungen zeigten, daß Kinder im Vorschulalter über gutes generisches Wissen vom Script-Typ verfügen, welches es ihnen ermöglicht, vertraute Ereignisse in kanonischen, kausal-temporalen Handlungssequenzen zu repräsentieren, die zentrale Ereignisse oder Ziele organisieren und Gruppen von Objekten, die Leerstellen in Aktivitäts-Objekt-Bezügen (active-object slots) ausfüllen, und Rollen, die Menschen innerhalb des Ereignis-Scripts spielen, umfassen. Dieses generische Wissen in den allgemeinen Ereignis-Repräsentationen oder Scripts, so wurde weiter gezeigt, spielte eine Rolle beim Verständnis und Gebrauch komplexer sprachlicher Formen, bei der Interpretation von Geschichten und dramatischem Spiel sowie auch beim Erinnern derselben, bei der Produktion von Phantasiegeschichten und sogar bei der Organisation von Objekt-Kategorien (*French & Nelson* 1985; *Luciarello & Nelson* 1985; *Nelson* 1986; *Nelson & Gruendel* 1979).

Deshalb stellten wir die These auf, daß Kinder zunächst Scripts für vertraute Ereignisse konstruieren und daß sie erst, nachdem sie sich genügend Script-Wissen angeeignet haben, in der Lage seien, jenes Wissen als Hintergrund zu benutzen, von dem aus sie ein spezifisches *neuartiges* Ereignis erinnern oder rekonstruieren könnten. Diese Schlußfolgerung schien der offensichtlichen Schwierigkeit gerecht zu werden, die kleine Kinder beim Erinnern von Episoden haben, es sei denn, Erwachsene bieten ihnen viele Erinnerungshilfen an (*Nelson, Fivush, Hudson & Luciarello* 1983; *Nelson & Ross* 1980). Außerdem legte diese These auch eine Erklärung des Phänomens der frühkindlichen Amnesie nahe, der Unfähigkeit, sich an Ereignisse aus den ersten Jahren des eigenen Lebens zu erinnern (*Nelson* 1990, 1991b).

Wie ich an anderer Stelle vertreten habe (*Nelson* 1991b), halte ich es für bemerkenswert, daß Entwicklungspsychologen – selbst diejenigen unter ihnen, die das Erinnerungsvermögen von Kleinkindern erforschen – allgemein das Phänomen der frühkindlichen Amnesie vernachlässigt haben, ungeachtet seiner deutlichen Implikation, daß in der frühen Kindheit eine äußerst dramatische Entwicklung stattfindet, die entweder ein neues Erinnerungssystem begründet oder es bereits existierenden Erinnerungen ermöglicht, weiter bestehen zu bleiben, oder die bereits existierenden unterdrückt (*Freud* 1963). (Bei *Pillemer & White*, 1989, ist eine zusammenfassende Darstellung dieser Themen zu finden.) Die Erklärung für diese Entwicklung, die unsere anfängliche Untersuchung nahelegte, war, daß Erwachsene sich an Episoden aus ihrer frühen Kindheit nicht erinnern, weil Kleinkinder kein episodisches Gedächtnis haben, sondern nur ein allgemeines Script-Gedächtnis; alles, was von einer Erfahrung erinnert wird, wird in das allgemeine Script-System integriert. Erst nachdem dieses System wohlfundiert ist, können spezifische Episoden als neuartige und erinnernswert gesehen werden.

Man beachte, daß das Script-Gedächtnis in hohem Maße funktionell ist. Es ermöglicht dem Menschen, den Verlauf zukünftiger ähnlicher Situationen vorauszusagen, sich darauf vorzubereiten, das eigene Verhalten in einer vertrauten Situation zu steuern und

Berichte oder Geschichten zu interpretieren, die andere Menschen über ein solches Ereignis erzählen. Tatsächlich scheinen Scripts aus funktioneller Perspektive einen wesentlich größeren Wert zu haben als episodische Erinnerungen an einmalige Ereignisse (*Nelson* 1989b, 1991b). Somit scheint es so, als habe die Evolution das scriptartige generische Gedächtnis als Grundform des menschlichen Gedächtnisses (sowie auch des Gedächtnisses anderer Säugetiere) entwickelt. Diese Möglichkeit warf zwei Fragen auf:

> Warum sollten Kinder (oder Erwachsene) überhaupt jemals episodische Erinnerung haben? Und wann konnten episodische Erinnerungen zum Bestandteil eines dauerhaften autobiographischen Gedächtnissystems werden?

Im Gegensatz zu unseren früheren Schlußfolgerungen jedoch haben nachfolgende Untersuchungen an der CUNY (z.B. *Hudson & Nelson* 1986; *Hudson* 1986; *Nelson & Hudson* 1988; *Nelson* 1989) – und viele Untersuchungen, die *Robyn Fivush*, *Judith Hudson* und andere Forscher seither durchgeführt haben – ergeben, daß sehr kleine Kinder – im Alter von einem Jahr – tatsächlich nicht nur allgemeine Ereignis-Repräsentationen haben, sondern auch spezifische Erinnerungen an bestimmte Episoden aus ihrem Leben. Unsere anfängliche Mutmaßung, daß das generische Gedächtnis zuerst entsteht und daß es zunächst spezifische Erinnerungen ausschließt, schien falsch zu sein. Diese Schlußfolgerungen basieren auf einer Vielzahl von Untersuchungen, darunter Berichten von Eltern, Interviews von Experimentatoren über spezifische natürlicherweise auftretende Erfahrungen, Tonbandaufnahmen von Kindern, wenn sie Selbstgespräche führen (siehe die Beschreibung weiter unten) und der Befragung von Kindern über inszenierte experimentelle Episoden.

Es bleibt jedoch etwas schwer Faßbares an diesen Ergebnissen. Kindern benötigen häufig ausführliche Hinweise, um irgendeine Information über Ereignisse hervorzubringen, die sie erlebt haben. Wenn man Kinder bittet, über Ereignisse zu berichten, die sie erlebt haben, so ist das nicht immer von Erfolg gekrönt; oft scheint es, daß die Erinnerungen des Erwachsenen über den betreffenden Vorfall nicht mit denjenigen des Kindes übereinstimmen, wobei es durchaus sein kann, daß Kinder über Elemente berichten, die Erwachsene nicht bemerkt oder vergessen haben. Vielleicht ist die Tatsache, daß

Erwachsene sich an Erlebnisse aus ihrer frühen Kindheit nicht mehr erinnern können, die Folge von unterschiedlichem Interesse oder von unterschiedlichen Schwerpunkten der Aufmerksamkeit. Außerdem scheinen die Erinnerungen von Kleinkindern *gewöhnlich nicht länger als sechs Monate bestehen zu bleiben*, im Gegensatz zu den Erinnerungen älterer Kinder und Erwachsener, die in manchen Fällen noch nach Jahrzehnten abgerufen werden können. (*Fivush & Hamond* [1990] haben bei vierjährigen Kindern Hinweise auf zwei Jahre alte Erinnerungen gefunden, doch diese Zeitspanne mag außergewöhnlich lang sein. Es bedarf eindeutig weiterer Verifizierungen, damit die Bedingungen konkretisiert werden können, unter denen langandauernde Erinnerungen in den Jahren der frühen Kindheit etabliert werden könnten.)

Die weiter oben aufgeworfenen Fragen bleiben jedoch unbeantwortet. Der Versuch, eindeutige Beweise dafür zu finden, daß auch Kinder über einige episodische Erinnerungen verfügen, wirft weitere Fragen auf, die den zentralen Schlüssel liefern könnten: An *welche* Episoden erinnern Kinder sich, und *warum*?

Im folgenden suche ich nach Antworten auf diese Fragen aufgrund von Hinweisen auf sehr frühe episodische Erinnerungen und auf generisches Gedächtnis, die in den Selbstgesprächen eines Kindes auftauchten, wobei ich untersuchen werde, was in jene Selbstgespräche Eingang findet und warum. Anschließend werde ich Anhaltspunkte für den Einfluß der sprachlichen Äußerungen von Erwachsenen über Vergangenheit, gegenwärtiges Geschehen und Zukunft auf die Entwicklung des episodischen oder autobiographischen Gedächtnisses untersuchen, und ich werde mich damit beschäftigen, wie jede dieser Arten des Redens die Erinnerung an ein Ereignis beeinflussen könnte. Daran anschließend werde ich psychologische und soziale Ursprünge des episodischen und autobiographischen Gedächtnisses betrachten und Themen vorschlagen, die zukünftige Untersuchungen aufgreifen könnten. Zum Abschluß werde ich mich damit beschäftigen, inwiefern das, was *Tulving* als semantisches Gedächtnis bezeichnet hat, seine Wurzeln in den Gesprächen zwischen Eltern und Kindern haben könnte.

Gespräche von Kindern über die Vergangenheit: Monolog und Dialog

Auf der Suche nach der Antwort auf die „Was"-Frage erhielt ich 1981 die Hilfe eines sehr kooperativen Elternpaares mit einer 21 Monate alten Tochter, *Emily*, deren sprachliche Fähigkeiten zu jenem Zeitpunkt bereits sehr ausgeprägt waren. Die Eltern waren einverstanden, die Selbstgespräche des Mädchens vor dem abendlichen Zubettgehen sowie auch vor dem Mittagsschlaf auf Tonband aufzuzeichnen. Ich wollte auf diese Weise den Charakter und die Form der frühen episodischen Erinnerungen untersuchen. Die Transkripte dieser Selbstgespräche enthielten eine reichhaltige Sammlung von *Emilys* Erinnerungen, und zwar sowohl spezifische als auch allgemeine. Über diese ist seither in mehreren Publikationen berichtet worden (*Nelson* 1988; *Nelson* 1989a; *Nelson* 1989b), in denen auch Details über die Untersuchungsmethoden beschrieben wurden.

Die zeitlich ersten jener Transkripte deuteten darauf hin, daß *Emily* im Alter von 21 Monaten (wenn sie allein in ihrem Kinderbettchen lag) über Fragmente von erinnerten Erfahrungen sprach, beispielsweise darüber, wie sie einmal mit ihrer Großmutter eine Bibliothek besucht hatte. (Diese Erinnerungen wurden von der Mutter, die die Tonbänder abhörte, bevor sie transkribiert wurden, als zutreffend bestätigt.) Als *Emily* 24 Monate alt war, wurde eine überraschende Entwicklung beobachtet. Die Transkripte enthielten immer noch Fragmente, aber auch einige Berichte, die ziemlich kohärent organisiert waren, Vorläufer einer erzählerischen Darstellung: Sie hatten die Form einer Folge von Handlungen, die temporär und kausal innerhalb eines begrenzten zeitlichen Rahmens miteinander verbunden waren. Es folgt ein Beispiel hierfür, das im Alter von 23 Monaten entstand:

> (1) Wenn mich Schlaf und, und Mormor kam. Dann Mami kommen dann aufstehen, Zeit Hause gehen. Zeit Hause gehen. Trinken P-Wasser [Perrier]. Gestern habe das getan. Jetzt Emmy schlafen in richtigen Bett.

Dieser Bericht darüber, wie Mami sie zu ihrem Babysitter gebracht hatte, war sicherlich nicht besonders ausführlich oder ungewöhnlich, und man kann ihn wohl auch nicht als eine voll ausgeprägte Narration oder Story bezeichnen. Doch enthält er einen zusammenhängenden, zeitlich organisierten, vollständigen Handlungsverlauf mit verschiedenen Akteuren und Orten des Geschehens.

Berichte über autobiographische Erinnerungen von Kindern wie auch von Erwachsenen legen die Idee der Erinnerung als einer Narration nahe. Die Tatsache, daß Hinweise auf Narrativität bei sehr frühen episodischen Erinnerungen gefunden wurden, legt zumindest die Vermutung nahe, daß die Form der Narration eine wichtige Rolle bei der Begründung des episodischen Gedächtnisses spielen könnte. Um diese Vermutung zu überprüfen, müssen wir uns darüber im klaren sein, was als Narration zu bezeichnen ist und was nicht. Auf der grundlegendsten Ebene besteht eine Narration aus dem Bericht über eine Sequenz von Aktivitäten von Handelnden. Diese Aktivitäten sind auf irgendeine Weise miteinander verbunden, weil sie zu dem Zweck organisiert sind, ein Ziel zu erreichen oder ein Problem zu lösen. Es gibt einen Grund dafür, weshalb die Begebenheit erzählt wird (*Labov* 1972; *Peterson & McCabe* 1983). Geübte Erzähler organisieren ihre Geschichten natürlich um einen Bedeutungskern; deshalb kann es sein, daß sie die Ereignisse nicht einfach in der tatsächlichen Reihenfolge des Geschehens beschreiben, sondern außerdem auch Kausalzusammenhänge verdeutlichen, bewertende Kommentare einfügen oder die Ereignisse sogar so umarrangieren, daß eine Spannung aufgebaut wird.

Bruner & Luciarello (1989) gründeten ihre Analyse von *Emily*s Monologen auf *Burke*s (1945) Ausführungen über die „Grammatik der Motive". Insbesondere stellten sie die Hypothese auf, daß jede Narration auf impliziten Annahmen über die Art, wie Dinge gewöhnlich geschehen, basiert – auf dem kanonischen Wer, Wo, Warum, Was und Wie eines Ereignisses. Die kanonische Form entspricht dem Script oder der allgemeinen Ereignis-Repräsentation, die ich zusammen mit *Gruendel* untersucht habe, und auf der *Schank & Abelson* (1977) ihre Script- und Geschichten-Analyse aufgebaut haben. Während ein Script beispielsweise die Grundlage für eine einfache Narration bilden mag – wie beispielsweise ein Bericht über das, was in der Schule passiert ist –, wird eine gute Geschichte (Story), wie *Bruner & Luciarello* ausgeführt haben, um „Probleme" in der kanonischen Form des erwarteten Ereignisses herum formuliert: „Handlungen erreichen ihr Ziel nicht, Szenen und Akteure passen nicht zusammen, Mittel und Ziele stimmen nicht überein usw. Die Narration ist ein Vehikel zum Charakterisieren, Erforschen, Verhindern, Ausbrüten, Wiedergutmachen oder Erinnern der Konsequenzen von ‚Schwierigkeiten'" (*Bruner & Luciarello* 1989, 76-77).

Bruner & Luciarellos Vorstellung, daß Geschichten aus kanonischen Ereignis-Schemata hervorgehen, stimmt mit *Gruendels* (1980) Analyse von um bekannte Ereignisse herum formulierten Kindergeschichten überein. Sie fand heraus, daß Vierjährige, wenn man sie bat, eine Geschichte zu erzählen, einfache Scripts produzierten, während ältere Kinder zuerst das Script veränderten, indem sie die kanonische Form leicht abwandelten (z.B. ein Garten, in dem Lutscher, statt Blumen wuchsen) und erst später (mit dem Alter von acht Jahren beginnend) eine vollständige, problemlösende und durchgängige Geschichte produzierten.

Es wäre deshalb falsch gewesen zu erwarten, daß *Emilys* Erinnerungen im Alter von zwei bis drei Jahren vollständig ausgebildete geschichtenähnliche Narration gewesen wären. Doch im Laufe der Monate wurden *Emilys* Proto-Narrationen immer strukturierter, und sie enthielten linguistische Gestaltungsmittel, die *a priori* als charakteristisch für ausgereifte Narrationen bezeichnet werden können, da sie die Handlungsfolge, Kanonizität und Perspektive verdeutlichten (*Bruner & Luciarello* 1989). Beispielsweise produzierte *Emily* im Alter von 32 Monaten folgendes Selbstgespräch:

(2) Wir *kauften* ein Baby, weil, die nun weil, wenn sie, nun, wir *dachten*, es wäre für Weihnachten, aber *als* wir zum Laden gingen, hatten wir unsere Jacke nicht an, aber ich sah eine Puppe, und ich *schrie* meine Mutter an und sagte, ich wolle eine dieser Puppen. Als wir dann in dem Laden fertig waren, gingen wir zu der Puppe, und sie *kaufte* mir eine. Deshalb habe ich jetzt eine.

Linguistische Gestaltungsmittel wie jene, die Intentionalität („Wir dachen", „Ich wollte"), Temporalität („als", „nachdem"), und Kausalität („deshalb") zum Ausdruck bringen, transformieren die kanonische Form eines Ereignisses zu einer Geschichte mit einem Sinn. Dadurch produzieren sie eine „Landschaft des Bewußtseins" sowie auch eine „Landschaft der Handlung" (*Bruner* 1986). Produktionen wie das obige Beispiel (2) deuten sicherlich darauf hin, daß das Erwerben der Narrationsfähigkeit selbst die Art beeinflußt haben mag, wie *Emily* episodische Erinnerungen organisiert hat. Aber wie hat sie sich die Erzählform angeeignet?

Hat die Erzählform ihre Erinnerungen effektiv organisiert (und sie vielleicht dadurch zu autobiographischen Erinnerungen transformiert)? Oder, alternativ, lieferte das Erinnern an Vorfälle der Vergangenheit ihr lediglich die Inhalte, mit deren Hilfe sie die Erzählform üben konnte? Woher kommt die Erzählform?

Bevor wir uns mit möglichen Antworten auf diese Fragen befassen werden, sollten wir uns mit zumindest einer Art von Ereignisbericht in *Emilys* Monologen beschäftigen, mit dem verallgemeinernden Script. Es folgt ein frühes Beispiel für ein solches Script:

(3) Ich kann nicht mit Jamas an in den Keller gehen. Ich schlafe mit Jamas. Schlafen mit Jamas okay. Nachts ziehe ich nur Große-Mädchen-Hose an. Aber morgens ziehen wir Jamas an. Aber, und der Morgen steht auf... aus dem Zimmer. Aber, nachmittags mich wache auf und spiele. Spiele mit Mami, Papi... (24 Monate)

Obgleich dieser Bericht nicht ganz zutreffend ist, spiegelt er *Emilys* Interesse daran, wie Dinge vor sich gehen. Später, im dritten Lebensjahr, wurden ihre „Scripts" sehr stark ausgeweitet, so daß eines, in dem es um die Alltagsroutine ging, über 50 separate Aussagen enthält, die in kanonischer Ordnung berichtet werden, wobei mehrere Wiederholungen der gleichen Ereignisfolge vorkommen. Es ist bemerkenswert, daß diese als Voraussage darüber, was am folgenden Tag geschehen würde, formuliert wurden – d.h., das Script diente als Grundlage für die *Antizipation* vertrauter Ereignisfolgen. Später werden wir sehen, daß die Grundlage dieser Beziehung im elterlichen Gespräch zu suchen ist.

Man könnte die Ansicht vertreten, daß diese beiden Arten von Ereignisberichten, die in *Emilys* Monologen gefunden wurden – verallgemeinerndes Script und spezifische Episode aus der Vergangenheit –, verschiedene Beziehungen zum Gedächtnis haben – insbesondere zum autobiographischen Gedächtnis – und zum Narrationsprozeß, durch den sie erzeugt worden sind. Wie bereits bemerkt, begründen Script-Berichte die kanonische Form von Ereignissen, sie enthalten jedoch keinen „Sinn", abgesehen von dem, daß sie dem Verständnis (und deshalb auch in einem gewissen Maße der Kontrolle) dessen dienen, wie die Welt beschaffen ist und was höchstwahrscheinlich passieren wird.

Spezifische episodische Schilderungen können eine bestimmte Erfahrung eines Routine-Ereignisses betreffen (wie beispielsweise die, beim Babysitter abgeholt zu werden), doch wesentlich häufiger basieren sie auf einer Variation über eine Routine – für *Emily*, daß sie einen Sattelschlepper sieht, daß die Familie ein neues Fernsehgerät bekommt, daß eine Puppe gekauft wird. Eine wichtige Frage ist, ob diese Varianten oder *episodischen Erinnerungen*, an die *Emily* sich in ihren Selbstgesprächen vor dem Einschlafen erinnerte, sie zu *autobiographischen Erinnerungen* macht, oder ob sie nur flüchtige Erinnerungen darstellten, ähnlich denjenigen eines Erwachsenen über ein nicht sonderlich interessantes kürzliches Essen. Es gibt tatsächlich Hinweise darauf, daß es sich dabei um mehr als um flüchtige Erinnerungen handelte. In den Transkripten tauchten in keinem Fall Erinnerungen auf, die beispielsweise im Alter von 2 oder 2½ Jahren nacherzählt und mit 2½ oder 3 Jahren wiederholt oder erneut erinnert wurden.

Damit im Zusammenhang könnten wir fragen: Warum wiederholte *Emily* diese Erinnerungen bei diesen Selbstgesprächen und erzählte sie sich somit selbst? Es ist interessant, daß die meisten ihrer Berichte über spezifische Episoden nicht von Dingen handelten, über die sie mit ihren Eltern gesprochen hatte – zumindest lautete so der Bericht der Mutter. Und ebensowenig handelt es sich um die Art von Dingen, auf die ihre Eltern sie durch antizipatorische Gespräche spezifisch vorbereitet hätten. Beispielsweise war die Episode des Kaufs der Puppe (2) nicht antizipiert worden, weil sie nicht geplant war. Wie ich häufig festgestellt habe, handelte es sich bei *Emilys* Erinnerungen um gewöhnliche, alltägliche Vorgänge aus ihrem Leben, nicht um wirklich neuartige Dinge (aus der Sicht der Erwachsenen) wie die Geburt ihres Bruders, ihren ersten Tag im Kindergarten oder ihre Reisen im Flugzeug zu ihren Großeltern.

In den Gesprächen vor dem Einschlafen mit den Eltern, die bei dieser Untersuchung zur Verfügung standen, wird kaum über spezifische Episoden aus der Vergangenheit gesprochen, obgleich es nach allem, was wir aus anderen Episoden aus der Vergangenheit wissen, praktisch sicher ist, daß *Emily* solche Gespräche erlebt hat. Dennoch deuten die Tatsache der unbedeutenden Themen ihrer Erinnerungen und die verneinende Erklärung ihrer Mutter darauf hin, daß das Material, das *Emily* in ihren Selbstgesprächen benutzte, nicht auf dem basierte, was ihre Eltern mit ihr „geübt" hatten. *Somit scheinen ihre Erinnerungen einzig aus ihren Bemühungen hervorgegangen zu sein, ihre direkte Ereigniserfahrung zu organisieren.*

Ein Schlüssel zur Beantwortung der Frage nach dem „Warum" dieser Episoden mag vielleicht in ihrem manchmal repetitiven Charakter liegen. Der Bericht darüber, wie ihre Mutter sie vom Babysitter abholte (1), wurde beispielsweise im Verlauf des abendlichen Monologs fünfmal mit Variationen wiederholt. Eine mögliche Deutung dieser Wiederholungen ist, daß sie dem gleichen Zweck dienten wie ihre script-erzeugenden Monologe. Das heißt, es handelte sich dabei um unterschiedliche Arten, auf die Charakteristika eines Ereignisses zu fokussieren und seine Bestandteile zu untersuchen, um sie korrekt in ihr allgemeines Wissenssystem integrieren zu können. Aus dieser Sicht hat die Erinnerung innerhalb des episodischen Systems an diesem Punkt der Entwicklung (im Alter von zwei oder drei Jahren) den gleichen Wert wie Erinnerungen im generischen System, wobei der Unterschied lediglich im Ausmaß besteht, in dem sie wiederholte oder einzigartige Information über Ereignisse repräsentieren; außerdem unterscheiden sie sich möglicherweise auch in der Zeitspanne, über die sie im Gedächtnis behalten werden (*Nelson* 1991b).

Somit glaube ich trotz des spezifischen Charakters eines großen Teils von *Emily*s Selbstgesprächen über ihre Erfahrung, daß es durchaus vertretbar ist, die These aufzustellen, daß sowohl ihr Sprechen über Erinnerungen als auch ihre Script-Produktionen ähnliche Funktionen erfüllten – ihre Wissensgrundlage zu erweitern, die sich aus ihren Erfahrungen in der realen Welt herleitet. Ich möchte die Vermutung aufstellen, daß sie dabei war, ein „Weltmodell" zu konstruieren, und daß ihre Monologe ihr bei diesem Vorhaben halfen. Dies ist etwas anderes als die Konstruktion einer „persönlichen Vergangenheit", wie beispielsweise die Erinnerungen, die zum Bestandteil des eigenen persönlichen oder autobiographischen Erinnerungssystems werden, doch es könnte eine

Grundlage schaffen, von der aus solch ein System sich entwickeln mag. Ich werde mich nun als nächstes mit Hinweisen auf eine andere Informationsquelle über frühe Erinnerungen beschäftigen – mit den Gesprächen zwischen Eltern und Kindern über die Vergangenheit.

Gespräche zwischen Eltern und Kindern über die Vergangenheit

In den letzten zehn Jahren ist eine Reihe von Untersuchungen durchgeführt worden, in welchen die Gespräche zwischen Eltern und ihren Kindern über Ereignisse der Vergangenheit analysiert wurden (eine Auflistung dieser Untersuchungen siehe bei *Hudson* 1990). *Susan Engel* (1986) führte an der CUNY eine Untersuchung über Gespräche über Erinnerungen zwischen Eltern und Kindern in der zweiten Hälfte des zweiten Lebensjahrs durch. Dazu besuchte sie über eine Periode von sechs Monaten Mutter-Kind-Dyaden, und zwar in der Zeit, in der die Kinder im Alter zwischen 18 und 24 Monaten waren. Außerdem führte sie eine Querschnittstudie über zweijährige Kinder durch, die von ihren Müttern dazu aufgefordert wurden, über drei Erinnerungen an kürzliche Erlebnisse zu sprechen. Ebenso wie andere Forscher stellte auch *Engel* fest, daß Mütter in unterschiedlichem Maße mit ihren Kindern über Ereignisse der Vergangenheit sprechen und daß die Art der Fragen, die sie stellen, unterschiedlich ist (*Ratner* 1984). Außerdem fand sie heraus, daß die Dyaden sich auch hinsichtlich der *Arten* von Erinnerungen unterschieden, auf die sie sich konzentrierten, sowie in der *Weise*, wie sie ihre Gespräche formulierten. *Engel* identifizierte zwei Arten des Sprechens über Erinnerungen, die sie als *pragmatisch* und *elaborativ* bezeichnete. Pragmatisch orientierte Mütter neigten nicht nur dazu, über praktische Angelegenheiten zu sprechen wie beispielsweise darüber, wo ein Kind ein Spielzeug verloren hatte, sondern wenn sie über gemeinsame Erlebnisse sprachen, tendierten sie dazu, sich auf das „wer" und „was" zu konzentrieren, statt auf das „wo", „wann", „wie" und „warum". Elaborativ orientierte Mütter hingegen bildeten Geschichten aus ihren Erfahrungen und luden ihre Kinder dazu ein, sich an diesen zu beteiligen. In den meisten erfolgreichen Fällen „*ko-konstruierten*" die Kinder die Narration zusammen mit ihren Eltern.

Im folgenden Beispiel erinnern sich ein Junge und seine Mutter an einen Besuch, der zwei Monate zuvor stattgefunden hatte.

(4) C: Mami, das Chrysler-Gebäude
M: Das Chrysler-Gebäude?
C: Das Chrysler-Gebäude?
M: Ja, wer arbeitet im Chrysler-Gebäude?
C: Papi
M: Gehst du schon mal dort hin?
C: Ja, ich sehe das Chrysler-Gebäude / Bild des Chrysler-Gebäudes
M: Ich weiß nicht, ob wir ein Bild vom Chrysler-Gebäude haben. Haben wir eins?
C: Wir gingen zu... mein Papi ist zur Arbeit gegangen.
M: Weißt du noch, wie wir Papi besucht haben? Wir sind im Aufzug gefahren, ganz, ganz hoch in dem Gebäude, und dann konnten wir aus dem großen Fenster gucken. Weißt du das noch?
C: großes Fenster
M: Mmmm.
C: ( )
Als... wir in das große Gebäude gegangen sind.
M: Mmmm, das große Gebäude. Hat das Spaß gemacht? Möchtest du das noch einmal machen? Irgendwann einmal.
C: Ich möchte in das große Gebäude gehen.
(Unveröffentlichtes Transkript von *Engel* 1986, mit freundlicher Genehmigung der Autorin.)

In diesem Auszug schneidet das Kind ein Thema an und liefert einen Hinweis darauf, daß es eine Erinnerung über einen Besuch beim Vater hat, doch die Mutter rekonstruiert die erinnerte Episode und steuert die Handlungsfolge bei: die Fahrt im Aufzug und das Herausschauen aus dem großen Fenster; außerdem liefert sie den bewertenden Kommentar, daß das Ganze Spaß gemacht hat und daß das Kind dies vielleicht noch einmal machen möchte.

Engel stellte fest, daß die Kinder von elaborativ orientierten Müttern sich im Alter von zwei Jahren mit mehr und ausführlicheren Episoden des Sprechens über Erinnerungen beschäftigten als die Kinder pragmatisch orientierter Mütter. *Fivush & Fromhoff* (1988) stellten eine ähnliche Beziehung zwischen dem Sprechen der Mütter und dem Erinnerungsvermögen der Kinder fest. Sie unterschieden zwischen *elaborativ* und *repetitiv* orientierten Müttern. Wie in *Engel*s obigem Beispiel boten elaborativ orientierte Mütter eine fortlaufende Handlung an und luden das Kind dazu ein, zu dieser Geschichte Beiträge zu leisten, während repetitiv orientierte Mütter sich auf eine einzelne Information konzentrierten, ohne einen weiterführenden Erzählrahmen anzubieten. Ein aufschlußreiches Beispiel für ein Gespräch über Erinnerungen einer repetitiv orientierten Mutter ist das folgende, das die betreffende Mutter mit ihrem zweieinhalbjährigen Kind über ihre kürzliche Reise nach Florida führte (*Fivush* et al. 1990, 230-231):

(5) M: Und wo haben wir gefrühstückt? Wohin sind wir zum Frühstücken gegangen?
 C: Was?
 M: Wohin sind wir zum Frühstücken gegangen? Erinnerst du dich noch, wir sind doch ausgegangen, Papi, du und ich? In welches Restaurant sind wir gegangen?
 C: Benzin.
 M: Benzin? Nein, in welches Restaurant sind wir zum Frühstück gegangen?
 C: Hmmmmm...
 M: Weißt du noch? Es war Burger...?
 C: King!

Im Gegensatz zu der Mutter in Beispiel 4, die auf dem Kommentar des Kindes aufbaut und so um den Beitrag des Kindes herum eine Geschichte entwickelt, beharrt die Mutter in diesem Fall darauf, eine einzige, ganz bestimmte Information aus dem Kind hervorzulocken, wogegen sie keine weiteren, in andere Richtungen weisenden Signale liefert, auf denen das Kind aufbauen könnte, beispielsweise keine kleine Geschichte darüber, was in dem Restauraunt passiert ist. Vielmehr drängt sie das Kind mehrmals, die „korrekte" Antwort auf die Frage zu finden – vielleicht weil es aus der Sicht der Mutter ein neuartiges und erinnernswürdiges Ereignis ist, bei Burger King frühstücken zu gehen –, und schließlich liefert sie auch noch die assoziative Verbindung, die es dem Kind ermöglicht, nach ihrem Maßstab erfolgreich zu sein. Ob ihr Hinweis irgendeine *echte Erinnerung* von jenem Ereignis von seiten des Kindes zugänglich macht, kann aus den vorliegenden Informationen nicht abgeleitet werden, doch es besteht kein Grund anzunehmen, daß das Kind irgend etwas produziert hat, das über eine verbale Assoziation zwischen Burger und King hinausgeht. Diese Art von Gesprächen über die Vergangenheit wird kaum dazu beitragen, die Narrationsform als Form für episodische Erinnerungen zu entwickeln. Könnte es sein, daß sie eine andere Form etablieren, die ebenfalls die Fähigkeit sich zu erinnern fördert?

Die Ergebnisse der Untersuchung von *Fivush* und *Fromhoff* deuten darauf hin, daß dies nicht der Fall ist. In ihrer Studie stellte sich ebenso wie bei derjenigen von *Engel* heraus, daß Kinder von elaborativ orientierten Mütter sechs Monate später ein besseres Erinerungsvermögen für Episoden hatten. Doch diese Ergebnisse sind von Natur aus zweideutig. Mutter-Kind-Dyaden beeinflussen einander wechselseitig, und deshalb ist es nicht möglich, Ursachenbeziehungen eindeutig zuzuordnen. Beispielsweise könnte es sein, daß Mütter Kindern, die stärker verbal veranlagt sind, die stärker auf das Erzählen reagieren und die stärker an der Art von Details, die solche Erzählungen enthalten, interessiert sind, ausführlichere Geschichten erzählen. Außerdem könnte es auch sein, daß Mütter, die gerne Geschichten über die früheren Erlebnisse des Kindes erzählen, häufig Kinder haben, die jenen kognitiven Stil zeigen, den *Wolf & Gardner* (1979) als den des Dramatikers bezeichnet haben, was bedeutet, daß sie wesensmäßig dazu neigen, ähnliche erzählerische Konstruktionen zu benutzen und deshalb auf die Bemühungen der Mutter positiv reagieren.

Doch die Vermutung einer Kausalbeziehung bleibt diskutabel, wenn andere Faktoren (wie die allgemeine Sprachfähigkeit und die Zahl der besprochenen Erinnerungen) bei der ersten Messung als gleichgewichtig erscheinen, und wenn weitere Beobachtungen (z.B.

mehr Erinnerungsvermögen bei Kindern, deren Mütter ihnen mehr Unterstützungen einer offenbar angemessenen Art gegeben haben) vom psychologischen Standpunkt Sinn machen. Zumindest legen solche replizierende Beobachtungen nahe, daß weitere kontrollierte Untersuchungen über die Auswirkungen von Gesprächen der Eltern mit ihren Kindern auf die Erinnerungsfähigkeit der Kinder notwendig sind.

Es sollte betont werden, daß die Auswirkungen, die *Engel* gefunden hat, nicht einfach darin bestanden, daß Kinder sich an *mehr* erinnerten. Vielmehr war die Form der Narration in den Erinnerungen offensichtlich als die Art von Information zu erkennen, die die Kinder in das Gespräch einbrachten, sowie auch in der Organisation und der Sprache, die sie benutzten, um erstere zu präsentieren. Wie wir in *Emilys* Proto-Narrationen gesehen haben, organisiert diese Form die Erinnerung als ein kohärentes Ganzes, das sowohl die Perspektive des Bewußtseins als auch die der Aktion repräsentiert.[1]

Hudson (1990) hat im Hinblick darauf, wie ihr eigenes Kind die Form des Sprechens über Erinnerungen erworben hat, geäußert: „Rachel lernte eine Menge darüber, wie man sich Dinge merken kann, das heißt, darüber, wie man an Gesprächen über die Vergangenheit teilnehmen und diese schließlich sogar initiieren kann, statt einen spezifischen Inhalt zu proben" (S. 183). Kinder „lernen, *wie* man sich an etwas erinnert, nicht, *woran* man sich erinnern soll" (S. 194). Doch wie aus diesen Untersuchungen hervorgeht, lernen nicht alle Kinder das narrative Modell kennen, das erkennen läßt, „wie" man sich effektiv an etwas erinnern kann.

Sprechen über die Gegenwart

Bisher haben wir gesehen, daß das Sprechen über die Vergangenheit ein Modell dafür liefern könnte, wie man Ereignisse organisiert und erinnert. Doch wie steht es mit Gesprächen über die Gegenwart? *Minda Tessler* (1986) untersuchte Aspekte der sozialen Konstruktion des Erinnerungsvermögens, indem sie die Auswirkungen dessen überprüfte, daß Erwachsene Ereignissen einen Rahmen gaben, *während das betreffende Ereignis* von einem Kind *erlebt wurde*. Sie besuchte mit dreieinhalbjährigen Kindern und ihren Müttern das Museum für Naturgeschichte. Die Hälfte der Mütter wurde instruiert, keine weiteren sprachlichen Äußerungen zu machen, als die Fragen der Kinder zu beantworten, während die andere Hälfte dazu ermutigt wurde, mit ihren Kindern so zu sprechen, wie sie es gewöhnlich bei derartigen Besuchen zu tun pflegten. Eine Woche später traf die Forscherin erneut mit den Müttern und Kindern zusammen und überprüfte die Erinnerungen der Kinder an den Ausflug ins Museum sowohl informell als auch in Form einer gezielten Befragung.

Sie stellte einen bemerkenswerten Unterschied fest zwischen den Kindern, deren Mütter den Kindern einen Rahmen für die Erfahrung geboten hatten, und denjenigen, deren Mütter dies nicht getan hatten. Der Unterschied lag in der *Anzahl der Erinnerungen*, die die Kinder zu diesem Zeitpunkt noch über das Gesehene hatten. Außerdem beobachtete *Tessler*, daß selbst unter den Müttern, die dazu ermutigt worden waren, sich natürlich zu verhalten, ein Unterschied hinsichtlich des Stils bestand, in dem sie mit ihren Kindern bezüglich der Erfahrung interagierten. Dieser Unterschied im Stil ähnelte sehr demjenigen, den *Engel* (1986) bei Müttern gefunden hatte, wenn diese mit ihren Kindern über die Vergangenheit sprachen. *Tessler* unterschied diese beiden Stile entsprechend der Kategorisierung von *Bruner* (1986) als *paradigmatischen* und *narrativen* kognitiven Stil. Einige der spezifischen Charakteristika des narrativen Stils umfassen das Benennen und ein Fokussieren auf Charakteristika des Objekts (siehe Beispiel 5), wohingegen die Charakteristika des narrativen Stils die Perspektiven umfassen, die *Bruner & Luciarello* (1989) benannt haben – die der Zeit, Intentionalität, Kausalität und Bewertung. Narrativ orientierte Mütter bezogen das, was sie jeweils mit ihren Kindern anschauten, häufiger auf den Erfahrungshorizont des Kindes.

Kinder von narrativ orientierten Müttern erinnern signifikant mehr als Kinder von paradigmatisch orientierten Müttern. Eine erstaunliche Feststellung war, daß kein Kind sich an irgend etwas aus der Erfahrung erinnerte, über das es *nicht* mit der Mutter gesprochen hatte. Es genügte offenbar nicht, die Aufmerksamkeit der Mutter auf das Gesehene zu ziehen, sondern es mußte außerdem ein *Austausch zwischen den beiden* über den betreffenden Gegenstand stattgefunden haben, damit es dem Kind möglich wurde, sich daran zu erinnern.

Tessler (1991) ergänzte diese Erkenntnisse durch eine nachfolgende Untersuchung. In dieser nahm sie vierjährige Kinder und ihre Mütter mit zu einer Foto-Expedition in einem Gebiet, das ihnen nicht vertraut war. Zunächst teilte sie die Mütter in Gruppen auf, entsprechend der Art, wie sie mit ihren Kindern um ein Bilderbuch interagierten, in dem Szenen aus der Stadt dargestellt waren. Paradigmatisch orientierte Mütter waren diejenigen, die beim Sprechen über das Bilderbuch die Verhaltensweisen zeigten, die in der vorangegangenen Untersuchung dargestellt worden waren. Narrativ orientierte Mütter waren diejenigen, die in jener Situation das entgegengesetzte Verhalten zeigten. Die beiden Verhaltensstile wurden verifiziert durch Analyse der Dialoge, die die Mütter während der Foto-Safari mit ihren Kindern hatten. Bei einem späteren Treffen brachte die Leiterin der Untersuchung die Bilder mit und fragte das jeweilige Kind, woran es sich von jenem Erlebnis noch erinnerte. Das Interview wurde entweder narrativ oder paradigmatisch gestaltet, entsprechend der Charakteristika, die zuvor festgestellt worden waren. Dabei konnte es zu einem dem Stil der Mutter entgegengesetzten Modus kommen. Somit konnte ein Kind in einer konsistenten (narrativ-narrativ oder paradigmatisch-paradigmatisch) oder in einer inkonsistenten (narrativ-paradigmatisch oder paradigmatisch-narrativ) Befragungssituation sein.

Die Ergebnisse dieser Untersuchung sind höchst aufschlußreich. Der Stil der Mutter hatte konsistente und signifikante Auswirkungen auf die Art des Kindes, sich an ein Ereignis zu erinnern, unabhängig von der Manipulation der Interviewerin. Weiterhin erinnerten die Kinder von narrativen Müttern mehr über die Bilder, die sie aufgenommen hatten, und berichteten mehr über das betreffende Ereignis. Es bestanden jedoch keine Unterschiede zwischen den einzelnen Gruppen hinsichtlich der Anzahl der wiedererkannten Bilder.

Die Ergebnisse dieser Untersuchung legen die Vermutung sehr nahe, daß der Stil ein Charakteristikum ist, das von der Mutter an das Kind übermittelt wird, und daß dieser resistent ist gegen die Bemühungen eines Fragestellers, durch eine andere Art der Befragung einen anderen Stil hervorzulocken. Außerdem deuten die Ergebnisse darauf hin, daß der narrative Stil der Rahmung eines Ereignisses, *während dieses erfahren wird*, das spätere Erinnern jenes

Ereignisses wirksamer fördert als der paradigmatische Stil. Doch scheint diese Wirkung spezifisch für die episodische narrative Struktur zu sein. Die Ergebnisse des Wiedererkennens deuten darauf hin, daß die zugrundeliegende Erinnerung an die Komponenten des Ereignisses möglicherweise nicht verschieden sind.

Gespräche der Eltern über die Zukunft

Meines Wissens existieren keine Untersuchungen, die sich mit Gesprächen der Eltern über die Zukunft und ihren Auswirkungen auf Erleben und Erinnern der Kinder befassen, welche vergleichbar wären mit denjenigen, die sich mit Sprechen über Vergangenheit und Gegenwart befassen. Doch waren in den Transkripten über *Emilys* Selbstgespräche vor dem Einschlafen viele Beispiele für Beschreibungen der Eltern enthalten, die sich auf etwas bezogen, das nach dem Aufwachen, am nächsten Tag oder während der nächsten Tage geschehen würde, und es gab viele Beispiele dafür, daß *Emily* sich an diese Gespräche in ihren nachfolgenden Monologen erinnerte und daß sie sie ausschmückte. Ein älteres Beispiel, das intensiv untersucht worden ist, ist das folgende. Es enthält zunächst den Bericht des Vaters darüber, was am Samstag geschehen würde (dreimal erzählt), und dann Emilys Monolog, der unmittelbar, nachdem der Vater den Raum verließ, folgte. Zum betreffenden Zeitpunkt war Emily 23½ Monate alt.

> (6) (I) Wir werden gehen... zu Kinderwelt [Kaufhaus]... und werden ein paar Windeln für Stephen kaufen, und ein paar Windeln für Emily, und wir werden ein Intercom-System kaufen, damit wir Stephen an verschiedenen Stellen im Haus hören können...
> (II) Wir gehen zu Kinderwelt und kaufen Windeln für Stephen und Windeln für Emily, und etwas, das man Intercom-System nennt. Das steckt man in... Stephen, in Stephens Zimmer ein... und dann gehen wir nach unten und stecken es da auch ein... und dann hören wir Stephen... wir werden merken, wer aufwacht... wir werden ihn weinen hören... durch das Intercom-System... Das ist ein schöner Apparat.

(III) Am Samstag... werden wir zur Kinderwelt gehen, und wir werden dort Windeln für Emily und Windeln für Stephen und ein Intercom-System kaufen, damit wir Stephen in verschiedenen Teilen des Hauses hören können.

E: Und Papi hat gesagt... kaufen Windeln für Stephen und Emmy, und kaufen etwas für Stephen zum Einstöpseln und sagen ahhh... und stecken das ein... am Samstag gehen zu Kinderwelt, kaufen Windeln für Emmy, und Windeln für das Baby... und dann kaufen etwas für das... und guck, für dieses Baby... stecken ein, und kaufen Windeln für *alle*.
Und kaufen an dem Tag noch mehr bei Kinderwelt... und kaufen Zwieback ... und vielleicht Kinderwelt... wegen dem, das bei Tantas zerbrochen ist. Das, was kaputt gegangen ist. Das, das hier zerbrochen ist, der... der Kindersitz... Dada jetzt zu Hause.

Dieser Bericht lehnt sich stark an das an, was *Emilys* Vater gesagt hat, einschließlich der Zeile „und kaufen Windeln für alle" – wobei *Emily* sogar den Tonfall und den Sprachrhythmus des Vaters nachgeahmt hat – obgleich sie nicht in der Lage war, sich daran zu erinnern, was sie kaufen würden (ein Intercom-System, „damit wir Stephen in verschiedenen Teilen des Hauses weinen hören können"). Dann fügt *Emily* der Geschichte noch Eigenes hinzu („Zwieback" und einen Kindersitz), wahrscheinlich aufgrund ihrer eigenen früheren Erfahrung damit, was man bei Kinderwelt kaufen kann. (Die Interpunktion dieses Monologs kann leider nicht den Charakter von *Emilys* Selbstgespräch wiedergeben. In der Transkription für meine Auswertungen deuten Kommas eine abfallende Tongebung und Punkte einen Absatz an.)

Wie in diesem Fall, basierten *Emilys* antizipierende Berichte gewöhnlich auf Berichten, die ihre Eltern, bevor sie das Zimmer verließen, ihr über das gegeben hatten, was sie später am gleichen oder aber am folgenden Tag tun würden. *Emily* schien diese Erzählungen interessant zu finden, und oft versuchte sie, diese Dinge in ihrem Monolog zu wiederholen, so wie es das obige Beispiel über den Besuch bei Kinderwelt veranschaulicht. Könnte diese Art von planendem Reden ein Modell für *Emilys* Organisation von Ereignissen und für ihre Erinnerung an das Ereignis liefern? In welchem Maße spiegelt Reden über die Zukunft – ebenso wie Reden über Gegenwart und Vergangenheit – die erzählerische Form? Gewöhnlich haben solche Gespräche eine kanonische, zeitliche Struktur; sie lokalisieren die Ereignisse in der Zeit und ordnen sie in Form einer Sequenz an. Oft werden dabei Intentionen, Einstellungen und Bewertungen („Es wird dir gefallen") entworfen. Somit enthält solches Reden sowohl die Landschaft der Handlung als auch die Landschaft des Bewußtseins, die *Bruner* als entscheidende Kriterien für das Narrative ansieht.

Doch da es sich um antizipierte Ereignisse handelt, enthalten derartige Produktionen nicht die „Probleme", um die herum gute Geschichten gebaut werden. Obgleich das, was ihre Eltern ihr antizipierend erzählten, häufig Ereignisse betraf, die *Emily* unbekannt waren (beispielsweise eine Reise zu Freunden, die am Meer wohnten), handelten sie generell von Ereignissen, die den Eltern selbst bekannt waren, und deshalb wurden sie in der kanonischen Ereignisform des „So sind die Dinge nun einmal, und so werden sie sein" vorgetragen. Es ist zu beachten, daß selbst am Antizipieren freudig erwarteter Ereignisse nichts besonders Aufregendes ist – man antizipiert nicht die „Probleme", die eine gute Geschichte ausmachen. (Natürlich kann es sein, daß man sich Sorgen darüber macht, ob bei dem betreffenden Ereignis alles gut verlaufen wird, und man kann sich auch Sorgen machen, weil man gewisse unbekannte Aspekte eines erwarteten Ereignisses nicht antizipieren kann oder weil man Grund zu der Annahme hat, daß etwas Bedauerliches geschehen wird. Doch ist dies nicht die Art von Berichten über erwartete Ereignisse, die Eltern ihren Kindern vor dem Einschlafen zu erzählen pflegen, um sie in eine freudige Stimmung zu versetzen.)

Andererseits gingen *Emilys* antizipierende Monologe häufig über die Berichte der Eltern hinaus, wobei sie ihre eigenen Ereignis-Scripts als Grundlage für Spekulationen über den spezifischen Fall benutzte. Beispielsweise fragt sie sich im folgenden Monolog, den sie im Alter von 24 Monaten produzierte: „Wer wird morgen das Buch bringen?", was ihr Wissen aus ihrem „Babysitter-Script" spiegelt, daß jeweils eines der Kinder, die regelmäßig mit ihr bei einer Tagesmutter waren, dieser ein Buch mitbrachte, damit diese es der Kindergruppe vorlas.

(7) Ich weiß nicht, ich weiß nicht, welch Junge morgen Buch mitbringt. Vielleicht Lance. Ich weiß nicht welch Junge bringt Buch heute. Vielleicht Danny oder vielleicht Karl, vielleicht ich, vielleicht Lance, vielleicht, wir auch. Wie vielleicht Lance bringt Buch mit. (24 Monate)

Bei einer anderen Gelegenheit stellte sie die Frage, was beim Arzt geschehen würde, wenn sie ihn besuchen würde – ob der Doktor ihren Pyjama und ihre Windel ausziehen würde. *Emily*s allgemeine Scripts waren nicht immer ausreichend, um ihr korrekte Voraussagen zu ermöglichen. Beispielsweise besuchte sie den Arzt nicht im Pyjama, sondern in ihrer Tageskleidung. Trotzdem enthielten ihre Monologe schlüssige Beweise dafür, daß sie nicht nur kanonische Ereignis-Repräsentationen begründete, sondern daß sie auch dabei war, die „Probleme" zu registrieren (*Bruner* & *Luciarello* 1989), welche Gelegenheit geben, über eine spezifische Episode jenes Ereignisses zu berichten.

Zusammenfassend kann man sagen, daß *Emily*s Transkripte Information nicht nur über das allgemeine schematische und über das spezifische episodische Erinnerungsvermögen geben, sondern auch über die Art, in der ihre Erinnerungen benutzt werden, um in die Zukunft auszugreifen, sowohl im Gespräch der Eltern und mit den Eltern, als auch in ihren eigenen Spekulationen über allgemeines Ereigniswissen und über die Gespräche der Eltern. Könnten diese Antizipationen Einfluß darauf gehabt haben, wie *Emily* später Ereignisse erlebte oder wie sie sie erinnerte, parallel zu *Tessler*s Erkenntnissen zum Sprechen über laufende Ereignisse? Dies ist eine wichtige Frage, doch stehen uns zur Zeit noch wenig Fakten zur Verfügung, die wir daraufhin überprüfen können. Es gibt in den Monologen keine Hinweise darauf, daß *Emily* jemals eine Erinnerung an eine Episode aktiviert hätte, die in einem Dialog oder Monolog vor dem Einschlafen *vor* dem tatsächlichen Eintreffen des betreffenden Ereignisses vorgekommen wäre. Deshalb haben wir keine Grundlage für Spekulationen darüber, ob das antizipatorische Reden das Erleben der Erfahrung oder die Erinnerung an sie beeinflußt hat oder nicht. Wir wissen jedoch, daß *Emily* schon im Alter von zwei Jahren Berichte ihrer Eltern über das, was bei Ereignissen geschehen würde, die sie noch nicht erlebt hatte, hörte und zu wiederholen versuchte und daß sie versuchte, diese in ihr Wissenssystem durch Hinzufügungen, Spekulationen und Schlüssen einzubauen. Solches Sprechen über die Zukunft ist bisher kaum untersucht worden, anders als Gespräche der Eltern mit ihren kleinen Kindern über die Vergangenheit.

Narrationsrahmen und verstehbare Ereignisse

Die soeben beschriebenen Untersuchungen geben starke Veranlassung, an eine Theorie der gesellschaftlichen Konstruktion des Verstehens, der Organisation von Wissen und des Erinnerungsvermögens zu glauben, im Gegensatz zu der üblichen Zentrierung der Kognitionspsychologen auf das Erinnerungsvermögen als einer individuellen Eigenschaft oder Fähigkeit. Was die verschiedenen erwähnten Untersuchungen zutage gefördert haben, läßt sich wie folgt zusammenfassen: Erwachsene liefern Narrationsrahmen, durch die Ereignisse verständlich werden. Daß sie dies tun, bevor die Ereignisse stattfinden, haben wir gesehen am Gespräch von *Emily*s Eltern darüber, was am nächsten Tag oder nach *Emily*s Mittagsschlaf geschehen würde. Wie *Tessler*s Untersuchungen gezeigt haben, tun sie dies auch auf beiläufige Weise im Verlauf von gemeinsam erlebten Ereignissen. Und wie *Engel* und andere dokumentiert haben, bringen Erwachsene ihren Kindern bei, über frühere Erfahrungen zu sprechen; sie bringen ihnen sogar die Formen bei, in denen sie über Erinnerungen sprechen können.

Obgleich jede dieser zeitlich lokalisierten Arten des Redens eine Art von Narrationsrahmen für das liefert, was zum episodischen Gedächtnis des Kindes werden könnte, unterscheiden sie sich untereinander ein wenig, und zwar nicht nur hinsichtlich ihrer zeitlichen Position zum Ereignis, sondern auch in der Art und Organisation der über das Ereignis gelieferten Information. Beim Reden über erwartete Geschehnisse liefern Eltern gewöhnlich einen gerüsthaften Rahmen dessen, was geschehen wird, wobei sie wahrscheinlich Teile des Ereignisses betonen, von denen sie glauben, daß das Kind diese interessant finden könnte. (Zumindest in *Emily*s Fall waren diese Einschätzungen manchmal nicht ganz korrekt; das gilt beispielsweise für die offensichtliche Erwartung des Vaters, daß

Emily ihren kleinen Bruder gerne „im ganzen Haus" weinen hören würde.) Wir können die Details eines Ereignisses gewöhnlich nicht antizipieren; vielmehr verlassen wir uns auf unsere Scripts über vorangegangene Erlebnisse, um von diesen aus die Zukunft zu antizipieren, wobei wir unterschiedliche „Slot-Einsätze" in die entsprechenden Slots („Schlitze") in der gerüsthaften Script-Repräsentation einfügen. Deshalb sehen Berichte über die Zukunft gewöhnlich eher wie jene ziemlich nichtssagenden Produktionen aus, die für Script-Nacherzählungen charakteristisch sind. *Emily* griff diese Form des „Was passiert morgen früh, wenn wir aufwachen?" ohne Schwierigkeit auf und benutzte sie für ihr eigenes antizipatorisches Reden.

Gespräche über *laufende* Ereignisse konzentrieren sie stärker auf die Details dessen, was das Kind erfährt, und zwar sowohl bezogen auf die Aktivitäten des Kindes als auch bezüglich der Wahrnehmungen und deren Interpretation. Erklärungen, das Aufmerksam-Machen auf Aspekte der Erfahrung, kleine antizipierende Kommentare sowie auch Kommentare darüber, was soeben geschehen ist, sind die üblichen Bestandteile solcher das Geschehen begleitender Gespräche. Eltern narrativen Typs mögen außerdem das, was geschehen ist, mit etwas verbinden, das das Kind in der Vergangenheit erlebt hat, oder mit etwas, von dem sie denken, daß das Kind es weiß. Somit ist das Reden über die Gegenwart weniger eine Narration als ein begleitender Kommentar, so etwas wie die Ausführungen eines Sportkommentators. Dennoch kann dies entscheidend beeinflussen, was Bestandteil der nachfolgenden Narration über die erinnerte Erfahrung werden wird, wie *Tessler*s Untersuchungen gezeigt haben.

Sprechen über das Ereignis, *nachdem* dieses stattgefunden hat, nimmt am ehesten den Charakter einer voll ausgereiften Narration an. Wahrscheinlich werden dabei die Höhepunkte der Erfahrung hervorgehoben, die affektive Reaktion des Kindes auf verschiedene Teile derselben, die Intentionen der Beteiligten, Ursachenbeziehungen zwischen Aktionen und jede Art von ungewöhnlichen, unerwarteten oder besonders hervorstechenden Geschehnissen. Wie wir gesehen haben, gibt es natürlich Unterschiede darin, wie Eltern ihr Reden während sowie auch nach der Erfahrung auf diese narrative Weise gestalten, und es ist zu erwarten, daß sie sich unterschiedlicher Stile bedienen, wenn sie über das sprechen, was das Kind in einem antizipierten Ereignis erleben wird, doch liegen uns darüber noch keine gesicherten Informationen vor.

Die soziale Konstruktion des Erinnerungsvermögens und des kindlichen Gedächtnisses

Eine Reihe von Autoren hat kürzlich die These aufgestellt, daß das autobiographische Erinnerungsvermögen das Produkt sozialer Konstruktionen in der frühen Kindheit ist (*Fivush* 1988; *Hudson* 1990; *Nelson* 1991, 1991b; *Pillemer* et al. 1989). Die Vermutung ist dabei, daß das autobiographische Gedächtnis eine spezielle Form des episodischen Gedächtnisses ist, eine Form, die entsteht, wenn das Kind die gemeinschaftliche Form des Sprechens über gemeinsame Erfahrungen kennenlernt und wenn es lernt, die Werte der Erwachsenen des Redens über die Erfahrung zu verinnerlichen. Diese Perspektive leitet sich von *Vygotskys* (1986) Theorie her sowie von *Bakhtin* (1986, 1990; *Wertsch & Stone* 1985) und anderen älteren Theoretikern, die sich auf die gesellschaftliche Konstruktion des Geistes und des Ichs konzentrierten (z.B. *G.H. Mead* 1934). Gemeint ist nicht, daß die Fähigkeit, über die Vergangenheit zu sprechen, einfach dadurch erworben wird, daß Kinder von ihren Eltern Modelle übernehmen; vielmehr stellt man sich das, was da geschieht, wohl am besten so vor, daß es sich dabei um einen dialektischen Prozeß der *Ko-konstruktion* erinnerter Ereignisse handelt.

Diese *soziokulturelle Position* leugnet nicht, daß das Kind selbst eigenständige, episodische Erinnerungen in den Austausch einbringt. Es gibt fundierte Beweise dafür, daß Kinder sich an Episoden erinnern können, die ihre Eltern vergessen haben (*Fivush & Hamond* 1989). Wie bereits früher erwähnt, bezogen sich *Emilys* Erinnerungen größtenteils auf Ereignisse, die ihre Eltern nicht erwähnt hatten oder von denen sie nichts wußten und die sie auch nicht mit *Emily* geübt hatten. Vielmehr hatte sie diese Ereignisse zuerst selbst in ihren Monologen vor dem Einschlafen erzählt.

Um einen Versuch zu machen, diese Ausführungen zusammenzufassen, möchte ich die Vermutung aufstellen, daß das basale allgemeine Ereigniswissen die Grundlage des Verstehens und deshalb auch zum Erinnern von Episoden ist, wie wir zuerst vermutet hatten und wie *Emily*s Erinnerungen nahelegen. Ohne ein gutes Script kann Wissen über das, was geschieht, wenn es ausschließlich auf der direkten Erfahrung mit dem Geschehen basiert, ziemlich chaotisch sein, wie aus einigen von *Emily*s frühesten Monologen hervorgeht. Beispielsweise gilt das für einen Monolog *Emily*s, der entstand, als sie 21 Monate alt war:

(8) Daß Papi bringt herunter Keller Wäsche, ich kann halten Emmy, so, Papi bringt herunter die, die Wäsche auf den Keller, Wäsche, so mich kann, so warum, die die, die nein-Papi bringt Wäsche.

Man könnte sich fragen, ob dies überhaupt ein Fragment einer Erinnerung ist. Eindeutig hat es keine zusammenhängende Struktur, obgleich es ein klar erkennbares Thema hat. Als sich *Emily* dem Alter von zwei Jahren näherte, fing sie jedoch an, ziemlich zusammenhängende Berichte über erlebte Ereignisse zu produzieren, die zeitlich und kausal gut strukturiert waren und logisches Verständnis der beschriebenen Vorgänge zeigten, wie an früherer Stelle veranschaulicht.

Wie wir aus neueren Arbeiten von *Bauer & Mandler* (1990) wissen, sind Kinder vom Ende des ersten oder Anfang des zweiten Lebensjahres an in der Lage, kurze zeitliche Handlungssequenzen zu rekonstruieren. Es erscheint als wahrscheinlich, daß das Behalten von Handlungssequenzen als Erinnerungen im Gegensatz zum Ausführen derselben mehr kognitive Verarbeitungsfähigkeit erfordert und daß diese Fähigkeit sich deshalb erst später entwickelt. Wie das Fragment von *Emily*s Monolog (8) vermuten läßt, scheinen einige ihrer ersten Produktionen Versuche gewesen zu sein, viele unterschiedliche Handlungen ihrer Eltern sowie auch solche von ihr selbst zu fokussieren – statt einer Handlungsfolge eines einzelnen Ereignisses – und daß diese Versuche zur Bildung komplexer Handlungsstränge führten. Manchmal sind Kinder im Alter zwischen zwei und drei Jahren in der Lage, nicht nur kurze offen beobachtbare Handlungssequenzen zu behalten, sondern auch die Repräsentation erweiterter Ereignisfolgen, dies sie äußerlich im Spiel (Handlung) oder in sprachlicher Form darstellen können. Dies ist das grundlegende System des Ereigniswissens, das auch die spezifischen episodischen Erinnerungen unterstützen muß, die ungefähr zu diesem Zeitpunkt auftauchen.

Zusammenfassend kann man sagen, daß das Kind in den Prozeß der sozialen Konstruktion die Fähigkeit einbringt, eine Ereignisfolge zu behalten, an der es selbst und andere beteiligt sind, und zwar in kausaler und zeitlicher Ordnung. Diese Fähigkeit wird sowohl auf generische Scripts als auch auf spezifische Episoden angewandt.

Der Prozeß der sozialen Konstruktion baut dann auf diesen gerüsthaften Ereignissequenzen auf. Eltern und andere mögen auf unterschiedliche Weise über das sprechen, was geschehen wird und was geschehen ist. Eltern scheinen anzunehmen, daß das Kind das gleiche Ereignis auf die gleiche Weise erleben wird, erlebt oder erlebt hat wie sie selbst und daß es das, was die Eltern ihm über das Ereignis erzählen, interpretieren kann. Die Untersuchungen in *Emilys* Fall sowie auch in anderen Fällen deuten darauf hin, daß Kinder sich möglicherweise sehr viel Mühe geben, diese Interpretationsarbeit zu leisten (siehe die obigen Beispiele), und daß sie manchmal in diesem Bemühen erfolgreich sind, obgleich es auch sein kann, daß sie das, was die Eltern ihnen sagen, mißverstehen oder daß sie dadurch verwirrt werden, entweder weil es ihnen am erforderlichen Hintergrundwissen fehlt oder weil sie das betreffende Ereignis nicht auf die gleiche Weise wie die Eltern erlebt haben.

Die verschiedenen Arten, auf die Eltern ein Ereignis, vor, während oder nachdem es erlebt worden ist, *„framen"*, baut auf dem grundlegenden Ereigniswissen auf (von dem wir annehmen können, daß alle Kinder es miteinander teilen), um gemeinsam Erinnerungen zu konstruieren, die dann in das autobiographische Erinnerungssystem des Kindes eingehen können. Je nach der Art der episodischen Berichte, die das Kind hört und zu denen es selbst Beiträge leistet, ist das System mehr oder weniger narrativ geprägt und bildet es die Grundlage zur Konstruktion besserer oder schlechterer Narrative über Erfahrungen, Geschichten, dramatisches Spiel und Zeige-und-Benenne-Spiele. Da es sich um ein sozial konstruiertes System handelt, sind soziale und kulturelle Variationen in der Art, wie sich die Erinnerungen entwickelt haben, sowie auch individuelle und familiäre Unterschiede zu erwarten.

Erinnerungen und Gedächtnis

In diesem Aufsatz ist zusammengefaßt worden, was wir über die Entwicklung des generischen Gedächtnisses, des episodischen Gedächtnisses und des autobiographischen Gedächtnisses für persönlich erlebte Ereignisse wissen. Hat irgend etwas von alldem irgendeine Relevanz für die Entwicklung des Erinnerungsvermögens? Sind beispielsweise Kinder, die mehr narratives Sprechen erlebt haben und die sich deshalb an mehr von ihren eigenen persönlichen Erfahrungen erinnern, auch besser im Bewältigen anderer Gedächtnisleistungen, beispielsweise in der Schule? Es ist eigentlich erstaunlich, daß es so wenig Untersuchungen über die Beziehung zwischen verschiedenen Arten von Aufgaben gibt, die eine bestimmte kognitive Fähigkeit wie beispielsweise das Erinnerungsvermögen erfordern.

Weinert (1991) berichtet aus Deutschland, daß Untersuchungen, die seine Gruppe durchgeführt hat, beträchtliche Unterschiede zwischen Bereichen wie der Fähigkeit, sich an Geschichten zu erinnern, und der Fähigkeit, sich an Wortlisten zu erinnern, offengelegt haben. Das erscheint mir keineswegs überraschend. Wenn wir das Erinnerungsvermögen als eine kognitive Funktion verstehen, statt als eine Kapazität oder Fähigkeit, müssen wir annehmen, daß es bei verschiedenen Arten von Aktivität eine jeweils unterschiedliche Rolle spielen kann. Die Arten von persönlichen Erinnerungsfähigkeiten, die in diesem Aufsatz untersucht worden sind, können die Grundlage zum Verständnis von Geschichten, dramatischem Spiel und sogar Lebensgeschichten bilden. Narrationsformen sind in all diesen Fällen wichtig, und Vertrautheit mit erzählerischen Formen könnte das Erinnern und das Verständnis bei all diesen Aktivitäten erleichtern. Es ist jedoch eher unwahrscheinlich, daß sie es erleichtern, die Multiplikationstabelle auswendigzulernen, oder daß sie andere mechanische Formen des Erinnerns unterstützen.

Aber kann es sein, daß diese anderen Formen des Erinnerns ebenfalls soziale Konstruktionen sind? Ich habe in dieser gesamten Darstellung den Beitrag der narrativen Form des Erinnerns zur Organisation episodischer Erinnerungen in der frühen Kindheit hervorgehoben und in Verbindung damit der Möglichkeit, sie später wieder zu aktivieren. (Eine weiterführende Darstellung der

Implikationen dieser Entwicklung siehe bei *Nelson* 1991b). Aber wie steht es mit jenen Kindern, die von ihren Eltern hauptsächlich mit paradigmatisch orientiertem Reden über Erinnerungen konfrontiert werden? Ist es ihr Schicksal, kein autobiographisches Gedächtnis zu entwickeln? Wahrscheinlich ist das nicht der Fall. Man bedenke, daß die „paradigmatischen" Kinder in *Tessler*s (1991) Untersuchung ebensoviele Bilder, die sie selbst auf ihrem Spaziergang aufgenommen hatten, wiedererkannten wie die „narrativen", obgleich erstere spontan weniger wiedererkannten und obwohl sie über das Erlebte und über die Bilder auf andere Weise sprachen. Die Ergebnisse beim Wiedererkennen deuten darauf hin, daß sie ähnliche zugrundeliegende Erinnerungen an das Erlebte hatten, daß jedoch die Art, wie sie jenes zugrundeliegende Wissen verbalisierten, nicht auf die gleiche Weise verarbeitet worden war wie bei den narrativ orientierten Kindern, die gelernt hatten, die Information zu reaktivieren und sie in narrativer Form zu organisieren.

Man sollte sich vor Augen führen, daß *Bruner* (1986) den narrativen Modus der kognitiven Organisation als Gegensatz zum paradigmatischen hervorhebt, von dem er bis zu jenem Zeitpunkt geglaubt hatte, es sei der primäre – wenn nicht gar der einzige – Fokus von Untersuchungen in der Kognitionspsychologie. Doch sollte die Entdeckung des narrativen Denkmodus nicht dazu führen, daß fortan die Bedeutung des paradigmatischen Modus geleugnet wird, der letztendlich in den wissenschaftlichen Untersuchungen, auf die *Vygotsky* sich bezieht, die überragende Rolle spielt und der von unserem Erziehungssystem sehr geschätzt wird.

Viele entwicklungspsychologische Studien widmen sich der Erforschung paradigmatischer Wissensstrukturen. So ist beispielsweise das kindliche Verständnis der Strukturen taxonomischer Kategorien auf der grundlegenden, der übergeordneten und der untergeordneten Ebene in den letzten Jahren Gegenstand vieler Untersuchungen gewesen (*Anglin* 1977; *Mervis & Crisafi* 1982; *Rosch, Mervis, Gray, Johnson & Boyes-Braem* 1976). Diese Art von semantischer Erinnerungsstruktur kann sich auch aus dem Prozeß der sozialen Konstruktion herleiten, der für die narrative Ereigniserinnerung dokumentiert wurde. In diesem Zusammenhang habe ich ebenso wie *Luciarello* vertreten, daß taxonomische Kategorien auf dem Script-Wissen von Kindern basieren, und spezifisch, daß sie zuerst Slot-Füller-Kategorien um Objekte bilden, die Handlungen in einem Ereignis-Schema ergänzen (*Luciarello* et al. 1985; *Nelson* 1983, 1985). Beispielsweise kann es sein, daß sie Slot-Füller-Kategorien für Nahrungsmittel bilden, die man zum Frühstück essen kann, oder für Kleider, die man am Morgen anziehen kann. Dieses Slot-Füller-Modell ist untersucht worden im Hinblick auf Aufgaben wie die der Produktion von Kategorien, im Hinblick auf das Erinnerungsvermögen, auf die Wortassoziation und auf die Auswahl von Bildern (*Kyratzis, Luciarello* & *Nelson* 1991; *Luciarello* et al. 1985), und diese Untersuchungen haben gezeigt, daß Kinder im Vorschulalter sich auf solche Kategorien beziehen, wenn sie aufgefordert werden, unter Kategorien fallende Gegenstände zu bilden oder zu erinnern.

In den Gesprächen zwischen *Emily* und ihrem Vater über Nahrungsmittel, die man zum Frühstück essen kann, sind deutliche Hinweise darauf enthalten, daß die Gespräche der Eltern die Grundlage liefern könnten, auf der sich paradigmatisches Denken und spezifisch taxonomische Arten der Organisation im Gedächtnis entwickeln können, ungeachtet dessen, daß diese Gespräche das Modell für die narrative Organisation von episodischen Erinnerungen liefern. *Emily* hat in ihren Gesprächen mit dem Vater vor dem Einschlafen häufig mit diesem darüber geredet, was sie am nächsten Morgen gerne zum Frühstück essen würde. Beispielsweise fand die folgende Diskussion statt, als sie noch nicht ganz zwei Jahre alt war:

(9) E: Was wir zum Frühstück Tag essen? Was wir essen?

V: Was wir zum Frühstück essen werden? Weißt du, morgen früh wirst du Joghurt und Bananen und Weizenkeime essen, genauso wie Mami es dir heute morgen gegeben hat, weißt du das noch? Wir werden morgen früh kein Ei, sondern Joghurt und Bananen und Weizenkeime essen...

Hier liefert der Vater eine Teile-Liste der Kategorie der Frühstücks-Nahrungsmittel. Später schaltete sich *Emily* aktiver in den Dialog ein, indem sie genau angab, was sie essen wollte, so wie sie es im folgenden Dialog getan hat, der aufgenommen wurde, als sie fast 27 Monate alt war:

(10) V: Wir werden aufstehen... und dann gehen wir nach unten und frühstücken, und du kannst dir aussuchen, wie du dein Ei haben willst.
E: Ich möchte... ein gekochtes Ei.
V: In Ordnung. Und du kannst dir aussuchen, was für eine Art von Getreideflocken du haben willst – du kannst Weizenflocken haben oder Cornflakes.
E: Weizenflocken!

Eineinhalb Monate später (28½) macht sie selbst Vorschläge:

(11) E: Und jetzt erzähl mir über heute!
V: Nun, heute hast du auch einen Tanta-Tag gehabt.
E: Ich *will* ... Joghurt.
V: Und du möchtest Joghurt. Ich weiß, und ich denke, ich werde morgen für dich ein paar Himbeeren besorgen.
E: Und ich... Flocken!
V: Heute hast du Erdbeeren gegessen, morgen bekommst du Himbeeren.
E: Flocken! Flocken!
V: Du willst Getreideflocken? Also gut. Getreideflocken und Joghurt? Möchtest du Bananen im Joghurt oder Himbeeren in den Flocken?
E: Ja.
V: Okay. Das ist gut.
E: Und Himbeeren in meine Flocken.

In diesen Gesprächen war ihre Kategorie für Frühstücks-Nahrungsmittel sehr beschränkt auf die spezielle Situation, und sie wich nicht von den Alternativen ab, die von dieser Familie spezifiziert worden waren (z.B. Joghurt, Getreideflocken, Früchte und Eier). Sie schweifte nicht in Bereiche wie Pizza, Hamburger oder zu anderen Bestandteilen einer richtigen Mahlzeit ab. Das heißt, daß ihre Kategorie von Alternativen für das Frühstück spezifisch für jenes Ereignis war – sie bildete eine *Slot-Füller-Kategorie* für Frühstücks-Nahrungsmittel. Doch man beachte, daß die Sprache, die ihre Repräsentationen gleichzeitig zum Ausdruck bringt und gestaltet, nicht die abstrakte Sprache der Kategorien ist, sondern die konkrete Sprache des sozialen Erlebens. Sicherlich enthält ihre Sprache kategorische Begriffe, doch sind diese auf spezifische Erfahrung bezogen.

Ich habe zusammen mit *Luciarello* (1986) untersucht, wie Mütter und ihre zweijährigen Kinder im natürlichen Gespräch in Fürsorge- und Spiel-Zusammenhängen Objekt-Labels auf unterschiedlichen Ebenen einer taxonomischen Hierarchie – übergeordnet, grundlegend und untergeordnet – benutzten. Wir stellten fest, daß in 75 Prozent der Fälle, in denen Mütter in Routine-Zusammenhängen einen untergeordneten Begriff einführten, sie dies entweder in einem performant-aktionalen Gesprächsrahmen taten oder in einem Unterscheidungsrahmen. Der performant-aktionale Rahmen spezifiziert kategoriespezifische Handlungen oder Funktionen, beispielsweise „Zieh deine Jeans *an*", wodurch sowohl die Funktion spezifiziert wird, die den Slot erzeugt, als auch einen alternativen „Füller". Wenn dies bei einer übergeordneten Kategorie (47 Prozent der übergeordneten Fälle in Routinezusammenhängen) benutzt wird, hebt es die Funktion hervor, die die allgemeine Kategorie zusammenhält (z.B. „Komm, laß uns deine Kleider *anziehen*."). Der Diskriminationsrahmen betont auch alternative Slot-Füller wie in: „Möchtest du Apfelsaft oder Orangensaft?" So wurde insbesondere in routinemäßigen Fürsorgezusammenhängen festgestellt, daß Mütter Kategorie-Begriffe auf der nicht-grundlegenden Ebene auf Arten einführten, die den Prozeß der Bildung von Slot-Füller-Kategorien hervorhob. Andere neuere Untersuchungen (*Callanan* 1985) haben ebenfalls Aufschluß darüber gegeben, wie Eltern Kategorien-Wissen vermitteln.

Die Aneignungen einer abstrakten Kategoriensprache hängen ab von der weiteren Entwicklung einer differenzierten – oder abstrakten – Ebene der semantischen Repräsentation, auf der linguistische Begriffe direkt aufeinander bezogen werden und auf der sie nicht eingebettet sind in von Erfahrungen abgeleiteten konzeptuellen Repräsentationen. Die Entwicklung jener Ebene ermöglicht die Repräsentation einer echten semantischen Hierarchie – einer Taxonomie, die auf hierarchischen Einschluß-Beziehungen basiert und nicht nur auf Kombinationen von Ereignis-Kontext-Slots. Die Konstruktion dieser Ebene durch die Zusammenarbeit mit erwachsenen

Informanten ist ein wichtiger Entwicklungsschritt in der Vorschulzeit und Schulzeit.

Wir sehen, daß nicht nur das episodische Gedächtnis der soziokulturellen Konstruktion durch narrative Sprachmodelle unterworfen ist, sondern auch das, was allgemein als semantisches Gedächtnis bezeichnet wird oder, nach *Vygotskys* Terminologie, wissenschaftliche bzw., nach *Bruners* Terminologie, paradigmatische Arten des Denkens. Im letzteren Fall jedoch sind die Sprachrahmen eher pragmatisch oder paradigmatisch als narrativ, obgleich in der Diskussion darüber, was *Emily* morgen früh zum Frühstück essen wird, ein Hauch Narrativität enthalten ist (z.B. „Wir werden hinuntergehen und frühstücken"). So wie es für jede Dichotomisierung von Stilen gilt, benutzen die meisten Eltern wahrscheinlich beide Arten des Redens, sowohl die narrative als auch die paradigmatische, und der individuelle Unterschied liegt mehr im jeweiligen Schwergewicht als in der ausschließlichen Verwendung einer der beiden Kategorien.[2]

Schlußfolgerung

Untersuchungen über allgemeine Ereignis-Schemata und über das episodische Erinnerungsvermögen stützen heute eindeutig die These, daß selbst sehr junge Kinder über beide Arten von Erinnerungen verfügen, daß sich jedoch die autobiographische Erinnerung – das Äquivalent zu dem, worüber Erwachsene berichten – erst im Alter von drei Jahren oder noch später entwickelt. Die Entwicklung einer echten autobiographischen Erinnerung scheint eine Funktion der soziokulturellen Konstruktion zu sein, insbesondere des Erwerbens narrativer Formen des Erinnerns. Viele Untersuchungen über Gespräche zwischen Eltern und ihren Kindern, die sich auf die Vergangenheit bezogen, stützen diese Annahme. Außerdem zeigen Untersuchungen über Gespräche, die die Gegenwart zum Thema hatten, daß unterschiedliche Arten des Sprechens über laufende Ereignisse sich unterschiedlich darauf auswirken, wie das betreffende Ereignis erinnert wird. Über Gespräche, die sich mit der Zukunft befassen, liegen bisher noch keine ausreichenden Untersuchungsergebnisse vor, doch scheint es wahrscheinlich, daß diese ebenso wie Gespräche über die Gegenwart die Organisation der Erinnerung an Ereignisse beeinflussen können. Es ist eindeutig erforderlich, weitere Untersuchungen über Gespräche durchzuführen, die sich mit der Zukunft befassen.

Im letzten Teil dieses Aufsatzes wurden einige Auswirkungen von Kategorien von Objekten aus pragmatischen und paradigmatischen Gesprächen – im Gegensatz zu narrativen Gesprächen – auf das Erinnerungsvermögen besprochen. Auch die Frage, welche soziokulturellen Einflüsse auf die Organisation des Erinnerungsvermögens bei Kindern beobachtet werden könnten, die mit ihren Eltern überwiegend paradigmatisch orientierte Gespräche führen, bedarf noch eingehenderer Untersuchung.

Anmerkungen

1 *Emily*s Erinnerungen waren vom Alter von 23 Monaten an in dieser Form organisiert, früher als bei jedem anderen Kind, über das in der einschlägigen Literatur berichtet wird. *Emily* war ein verbal sehr weit entwickeltes Kind, das in Sprachformen sehr versiert war. Außerdem könnte es sein, daß die Selbstgespräche mehr über ihre Fähigkeit, erzählerisch zu formulieren, enthüllt haben als das gemeinsame dialogische Sprechen (siehe die Diskussion in *Nelson* 1989). Außerdem erscheint es als wahrscheinlich, daß sie Modelle für das Formulieren von narrativen Berichten nicht nur durch die Gespräche mit den Eltern über die Vergangenheit (nicht in den vorliegenden Transkripten beobachtet, aber vermutlich bei anderen Gelegenheiten gepflegt), sondern auch durch Geschichten entwickelte, die sie von frühester Kindheit an hörte. Ihre Fähigkeiten im Erinnern lassen weitere Untersuchungen dieser Art als sinnvoll und wichtig erscheinen. Obgleich sie zweifellos ein intelligentes, bezauberndes und verbal sehr weit entwickeltes Kind war, haben wir keinen Grund zu der Annahme, daß sie einzigartig ist.

2 Es sollte an dieser Stelle ausdrücklich betont werden, daß diese Stile der Eltern keine Spiegelung sozialer Schichtunterschiede sind. An den erwähnten Untersuchungen der CUNY, die *Engel* und *Tessler* durchgeführt haben, waren fast ausschließlich Eltern der oberen Mittelschicht beteiligt, die alle selbst eine gute Ausbildung genossen hatten.

Literatur

Anglin, J. (1977): Word, object and conceptual development. New York: Norton.
Bakhtin, M. (1986): Speech Genres and other late essays. Austin: University of Texas Press.
Bauer, P.J. & Mandler, J.M. (1990): Remembering what happened next: Very young children's recall of event sequences. In R. Fivush & J.A. Hudson (Hrsg.): Knowing and Remembering in young children. New York: Cambridge University Press.
Bruner, J.S. (1986): Actual minds, possible worlds. Cambridge MA: Harvard University Press.
Bruner, J.S. & Luciarello, J. (1989): Monologue as a narrative recreation of the world. In K. Nelson (Hrsg.): Narratives from the crib. Cambridge MA: Harvard University Press.
Burke, K. (1945): Grammar of motives. New York: Prentice-Hall.
Callanan, M.A. (1985): How parents label objects for young children: The role of input in the acquisition of category hierarchies. *Child Development*, 56, 508-523.
Engel, S. (1986): Learning to reminisce: A developmental study of how young children talk about the past. Unveröffentlichte Doktoraldissertation, City University of New York Graduate Center.
Fivush, R. (1988): The functions of event memory: Some comments on Nelson and Barsalou. In U. Neisser & E. Winograd (Hrsg.): Remembering Reconsidered: Ecological and traditional approaches to the study of memory. New York: Cambridge University Press, 277-282.
Fivush, R. & Fromhoff, F.A. (1988): Style and structure in mother-child conversations about the past. *Discourse Processes*, 8, 177-204.
Fivush, R. & Hamond, N.R. (1989): Time and again: Effects of repetition and retention interval on two year olds' event recall. *Journal of Experimental Child Psychology*, 47, 259-273.
Fivush, R. & Hamond, N.R. (1990): Autobiographical memory across the preschool years: Toward reconceptualizing childhood amnesia. In R. Fivush & J.A. Hudson (Hrsg.): Knowing and remembering in young children. New York: Cambridge University Press, 223-248.
French, L.A. & Nelson, K. (1985): Young children's understanding of relational terms: Some ifs, ors and buts. New York: Springer-Verlag.
Gruendel, J.M. (1980): Scripts and stories: A Study of children's event narratives. Unveröffentlichte Doktoraldissertation, Yale University.
Hudson, J. & Nelson, K. (1986): Repeated encounters of a similar kind: Effects of familiarity on children's autobiographical memory. *Cognitive Development*, 1, 253-271.
Hudson, J.A. (1986): Memories are made of this: General event knowledge and the development of autobiographic memory. In K. Nelson (Hrsg.): Event Knowledge: Structure and Function in Development. Hillsdale, NJ: Lawrence Erlbaum Assoc, 97-118.

Hudson, J.A. (1990): The emergence of autobiographic memory in mother-child conversation. In *R. Fivush & J.A. Hudson* (Hrsg.): Knowing and Remembering in Young Children. New York: Cambridge University Press, 166-196.

Kyratzis, A., Luciarello, J. & Nelson, K. (1991): Continuity and discontinuity in knowledge organization in young children. Unveröffentlichtes Manuskript. New York: City University of New York Graduate Center.

Labov, W. (1972): Language in the inner city. Philadelphia: University of Pennsylvania Press.

Luciarello, J. & Nelson, K. (1985): Slot-filler categories as memory organizers for young children. *Developmental Psychology,* 21, 272-282.

Luciarello, J. & Nelson, K. (1986): Context effects on lexical specificity in maternal and child discourse. *Journal of Child Language,* 13, 507-522.

Mead, G.H. (1934): Mind, self and society. Chicago: Chicago University Press.

Mervis, C.B. & Crisafi, M. (1982): Order of acquisition of subordinate-, basic- and superordinate-level categories. *Child Development,* 53, 258-266.

Nelson, K. (1983): The derivation of concepts and categories from event representations. In *E. Scholnick* (Hrsg.): New trends in conceptual representation: challenges to Piaget's theory? Hillsdale, NJ: Lawrence Erlbaum Assoc.

Nelson, K. (1985): Making sense: The acquisition of shared meaning. New York: Academic Press.

Nelson, K. (1986): Event knowledge: Structure and Function in Development. Hillsdale, NJ: Lawrence Erlbaum Assoc.

Nelson, K. (1988): The ontogeny of memory for real events. In *U. Neisser & E. Winograd* (Hrsg.): Remembering reconsidered: Ecological and traditional approaches to the study of memory. New York: Cambridge University Press, 244-276.

Nelson, K. (Hrsg.) (1989a): Narratives from the crib. Cambridge MA: Harvard University Press.

Nelson, K. (1989b): Remembering: A functional developmental perspective. In *P.R. Solomon, G.R. Goethals, C.M. Kelley & B.R. Stephens* (Hrsg.): Memory: Interdisciplinary approaches. New York: Springer-Verlag, 127-150.

Nelson, K. (1990): Remembering, forgetting, and childhood amnesia. In *R. Fivush & J.A. Hudson* (Hrsg.): Knowing and Remembering in Young Children. New York: Cambridge University Press.

Nelson, K. (1991): Representational change and the emergence of autobiographical memory. Vortrag, gehalten auf der Conference in Seattle, Washington: Meetings of the Society for Research in Child Development.

Nelson, K. (1991b): Towards a theory of the development of autobiographical memory. In *A. Collins, M. Conway, S. Gathercole & P. Morris* (Hrsg.): Theoretical advances in the psychology of memory. Hillsdale, NJ: Lawrence Erlbaum Assoc.

Nelson, K. & Brown, A.L. (1979): The semantic-episodic distinction in memory development. In P. Ornstein (Hrsg.): Development of memory, Hillsdale, NJ: Lawrence Erlbaum Assoc.

Nelson, K., Fivush, R., Hudson, J. & Luciarello, J. (1983): Scripts and the development of memory. In M.T.H. Chi (Hrsg.): Trends in memory development research (Bd. 9). Basel, Schweiz: S. Karger.

Nelson, K. & Gruendel, J. (1979): At moring it's lunchtime: A scriptical view of children's dialogue. Discourse Processes, 2, 73-94.

Nelson, K. & Gruendel, J. (1981): Generalized event representations: basic building blocks of cognitive development. In M. Lamb & A. Brown (Hrsg.): Advances in Developmental Psychology (Bd. 1). Hillsdale, N.J.: Lawrence Erlbaum Assoc.

Nelson, K. & Hudson, J.A. (1988): Scripts and memory: Interrelations in development. In F. Weinert & M. Permutter (Hrsg.): Memory Development. Hillsdale, NJ: Lawrence Erlbaum Assoc.

Nelson, K. & Ross, G. (1980): The generalities and specifics of long term memory in infants and young children. In M. Permutter (Hrsg.): Childrens memory: New directions for child development (Bd. 10). San Francisco: Jossey-Bass, 87-101.

Permutter, M. (Hrsg.) (1980): Children's Memory. San Francisco: Jossey-Bass.

Perner, J. (1991): Understanding the representational mind. Cambridge, MA: MIT Press.

Peterson, C. & McCabe, A. (1983): Developmental psycholinguistics: Three ways of looking at a child's narrative. New York: Plenum.

Pillemer, D.B. & White, S.H. (1989): Childhood events recalled by children and adupts. In H.W. Reese (Hrsg.): Advances in child development and behavior (Bd. 21). New York: Academic Press, 297-340.

Ratner, H.H. (1984): Memory demands and the development of young chidren's memory. Child Development, 55, 2173-2191.

Rosch, E., Mervis, C., Gray, W., Johnson, D. & Boyes-Braem, P. (1976): Basic objects in natural categories. Cognitive Psychology, 8, 382-439.

Schank, R.C. & Abelson, R.P. (1977): Scripts, plans, goals and understanding. Hillsdale, NJ: Lawrence Erlbaum Assoc.

Tessler, M. (1986): Mother-child talk in a museum: The socialization of a memory. City University of New York Graduate Center.

Tessler, M. (1991): Making memories together: The influence of mother-child joint encoding on the development of autobiographical memory style. Unveröffentlichte Doktoraldissertation, City University of New York Graduate Center.

Tulving, E. (1972): Episodic and semantic memory. In E. Tulving & W. Donaldson (Hrsg.): Organization of memory. New York: Academic Press, 382-403.

Vygotsky, L. (1986): Thought and Language. Cambridge MA: MIT Press.

Weinert, F. (1991): Stability in change of memory functions in childhood. Vortrag, gehalten bei der International Conference on Memory, Lancaster University. Lancaster, England.

Wertsch, J.V. (1990): Dialogue and dialogism in a socio-cultural approach to mind. In *I. Markova* & *K. Foppa* (Hrsg.): The Dynamics of Dialogue. London: Harvester/Wheatsheaf, 62-82.

Wertsch, J.V. & *Stone, A.* (1985): The concept of internalization in *Vygotsky's* account of the genesis of higher mental functions. In *J.V. Wertsch* (Hrsg.): Culture, communication, and cognition: Vygotskian perspectives. New York: Cambridge University Press.

Wolf, D. & *Gardner, H.* (1979): Style and sequence in symbolic play. In *M. Franklin* & *N. Smith* (Hrsg.): Early symbolization. Hillsdale, NJ: Lawrence Erlbaum Assoc.

Innere Themen und äußeres Verhalten in der frühkindlichen Entwicklung – eine Longitudinaluntersuchung

*Henry N. Massie, Abbot Bronstein, Joseph Afterman, B. Kay Campbell**

Vor einigen Jahren begannen wir mit einer prospektiven Longitudinaluntersuchung von Kernelementen früher Persönlichkeitsentwicklung. Die Untersuchung war insbesondere darauf gerichtet, wie die Persönlichkeit einer Mutter sich in ihrem Verhalten mit ihrem Kind widerspiegelt und wie diese mütterlichen Verhaltensweisen sich in dem sich herausbildenden Charakter des Kinder niederschlagen (sofern sie dies überhaupt tun).

Unsere Untersuchung fokussierte darauf, wie die Mutter auf ein Kind in Situationen leichten oder gemäßigten Stresses reagierte. Die Reaktionen (responses), die wir betrachten, sind spezifische Handlungen: Wie schaut sie, vokalisiert sie, berührt, hält sie, wie zeigt sie Affekte und wie bewahrt sie Nähe in bezug auf das aufgeregte Baby. Genauso wichtig wie diese äußeren Verhaltensweisen war für uns das, was unterhalb der Oberfläche lag: Warum handelt die Mutter so, wie sie es tut? Ihr offenes Verhalten beruht auf „instinktiven", aber genauso bewußten Glaubenssystemen darüber, wie man Kinder aufzieht. Diese wiederum werden weiterhin durch Ideen geformt, über die sie keine oder keine reflexive Bewußtheit hat. Diese instinktiven Verhaltensweisen und bewußten oder unbewußten handlungsbestimmenden Vorstellungen kann man als das bezeichnen, was die Persönlichkeit der Mutter darstellt und was ihre Fähigkeiten beeinflußt, ihr Kind zu bemuttern.

Gleichzeitig untersuchten wir die Reaktion des Kindes auf seine Mutter. Wie blickte das Baby? Wie vokalisierte, berührte, hielt es

---

* Wir sind folgenden Kollegen, die während verschiedener Phasen des Projektes mitgearbeitet haben, sehr zu Dank verpflichtet: *Martha Harris, Toni Heinemann, Naomi Low, Debra Melman, Riva Nelson, Candace Pierce, Judith Rosenthal, Gabrielle Thomson, Ruth Weatherford, Eleanor Willemsen* und *Myla Young*

sich fest? Welches Ausdrucksverhalten zeigte es? Suchte es Nähe oder Distanz? Die Reaktionen des Babys sind durch den Grad seines Unwohlseins bestimmt, aber auch durch sein Temperament und vielleicht durch genetische oder entwicklungsneurologische Dispositionen mit Bezug auf eine spezifische Modalität, wie z.B. eine Präferenz für visuelle statt für taktile Rezeptivität. Als ein herausragendes Ergebnis fanden wir, daß Mutter und Baby sehr schnell einen Interaktionsstil miteinander ausbilden, den das Baby allmählich umformt zu seinem ganz besonderen Stil, sich an die Ereignisse in seinem Leben anzupassen. Im zweiten und dritten Jahr, wenn sich im Verlauf der Zeit das Sprachvermögen ausbildet, gewinnt für das Kind sein Modus der Adaptierung Bedeutung. So entsteht sein eigenes System von Überzeugungen (belief-system), welches ganz ähnlich wie das seiner Mutter seine eigenen unbewußten Dimensionen haben wird.

Die Konzepte, die wir beschreiben, wurden nicht als von vornherein vollständig ausgearbeitete zur Grundlage unseres Forschungsprozesses gemacht. Vielmehr entwickelte sich diese Studie auf der Grundlage von vorausgegangenen (*Massie* 1975; *Massie, Rosenthal* 1984), in denen eine Reihe von durch Familien gefertigte Filme über das Leben mit autistischen und präpsychotischen Kindern Störungen in der Mutter-Kind-Interaktion zeigten, die früher auftraten als die tatsächlichen Krankheitssymptome, die sich gegen Ende des ersten bzw. zu Anfang des zweiten Lebensjahres zeigten. In Sonderheit hatten wir herausgefunden, in welcher Form die oben erwähnten Parameter von Mutter-Kind-Blickdialogen, Vokalisation, Berührung, Halten, Affekt und Nähe bei Index-Familien vor Krankheitsausbruch anders geartet waren als bei Familien in der Kontrollgruppe. Wir haben deshalb die vorliegende Studie mit dem Ziel angelegt, prospektiv genau diese Verhaltensweisen und Interaktionen über die Zeit hin zu beobachten. Unsere Forschungen sind im breiteren Kontext der Arbeiten von *Bowlby* (1969) und *Ainsworth* et al. (1978) zu sehen, die unsere Aufmerksamkeit auf das Phänomen der Bindung (attachment) lenkten, weiterhin im Rahmen von *Tinbergens* (1973, 1983) ethologischer Beschreibung des prägenden Einflusses von neugeborenen Tieren auf den Kontakt mit ihren Müttern. In ähnlicher Weise diskutiert *Winnicott* (1965) die Mutter als haltende Umgebung – im wörtlichen Sinne, wie die Mutter das

Kind hält, und figurativ, wie gut sie auf ihr Baby eingespielt ist, und er betont die zentrale Bedeutung dieses Geschehens für eine gesunde Ich-Entwicklung des Kindes. Auch psychoanalytische Forschungen wie die von *Bibring* et al. (1961), die auf die Psychologie der Mutter in der Schwangerschaft fokussierten, trugen zum theoretischen Hintergrund der vorliegenden Studie bei, sowie die Arbeiten von *Brody* und *Axelrad* (1970), die die Bedeutung des „Nährens" betonen, die *Yale*-Gruppe (*Ritvo, Solnit* 1953) und *Escalona* (1968), die Kindergruppen im Längsschnitt untersuchten, wobei sie Tiefenbeschreibungen ihrer Persönlichkeitsentwicklung lieferten. Natürlich sind zu nennen *Anna Freud* (1965) und *Mahler* et al. (1975), die die psychische Struktur der frühen Kindheit umrissen haben.

Schließlich hat sich unsere Arbeit im jüngsten Klima der mikrokinetischen und frame-by-frame Analysen von Mutter-Kind-Interaktionen entwickelt, die von *Brazelton* et al. (1974) inauguriert wurden und in denen die Ursprünge der Reziprozität aufschienen, oder von Arbeiten wie die von *Tronick* et al. (1978), die die Reaktionen von Säuglingen identifizierten, welche zwischen widersprüchlichen mütterlichen Botschaften in der face-to-face-Interaktion gefangen waren, oder die Studien von *Stern* (1971), die die Strukturen des Mutter-Kind-Spiels sichtbar gemacht haben.

Bei der Durchsicht der vorhandenen Forschungsarbeiten jedoch sehen wir, daß in den späten 70er Jahren wichtige theoretische und methodologische Verbindungen zwischen Mutter und Kind nicht in Angriff genommen wurden. Studien, die die Persönlichkeit der Mutter oder auch die der Kinder sorgfältig untersucht hatten, verfügten noch nicht über die neueren mikrokinetischen Methodologien, die geeignet wären, Mutter-Kind-Verhalten zu dokumentieren. Auf der anderen Seite haben auf mikrokinetische Phänomene orientierte Forscher keine Langzeit-follow-ups durchgeführt, um die entwicklungspsychologische Bedeutung ihrer Aufzeichnungen dyadischen Verhaltens auszuwerten. Schließlich haben wir keine Studien gefunden, die versucht haben, die mütterliche Persönlichkeit mit der mikroanalytischen Untersuchung von Mutter-Kind-Verhalten und der erfolgten Entwicklung der kindlichen Persönlichkeit zu verbinden. Deshalb hat unser Projekt eine Methodologie entwickelt, um diese Lücken in der vorfindlichen Forschung zu schließen. Innerhalb des Gesamtplanes, die mütterliche Persönlich-

keit, das Mutter-Kind-Verhalten und die kindliche Persönlichkeit zu betrachten, arbeiteten wir drei Fragen heraus:
1. Sind für sehr frühe Mutter-Säugling-Interaktionen besondere Verhaltensmuster charakteristisch und werden diese in die Mutter-Kind-Beziehung so eingebettet, daß sie durch die ganze Kindheit hin anhalten? Oder: Wenn sie in der frühesten Zeit vorkommen, werden sie später obsolet und hinterlassen lediglich fossilartige Spuren in der Persönlichkeit des Kindes?
2. Gibt es Bereiche unbewußter Konflikte und Adaptierungen in der Mutter, die sich auf das Kind durch die Art und Weise ihres Verhaltens übertragen?
3. Können wir Verhaltensmuster beim Säugling und Kleinkind auffinden, die frühe Charakterstrukturen, Abwehrmechanismen und sogar Psychopathologie präfigurieren, sofern dies das Los des Kindes sein soll?

Für unsere Untersuchungen suchten wir zwanzig Primipara-Paare im dritten Schwangerschaftstertial aus. Wir filmten, testeten und beobachteten Mutter und Kind (und zuweilen auch die Väter) intensiv über eine Periode von drei Jahren. Als die Kinder die Grundschule erreichten, nahmen wir wieder mit den Familien Kontakt auf, um unsere Follow-up-Untersuchung durchzuführen.

Methodologie

Wir fanden zwanzig Primipara-Familien, die sich freiwillig meldeten, nachdem sie darüber informiert worden waren, daß wir daran interessiert waren, „zu untersuchen, wie Familien zusammenwachsen". Die Mutter-Säuglings-Einheit (unit) sollte der Fokus der Untersuchung sein, so unsere Erklärung, obgleich wir auch an den Vätern interessiert waren. Diese aber wollten wir nicht so genau untersuchen wie Mutter und Kind. Ungefähr Dreiviertel der Familien kamen aufgrund einer Ankündigung der Geburtshilfeabteilung am Kinderkrankenhaus von San Francisco. Die übrigen Familien wurden von Psychotherapeuten, die Eltern behandelten, zugewiesen, weil erkannt wurde, daß die elterliche Psychopathologie für das Kind, das auf die Welt kommen sollte, ein Risiko war. Sie fühlten, daß das Forschungsprojekt diesen Familien zusätzliche

Stütze geben könnte. Die Untersuchungspopulation war also von vornherein so angelegt, daß normal funktionierende und gestörte (impaired) Familien einbezogen werden sollten. Es waren alle sozioökonomischen und verschiedene ethnische Gruppen repräsentiert, obgleich die Population im wesentlichen Angehörige der weißen Mittelschicht umfaßte.

Die Forschungsmaßnahmen bezogen testpsychologische Untersuchungen der Mutter, das Entwicklungs-Assessment des Kindes, eine Adaptierung der „Strange Situation-Skala" von *Ainsworth* (1978) ein sowie sequentielle Familieninterviews, strukturierte und unstrukturierte Filmaufzeichnungen zu Hause und bei den Kinderarztbesuchen in den ersten drei Jahren sowie ein Follow-up in der Grundschule. Die *Massie-Campbell*-Scale for Mother-Infant Attachment Indicators During Stress (ADS Scale 1983) wurde durch „blindrater" eingesetzt, um reziproke Affekte zwischen Mutter und Kind zu dokumentieren. Weiter berücksichtigten wir Vokalisieren, Blickverhalten und Nähe und zwar aufgrund von Filmaufzeichnungen, die jeweils in den drei Minuten unmittelbar nach den pädiatrischen Routine-Untersuchungen über die Kleinkindzeit hin festgehalten wurden. Wir bezeichneten dies als die „Wiedervereinigungsepisode" (reunion episode), in der die Mutter das Kind tröstet, das darauf entsprechend reagiert.

Ergebnisse

Die Fülle der Daten in dieser Studie widersetzt sich einer einfachen Darstellung und erfordert ein hohes Maß an Selektion und ordnender Strukturierung. Wir fanden, daß die vorhandenen Daten uns mehr lehren, wenn wir sie als eine Serie von Fallstudien und tatsächlichen Biographien im Prozeß der Formierung während des Heranwachsens der Kinder beschreiben. Wir werden deshalb in diesem Abschnitt zwei Familien in vertiefter Darstellung präsentieren – eine, in der das Kind von Kleinkindzeiten an in einer emotionalen Risikosituation stand, und eine andere, wo kein offen erkennbares Risiko vorhanden war. Bei jeder der Familien in unserer Untersuchung kamen ein oder zwei Hauptthemen oder strukturierende Mythen (organizing myths) zum Vorschein, die für die jeweilige Familie spezifisch waren. Sie umfaßten ihre Adaptionsstile und Hauptkonflikte, um die herum wir ihre Biographien strukturieren konnten.*

Familie 1: Charles T.

Das Angstthema der Eltern der Familie T. war der Konflikt darüber, ein abhängiges Kind anstatt eines selbständigen Kindes zu haben. Dies wurde durch ihre physische Nähe zu ihrem Kind ausgedrückt. Von Charles Geburt an war es für die Mutter klar, daß der Junge nach ihrem Wunsch stark und unabhängig heranwachsen solle. Das führte dazu, daß sie bewußt dem Aspekt des Haltens und Nährens bei ihrem Baby keine so große Bedeutung zumaß. Der Vater stimmte dieser Haltung der Mutter rundum zu, obgleich die Mutter die primäre Pflegeperson war. Ein zweites Thema leitete sich aus dem Hauptthema ab. Beide Eltern waren erfolgreiche Geschäftsleute, die der Meinung waren, ihre wichtigste Aufgabe sei es, ihrem Kind die Regeln angemessenen Verhaltens zu lehren, um „Charles dabei zu helfen, ein guter Bürger zu werden" und um ihm eine gute Erziehung mitzugeben. Mit einer solchen Grundausstattung, so glaubten die Eltern, würde ihr Sohn das notwendige Rüstzeug für späteren Erfolg erhalten.

Frau T. war eines von acht Kindern in einer hart arbeitenden Familie, in der es wenig Möglichkeiten für Entspannung und Nähe zwischen den Eltern gab. Sie hatte sich durch eine Hochschulausbildung gequält und sich erfolgreich eine Geschäftslaufbahn erarbeitet, in der sie eine beträchtliche Autorität über ihre Untergebenen ausübte. Psychiatrische Befunde waren nicht vorhanden. Ihr Mann und sie meldeten sich freiwillig für dieses Projekt, weil sie glaubten, dabei zu lernen, wie man zu besonders effektiven Eltern wird. Während ihrer Schwangerschaft war Frau T. depressiv. Sie erinnerte sich an ihre eigene, strenge Kindheit und besonders an ihr Gefühl, daß ihre Eltern zu hart zu ihr gewesen waren. Sie spürte Sehnsucht

---

* *Ziegler* und *Musliner* (1977) entdeckten gleichfalls das Aufkommen persistenter Familienthemen in ihrer 15-Jahre-Follow-Up Pilotstudie von *Sanders* (1964) Mutter-Kind-Interaktionsdaten.

und ein Gefühl der Identifikation mit einer Tante, mit der sie viel Zeit verbracht hatte und der sie nachzueifern strebte. Nichtsdestotrotz respektierte sie die Kontrolle und die Besorgtheit der Eltern ihr gegenüber besonders, da sie glaubte, sie sei kein besonders liebenswertes Kind gewesen – dickköpfig, nicht einnehmend, unattraktiv. Frau T. nahm sich vor, ihr Kind zu stillen, genau wie ihre Mutter es mit ihren Kindern gemacht hatte. „Meine Mutter stillte uns voll und wir waren gesund." Frau T. fand die körperlichen Unpäßlichkeiten der Schwangerschaft belastend und entschied, daß dies ihr einziges Kind bleiben würde. Als Charles geboren wurde, blieb seine Mutter bei ihm zu Hause, bis sie nach fünf Monaten ihre Ganztagsarbeit wieder aufnahm und ihn zu einer Tagesmutter gab. Mit einem Jahr erlebte das Kind die erste Trennung von seiner Mutter. Seine Eltern schickten ihn aufs Land zu seiner Tante mütterlicherseits, um für ihre Sommerferien zwei Wochen frei zu haben, ein Muster, das zu einer jährlich wiederkehrenden Tradition wurde. Die entwicklungspsychologischen Markierungspunkte verliefen normal, doch ist der erfolglose Versuch der Mutter bemerkenswert, den Jungen kurz vor dem Aufenthalt bei der Tante mit einem Jahr sauber zu bekommen.

Testpsychologische Untersuchung der Mutter: Der projektive Draw-a-Mother-and-Child-Test im dritten Trimester der Schwangerschaft (Abb. 1) und ihr Rorschach-Test zum Zeitpunkt, als Charles ein Jahr alt war, zeigen Depressionen und Ärger als Hinweise auf Interferenzen während der oralen Phase der Entwicklung.

Mutter-Kind-Filmaufzeichnungen und Interviews. In der ersten Filmaufzeichnung am neunten Lebenstag bemerkten wir, daß beim Bruststillen die Mutter den Mund des Kindes an die Brustwarze brachte, ohne daß sie seinen Körper an ihren drückte. Das Baby lag wie ein kleines Boot, das an einer Boje festgemacht war. Das Baby lag also nicht auf der Mutter oder in ihrem Arm, und es war nur wenig Haut-zu-Haut-Kontakt vorhanden. Mutter und Kind waren in unmittelbarer Nähe, doch nicht in voller Weise im Sinne von Körperkontakt sich physisch nah. „Du bist so gierig", sagte die Mutter zum Kinde, wobei sie ihm gleichzeitig liebevoll ins Gesicht sah, während es trank.

Wir deuteten dieses Verhalten als Hinweis auf die Liebe der Mutter für ihr Kind, die allerdings durchmischt ist mit ihrem eigenen Gefühl persönlicher Bedürftigkeit, welches sie verleugnet und mit ihrer Stärke und Unabhängigkeit kompensiert hatte. Es fiel ihr schwer, ihrem Neugeborenen eine zu große Abhängigkeit von ihr zu gestatten. Sie schien sich davor zu fürchten, sich eine Regression in einen Zustand zu gestatten, den *Mahler* et al. (1975) als mutuelle Symbiose mit dem Säugling bezeichnet haben, denn das könnte sie ja beide schwach und verletzlich machen. Weiterhin fragten wir uns, ob die Mutter ihre Fähigkeiten bezweifelte, die verschlingenden Bedürfnisse ihres Babys befriedigen zu können.

Dieses Muster setzte sich über die gesamte achtzehnmonatige Periode der Filmaufzeichnungen fort. Körperliche Nähe in der Form eines Haltens Brust an Brust trat nicht in den Vordergrund. Im Gegenteil, die Mutter betonte distante Interaktionen, in denen sie mit Charles sprach oder ihn anschaute. Dazu erfaßten die Filmaufzeichnungen auch noch andere Momente. Die Mutter puschte viel zu früh die großen physischen Aktivitäten von Charles, z.B. das Kriechen; sie engagierte sich in heftigen, neckenden Spielen, in denen ihre besondere Ambivalenz gegenüber körperlicher Intimität zum Ausdruck kam, wenn sie ganz nah an das Gesicht des Kindes herankam und sich dann zurückzog. Wenn Charles in derartigen Momenten überstimuliert war, brach er häufig den Blickkontakt ab, stellte ihn dann aber Momente später wieder her. Mutter und Kind kamen also durchaus in Kontakt, jedoch schien die Mutter etwas, was wir als ‚Momente niederer Intensität' bezeichnen könnten, nicht sonderlich zu schätzen, z.B. eine wache Inaktivität, wechselseitige Ruhe, Sattheit und Abhängigkeit.

Eine Szene im Alter von sechs Monaten und vierzehn Tagen war besonders instruktiv. In ihr wiederholte sich die besondere Form der Interaktion, die wir früher beobachtet hatten, und dabei setzte sich das Hauptthema dieser Dyade fort, wobei gleichzeitig ein anderer Aspekt der Entwicklung illustriert wurde. Mutter und Kind wurden zu Hause face-to-face hingesetzt. Die Mutter verwickelte mit ihrer aufmunternden Gesichtsmimik das Kind in das Spiel Backe-backe-Kuchen. Charles wurde aufgeregt, kam näher an seine Mutter heran und speichelte.* Dann versuchte er, seine Hand und

---

* Das Verhalten von Charles macht deutlich, daß Speichelfluß eine psychosomatische Reaktion auf Erregung ist, und zwar in der reinen und nicht pathologischen

die der Mutter in seinen Mund zu stecken, aber die Mutter zog in diesem Moment die Hand zurück und Charles wurde irritiert, fing an zu weinen, bis er langsam ruhiger wurde.

Am Ende der Szene schließlich war Charles immer noch irritiert, nachdem seine Mutter seine Erregung unterdrückt hatte. Er streckte dann seine Hände nach der Mutter aus, die ihn aufnahm, nah an sich heranzog, aber einen Moment später wieder von sich wegdrehte und seine Nase putzte. Auf diese Weise obsiegte ihre Sorge um Sauberkeit über einen Impuls zu Nähe. Diese Momente, in denen die Mutter sich nicht auf den Erregungszustand des Kindes einließ oder Charles von sich wegdrehte, konnte man noch nicht als den vollen „präverbalen double bind" bezeichnen, den wir bei einem Kind gleichen Alters beobachten konnten, das in der Folge einen Autismus entwickelte. In diesem Fall war es eher so, daß sich die Mutter auf dem Höhepunkt der Mutter-Kind-Spiele körperlich vom Kind abwandte, als daß sie nur seine Erregung dämpfte (*Massie* 1975). Das Bedürfnis von Frau T., Erregungen zu dämpfen, die volle Stimulierung des verführerischen Blicks, der Stimme, des kinästhetischen Patsch-Kuchen-Spiels zu stoppen, ist eine direkte Folge ihrer eigenen, harten Erziehung, die in ihr ein Gefühl der Deprivation verfestigt hat, wie es in den mit ihr durchgeführten psychologischen Tests evident wurde. In ähnlicher Weise beobachteten wir über die gesamte Kleinkindzeit von Charles in den anderen Mikrointeraktionen, wie die Mutter die Symbiose zwischen sich und dem Baby zerbrach. Ohne sich dieser Mikroprozesse bewußt zu sein, zerbricht die Mutter die Symbiose, um ihr Gefühl über Charles verschlingende Gier und ihren Ärger beiseite zu schieben. Ganz offensichtlich unterbricht sie die Verbindung zu ihrem Kind, als sie und ihr Mann sich für die Ferien von dem einjährigen Charles

---

Bedeutung des Wortes. Im Moment besonders intensiver Interaktion mit der Mutter schien der sechs Monate alte Junge seine und seiner Mutter Hand zu einer „gemeinsamen Mutter-Kind-Hand" zu fusionieren und sie zu inkorporieren, indem er sie sich in den Mund steckte. In einem solchen Moment konnte Charles in seiner lustvollen Erregung auf Ich-Grenzen verzichten. Wir haben im übrigen ähnliche psychosomatische Reaktionen bei Momenten starker dysphorischer Interaktionen beobachten können. In solchen Augenblicken steckten Charles und andere Kinder ihre Hand in den Mund und kauten auf ihr herum oder sie patschten stereotyp mit ihrer Hand oder Faust.

trennen. Sie ist sich zu diesem Zeitpunkt aber bewußt, daß sie versucht, den Jungen auf Unabhängigkeit zu drillen. So nährt ihn die Mutter zwar, aber doch nur begrenzt. Sie fördert erregtes Verhalten und schneidet es ab. Diese momentanen, aber auch zeitübergreifenden Ereignisse im ersten Lebensjahr von Charles ließen in uns das Gefühl aufkommen, daß er einem psychologischen Risiko ausgesetzt wird. Auf der Affektebene waren beide, Mutter und Kind, gedämpft, obgleich Charles wie jedes Kleinkind deutlich aufstrahlte, als er die Fähigkeit zum Krabbeln erlangte. Supportive, edukative und therapeutische Maßnahmen der Mutter gegenüber änderten ihr Verhalten nicht.

Die Ratings mit der Attachment During Stress Scale (ADS scale) unterstützten im allgemeinen den klinischen Eindruck. Charles und/oder seine Mutter lagen oft unterhalb des Medianes von allen Familien der Gesamtuntersuchung in bezug auf Halten, Affekt, Vokalisierung und Nähe. Sie lagen typisch beim Median im Hinblick auf Berührung. Nur mit Bezug auf das Blickverhalten erreichten Mutter und Kind den Median oder überschritten ihn innerhalb der ersten achtzehn Monate beträchtlich.

Im Alter von 24 und 36 Monaten wurde die Klötzchen-Aufgabe gestellt, in der die Dyade aufgefordert wurde, etwas mit Klötzchen zu machen. Bei beiden Beobachtungen kontrollierte die Mutter Spiel- und Phantasietätigkeit von Charles. So wollte Charles mit zwei Jahren z.B. einen Zug bauen. Er legte einige Klötzchen zusammen, schob sie und machte „Tschu-Tschu". Die Mutter, weit entfernt von einer Synchronisation mit der Phantasie, die sich in ihrem Jungen entwickelte, brachte die Bahn aus dem Gleis, weil sie nicht sah, was er tat. Sie schlug statt dessen vor, ein Haus zu bauen. So wurde die Aufgabe zu einer relativ rigiden, strukturierten Angelegenheit und nicht zu einer Gelegenheit, etwas zu entdecken. Schon gegen Ende des zweiten Lebensjahres und dann im dritten Lebensjahr war Charles eher imstande, sich auf das Bauen mit Klötzchen zu fokussieren. Wir hatten jedoch den Eindruck, daß er sich in angepaßter Weise konzentrierte und parallel zu seiner Mutter spielte, anstatt mit ihr zu spielen oder die Erlaubnis zu haben, selbst einmal die Leitung zu übernehmen.

Follow-up mit 7 Jahren. Nach 36 monatiger Begleitung verabschiedeten wir uns für einen Zeitraum von vier Jahren von der Familie, neugierig darauf, wie sie aussehen würde, wenn wir sie wieder würden begrüßen können. Zwei unerwartete Dinge wurden offensichtlich, als wir die Familie im siebten Lebensjahr von Charles wiedersahen. Das erste war, daß die Mutter keine Zeichen von Depressionen mehr zeigte. Sie war modisch und farbenfroh angezogen, lebendig und selbstbewußt. Der zweite Punkt war, daß drei Jahre zuvor ein kleines Brüderchen als willkommener Neuling in die Familie gekommen war, obgleich doch die Eltern einst geplant hatten, nur ein Kind zu haben. Die Mutter zeigte ein weitaus glücklicheres Lebensgefühl als sieben Jahre zuvor, denn sie klagte nicht mehr über ihre Kindheit. „Wir haben in unserer Familie eben die Liebe verstanden, und obgleich meine Eltern nicht in offener Weise zärtlich waren, sind unsere Wochenenden liebevoller Spaß." Im Vergleich zu ihren Herkunftsfamilien hatten Charles Eltern den Eindruck, daß sie in weitaus offenerer Weise zärtlich waren und in ihrem Haus miteinander schmusten. Sie sagten, daß sie vollauf zufrieden seien. Nichtsdestotrotz erwies sich das siebenjährige Follow-up für Charles als nicht positiv. In der *Familiensitzung* war Charles unruhig und reserviert. Er hatte die Tendenz zu stören, wenn auch nicht in einer zerstörerischen Weise. Als Reaktion darauf brachten ihn die Eltern schnell zu einem guten Verhalten. Besonders der Vater war hart und bedrückend. Charles saß in der Regel neben seiner Mutter. Er sonderte sich ab, es sei denn, seine Eltern wünschten, daß er bei ihnen blieb. Das Thema „Nähe, aber nicht nahe" setzte sich auf diese Weise von den Kleinkindtagen an fort. Als der Interviewer die Familie über Disziplin befragte, äußerten beide Eltern ihre Sorge über die Dickköpfigkeit ihres Sohnes, und die Mutter brachte dies mit ihrer eigenen dickschädligen Art in Verbindung. Es gab nur selten Ohrfeigen. Als Charles aber zwischen zwei und drei Jahren eine Zeitlang masturbierte, hatten ihm die Eltern gesagt, daß dies böse sei und ihn angeschrien: „Benimm dich gefälligst!"

Der *Bericht* von Charles *Klassenlehrerin* gab uns die schlechte Nachricht, daß er in seiner Schule und der dort herrschenden Atmosphäre der Konkurrenz nicht mitkam und er intensiven Einzelunterricht benötigte, auf den er aber ansprach. Die Lehrerin charakterisierte ihn als lieb und nett, es fehle ihm aber an Selbstwertgefühl. Er sei unglücklich, manchmal wie ein weinendes Kleinkind, störe in dummer Weise, um Aufmerksamkeit zu erhalten, wobei er manchmal zaudernd im Klassenzimmer herumwandere. Das machte ihn gelegentlich zum Ziel von Spott. Zuweilen habe er Kleinigkeiten von anderen Kindern gestohlen. Bei Klassenausflügen sei Charles eines der Kinder, die gern an der Hand der Lehrerin gingen.

In dem *unstrukturierten Spielinterview* wirkte Charles zurückhaltend, wenn nicht gar gehemmt. Er wählte schließlich Flugzeuge und Raketen für das Spiel. Als er über Spielzeuge bei sich zu Hause sprach, die nicht funktionierten, kam ein resignierter Ton in seine Stimme. Seine Aufmerksamkeit ließ nach, und er wandte sich anderen Spielzeugen zu. Er vermittelte den allgemeinen Eindruck, daß es Dinge gab, die er fertigbringen oder ausprobieren wollte. Er suchte nach Wegen, in denen er dem Interviewer zeigen wollte, wie kompetent er sei, aber immer kam etwas dazwischen.

In der Filmaufzeichnung über die *Klötzchen-Aufgabe* mit sieben Jahren, die Mutter und Kind auszuführen hatten, zeigte sich die Mutter lebendig, sie litt nicht mehr an einer ärgerlichen Depression. In der stützenden Gegenwart der Mutter blühte Charles nun auf. Auch seine Lehrerin hatte das beobachtet, wenn sie dem Jungen persönliche Ermutigung geben konnte. Die Mutter saß auf dem Boden, die Klötzchen zwischen ihren Beinen, Charles saß ihr gegenüber, so daß die Klötzchen zwischen ihnen lagen. Die Mutter übernahm von Anfang an die Initiative – ähnlich wie bei den Blockaufgaben mit zwei und drei Jahren – und schlug vor, ein Schloß zu bauen. Sehr schnell begann der Junge, aktiv und intensiv in das Spiel involviert, ein Schloß zu bauen. Die Mutter lächelte, war zufrieden und gestattete Charles, in die Höhe zu bauen, während sie selbst an den Fundamenten arbeitete. Es machte ihnen Spaß, zusammen zu bauen, wobei sie sich in kooperativer Weise abwechselten. Ihre Unterstützung war ein freundliches Fördern (facilitating). Insgesamt teilten sie die Schloßphantasie in gelungener Weise, obgleich die Mutter nicht bereit war, als Charles ein Auto in den Schloßhof stellte, diese wirklich phantasievolle Inkonsistenz zu gestatten. Sie sagte: „Damals gab es keine Autos." Die zum Schluß erhobenen Follow-up-Daten bestanden in einer Testuntersuchung von Charles. Der WISC-R ergab einen generellen IQ von 110 mit höheren Werten im Handlungsteil als im Verbalteil. Der Wissens-

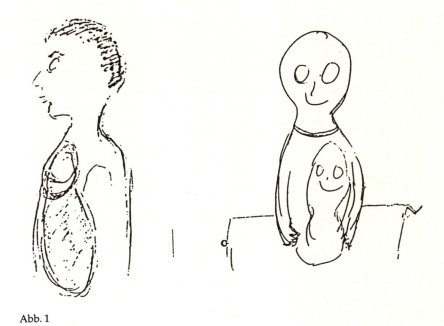

Abb. 1

Abb. 2

fundus war niedrig, die Verständnisfähigkeiten aber waren adäquat. Seine Fähigkeit zum abstrakten Denken war schwach ausgebildet. Die projektive Zeichnung eines Jungen und eines Mädchens (Abb. 2) deuteten auf die Möglichkeit einer schwachen Störung, wohl auf dem Hintergrund entwicklungsneurologisch unausgeglichener Reifungsvorgänge, erkennbar an Distorsionen in Größe, Form und Strukturierung der Zeichnungen; fehlende Hände, kurze Glieder und die großen Füße beim Bild des Jungen verwiesen auf das Bemühen, aggressive Impulse zu kontrollieren. Bei den Bildern von Frauen fand sich als Charakteristik, daß sie speer- oder schwertähnliche, phallische Ausstülpungen in ihren Kleidern hatten, was ihnen eine mächtigere Erscheinung gab als den von Männern. Für einen Siebenjährigen fand sich ein allgemeiner Mangel an Differenziertheit und Detailliertheit in der Körperdarstellung, eine Unreife, die an die geisterähnlichen Mutter-Kind-Zeichnungen von Frau T. erinnerten, die sie während des dritten Schwangerschaftstertials und mit einem Jahr zeichnete (Abb. 1). Die Leere und der Mangel an entwickelter Darstellung in den Zeichnungen der Mutter und in denen des Kindes im Alter von sieben Jahren muß als Ausdruck von Depression gesehen werden.

Im Rorschach-Test fanden sich bei Charles an spezifischen Ängsten: Trennungsängste, die Angst vor körperlicher Verletzung, insbesondere Kastrationsangst.

Zusammenfassung: Charles ist ein Kind, dessen Entwicklung von der vorausgegangenen Ambivalenz der Eltern bestimmt ist, ihn zu hegen. Diese Ambivalenz stammt zu einem Teil von ihren eigenen Kindheitserlebnissen, denn sie erinnerten sich, daß sie zu ihren Eltern als Kinder zu wenig Zugang gehabt hätten. Charles reproduziert deshalb Störungen, die von Generation zu Generation weitergegeben wurden. Er ist irgendwie traurig und aufgrund seiner Versuche, seine Sehnsüchte zu unterdrücken, frustriert. Um Aufmerksamkeit zu erhalten, zeigt er Überreaktionen, wirkt verwirrt oder macht sich selbst hilflos. So wird paradoxerweise das bewußt angestrebte Hauptziel von Charles Eltern, einen höchst unabhängigen und selbstbewußten Jungen aufzuziehen, behindert durch eine zugrundeliegende Trennungsangst, die Charles erlebt.

Familie 2: Molly P.

Im Gegensatz zu Familie 1 hatten wir bei dieser Familie während Schwangerschafts- und Säuglingszeit kaum Bedenken, daß das Kind gefährdet ("at risk") wäre. Die Eltern kamen aus eigenem Antrieb in das Projekt, als sie es in der Geburtsabteilung angeschlagen sahen. Beide hatten ihr College-Studium beendet und waren Ende zwanzig. Der Vater folgte einer Laufbahn als Berufsoffizier mit einer festen Stelle im San Francisco Computerzentrum. Die Mutter arbeitete als Sekretärin. Beide Elternteile entstammten intakten Familien mit mittlerem Einkommen und zwei Geschwistern. Sie erinnerten sich an ihre Kindheit mit Zufriedenheit. Beide wollten zwei bis drei Kinder. Das Paar erlebte die Schwangerschaft als eine glückliche Zeit und sie freuten sich auf eine erfüllende Beziehung mit ihrem Kind. Die Familie P. lebte nicht weit von den Großeltern entfernt, mit denen sie keine Konflikte hatten und die sie als Unterstützung bei der Kindererziehung einzubeziehen gedachten. Die Mutter beabsichtigte eine Ganztagshausfrau zu sein. Die Eltern waren sehr übereinstimmend und ernsthaft in ihrem Verhalten, sowie begierig, an dem Forschungsprojekt teilzunehmen. Sie waren ein hübsches, ordentlich gekleidetes Paar, zugleich aber auch ein wenig steif und zurückhaltend. Die Ernsthaftigkeit, mit der sie auf die Instruktionen des Projektteams eingingen, wies auf einen hohen Respekt gegenüber Autoritäten hin. Obgleich sie eine traditionelle Rollenverteilung hatten und die Mutter sagte, daß der Vater die letzte Entscheidung zu treffen habe, war sie zugleich die Aktivere, was die tagtägliche Erledigung der Familienangelegenheiten anbelangte. Wie bei der Familie 1 stimmten die Eltern in ihren Vorstellungen über Kindererziehung überein.

Das Thema, das diese Familie kennzeichnete, zeigte sich schon in den ersten Lebenswochen von Molly. Es handelte sich um den Konflikt der Eltern, die zwischen ihrem Wunsch, dem Kind gegenüber nachsichtig zu sein, seine Bedürfnisse zu befriedigen und ihrer Angst, das Mädchen zu verwöhnen (to spoil), hin- und hergerissen waren. Sie fürchteten, daß Disziplin schaden könnte – eine Sorge, die Charles Eltern niemals geäußert hatten –, aber ihnen mißfiel auch der Gedanke, von einem ungezogenen Kind dominiert zu werden. Wo also Nähe und Unabhängigkeit die zentrale Sorge in der Familie 1 waren, kam dem Setzen von Grenzen und der Kontrolle von Aggressionen in der Familie 2 besondere Bedeutung zu, obwohl wir dies erst über die Jahre allmählich in vollem Ausmaß und in seiner zentralen Qualität für das emotionale Leben der Familie erkannten, ganz im Unterschied zu der Familie von Charles, wo das Motiv der elterlichen Nähe zum Kind sehr bald offensichtlich wurde. Die Okkupation der Familie mit dem Thema „Grenzen setzen" versus „Bedürfnis befriedigen" begann in Mollys ersten Lebenswochen, als die Eltern etwas darüber beunruhigt waren, daß das Kind mehr schrie und größere Schwierigkeiten hatte, zu einem geregelten Nachtschlaf zu finden, als sie erwartet hatten. Sie nahmen das Projektteam häufiger in Anspruch als andere Familien, um für die genannten oder andere Probleme Hilfe zu finden, und sie äußerten Schuldgefühle darüber, daß sie uns für unseren Zeiteinsatz nicht bezahlten. Sie waren z.B. unsicher darüber, wie lange sie das Kind schreien lassen sollten, denn sie wollten nicht strafend auftreten. Auf der anderen Seite wollten sie dem Kind auch die Chance geben, die Fähigkeit zu entwickeln, sich selbst zu beruhigen. Das nächtliche Wachsein des Kindes hielt bis in das dritte Lebensjahr an, so daß sich die Eltern zuweilen mit uns zusammen fragten, ob sie Molly nicht zu sich ins Bett nehmen sollten (was sie gelegentlich taten), um sie zu beruhigen.

Testpsychologische Untersuchung der Mutter. Der Draw-a-Mother-and-Child-Test während der Schwangerschaft und im ersten Jahr (Abb. 3) und der Rorschach-Test zum ersten Jahr zeigten beide auf eine selbstsichere Frau, die sich nichtsdestotrotz im Konflikt zwischen aggressiven und sexuellen Impulsen befand, ihre Affekte zu kontrollieren versuchte und bestrebt war, Wahrnehmungen zu vermeiden, die sie beunruhigten.

Mutter-Kind-Filmaufzeichnungen und Interviews. Es handelte sich um eine glückliche Familie, die viel Freude an ihrem Kind hatte. Mollys wichtige Entwicklungsschritte während der Kleinkindzeit waren normal, außer dem nächtlichen Wachsein, einer leicht verzögerten Entwicklung des Laufenlernens mit sechzehn Monaten und auch einer kleinen Verzögerung des Sprechenlernens. Ihre sprachliche Auffassungsgabe und ihr Vokabular waren immer normal, aber ihr Artikulationsvermögen war langsam. Sie erhielt deshalb in ihrem vierten Lebensjahr eine sprachheiltherapeutische Behandlung. Molly war stets mit ihrer Mutter zu Hause bis sie in ihrem vierten Lebensjahr ohne Probleme in den Kindergarten ging. Molly wurde von ihrer Mutter bis in das dritte Lebensjahr brustgestillt, wobei seit dem fünften Monat zusätzlich das Fläschchen gegeben wurde. Mit zwei Jahren erfolgte die Sauberkeitserziehung.

Für diese sehr gewissenhaften Eltern war eine Trennung von ihrem Kind angstauslösend. Ihren ersten Abend ohne Molly verbrachten sie im sechsten Lebensmonat des Kindes, nachdem sie dies zuvor mit dem Projektteam diskutiert hatten. Die erste Trennung über eine Nacht fand erst im zweiten Jahr statt. Bis zum gegenwärtigen Zeitpunkt gab es keine Trennungssituation, die länger als ein Wochenende war. Die Familie hatte keine Babysitter, sondern griff meistens auf die Großmutter der Mutter zurück, in deren Haus Molly im Kinderbett ihrer eigenen Mutter schlafen konnte. Molly war wie ihre Eltern ernsthaft und als Baby sehr aufmerksam gegenüber Menschen und Ereignissen. Als sie sich Ende des ersten Lebensjahres fortbewegen konnte, wurde sie quirlig und lebendig. Dennoch blieb sie selbstbeherrscht und wohlerzogen. Diese Verhaltensqualitäten schienen sich als Reaktion auf die Bedeutung zu entwickeln, die die Mutter der Höflichkeit beimaß. Diese Tugend suchte sie auch durchzusetzen, indem sie immer wieder Regeln gab, Molly sagte, sie solle ein „gutes Mädchen" sein und ihr time-outs im Kinderzimmer verordnete. Daß der Mutter gutes Verhalten so angelegen war, war eine Widerspiegelung ihrer schon zuvor erwähnten Befürchtung, ja Angst, von einem nicht zu bändigendem Kind dominiert zu werden. Wir hatten auch den Endruck, daß dies von dem Bedürfnis der Mutter herrührte, von Molly als einer Extension ihres Selbst widergespiegelt zu werden. Der Vater war weniger aktiv, seine Tochter zu kontrollieren. Molly selbst konnte nein sagen und ihre Auflehnungen war kurz, Wutanfälle selten.

Die intensiven Investitionen der Mutter in ihre Tochter machten sie dem Kind gegenüber sehr müde. Das lange Bruststillen war hierfür ein Indikator. „Ich wollte immer, daß sie meine Milch bekommt ... aber ich wäre froh gewesen, wenn sie sie auch aus der Flasche genommen hätte ... Ich hätte gewünscht, daß ich in den ersten sechs Monaten mal für eine Stunde oder zwei hätte weggehen können, aber das war nicht möglich." Als die Mutter nach zweieinhalb Jahren abzustillen versuchte, sagte sie: „Wenn ich aufhören würde, sie zu stillen, würde Molly schreien. Aber wenn ich fest bliebe, würde es gehen ... Sie setzt darauf, daß man schwach wird, und das ist der einzige Bereich, wo ich schwach werde."

Molly war ihrerseits auch an die Mutter gebunden. Seit dem Alter von drei Monaten hatte Molly einige Wochen lang eine Phase der Angst vor Fremden. Wann immer die Mutter den Raum verließ, fing sie an zu schreien. Diese Fremdenangst schloß den Vater ein, so daß dieser sich für eine Zeitlang aus der Verbindung zwischen Mutter und Kind ausgeschlossen fühlte. Dabei begleitete er die Mutter zu den Kinderarztbesuchen häufiger als irgendein anderer Vater im Projekt.

Weiterhin schien Mollys intermittierende Schlafstörung im Bezug zu ihrer starken Abhängigkeit von der, ja, Unterordnung gegenüber der Mutter zu stehen und zu ihrer Liebe für sie, denn in ihrer Gegenwart zeigte sie sich offenkundig sicher und befriedigt. Gegenüber dem Projektteam und ihrem Kind vermittelte die Mutter den Eindruck, daß letztendlich nur sie ihre Tochter beruhigen konnte. Auch Molly schien in der Säuglingszeit darauf hinzuweisen, daß nur ihre Mutter für sie zählte. Das Gefühl von Mollys Verbundenheit (attachment) ihr gegenüber einerseits und ihre eigene Effektivität im Umgang mit der Tochter andererseits trugen zum Gefühl der Mutter bei, daß sie mächtig war, was in ihr auch ein bestimmtes Maß an Angst verursachte.

Eine Interaktion, die bei einem Hausbesuch – Molly war zweieinhalb Jahre alt – beobachtet wurde, illustriert noch eine andere Dimension des Familienthemas: die Kontrolle von nicht regulierbarem Verhalten. Der Interviewer, die Mutter, der Vater und Molly waren beim Plaudern. Dabei saß Molly auf dem Schoß ihrer Mutter und fing an, die Finger in den Mund zu stecken. Die Mutter bat sie, die Finger herauszunehmen: „Du bist jetzt schon ein großes Mädchen. Hast du die Finger im Mund, weil du hungrig bist?" Der Vater antwortete: „Möchtest du etwas Milch?" Es schien, als wolle er die Entschiedenheit der Mutter, was die Finger im Mund und das ‚große Mädchen' anbetraf, etwas mildern. Molly antwortete, daß sie gerne etwas Milch hätte und der Vater holte sie. War sie zunächst wegen der Zurechtweisung der Mutter kurz eher zurückhaltend, so kuschelte sie sich einige Augenblicke später wieder an sie. Das führte zu einer Gruppendiskussion über Trotz. Die Mutter war stolz darauf, daß ihre Tochter keine „schlimmen Seiten" zeigte. „Sie ist einfach wunderbar ... manchmal sagt die Kleine ‚nein' wenn man ihr etwas sagt, und dann schicken wir sie aufs Zimmer. Aber sie kommt schnell wieder heraus, lächelt und ist kooperativ und dann bekommt sie einen dicken Schmatz." Und in der Tat, dies fand auch später im Interview statt. Molly räumte einige Spielzeugsachen nicht auf, wie es ihr die Mutter auftrug. Molly kann ihr Verhalten so steuern, daß sie ihre Wünsche und die ihrer Eltern abzuwägen vermag.

Die Analysen der Filmaufzeichnungen von Mutter und Kind bestätigen unseren Eindruck von dieser Familie. Im Film vom ersten Tag mit dem Neugeborenen lag die Mutter beim Stillen seitlich und bildete fast eine Wiege für ihr Baby. Obgleich sie eine etwas unbequeme Position zu haben schien, bekräftigte sie sehr bestimmt und mit einem Lächeln, daß sie ganz bequem läge. Das Baby trank zufrieden. In dieser und in späteren Szenen zog es die Mutter offensichtlich gegenüber anderen Interaktionsformen vor, ihr Baby zu halten und anzuschauen. Auf Reden, Berühren, Hätscheln oder Fein-machen legte sie keinen besonderen Wert. In folgenden Filmen aus den ersten sechs Monaten zeigte das Kind gleichfalls ein starkes Blickverhalten und antwortete mit Neugierde auf Stimulierungen. Als die Auffassungsgabe von Molly zunahm, verglich sie die verschiedenen Gesichter im Zimmer und nahm dann Blickkontakt mit ihrer Mutter auf. Das beruhigte sie. Im Alter zwischen drei und sechs Monaten wurde sie ungewöhnlich angespannt, wenn Ärzte oder Schwestern anwesend waren (ihre frühe Angst vor Fremden) und spiegelte die ernsthafte Aufmerksamkeit ihrer Eltern. Während der kinderärztlichen Routineuntersuchungen behielt die Mutter ihr Kind stets im Auge, wobei sie mit Bezug auf die Autorität der Kinderärztin auf die andere Seite des Zimmers ging, um der Ärztin mehr Raum zu geben. Bei Beendigung dieser Untersuchungen pflegte Molly kräftig zu schreien, und dann kam ihre Mutter schnell zu ihr, nahm sie auf und konnte ihr Kind mit ihrer zurückhaltenden und etwas linkischen Art leicht beruhigen. Die Eltern verloren ihre Spannung schnell und strahlten über das ganze Gesicht, wenn Molly sich in den Armen ihrer Mutter entspannte. Bei einer kinderärztlichen Untersuchung mit vier Monaten sprach die Mutter bei einer face-to-face-Position mit ihrem Kind und steigerte seine Erregung und spielerische Antizipation des Aufgenommenwerdens. Das Kind streckte die Ärmchen nach der Mutter aus, aber diese hielt ihr Versprechen nicht und nahm Molly nicht hoch. Es war dies ein Beispiel von Appetenzverhalten, das nicht konsumiert wurde, ähnlich den häufigeren Ereignissen dieser Art, die wir bei Familie 1 beschrieben hatten. Als Reaktion auf diese Frustration begannen Mollys Finger kurz auf und ab zu flappen und zu fuchteln*. Ein paar Sekunden später war das Kind wieder ausgeglichen, und wenig später war es wieder gesellig, lächelte und imitierte die zurückgenommene aber glückliche Stimme der Mutter.

Die Ratings auf der ADS-Skala zeigten, daß Molly und ihre Mutter kein offensichtlich erkennbares Muster entwickelten, es sei denn, man verstünde als solches den Wechsel in ihren Interaktionen. Zuweilen lag die Mutter im Score über dem Median und das Kind darunter. Im folgenden Monat konnte es aber auch umgekehrt sein, und zuweilen lagen Mutter und Kind in gleicher Weise bei bestimmten Modalitäten oberhalb oder unterhalb des Medianes. Die Klötzchentests, die im Alter von 24 und 36 Monaten durchgeführt wurden, ähnelten einander. In beiden fand sich eine anfängliche Tendenz der Mutter, überkontrollierend zu sein und ihr Kind auf einer Ebene anzuregen, die kognitiv zu hoch angesiedelt war. Aber die Mutter war in der Lage, sich schnell zu korrigieren und dem Kind die Führung zu überlassen, wobei sie unterstützte und es bauen ließ, was es wollte. Auf diese Weise übernahm das Kind intermittierend die Leitung, während die Mutter den allgemeinen Rahmen bereitstellte. Bei beiden Aufgaben stellte Molly symbolische Repräsentationen von Dingen her. Wir finden hier eine Dyade, in der es beiden gut ging und bei der Aufgabe mit drei Jahren sogar hervorragend.

Follow-up mit 7 Jahren. Als wir Molly mit 7 Jahren wiedersahen, war sie ein hübsches, lächelndes, attraktives Schulkind mit langem

---

* Derartige Hand- und Fingermanierismen scheinen zum motorischen Schema des Greifens zu gehören (*Piaget* 1945). Es könnte aber auch eine motorische Erinnerung, eine lustvolle Interaktion des Knetens an der Brust der Mutter während des Stillens repräsentieren. Dies könnte durch den Hypothalamus und Basalganglien vermittelt sein, wodurch das Fehlen einer vollen Befriedigung von Appetenzverhalten auftreten könnte, die den psychosomatischen Reaktionen von Charles ähnlich sind (*Massie* et al. 1983).

Haar und eifrigen, freundlichen Verhaltensweisen. Sie und ihre Eltern waren stolz auf einen kleinen Bruder, der vor drei Jahren geboren worden war, obgleich bei Molly neben ihrer liebevollen Sorge für das Brüderchen auch Große-Schwester-Allüren auftraten und verletzte Gefühle und Protest, wenn er ihr Spielzeug nahm. Die Familie selbst hatte sich nicht sehr verändert. Die ökonomische Sicherheit hatte zugenommen, denn der Vater war in seiner Karriere weitergekommen. Die Mutter war zu Hause, um für das Brüderchen zu sorgen, das sie noch nicht einmal nachts bei den Großeltern gelassen hatte. Das emotionale Hauptthema kam unmittelbar wieder auf, als die Eltern um Rat fragten, wie sie denn mit der eifersüchtigen Aggression zwischen den Kindern umzugehen hätten. Diese Sorge um gutes Benehmen war von Molly empathisch internalisiert worden; sie äußerte von sich aus, daß sie das zweite Schuljahr sehr schön fände und „besonders die Kinder, die sich in der Klasse gut benehmen".

Der *Bericht des Lehrers* besagte, daß Molly im Klassendurchschnitt bzw. darüber läge, nur in der Mathematik habe sie Schwierigkeiten. Der Lehrer nahm an, daß hier leichte Lernstörungen vorliegen müßten, da die Intelligenz des Kindes in allen anderen Bereichen über dem Durchschnitt läge. Die Einschätzung des Lehrers stimmte mit der testpsychologischen Untersuchung überein, die übrigens, wie die von Charles, Zeichen einer leichten entwicklungsneurologischen Unausgeglichenheit auf dem WISC-R zeigte. In gleicher Weise war dieses Ergebnis konsistent mit Mollys schon früh festgestellten sprachlichen Artikulationsschwierigkeiten und ihrer leichten Verzögerung beim Laufenlernen, nämlich mit eineinhalb Jahren. Beide Eltern fügten hier hinzu, daß sie gleichfalls Schwierigkeiten mit Zahlen hätten, wobei der Vater kompensatorisch ein besonderes Interesse für Computer entwickelt hatte. Mollys Lehrer berichtete, daß das Kind sozial sehr zugewandt war, sich der Gefühle seiner Freunde bewußt war, stets bereit, Fürsorge und Hilfe zu geben, und dies mehr als die meisten anderen Kinder. Als Maß für ihre Selbständigkeit des Kindes berichtete der Lehrer, daß es eine Aufgabe zunächst ganz allein zu lösen versuche, und erst wenn es Schwierigkeiten hätte, um Hilfe fragen würde. Molly war freundlicher und verständiger ihrer Umgebung gegenüber, als dies sonst bei Kindern der Fall ist. Mit Lesen und Rechtschreibung hatte sie keine Schwierigkeiten.

In ihrem *unstrukturierten Spielinterview* hatte die Mutter wiederum einige Schwierigkeiten, sich von Molly zu trennen, indem sie von sich aus noch einmal zurück in den Raum kam, um ihre Tochter daran zu erinnern, daß sie auf die Toilette habe gehen wollen. Mollys anfängliche Scheu ging schnell vorüber, als sie zu den kreativen Materialien ging und ein sehr buntes Haus mit vielen Türen und Fenstern malte. Während des Zeichnens sprach sie spontan über einen Lehrer, den sie besonders lieb hatte und der weggezogen war, weiterhin darüber, wie glücklich sie sei, daß sich nur ein böses Kind in der Klasse befinde, und darüber, daß ihr Bruder sie manchmal an den Haaren zöge und dann mit Mama Schwierigkeiten bekäme. Ihre Gedanken gingen zurück zu der Nacht, als der Bruder geboren wurde. Molly war damals bei ihren Großeltern, wo sie solche Ohrenschmerzen bekam, daß man sie ins Krankenhaus brachte und, „Rate mal", sagte sie, „Mami war da in ihrem Nachthemd und Papi brachte uns beiden Blumen!" Hier finden wir einen interessanten Hinweis auf Mollys Geschwisterrivalität und die normative, ödipale Rivalität um die Aufmerksamkeit des Vaters sowie die Identifikation mit ihrer Mutter.

Bei der *Klötzchenaufgabe* mit 7 Jahren zeigten Mutter und Kind wiederum ihr nunmehr voraussagbares Muster. Die Mutter strukturierte die Situation wie eine Lehrerin, bis Molly sich selbst behauptete, worauf die Mutter sich zurückzog, sie aber noch förderte. Sie bauten ein Schloß, in dem ein König lebte, der manchmal wütend wurde, wenn Leute die Wände bemalten. Die Kinder lebten in einem anderen Haus. Mutter und Kind konnten die rebellischen Sprühdosen-Phantasien von Molly spielerisch miteinander gestalten, obgleich die Mutter schließlich deutlich machte, daß Sprühdosenwandmaler schlechte Leute seien.

Im *psychologischen Test* erhielt Molly einen Gesamt-IQ von 108. Wahrscheinlich ist der IQ aber wesentlich höher, wenn man ihre Leistungen in Subtests des Handlungsteils abzieht. Zum Beispiel lag ihre Kapazität für intellektuelle Abstraktion im Bereich von IQ 130. Neben den leichten visuellen, motorischen und Gedächtnisinterferenzen wurden ihre Werte durch etwas Prüfungsangst gemindert. Mollys Nervosität, die Sache gut zu machen, erinnert natürlich an die Sorge ihrer Eltern, ihre Tochter ordentlich aufzuziehen. Molly zeigte in ihren Zeichnungen (Abb. 4) ein angemessenes und stabil organisiertes Körperbild, obgleich sich leichte Verzerrungen in den Formen und ungewöhnliche Anordnungen der Figuren fanden, so daß diese schräg nach einer Seite geneigt waren. Die Zeichnungen wiesen starke Differenzierungen in männlich und weiblich aus, was durch Schmuck und Kleidung akzentuiert wurde und Mollys starken Wunsch deutlich machte, feminin zu sein und erwachsen wie ihre Mutter, zugleich verbunden mit einem altersentsprechenden Bestreben, immer noch ein kleines Mädchen zu sein. Das Familienbild zeigte die Familienmitglieder glücklich zusammenstehend, was auch auf Abwehrelemente durch Reaktionsbildung und Verleugnung zerstörerischer Affekte hinwies. Das entspricht dem adaptiven Stil der Mutter. Die Abwehr kam in ähnlicher Weise auch in anderen projektiven Tests Mollys zum Ausdruck. Sie verleugnete ärgerliche und eifersüchtige Gefühle – in den CAT-Geschichten und im Rorschach. Dies führte zu einer Begrenzung ihrer Imaginationskraft, da sie eifrig bemüht war, nicht irgend etwas Böses zu zeigen, trotz des gelegentlichen Aufbrechens ihrer Eifersuchtsgefühle dem kleinen Bruder gegenüber, die sich in den CAT-Geschichten fanden.

Die Testergebnisse zeigen ein normales Mädchen in der beginnenden Latenz mit frühen Hinweisen auf einen Persönlichkeitsstil, der durch eine gewisse Vermeidung von Affekten, besondere Aufmerksamkeit gegenüber körperlichen Details und eine Selbstwahrnehmung als potentiell vulnerabel gegenüber männlicher und weiblicher Deprivation und Kontrolle charakterisiert war. Dies ähnelt dem Stil der Mutter. In Ermangelung eines besseren Terminus sprechen wir technisch hier von einem hysterischen Stil. Um ihren Weg zu machen, muß sie ihre Aggression hemmen, das spürt sie, obgleich diese nichtsdestotrotz manchmal in Momenten der Frustration zum Ausdruck kommt. Der Testpsychologe kam zu dem Schluß, daß Molly ein angenehmes Mädchen sei, das sich in einer gesunden Entwicklung befinde und sich problemlos durch die Latenz bewege, mit angemessenen Lösungen für die sexuelle Identifikation und für die Auseinandersetzung mit phallischen und oralen Themen.

Zusammenfassung: Wir sehen in Molly eine erfolgreiche Schülerin, die sich in ihrer Entwicklung gut an die Erwartungen ihrer Eltern, sie möge wohlerzogen sein, angepaßt hatte. Es scheint, daß dies dem Kind dadurch gut gelungen ist, daß es sich auf seine Mutter einstellte und sich mit deren besonderem Bedürfnis identifizierte, in Molly ein gutes, großes Mädchen zu haben. Molly sieht deutlich den Stolz im Gesicht ihrer Mutter und weiß, daß sie Regeln zu folgen hat. Ihrerseits war die Mutter in der Lage, sich auf ihre Tochter einzustellen. Als sie allmählich feststellte, daß Molly sich selbst regulieren konnte und in der Lage war, zu schlafen, zu essen und ihre Aggressivität zu handhaben, konnte die Mutter ihre Ängste loslassen, entweder zu bestimmend oder zu passiv mit ihrem Kind zu sein. Diese besonderen Ängste wurden in der Mikroanalyse der Filme beobachtet, aus denen sich ersehen ließ, daß die Mutter beständig wachsam war, andererseits aber gleichzeitig sich vorsichtig erwies und reserviert, was das Herstellen physischen Kontakts mit ihrem Baby anbelangte. Die Mutter balancierte ihre Reserviertheit und ihre Betonung angemessenen Sozialverhaltens erfolgreich mit ihrer Aufmerksamkeit und Großzügigkeit aus, die sich in der ausgedehnten Stillzeit zeigte, die sie Molly bis ins dritte Lebensjahr gewährte.

Die Entwicklung dieses Falles kontrastiert den von Charles, wo die Eltern und das Kind sich nicht so erfolgreich aufeinander einstellen konnten. Mollys Mutter hatte in ihrem emotionalen Leben einen stabilen Kurs eingeschlagen. Sie veränderte ihn sehr wenig, wenn überhaupt. Im Gegensatz dazu hat die Mutter von Charles allmählich eine deutliche Depression überwunden, die sie während ihrer Schwangerschaft bis in die Kleinkindzeit von Charles stark geprägt hatte. Der Wunsch dieser Eltern, Unabhängigkeit in ihrem Jungen durch frühe Trennung zu fördern, zeigte sich denn auch in den Mikroverhaltensweisen der Mutter, z.B. ihrem regelmäßigen Unterbrechen oder Vermeiden von Momenten, in denen sich Nähe zwischen ihr und dem Kind hätte einstellen können. Das hinterließ seine Spuren bei Charles. Die Tabelle 1 zeigt noch einmal die longitudinale Entwicklung der beiden Familien.

Diskussion

Tolstoy schrieb in *Anna Karenina*: „Glückliche Familien gleichen sich alle, aber jede unglückliche Familie ist auf ihre eigene Art und Weise

Abb. 3

Abb. 4

unglücklich." Aufgrund der Erfahrungen mit den Familien in unserem Projekt hätten wir diese Zeilen wie folgt ändern müssen: „Jede glückliche Familie erzählt gleichfalls eine jeweils unterschiedliche Geschichte!" Sowohl die Familie von Molly als auch die von Charles waren intakt und stimmten im Hinblick auf die Kindererziehung überein. Sie stellten ein sicheres und zufriedenes Klima bereit und organisierten ihr alltägliches und emotionales Leben nach spezifischen, zentralen Themen mit sehr persönlichem Charakter. Auch bei den anderen Familien unseres Projektes konnten wir spezifische Zentralthemen herausfinden.

Wir wollen nunmehr die Hauptfragestellungen dieser beiden Fallstudien herausstellen und bestimmte Vorstellungen anhand von Beispielen anderer Familien erläutern. Die Frage von Entwicklungskontinuitäten ist eine der interessantesten in der Forschung. Einige Autoren wie *Kagan* (1984) spielen solche Kontinuitäten herab und betonen statt dessen das allmähliche Aufkommen von kognitiven und sozialen Funktionen. *Thomas* und *Chess* (1977) fanden in der New Yorker Longitudinalstudie als einzige zeitübergreifende, prädikative Variable das Temperament des Kindes. Hingegen postuliert die psychoanalytische Theorie das Vorhandensein von Kontinuitäten als einen Eckstein ihrer Entwicklungspsychologie und vertritt den epigenetischen Gesichtspunkt (*Anna Freud* 1963), demzufolge eine psychologische Entwicklung schrittweise zur nächsten führt. Ein falscher Schritt hinterläßt eine Schwäche in der Struktur. Ähnliches vertritt die Position der Attachment-Forschung. Unlängst haben *Erickson* et al. (1985) und *Main* et al. (1985) zeigen können, daß Aspekte von Vorschul- und Grundschulverhalten aufgrund der Untersuchungen der „Fremde-Situation" im ersten Lebensjahr vorhersagbar waren. Sicheres Attachment im ersten Jahr war ein Prädikator für größere Flexibilität im Umgang und bessere Anpassung in der Schule. Der Fall von Charles in unserer Untersuchung zeigt, wie ein schwacher Wert hinsichtlich eines sicheren Attachments mit achtzehn Monaten sein abhängiges Verhalten in der Schule mit sieben Jahren präfigurierte. Ähnlich zeigte sich bei Molly eine Kontinuität, jedoch mit einem anderen Ergebnis: Sicheres Attachment korrelierte mit besserer Anpassungsleistung in der Schule.

Die Dinge liegen aber komplizierter. Säuglinge, Kleinkinder und Schulkinder haben sehr verschiedene innere Welten, die mit sich stark verändernder äußerer Welt einhergehen. Das gesunde Schulkind verfügt über eine innere Struktur, die die Konstanz von libidinösen Objekten und ein gutes Maß von Selbst- und Objektdifferenzierung beinhaltet, ein Gefühl für Kompetenz und Leistungsfähigkeit, eine wachsende Autonomie gegenüber inneren Trieben und dem Druck, sofort handeln zu müssen oder Befriedigung zu erhalten, sowie funktionsfähige Abwehrstrategien und charakterologische Adaptierungen. Das Kind hat eine solche Entwicklung erreicht, indem es das Muster der Mutter-Kind-Interaktion internalisiert hat, aufgrund dessen schon das Baby in der Lage ist, beides, die inneren und äußeren Stimuli, in sich aufzunehmen. *Mahler* et al. (1975) sprechen von den ersten Monaten als einer Zeit, in der das Kind von der Mutter psychologisch kaum getrennt ist und die Mutter ihrerseits einen Prozeß psychologischer Differenzierung durchläuft – oder der Regression, wie es *Bibring* et al. (1961) beschrieben haben –, der ihr das Sich-Einlassen (attunement) auf den relativ undifferenzierten Säugling erleichtert.

Unsere Studie zeigte, wie Mütter regelhaft offenbar psychisch regressive Reaktionen im projektiven Test mit einem Jahr aufwiesen, wobei sie aus klinischer Sicht gleichzeitig durchaus kompetent zu handeln vermochten. Die psychologischen Tests erfaßten offensichtlich ein als normal zu betrachtendes Aufweichen der mütterlichen Persönlichkeit, die wohl als eine Voraussetzung für das empathische Überschreiten der eigenen Ich-Grenzen betrachtet werden muß, damit sie sich in die unentwickelten Erlebensformen des Babys hineinprojizieren können. Dadurch wird das mütterliche „Sich-Einlassen" (attunement) auf das Baby (*Stern* 1985) möglich, wobei es sich hier um eine präzise Beschreibung von *Winnicott*s (1965) bergender Umwelt (holding environment) handelt, die dem Kind allmählich die Selbstregulation seines eigenen Zustandes erlaubt.

Nach dieser frühesten Periode im Leben des Kindes beginnen die Prozesse, die in der zweiten Hälfte des ersten Lebensjahres und im zweiten und dritten Lebensjahr zu Trennungen und in die Individuation führen. Auch bei der Mutter kommt es zu Prozessen der Restrukturierung. Viele der Mütter dieser Untersuchung, die von

Tabelle 1: Zusammenfassung der longitudinalen Ergebnisse von der Säuglingszeit bis zum siebten Lebensjahr

Name des Kindes	Familienthema	Mütterlicher Konflikt	Mutter-Kind-Verhalten	ADS-Skala Ratings (0-18 Monate)	Fremde Situation (18 Monate)	Latenz des Kindes	Mütter im Follow-up nach 7 Jahren
CHARLES (Familie 1)	Du kannst nah herankommen, aber nicht zu nahe.	Die Mutter verleugnet ihre eigenen Abhängigkeitswünsche und die des Kindes.	Das Appetenzverhalten des Babys bleibt unkonsumiert; frühe Trennungen, die Affekte der Mutter sind düster.	Mutter und Kind sind deutlich unter dem Median, außer im Blickverhalten.	Das Kind zeigt keine klare Angst. Nicht einzuordnen.	Unruhig, klammernd, in der Schule unter dem Durchschnitt, Ohnmachtsgefühl.	Nicht mehr depressiv, glücklich, zweites Kind.
MOLLY (Familie 2)	Sei ein gutes Mädchen.	Die Mutter ist besorgt, zu bestimmend zu sein, auf der anderen Seite möchte sie nicht vom Kind bestimmt werden.	Die Mutter ist responsiv, wachsam, leicht steif, Bruststillen über drei Jahre.	Kein klares Muster	Sicheres Attachment, das Kind ist durch Trennung beunruhigt, es fühlt sich durch die Rückkehr der Mutter getröstet.	Glücklich, unabhängig, sozial; in der Schule über dem Durchschnitt.	Unverändert, zufrieden, kompetent, zweites Kind.

Charles ist ein Beispiel dafür, kamen aus dieser Periode glücklicher und lebenstüchtiger heraus, als sie vor der Schwangerschaft gewesen waren. Das Erziehen ihres ersten Babys hatte ihnen eine Reindividuation und eine erneute Trennung von ihren eigenen Müttern ermöglicht, so daß sie mit der Art und Weise, in der sie noch immer mit ihren alten Müttern identifiziert waren oder ihnen ähnelten, weniger in Konflikt standen. Andere Mütter, wie die von Molly, zeigten keine solche Veränderungen. Sie blieb emotional auf dem gleichen Stand, obwohl sie während der Säuglingszeit ihres Kindes die normale Erstdifferenzierung von Ich-Grenzen durchlief, die so nahe bei der Psychopathologie liegt. Eine andere Mutter, die von Peter, ist ein Beispiel für einen weiteren Verlauf mütterlichen Verhaltens, das wir beobachten konnten. Sie entging einer befürchteten Identifikation mit ihrer ziemlich hilflosen, passiven Mutter durch die Aktivität und Faszination, mit der sie ihr Kind aufzog. Nach Peters Kleinkindzeit aber fühlte sich diese Mutter verwirrt durch die wiederaufkommende Befürchtung, ihrer eigenen Mutter zu ähnlich zu werden.

Erikson (1950) schrieb, daß die Ausbildung eines Gefühls von Vertrauen, Autonomie und Tatkräftigkeit die psychologische Aufgabe dieser ersten Jahre sei. Ältere psychoanalytische Autoren hatten die Phantasien beschrieben, die die orale, anale und phallische Periode während dieser ersten drei Jahre charakterisierten und ihre Möglichkeiten, psychisches Wachstum zu behindern, wenn es an elterlicher Fürsorge fehlte. Wir wollen nun die Komplexität dieses Prozesses herausstellen, indem wir ihn als einen Tanz zwischen der Mutter und dem Kind bezeichnen. Wenn die wechselseitige Reziprozität und kontingente Responsivität der Rhythmus sind, den die gegenwärtige Generation der Babywatcher entdeckt hat, so sind die emotionalen Zustände die Melodien. Beides zusammen schafft das Familienthema oder das der Dyade, von dem wir gesprochen haben, wobei es einen weiten Raum für einzigartige Choreographien und Fehlentwicklungen gibt.

Was wir als besonders lohnenswert in der Begleitung der Familien im Projekt fanden, war, der Melodie zu folgen, die in dieser Metaphorik den affektiven Komponenten im Familienthema entspricht. Im Verlauf einer normalen Entwicklung ist die Empathie (*Basch* 1983) für eine wirkungsvolle elterliche Responsivität von grundlegender Bedeutung. Sie erfordert die Fähigkeit der Mutter, die Stimmung des Babys zu erkennen und sich *in sie hinein zu projizieren*. Die Mutter nimmt wahr, wie der Affekt des Säuglings ihr Selbst anfüllt und identifiziert sich damit. Um das zu können, muß sie sich auf die Rhythmen und Zustände des Säuglings einlassen. Wenn das Baby z. B. ermüdet, irritiert, gelangweilt, munter, unternehmungslustig oder vorsichtig ist, fühlt der Elternteil gleichsam automatisch, wie dies ist, und betritt damit die Babywelt. Einmal dort, übernimmt die Mutter manchmal die Führung, oft aber gestattet sie dem Baby, sich selbst und die Mutter zu regulieren. Auch wenn das manchmal heißt, am Wimmern und Weinen des Säuglings zu leiden (*Brody* 1970), muß die Mutter in der Lage sein, sich auch daran anzupassen (accommodate). Ihre Fähigkeit, die Stimmungslage des Babys zu erkennen und sich von ihr einstimmen zu lassen, ist von herausragender Bedeutung.

Nun gibt es Momente, die diesen Prozeß stützen oder ihn stören, denn die elterliche Projektion ist selten ungetrübt. Die Familien von Molly und Charles zeigten, wie individuell verschieden solche Prozesse sind. Charles Mutter *projizierte* auf ihren Sohn das bewußte Bild, daß er stärker war, als dies tatsächlich der Fall sein konnte. Dies geschah aufgrund ihrer Angst vor persönlicher Schwäche und Bedürftigkeit. Die Mutter wiederholte tatsächlich unbewußt ihr eigenes Gefühl der Bedürftigkeit durch Verleugnung und Überkompensation, obgleich dieses die Wurzel ihrer Depression in den ersten drei Lebensjahren von Charles war. Durch die Abblendung ihrer Wahrnehmung der Bedürfnisse ihres Babys war sie auch nicht in der Lage, seine Wünsche nach Nähe angemessen zu empathieren. Wir erkennen hier also zwei Projektionsmechanismen, die im Aufziehen von Kindern wirksam werden: Das elterliche Selbst, das eine *Projektion* in die Stimmung eines Babys vollzieht, um sich mit dem Kind zu identifizieren, und die elterliche *Projektion auf* das Baby mittels eines Bildes, das man von ihm hat. Diese beiden Prozesse sind im jeweiligen Elternteil miteinander verbunden und bestimmen sein Verhalten. Schließlich affizieren sie die sich herausbildenden Ich-Funktionen und das Selbstbild des Kindes.

Lewins (1950) Beschreibung der normalen oralen Triade eingedenk, nämlich des Wunsches zu essen, gegessen zu werden und zu schlafen, werden die Ängste von Charles Mutter über das Stillen ihres Kindes einsichtig und ihre Phantasien, daß dies sie auslaugen würde. Dies führte zu den Verhaltensweisen, die wir beschrieben haben. Man erinnere sich, wie sie dem Säugling die Brust hinhing, ohne Köperkontakt aufzubauen, wie Container an einem Schwenkarm; man denke an ihren Kommentar: „Er ist so gierig!", weiterhin an das abrupte Abstillen mit sechs Monaten und den ebenso plötzlichen Wechsel zu einer Vollzeittagespflege, an die regelmäßigen Trennungen für die Dauer der Ferien vom ersten Lebensjahr an und schließlich an die Ratings der Attachment During Stress (ADS) Scale in den ersten 18 Monaten, die eine Mutter-Kind-Distanz in allen Parametern außer Berührung und Blick zeigten. Nur durch diese Blicke wurde die ganz offensichtliche Liebe der Mutter für ihr Kind erkennbar und durch den Stolz, den Humor und die Zuneigung in ihrer Stimme, wenn sie über Charles sprach.

Aber selbst in bezug auf das Blickverhalten fanden wir Beispiele dafür, daß die Mutter das wechselseitige Eingespielt-sein brechen mußte – wir nannten das „Zerbrechen der Symbiose" –, damit es bei einer Beziehung blieb, die nah war, aber nicht zu nah. Spiel und umschließendes Halten waren selten. Es schien, als ob die Mutter nur mit ihrem Sohn in Kontakt kam, wenn sie ihn so sah, wie sie ihn sehen wollte: ein aktiver, kräftiger, beweglicher und geschmeidiger Junge. Dann waren sie beide gut miteinander verbunden. Auf der anderen Seite konnte sie, besonders wenn sie unter ihren niederdrückenden Depressionsgefühlen litt, sich schlecht auf ihn „einstimmen" (tune in). Vielleicht beginnt hier, bei den abrupten Brüchen in der Mutualität der Dyade, der Verlust in den sich herausbildenden Ich-Funktionen von Charles, verstärkt durch die Schwierigkeiten, die die Mutter hatte, wenn sie zeitweise keine intensive Beziehung zu ihrem Sohn hatte und weiterhin in ihrer Unfähigkeit, ihm sein sehr intensives Appetenzverhalten, das er auf sie gerichtet hatte, zu befriedigen. Hier mag die Ursache für die Störung von sich herausbildenden, homöostatischen und regulatorischen Funktionen gelegen haben (*Greenspan* 1981), die die Vorläufer von frühen Ich-Funktionen bei Kindern sind. In ähnlicher Weise haben die Unterbrechungen in der Mutualität die Mutter daran gehindert, Charles die Unterstützung eines Hilfs-Ichs zu geben, das die Entfaltung der Selbstregulationsfähigkeit weiterentwickelt hätte.

Wir sahen in der Folge dann auch Auswirkungen derartiger Interferenzen mit den Selbstregulationsprozessen. In der „Fremde-Situation" mit 18 Monaten lief Charles im Raum hin und her, nachdem seine Mutter fortgegangen war. Wir sahen dies als ein motorisches Zeichen des Versuchs an, über eine solche restitutive Aktivität ein aufkommendes Gefühl der Desorganisation zu bewältigen. Zugleich mag diese Form restitutiver Aktivität für Charles die Bedeutung haben, dem Wunsch seiner Mutter, er möge aktiv sein, nachzukommen. Dadurch, daß er auf diese Weise handelt, kann er ein Bild (ein Selbstobjektbild) von sich selbst und der Mutter herstellen, das zustimmende Atmosphären bereitstellt und das Gefühl des von der Mutter Getrennt-seins abwehrt. Auf diese Weise kann das Hin-und-Hergehen ihn vor der Trennungsangst beschützen und zugleich als motorische Regression dienen, die das Gefühl der Desorganisation beseitigt.

Obgleich das Verhalten von Charles in der *strange situation* nicht in den Rahmen der ursprünglichen Kategorien von *Ainsworth* et al. (1978) eingeordnet werden konnte, paßt es zu der neuen Kategorie von *Main* et al. (1985) „Unsicher-Desorganisiert/Desorientiert". In der Studie dieser Autoren wurden Kinder, die mit zwölf Monaten geratet wurden, im sechsten Lebensjahr nachuntersucht. Sie zeigten weniger Ausgewogenheit und Flüssigkeit in den Gesprächen mit ihren Müttern und ein geringeres soziales, emotionales und aufgabenorientiertes Funktionieren im Umgang mit dem Untersucher als Kinder, die zuvor als „securely attached", d. h. in sicherer Weise gebunden, geratet wurden. Als man diesen sechs Jahre alten Kindern ein Bild zeigte, auf dem die Trennung eines Kindes von seinen Eltern dargestellt wurde und sie fragte, was sie in einer solchen Situation fühlen und tun würden, reagierten die Kinder, die zuvor als Unsicher-Desorganisiert/Desorientiert geratet wurden, häufiger mit Schweigen und depressivem, passivem oder desorganisiertem Verhalten.

Auch in den spezifischen motorischen Reaktionen von Charles auf Streß in der Klötzchenaufgabe mit 2 Jahren sahen wir Zeichen einer solchen Reaktion. Obgleich seine Mutter anwesend war, waren er und sie nicht in der Lage, über die Aufgabe zusammenzukommen, vielmehr wurde eine psychologische Distanz geschaffen. Charles reagierte mit einer Umkehr von Passivität zu Aktivität, indem er vom Feld seiner Mutter und von den Klötzchen wegrannte. Es schien, daß die frühen Interaktionen einen deutlichen Bahnungseffekt hatten, so daß im Kern die zugrundeliegende Dynamik konsistent blieb, während die äußeren Formen sich entwickelten und die Aktivitäten sich veränderten. Dies schien auch beim Follow-up mit sieben Jahren der Fall zu sein. Wir fanden, daß Charles von seiner Lehrerin irgendwie abhängig war und an ihr hing und daß es ihm in Konkurrenzsituationen mit seinen Kameraden nicht gut ging. Seine Lehrerin beurteilte ihn als bedürftig, traurig und ängstlich, was genau die Verhaltensweisen waren, die seine Mutter geängstigt hatten.

Auf diese Weise können wir eine Übertragung eines elterlichen Konfliktes sehen, der anfängt, Charles eigene, persönliche Erfahrungswelt zu durchdringen. Die Mutter des Jungen war in der Lage, ihre Depression und ihre Sehnsüchte nach Fürsorge relativ erfolgreich durch Verleugnung zu unterdrücken. Ihr Sohn hingegen ist dazu nicht in der Lage. Im zweiten Schuljahr wird er anklammernd und mutlos. Wir finden hier eine Variation von dem, was *Freud* (1896) als „die Wiederkehr des Verdrängten" beschrieben hat. Indes, es kommt hier nicht in der Ursprungsperson wieder, sondern in der nächsten Generation.

Weiterhin zeigte sich in unserem Follow-up nach sieben Jahren beim psychologischen Test die Möglichkeit einer leichten zentralnervösen Entwicklungsunausgeglichenheit, etwa in der linkischen Raumorientierung bei Darstellungen oder bei der visuell-motorischen Wiedergabe von Darstellungen durch den Jungen. Die Fähigkeiten und Unfähigkeiten von Charles mit sieben Jahren sind wohl als das vorläufige Ende eines Weges von Interferenzen mit den sich entwickelnden Ich-Funktionen zu sehen, deren Aufgabe es ja ist, affektive, kognitive und motorische Aktivitäten zu synthetisieren und zu integrieren. Durch dieses nunmehr voll ausgebildete Erscheinungsbild sind wir jetzt damit vertraut, wie eine größere psychologische Störung einen physischen Defekt bei kleinen Kindern begleiten kann. *Fraiberg* (1977) z. B. beschrieb, wie bei blinden Kindern ein autistisches Syndrom entstehen kann durch die emotionale und physische Isolation, die das Schicksal solcher Betroffener ist, es sei denn, es würde ihnen eine höchst intensive, nährende Fürsorge zukommen. In ähnlicher Weise fanden *Engel* (1979) und *Dowling*

(1977), daß bei Kindern mit einer kongenialen ösophagischen Atresie, die Sondenfütterung bis zur chirurgischen Korrektur nach der Säuglingszeit erfordert, denen deshalb die Erfahrung eines Fütterungszyklus fehlt, weshalb eine Abstumpfung ihres affektiven und Phantasielebens die Folge ist. Bekannterweise haben *Spitz* (1945) und *Provence* & *Ritvo* (1961) anaklitische Depressionen bei Kindern festgestellt, die sogar einer elterlichen Ersatzpflege entbehren mußten, weil sie in Institutionen untergebracht waren, die nur ungenügende Fürsorge bereitstellten. Familien wie die von Charles illustrieren möglicherweise die gemäßigteren Effekte von leichten, länger anhaltenden Mutter-Kind-Dyssynchronien und organischer Vulnerabilität auf die psychische Entwicklung. Es gibt noch einen weiteren Faktor in Charles Konstellation, nämlich die relative emotionale Distanz des Vaters. Er stimmte mit der Mutter überein und war deshalb kein die Situation verbessernder Wirkfaktor.

Wir wenden uns jetzt der Familie von Molly zu. Wie bei Charles fokussierten wir darauf, wie die Mutter die dependenten Teile ihrer selbst zurückweisen mußte, was zu einer vorzeitigen Projektion auf ihr Baby führte, wodurch dieses als unabhängig gesehen wurde. Das wiederum förderte seine späteren Schwierigkeiten, selbständig zu handeln. Auch Mollys Mutter war mit Aspekten ihres Selbst nicht zufrieden und projizierte dies auf ihr Baby, indem sie es als ungezügelt ansah. Für Molly sieht das Ergebnis nach sieben Jahren wesentlich vorteilhafter aus.

Der Schlüssel scheint also in der Intensität elterlicher Wünsche zu liegen, nicht akzeptierbare Bedürfnisse und Aspekte des Selbst loszuwerden. Je mehr Druck vom Bedürfnis ausgeht, desto größer wird die Wahrscheinlichkeit, daß der Elternteil Zuflucht zu einem massiven Abwehrvorgang nehmen muß, um das loszuwerden, was am eigenen Selbst unannehmbar ist. Dies geschieht in der Regel dadurch, daß dieses – und der Abwehrvorgang selbst – unbewußt wird. *Johnson* und *Szurek* (1952) erkannten einen Aspekt dieses Geschehens in ihrer Beschreibung eines mangelhaften Über-Ichs, bei dem ein Elternteil seine antisozialen Impulse nicht erkennt und diese auf (und in) sein Kind projiziert, das dann an seiner Stelle agiert. Auch *Kohut* (1972) betrachtete das Phänomen der narzißtischen Wut als den Versuch eines Individuums, etwas loszuwerden, was für das eigene Selbst bedrängend ist. Wenn ein Teil des

Selbst intensiv abgelehnt wird, kann es nicht effektiv gebraucht werden, ein kleines Kind zu empathieren. Dieses führt dazu, daß das Kind *in limbo* bleibt, wenn es in den Bereich eines Zustandes kommt, den die Mutter vermeidet. Wir haben gesehen, wie ein solches Geschehen die Entwicklung von Charles beeinträchtigte. Mollys Mutter wollte nicht, daß ihr Kind unregierbar würde, besonders wenn dies bedeutete, daß das Kind sie dominieren könnte. Aber diese Mutter hatte kein so massives Bedürfnis, Stärke und Kontrolle abzuspalten, vielmehr ließen sie diese Fragestellungen sich zwar unbehaglich fühlen, jedoch in einem Rahmen, den sie noch tragen konnte. Sie selbst sah sich ja als kompetent und stark an und setzte Reaktionsbildungen ein, um die Schuldgefühle, die mit ihren Fähigkeiten verbunden waren, handhaben zu können. Sie hatte es nicht nötig, ihre selbstbewußten Seiten zu verleugnen, indem sie anklammernd wurde und ihre geradeheraus handelnde Art aufgeben mußte. Sie war sich ihrer Fähigkeiten bewußt, und deshalb fürchtete sie auch, zu mächtig zu werden, und zwar in einer Art, die Mollys Entwicklung in Richtung Autonomie überrollen könnte.

Was die Konflikte von Mollys Mutter gegenüber denen von Charles Mutter unterschied, war, daß sie weniger intensiv waren und weitgehend bewußt blieben. Sie war in der Lage zu erkennen, daß die Frage der Kontrolle ein konflikthafter Bereich für sie war, und sie konnte auf bewußte Weise damit umgehen, wodurch sie über mehr Flexibilität verfügte als die Mutter von Charles. Das Verhalten von Mollys Mutter ihrem Baby gegenüber war von ihren bewußten Überzeugungen bestimmt, daß Ordnung und gemäßigtes Verhalten sowohl für die Eltern wie auch für das Kind gleichermaßen wichtig seien, und dieses war nicht inkongruent mit ihren unterdrückten Affekten. So war Mollys Mutter bewußt und wachsam gegenüber Seiten ihrer selbst, die in ihrer Tochter aufkommen und zu starrköpfigem und unbotmäßigem Verhalten führen könnten. Diese Impulse mußten also kontrolliert, nicht verleugnet werden. Wo sie aufkamen, begegnete ihnen die Mutter mit ihrer festen Einstellung darüber, was „die rechte Art des Benehmens" sei. In ähnlicher Weise glich sie ihr Grenzen setzendes Verhalten in bedachter Weise durch ihre lange Stillzeit aus. Im Babyalter drückte die Mutter ihr Kind an ihre Seite und an ihre Brust. Das Kind reagierte darauf mit gutem Saugen, und für die nächsten drei Jahre teilte es mit seiner Mutter die Lust am Bruststillen. Hätte Mollys Mutter stärker im Konflikt gestanden, sei es mit ihrer eigenen Kraft oder den Selbstbehauptungsimpulsen ihrer Tochter, wären wahrscheinlich unbewußte Projektionen störend aufgekommen. In einem solchen Szenario hätte sie vielleicht ihre Tochter als aggressiv betrachtet, wenn diese nur erregt war, oder sie hätte sie von den mütterlichen Vorschriften niedergeschmettert gesehen, wenn Molly nur einen Dämpfer erhalten hatte. Bei welcher Version auch immer, sie hätte die mütterliche Empathie unterbrochen und auch die Mutualität zwischen Mutter und Kind.

So wie die Dinge lagen, mußten beide, Mutter und Kind, daran arbeiten, um sich miteinander wohlzufühlen. Sie waren manchmal beide unglücklich in diesem Prozeß. Paradoxerweise erfreuten sich Charles und seine Mutter an der Oberfläche einer größeren Ruhe (und zeigten stabilere Interaktionsmuster im Rating auf der ADS-Scale). Molly statt dessen schlief während ihrer Säuglingszeit sehr unruhig, ein Phänomen, das *Paret* (1983) mit extendiertem Bruststillen verbunden fand. Sie durchlief eine frühe, prolongierte Periode von Fremdenangst und Auflehnung gegen Trennung. Die Mutter bezweifelte periodisch die Fähigkeit ihrer Tochter, für ihr Weinen, Schlafen, Essen und ihre Ängste Selbststeuerungsmöglichkeiten aufzubauen. Da sie aber in der Lage war, ihr Zögern, ihre Konflikte zu erkennen, wandte sich die Mutter gelegentlich an das Projektteam und die Kinderärzte, um Rat und Hilfe zu erhalten und Vertrauen in die ausgezeichnete Entwicklung ihrer Tochter aufzubauen. Sie hatte es nicht nötig, Rat abzulehnen, wie dies die Eltern von Charles taten.

Die Ratings auf der ADS-Skala schienen die beständige Arbeit von Molly und ihrer Mutter zu erfassen, sich an ihre wechselseitigen Einflüsse anzugleichen. Es tauchten keine starren Muster auf. Einmal lag die eine, ein anderes Mal die andere höher auf diesem oder jenem Parameter des Initiierens von Aktivität, der Vermeidung, der Reaktion. Letztendlich aber waren sie darin erfolgreich, ihre Beziehung miteinander zu erarbeiten.

Diese Beobachtung stimmt mit der von *Main* et al. (1985, 101) überein, die in ihrer Untersuchung von Sprechmustern zwischen Mutter und Kind in ihrem Follow-up nach sechs Jahren feststellten, daß Kinder, die in der Fremde-Situation während der Kleinkindzeit als sicher oder unsicher geratet wurden, folgende Muster zeigten:

„Die sehr sicheren Dyaden waren diejenigen, bei denen sich am wenigsten vorhersagbare, regelhafte ‚Gesetzmäßigkeiten' und ‚Muster im Diskurs' fanden." Offensichtlich konnte das Kind, wenn die internale Repräsentation der Mutter stabiler war, sich autonomer verhalten, und Mutter und Kind sind dann weniger durch Regeln geleitet, die ihr Verhalten bestimmen. Konsistent mit diesen Ergebnissen zeigten beide, Molly und ihre Mutter, beim Follow-up mit sieben Jahren ein ähnliches Gefühl des Vertrauens in ihre Kompetenz als Individuen und klare Zeichen wechselseitiger Identifikation, die mit Charles Gefühl der Ohnmacht kontrastierten.

Der Hintergrund, den das lange Bruststillen von Molly bot, mag beiden die Sicherheit gegeben haben, daß alles gut werden würde.* Ein weiterer Faktor, der einen bestimmenden Einfluß auf die Entwicklung dieses Kindes darstellte, war die starke Beteiligung seines Vaters von der Geburt an. Von seiner Haltung her stimmte er mit seiner Frau in den Fragen der Kindererziehung überein, von der Verhaltensseite her gab er Molly oftmals Zuwendung und Stütze, um die Grenzsetzungen seiner Frau abzupuffern.

Wenn wir unsere Ergebnisse verallgemeinern wollen, so können wir sagen, daß unsere Forschung den starken Effekt der vorherrschenden Form der Mutter-Kind-Interaktion (und die supportive Rolle des Vaters**, der diese Dyade beeinflußt) akzentuiert im Hinblick auf die sich ausbildenden Ich-Funktionen und die Selbstdifferenzierung des Kindes. Es war für uns beeindruckend, die Spuren der Mutter-Kind-Interaktion in der späteren Entwicklung des Kindes zu sehen. Das, was wir als Familienthemen identifizierten, schien die Familie auf allen Ebenen des Gefühls und des Verhaltens zu organisieren und die Entwicklung von der Empfängnis an zu formen. Dieser Prozeß fixiert nicht Wachstum in rigider Weise, aber

---

* Eine Seitenbemerkung in diesem Kontext: Die prolongiert orale Gratifikation durch das Stillen hat möglicherweise zu der Verzögerung bei den sprachlichen Fertigkeiten beigetragen.

** *Main* et al. (1985) fanden gleichfalls in ihrer Untersuchung eines sicheren Attachments in der Säuglingszeit und Kindheit, daß individuelle Unterschiede in der Beziehung des Kindes zur Mutter, jedoch nicht zum Vater, das Verhalten von Sechsjährigen voraussagbar machte.

es scheint, daß diese Themen die weiten Grenzen der Entwicklung kanalisieren.

Zusammenfassung

Ein Hauptgrund dafür, daß wir einen großen Teil der frühen Beobachtungen und Filmaufzeichnungen in einem natürlichen Setting wie der pädiatrischen Ambulanz durchführten, lag daran, daß wir feststellen wollten, wie weit Eltern-Kind-Phänomene als Prädikatoren für spätere Entwicklung in diesem Kontext erkannt werden könnten. Dieser Ort ist nämlich einer der wenigen Plätze, wo professionelle Kinderbetreuung routinemäßig auf junge Familien trifft. Mit den Ergebnissen dieses Projektes haben wir jetzt eine bessere Möglichkeit, die Bedeutung dessen zu verstehen, was wir in der Säuglings- und Kleinkindzeit beobachten können, so daß wir therapeutische Interventionen zu erarbeiten vermögen, um schweren Fehlentwicklungen bei Kindern vorzubeugen.

Zu Anfang dieses Berichtes haben wir beschrieben, wie wir diese Untersuchungen konzipiert hatten, um bestehende Lücken in der entwicklungspsychologischen Forschung zu schließen. Wir waren besonders daran interessiert, ein sorgfältiges Verständnis der Persönlichkeit der Mutter und ihres tatsächlichen Verhaltens, das sie in der Interaktion mit ihrem Baby zeigte, zu verstehen, und wir wollten diese Feinbeobachtungen von Mustern der Mutter-Kind-Interaktion mit dem nachfolgenden emotionalen Wachstum des Kindes korrelieren. Dieses Unterfangen hat uns eine Fülle von visuellen Eindrücken geliefert und eine Menge von akustischen. Beides zusammen schuf eine Ordnung von Bedeutungen. Vielleicht ist keine von ihnen von größerer Wichtigkeit als die Erkenntnis, daß die präverbalen Erfahrungen, die in einer Mutter-Baby-Interaktion auftauchen, überdauernde Muster formen, die schon in frühester Lebenszeit erkannt werden können und die sich Jahre später in einer veränderten Weiterführung aber gleichartigen Form wieder beobachten lassen, wenn das Kind sie auch in der Beziehung anderen Menschen gegenüber in Sprache, Phantasie und Aktivitäten ausdrücken kann. Als ein Teil dieser Entwicklung haben wir weiterhin gesehen, wie Eltern eigene Konflikte auf ihre Kinder übertragen, indem sie diese schon in äußerst einfacher Form in ihren Handlungen mit Babys ausdrücken. Das Kind paßt sich in diesem Prozeß der Welt der Eltern an, wobei es die Möglichkeit eines relativ breiten Spektrums der Adaptierung hat. Dabei zeigen sich die Adaptierungen der Kinder in unserer Untersuchung auf verschiedenen funktionalen Ebenen.

Literatur

Ainsworth, M., Blehar, M., Waters, E., Walls, S., Patterns of Attachment, Lawrence Erlbaum, Hillsdale 1978.
Basch, M., Empathic understanding, *J. Amer. Psychoanal. Assn.* 31 (1983) 101-126.
Bibring, G.L., Dwyer, T.F., Huntington, D.S., Valenstein, A.F., A study of psychological processes in pregnancy and of the earliest motherchild relation, *Psychoanal. Study Child* 16 (1961) 64-91.
Bowlby, J., Attachment and Loss, vol. 1, Basic Books, New York 1969.
Brazelton, T.B., Koslowski, B., Main, M., The origins of reciprocity, in: *Lewis, M., Rosenblum, L.A.* (Hrsg.), The Effect of the Infant on its Caregiver, Wiley, New York 1974, 49-76.
Brody, S., A mother is being beaten, in: *Anthony, E.J., Benedek, T.*, Parenthood, Little, Brown, Boston 1970, 427-447.
Brody, S., Axelrad, S., Anxiety and Ego Formation in Infancy, Int. Univ. Press, New York 1970.
Dowling, S., Seven infants with esophageal atresia, *Psychoanal. Study Child* 32 (1977) 215-256.
Engel, G., Monica, *J. Amer. Psychoanal. Assn.* 27 (1979) 107-126.
Erickson, M., Sroufe, L.A., Egeland, B., The relationship between quality of attachment and behavior problems in preschool in a high-risk sample, in: *Bretherton, I., Waters, E.*, Growing Points of Attachment Theory and Research, *Monogr. Soc. Res. Child Develpm.*, serial no 209, vol 50, nos. 1-2, 1985, 147-166.
Erikson, E.H., Childhood and Society, Norton, New York 1950.
Escalona, S.K., The Roots of Individuality, Aldine, Chicago 1968.
Fraiberg, S., Insights from the Blind, Basic Books, New York 1977.
Freud, A., The concept of developmental lines, *Psychoanal. Study Child* 18 (1963) 245-265.
Freud, A., Normality and pathology in childhood, W. 6 (1965).
Greenspan, S., Psychopathology and Adaptation in Infancy and Early Childhood, Int. Univ. Press, New York 1981.
Johnson, A., Szurex, S., The genesis of antisocial acting out in children and adults, *Psychoanal. Q.* 21 (1952) 323-343.

Kagan, J., The Nature of the Child, Basic Books, New York 1984.
Kohut, H., Thoughts on narcissism and narcissistic rage, *Psychoanal. Study Child* 27 (1972) 360-400.
Lewin, B.D., The Psychoanalysis of Elation, Norton, New York 1950.
Mahler, M.S., Pine, F., Bergman, T., The Psychological Birth of the Infant, Basic Books, New York 1975.
Main, M., Kaplan, N., Cassidy, J., Security in infancy, childhood, and adulthood, in: Bretherton,I., Waters, E., Growing Points of Attachment Theory and Research, *Monogr. Soc. Res. Child Develpm.*, serial no. 209, vol. 50, nos. 1-2, 1985, 6-104.
Massie, H., The early natural history of childhood psychosis, *J. Amer. Acad. Child Psychiat.* 14 (1975) 683-707.
Massie, H., Bronstein, A., Afterman, J., A report of neuropsychological differentiation and de-differentiation in very young children in conflict, with special reference to autism. Presented at the annual meeting of the American Adacemy of Child Psychiatry, San Francisco 1983.
Massie, H., Campbell, B.K., The Massie-Campbell scale of mother-infant attachment indicators during stress, in: Call, J., Galenson, E., Tyson, R., Frontiers of Infant Psychiatry, Basic Books, New York 1983, 394-412.
Massie, H., Rosenthal, J., Childhood Psychosis in the First 4 Years of Life, McGraw-Hill, New York 1984.
Paret, I., Night waking and its relation to mother-infant interaction in 9 month olds, in: Call, J., Galenson, E., Tyson, R., Frontiers of Infant Psychiatry, Basic Books, New York, 1983, 171-177.
Piaget, J., Play, Dreams, and Imitation in Childhood, Norton, New York 1945, 1962^2.
Provence, S., Ritvo, S., Effects of deprivation on institutionalized infants, *Psychoanal. Study Child* 16 (1961) 189-205.
Ritvo, S., Solnit, A.J., Influences of early mother and child interaction on identification processes, *Psychoanal. Study Child* 13 (1953) 64-91.
Sander, L., Adaptive relationships in early mother-child interaction, *J. Amer. Acad. Child Psychiat.* 3 (1964) 231-265.
Spitz, R.A., Hospitalism, *Psychoanal. Study Child* 1 (1945) 53-72.
Stern, D.N., A micro-analysis of mother-infant interaction, *J. Amer. Acad. Child. Psychiat.* 10 (1971) 501-517.
Stern, D.N., The Interpersonal World of the Infant, Basic Books, New York 1985; dt.: Die Lebenserfahrung des Säuglings, Klett-Cotta, Stuttgart 1992.
Thomas, A., Chess, S., Temperament and Development, Brunner/Mazel, New York 1977.
Tinbergen, N., The Animal in Its World, 2 vols., Allen & Unwin, London 1973.
Tinbergen, N., Tinbergen, E.A., Autistic Children, Allen & Unwin, London 1983.
Tronick, E., Als, H., Adamson, L., Wise, S., Brazelton, T.B., The infant's response to entrapment between contradictory messages in face-to-face interaction, *J. Amer. Acad. Child Psychiat.* 7 (1978) 1-13.

Winnicott, D.W., The Maturational Processes and the Facilitating Environment, Int. Univ. Press, New York 1965.
Ziegler, R., Musliner, P., Persistent themes, *Family Process* 16 (1977) 293-305.

Aus dem Amerikanischen von Lieselotte Müller.

Die endliche und die unendliche Entwicklung

I. Angeborene und motivationale Faktoren aus der frühen Kindheit*

Robert N. Emde

Dieser Kongreß hat sich dafür entschieden, *Freuds* provozierenden Aufsatz „Die endliche und die unendliche Analyse" aus dem Jahr 1937 als Grundlage für die Diskussion über aktuelle psychoanalytische Vorstellungen und Grenzbereiche der Psychoanalyse zu benutzen. Zu diesem Aufsatz wurde *Freud* durch seine pessimistischen Gedanken über die therapeutische Effizienz der Psychoanalyse veranlaßt, wobei er drei Faktoren anführte, die den Ausgang der analytischen Behandlung eingrenzen. Es waren dies die Wirkung von Kindheitstraumen, die konstitutionelle Triebstärke und die Ichveränderungen.

Meine Aufgabe ist theoretischer Natur und liegt im topischen Bereich der Triebe. Als ich mit diesem intellektuellen Abenteuer begann, kamen mir beim Wiederlesen dieser historischen Arbeit sehr schnell einige neue Eindrücke. Mein erster Eindruck war der, daß es *Freud* hier um ein Entwicklungsproblem geht. Wenn *Freud* sich mit solchen Themen befaßt wie individuellen Unterschieden in der „Klebrigkeit der Libido", „zyklischer Trägheit", dem Aufheben alter Verdrängungen und entwicklungsbedingten Umwandlungen, bei denen frühere Organisationen neben neueren fortbestehen, denkt er dabei an Erwachsene, die ihr Leben durchlaufen. Er stellt die Frage, wie sich neurotische Wiederholungen auf ein Mindestmaß reduzieren lassen, damit die Entwicklung in besser angepaßter Weise weitergehen kann. Soweit *Freud* individuelle Unterschiede in der Analyse betrachtet, befaßt er sich auch mit individuellen Unterschieden in der Entwicklung. Daher der erste Teil meines Titels.

---

* Erstveröffentlichung im *Int. J. Psycho-Anal.* 69/1988, 24-42; dt. Erstveröffentlichung in *Psyche* 9/1991 und 10/1991.

Ein zweiter Eindruck beim erneuten Lesen des Aufsatzes war, daß *Freud* entdeckte, keinen dieser Faktoren darstellen zu können, ohne zugleich auch die anderen zu berücksichtigen. Indem er die konstitutionelle Festlegung der Triebstärke untersucht, behandelt *Freud* auch die konstitutionelle Organisation der Ich-Faktoren, die vielleicht zur Analysierbarkeit und zur Zeitspanne, die ein analytischer Erfolg andauern wird, beitragen. *Freud* überdenkt auch den Einfluß früher Erfahrungen und insbesondere die Dominanz von Verdrängungen, die in der frühen Kindheit stattfinden. Die Analyse ermöglicht dem Ich, das mehr Reife und Stärke erworben hat, eine Revision alter Verdrängungen vorzunehmen, in der Hoffnung, damit der „überragenden Wichtigkeit des quantitativen Faktors" (*Freud* 1937, 79) ein Ende zu setzen; dennoch bleiben Anteile der früheren Entwicklungsorganisation für immer bestehen.

Diese Eindrücke wurden richtungsweisend für den Kurs, den ich in diesem Aufsatz einschlage. Wenn wir zusammen auf diese „Gedankenexkursion" gehen, werden wir die Frage der therapeutischen Effizienz im Sinn behalten, wenn wir die Psychoanalyse im Kontext von Entwicklung betrachten und angeborene und motivationale Faktoren aus der frühen Kindheit ins Blickfeld rücken. Wie *Freud* wollen auch wir uns immer wieder so orientieren, daß wir alle drei Faktoren betrachten (Ich und Umwelt sowie intrinsische Motivationen).

Eine Anmerkung zur Strategie dieses Aufsatzes scheint mir notwendig zu sein. Eine strategische Entscheidung hat mich dazu veranlaßt, Forschungsergebnisse aus anderen Disziplinen als der Psychoanalyse anzuführen, um unsere eigene Theoriebildung voranzutreiben. Es gibt derzeit zwei Auffassungen über die Rahmenbedingungen, unter denen psychoanalytische Theorien im Diskurs über den Menschen entstehen. Nach humanistisch-kritischem Verständnis wird es für ausreichend gehalten, wenn eine Theorie unseren Arbeitsperspektiven im Leben eine Richtung gibt und verwandte Wissensgebiete kritisieren kann. Nach wissenschaftlichem Verständnis jedoch muß die Theorie mit generalisierbaren Feststellungen, die überprüft werden können, über das Individuum hinausgehen. Des weiteren zeichnet sich eine brauchbare Theorie nicht nur durch Überprüfbarkeit aus, sondern auch durch interdisziplinäre Kohärenz. In diesem Aufsatz werde ich das wissenschaftliche

Verständnis der psychoanalytischen Theorie vertreten. Nach meiner Auffassung sollte die Psychoanalyse mit den Erkenntnissen anderer Disziplinen in Einklang stehen, die wiederum auch zu ihrer Entwicklung beitragen können. Insbesondere will ich zu zeigen versuchen, wie Anregungen zu einer kohärenten, empirisch begründeten Theorie entstehen, wenn wir neuere Ergebnisse aus der Entwicklungsbiologie und der Kleinkindforschung betrachten.

Die frühe Kindheit und das Kontinuitätsparadoxon

Unser heutiges Verständnis des Säuglings unterscheidet sich erheblich von der Sichtweise, die wir vor 50 Jahren hatten (siehe die neueren maßgebenden Handbücher, die von *Haith* und *Campos*, 1983, und *Osofsky*, 1987, herausgegeben wurden). Entwicklungsforscher erkennen die grundlegende Aktivität des Säuglings an, der sich in Richtung wachsender psychischer Komplexität bewegt. Zudem ist das Neugeborene, wenn es auf die Welt kommt, durch die Evolution mit einem ansehnlichen Verhaltensrepertoire vorangepaßt, das im Rahmen der Betreuungsbeziehung aktiviert wird. Doch macht eine andere Perspektive der gegenwärtigen Entwicklungsforschung den historischen Kontrast zu *Freud*s Tagen deutlicher.

Kontinuitäten und ein „zentrales Entwicklungsparadoxon"

Obwohl von dem psychoanalytischen Interesse genährt, Kontinuitäten mit den frühen „bildenden" Jahren aufzuzeigen, haben mehr als zwei Jahrzehnte während Längsschnittuntersuchungen zur Entwicklung ein ganz anderes Bild ergeben. Die Forscher haben mit Enttäuschung feststellen müssen, daß die Vorhersagbarkeit für Verhalten von der frühen Kindheit auf spätere Jahre gering ist (*McCall* 1979; *Kagan* 1984). In ähnlicher Weise wurden Kliniker, die von den unauslöschlichen Wirkungen früher Erfahrungen ausgegangen waren, durch gut belegte Fälle überrascht, in denen ein größeres Defizit oder Trauma der frühen Kindheit ohne nachhaltige Wirkung blieb (einen Überblick geben *Clarke* und *Clarke* 1976; *Emde* 1981; *Kagan* et al. 1978). Die frühkindliche Entwicklung scheint ebensosehr durch Veränderungen in der Organisation wie durch Stabilität gekennzeichnet zu sein.

Der Kliniker ist verwirrt. Schließlich haben wir das unabweisbare Gefühl, daß es wichtige Kontinuitäten aus der frühen Kindheit gibt. Ist die Entwicklungsforschung zunächst durch größere methodologische Beschränkungen gekennzeichnet gewesen, von denen wir derzeit einige überwinden (vgl. dazu *Emde* & *Harmon* 1984; *Bornstein* & *Sigman* 1986), so verfügen wir inzwischen doch über wichtige Kenntnisse von der frühen Kindheit, die Beachtung finden müssen. Wie können wir die Befunde verstehen, daß das frühe Kindesalter nur eine geringe Vorhersehbarkeit erlaubt?

Dies führt uns vor dem Hintergrund von „Die endliche und die unendliche Analyse" zu dem, was ich „zentrales Entwicklungsparadoxon" nennen will. *Freud* beklagt die allzu voraussagbare und unwandelbare Natur stereotyper, neurotischer, fehlangepaßter Verhaltensmuster. Entwicklungsforscher hingegen, vor allem jene, die sich mit der frühen Kindheit befassen, beklagen die mangelnde Vorhersagbarkeit von Verhalten über die Zeit hinweg. So entsteht das Paradoxon. Wie können wir diesen Zwiespalt verstehen? Ist er in erster Linie eine Folge der verschiedenen Standpunkte von Psychoanalytikern und Entwicklungsforschern? Das ist kaum anzunehmen, da viele interdisziplinäre Entwicklungsforscher psychoanalytisch orientiert und ausgebildet sind. Ist er eine Folge der Verschiedenheit der untersuchten Population – solchen mit Pathologie gegenüber normalen Populationen? Die Antwort auf diese Frage führt uns vielleicht näher an eine Erklärung der Unterschieds heran, wobei *Freud* jedoch der Meinung war, daß das Problem der Rigidität in der Psychoanalyse eine ganze Reihe von Personen betrifft, nicht nur die mit einer ernsten Symptomatik, sondern auch die recht gut angepaßten, darunter auch jene, die sich professionell mit Psychoanalyse befassen. Vielleicht ermöglicht uns eine Betrachtung der Natur des Entwicklungsprozesses ein größeres Verständnis dieses Paradoxons. In der Entwicklung eines Menschen ist Anpassung durch eine Reihe von Verhaltensweisen und durch eine Alltagsvariabilität gekennzeichnet, so daß eine „Zuordnung" zu verschiedenen Umgebungen möglich ist. Das gilt in besonderem

Maß für das Säuglingsalter, von dem man sagt, daß das Verhalten sich in dieser Zeit durch ein hohes Maß an Flexibilität oder „Plastizität" auszeichne. In der Tat bringt die Entwicklungsorientierung ein bestimmtes Verständnis von Anpassung und Pathologie mit sich. Nicht adaptiv ist ein Mangel an Variabilität bei einem Menschen, dessen Umwelt Forderungen an ihn stellt, die ihn zu alternativen Entscheidungen und Veränderungsstrategien nötigen. Ein Mensch mit beschränkter Verhaltensvariabilität wird sich mit geringerer Wahrscheinlichkeit an eine gegebene Situation anpassen können, sei sie belastend oder anderer Art. Tatsächlich ist stereotypes Verhalten als grundlegendes Kriterium mangelhafter Anpassung besonders hervorgehoben worden (vgl. *Sameroff* & *Emde* 1989).

All dies ist äußerst wesentlich. Aufgrund neuerer Untersuchungen wissen wir, daß der Säugling ein aktives, komplex organisiertes Wesen ist, dessen Entwicklung sich in größeren Transformationen vollzieht. Die frühe Entwicklung scheint durch Wandel und Plastizität besser als durch Stabilität gekennzeichnet zu sein. Doch sind Kontinuitäten, die sich vom frühen Erleben herleiten, von geringerer oder subtiler Bedeutung? Sollen wir unser angesammeltes klinisches Wissen über die Bedeutsamkeit frühen Erlebens und der bildenden Jahre außer acht lassen? Ich bin nicht dieser Meinung.

Wie das Paradoxon Sinn bekommt – Entwicklungsbiologie und Einsicht in das, was angeboren ist

Wenn wir in das Paradoxon Sinn bringen wollen, müssen wir mit einem Blick auf die heutige Entwicklungsbiologie beginnen. Es ist bemerkenswert, wie weit wir uns von der Welt von *Freuds* 1937 geschriebenem Aufsatz entfernt haben, den Entwicklungsforscher heute als durch Metaphern von der Dynamik geschlossener Systeme und durch eine Metapsychologie begrenzt sehen, die in Entropiebegriffen ausgedrückt ist.

Die moderne Biologie ist als Biologie der organisierten Komplexität gekennzeichnet worden und die moderne Entwicklungsbiologie als Biologie der zunehmenden organisierten Komplexität. Die Implikationen von Komplexität und zunehmender Organisation (oder Negentropie) sind weitreichend. Der Physikphilosoph *Platt*

(1966) hat dargelegt, daß die hochentwickelte Komplexität des Menschen (wobei zum Beispiel das Gehirn 10^{10} Neuronen hat und die meisten Neuronen Hunderte von Verbindungen) mehrere Konsequenzen nach sich zieht. Erstens wird es immer Indeterminiertheit geben; Ungewißheit und eine begrenzte Vorhersagbarkeit von Verhalten scheinen sichergestellt zu sein. Zweitens garantiert ein so gewaltiges Maß an Komplexität die Individualität und die Tatsache, daß wir in gewissem Maß an Komplexität die Individualität und die Tatsache, daß wir in gewissem Umfang immer voreinander verborgen sein werden. Drittens sichert es Selbstbestimmung. Die Komplexität nimmt im Verlauf der Entwicklung zu, und der Mensch *wird* nicht nur organisiert, er ist auch ein Organisierender.

Wie steht es um das Angeborensein? Auch hier gab es Überraschungen. Molekular- und Zellbiologie haben gezeigt, daß Gene sich im Entwicklungsverlauf ein- und ausschalten und daß Erbeinflüsse sich im Lauf des Lebens wandeln. Überdies hängt es zum Teil von Umwelteinflüssen ab, in welcher Weise sich Erbfaktoren bemerkbar machen. Das hat einen Forscher, der auf zellulärer Ebene arbeitet, zu dem Hinweis veranlaßt, daß andauernde Wirkungen von Psychotherapie ihren letztgültigen gemeinsamen Pfad vielleicht auf dieser Ebene haben (*Kandel* 1983)!

Der Einfluß der Vererbung setzt sich während des ganzen Lebens fort. Eine aufkeimende Wissenschaft, die ich als Populationsgenetik des Verhaltens bezeichnen will, hat viele überzeugende Untersuchungen hervorgebracht, die diese Tatsache belegen (*Plomin* 1986).*
Zudem gibt es zwei Arten von Erbeinflüssen. Die eine erstreckt sich auf die ganze Spezies und zeigt unter normalen Umständen wenig Variabilität in einer Population. So bedeutet die Zugehörigkeit zur menschlichen Spezies, zwei Beine zu haben, sprechen zu können, bestimmte Gefühle und Bewußtsein von sich selbst und von anderen zu haben. Diese Merkmale werden universal vererbt, und „Erblichkeitsbeurteilungen" der Populationsgenetik befassen sich nicht damit, ob Menschen sie haben oder

---

* Dieser Abschnitt lehnt sich stark an den Aufsatz von *Plomin* (1986) an. Ich beziehe mich hier auf „Populationsgenetik" anstelle von „Verhaltensgenetik" oder „Entwicklungsgenetik", da diese anderen, geläufigeren Bezeichnungen (siehe *Plomin* 1983) im Hinblick auf den psychoanalytischen „genetischen Gesichtspunkt" zur Begriffsverwirrung führen könnten.

nicht. Die Erblichkeit wird vielmehr aus der Untersuchung individueller Unterschiede innerhalb einer Population beurteilt.

So variieren Körpergröße, emotionale Ausdrucksweise und IQ in menschlichen Populationen, und individuelle Unterschiede können durch Techniken bestimmt werden, die gültige und reproduzierbare Einschätzungen von vererbungsbedingten im Gegensatz zu umweltbedingten Variationsquellen liefern.

Wenn man sich Entwicklungen ansieht und frühere Einflüsse mit späteren vergleicht, kommt man zu einem überraschenden Bild. Ein großer Teil des Verhaltens in den frühen Jahren scheint „starke Entwicklungsfunktionen" zu enthalten, die eher Tendenzen universalen Angeborenseins als Tendenzen individueller Unterschiede illustrieren. Solche Funktionen scheinen gegen individuelle Variation „gepuffert" zu sein, mag diese auf die Umwelt oder auf den Einfluß der Wirkung von Genen zurückgehen.

Überdies hatten die meisten Wissenschaftler erwartet, daß der Einfluß der Vererbung auf Verhaltensmerkmale am stärksten in der frühen Kindheit vor Einwirkung der Umwelt, Sozialisation und Erziehung sein würden; nach der Säuglingszeit, so nahm man an, würde der Einfluß der Vererbung zurückgehen. Es scheint hingegen umgekehrt zu sein. Der Einfluß der Vererbung auf individuelle Unterschiede im Verhalten nimmt zu, wenn man die Entwicklung vom Säuglingsalter über Kindheit und Jugend weiterverfolgt (vgl. *McCall* 1979; *Scarr & Kidd* 1983; *Plomin* 1986).

Genetische Einflüsse auf psychiatrische Störungen und auf individuelle Unterschiede in der normalen Entwicklung

Wenn der genetische Einfluß mit der frühen Entwicklung zunimmt, dann stellt sich die Frage, in welchem Umfang er für Störungen oder für die bleibende Persönlichkeit verantwortlich ist. Die Ergebnisse von Familien-, Zwillings- und Adoptionsuntersuchungen sind verbindlich. Außerdem führen sie uns näher an eine Lösung unseres Paradoxons heran. Die Befunde zur Schizophrenie und zu den affektiven Psychosen weisen gleichfalls auf einen starken Einfluß von Erbfaktoren bei diesen Störungen hin, deren erste Erscheinungen sich gewöhnlich in den späten Jugendjahren und im Erwachsenenalter zeigen. So liegt bei der Schizophrenie, obwohl die Auftretenshäufigkeit in der Gesamtbevölkerung 1 Prozent beträgt, das Erkrankungsrisiko für Verwandte ersten Grades (Kinder und Geschwister) bei 8 bis 10 Prozent. Für eineiige Zwillinge von Schizophrenen liegt das Risiko knapp unter 50 Prozent, während zweieiige Zwillinge nur ein etwas höheres Risiko haben, als für Geschwister erwartet wird. Bei affektiven Psychosen hat die familiäre Gefährdung etwa das gleiche Ausmaß wie bei der Schizophrenie, wobei Zwillingsuntersuchungen auf eine ähnliche Erblichkeit hindeuten (vgl. *Rosenthal* 1970; *Plomin* 1986). Es gibt außerdem starke Beweise für eine Vererbung bei Alkoholismus (insbesondere bei Männern) und einige entsprechende Befunde für Angststörungen und kriminelles Verhalten (vgl. die zusammenfassende Darstellung in *Plomin* 1986). Für die Kindheit ist nur eine kleinere Zahl von Untersuchungen zur Populationsgenetik durchgeführt worden, doch gibt es Beweise für die Erblichkeit von Aufmerksamkeitsschwäche und eine Untergruppe von Lesestörungen (vgl. *Pennington* et al. 1986).

Sagen uns solche auf Populationen basierende Untersuchungen etwas über Milieueinflüsse auf Störungen? Befunde zur Schizophrenie geben uns einen Hinweis darauf. Da das Erkrankungsrisiko gleich groß ist, wenn biologisch Verwandte in früher Kindheit adoptiert werden oder wenn sie in der gleichen Familie zusammenleben, scheint der gleiche Milieueinfluß in Familien mit Schizophrenen unwesentlich zu sein. Andererseits müssen andere Arten von Milieueinflüssen *sehr* wesentlich sein. Selbst für genetisch identische Menschen (d. h. eineiige Zwillinge) liegt die Übereinstimmung hinsichtlich der Schizophrenie unter 50 Prozent. Zudem haben über 90 Prozent der Schizophrenen keinen schizophrenen Verwandten ersten Grades. Wir werden im Anschluß an weitere Erörterungen auf das Thema des Milieueinflusses zurückkommen.

Bei normalen Personen haben sich die meisten Untersuchungen über genetische Einflüsse entweder mit dem IQ (der in der Kindheit erworbenen kognitiven Funktion) oder dem Temperament befaßt. Im Interesse größerer Effizienz will ich einen Überblick über Ergebnisse geben, die ich aus verschiedenen neueren ausführlichen Darstellungen zusammengetragen habe (*Goldsmith & Campos* 1982; *Scarr & Kidd* 1983; *Buss & Plomin* 1984; *Plomin* 1986). Für den IQ kommen die Ergebnisse von Zwillings- und Adoptionsuntersuchungen zu der Annahme schwacher genetischer Einflüsse auf individuelle Unterschiede in der Säuglingszeit, stärker Anzeichen in der Kindheit und noch gravierenderer genetischer Einflüsse in der Adoleszenz. Auch für das Temperament, das wir uns als Verhaltensstil oder als früh in Erscheinung tretende Ausdrucksmerkmale denken können, hat sich ein genetischer Einfluß gezeigt. Wie *Plomin* (1986) darstellt, können die Ergebnisse vieler Zwillingsuntersuchungen über Säuglingsalter und Kindheit dahingehend interpretiert werden, daß sie Beweise für eine signifikante Erblichkeit in den Bereichen liefern, die er „Emotionalität" (Angst, Wut und Leiden) und „Geselligkeit und Schüchternheit" nennt, sowie für „Aktivität".

Eine Betrachtung der gesamten Lebensdauer und die Frage der Mutabilität

Wenn man die breite Wissensbasis aus Untersuchungen zur Populationsgenetik aus einem Blickwinkel betrachtet, der die gesamte Lebensdauer umfaßt, so ergibt sich eine Reihe von Schlußfolgerungen, von denen viele überraschend sind (vgl. *Plomin* 1986). Die ersten Folgerungen sind die, daß Vererbungseinflüsse auf das Verhalten während der gesamten Lebensdauer wirksam sind und daß in verschiedenen Altersstufen unterschiedliche Einflüsse eine Rolle spielen. Man kann also nicht davon ausgehen, daß die Dinge bei der Geburt festliegen oder vorhersagbar sind. Mehrere genetische Einflüsse, insbesondere auf die psychische Funktionsweise hinsichtlich individueller Differenzen beim IQ, nehmen nachweislich von der frühen Kindheit bis zur späten Adoleszenz zu. Für das Temperament hingegen, das in engem Zusammenhang mit der Affektorganisation zu stehen schient, gibt es Belege für einen gewissen genetischen Einfluß zu einem früheren Zeitpunkt der Entwicklung, während das Muster zunehmenden genetischen Einflusses nicht gegeben zu sein scheint (vgl. *Goldsmith* & *Campos* 1982). Da Gene sich im Verlauf der Entwicklung ein- und ausschalten, ist es wahrscheinlich, daß sich Vererbungseinflüsse auf normales Verhalten und auf Störungen zu einem späteren Entwicklungszeitpunkt zeigen können, ohne vorher wirksam gewesen zu sein.

Eine andere größere Gruppe von Folgerungen betrifft die Rolle der Umwelt, wie bereits festgestellt wurde. Es steht außer Zweifel, daß Vererbungseinflüsse Transaktionen mit der Umwelt verlangen, eine Tatsache, die für die gesamte Entwicklung gilt. Mit den Worten von *Scarr* und *Kidd* (1983): „[...] die Entwicklung von Genotypen in Phänotypen findet in einem epigenetischen Raum statt, in dem Umweltkräfte, von der Ebene der Zelle bis zur sozialen Ebene, die phänotypischen Ergebnisse beeinflussen" (S. 366). Obwohl die Umwelt während der gesamten Lebensdauer wirksam ist, haben Untersuchungen eine überraschende zusätzliche Folgerung geliefert. Die meisten Milieueinflüsse in einer Familie sind nicht so geartet, daß alle von ihnen betroffen sind (*Plomin* & *Daniels* 1987). Anders gesagt, die Erfahrung, in der gleichen Familie aufzuwachsen, beeinflußt nicht die zu erwartende Häufigkeit einer psychiatrischen Erkrankung oder eines normalverteilten individuellen Unterscheidungsmerkmals. Dieser unerwartete Befund von Untersuchungen zur Populationsgenetik ist meines Erachtens für unseren Bereich von größter Bedeutung. Er verweist auf die wichtige Spezifität der Erfahrung im Gegensatz zu dem, wovon alle Familienmitglieder tangiert sind. Anders formuliert: Sowohl bei der Ätiologie genetisch beeinflußter psychiatrischer Erkrankungen wie auch bei der Bestimmung individueller Unterschiede bei normalverteilten Verhaltensmerkmalen weisen die Befunde der Populationsgenetik auf die überragende Rolle der spezifisch erlebten Umwelt hin. Wie wir weiter unten sehen werden, ist eine solche Umwelt in der frühen Kindheit in der spezifisch erlebten Betreuungsbeziehung enthalten.

Bevor ich diese Erörterung der genetischen Einflüsse abschließe, möchte ich noch einige Anmerkungen zur Frage der Mutabilität machen. Befunde über genetische Determiniertheit bedeuten nicht, daß Verhalten weniger mutabel ist. wie das bekannte Beispiel der Phenylketonurie deutlich macht. Bei dieser Krankheit haben das Wissen um die genetische Determiniertheit und um einen Enzymdefekt auf die Spezifität der Behandlung durch die Umwelt (phenylalaninfreie Diät) und dadurch mögliche Verhinderung geistiger Retardierung hingedeutet. Es ist somit kein Einzelfall, wenn wir vielleicht erkennen müssen, daß die Populationsgenetik uns auf die spezifisch erlebte Umwelt als entscheidenden Faktor bei der Pathogenese psychiatrischer Erkrankungen hinweist. Ebenfalls von

Bedeutung für die Frage der Mutabilität ist ein Verstehen der Rolle der Genetik angesichts von Wandel und Kontinuität in der Entwicklung. Auch wenn wir gerade erst damit beginnen, uns mit diesem Untersuchungsgegenstand zu befassen (es bedarf dazu ausgedehnter Langzeitstudien), ist dies offenbar für unser Thema von Bedeutung. Wird Veränderung durch Vererbung beeinflußt? Vermutlich ja. Wenn dies zutrifft, ist es sicher für die Naturgeschichte psychiatrischer Störungen relevant, wobei man bei einigen Zuständen von der Tendenz weiß, „auszubrennen" oder im späteren Lebensverlauf gehemmt zu werden. Es bedarf noch vieler weiterer Forschung, doch es ist wahrscheinlich, daß verschiedene genetische Beeinflussungen und Beschränkungen der Mutabilität in verschiedenen Phasen im Lebensverlauf existieren und daß diese positive und negative Implikationen für die Anpassung enthalten.

Betreuerbeziehung und Affektivität

Es ist festzustellen, daß einige neuere Ansätze in der Entwicklungsforschung Licht auf das Kontinuitätsparadoxon werfen, indem sie Beweise für Kontinuitäten aus der Säuglingszeit erbringen. Bei einem dieser Ansätze wird eine kleine Gruppe normaler Personen mit einem bestimmten Temperamentsmerkmal untersucht, das wir als gehemmtes Verhalten (oder als „extreme Schüchternheit") gegenüber Unvertrautem kennen. In Langzeitbeobachtungen haben *Kagan* und seine Mitarbeiter erstaunliche Belege für Kontinuität in Verhalten und physiologischen Reaktionsmustern vom Säuglingsalter über die frühe Kindheit gefunden (vgl. *Reznick* et al. 1986). So können einige Untergruppen von Individuen Kontinuität zeigen, andere hingegen nicht. Andere neue Ansätze treffen eine genaue Einschätzung der Fähigkeiten zur Informationsverarbeitung im frühen Säuglingsalter und stellen Kontinuitäten mit ähnlichen Fähigkeiten fest, die sie in der frühen Kindheit ermittelten (vgl. *Bornstein* & *Sigman* 1986).

Derzeit wird die Forschung von einer transaktionalen Sicht der frühen Entwicklung bestimmt. Somit wird die Verhaltensentwicklung unter den Bedingungen wechselseitiger Beziehungen zwischen dem sich entwickelnden Säugling und der Umwelt gesehen;

neue Verhaltensweisen, die aus dieser Wechselbeziehung resultieren, beeinflussen wiederum sowohl das Kind als auch die Umwelt, und dieser sich wiederholende Prozeß setzt sich fort, wobei die Komplexität der Organisation zunimmt. Individualität kann somit nur unter der Bedingung eines „Zusammengehens" von Kind und Umwelt verstanden werden, und Kontinuität kann nur unter der Bedingung der Konsistenz in dem Ergebnis der Organismus-Umwelt-Interaktion verstanden werden. Die transaktionale Sicht hat sich für das Säuglingsalter als besonders nützlich dort erwiesen, wo sie dazu benutzt wurde, Verhaltensfolgen nach perinatalen Komplikationen im Rahmen unterschiedlicher Erziehungsmilieus zu erklären (vgl. *Sameroff & Chandler* 1976; *Sameroff* 1978). Sie wurde auch dafür benutzt, zu erklären, wie Kontinuität im Temperament oft von der „Güte des Zusammenpassens" mit der betreuenden Umwelt abhängt (vgl. *Chess & Thomas* 1984). Doch ich denke, daß wir jetzt genauer Bescheid wissen. Es ist nicht einfach das Milieu allgemein, das für die Transaktionen des kleinen Kindes entscheidend ist. Wie wir aus Untersuchungen zur Verhaltensgenese gelernt haben, ist es das in spezifischer Weise erlebte Milieu im Gegensatz zum allgemeinen Familienmilieu, das die Folgen für das Verhalten ebenso wie die Gefahr von Geistesstörungen determiniert. Für das Säuglingsalter haben wir Grund anzunehmen, daß die spezifisch erlebte Umwelt die Beziehung zwischen Kind und Betreuer betrifft.

Ich möchte eine weitere Implikation aufzeigen, die sich aus dieser Sicht ergibt und von einem negativen Befund ausgeht. Die Entwicklungsforschung hat keine „sensitive Phase" für das Säuglingsalter bestätigen können. Anders gesagt, frühe Erfahrungen scheinen sich nicht dadurch auszuzeichnen, daß sie individuelle Verhaltensmuster festlegen. Die Forschung hat gezeigt, daß die Kontinuität der Umwelt von größerer prognostischer Bedeutung für Verhaltensfolgen ist als jede besondere Form von Erfahrung im frühen Säuglingsalter. Doch wenn wir bei diesen Entwicklungstatsachen stehenblieben, würden wir eine Gelegenheit verfehlen, neues theoretisches Terrain für unsere klinische psychoanalytische Arbeit zu erschließen. Ich möchte eine neue Version einer alten Hypothese aufstellen. Was im Säuglingsalter erlebt wird und was in der Entwicklung fortschreitet, kann nicht allein aus der Sicht des Individuums gesehen werden. Was am Kindheitserleben formend sein mag, ist *nicht,* daß die Verhaltensmuster des *Kindes* auf Dauer festgelegt werden, sondern daß die Muster der *Kind-Betreuer-Beziehung* auf Dauer festgelegt werden. Frühe Beziehungsstile und -muster werden später von dem Individuum in der Weiterentwicklung vom Säuglingsalter zur frühen Kindheit verinnerlicht (vgl. *Sroufe* & *Fleeson* 1985; *Stern* 1985). Anders ausgedrückt, Beziehungsaspekte werden von dem Individuum verinnerlicht, wirken als starke Einflüsse auf die Entwicklung während der ganzen Kindheit fort und werden in ähnlichen Beziehungszusammenhängen während des ganzen Lebens aktiviert. Eine solche Formulierung paßt gut zu einer psychoanalytischen Sichtweise und zur klinischen Forschung, die auf die recht tragischen Kontinuitäten bei gestörten Mustern mütterlicher Betreuung hinweist („Gespenster in der Kinderstube", um die Metapher von *Fraiberg* et al. [1975], zu zitieren; vgl. auch *Cramer* & *Stern* 1986), und stimmt auch überein mit neueren Mehrgenerationen-Entwicklungsstudien, die auf eine drei Generationen übergreifende Kontinuität für unsichere Bindungsverhältnisse zwischen Mutter und Säugling hinweisen (vgl. *Main* et al. 1985; *Ricks* 1985; *Grossmann* et al. 1987). Die Formulierung paßt auch zu neueren sozialpsychologischen Forschungsergebnissen, die darauf hindeuten, daß Liebesbeziehungen von Erwachsenen und Gefühle von Einsamkeit einen signifikanten Zusammenhang mit den wahrgenommenen frühen Bindungsbeziehungen zu den Eltern aufweisen (vgl. *Shaver* & *Hazan* 1985).

Bisweilen habe ich gedacht, daß unser verändertes Verständnis der Erfahrung der Säuglingszeit im Bezugsrahmen der Erfahrung der Beziehung zwischen Betreuer und Säugling, die geformt und dann von dem kleinen Kind verinnerlicht wird, den gleichen Stellenwert hat wie *Winnicotts* bekannte Äußerung, daß es so etwas wie einen Säugling nicht gibt; psychologisch meinte er damit, daß es nur Säugling-mit-Mutter gibt. In gewissem Sinn wissen wir das alle; in anderer Hinsicht hat dies weitreichende Folgen für unsere klinische Theorie. Gleichermaßen gilt, wenn wir den beziehungsformenden Aspekten der Erfahrung mehr Beachtung schenken würden, könnten wir mehr Kontinuität mit der Säuglingszeit erkennen. Was aus der Sicht des Individuums als Mangel an Kontinuität hinsichtlich der Säuglingszeit erschient, zeigt sich jetzt aus der Sicht der Beziehung als Kontinuität, was besonders dann gilt, wenn der Entwicklungszusammenhang dieser Beziehung berücksichtigt wird. Alles in allem glaube ich, daß die Befunde der Verhaltensgenetik dazu beitragen, dem Kontinuitätsparadoxon Sinn zu geben, indem sie hinweisen auf Entwicklungsprozesse des Wandels wie der Kontinuität (individuelle Unterschiede können erstmals zu einem späteren Zeitpunkt der Entwicklung in Erscheinung treten), auf die überragende Bedeutung der spezifisch erlebten Umwelt (d. h. Beziehung) und die besondere Rolle von Temperament und Affektivität für individuelle Unterschiede in der frühen Entwicklung. Diese Merkmale machen zusammen unser tiefstes Verständnis des Paradoxons aus. Dies gründet sich nach meiner Überzeugung auf ein Erkennen der Affektivität und dessen, was nur über die Pflegebeziehung verständlich und organisiert ist. Wir werden im Anschluß an eine Erörterung einiger grundlegender Motivationsprinzipien, die im Säugling vorprogrammiert sind, auf dieses Thema zurückkommen.

Grundmotive aus der frühen Kindheit

Es besteht kaum ein Zweifel daran, daß es bei dem grundlegendsten Motiv für Verhalten und Entwicklung um *Aktivität* geht. Alle zeitgenössischen Entwicklungstheorien gehen von dieser Voraussetzung aus. Für *Piaget* (1936) war Aktivität die elementarste Motivation in seiner Theorie der kognitiven Entwicklung, eine Anlage, die durch die Evolution mit unserer Spezies verknüpft ist. Für *Bertalanffy* (1968) ist endogen organisierte „primäre Aktivität" zentral für das Leben und bildete eine Grundlage in seiner Theorie der Entwicklungssysteme. Eine ähnliche Auffassung wird von *Sander* vertreten (im Druck). In der Aktivität ein Grundmotiv zu sehen, das von Spannungs- oder Triebreduktion unabhängig ist, wurde auch von Theorien genährt, die eine „intrinsische Motivation" (vgl. z. B. *Harlow* 1953; *Berlyne* 1960; *Hunt* 1965; *Deci* 1975; *Izard* 1977), einen „Beherrschungstrieb" (vgl. *Hendrick* 1934) und ein Streben nach Wirksamkeit (*effectance*) oder Meisterschaft (vgl. *White* 1963; *Morgan & Harmon* 1984) annehmen.

Wir können heute mehr sagen. Viele Belege sind zusammengetragen worden, die für die Vorstellung sprechen, daß der Mensch mit einer Entwicklungsagenda geboren wird. Die Anlage zur Aktivität bringt eine zunehmende Organisation und wachsendes Verstehen der Welt unabhängig von Lernen und Verstärkung mit sich. Biologisch vorbereitete Systeme kommen ins Spiel, die in dem angewandt werden, was *Hartmann* (1939) früher als „durchschnittlich zu erwartende Umwelt" für die menschliche Anpassungsfähigkeit bezeichnet hat. Es gibt Belege für die Vorstellung, daß dieser intrinsische Trieb zur Aktivität im Zentralnervensystem des Säugling die Funktion haben könnte, neurale Entladungen zu steigern, so daß Systeme mit zunehmender Komplexität ins Spiel gebracht werden können. Neue funktionale Zusammenhänge können hergestellt und weitergeführt werden, und es kann zu neuen Integrationen kommen, auf neurophysiologischen ebenso wie auf verhaltensmäßigen Organisationsebenen.

Vielleicht lassen sich diese Fakten am besten am Beispiel des visuellen Systems beim Menschen illustrieren, das bei der Geburt im Vergleich zu anderen sensomotorischen Systemen ziemlich ausgereift ist. Die Forschungsarbeit von *Haith* und seinen Mitarbeitern (vgl. *Haith* 1980), die sich auf mehr als zwei Jahrzehnt erstreckt, hat ausgezeichnete und wiederholt ermittelte Daten erbracht, die zeigen, in welchem Ausmaß der Säugling intrinsisch motiviert ist. *Haith* hat festgestellt, daß Neugeborene ihre Augen in der Dunkelheit weit öffnen und koordinierte Augenbewegungen machen, mit zwei bis drei Augenbewegungen in der Sekunde, wobei sie anscheinend auf der Suche nach visuellen Zielen sind. Außerdem hat *Haith* unter Verwendung computergesteuerter Videoaufzeichnungen auf Infrarotfilm die organisierte Reaktion des Säuglings auf Ziele im Licht gezeigt. Neugeborene organisieren ihre visuelle Aktivität, indem sie den Rand eines Musters durch Augenbewegungen abtasten, wobei der Blick auf den Rändern mehrfach in- und hergeht. Da sich in Tierstudien gezeigt hat, daß die elektrische Aktivität in der Sehrinde zunimmt, wenn Ränder abgetastet werden, kommt *Haith* für den Säugling zu der Überzeugung, daß er solche Bewegungen macht, um die Dichte der Netzhautrezeptoren über die Ränder zu bewegen und die neurale Entladung zu verstärken. Da Tierstudien gezeigt haben, daß visuelle Deprivation zu gestörten Verbindungen zwischen Neuronen im visuellen Teil des Gehirns führen kann und da Neugeborene viel mehr Gehirnzellen als ältere

Kinder haben, folgert *Haith*, daß der Säugling biologisch darauf vorbereitet ist, visuell aktiv zu werden, um sein eigenes Gehirn zu stimulieren. Das fördert Verbindungen zwischen Neuronen und beschleunigt das Nervenwachstum.

Die Forschungsergebnisse von *Haith* geben auch für die frühe Kindheit weitere Hinweise auf intrinsische Motivation im visuellen System. Man kann zeigen, daß der Säugling etwa im Alter von sieben Wochen seine Welt in visuelle Gestalten organisiert. In dem Alter fangen Kinder an, auf neue Merkmale in Kreisen und Quadraten zu achten, was sie vorher nicht tun. Außerdem beginnen Kinder jetzt, Gesichter zu „erkennen", wobei sie sich der visuellen Aktivität der Augen in dem Gesicht zuwenden, besonders dann, wenn das Gesicht spricht. Noch beeindruckender sind *Haith*s jüngste Beobachtungen, die etwa zwei Monate nach der Geburt beginnen. In dem Alter fängt der Säugling an, räumliche und zeitliche Organisation in seiner Welt zu entdecken und antizipatorische Augenbewegungsmuster zu zeigen, *unabhängig von jeder Verstärkung*. Werden Säuglingen interessante Bildmuster zu ihrer Rechten und Linken gezeigt (jeweils 1 Sekunde lang im Abstand von 1 Sekunde zwischen den Darbietungen), so beginnen sie bereits nach fünf oder sechs Bildern damit, die Position des nächsten Bildes vor seinem Erscheinen durch eine Augenbewegung zu antizipieren. *Haith* (1985) hebt hervor, daß der Säugling, anstatt einfach nur zu folgen, die Eigenmotivation zu haben scheint, Regelmäßigkeiten zu entdecken, Erwartungen zu entwickeln und diesen Erwartungen gemäß zu handeln.

Abschließend können wir noch einmal unterstreichen, daß das erste Grundmotiv Aktivität ist. Vorprogrammierte sensomotorische Systeme werden in der zu erwartenden Entwicklungsumwelt der Betreuung aktiviert, und wie die Arbeiten von *Haith* herausstellen, scheint es Entwicklungsagenden zu geben, die zu wachsender Organisation und zunehmender Kenntnis der Welt führen. Da diese Art der Basismotivation nicht von Lernen oder Verstärkung abhängig ist, können wir sie uns als ein Bedürfnis vorstellen, frühe sensomotorische Systeme zu gebrauchen. Ein Punkt sei noch erwähnt. Aktivierte Entwicklungsagenden sind grundlegende Motivationssysteme, und Vererbungseinflüsse sind *artübergreifend*; es ist wenig Raum für individuelle Unterschiede hinsichtlich solcher Aktivität.

Sie repräsentieren das, was als „starke Entwicklungsfunktionen" bezeichnet worden ist (vgl. *McCall* 1979). Die anderen Grundmotive verdeutlichen das gleiche Prinzip.

Das zweite Grundmotiv betrifft die *Selbststeuerung*. Die moderne Biologie hat uns gelehrt, daß die physiologische Selbststeuerung für alle lebendigen Systeme grundlegend ist. Sie ist in den kardio-respiratorischen und Stoffwechselsystemen enthalten und hält das Leben in Gang. Darüber hinaus jedoch gibt es eine Selbststeuerung für Verhaltenssysteme im kurzfristigen Sinn für Aktivierung, Aufmerksamkeit und Schlaf-Wach-Zyklen und im langfristigen Sinn für Wachstum und lebenswichtige Entwicklungsfunktionen. Das sich entwickelnde Individuum bewahrt während größerer Gefahren und Störungen der Umwelt eine gewisse Integrität. Entwicklung ist zielorientiert, und es gibt mehrere Möglichkeiten, Entwicklungsziele, die für die Art wichtig sind, zu erreichen, ein Merkmal, das *Bertalanffy* (1968) als „Äquifinalität" bezeichnet hat. Dieser Gedanke wird illustriert durch Kinder, die von Geburt an blind (vgl. *Fraiberg* 1977) oder taub sind (vgl. *Freedman* et al. 1971) oder die ohne Gliedmaßen geboren wurden (vgl. *Decarie* 1969) oder zerebral gelähmt sind (vgl. *Sameroff* 1981) und die alle mit unterschiedlichen sensomotorischen Erfahrungen die frühe Kindheit durchlaufen, aber dennoch in aller Regel als kleine Kinder Objektkonstanz, Vorstellungsintelligenz und Ich-Bewußtsein entwickeln. Im Zusammenhang damit sind Anlagen zur ausgleichenden Selbstkorrektur zu sehen. Für wichtige Funktionen besteht eine starke Tendenz, nach Defiziten oder starker Beanspruchung wieder auf den Pfad der Entwicklung zurückzukehren (vgl. *Waddington* 1962; *Sameroff* & *Chandler* 1976). Gut belegte Beobachtungen von „Spannkraft" in der Entwicklung – d. h. starke Retardierung im frühen Kindesalter infolge von Deprivation, die später durch Milieuwechsel behoben wird – illustrieren diese Art der Selbststeuerung (vgl. die Beispiele in *Clarke* & *Clarke* 1976).

Ein drittes Grundmotiv betrifft die *soziale Einpassung*. Die Entwicklungsforschung hat uns immer wieder mit Erkenntnissen über das Ausmaß überrascht, in dem das Kind bereits für die Beteiligung an Interaktionen mit anderen Menschen ausgestattet ist, wenn es auf die Welt kommt. Unsere Evolution hat uns mit organisierten Fähigkeiten auf das Einleiten, Weiterführen und Beenden von Interaktionen mit anderen Menschen vorbereitet. Viele dieser Fähigkeiten sind bei der Geburt vorhanden und schließen einen Antrieb zur Aufnahme des Augenkontaktes ein, der eine Empfänglichkeit dafür ermöglicht, durch das Gehalten-, Berührt- und Gewiegtwerden von anderen Menschen aktiviert und beruhigt zu werden, sowie eine Neigung, mit anhaltender wacher Aufmerksamkeit auf die Stimulusmerkmale zu reagieren, die von der menschlichen Stimme und vom menschlichen Gesicht ausgehen (vgl. die Zusammenfassungen bei *Emde & Robinson* 1979; *Papoušek & Papoušek* 1981; *Campos* et al. 1983; *Stern* 1985). Mehrere Forscher haben gezeigt, wie man sich die integrativen Fähigkeiten des jüngeren Säuglings (zur Verarbeitung sequentieller Information, zum Herstellen komplexer Muster motorischer Aktivität, zur modal gemischten Wahrnehmung, zu einer frühen Form soziale Nachahmung und zur Orientierung – um nur einige zu nennen) als großartige Voranpassungen an die komplexen dynamischen Verhältnisse menschlicher Interaktion vorstellen kann (vgl. *Papoušek* 1981; *Stern* 1985; *Meltzoff* 1985).

Bowlby (1969) hat angenommen, daß die Bindungsneigung ein biologisch begründetes Motivationssystem ist, das in vieler Hinsicht ebenso wichtig ist wie Ernährung und Sexualität. Ich verwende lieber den Begriff „soziale Einpassung", um die dyadische Natur dieses regulierenden Motivationsprozesses zu unterstreichen. Auch von der Seite der Eltern gesehen, ist die soziale Einpassung eindrucksvoll. Eine Anzahl von Verhaltensweisen im Rahmen der elterlichen Betreuung des Säuglings läuft automatisch ab und kann tatsächlich leicht unterbrochen werden, wenn man auf sie hinweist. *Papoušek & Papoušek* (1979) bezeichnen sie als „intuitives elterliches Betreuungsverhalten", da sie bei der ganzen Spezies aufzutreten scheinen, unbewußt ablaufen und scheinbar nicht das Produkt individueller Erfahrung sind. Zu den Beispielen gehören elterliche Verhaltensweisen, die schnell vorübergehende Zustände des Säuglings minimieren und entweder Wachheit oder ruhigen Schlaf maximieren. Ein anderes Beispiel ist elterliches Verhalten, das Blickkontakt unterstützt, etwa dadurch, daß der Säugling in eine solche Position gebracht wird, daß der Abstand von Auge zu Auge die Möglichkeit des Neugeborenen, das Gesicht zu erkennen, maximiert. Übertriebene Grußreaktionen, elterliches Imitieren des Gesichtsausdrucks und der stimmlichen Äußerungen des Neugeborenen und das einfache Wiederholen in Interaktionsepisoden zählen ebenfalls dazu, da diese Verhaltensweisen den Idealforderungen für das Lernen des Säuglings nahekommen und unbewußt sind. Das vielleicht beeindruckendste Beispiel für intuitives elterliches Betreuen ist die universale Tendenz zur „Babysprache". Sprachgesten und Gesichtsausdrücke werden in einem langsamen, einfachen, repetitiven Muster auf den Säugling gerichtet. Auch die Klangmerkmale der Sprache werden übertrieben, wobei die Tonlage höher und variabler ist als im Kontakt mit Erwachsenen, außerdem zeigt der Sprechende oft den Ausdruck „gespielter Überraschung" (vgl. auch *Snow* 1972; *Stern* 1977).

Untersuchungen zur Verhaltenssynchronizität veranschaulichen die biologische Prädisposition von Eltern und Säugling, ihr Verhalten in einem zeitlich festgelegten wechselseitigen Austausch während der sozialen Interaktion ineinandergreifen zu lassen. Diese Form der sozialen Einpassung wurde in Untersuchungen über das frühe Säuglingsstadium dokumentiert (vgl. *Sandler* 1975) und in Mikroanalysen von Schauen und Aktivierung (vgl. *Stern* 1977; *Als et al.* 1979; *Brazelton & Als* 1979), von Stimme und Bewegung (vgl. *Condon & Sander* 1974) und von Stimme und gezieltem Anschauen von Gesichtern (vgl. *Haith* 1977; *Meltzoff* 1985). Die gemeinsame visuelle Bezugnahme beginnt etwa mit dem sechsten Lebensmonat und bedeutet, daß der Säugling dem Blickverlauf der Mutter folgt, ein Phänomen, das als Anzeichen für das angeborene Potential zu „einer gemeinsamen visuellen Realität" von Mutter und Kind genommen wurde (vgl. *Scaife & Bruner* 1975; *Butterworth & Jarrett* 1980).

Bei dem vierten Grundmotiv geht es um *affektives Überwachen*. Während die obengenannten Motive einen von Anfang an bestehenden Antrieb zur Aktivität, zur Selbststeuerung und zum Entwickeln von Erfahrung in einer strukturierten sozialen Matrix bedeuten, bezeichnet dieses Prinzip die Neigung, Erfahrung daraufhin zu überwachen, was lustvoll und was unlustvoll ist (vgl. *Emde* 1981). Anders gesagt, das Zentralnervensystem ist durch eine organisierte Grundlage vorangepaßt, die die Richtung des Erlebens in der frühen Kindheit steuert. Aus der Sicht der Mutter sind es vor allem die affektiven Äußerungen des Säuglings, die sie in ihrer Betreuung leiten. Die Mutter hört ein Weinen und handelt, um die Ursache des Unbehagens zu beheben; sie sieht ein Lächeln und hört ein Gurren und kann nicht widerstehen, eine spielerische Interaktion fortzusetzen. Aus der Sicht des Kindes dokumentieren Untersuchungen, wie wir sie weiter unten vorstellen werden, den zunehmenden Gebrauch affektiven Überwachens, um das eigene Verhalten zu steuern, unabhängig davon, ob eine Mutter eingreift oder nicht.

Diese Motivationsprinzipien sind angeboren, universal und während des ganzen Lebens wirksam. Außerdem sind sie alle Teilaspekte der allgemeinen Regelung von Entwicklung und sind in der Praxis untrennbar miteinander verflochten. Unter den Bedingungen der Erfahrung des Säuglings stelle ich sie mir als kontinuierliche Prozesse vor, die unsere Lage in einer sich entfaltenden Welt orientieren und neuorientieren.

Der affektive Kern des Selbst und frühe Moralmotive

Wir sind jetzt in der Lage, einige komplexere Motivationsstrukturen untersuchen zu können, die über das Wirken der dargestellten Grundmotive manifest werden und sich entwickeln. Wir werden darlegen, daß der affektive Kern des Selbst sowie frühe Moralmotive in starkem Maß biologisch vorbereitet sind. Bedeutsame individuelle Unterschiede zeigen sich nur im Entwicklungsverlauf unter Anwendung dieser komplexeren Strukturen im Rahmen der Beziehung zwischen Säugling und Betreuer. Auf solchem Wege werden allgemeine Kontinuität (die in uns allen vorhanden sind, aber dennoch zu unserem Gefühl individueller Kohärenz beitragen) zu spezifischen Kontinuität werden (einschließlich solcher, die man sich als Wiederholungen oder Neuinszenierungen vorstellen könnte).

Die Erforschung der emotionalen Entwicklung hat durch den transkulturellen Nachweis der Universalität von Erkennen und Ausdrücken einer Reihe von Gesichtsausdrucksmustern für grundlegende Emotionen große Fortschritte gemacht (vgl. *Izard* 1971; *Ekman* et al. 1972). Solche emotionalen Muster – darunter Freude, Wut, Angst, Trauer, Ekel, Überraschung und Interesse – wurden auch für das erste Lebensjahr nachgewiesen, zusammen mit ihrem Gebrauch bei der Säuglingsbetreuung (vgl. *Emde* 1980; *Izard* et al. 1980; *Campos* et al. 1983). Die Tatsache, daß bestimmte einzelne

Muster emotionalen Ausdrucks universal erkannt und gezeigt werden, bedeutet eine Universalität des Erlebens für eine Reihe grundlegender Emotionen. Die Tatsache, daß diese Emotionen in der frühesten Kindheit vorhanden sind, impliziert ein starkes biologisches Vorbereitetsein. Darüber hinaus zeichnet sich ein recht beeindruckendes Bild affektiver Kontinuität über den gesamten Lebensverlauf hinweg ab, wenn man sich die Forschungsergebnisse ansieht, die zeigen, wie ähnlich der emotionale Ausdruck bei Säuglingen, Kindern und Erwachsenen organisiert ist. Unsere Untersuchungen mit kleinen Kindern (vgl. *Emde* 1980; *Emde* et al. 1982) stimmten mit Untersuchungen bei Schulkindern überein (vgl. *Russel & Ridgeway* 1983) und mit der Erforschung des emotionalen Ausdrucks bei Erwachsenen. Zu letzerer gehören nicht nur die frühen Auffassungen von *Spencer* (1890), *Wundt* (1896) und *Freud* (1915), sondern auch eine große Zahl experimenteller Untersuchungen (vgl. *Woodworth & Schlosberg* 1954; *Abelson & Sermat* 1962; *Gladstone* 1962; *Frijda & Phillipszoon* 1963; *Osgood* 1966; *Frijda* 1970). Nach dem dritten Lebensmonat ist der Gefühlsausdruck entsprechend der primären Dimension des Lustcharakters (Lust/Unlust) organisiert, wobei Aktivierung eine zweite vorherrschende Dimension ist; eine dritte Dimension tritt am wenigsten hervor und wurde in unseren Kleinkinduntersuchungen als intern orientiert/extern orientiert bezeichnet.

Diese Kohärenz emotionaler Strukturierung stimmt mit unserer Alltagserfahrung und unserer klinischen Praxis überein. Wir sind uns bewußt, wie sehr wir darauf bauen, andere Menschen, ihre Absichten und ihre motivationale Verfassung zu erkennen, indem wir ihre Gefühle zu verstehen suchen. Als Kliniker machen wir alltäglich die Erfahrung, daß wir, wenn wir erst einmal zum Gefühlsleben eines anderen Zugang haben, auch zu seiner Humanität und Individualität Zugang haben.

Solche Überlegungen haben mich zu den Annahme eines affektiven Kerns der Selbsterfahrung geführt, eine Vorstellung, auf die bereits *Rangell* (1967) und *Izard* (1977) hingewiesen haben. Der Grundgedanke besteht in folgendem: unser Affektleben gibt unserer Erfahrung Kontinuität, obwohl wir uns auf mancherlei Weise verändern. Das ist so, weil seine zentrale Organisation biologisch ist und seine wesentlichen Verhältnisse unveränderlich sind.

Außerdem ist nicht nur die Kontinuität des Erlebens über die Entwicklung hinweg gewährleistet, sondern auch eine Kontinuität und ein Verstehen von Menschen überhaupt. Unser affektiver Kern stellt sicher, daß wir in der Lage sind, andere Vertreter der menschlichen Art zu verstehen. Und schließlich, weil unser affektiver Kern die Aspekte des Erlebens berührt, die für uns als Individuen von größter Bedeutung sind, weil er Bedeutung und Motivation organisiert, ermöglicht er uns auch, mit der Einzigartigkeit unserer Erfahrung (und der anderer) in Berührung zu kommen.

Zu keinem Zeitpunkt ist der affektive Kern des Selbst von zentralerer Bedeutung als in der frühen Kindheit. Das Austauschen emotionaler Signale zwischen Säugling und Betreuer liefert die Basis für das Mitteilen von Bedürfnissen, Intentionen und Befriedigung. Es übermittelt Bedeutung und motiviert. Es weist nicht nur den Weg zur Bedürfnisbefriedigung, sondern auch zum Lernen, zum Lieben und zum Erforschen. Tatsächlich ist es die emotionale Verfügbarkeit des Betreuers im Säuglingsalter, die das zentrale wachstumsfördernde Merkmal der frühen Erziehungserfahrung zu sein scheint. Ein solches Prinzip war implizit in Untersuchungen über Bindung enthalten (vgl. *Bowlby* 1973; *Matas* et al. 1978) und wurde von *Mahler* und ihren Mitarbeitern (1975) als klinische Generalisierung explizit herausgestellt. Experimentelle Ansätze sind hier besonders aufschlußreich. In einer Untersuchung 15 Monate alter Kinder fanden wir eindrucksvolle Wirkungen der emotionalen Verfügbarkeit der Mutter auf Erkundungsverhalten und Spiel des Kindes, je nachdem, ob die Mutter in einer Zeitung las oder nicht (vgl. *Sorce & Emde* 1981). In einer anderen Reihe von Experimenten haben wir die Bedeutung emotionaler Signalgebung über ein Phänomen erforscht, das wir und andere als „soziale Bezugnahme" bezeichnet haben (vgl. *Campos & Stenberg* 1981; *Feinman & Lewis* 1981; *Sorce* et al. 1985; *Klinner* et al. 1986). Unsere Experimente sind gewöhnlich recht spannend. Ein kleines Kind erkundet unser Spielzimmer und stößt auf eine unserer experimentellen Situationen von Ungewißheit (z. B. auf einen Spielzeugroboter, auf etwas, das sich auf einer kriechenden Oberfläche fortbewegt, oder auf ein ungewöhnliches Spielzeug). Dann schaut das Kind zur Mutter. Signalisiert die Mutter Angst oder Ärger, vermeidet das Kind die neue Situation. Signalisiert die Mutter Freude oder Interesse, nähert sich das Kind und erkundet die neue Situation. Zu ähnlichen steuernden Wirkungen emotionaler Signale kommt es durch den Gesichts- oder Stimmausdruck der Mutter. Die meisten Wirkungen werden innerhalb von ein bis zwei Minuten deutlich. Es ist wesentlich, daß die soziale Bezugnahme ein allgemeiner Prozeß ist, in dem ein Mensch beliebigen Alters von einem bedeutsamen anderen emotionale Information zu bekommen sucht, um aus einer Situation klug zu werden, die sonst mehrdeutig oder ungewiß wäre. Im frühen Säuglingsalter (Geburt bis sechs Monate) ist ein solcher Prozeß gegeben, wenn sich die Mutter (oder ein Vater) der Bedürfnislage ihres (seines) Kindes nicht sicher ist und sich deshalb auf den emotionalen Ausdruck des Kindes bezieht, um über die Betreuungsmaßnahmen zu entscheiden. Aus der Sicht des Kindes beginnt die soziale Bezugnahme in der Mitte des ersten Jahres und spielt im zweiten Lebensjahr eine besonders große Rolle. Unsicherheit angesichts neuer Situationen entsteht oft, und das Kind schaut einen anderen an (gewöhnlich die Mutter), um die Unsicherheit aufzulösen und das Verhalten entsprechend zu steuern.

Es gibt bei den Untersuchungen über frühe Emotionen eine weiteren Aspekt, der herausgestellt zu werden verdient, wenn wir an emotionale Verfügbarkeit und jene motivationalen Faktoren denken, die sich aus der frühen Kindheit fortsetzen. Die angesammelten Forschungsergebnisse lassen heute ein klares Bild erkennen, das sich in mancher Hinsicht sehr von dem zu Freuds Zeiten unterscheidet. Positive Gefühle (Freude, Überraschung, Interesse) sind für die Entwicklung von frühester Kindheit an ungemein wichtig und sind von negativen Gefühlen relativ isoliert organisiert. Obwohl negative Gefühle zwingend sein und bei anhaltenden Bedürfniszuständen oder Notlagen anderer Art die positiven Gefühle „überschwemmen" können, bieten die positiven Gefühle unabhängige Anreize zu sozialer Interaktion, Erkundung und Lernen. In unseren Langzeituntersuchungen über den beobachteten emotionalen Ausdruck bei normalen Kindern und ihren Eltern sind negative und positive emotionale Organisation statistisch unabhängig. Entsprechend haben *Goldsmith* und *Campos* (1986) verschiedene Anzeichen von Erblichkeit in bezug auf negative und positive Emotionen gefunden. Insgesamt und vielleicht nicht überraschend gibt es mehr Belege für Kontinuität bei spezifischen negativen Gefühlen als bei positiven Gefühlen, die mehr mit dem Umfeld zu variieren scheinen. Säuglinge zeigen bald nach der Geburt das Verhalten, mit dem Saugen an der Brust aufzuhören, um sich einem interessanten Reiz zuzuwenden, und Zyklen von Interesse und lebhafter Wachheit sind relativ unabhängig von biologischen Hunger- und Schlafzyklen (vgl. *Wolff* 1967; *Emde & Robinson* 1979). Freude und Interesse sind Hauptindikatoren für „Affektabstimmung" (vgl. *Stern* 1985), und wir haben festgestellt, daß der sensitivste klinische Indikator für emotionale Zugänglichkeit im frühen Kindesalter das Vorhandensein oder Fehlen positiver Affekte ist (vgl. *Emde* 1980; *Emde* et al. 1982). Wenn die Dinge in der Entwicklung gut verlaufen, gibt es wahrscheinlich eine Vielfalt emotionalen Ausdrucks auf seiten des Kindes und der Mutter und wahrscheinlich ein Gleichgewicht zwischen Freude und Interesse im Gegensatz zu Leid, Wut, Trauer und anderen Formen von Unlust.

Unser Thema hinsichtlich der Wichtigkeit positiver Gefühle setzt sich fort, wenn wir die frühe Moralentwicklung betrachten. Für Entwicklungsforscher aller Disziplinen ist „Verinnerlichung" der Angelpunkt für das Verstehen von Moralität. In einer neueren Untersuchung wird die Verinnerlichung von Moral über den Prozeß definiert, durch den Individuen zunehmen dahin kommen, unumgängliche Konflikte zwischen persönlichen Bedürfnissen und sozialen Verpflichtungen zu steuern (vgl. *Hoffman* 1983). Ähnlich wird der Prozeß in einer anderen Untersuchung dadurch beschrieben, wie Menschen zunehmend auch durch innere Normen bei Abwesenheit äußerer Verstärker geleitet werden (vgl. *Rest* 1983). Psychoanalytiker haben das Problem auf ähnliche Weise gefaßt, sie gingen nämlich der Frage nach, wie im Verlauf der Entwicklung äußere Konflikte zu inneren Konflikten werden (vgl. *Anna Freud* 1980; *Kennedy & Yorke* 1982).

Obwohl sich ein großer Teil der Überlegungen zur Moralentwicklung wie in der Psychoanalyse überwiegend mit dem älteren Kind befaßt hat, haben sich neuere Arbeiten der ersten drei Jahren gewidmet. Wenn man Kleinkinder beobachtet, wird man daran erinnert, daß es bei der Moral nicht nur um Beschränkungen und Verbote geht. Alle Moralsysteme beinhalten neben Verboten auch Gebote und befassen sich überdies mit dem, was sein sollte, was anerkannt wird und was ideal ist. Die Phase von ein bis drei Jahren ist nicht nur eine Zeit, in der motivationale Konflikte erstmals verinnerlicht werden, sondern in der auch affektiv bedeutsame Regeln und Normen im Rahmen spezifischer Betreuungsbeziehungen formuliert werden. Für die meisten Psychoanalytiker wenig überraschend haben Entwicklungsuntersuchungen bestätigt, daß aus der Sicht der Familie das Kleinkind kurze Zeit, nachdem es Laufen gelernt hat, seinen Willen entwickelt und den Gebrauch der Verneinung lernt (vgl. *Spitz* 1957), und gleichzeitig sind die Eltern zunehmend davon in Anspruch genommen, ihren Kindern neben der Versorgung mit Nahrung Disziplin beizubringen (vgl. *Maccoby & Martin* 1983). Die neuere Forschung hat jedoch noch zu einem anderen Schluß geführt, der vielleicht mehr überrascht. Anscheinend gibt es mindestens zwei Richtungen früher auf Gefühle gegründeter Moralentwicklung, beide sind mit der motivationalen Kraft ausgestattet, kooperatives und prosoziales Verhalten zu fördern, wobei die eine außerhalb von Konfliktschauplätzen entsteht und die andere innerhalb von Konflikten.

Entwicklungsforscher gehen heute davon aus, daß das kleine Kind „Regeln" als gemeinsamen Aspekt des Betreuungserlebens und vor dem Vorhandensein von Konflikten lernt, entweder im Sinn opponierender Intentionen bei Eltern und Kind oder opponierender Intentionen im Kind. Früh verinnerlichte „Regeln" haben zweifellos eine feste Basis in angeborenen organisierten Strukturen und würden dem Bereich zugeordnet werden, auf den sich die Psychoanalyse, hier *Hartmann* (1939) folgend, als „konfliktfreie Sphäre" der Ich-Entwicklung bezogen hat. Ich glaube überdies, daß diese verinnerlichten Regeln zu Recht als frühe Moralmotive betrachtet werden können, die einen zweifachen Ursprung in einem angeborenen Antrieb und im Erleben der Betreuungsbeziehung haben. Das erste derartige Motiv erwächst aus dem Grundmotiv der sozialen Einpassung. Vielleicht steht die neuere Arbeit von *Haan* mit Vierjährigen im Zusammenhang mit diesem frühen starken Antrieb. So erstaunlich es auch scheint, gingen Vorschulkinder mit einer Version des „Gefangenendilemma"-Spiels so um, daß die gleichen Elemente von Gegenseitigkeit, Teilen und Fairneß zu erkennen waren wie bei Collegestudenten mit einem ähnlichen Spiel. In entsprechender Weise zeigt die Forschung von *Goodnough* (1987) eine Durchgängigkeit von Familienregeln bei kleinen Kindern, die im Zusammenhang mit Gegenseitigkeit und Fairneß in verschiedenen Familienkulturen in Australien stehen. Gut untersuchte Beispiele für Regeln über Gegenseitigkeit finden sich in frühem Interaktionsverhalten wie dem Abwechseln beim Sich-ins-Gesicht-Schauen, bei stimmlichen Äußerungen und beim Spiel mit der Mutter (vgl. die Besprechungen in *Stern* 1977; *Brazelton* & *Als* 1979; *Tronick* 1980; *Bruner* 1982). Festzustehen scheint, daß Regeln darüber, wie kommuniziert werden soll – wie soziale Interaktionen eingeleitet, fortgesetzt und beendet werden –, schon vor dem Erwerb der Sprache sehr wirksam sind. Ein tieferer Sinn dieser frühen Motive zum sozialen Abwechseln ergibt sich, wenn man sich vor Augen hält, daß alle Moralsysteme im Kern ein Gefühl für Wechselseitigkeit zeigen mit einer Version der goldenen Regel: Handle anderen gegenüber so, wie du möchtest, daß sie dir gegenüber handeln!

Eine Tendenz zum Abwechseln bei der Kommunikation und zur Kooperation wurde von der neueren Forschung über die Bedeutung empathischer Aktivierung ergänzend als prosozialer Motivationsfaktor nachgetragen, wobei ein Kind auf das Unbehagen eines anderen bekümmert reagiert und helfen oder trösten möchte. Das Erscheinen von Tröstungsreaktionen in der Mitte des zweiten Jahres zusammen mit Verhaltensweisen des Helfens und Teilens wurde von *Radke-Yarrow* und *Zahn-Waxler* systematisch beschrieben (vgl. *Zahn-Waxler* & *Radke-Yarrow* 1982; *Radke-Yarrow* et al. 1983). Andere Beobachtungen über Trösten, Teilen und Helfen vor dem Alter von drei Jahren (vgl. *Mahler* et al. 1975; *Rheingold* et al. 1976; *Dunn* & *Kendrick* 1979; *Zahn-Waxler* & *Radke-Yarrow* 1982; *Radke-Yarrow* et al. 1983) deuten ebenfalls auf eine unabhängige Motivationsquelle für prosoziales Verhalten hin. *Kagan* (1984) nahm an, hierin *Hoffman* (1977) folgend, daß Empathie eine starke Reifungsgrundlage hat und als natürliche Einschränkung der kleinkindlichen Aggression gegenüber anderen wirken kann und daß auf diese Weise bestimmte Gefühlszustände „eine nicht relativistische Basis sein mögen, auf der eine Reihe universaler oder grundlegender moralischer Normen aufgebaut werden kann" (*Kagan* 1984, 123). Es erscheint wahrscheinlich, daß weitere Komponenten einer Neigung zum prosozialen Handeln durch die Art von Empathieerfahrungen mit primären Betreuern beeinflußt werden. Der psychoanalytischen

Annahme (vgl. *Ekstein* 1978), wonach gute mütterliche Betreuung gute Empathie fördert oder bewirkt, fehlt zwar die Untermauerung durch Forschung im normativen Sinn, doch bleibt sie eine lebensfähige Hypothese (vgl. die Darstellung bei *Radke-Yarrow* et al. 1983). Wir werden auch daran erinnert, daß das Lernen von „Regeln" sozialer Interaktion, des Abwechselns und der Teilnahme am Gespräch beim kleinen Kind, auch wenn dies nicht Empathie im engeren Sinn bedeutet, doch eine „Affektabstimmung" (vgl. *Stern* 1985) des Betreuers mit dem Kind einschließt und sich außerhalb des Konfliktbereichs abspielt. Wie oben bereits erwähnt, haben *Kaye* (1982) und *Bruner* (1982) geschildert, wie diese Form der Verinnerlichung stark von konsistenten Betreuungsinteraktionen abhängig ist, zunehmend gemeinsame Intentionen einbezieht (Intersubjektivität) und ein wichtiges Rüstzeug für spätere Kommunikation mit Sprache bildet.

Wir glauben, daß eine starke Grundlage für frühe Moralmotive bei der Verinnerlichung von Konflikten (Lernen der Verbote) aus den sozialen Bezügen erwächst. Wie bereits erwähnt, lernt das Kind bis spätestens zum letzten Viertel des ersten Jahres, in seinen sozialen Bezügen emotionale Signale von anderen aufzunehmen und sie in Situationen von Ungewißheit zu gebrauchen, um ihr Verhalten zu regulieren. Viele Situationen von Ungewißheit enthalten Verbote zwischen Eltern und Kind. Früh zu Beginn des zweiten Jahres hält das Kind vor einer verbotenen Handlung oder im Anschluß daran inne und schaut zurück; vermutlich sucht es die Ungewißheit zu lösen oder in dem emotionalen Signal des Elternteils irgendeine Art von Bestätigung für eine Entschluß zu finden. Wir haben auch die Bedeutung der sozialen Bezüge beim Entstehen des Selbstbewußtseins erörtert. Eine neue Reihe strukturierter emotionaler Reaktionen, die man als „die frühen Moralgefühle" bezeichnen könnte, entwickelt sich während des zweiten Jahres. In dieser frühen Phase treten sie unter dem wachsamen Blick des Betreuers auf und scheinen das Bewußtsein des Kindes für Ungewißheit, für ein Problem und zunehmend für widerstreitende Intentionen mitzuenthalten. Nach unserer Sicht umfassen diese „frühen Moralgefühle": 1. das Teilen positiver Affekte und Stolz, 2. Scham und 3. „verletzte Gefühle" (ein möglicher Vorläufer von Schuld).

Die frühen Moralgefühle bedürfen systematischer Forschung. Wir nehmen an, daß sie folgende Merkmale haben: Erstens sind sie überwiegend intern, sind komplexer als die einzelnen Emotionen (z. B. Freude, Überraschung, Wut, Angst, Traurigkeit, Ekel und Interesse) und haben keine einfache Entsprechung zum emotionalen Ausdruck in Gesicht, Stimme oder Körperhaltung. Zweitens basieren sie auf Beziehungen – auf einer vergangenen Geschichte von Erfahrungen mit bestimmten Personen in einem bestimmten Zusammenhang. Drittens basieren sie auf einer Empfindung von Kampf, Dilemma oder Konflikt. Viertens sind sie antizipatorisch; das heißt, sie sind „Signalaffekte". Sie verkünden oder repräsentieren in gewisser Weise die Konsequenzen eines intendierten Ergebnisses. Das Teilen positiver Affekte fällt oft zum Beginn des zweiten Lebensjahres an. Viele Kinder wollen ihr Lächeln und ihre Freude, die ihre Augen strahlen läßt, mit ihren Betreuern und anderen teilen, nicht nur im Rahmen eines allgemeinen Zustands von Wohlbefinden, sondern auch nach bestimmten Handlungen, die sie Mühe gekostet haben. Es ist die Aktivität selbst, mit einem Lächeln, das bei dem anderen nach Erwiderung sucht, woraufhin sich der ursprüngliche Ausdruck von Freude verstärkt, was so bemerkenswert ist und den Eindruck von Stolz vermittelt. Obwohl die entsprechende Forschung noch geleistet werden muß, gibt es Hinweise darauf, daß Stolz ein wichtiges Gefühl ist, das im zweiten Lebensjahr in Erscheinung tritt und anzeigt, daß einer Norm oder Regel in einer gegebenen Situation erfolgreich entsprochen wurde.

Dementsprechend ist Scham ein Gefühl, das das Bewußtsein des Kindes anzuzeigen scheint, etwas Falsches getan zu haben. Scham beinhaltet eine Aversion gegen Blickkontakt, einen Ausdruck von Unlust und eine gewisse Kraftlosigkeit im Zusammenhang mit dem Ausführen einer verbotenen Handlung. Auch Scham ist in Gegenwart eines wichtigen anderen wirksam und übernimmt wahrscheinlich antizipatorische Funktionen, die die Regelung zukünftiger Entscheidungen leiten. Kaum jemand wird bestreiten, daß Scham für die frühe Moralentwicklung einen zentralen Stellenwert hat, doch die operanten Verhaltensweisen, die zu Scham führen, und die Bedingungen, unter denen sie gewöhnlich ausgelöst wird, müssen noch untersucht werden. Das gleiche könnte man in bezug auf „verletzte Gefühle" sagen, eine Reaktion, die oft im Zusammenhang mit einem elterlichen Verbot auftritt, insbesondere dann, wenn dieses in einem ärgerlichen Tonfall ausgesprochen wird. Das Kind „blickt verletzt" mit einem Gesichtsausdruck, der von dem Beobachter als „schmerzvoll" empfunden wird und Elemente von Traurigkeit, Wut und/oder „Schmollen" enthält.

Wir haben vor kurzem unsere Forschungsbeobachtungen an normalen Kleinkindern aus der Mittelschicht und ihren Eltern ausgewertet und bestimmte Entwicklungsschritte bei der frühen Verinnerlichung von Geboten und Verboten angenommen, die unter dem wachsamen Blick des Betreuers stattfinden (vgl. *Emde, Johnson & Easterbrooks*, im Druck). Langzeitbeobachtungen, die zu Hause und in unserem als Spielzimmer eingerichteten Versuchsraum gemacht wurden, zeigten, daß Kleinkinder im Alter von 24 Monaten Belege für verinnerlichte Regeln für Verbote und Gebote erkennen ließen, sofern der Elternteil physisch anwesend war und das Kind sich an ihn wenden konnte.

Frühe Beziehungsmotive: Geteilte Bedeutung und die Entwicklung des Wir-Gefühls

Die letzte Gruppe von Motivationsstrukturen, die wir betrachten wollen, beinhaltet alle anderen, die bereits diskutiert wurden, führt uns jedoch in den expliziten Bereich geteilter Emotionen und geteilter Bedeutung. Unser jetziges Thema fortsetzend, werden wir uns auf die normale Entwicklung konzentrieren und den Akzent auf die Rolle von positiven Gefühlen und von Beziehungsmotiven legen, die im Laufe der ersten drei Jahre verinnerlicht werden.

Wie die Forschungsberichte über die Entwicklung von Bindung dokumentieren (vgl. *Maccoby & Martin* 1983; *Bretherton & Waters* 1985) und wie unsere Beobachtungen bestätigen, erlebt das Kind im Normalfall Sicherheit in einem Rahmen, in dem seine Eltern verfügbar sind; das zeigt sich an einem Gleichgewicht von Interesse, Neugier und Erkundung der Umgebung, wenn Betreuer anwesend sind (vgl. *Emde* et al. 1982). In der zweiten Hälfte des ersten Jahres steuern Eltern die Aktivitäten ihres Kindes zunehmend so, daß das Kind imstande ist, elterliche Ziele zu erfüllen, und Eltern billigen solches Verhalten, das erwünscht ist (vgl. *Kaye* 1982). Das Kind erlebt das Beherrschen von etwas nicht nur in bezug auf seine eigenen Ziele, sondern auch in bezug auf Ziele, die von den Eltern gefördert werden. Dies ist ein Aspekt geteilter Bedeutung, der die Tendenz zur Wiederholung hat.

Beobachtungen an einer kürzlich abgeschlossenen Langzeituntersuchung, die in unserem Forschungslabor durchgeführt wurde, sind besonders instruktiv im Hinblick auf den normalen Entwicklungsverlauf geteilter Bedeutung im späteren Säuglings- und im Kleinkindalter (vgl. *Emde & Easterbrooks*, im Druck). Wir stellten fest, daß wechselseitig eine Bezugnahme und das Teilen positiver Affekte zwischen Kind und Eltern für Anfang und Mitte des zweiten Jahres typisch waren. Es erschien wahrscheinlich, daß eine wiederholte Bezugnahme Prozesse der Imitation der Eltern und der Identifikation mit ihnen erleichtert. In allen Fällen jedoch schienen Kind und Elternteil die Freude am Können zu teilen, was zumindest zum Teil von dem Bestreben des Kindes herrührte, das zu tun, was die Eltern taten und billigten.

Interessanterweise beinhaltete das Teilen von Gefühlen in unserer normativen Untersuchung gewöhnlich positive Gefühle (Lächeln oder Interesse) im Gegensatz zum Austausch negativer Gefühle. Es gibt Hinweise darauf, daß das Teilen negativer Gefühle in diesem Alter viel häufiger in Populationen vorkommt, die unter Streß stehen und gefährdet sind, wie etwa bei Teenager-Müttern (*Osofsky*, persönliche Mitteilung).

Unsere Beobachtungen an 36 Monate alten Kindern ließen weitere Entwicklungen erkennen. Wir stellten fest, daß elterliche Verbote in diesem Alter in beträchtlichem Umfang verinnerlicht sind, so daß sie befolgt wurden, wenn Eltern für kurze Zeit abwesend waren, selbst dann, wenn die Kinder von anderen im Spielzusammenhang herausgefordert wurden. In diesem Alter machten wir bei der Untersuchung von Verinnerlichungen von der Sprachfähigkeit Gebrauch, die die Kinder entwickelt hatten. Der Versuchsleiter las einen kurzen, standardisierten Anfang einer Geschichte vor, und das Kind wurde aufgefordert, sie in spielerischer Darstellung zu Ende zu erzählen. Mit Hilfe einer Reihe von Untersuchungen der Texte solcher Geschichten haben wir festgestellt, daß die meisten Kinder im Alter von 36 Monaten eindeutige Belege für verinnerlichte Regeln, ein Gefühl für Wechselseitigkeit und Empathie zeigen. In einer Geschichte über ein „moralisches Dilemma" wurde das Kind mit einer moralischen Konfliktsituation konfrontiert, in der die Notwendigkeit bestand, sich entweder für eine bindende Regel oder für prosoziales Handeln zu entscheiden. Alle Kinder unserer normativen Stichprobe verstanden das Dilemma und kämpften mit ihm, und viele erreichten prosoziale Ergebnisse.

Vielleicht war für uns noch aufschlußreicher, was uns einige Kinder in einer experimentellen Situation erzählten, die sie zum Übertreten eines mütterlichen Verbots in Abwesenheit der Mutter herausforderte. Unser experimentelles Szenarium sah folgendermaßen aus: Das Kind spielt mit dem Versuchsleiter in einem Raum voller interessanter Spielsachen. Die Mutter kommt herein und bringt zwei neue Spielsachen, weist aber das Kind an, diese während ihrer Abwesenheit nicht anzufassen. Nachdem die Mutter gegangen ist, spielen Kind und Versuchsleiter mit einem Stoffkaninchen und anderen Spielsachen. Nach einer Weile läßt der Versuchsleiter das Kaninchen den Wunsch äußern, mit den verbotenen Spielsachen zu spielen (wenn das Kind nicht bereits spontan damit gespielt hat). Unter diesen Umständen hat eine gewisse Zahl der Kinder der Versuchung widerstanden, indem sie uns in etwa sagten: „Hast du nicht meine Mama gehört? Ich spiele besser nicht damit. Wir besser auch nicht." Wir kamen somit zu einer überraschenden Erkenntnis. Diese Kinder hatten ein exekutives Wir-Gefühl entwickelt, das Gefühl, daß der wichtige andere bei ihnen war, was ihnen ein verstärktes Gefühl von Macht und Kontrolle gab. In unserer Mittelschichtstichprobe fanden wir somit Belege dafür, daß verinnerlichte Regeln ohne die physische Präsenz des Elternteils ein Empfinden des „Anderen" mit sich bringen, und insoweit sie in einem neun sozialen Zusammenhang aktiviert werden, schließen sie ein autonomes Wir-Gefühl ein.

Es war *George Klein*, der in einem postum veröffentlichten Aufsatz erklärt hat, die Psychoanalyse brauche eine Theorie des Wir-Gefühls als Gegenstück zur Theorie des Ichs (*Klein* 1967). Das sich entfaltende Wir-Gefühl des Kindes und die interpersonale Welt geteilter Bedeutung finden derzeit als Forschungsgegenstand zunehmend Beachtung von Entwicklungsforschern und Psycholinguisten (vgl. *Rommetveit* 1976; *Brenner & Mueller* 1982; *Bruner* 1982; *Kaye* 1982; *Bretherton* 1985; *Stern* 1985). Eine historische Grundlage dieser Arbeit reicht bis zur Sozialpsychologie von *George Herbert Mead* (1934) und von *Vygotsky* (1978) zurück – Werke, die jetzt erneut Anerkennung zu finden scheinen.

Es mutet wie Ironie an, daß wir in unserer Zeit, die so sehr vom Narzißmus und vom Selbst in Anspruch genommen ist, einen anderen Aspekt der Psychologie zu sehen beginnen, eine „Wir"-Psychologie neben einer „Selbst"-Psychologie. Ich möchte darauf aufmerksam machen, daß dies einen grundlegenden Wandel in unserer Weltsicht bedeutet. Um dies richtig einschätzen zu können, braucht man sich nur zu vergegenwärtigen, daß ein großer Teil unseres Denkens in der Psychologie von einer Ich-Du-Dialektik beherrscht wurde. Im Unterschied dazu hat die Entwicklungspsychologie *Piagets*, die in der Entwicklungspsychologie so großen Einfluß gehabt hat, den Schwerpunkt auf den in den kindlichen Konstruktionen der Welt enthaltenen unbelebten Aspekt der Umwelt gelegt. Insofern haben sich Vertreter dieser Richtung mit einer „Ich-Es"-Epistemologie befaßt.

Für die Entwicklung eine Ich-Gefühls und eines Wir-Gefühls scheint es konzeptuell trennbare Wege zu geben. In Erweiterung des Denkens der bisher diskutierten Theoretiker der Psychoanalyse hat es jedoch auch den Anschein, daß es drei und nicht zwei interagierende Wege des Selbst und der geteilten Bedeutung gibt. Dazu gehören das Ich-Gefühl, das Gefühl für den anderen und das Wir-Gefühl. Zusammen bilden sie das, was man als „Diskursrahmen" für das Selbst und die soziale Interaktion betrachten könnte. Daß wir den Bereich des „Wir" in unserem früheren entwicklungspsychologischen Denken nicht beachtet haben, ist um so bemerkenswerter, wenn wir an die Universalität von Pronomenschemata denken. Es gibt nicht nur eine erste Person (ich), eine zweite Person (du) und eine dritte Person (er/sie/es), es gibt auch die Pluralform. Aus der Sicht der interpersonalen Psychologie bedeutet ein Wir-Gefühl nicht nur eine grundlegende Änderung der Selbstperspektive – einen Wechsel zu einem aktiven Erleben einer mit anderen geteilten Realität. Als Erwachsene haben wir nicht nur Ich-Du-Dialoge, sondern auch Ich-Wir-Dialoge. Die von uns aufgeführten Grundmotive (d. h. Aktivität, Selbststeuerung, soziale Einpassung, affektives Überwachen) liegen der Bildung des Wir-Diskurses zugrunde. Zu erkennen sind die Anfänge eines Wir-Gefühls nach der im siebten bis neunten Monat stattfindenden biologisch-verhaltensmäßigen Veränderung in der Phase, die *Stern* (1985) als „intersubjektives Selbst" bezeichnet. Der Säugling ist jetzt in der Lage, Absichten und Pläne jenseits der Zone unmittelbaren Handelns zu erleben, und kann Absichten mit einem Betreuer in Zusammenhängen mit gemeinsamer Aufmerksamkeit und gemeinsamem Fühlen abstimmen. Mit *Bretherton* (1985) kann man sagen, daß es gegen Ende des ersten Lebensjahres zu einem „Ineinandergreifen der Seelen" kommt. Gesten und Handlungen enthalten jetzt ein Aufeinander-Abstimmen der Intentionen. Es verdient erwähnt zu werden, daß sich das Geben emotionaler Signale jetzt so verändert, daß das Kind nicht nur einfache Motivationszustände durch Emotionen ausdrückt, sondern emotionalen Ausdruck auch in einem Prozeß des Aushandelns mit einem anderen Menschen benutzt. Man sieht oft, daß geringe Intensität und gemischte Signale gezeigt werden, um einen Diskurs aus emotionaler Signalgebung zu beginnen; in diesem Prozeß hat der emotionale Ausdruck den Zweck, bei dem anderen eine Reihe von Reaktionen auszulösen. Die Reaktionen sind zielgerichtete und erfahren eine Reihe von Modifikationen, bis ein gemeinsam erwünschter oder eine Kompromißbildung darstellender Endpunkt erreicht ist.

Wir haben hypothetisch angenommen, daß die soziale Bezugnahme beim Säugling eine adaptive Funktion durch die Förderung der Selbstentwicklung hat, das heißt, durch das Unterhalten und Erweitern vom Arbeitsmodellen der drei dynamischen Aspekte des Selbst-Systems: a) das Erleben von sich selbst, b) das Erleben des anderen (z. B. der Bindungsperson) und c) das Erleben von sich selbst mit dem anderen oder des Wir. Die geteilte Bedeutung im Sinne der Überprüfung des anderen, um die eigenen Intentionen mit denen des anderen abzustimmen und ein Wir-Gefühl zu vergrößern, erhält während des zweiten und dritten Jahres besonders große Bedeutung. Um diesen Punkt in seiner Bedeutung zu erfassen, braucht man sich nur an Beobachtungen über „emotionales Auftanken" und „Sich-Rückversichern" von *Mahler* und ihren Mitarbeitern (*Mahler* et al. 1975) zu erinnern und an *Ainsworth*s Konzept, „die Mutter als sicheren Ausgangspunkt zum Erkunden zu benutzen" (vgl. *Ainsworth* et al. 1978) sowie an experimentelle Untersuchungen, die einen Zusammenhang gezeigt haben zwischen der Fähigkeit des Säuglings, der Mutter ins

Gesicht zu schauen, und dem Niveau von Exploration und Spiel (vgl. *Carr* et al. 1975; *Sorce* & *Emde* 1981).

Es ist zu früh, um sagen zu können, ob das „exekutive Wir" des Dreijährigen eher ein Merkmal einer optimalen oder einer normativen Entwicklung ist. Es ist auch zu früh, um sagen zu können, ob individuelle Unterschiede beim „exekutiven Wir" einen bedeutsamen oder sensiblen Indikator für das spätere Auftreten von Problemen darstellen können. Auch können wir noch nicht sagen, ob das „exekutive Wir" als Puffer oder Tendenz gegen zukünftige Belastungen dienen kann. Jedoch ist vom Standpunkt der psychoanalytischen Theorie aus ein grundlegendes Motivationsmerkmal der Wiederholung das Suchen des Vertrauten in einer neuen Beziehung und das Erkennen seiner Selbst mit dem anderen in dieser Beziehung (vgl. *Sander* 1985). Es hat daher den Anschein, daß Unterschiede im Wir-Gefühl und das Fehlen dieses Gefühls für unsere Forschung und für unsere zukünftige psychoanalytische Arbeit zunehmend an Bedeutung gewinnen werden.

In diesem Teil unseres Aufsatzes ging es um *Freuds* 1937 aufgeworfene Frage nach Kontinuität und Wandel, bezogen auf neuere Befunde der Entwicklungsbiologie und Säuglings- und Kleinkindbeobachtung. Teil II unseres Aufsatzes soll anders geartete, dennoch wichtige Einsichten der entsprechenden psychoanalytischen Theoriebildung seit 1937 aufzeigen. Daran anschließend sollen einige übergreifende Überlegungen zum psychoanalytischen Behandlungsprozeß mitgeteilt werden.

II. Neuere psychoanalytische Theorie und therapeutische Überlegungen

Freuds Aufsatz „Die endliche und die unendliche Analyse", 1937 geschrieben, bedeutet für uns immer noch eine grundlegende Herausforderung in bezug auf unsere Anschauungen über Kontinuität und Wandel von Entwicklung. Kann uns ein erweitertes Wissen über angeborene und motivationale Faktoren der frühen Kindheit bei unserem Dilemma hinsichtlich der therapeutischen Wirksamkeit der Psychoanalyse hilfreich sein? In Teil I dieser Abhandlung haben wir mit dem Versuch einer Beantwortung dieser Frage begonnen, indem wir einige theoretische Feststellungen anführten, die sich aus neueren Befunden der Entwicklungsbiologie und Kleinkindbeobachtung ergeben. Ich möchte jetzt einige aus der psychoanalytischen Theoriebildung abgeleitete Annahmen darstellen. Diese wurzeln zum Teil in *Freuds* Denken, spiegeln jedoch auch radikale Veränderungen in der klinischen und wissenschaftlichen Welt seit *Freud*. Ich glaube, daß diese Annahmen unsere Diskussion erhellen können, weil sie eine Reihe von Vorteilen haben. Erstens sind sie weniger abstrakt als die Annahmen in *Freuds* Metapsychologie und leichter auf beobachtbare Phänomene zu beziehen. Zweitens können sie uns vielleicht dabei helfen, unser zentrales Paradoxon zu verstehen, das Paradoxon von entwicklungsmäßigem Wandel und therapeutischer Rigidität. Drittens glaube ich, daß sie uns zu den Anfängen einer kohärenten psychoanalytischen Theorie über angeborene und motivationale Faktoren der frühen Kindheit leiten werden. Schließlich werden sie uns noch einmal zu therapeutischen Betrachtungen des Wandels führen, wobei wir einige neue Untersuchungsansätze auffinden werden.

Psychoanalytische Annahmen seit 1937

Der erste Komplex psychoanalytischer Annahmen bezieht sich auf ein Organisationsmodell von Affekten. Angefangen mit dem, was man als *Freuds* klinisch begründetes späteres Organisationsmodell bezeichnen könnte (vgl. *Schur* 1969; *Emde* 1980), sind Affekte zunehmend als gemischte Zustände gesehen worden, die unmittelbare Gefühle von Lust und Unlust einschließen. Sie sind biologisch verankert, implizieren Wertung und Kognition; sie wirken unbewußt ebenso wie bewußt und umfassend; sie organisieren seelisches Geschehen und Verhalten. Diese Annahmen erscheinen in mehreren Schriften *Freuds* (1916, 1923, 1926, 1930, 1933) und sind in *Freuds* Formulierung enthalten, daß Affekte Signale sind, die ihren Platz im Ich haben (vgl. auch *Jacobson* 1953; *Engel* 1962; *Brenner* 1974). Die Signalformulierung beschreibt allgemein, wie Affekte eine regulative Rolle haben, die automatisch wirkt. Signalangst schützt einen davor, durch Zustände von Hilflosigkeit überwältigt zu werden, die wiederum an bestimmte, hierarchisch angeordnete affektive Strukturen gebunden sind, die ursprünglich in der frühen Entwicklung erlebt wurden. Andere psychoanalytische Theoretiker nach *Freud* haben ebenfalls eine Entwicklungsfolge aufgezeigt, die Signaldepression oder „Hilflosigkeit" einschließt, analog zu *Freud*s ursprünglicher Entwicklungsfolge, die Angst enthält. Die Signaldepression hat die Funktion, das Selbstwertgefühl zu regulieren und offene Depressionen zu vermeiden, wie es jene Denkrichtung nahelegt, die mit *Bibring* (1953) begann und zu der auch *Engel* (1962), *Anthony* (1975), *Brenner* (1975) und *Kaufmann* (1977) gehören. *Sandler* (1960) hat die Auffassung vertreten, daß ein Gefühl von Sicherheit eine regulative Rolle als Signalaffekt hat, und *Joffe* (*Sandler & Joffe* 1969) und andere haben angenommen, daß positive Affekte Signalfunktionen haben können (*Jacobson* 1953; *Engel* 1962).

Affekte werden somit als adaptiv gesehen, und aus der Sicht der Theorie *Hartmann*s (1939) könnte man sagen, daß sie als autonome Ich-Strukturen und als konfligierend betrachtet wurden. Bemerkenswert ist, daß zwei europäische Beiträge, beide in zeitlicher Nähe zu *Hartmann*s Theorie und *Freud*s berühmtem Aufsatz, autonome primäre Affekt postulieren. Der eine wurde anläßlich von *Freud*s 80. Geburtstag am Wiener Psychoanalytischen Institut vorgetragen (*Landauer* 1938), und der andere wurde im gleichen Jahr vor dem 14. Internationalen Psychoanalytischen Kongreß in Marienbad (*Brierley* 1937) gelesen. Nach Meinung dieser beiden Autoren existieren Affekte als primäre Strukturen bereits zu einem frühen Zeitpunkt der Entwicklung mit relativ unabhängigen Qualitäten des Erlebens und Verhaltens, die nicht unbedingt Triebabkömmlinge sind.

Daß Affekte kontinuierliche Aspekte unseres Lebens sind und nicht diskontinuierlich oder meistens traumatisch, ist eine Auffassung, die seit den Tagen *Freud*s wachsende psychoanalytische Zustimmung gefunden hat. Natürlich gibt es extreme Zustände, doch im Alltagsleben regulieren Affekte Interesse, Engagement, Langeweile, Frustration und andere Tönungen von Zuständen des Befaßtseins mit der Welt, die auf einem Lust-Unlust-Kontinuum liegen. Diese Vorstellung war in *Jacobson*s Vorstellung von Stimmungen als „Barometer der Ich-Funktion" (1953, 1957) enthalten und ist später von anderen klarer dargelegt worden (*Blau* 1955; *Castelnuovo-Tedesco* 1974; *Novey* 1961; *Rangell* 1967). Auf dieser Linie gelten Affekte als wesentlich für soziale Beziehungen des Menschen. Viele haben auf die zentrale Bedeutung von Affekten für Objektbeziehungen hingewiesen, darunter *Landauer* (1938), *Novey* (1961), *Rangell* (1967), *Schafer* (1964), *Spitz* (1959) und in jüngster Zeit *Stern* (1985). Tatsächlich macht vielleicht schon die Definition von Affekten ihre sozialen Aspekte erforderlich. Sie sind wichtige soziale Kommunikatoren in der frühen Entwicklung (vgl. *Basch* 1976; *Rapaport* 1953; *Schur* 1969), und die Kommunikation von Affekten gilt als wesentlicher Bestandteil des psychoanalytischen Prozesses (vgl. *Greenacre* 1971; *Spitz* 1956).

Eine andere Reihe psychoanalytischer Annahmen betrifft die frühe Moralentwicklung. In zunehmendem Maße dokumentieren psychoanalytische Beobachtungen wichtige Merkmale von Moralität vor der ödipalen Phase. Komplexe Arten des Umgangs mit Konflikten sind wiederholt schon vor dem Alter von 5 Jahren beobachtet worden, und das bedeutet ein beträchtliches Maß an Verinnerlichung von Regeln, die von den Eltern gelernt wurden. Die frühe Pflegebeziehung in einem solchen Prozeß wurzelt wieder in *Freud*s Denken, in dem Zensur ursprünglich im Sinne dessen verstanden wurde, was in der kulturellen Umgebung des Kindes als ideal galt und von den Eltern im Hinblick auf einen möglichen Gewinn an narzißtischer Befriedigung für das Kind diesem vermittelt wurde (vgl. *Freud* 1914; *Sandler* 1960). Als der Begriff des Über-Ichs entstand, empfand *Freud* (1923) immer noch, daß es einen wesentlichen Aspekt des Gewissens gab, der auf der Basis früher (präödipaler) Identifikation mit den Eltern strukturiert ist und positive oder bewundernde Seiten der Beziehung enthält. Heute stellt man sich das „Ich-Ideal" oft als eine seelische Struktur vor, die die Moralität dem gemäß reguliert, was man tun sollte, mit Komponenten, die auf Liebe gründen und nicht auf Androhung von Vergeltung oder Feindseligkeit. So wissen Psychoanalytiker darum, daß sich Moralität auf Gebote und Verbote bezieht. Der zuvor angeführte Aspekt der moralischen Regulation wurzelt vielleicht in der alltäglichen Erfahrung des kleinen Kindes mit den lenkenden, tröstenden und beschützenden Seiten der Interaktionen mit den Eltern (vgl. *Sandler* 1960; *Schafer* 1960).

Im Hinblick auf die Verbote hat die psychoanalytische Theorie ebenfalls auf Strukturen der frühen Kindheit hingewiesen. Diese hat man sich gewöhnlich als Vorläufer der Überich-Entwicklung vorgestellt. *Ferenczi* (1925) beschrieb die „Sphinktermoral", die sich auf das Vorhandensein einer generellen Form von Fügsamkeit gegenüber elterlichen Forderungen im Alter der Sauberkeitserziehung bezog. *Anna Freud* (1936) beschrieb die „Identifikation mit dem Aggressor" als Prozeß, in dessen Verlauf ein Kind mit Angst als Folge von Strafandrohung seitens der Eltern so umgeht, daß es das elterliche Verhalten übernimmt und die Kritik der Eltern verinnerlicht. *Spitz* (1957, 1958) kam auf Grund seiner Säuglingsbeobachtungen zu der Annahme einer spezifischen frühen Moralstruktur, die während des zweiten Jahres entsteht und durch den Erwerb des „semantischen Nein" angezeigt wird. *Spitz* beschrieb den Prozeß, in dem das Kind dahin kommt, die Verbote und Gebote der Eltern zu verstehen, und eine „identifikatorische Verknüpfung" macht, indem es das „Nein" als Wort und Geste von den Eltern übernimmt.

Spitz sah mit der Verinnerlichung der wiederholten Erfahrung der fördernden oder hemmenden spezifischen Aktivitäten der Eltern andere Ursprünge des Gewissens im Verlauf des ersten Jahres in Erscheinung treten. Solche Ideen stützen sich auf frühere psychoanalytische Vorstellungen von einer Art primärer Identifikation in der frühen Kindheit, die als wichtig für die Moralentwicklung betrachtet wird (vgl. *Freud* 1923; *Reich* 1954). Eine Anleihe bei der kognitiven Psychologie machend, hat *Sandler* (1960) die Auffassung vertreten, daß man sich frühe Verinnerlichungen von Moral am besten in der Art organisierender Aktivitäten vorstellt, durch die innere Modelle aufgebaut werden, d. h. in der Art von Schemata. Schemata der frühen Kindheit werden im Umfeld von Erfahrungen der Bedürfnisbefriedigung mit den Betreuern organisiert und enthalten auch Erwartungen für solche Aktivitäten, die die Billigung oder Mißbilligung der Eltern zur Folge haben. Als solche beinhalten sie schließlich Kategorisierungen von gut und schlecht. Was als „präautonome Überich-Schemata" angeführt wird, kommt jedoch nur unter den Augen der Eltern zur Wirkung. Diese Form früher moralischer Regulierung basiert auf der Voraussage der elterlichen Reaktion durch das Kind und nicht auf inneren Konflikten oder auf Schuld. Neuere Darstellungen (*Holder* 1982; *Kennedy* & *Yorke* 1982) haben ebenfalls die wichtige Rolle betont, die Betreuer in dieser frühen Zeit als Hilfs-Überich spielen.

Die nächste Reihe von Annahmen bezieht sich auf eine Gruppe von psychoanalytischen „Entwicklungssystem"-Theorien. Diese Theorien leiten sich von psychoanalytisch vorgeprägten Beobachtungen der frühen Entwicklung ab. Es werden aufeinanderfolgende Phasen zunehmend komplexer Regulationssysteme beschrieben, die das sich entwickelnde Selbst in aktivem affektivem Austausch mit einem Betreuer enthalten. Ich vertrete die Auffassung, daß all diese Theorien die von mir beschriebenen Grundmotive voraussetzen (d. h. ein aktives. affektives, selbststeuerndes soziales Wesen von Anfang an). Es gibt außerdem noch ein weiteres gemeinsames Thema. Neben einem wachsenden Gefühl sozialer Verbundenheit ist die Entwicklung eines wachsenden Autonomiegefühls zu erkennen. Dies geschieht auf eine Weise, die nicht nur eine Grundlage für die Moralmotivation liefert, sondern auch für die Entwicklung dessen, was wir als exekutives Wir-Gefühl beschrieben haben. Die erste Theorie dieser Art ist die von *Erikson* (1950, 1959). *Freud*s hierarchisch geordnete psychosexuelle Entwicklungstheorie (vgl. *Freud* 1905) erweiternd, nahm *Erikson* an, daß das Leben in einer Reihe epigenetischer Phasen verläuft. Den direktesten Bezug zu unserem Thema hat jedoch *Erikson*s Konzept der „Identität". Nach seiner Theorie beginnt das Identitätsgefühl eines Menschen im Säuglingsalter und baut sich auf über den Lebenszyklus hinweg in einer Folge sukzessiver Regulationen zwischen dem Individuum und im Entwicklungsverlauf sich wandelnden psychosozialen Zusammenhängen. In dieser Theorie ist Aktivität grundlegend; vom Säuglingsalter an gilt sie als „die Grundsubstanz des Ichs" (*Erikson* 1962).

Die Theorien von *Spitz* (1957, 1959) haben die Entwicklung des Selbst als sich differenzierenden Prozeß konzeptualisiert, der früh im Säuglingsalter beginnt und zu bestimmten beobachtbaren Zeiten in der Entwicklung Knotenpunkte aufweist. Diese Zeiten sind durch affektive Veränderungen markiert, für die neue Aktivitäten des Säuglings im Rahmen der Pflegebeziehung zwischen Säugling und Mutter kennzeichnend sind. Die Theorien von *Spitz* betonen, daß die Objektivierung des Selbst Hand in Hand geht mit der Objektivierung anderer (oder der „Objekte"). Beispielsweise erreicht das Kleinkind mit dem Erwerb des „Nein" eine neue Ebene der Autonomie, wobei eine neue Ebene des Bewußtseins vom anderen mit dem neuen Bewußtsein von sich selbst einhergeht. Eine neue Ebene der Verbundenheit resultiert auch daraus, daß das Kind das „Nein" verinnerlichen und an Stelle von Aggressionen oder Handlung allein jetzt reden und debattieren kann.

Auf seine Beobachtungen der Interaktionen zwischen Betreuer und Kind gestützt, ist *Sander*s Theoriebildung (1962, 1964, 1983) am ausführlichsten im Zusammenhang mit der Ontogenese des Selbst als Differenzierung grundlegender selbststeuernder Mechanismen. Selbststeuerung entwickelt sich im Rahmen der Säuglings-Betreuer-Beziehung, und organisierende Prozesse werden im Sinne von Polaritäten verstanden, die in dynamischer Opposition stehen, aber ihren Weg auf einer aktiven Entwicklungsbahn fortsetzen. Aktive Tendenzen im Säugling verlangen somit nach neuen Interaktionsebenen. Affekte spielen eine wichtige Rolle bei intergrativen Mechanismen, die neue Koordinationen auf zunehmend höheren Komplexitätsebenen zustande bringen. Zu den Polaritäten, die sich in allen Entwicklungsphasen finden, gehören solche der Differenzierung/Integration, Unruhe/Stabilität und Autonomie/Verbundenheit. Eine Reihe sukzessiver Anpassungsprobleme, die zwischen Säugling und Betreuer ausgehandelt werden, wurden in Langzeituntersuchungen festgestellt.

*Bowlby*s Bindungstheorie (1958, 1969, 1973) wird weiter unten erörtert, muß jedoch auch hier angeführt werden, da sie eine Theorie der Entwicklungssysteme ist. Aktivität wird in Bindungssystemen vorausgesetzt, und Affekte haben eine steuernde Rolle bei der Entwicklung des Selbst und der Objektbeziehungen. Die Theorie befaßt sich auch mit der Komplementarität von im Entwicklungsverlauf entstehender Autonomie und Verbundenheit. Das sich entfaltende Selbst eines Säuglings spiegelt beides, da die Sicherheit der Bindung Erkundung und Autonomie ermöglicht, während die angstvolle Bindung zu einem Gefühl der Einschränkung und geringerer Autonomie führt.

*Stern*s Theorie der Entfaltung des Selbst befaßt sich direkt mit der interpersonalen Welt. Vier sich aufeinanderfolgend entwickelnde „Selbstgefühle" werden beschrieben, die alle durch eine organisierende subjektive Sicht des Selbst und der anderen gekennzeichnet sind. Nach dieser Theorie beginnt die postnatale Erfahrung des

Säuglings mit einem Gefühl, von dem Betreuer physisch getrennt zu sein, und das Kind entwickelt zunehmend ein Gefühl des Tätigseins und der Kohärenz mit verschiedenen affektiven Erfahrungen. Kurz nach der Mitte des ersten Lebensjahres tritt ein „Gefühl des subjektiven Selbst" auf zusammen mit der Fähigkeit des Säuglings, einen Aufmerksamkeitsfokus zu teilen. *Stern* zufolge beginnt das vierte Selbstgefühl im Säuglingsalter etwa mit 15 bis 18 Monaten und enthält den Anfang geteilter Bedeutung beim Gebrauch von Symbolen. *Stern* bezeichnet es als „das Gefühl eines verbalen Selbst", das im „Bereich verbalen Bezogenseins" wirksam ist. Mit dieser neuen Ebene des Selbst und anderer besteht jetzt die Möglichkeit gemeinsam ausgehandelter „Wir-Bedeutungen" im Zusammenhang mit Sprache. Viele dieser Bedeutungen sind verdeckt, einzigartig und unter Umständen schwer wiederzuentdecken – wobei letzteres, so *Stern*, oft eine Aufgabe von Psychotherapie ist.

Aus der Sicht von Autonomie und Verbundenheit ist *Stern*s Theorie insofern wichtig, als sie die Entwicklung eines dritten Aspekts der subjektiven Welt des Säuglings einführt. Neben einem Gefühl für sich selbst und für den anderen entfaltet sich ein Gefühl des „Selbst-mit-anderen". Im frühen Säuglingsalter ist der selbststeuernde andere der Betreuer, der einen wesentlichen Teil der Selbststeuerung des Säuglings formt. Für den Prozeß der Entfaltung des Selbst könnten wir jedoch sagen, daß die emotionale Verfügbarkeit der Pflegeperson die Befriedigung eines intersubjektiven Entwicklungsbedürfnisses bedeutet. Selbst nach der Entwicklung der verbalen Bezogenheit besteht das Bedürfnis, daß die Pflegeperson ein gemeinsames Wir-Gefühl erneut bestätigt. Wiederholte Beobachtungen zeigen, daß es für das Kind wichtig ist, bestätigt zu bekommen, daß ein intersubjektiver Zustand verstanden worden ist.

Es ist wichtig zu erwähnen, daß die oben angeführten Theorien die Beschreibung einer Entwicklungsprogression im Säuglingsalter darstellen, die sich auf vereinbarte beobachtbare Wendepunkte stützt, die Zeiten neuer Aktivität markieren. Die Theorie des „affektiven Selbst", die aus unseren Forschungen hervorgegangen ist (vgl. *Emde* 1984), begann mit Beobachtungen eben dieser Wendepunkte, die als Zeiten biologisch-verhaltensmäßiger Umstellung konzeptualisiert wurden (vgl. *Emde* et al. 1976). Affektive Veränderungen sind bei jeder dieser Umstellungen besonders auffallend. Wir haben sie uns als integrative Faktoren gedacht, die die Konsolidierung einer adaptiven Funktionsweise auf einer höheren Organisationsebene fördern. Affektive Signale tun dies auf zweierlei Weise. Sie liefern inneres Feedback (indem sie anzeigen, was als neu, interessant und auf angenehme Weise bewältigt wird), und sie liefern soziales Feedback (indem sie anzeigen, was beachtet und belohnt wird). Beide Modi liefern Anreize für die auf einer neuen Ebene befindliche Beschäftigung mit der Welt und mit Betreuern.

Ein anderer Bereich, der von zentraler Bedeutung für unser Thema ist, betrifft die britische „Objektbeziehungstheorie", in der die frühe Erfahrung der Pflegebeziehung als Grundlage für Motivationsstrukturen betrachtet wird, die affektive Repräsentanzen von anderen und von sich selbst enthalten, Repräsentanzen, die lebenslang fortbestehen (vgl. *Klein* 1932; *Guntrip* 1971; *Fairbairn* 1963; *Winnicott* 1965; *Bion* 1962; u. a.; vgl. auch die Zusammenfassungen bei *Kernberg* 1976, und *Sutherland* 1980). *Bowlbys* Theorie des Bindungssystems (1958, 1969, 1973, 1980) liegt in dieser Tradition. Bindung bezieht sich auf eine psychische Organisation in einer Person, die nach Kontrollsystemprinzipien der Zielkorrektur funktioniert. Das gesetzte Ziel der Bindung ist, aus der Sicht des außenstehenden Beobachters, Nähe und Kontakt zur Bindungsfigur herzustellen oder aufrechtzuerhalten; von innen her gesehen, ist das gesetzte Ziel, das Gefühl von Sicherheit zu bewahren. Für unser Thema ist von Bedeutung, daß *Bowlby* hervorhebt, daß Bindungssysteme biologisch vorbereitete Aktivitäten im Säuglingsalter widerspiegeln, die im Gegensatz zur sekundären Motivation anderer Systeme primär motivieren. Während der zweiten sechs Monate des Säuglingsalters werden Nähe und interaktionsfördernde Verhaltensweisen um eine kleine Hierarchie vertrauter Betreuerfiguren herum organisiert. *Bowlbys* Theorien haben zu ausgedehnter Forschungsarbeit mit der „Fremde-Situation" geführt, die von *Ainsworth* und ihren Mitarbeitern (1978; vgl. *Bretherton & Waters* 1985) gedacht wurde, um die Sicherheit der Bindung des Kindes zu Beginn des zweiten Jahres einschätzen zu können. Zudem regen *Bowlbys* Theorien über bleibende Strukturen oder „innere Arbeitsmodelle" der Bindung derzeit eine beträchtliche Zahl neuer Untersuchungen zur Entwicklung an, die für die Psychoanalyse von großem Interesse sind. Es werden Kontinuitäten der frühen Beziehungserfahrung und der Bindung dokumentiert, die die Beschaffenheit der sozialen Kompetenz des Vorschulkindes voraussagen (vgl. *Sroufe* 1983). Außerdem werden über mehrere Generationen hinwegreichende Bindungsmuster dokumentiert (s. u.).

Ein anderer Bereich psychoanalytischen Denkens, der unserem entstehenden Bild Kohärenz gibt, kommt aus der Psychopathologie. Wir wollen vorerst bei den Anschauungen *Bowlbys* bleiben, die in so reichem Maß zu neuer Forschung angeregt haben. An *Winnicotts* Theorien über das Entstehen eines „wahren" und eines „falschen" Selbst anschließend (1965), entwickelte *Bowlby* ein Psychopathologiemodell, das besonderen Nachdruck auf multiple innere Muster des Selbst und der Bindungsfiguren legt, die im späteren Säuglingsalter und zur Zeit des Sprachbeginns entstehen. Zu einer besonderen Art von Abbruch zwischen diesen Mustern kann es auf Grund von Devianz im Familienmilieu kommen. Wenn primäre Betreuer nicht verfügbar, abweisend oder zu frustrierend sind, wie es heute oft im klinischen Fall von Kindesmißhandlung vorkommt, kann das Kind dahin kommen, Information defensiv auszuschließen, weil sie zu schmerzlich ist (*Bowlby* 1973, 1980). In devianten Familien kommt es zu Abbrüchen im Erleben, weil Eltern dazu neigen, die schmerzliche Erfahrung des Kindes verbal zu entkräften, und es findet eine Einengung im Umgang mit den multiplen Mustern des Selbst und den Elternfiguren statt. Einige Muster stützen sich auf das frühe, autobiographische, nonverbale episodische Gedächtnis (analog zum wahren Selbst und anderen), und andere basieren auf semantischen Generalisierungen und auf dem, was dem Kind als sein erwartungsgemäßes Erleben mitgeteilt wird (analog zum falschen Selbst und anderen).

Abgewehrte schmerzliche Affekte spielen eine wichtige Rolle in *Bowlbys* Vorstellung vom Gefühl des Ausgeschlossenseins. Nirgendwo ist die Gültigkeit dieser Vorstellung offensichtlicher als in gegenwärtigen Untersuchungen von mehrere Generationen übergreifenden Kontinuitäten bei unsicheren Bindungen. Mehrere Studien haben jetzt prognostische Kontinuitäten von der eigenen fehlangepaßten Erfahrung einer Mutter mit ihren Eltern (bewertet durch ein Interview zu klinischen Forschungszwecken) und unabhängig bewerteten unsicheren Bindungsmustern bei ihrem eigenen Säugling dokumentiert (einen Überblick geben *Grossmann* et al.

1988; *Main* et al. 1985; *Ricks* 1985; *Sroufe* & *Fleeson* 1985). Mit anderen Worten, aufgrund der eigenen überkommenen fehlangepaßten Verhaltensmuster für die Betreuung ist eine Mutter außerstande, eine „sichere Ausgangsbasis" des Erkundens und des Gefühls sozialer Kompetenz bei ihrem eigenen Kind zu sein. Am beeindruckendsten sind jedoch die Ausnahmen von dieser Generationen überspannenden Kontinuität. In drei Untersuchungen (vgl. *Grossmann* et al. 1988; *Main* et al. 1985; *Sroufe* & *Fleeson* 1985) fielen Ausnahmefälle auf, die ein besonderes Merkmal im Bericht der Mutter über ihre frühen Erfahrungen beim Aufziehen ihres Kindes aufweisen. Anders als bei dem gewöhnlichen generationenübergreifenden unsicheren Bindungsmuster berichten diese Mütter über die Tatsachen früher widriger Umstände, unter denen das Kind aufgewachsen ist, wehren dabei jedoch die Affekte nicht ab. In gewisser Hinsicht haben sie ihre Erfahrung objektiviert. Wo es eine Kontinuität über Generationen hinweg gibt, finden sich wahrscheinlich auch Leugnung der Bedeutung früher Mißhandlung und Idealisierung der Eltern; Wut kommt nicht zum Ausdruck. Wo es zu einer Unterbrechung der fehlangepaßten generationenübergreifenden Kontinuität kommt, idealisieren Mütter ihre Eltern angesichts bestimmter Anteile von Unglück und Mißhandlung nicht, noch wehren sie schmerzliche Affekte ab oder schützen sich gegen sie. Wie ist es zu dieser Veränderung gekommen? Ein gemeinsamer Faktor wird jetzt sichtbar (vgl. *Sroufe* & *Fleeson* 1985). Eine dritte Beziehung ist zwischen die frühe Elternbeziehung und die spätere Elternbeziehung der nächsten Generation getreten. Diese Beziehung war entweder eine emotional verfügbare alternative Elternfigur der Kindheit oder eine psychotherapeutische Beziehung. In den meisten spielt außerdem die Beziehung zu einem stützenden Ehepartner eine Rolle.

All diese Forschungsergebnisse stützen das, was man als eine unserer verbreitetsten klinisch-dynamischen Theorien betrachten könnte, daß nämlich ein Zyklus neurotischer Wiederholungen, der eine Folge verinnerlichter früherer Beziehungen und abgewehrter Affekte ist, unterbrochen werden kann durch ein Durcharbeiten solcher Affekte im Rahmen einer neuen Beziehung. Die Forschung steht auch im Einklang mit der Arbeit von *Selma Fraiberg*, die in bezug auf das Verstehen generationsübergreifender fehlangepaßter neurotischer Kontinuitäten Pionierarbeit leistete. *Fraiberg* bezeichnete die neurotischen unbewußten Wiederholungen der Eltern, die bei der Betreuung in Erscheinung treten, als „Gespenster im Kinderzimmer", und sie entwickelte ein psychoanalytisch fundiertes Interventionsprogramm, das das Muster abwehrenden Ausschlusses schmerzvoller Affekte unterbrechen kann. Ein großer Teil von *Fraibergs* Programm zielte direkt auf die Ursprünge der Abwehrbildung und die sich wiederholende Bildung von Motivationsstrukturen im späten Säuglingsalter (vgl. *Fraiberg* et al. 1975; *Fraiberg* 1982).

Eine damit zusammenhängende Linie der Theoriebildung über frühe Psychopathologie stammt aus der Literatur über Narzißmus und Borderline-Zustände. *Kohut* (1977) und *Kernberg* (1976) haben beide auf der Grundlage ihrer psychoanalytischen Arbeit mit Erwachsenen empathisches Versagen in der frühen Betreuung als wichtigen Faktor für die Ätiologie dieser Zustände herausgestellt.

Lacan (1977) und *Kohut* (1977) haben beide einen Prozeß des „Spiegelns" in der frühen Kindheit als wichtig für die normale Entwicklung diskutiert und für deren mögliches Scheitern, das ein Scheitern der Empathie in der frühen prägenden Betreuungsbeziehung ist. Ich betrachte das Spiegeln als einen Prozeß, in dem die Mutter die Affektäußerungen des Säuglings im Rahmen einer liebevollen Beziehung widerspiegelt. In der Entwicklungsforschung sind solche Prozesse nicht nur im Hinblick auf das visuelle Verständnis von Gesten und emotionalem Ausdruck gesehen und beschrieben worden, sondern auch bezogen auf stimmliche Nachahmung (*echoing*), die als wichtiges Rüstzug für die Sprachentwicklung in der Mitte des ersten Jahres betrachtet wird (vgl. *Papoušek* & *Papoušek* 1979, 1982). Die Bedeutung elterlichen Spiegelns von Säuglingsverhalten wurde auch von *Mahler* und *Fuhrer* (1968), *Call* (1980) und *Pine* (1985) hinsichtlich ihrer funktionalen Bedeutung für die Selbstentwicklung betont.

All diese Theorien lenken unsere Aufmerksamkeit auf die motivationale Bedeutung der frühen affektiven Betreuungsbeziehung für die Schaffung eines Erfahrungskerns für ein affektiv bedeutsames Selbstgefühl im Verhältnis zu anderen. Man könnte jedoch fragen: Wo ist der klassische psychoanalytische Triebbegriff? Eine naheliegende Antwort ist, daß sich die Phänomene des Säuglingsalters nicht leicht mit den abstrakten Vorstellungen von Libido oder Aggressionstrieb verknüpfen lassen. Zwei psychoanalytische Formulierungen, die im Zusammenhang mit dieser Frage stehen, sind hier erhellend. *Sandler* (1960) kommt zu dem Schluß, daß psychoanalytische Triebe begrifflich neu gefaßt werden könnten als „die gewünschte Reaktion des Objekts". *Kernberg* (1976) kommt in einem Vorschlag, den er vor einigen Jahren zur Diskussion stellte, der in diesem Aufsatz dargelegten Auffassung sogar noch näher. *Kernberg* beschreibt die grundlegenden Motivationseinheiten des Säuglingsalters als aus Selbst, Objekt und Affekt bestehend. Außerdem hält er dafür, daß die klassischen psychoanalytischen Triebkonzepte von Libido und Aggression erst nach dem Säuglingsalter relevant werden. Seines Erachtens haben die Vorschläge von *Sandler* und *Kernberg* in eindrucksvoller Weise die heutigen Forschungsergebnisse und Formulierungen vorweggenommen und eine Basis für weitere Theoriebildungen geschaffen. Viele Forscher würden dem beipflichten, daß man sich Triebäußerungen sinnvollerweise als „Wünsche" vorstellt und sie im Rahmen der Betreuungsbeziehung und emotionaler Verfügbarkeit betrachten muß.

Rückkehr zum Paradox: Grundmotive und Wiederholungen

Teil I dieses Aufsatzes begann mit einem von *Freud* angeregten Paradox. Wenn man den Mangel an Veränderung bei vielen Erwachsenen, die sich einer Psychoanalyse unterziehen, betrachtet und die angenommene Stabilität von Temperament und Motivationsstrukturen, die in den frühen „prägenden" Jahren festgelegt werden, bedenkt, wie kann es dann sein, daß es tatsächlich so wenig Kontinuität vom Säuglingsalter an gibt? Unsere Exkurse haben manches aufgedeckt. Überlegungen zur Entwicklung haben gezeigt, daß es Kontinuität vom Säuglingsalter an gibt, doch ist sie anders geartet, als wir es uns vielleicht vorgestellt hatten. Ein neues theoretisches Verständnis angeborener und motivationaler Faktoren der frühen Kindheit zeichnet sich ab.

Lassen Sie uns etwas von dem rekapitulieren, was wir bisher erfahren haben. Erstens gibt es Entwicklungsfunktionen, die biologisch verankert sind. Sie sind universal und bedingen Kontinuitäten, die wir gewöhnlich als selbstverständlich gegeben betrachten. Zweitens lassen sich mit neueren Forschungsmethoden, anders als bei den bisherigen, für Aspekte des Temperaments und für Fähigkeiten der Informationsverarbeitung Kontinuitäten von der Säuglingszeit bis zur frühen Kindheit aufdecken. Drittens gibt es für Temperament und Geisteskrankheiten bedeutsame erbliche Einflüsse. Da diese Einflüsse vom Kleinkindalter an zunehmen können, können sie zum Verstehen unseres Paradoxons beitragen. Wir dürfen jedoch nicht vergessen, daß Erbeinflüsse nicht das gleiche sind wie Kontinuität und Widerstand gegen Veränderung. Untersuchungen zur Populationsgenetik weisen darauf hin, daß Erbeinflüsse generell geringer sind als Umwelteinflüsse; zudem werden Erbeinflüsse durch entscheidende Gen-Umwelt-Interaktionen manifest. Die Populationsgenetikforschung verweist auch auf die überragende Bedeutung der nicht geteilten Familienumwelt – ein Befund, der voll übereinstimmt mit unserer Zusammenfassung neuerer Entwicklungsforschung, die die Bedeutung der spezifischen Erfahrung der Säugling-Betreuer-Beziehung aufzeigt. Es ist die Beziehungserfahrung, die entwicklungsgemäß fortschreitet; diese Erfahrung ist verinnerlicht, wenn das Kind eine Tendenz erkennen läßt, neue Beziehungen nach Art der alten aufzufinden und aufzubauen (vgl. *Sroufe & Waters* 1977).

Die Grundmotive Aktivität, Selbststeuerung, soziale Einpassung und affektive Überwachung sind artumfassende Regulationsfunktionen, die durch unsere Evolutionsbiologie vorprogrammiert sind. Vielleicht haben wir sie in unseren Theorien allgemein vorausgesetzt und nicht als Motivationen identifiziert, weil sie universale Merkmale der normalen Entwicklung sind. Dennoch erleichtern diese Motive, wenn sie normativ ins Spiel gebracht werden, indem ein Säugling sie mit einer emotional verfügbaren Elternfigur „übt", die Entwicklung einer Reihe wichtiger Strukturen vor dem Alter von 3 Jahren. Die erste ist eine Konsolidierung des affektiven Kerns des Selbst. Die zweite ist die Entwicklung eines Gefühls für Gegenseitigkeit, Regeln und Empathie sowie einige Aspekte früher moralischer Verinnerlichung (zum Beispiel die Verinnerlichung von Verboten). Soziale Bezugnahme der Eltern im Bereich von des Säuglings sich ausweitendem Interesse an der Welt trägt zur Verstärkung seines Gefühls für gemeinsame Bedeutung bei und wird in diesem Prozeß als wichtig angesehen. Die dritte Struktur, die sich unter solchen Umständen entwickelt, haben wir erst vor kurzem erkannt. Dennoch scheint klar zu sein, daß in einem adaptiven Betreuungsmilieu die oben genannten frühen Motivationsstrukturen bei ausreichenden positiven Emotionen das Entstehen eines handlungsleitenden Wir-Gefühls ermöglichen. Obwohl es noch viel weiterer Forschung bedarf, gibt es gute Gründe anzunehmen, daß es wichtige individuelle Unterschiede im Hinblick auf den affektiven Kern des Selbst und auf die von mir so genannten frühen moralischen Motivationsstrukturen gibt. Es gibt auch Gründe für die Annahme, daß solche individuellen Unterschiede in der Entwicklung fortbestehen und sich während der gesamten Lebensdauer als einseitige Ausrichtung der Erfahrung auswirken. Obwohl dies noch nicht untersucht wurde, frage ich mich, ob sich die Säugling-Betreuer-Beziehungserfahrung nicht in ganz besonderer Weise auf diese frühen Motivationsstrukturen auswirkt, und zwar so, daß diese Erfahrung immer gegenwärtig ist und resistent gegen spätere andersartige Erfahrung. Bisweilen habe ich mich sogar gefragt, ob eine solche einseitige Ausrichtung der Erfahrung – besonders dann, wenn sie sich in einer späteren Beziehung wiederholt – Elemente dessen enthalten kann, was wir uns als „konstitutionell" vorgestellt haben. Ich glaube, daß ein solches Verständnis mit einer Reihe psychoanalytischer klinischer Theorien übereinstimmt, z. B. bei *Loewald* (1971), *Kernberg* (1976), *Kohut* (1977), *Sander* (1985) und *Robbins* (1983).

Sander (1985) hat die Sache in der Sprache von Entwicklungssystemen umschrieben, was für die Psychoanalyse zwingend ist.

„Jedes Säugling-Betreuer-System bildet seine eigene, einzigartige Konfiguration regulativer Beschränkungen des Zugangs, den der Säugling zum Bewußtsein seiner eigenen Zustände, inneren Erfahrungen und Initiativen hat, um selbststeuerndes Verhalten zu organisieren. Diese Konfigurationen werden dann zu einem Repertoire dauerhafter Koordinationen oder adaptiver Strategien […] diese Strategien legen für das System die Bedingungen fest, unter denen Säuglinge ein Wissen über sich und ein Erkennen ihrer selbst wiedererleben können […] die organisierende Logik der ersten Erfahrung, welche Kontinuität durch die Neuschaffung individueller Einzigartigkeit festigt, ist ein wiederholt ablaufender Prozeß, der schließlich die ‚Lebensbahn dieses Menschen' beschreibt" (S. 29).

Die meisten Wiederholungen finden im Rahmen sozialer Beziehungen statt. Wenn man bedenkt, daß das, was neu geschaffen wird, eine Beziehungserfahrung ist, so deuten *Sanders* Feststellungen auf einen immer gegenwärtigen Prozeß sozialer Bezugnahme, einseitig ausgerichtet durch die Erfahrung des Säuglingsalters, deren Einfluß während der gesamten Lebensdauer weiter wirkt. Nach *Sander* erkennt man sich im Zusammenhang mit dem anderen durch den Mechanismus des Selbstbewußtseins für innere Zustände. Man gestaltet Situationen wiederholt um der Kontinuität und Vertrautheit willen – mit oder ohne Geschmeidigkeit oder Schmerz und mit unterschiedlichen Ausmaßen an Offenheit für neue Erfahrung und neue Möglichkeiten.

Wir haben immer wieder die Bedeutung der emotionalen Verfügbarkeit in der frühen Betreuungsbeziehung betont. Positive Gefühle wie Interesse, Freude und Überraschung verdienen dabei als normale Merkmale dieser Verfügbarkeit herausgestellt zu werden. Sie werden als Folge von Willkommenserfahrungen des Säuglings zu einem Reservoir im affektiven Kern des Selbst. Mehr noch als die Lust am Leben erzeugen positive Emotionen aus dem Innern des affektiven Kerns ein Interesse an der sich erweiternden Welt und fördern die Soziabilität. Was geschieht, wenn es in der frühen Pflegebeziehung keinen angemessenen Bereich emotionaler Verfügbarkeit gibt? Was geschieht mit dem affektiven Selbst des Kindes? Auf die bisher vorhandenen Befunde gestützt, nehmen wir an, daß ein *Mangel an emotionaler Verfügbarkeit* in der frühen Pflegebeziehung mit einer Einschränkung der Erfahrung und der Gefahr des späteren Entstehens einer narzißtischen Persönlichkeitsstörung einhergeht. Andererseits ist ein *unangemessenes Übermaß an Emotionen* in der frühen Pflegebeziehung – besonders an Feindseligkeit, Zurückweisung und Mißhandlung – mit abgewehrten Affekten verbunden und mit Gefahr der Bildung neurotischer Konfliktstrukturen von der Art, die Forscher bei gestörtem Elternverhalten in der nächsten Generation finden. Außerdem ist ein erhöhtes Risiko für das Entstehen an der Persönlichkeitsstörungen wahrscheinlich.

Wie schon dargestellt, finden die meisten Wiederholungen im Zusammenhang mit Beziehungen statt. Das Individuum erschafft Beziehungen und erschafft sie erneut. Im Fall von Fehlanpassung sind bestimmte neue Beziehungen durch Rigidität und einen Mangel an Offenheit für neue Möglichkeiten gekennzeichnet. Insoweit Motivationsstrukturen aus der Säuglingszeit bei solchen Wiederholungen beteiligt sind, können wir diese nunmehr zwei Typen zuordnen. Erstens gibt es die Beziehungen mit einer Suche nach *Erkenntnis* und Selbstbewußtheit in einem vertrauten Umfeld, wie es *Sander* ausgedrückt hat. Diese Wiederholungen hängen vermutlich mit einem Mangel an emotionaler Verfügbarkeit in der Betreuungsbeziehung zusammen, so daß der affektive Kern des Selbst übermäßig von Unsicherheit und Vorsicht vorgeprägt ist. Zweitens gibt es jene Beziehungen, bei denen Wiederholungen auf Versuchen der *Bewältigung* eines früheren Übermaßes an schmerzvollen Gefühlen im Rahmen der Säuglingsbetreuung basieren. Diese Wiederholungen entsprechen im Grundsatz *Freud*s Trauma- oder Hilflosigkeitsmodell, das er in „Jenseits des Prinzips" (1920) ausgeführt hat. Die Vorstellung von zwei derartigen Arten der Wiederholung, die auf die frühe Betreuung zurückgehen, ist fest in der klinischen Literatur verwurzelt (vgl. zum Beispiel *Spitz* 1965; *Call* 1983; *Anders* 1985).

Wir können jetzt den Aspekt der Unveränderlichkeit des Paradoxons bei *Freud* auf Entwicklung bezogen ausdrücken. Was kann man tun, um stärker adaptive Veränderungen zu fördern, um ohne notgedrungene Wiederholung die Flexibilität zu steigern? Vielleicht läßt sich in folgendem eine Antwort finden: Eine neue Beziehung, auch eine therapeutische, kann befreiend sein, wenn sie aus einigen der grundlegenden von uns dargestellten Entwicklungsmotive Nutzen zieht. Neuere Forschungsarbeiten zur Psychotherapie und Psychoanalyse haben sich mit der Bedeutung des anfänglichen Arbeitsbündnisses und dem Zueinanderpassen von Einstellungen und Persönlichkeit bei Patient und Therapeut befaßt (vgl. *Ursano* & *Hales* 1986; *Luborsky* et al. 1985). *Luborsky* et al. stellten fest, daß die Art, wie Therapeut und Patient im Anfangsstadium der Behandlung miteinander umgehen, ein wichtiges Vorhersageinstrument für den Therapieerfolg ist. Zu diesem Ergebnis kamen sie nach der Sondierung anderer Untersuchungen und aufgrund ihrer eigenen sorgfältig kontrollierten Ergebnisse des Vergleichs verschiedener Psychotherapieformen. Es kann sein, daß die emotionale Verfügbarkeit des anderen ein bestimmendes Geschehen für das Zusammenpassen in den Anfangsphasen von Psychotherapie und Psychoanalyse ist. In neueren Untersuchungen zur Langzeitbehandlung werden Untersuchungsprotokolle und Aufzeichnungen der Gespräche zwischen Therapeut (oder Analytiker) und Patient dazu benutzt, wiederkehrende Themen von Konflikten und Symptomverhalten zu untersuchen (vgl. *Luborsky* et al. 1985; *Horowitz* et al. 1984). Man gewinnt den Eindruck, daß die Bedeutung des Beziehungskontexts für das Verstehen von Konflikten und neurotischen Wiederholungen zunehmend erkannt wird.

Therapeutische Überlegungen für die Psychoanalyse

Die psychoanalytische Beziehung, zu der es später im Leben kommt, bietet – insoweit sie positive Aspekte normativer Prozesse wieder anklingen läßt, die in der Beziehung zwischen Säugling und Betreuer enthalten waren – eine besondere Gelegenheit für einen Entwicklungsschub. Es ist die Gelegenheit zu einem „Neubeginn", wie *Balint* (1948), *Loewald* (1960) und *Fraiberg* (1980) notierten. Die Vorstellung ist dabei, daß die Initiative des Patienten in flexiblerer Weise mobilisiert wird, ähnlich der frühen Erfahrung. Entsprechend werden die Grundmotive des Säuglingsalters im Rahmen der neuen therapeutischen Beziehung angewendet. Unter günstigen Umständen kommt es zu einer „korrigierenden emotionalen Erfahrung". Diese basiert nicht auf der Manipulation des Therapeuten, sondern auf emotionaler Verfügbarkeit. Ich glaube, daß die optimale Verfügbarkeit des Analytikers stärker, als unsere Theorien herausgestellt haben, auf seiner emotionalen Sensibilität und Reaktionsbereitschaft auf eine Reihe von Emotionen basiert. Die positiven Emotionen spielen eine besonders zentrale Rolle, da sie Neugier und Erkundung verstärken und eine Erweiterung der Erfahrungswelt erlauben. Sie verschaffen nicht nur Lust, sondern vergrößern auch die Schmerztoleranz. Außerdem fördern die positiven Gefühle die Entwicklung einer Grundausstattung von moralischen Impulsen, darunter jene, die Gegenseitigkeit, Verinnerlichung sozialer Regeln und Empathie betreffen. Schließlich glaube ich, daß die kontinuierlichen Prozesse und die Prozesse der Neuschöpfung, die in der analytischen Arbeit aktiviert werden, eine intime Form sozialer Bezugnahme und Orientierung enthalten – mit präverbalen, nonverbalen und verbalen Repräsentanzen. Wenn der Prozeß gut verläuft, wird die analytische Beziehung durch ein neues handlungsleitendes Wir-Gefühl oder ein analytisches „Wir sein" (we-go) gefestigt.

In der Psychologie der frühen Betreuung ist noch ein weiteres Prinzip enthalten, das vielleicht therapeutisch anwendbar ist. Sensibilität und Verfügbarkeit eines Elternteils kommen nicht nur im Hinblick auf das Hier und Jetzt zur Anwendung, sondern auch im Hinblick darauf, was für die Entwicklung des Kindes nötig ist, d. h. auf das „Werden" bezogen. Gewöhnlich üben Eltern in ihren Interaktionen einen solchen Einfluß aus, daß sie das Kind über das aktuelle Leistungsniveau hinaus zu einem höheren Entwicklungsniveau bringen (vgl. *Kaye* 1982; *Bruner* 1982; *Wertsch* 1979). Eltern wirken gewöhnlich in der „Zone der proximalen Entwicklung", wie es der bahnbrechende russische Theoretiker *Vygotsky* (1962) ausgedrückt hat. Ist das therapeutische Geschehen der Psychoanalyse nicht durch ein ähnliches Merkmal gekennzeichnet? *Loewald* (1960) hat dies vor einiger Zeit sehr deutlich gemacht. Dieser Aspekt der emotionalen Verfügbarkeit verdient weitere analytische Untersuchung.

Ich glaube, wir haben uns mit grundlegenden Entwicklungsprozessen befaßt, die im Rahmen intimer Beziehungen das ganze Leben hindurch immer wiederkehren. Diese Prozesse beginnen im Säuglingsalter und sind durch die Säugling-Betreuer-Beziehung festgelegt, zumindest hinsichtlich ihrer Richtung. In der Psychotherapie oder Analyse müssen wir solche Prozesse eröffnen und einbeziehen. Wir können davon ausgehen, daß bei unseren Patienten Teile der Entwicklung vom Gebrauch neuer Erfahrung ausgeschlossen worden sind aufgrund von Wiederholungen wegen abgewehrter Affekte oder Wiederholungen wegen ursprünglicher Beschränkungen.

Noch einmal: diese Gedanken sind nicht neu. Wir haben bereits darauf hingewiesen, daß sie mit einer Reihe psychoanalytischer klinischer Theorien voll in Einklang stehen, die die regulative Rolle von Gefühlen bei der Persönlichkeitsbildung und die spätere Zentralität von Gefühlen bei der psychoanalytischen Arbeit herausgestellt haben (vgl. *Sandler & Joffe* 1969; *Sandler & Sandler* 1978; *Kernberg* 1976; *Rangell* 1967; *Gaensbauer* 1982). *Modell* (1973, 1978) hat betont, hierin einer früheren Vorgabe *Kohuts* (1959) folgend, daß Affekte sowohl „das Zentrum der empathischen Kommunikation" als auch „Rohdaten der Psychoanalyse" seien. Nach *Modells* Auffassung sind Affekte in der psychoanalytischen Behandlung der Hauptwegweiser zur Bedeutung, weil sie anzeigen, „was biologisch zweckmäßig ist oder war..." (1978, 178). *Wilson* und *Malatesta* (1988) vertreten in einer wissenschaftlichen Arbeit, die der hier vorgelegten inhaltlich sehr nahesteht, die Zentralität biologisch vorbereiteter affektiver Organisationen, die im Säuglingsalter aufgebaut wurden und aus den Interaktionserfahrungen im Rahmen der frühen Betreuung entstanden sind. Das früheste so erworbenen affektive Wissen erfordert Sensibilität für eine „empathische Partnerschaft" in psychoanalytischer Behandlung. Diesen Autoren zufolge verlangt die Psychoanalyse eine „Ko-konstruktion des emotionalen Milieus"; anderenfalls kann das frühe affektive Wissen sprachlich nicht zugänglich werden. *Muir* (1982) weist auf die transpersonale Natur von Empathie, Identifikation und Selbstwertgefühl hin sowie auf die Ursprünge dieser Prozesse in dem affektiven Band zwischen Säugling und Betreuer. Die Theorie des *amae*, die sich auf die japanische Form der passiv erfahrenen und angenommenen Liebe bezieht, die ihre Ursprünge in der Beziehung zwischen Mutter und ihrem kleinen Kind hat (*Doi* 1973), hat zweifellos universale Aspekte. *Doi* (1987) hat vor kurzem *amae* zu früheren Vorstellungen von *Balint* (1965) in Beziehung gesetzt und zu der psychoanalytischen Situation, in der Gefühle von Zugehörigkeit und gemeinsamer Verbundenheit aktiviert werden.

Beiträge zum Thema der Gegenübertragung erweitern unser Bild der emotionalen Verfügbarkeit in der psychoanalytischen Behandlung. *Heimann* trat 1950 dem unglücklichen Ideal des Analytikers entgegen, der als abgelöst und ohne Gefühle dargestellt wurde. Die emotionale Reaktionsbereitschaft des Analytikers wurde als entscheidendes Arbeitsinstrument zur Debatte gestellt, direkt neben der gleichschwebenden Aufmerksamkeit. In ähnlicher Weise haben *Sandler* & *Sandler* (1978) die Bedeutung der „gleichschwebenden Reaktionsbereitschaft" des Analytikers neben der „gleichschwebenden Aufmerksamkeit" hervorgehoben. Zur ersteren gehört das Bewußtsein für die „Beschwörung von Rollen", in denen sich der Versuch des Patienten manifestiert, unbewußte erwünschte Interaktionen zu aktualisieren. Die Reagibilität des Analytikers schließt auch eine Reihe von Emotionen ein, darunter positive, zu denen Sicherheit, Wohlbefinden und Bestätigung gehören.

Wenn wir an die Gegenübertragung denken, werden wir daran erinnert, daß *Freud* die „nicht objektivierbaren Aspekte der Übertragung" als „nicht technisch" betrachtete (vgl. *Freud* 1912). Mit „nicht technisch" meinte *Freud* Aspekte, die allen freundlichen, höflichen und auf gegenseitiger Anerkennung beruhenden Beziehungen zwischen Menschen gemeinsam sind. Wie *Lipton* (1977) an heutigen Maßstäben sehr schön aufzeigt, beschränkte *Freud* seine Definition von Technik und konnte daher die persönliche Beziehung zum Patienten als wichtig, aber nicht technisch erkennen. Seit der Zeit *Freuds* sind in vielen Diskussionen der psychoanalytischen Technik die Persönlichkeit des Analytikers und die persönliche Natur der Beziehung ausgelassen worden.

Im Hinblick auf unsere Darstellung betrachte ich *Freuds* Sicht der „nicht technischen" Aspekte der persönlichen Beziehung von zwei Seiten. Einerseits denke ich, daß mit diesem Aspekt der Beziehung artumfassende biologische Funktionen angemessen zur Geltung kommen (man beachte jedoch, daß dies für die Beziehungsebene, nicht für die Ebene des Individuums gilt). Insoweit diese Funktionen normativ und universal sind, kann man sie als „nicht technischen" Hintergrund von Gesprächen und von psychoanalytischer Arbeit voraussetzen. Als solche bedürfen sie vielleicht keiner Untersuchung. Andererseits denke ich, daß *Freuds* Sicht auch auf das Zueinanderpassen zweier individueller Persönlichkeiten hindeutet. Dieser Zuordnungsprozeß ist sehr individuell und verlangt Anerkennung und Einschätzung. Dieses Thema findet in der Literatur zur Gegenübertragung zunehmend Berücksichtigung (vgl. *Kennedy* 1971; *Tyson* 1986). Manchmal jedoch können Analytiker und Patient nicht zusammen arbeiten, und eine andere Zuordnung wird notwendig. Die bereits zitierte Untersuchung von *Luborsky* und Mitarbeitern muß auf die psychoanalytische Praxis ausgeweitet werden.

Dies stößt uns auf die Notwendigkeit, die Prozesse zu untersuchen, die bei der „emotionalen Einstimmung" (*Stern* 1985), dem „affektiven Einpassen" (*Wilson & Malatesta* 1988) und der „emotionalen Verfügbarkeit" (*Emde* 1980) im psychoanalytischen Prozeß beteiligt sind. Vielleicht muß der Analytiker bei verschiedenen Arten von Patienten und in verschiedenen analytischen Zusammenhängen unterschiedliche Ebenen emotionaler Verfügbarkeit signalisieren. *Loewalds* (1986) Diskussion der Neutralität des Analytikers im Rahmen von emotionaler Besetzung und Gegenseitigkeit bezieht sich unmittelbar auf diesen Punkt. Vielleicht besteht manchmal ein größeres oder geringeres Bedürfnis nach dem, was als „haltende Umwelt" (*Winnicott* 1965), als „diatrophische" Haltung (*Gitelson* 1952; *Spitz* 1965) beschrieben worden ist oder als aktivere Arten der Ansprechbarkeit, ähnlich den von *Kohut* (1971) beschriebenen. So wie eine Mutter bisweilen ihrem kleinen Kind signalisiert, daß sie nicht verfügbar ist (aber später reagieren wird oder bei dringendem Bedarf zur Verfügung steht), so signalisiert der Analytiker etwas Ähnliches durch Schweigen auf die Frage eines Analysanden, vorausgesetzt, beide teilen die Erwartung, daß ein fortgesetzter Assoziationsfluß hilfreicher ist als eine Antwort. Aspekte von Empathie, die damit im Zusammenhang stehen und derzeit diskutiert werden, implizieren verschiedene Formen von Intuition und paradoxe Aspekte (vgl. zum Beispiel *De M'Uzan* 1980; *Rothenberg* 1987).

Die Manifestationen der Übertragung und die notwendigen technischen Modifikationen im Hinblick auf schwere narzißtische Persönlichkeitsstörungen und Borderline-Patienten wurden von *Kohut* (1971, 1977) und von *Kernberg* (1976) ausführlich erörtert. Ich möchte thematisieren, wie sich die Überlegungen dieses Aufsatzes auf die Klebrigkeit und Widerborstigkeit in bezug auf Veränderungen bei anderen Analysepatienten, als *Freud* sie in „Die endliche und die unendliche Analyse" vor Augen hatte, auswirken könnten. Ich nehme an, daß wir vielleicht erst einmal mehr über grundlegende Entwicklungsprozesse bei Beginn und Ende einer therapeutischen Analyse wissen müssen. Dies sind die Zeiten, zu denen die neue analytische Beziehung hergestellt wird und später „ihren Platz zugewiesen" bekommt. Dies sind die Zeiten, in denen ein Neubeginn stattfindet oder nicht. Zu Beginn der analytischen Arbeit erreicht eine beträchtliche Anzahl von Patienten eine frühe Form von „Wir-sein" (we-go) in bezug auf die Arbeit mit dem Analytiker. Viele Patienten gelangen jedoch nicht dahin, und wir sollten diesem Prozeß mehr theoretische und praktische Aufmerksamkeit schenken. Während der Beendigung einer Analyse gibt es eine höhere und komplexere Ebene des „Wir-sein" (we-go), die noch schwerer zu erreichen ist. Sie wird Teil eines autonomen, selbstanalytischen Prozesses, der über die analytische Beziehung hinausgeht. Bei dieser Form des „Wir-sein" (we-go) treten spezifische innere Dialoge mit dem Analytiker in den Hintergrund, und das „handlungsleitende Wir" hat wahrscheinlich mehr mit einem allgemeinen Gefühl der Ermutigung und einer Offenheit gegenüber dem Leben zu tun. Wie der größte Teil dessen, was uns leitet und was gut ist, ist nur ein kleiner Teil eines solchen Prozesses reflexiv. Das meiste findet unterhalb des Bewußtseins statt.

Schluß: ein Blick nach vorn

Fünfzig Jahre sind seit *Freud*s Unruhe auslösendem Aufsatz vergangen. Wir haben seitdem vieles über den frühen Entwicklungsprozeß gelernt, und wir haben die Anfänge einer neuen, brauchbaren Theorie erreicht. Die neue Theorie ist sehr unvollständig, doch sie stützt sich sowohl auf die interdisziplinäre Forschung als auch auf die psychoanalytische Praxis. Lassen Sie mich einen „Kristallkugelblick" in die Zukunft werfen. In den nächsten fünfzig Jahren wird sich das biologische Wissen ständig erweitern neben entsprechend drängenden und komplexen sozialen Problemen. Für viele Störungen werden wir genetische Risiken in der Säuglingszeit erkennen (vgl. z. B. *McGuffin* 1987). Tatsächlich wird man wahrscheinlich bei den meisten Säuglingen, die genauer untersucht werden, feststellen, daß sie genetische Merkmale einer möglichen Störung aufweisen. Wir werden dann zu der Erkenntnis kommen, daß unsere Fähigkeit ist, die Gen-Umwelt-Interaktion zu verstehen. Eine Sache steht fest: Interventionen – im Hinblick auf Gefährdungen sowie auf die tausenderlei natürlichen Traumata, die zum menschlichen Sein gehören – werden immer über menschliche Beziehungen laufen. Zudem wird in menschlichen Beziehungen die positive emotionale Verfügbarkeit einer anderen Person eine wegweisende und dauerhafte Rolle spielen.

Die Psychoanalyse mit ihrer einzigartigen Methode und ihren Engagement für das Erforschen von Bedeutung und das Ermöglichen von Selbsterkenntnis in neuen Beziehungen hat eine privilegierte Position für die Bereitstellung kontinuierlicher Einsichten inne. Unsere Zeit ist eine Zeit der Herausforderung, für die klinische Praxis ebenso wie für die Wissenschaft. Wir müssen einen umfangreichen Fundus klinischer Daten und dramatische neue Erkenntnis in den biologischen Wissenschaften berücksichtigen. Wenn wir die Haltung *Freuds*, des nüchternen Empirikers, einnehmen können, kann sich die psychoanalytische Theorie darin entwickeln, daß sie ein größeres Verständnis für individuelle Konstanz und therapeutische Veränderung ermöglicht. Dann kann die Psychoanalyse eine zentrale, richtungsweisende Rolle in der neuen Welt der klinischen Wissenschaft übernehmen.

Literatur

Abelson, R.P., Sermat, V. (1962): Multidimensional scaling of facial expressions. *J. Exp. Psychol.*, 63, 546-554.
Ainsworth, M.D. et al. (1978): Patterns of Attachment. Hillsdale: Erlbaum.
Als, H., Tronick, E. & Brazelton, T.B. (1979): Analysis of face-to-face interaction in infant-adult dyads. In *Lamb, M., Suomi, S. & Stephenson, G.R.* (Hrsg.): The Study of Social Interaction. Madison: Univ. Wisconsin Press, 33-76.
Anders, T. (1985): Relationship disorders. Vortrag vor der American Academy of Child Psychiatry, San Antonio, Texas, Oktober 1985.
Anthony, E.J. (1975): Childhood depression. In *Anthony, E.J., Benedek, T.* (Hrsg.): Depression and Human Existence. Boston: Little, Brown & Co, 231-277.
Balint, M. (1948): Individual differences of behavior in early infancy and an objective way of recording them. *J. Genetic Psychol.*, 73, 57-117.
—, (1965): Die Urformen der Liebe und die Technik der Psychoanalyse. Bern, Stuttgart: Huber, Klett, 1966.
Basch, M.F. (1976): The concept of affect: a re-examination. *J. Am. Psa. Ass.*, 24, 759-777.
Berlyne, D.E. (1960): Conflict, Arousal, and Curiosity. New York: McGraw-Hill.
Bertalanffy, L. von (1968): General System Theory Foundations, Development, Applications. New York: George Braziller.

Bibring, E. (1953): The mechanism of depression. In *Greenacre, P.* (Hrsg.): Affective Disorders. New York: Int. Univ. Press, 13-48.
Bion, W.R. (1962): Lernen durch Erfahrung. Frankfurt: Suhrkamp 1990.
Blau, A. (1955): A unitary hypothesis of emotion: I. Anxiety, emotions of displeasure, and affective disorders. *Psa. Quart.*, 24, 75-103.
Bornstein, M.H., Sigman, M. (1986): Continuity in mental development from infancy. *Child Development*, 57, 251-274.
Bowlby, J. (1958): The nature of the child's tie to his mother. *Int. J. Psycho-Anal.*, 39, 350-373.
—, (1969): Attachment and Loss. Bd.I. New York: Basic Books.
—, (1973): Attachment and Loss. Bd.II. New York: Basic Books.
—, (1980): Attachment and Loss. Bd.III. New York: Basic Books.
Brazelton, T.B., Als, H. (1979): Four early stages in the development of mother-infant interaction. *Psa. Study Child*, 34, 349-369.
Brenner, C. (1974): On the nature and development of affects: a unified theory. *Psa. Quart.*, 43, 532-556.
—, (1975): Affects and psychic conflict. *Psa. Quart.*, 44, 5-28.
Brenner, J., Mueller, E., (1982): Shared meaning in boy toddlers' peer relations. *Child Development*, 53, 380-391.
Bretherton, I., Waters, E. (1985): Growing points in attachment theory and research. *Monographs of the Society for Research in Children Development*.
Bretherton, I. (1985): Attachment theory: retrospect and prospect. In *Bretherton, I., Waters, E.* (Hrsg.): Growing Points in Attachment Theory and Research. *Monographs of the Society for the Research in Child Development*, 50 (1-2, Serial No. 209), 3-35.
—, Waters, E. (Hrsg.) (1985): Growing Points in Attachment Theory and Research. *Monographs of the Society for the Research in Child Development*.
Briely, M. (1937): Affects in theory and practice. *Int. J. Psycho-Anal.*, 18, 256-268.
Bruner, J. (1982): Child's Talk: Learning to Use Language. New York: W.W. Norton.
Buss, A.H., Plomin, R. (1984): Temperament: Early Developing Personality Traits. Hillsdale: Erlbaum.
Butterworth, G., Jarret, N. (1980): The geometry of pre-verbal communication. Paper presented to the Annual Conference of the Developmental Psychology Section of the British Psychological Society, Language, Communication and Understanding at Edinburgh.
Call, J.D. (1980): Some prelinguistic aspects of language development. *J. Am. Psa. Ass.*, 28, 259-289.
—, (1983), Toward a nosology of psychiatric disorders in infancy. In *Call, J.D. et al.* (Hrsg.): Frontiers of Infant Psychiatry. New York: Basic Books, 117-128.
Campos, J.J., Stenberg, C. (1981): Perception, appraisal and emotion: the onset of social referencing. In *Lamb, M.E., Sherrod, L.R.* (Hrsg.): Infant Social Cognition. Hillsdale: Erlbaum, 273-314.

—, et al. (1983): Socioemotional development. In *Haith, M., Campos, J.J.* (Hrsg.): Handbook of Child Psychology, Bd. II. New York: Wiley.
Carr, S.J., Dabbs, J.M. & Carr, T.S. (1975): Mother-infant attachment: the importance of the mother's visual field. *Child Development*, 46, 331-338.
Castelnuevo-Tedesco, P. (1974): Toward a theory of affects. *J. Am. Psa. Ass.*, 22, 612-625.
Chess, S., Thomas, A. (1984): Origins and Evolution of Behaviour Disorders: From Infancy to Early Adult Life. New York: Brunner/Mazel.
Clarke, A.M., Clarke A.D.B. (1976): Early Experience: Myth and Evidence. New York: The Free Press 1977.
Condon, W.S., Sander, L.W. (1974): Synchrony demonstrated between movements of the neonate and adult speech. *Child Development*, 45, 456-462.
Cramer, B., Stern, D. (1986): Mother-infant psychotherapy: objective and subjective changes. Plenary presented at the Third World Congress of Infant Psychiatry and Allied Disciplines. Stockholm.
DeCarie, T.G. (1969): A study of the mental and emotional development of the thalidomide child. In *Foss, B.M.* (Hrsg.): Determinants of Infant Behaviour IV. London: Methuen, 167-187.
Deci, E. (1975): Intrinsic Motivation. New York: Plenum Press.
Doi, T. (1973): The Anatomy of Dependence. New York: Harper & Row.
—, (1987): Vortrag auf dem 35. Weltkongreß der IPA, Montreal, Quebec, Kanada, Juli 1987.
Dunn, J., Kendrick, C. (1979): Interaction between young siblings in the context of family relationships. In *Lewis, M., Rosenblum, L.A.* (Hrsg.): The Child and Its Family. New York: Plenum.
Ekman, P., Friesen, W. & Ellsworth, P. (1972): Emotion in the Human Face: Guidelines for Research and an Integration of Findings. New York: Pergamon Press.
Ekstein, R. (1978): Psychoanalysis, sympathy, and altruism. In *Wispe, L.G.* (Hrsg.): Altruism, Sympathy, and Helping. Psychological and Sociological Principles. New York: Academic Press.
Emde, R.N. (1980): Emotional availability: a reciprocal reward system for infants and parents with implication for prevention of psychosocial disorders. In *Taylor, P.M.* (Hrsg.): Parent-Infant Relationships. Orlando, Fl.: Grune and Stratton, 87-115.
—, (1981): Changing models of infancy and the nature of early development: remodeling the foundation. *J. Am. Psa. Ass.*, 29, 179-219.
—, (1983): The prerepresentational self and its affective core. *Psa. Study Child*, 38, 165-192.
—, (1984): The affective self: continuities and transformations from infancy. In *Call, J.D.* et al. (Hrsg.): Frontiers of Infant Psychiatry, Bd. II, 38-54. New York: Basic Books.
—, Robinson, J. (1979): The first two months: recent research in developmental psychobiology and the changing view of the newborn. In *Nosphitz, J., Call, J.* (Hrsg.): American Handbook of Child Psychiatry. New York: Basic Books, 72-105.

—, Gaensbauer, T. & Harmon, R.J. (1976): Emotional expressions in infancy: a biobehavioral study. *Psychological Issues*, 10 (1). New York: Int. Univ. Press.
Engel, G. (1962): Anxiety and depression-withdrawal: the primary affects of unpleasure. *Int. J. Psycho-Anal.*, 43, 89-97.
Erikson, E. (1950): Kindheit und Gesellschaft, Zürich, Stuttgart: Pan-Verlag, 1957.
—, (1959): Identity and the life cycle. Psychological Issues, 1 (1). New York: Int. Univ. Press.
—, (1964): Insight and responsibility. New York: Norton.
Fairbairn, W.R.D. (1963): Synopsis of an object-relations theory of the personality. *Int. J. Psycho-Anal.*, 44, 224f.
Feinman, S., Lewis, M. (1981): Maternal effects on infant's responses to strangers. Paper presented at the Society for Research in Child Development meetings. Boston, Massachusetts.
Ferenczi, S. (1925): Zur Psychoanalyse von Sexualgewohnheiten. Bausteine zur Psychoanalyse III. Bern: Huber 1939.
Fraiberg, S. (1977): Insights from the Blind. New York: Basic Books.
—, (1980): Clinical Studies in Infant Mental Health: The First Year of Life. New York: Basic Books.
—, (1982): Pathological defenses in infancy. *Psa. Quart.*, 51, 612-635.
—, Adelson, E., Shapiro, V. (1975): Ghosts in the nursery: a psychoanalytic approach to the problems of impaired infant-mother relationships. *J. Am. Acad. Child Psychiatry*, 14, 387-421.
Freedman, D.A., Cannady, C. & Robinson, J.S. (1971): Speech and psychic structure. *J. Am. Psa. Ass.*, 19, 765-779.
Freud, A. (1936): Das Ich und die Abwehrmechanismen. In: Die Schriften der Anna Freud, Bd.1, 193-351. München: Kindler 1980.
—, (1980): Persönliche Mitteilung.
Freud, S. (1905): Drei Abhandlungen zur Sexualtheorie. GW V, 27-145.
—, (1914): Zur Einführung des Narzißmus. GW X, 43-113.
—, (1915): Triebe und Triebschicksale. GW X, 210-231.
—, (1916): Vorlesungen zur Einführung in die Psychoanalyse. GW XI.
—, (1920): Jenseits des Lustprinzips. GW XIII, 1-69.
—, (1923): Das Ich und das Es. GW XIII, 237-289.
—, (1926): Hemmung, Symptom und Angst. GW XIV, 111-205.
—, (1930): Das Unbehagen in der Kultur. GW XIV, 419-506.
—, (1933): Neue Folge der Vorlesungen zur Einführung in die Psychoanalyse. GW XV.
—, (1937): Die endliche und die unendliche Analyse. GW XVI, 57-99.
Frijda, N. (1970): Emotion and recognition of emotion. In *Arnold, M.B.* (Hrsg.): Feelings and Emotions. New York: Academic Press, 241-250.
—, Philipszoon, E. (1963): Dimensions of recognition of expressions. *J. Abnormal Social Psychol.*, 66, 45-51.
Gaensbauer, T.J. (1982): The differentiation of discrete affects: a case report. *Psa. Study Child*, 37, 29-66.

—, Harmon, R.J. (1982): Using our emotions: Principles for appraising emotional development and intervention. In Lewis, M., Traft, L. (Hrsg.): Developmental Disabilities: Theory Assessment and Intervention. New York: S.P. Medical and Scientific Books.

—, Harmon, R.J. (Hrsg.) (1984): Continuities and Discontinuities in Development. New York: Plenum.

—, Easterbrooks, M.A. (im Druck): Assessing emotional availability in early development. In Emde, R.N., Sullivan, J. (Hrsg.): Early Identification of Children at Risk. New York: Plenum.

Gitelson, M. (1952): The emotional position of the analyst in the psychoanalytic situation. Int. J. Psycho-Anal., 33, 1-10.

Gladstone, W.H. (1962): A multidimensional study of facial expression of emotion. Australian J. Psychol., 14, 95-100.

Goldsmith, H., Campos, J.J. (1982): Toward a theory of infant temperament. In Emde, R.N., Harmon, R.J. (Hrsg.): The Development of Attachment and Affiliative Systems. New York: Plenum.

—, (1986): The genetics of infant temperament. In Lamb, M., Brown, A. (Hrsg.): Advances in Infant Behaviour and Development. New York: Erlbaum.

Goodnough, J. (1987): Presentation to the Society for Research on Child Development. Baltimore, Maryland.

Greenacre, P. (1971): Emotional Growth. New York: Int. Univ. Press.

Grossmann, K. et al. (1988): Maternal attachment representations as related to child-mother attachment patterns and maternal sensitivity and acceptance of her infant. In Hinde, R.A., Stevenson-Hinde, J. (Hrsg.): Relations between Relationships within Families. Oxford: Oxford Univ. Press.

Guntrip, H. (1971): Psychoanalytic Theory, Therapy, and the Self. New York: Norton.

Haith, M. M. (1977): Eye contact and face scanning in early infancy. Science, 198, 853-855.

—, (1980): Rules that Babies Look By. Hillsdale: Erlbaum.

—, (1985): Today's baby: technology's product or nature's accomplishment? Lecture presented at the University of Denver.

—, Campos, J.J. (1983): Infancy and developmental psychobiology. In Haith, M., Campos, J.J. (Hrsg.): Handbook of Child Psychology, Bd. II. New York: Wiley.

Harlow, H.F. (1953): Motivation as a factor in the acquisition of new responses. Nebraska Symposium on Motivation, 1, 24-29.

Hartmann, H. (1939): Ego Psychology and the Problem of Adaption. New York: Int. Univ. Press; dt.: Ich-Psychologie und Anpassungsprobleme. Stuttgart: Klett 1960.

Heimann, P. (1950): On counter-transference. Int. J. Psycho-Anal., 31, 81-84.

Hendrick, I. (1934): Facts and Theories of Psychoanalysis, 2. Aufl. New York: Knopf 1939.

Hoffman, M.L. (1977): Moral internalization: current theory and research. In *Berkowitz, L.* (Hrsg.): Advances in Experimental Social Psychology. Vol. 10. New York: Academic Press.

—, (1983): Affective and cognitive processes in moral internalization. In *Higgins, E.T., Ruble, D.N. & Hartup, W.W.* (Hrsg.): Social Cognition and Social Development: A Sociocultural Perspective. Cambridge: Cambridge Univ. Press, 236-274.

Holder, A. (1982): Preoedipal contributions to the formation of the superego. *Psa. Study Child*, 37, 245-272.

Horowitz, M. et al. (1984): Personality Styles and Brief Psychotherapy. New York: Basic Books.

Hunt, J. McV. (1965): Intrinsic motivation and its role in development. In *Levine, D.* (Hrsg.): Nebraska Symposium on Motivation. Lincoln: Univ. Nebraska Press, 189-282.

Izard, C.E. (1971): The Face of Emotion. New York: Meredith and Appleton-Century Crofts.

—, (1977): Human Emotions. New York: Plenum.

—, et al. (1980): The young infant's ability to produce discrete emotional expressions. *Developmental Psychol.*, 16, 132-140.

Jacobson, E. (1953): The affects and their pleasure-unpleasure qualities in relation to the psychic discharge processes. In *Lowenstein, R.* (Hrsg.): Drives, Affects, Behavior. New York: Int. Univ. Press, 38-66.

—, (1957): Normal and pathological moods: their nature and functions. *Psa. Study Child*, 12, 73-126.

Kagan, J. (1984): The Nature of the Child. New York: Basic Books.

—, Kearsley, R. & Zelaso, P. (1978): Infancy: Its Place in Human Development. Cambridge, Mass.: Harvard Univ. Press.

Kandel (1983): From metapsychology to molecular biology: explorations into the nature of anxiety. *Am. J. Psychiatry*, 140, 1277-1293.

Kaufmann, I.C. (1977): Developmental considerations of anxiety and depression: psychobiological studies in monkeys. *Psa. Contemp. Science*, 4, 317-363.

Kaye, K. (1982): The Mental and Social Life of Babies: How Parents Create Persons. Chicago: Univ. of Chicago Press.

Kennedy, H. (1971): Problems in reconstruction in child analysis. *Psa. Study Child*, 26, 386-402.

—, Yorke, C. (1982): Steps from outer to inner conflict viewed as superego precursors. *Psa. Study Child*, 37, 221-228.

Kernberg, O.F. (1976): Objektbeziehungen und Praxis der Psychoanalyse. Stuttgart: Klett-Cotta 1981.

Klein, G.S. (1967): Peremptory ideation: structure and force in motivated ideas. *Psychol. Issues*, Vol.V/Number 2-3, Monograph 18/19. New York: Int. Univ. Press.

Klein, M. (1932): Die Psychoanalyse des Kindes. Wien: Int. Psa. Verlag.

Klinner, M.D. et al. (1986): Social referencing. *Developmental Psychol.*, 22, 427-432.

Kohut, H. (1971): Narzißmus. Frankfurt: Suhrkamp 1973.
—, (1977): Die Heilung des Selbst. Frankfurt: Suhrkamp 1979.
Lacan, J. (1966): Schriften 1-3. Olten, Freiburg: Walter 1973-1980.
Landauer, K. (1938): Affects, passion, and temperament. *Int. J. Psycho-Anal.*, 19, 388-415.
Lipton, S.D. (1977): The advantages of Freud's technique as shown in his analysis of the Rat Man. *Int. J. Psycho-Anal.*, 58, 255-273.
Loewald, H.W. (1960): On the therapeutic action of psychoanalysis. *Int. J. Psycho-Anal.*, 41, 16-33.
—, (1971): On motivation and instinct theory. *Psa. Study Child*, 26, 91-128.
—, (1986): Transference – countertransference. *J. Am. Psa. Ass.*, 34, 275-287.
Luborsky, L. et al. (1985): Therapist success and its determinants. *Archs. Gen. Psychiat.*, 42, 602-611.
Maccoby, E., Martin, J. (1983): Socialization in the context of the family: Parent-child interaction. In *Mussen, P.H.* (Hrsg.): Handbook of Child Psychology, Bd. 4: *Hetherington, E.M.* (Hrsg.): Socialization, Personality and Social Development. New York: Wiley.
Mahler, M.S., Fuhrer, M. (1968): Symbiose und Individuation. Stuttgart: Klett 1972.
—, *Pine, F. & Bergman, A.* (1975): Die psychische Geburt des Menschen. Symbiose und Individuation. Frankfurt: Fischer 1978.
Main, M., Kaplan, N. & Cassidy, J. (1985): Security in infancy, childhood, and adulthood: a move to the level of representation. In *Bretherton, I., Waters, E.* (Hrsg.): Growing Points of Attachment Theory and Research. *Monographs of the Society for Research in Child Development*, 50 (1-2, Serial No. 209), 66-104.
Matas, L., Arend, R. & Sroufe, L. (1978): Continuity of adaption in the second year: the relationship between quality of attachment and later competence. *Child Development*, 49, 547-556.
McCall, R.B. (1979): The development of intellectual functioning in infancy and the prediction of later IQ. In *Osofsky, J.D.* (Hrsg.): Handbook of Infant Development. New York: Wiley, 707-741.
McGuffin, P. (1987): The new genetics and childhood psychiatric disorders. *J. Child Psychol. Psychiat.*, 28, 215-222.
Mead, G.H. (1934): Mind, Self and Society. Chicago: Univ. Chicago Press.
Metzloff, A.N. (1985): The roots of social and cognitive development: models of man's original nature. In *Field, T.M., Fox, N.A.* (Hrsg.): Social Perception in Infants. Norwood: Ablex, 1-30.
Modell, A.H. (1973): Affects and psychoanalytic knowledge. *Annual Psychoanal.*, 1, 117-124.
—, (1978): Affects and the complementary of biologic and historical meaning. *Annual Psychoanal.*, 6, 167-180.
Morgan, G.A., Harmon, R.J. (1984): Developmental transformations and mastery motivation: measurement and validation. In *Emde, R.N., Harmon, R.J.* (Hrsg.): Continuities and Discontinuities in Development. New York: Plenum, 263-291.

Muir, R.C. (1982): The family, the group, transpersonal processes and the individual. *Int. J. Psycho-Anal.*, 9, 317-326.
Novey, S. (1961): Further considerations on affect theory in psychoanalysis. *Int. J. Psycho-Anal.*, 42, 21-31.
Osgood, C. (1966): Dimensionality of the semantic space for communication via facial expression. *Scandinavian J. Psychol.*, 7, 1-30.
Osofsky, J.D. (Hrsg.) (1987): Handbook of Infant Development. New York: Wiley.
Papoušek, H. (1981): The common in the uncommon child. In *Lewis, M., Rosenblum, L.* (Hrsg.): The Uncommon Child. New York: Plenum, 317-328.
—, (1981): How human is the human newborn, and what else is to be done? In *Bloom, K.* (Hrsg.): Prospective Issues in Infancy Research. Hillsdale: Erlbaum, 137-155.
—, *Papoušek, M.* (1979): Early ontogeny of human social interaction: its biological roots and social dimensions. In *Foppa, K., Lepenies, W. & Ploog, D.* (Hrsg.): Human Ethology: Claims and Limits of a New Discipline. Cambridge: Cambridge Univ. Press, 465-489.
—, —, (1982): Integration into the social world. In *Stratton, P.M.* (Hrsg.): Psychobiology of the Human Newborn. New York: Wiley, 367-390.
Pennington, B.F., Markowitz, P. & Fine, D. (1986): The neuropsychological basis of autism and related disorders: a review. *J. Am. Acad. Child Psychiatry*, 25, 198-212.
Piaget, J. (1936): The Origins of Intelligence in Children, 2. Aufl. New York: Int. Univ. Press.
Pine, E. (1985): Developmental Theory and Clinical Process. New Haven: Yale Univ. Press.
Platt, J.R. (1966): The Step to Man. New York: Wiley.
Plomin, R. (1983): Childhood temperament. In *Lahey, B., Kazdin, A.* (Hrsg.): Advances in Clinical Child Psychology, Vol. 6. New York: Plenum, 45-92.
—, (1983): Developmental behavioural genetics. *Child Development*, 54, 253-259.
—, (1986): Development, Genetics, and Psychology. Hillsdale: Erlbaum.
—, *Daniels, D.* (1987): Why are children in the same family so different from one another? Behavioral Brain Sciences.
Radke-Yarrow, M., Zahn-Waxler, C. & Chapman, M. (1983): Children's prosocial dispositions and behaviour. In *Moussen, P.M.* (Hrsg.): Handbook of Child Psychology, 4. Aufl.: *Hetherington, E.M.* (Hrsg.). New York: Wiley.
Rangell, L. (1967): Psychoanalysis, affects and the human core. On the relationship of psychoanalysis to the behavioural sciences. *Psa. Quart.*, 36, 172-202.
Rapaport, D. (1953): On the psychoanalytic theory of affect. *Int. J. Psycho-Anal.*, 34, 177-198.
Reich, A. (1954): Early identifications as archaic elements in the superego. *J. Am. Psa. Ass.*, 2, 218-238.

Reiser, M.F. (1984): Mind, Brain, Body: Toward a Convergence of Psychoanalysis and Neurobiology. New York: Basic Books.
Rest, J.R. (1983): Morality. In *Mussen, P.H.* (Hrsg.): Handbook of Child Psychology, Bd. 3: *Flavell, J.H., Markman, A.M.* (Hrsg.). New York: Wiley, 556-629.
Reznick, J.S. et al. (1986): Inhibited and uninhibited children: a follow-up study. *Child Development,* 57, 660-680.
Rheingold, H.L., Hay, D.F. & West, M.J. (1976): Sharing in the second year of life. *Child Development,* 47, 1148-1158.
Ricks, M.H. (1985): The social transmission of parental behaviour: attachment across generations. In *Bretherton, I., Waters, E.* (Hrsg.): Growing Points of Attachment Theory and Research. *Monographs of the Society of Research in Child Development,* 50, (1-2, Serial No. 209), 211-227.
Robbins, M. (1983): Toward a new mind model for the primitive personalities. *Int. J. Psycho-Anal.,* 64, 127-148.
Rommetveit, R. (1976): On the architecture of intersubjectivity. In *Strickland, L.H., Gergen, K.J. & Aboud, F.J.* (Hrsg.): Social Psychology in Transition. New York: Plenum.
Rosenthal, D. (1970): Genetic Theory and Abnormal Behaviour. New York: McGraw-Hill.
Russell, J.A., Ridgeway, D. (1983): Dimensions underlying children's emotional concepts. *Developmental Psychol.,* 19, 795-804.
Sameroff, A.J. (Hrsg.) (1978): Organization and stability of newborn behaviour: a commentary on Brazelton Neonatal Behaviour Assessment Scale. *Monographs of the Society for Research in Child Development,* 43 (5-6, Serial No. 177).
—, (1981): Cerebral palsy. Persönliche Mitteilung.
—, *Chandler, M.* (1976): Reproductive risk and the continuum of caretaking casuality. In *Horowitz, F.D.* (Hrsg.): Review of Child Development Research, Vol. 4. Chicago: Univ. Chicago Press, 187-244.
—, *Emde, R.N.* (Hrsg.): A Developmental Model for Understanding Relationships and their Disturbances (in Vorbereitung).
Sander, L.W. (1962): Issues in early mother-child interaction. *J. Am. Acad. Child Psychiat.,* 1, 141-166.
—, (1964): Adaptive relationships in early mother-child interaction. *J. Am. Acad. Child Psychiat.,* 3, 231-264.
—, (1975): Infant and caretaking environment: investigation and conceptualization of adaptive behaviours in a series of increasing complexity. In *Anthony, E.J.* (Hrsg.): Explorations in Child Psychiatry. New York: Plenum, 129-166.
—, (1983): Polarity, paradox, and the organizing process in development. In *Call, J.D.* et al. (Hrsg.): Frontiers of Infant Psychiatry. New York: Basic Books, 333-346.
—, (1985): Toward a logic organization in psychobiological development. In *Klar, K., Siever, L.* (Hrsg.): Biologic Response Styles: Clinical Implications. The monograph series of the American Psychiatric Press.

—, Awareness of inner experience: a systems perspective on self-regulatory process in early development. *J. Child Abuse and Child Neglect* (im Druck).
Sandler, J. (1960): On the concept of superego. *Psa. Study Child*, 15, 128-162.
—, Joffe, W.G. (1969): Towards a basic psychoanalytic model. *Int. J. Psycho-Anal.*, 50, 79-90.
—, Sandler, A. (1978): On the development of object relationships and affects. *Int. J. Psycho-Anal.*, 59, 285-296.
Scaife, M., Bruner, J.S. (1975): The capacity for joint visual attention in the infant. *Nature*, 253, 265-266.
Scarr, S., Kidd, K.K. (1983): Developmental behaviour genetics. In *Mussen, P.H.* (Hrsg.): Handbook of Child Psychology, 4. Aufl., Bd. 4: *Call, J., Galeson, E. & Tyson, R.* (Hrsg.). New York: Basic Books.
Schafer, R. (1960): The loving and beloved superego in Freud's structural theory. *Psa. Study Child*, 15, 163-188.
—, (1964): The clinical analysis of affects. *J. Am. Psa. Ass.*, 12, 275-299.
Schur, M. (1969): Affects and cognition. *Int. J. Psycho-Anal.*, 50, 647-653.
Shaver, P., Hazan, C. (1985): Compatibility and Incompatibility in Relationships. New York: Springer.
Snow, C. (1972): Mother's speech to children learning language. *Child Development*, 43, 549-565.
Sorce, J., Emde, R.N. (1981): Mother's presence is not enough: effect of emotional availability on infant exploration. *Developmental Psychol.*, 17, 737-745.
—, et al. (1985): Maternal emotional signaling: its effect on the visual cliff behaviour of 1-year-olds. *Developmental Psychol.*, 21, 195-200.
Spencer, H. (1890): The Principles of Psychology, New York: Appleton.
Spitz, R.A. (1956): Transference: the analytic setting. *Int. J. Psycho-Anal.*, 37, 380-385.
—, (1957): Nein und Ja. Ursprünge der menschlichen Kommunikation. Stuttgart: Klett 1959.
—, (1958): On the genesis of superego. *Psa. Study Child*, 13, 375-404.
—, (1959): Eine genetische Feldtheorie der Ichbildung. Frankfurt: S. Fischer 1972.
—, (1965): Vom Säugling zum Kleinkind. Stuttgart: Klett 1967.
Sroufe, L.A. (1983): Infant caregiver attachment and patterns of adaption in preschool: the roots of maladaption and competence. In *Perlmutter, M.* (Hrsg.): Minnesota Symposium in Child Psychology. Bd. 16, 41-81. Hillsdale: Erlbaum.
—, Waters, E. (1977): Attachment of an organizational construct. *Child Development*, 48, 1184-1199.
—, Fleeson, J. (1985): Attachment and the construction of relationships. In *Hartup, W., Rubin, Z.* (Hrsg.): The Nature and Development of Relationships. Hillsdale, NJ: Erlbaum.
Stern, D. (1977): The First Relationship: Mother and Infant. Cambridge, Mass.: Harvard Univ. Press.

—, (1985): Affect attunement. In *Call, J., Galenson, E. & Tyson, R.* (Hrsg.): Frontiers of Infant Psychiatry. New York: Basic Books.

—, (1985): The Interpersonal World of the Infant. New York: Basic Books; dt.: Die Lebenserfahrung des Säuglings. Stuttgart: Klett-Cotta 1992.

Sutherland, J.D. (1980): The British object relations theorists: Balint, Winnicott, Fairbairn, Guntrip. *J. Am. Psa. Ass.*, 28, 829-860.

Tronick, E. (1980): The primacy of social skills in infancy. In *Sawin, D.B.* et al. (Hrsg.): Exceptional Infant. New York: Brunner/Mazel, 144-158.

Tyson, R.L. (1986): Countertransference evolution in theory and practice. *J. Am. Psa. Ass.*, 34, 251-274.

Ursano, J.R., Hales, R.E. (1986): A review of brief individual psychotherapies. *Am. J. Psychiat.*, 143, 1507-1517.

Vygotsky, L.S. (1978): Mind in Society: The Development of Higher Psychological Processes. Cambridge, Mass.: Harvard Univ. Press.

Waddington, C.H. (1962): New Patterns in Genetics and Development. XXI of the Columbia Biological series. New York: Int. Univ. Press.

Wertsch, J.V. (1979): From social interaction to higher psychological processes: a clarification and application of Vygotsky's theory. *Human Development*, 22, 1-22.

White, R.W. (1963): Ego and reality in psychoanalytic theory. Psychological Issues, Monograph No. 11. New York: Int. Univ. Press.

Wilson, A., Malatesta, C. (1988): Affect and the compulsion to repeat: Freud's repetition compulsion revisited.

Winnicott, D.W. (1965): Ich-Verzerrung in Form des wahren und des falschen Selbst. In: Reifungsprozesse und fördernde Umwelt. München: Kindler 1974, 182-199.

Wolff, P.H. (1965): The development of attention in young infants. *Annals New York Academy of Science*, 118, 815-830.

Wundt, W. (1896): Grundriß der Psychologie (*Judd, C.H.*, Trans.).

Zahn-Waxler, C., Radke-Yarrow, M. (1982): The development of altruism: alternative research strategies. In *Eisenberg, N.* (Hrsg.): The Development of Prosocial Behaviour. New York: Academic Press.

Aus dem Amerikanischen von Thea Brandt, Göttingen.

Protektive Faktoren und Prozesse – die „positive" Perspektive in der longitudinalen, „klinischen Entwicklungspsychologie" und ihre Umsetzung in die Praxis der Integrativen Therapie*

Hilarion G. Petzold, Joy J. M. Goffin, Jolanda Oudhof

1. Einführung – die Bedingungen des Entstehens von Gesundheit und Krankheit

Die klassische Orientierung der psychiatrischen und psychotherapeutischen Psychopathologien war im wesentlichen damit befaßt, negative Lebenseinflüsse, Risikofaktoren, traumatische Situationen herauszufinden und zu untersuchen, um auf diese Weise Pathogenese, das Entstehen von psychischen und psychosomatischen Erkrankungen aufklären zu können. Diese „medizinalisierte" Perspektive ist Ausdruck einer fragmentierenden Betrachtung menschlicher Entwicklung und der des Menschen insgesamt. Der pathologiezentrierte Diskurs der Psychoanalyse und die aus ihr hervorgegangenen Psychotherapieverfahren haben es versäumt, ein Modell der „gesunden" Persönlichkeit und der „gesunden" Entwicklung zu erarbeiten in Verkennung des grundlegenden Faktums, daß die menschliche Persönlichkeit – die gesunde wie die kranke –, daß menschliches Verhalten – pathologisches wie solches im Sinne eines „healthy functioning" (*Latner* 1973) – durch die „Gesamtheit aller positiven, negativen und defizitären Einflüsse des Lebensverlaufes" (*Petzold* 1970c, 1988n) bedingt ist. Auch in der traditionellen, klinischen Psychologie, der es über lange Zeit nicht gelungen war, eine Brücke zur Entwicklungspsychologie zu schlagen, um damit eine „klinische Entwicklungspsychologie" auf den Weg zu bringen, war man vorwiegend mit Fragen der *Pathogenese*

---

* Aus der Faculty of „Human Movement Sciences", Freie Universität Amsterdam befaßt, so daß ein Hiatus zwischen unserem Wissen über negative Entwicklungseinflüsse und unserer Kenntnis von gesundheitsfördernden Faktoren entstand. Außerdem wurde aufgrund des Fehlens von aussagekräftigen Longitudinalstudien der Blick eher auf die Untersuchung von Aktualstressoren gerichtet. Es wurde allenfalls noch auf eine Kritik des Krankheitsmodells der Psychoanalyse abgestellt, die aus retrospektiver Betrachtung subjektiver, unter nicht-standardisierten Bedingungen erhobener Daten versucht hatte, die Ursachen von Pathogenese aufzuklären – ein Unterfangen, das aus Sicht empirischer Psychologie (mit klinischer und erst recht mit entwicklungspsychologischer Orientierung) keine Akzeptanz finden konnte.

Die psychotherapeutischen Schulen – ganz gleich welcher Orientierung – sind natürlich zunächst einmal mit dem Leiden, dem kranken Menschen und seiner Symptomatik konfrontiert. Hier liegt ihr Interesse, und aus der Behandlung solcher Patienten haben sie ihre Erkenntnisse gewonnen. Das aus solchen Therapien – etwa aus der „Geschichte einer infantilen Neurose" (*Freud* 1918b) oder von einigen Borderline-Patienten (*Kernberg* 1981) – stammende Material wurde dann in der älteren psychoanalytischen Theorienbildung in der Regel in unzulässiger Weise generalisiert. Aufgefundene und als potentiell pathogen bewertete Konstellationen wurden „typisiert", ohne daß dabei in Betracht gezogen wurde, daß die Population von Patienten, aus deren Lebenskarrieren die Daten arbiträr bzw. unter dem Selektionskriterium eines spezifischen Psychopathologieverständnisses extrahiert wurden (wodurch man fand, was man finden wollte), ja schon eine „negative Auswahl" darstellte. Untersuchungen an größeren, einigermaßen repräsentativen Populationen unter Einbeziehung von Vergleichsgruppen wurden von den psychoanalytischen Pathogenesetheoretikern nicht angestellt, und es wurde auch nicht der naheliegenden Überlegung nachgegangen, was z.B. mit all den Menschen sei, die unter widrigsten Umständen – Hunger, Kälte, Bombenangriffen, Flucht und Vertreibung – in den letzten drei Kriegsjahren und in den unmittelbaren Nachkriegsjahren sicher massiven „frühen Störungen" bzw. Schädigungen ausgesetzt waren, aber offensichtlich keine Borderline-Erkrankung, keine Psychose, keine schwere Psychosomatose oder narzißtische Neurose oder anderweitige Psycho- und Soziopathologie ausgebildet hatten. Ein Heer schwerstkranker Patienten hätte die Folge sein müssen, würde man die Theoreme von *Freud, Spitz, Bowlby, Kernberg* und anderer Vertreter des Pathogeneseparadigmas „früher Störungen" auf die Kriegs- und Nachkriegsgenerationen der mittel- und osteuropäischen Länder anwenden. Die Frage nach „unterstützenden Faktoren", die Schutz (*protection*) oder Dämpfung (*buffering*) von Negativeinflüssen gewährleisten können, wurde in der Psychoanalyse genausowenig gestellt, wie die nach den Bedingungen von Gesundheit, ja selbst ein halbwegs ausgearbeitetes Konzept von Gesundheit findet sich nicht. Dies ist zumindest eine Einseitigkeit, die Ergänzungen erfordert. *Anna Freud*s Arbeiten „Psychopathology seen against the background of normal development" (1976) und ihre Arbeit über „Normality and pathology in childhood" (*A. Freud* 1965) haben keine Bewegung im psychoanalytischen Feld angestoßen, sich über die „*developmental psychopathology*" (eadem 1974) hinaus mit einer „*developmental salutogenesis*" zu befassen oder die Entwicklungspsychopathologie auf solide, empirische Füße zu stellen, wie dies durch Longitudinalstudien (*Rutter* 1988) gewährleistet werden könnte.

Bei den aus dem Bereich der humanistischen Psychologie hervorgegangenen Psychotherapieformen, insbesondere der wachstumsorientierten Familientherapie nach *Virginia Satir* (1975), der Gestalttherapie von *Fritz Perls* (1980), der klientenzentrierten Gesprächstherapie von *Carl Rogers* (1976) wurden die Schwächen des pathologiefixierten Paradigmas, sowohl das der klassischen Psychoanalyse wie auch das des traditionellen Behaviorismus und der von ihm beeinflußten psychologischen und therapeutischen Orientierungen, gesehen. Es wurden von Autoren wie *A. Maslow* (1962) und *M. Jahoda* (1958) wichtige Beiträge zu einem Konzept von „Gesundheit" geleistet, die die genannten humanistisch-psychologischen Therapieformen stark beeinflußten, etwa über das Wachstumskonzept oder die Vorstellung der „self-actualization". Das „human potential movement" (*Otto* 1970), die „Growth-" und „Enrichment"-Bewegung sind Ausfluß dieser Konzeptualisierungen – nur, eine differenzierte, forschungsbasierte Betrachtung von Gesundheit und gesunder Entwicklung wurde auch hier nicht geleistet. Es ist keine Frage, daß die Untersuchung der Pathologie Aufschluß über die Entwicklung normalen Verhaltens geben kann (*Weiss* 1961, 50,

1969b; *Goldstein* 1940; *Shakow* 1968). Aber gerade die aufgeführten Autoren haben auch die umgekehrte Perspektive in den Blick genommen: vom Wissen um das „gesunde Funktionieren des Organismus" zu einer Aufklärung von Psychopathologie zu kommen, indem man die Gesamtorganisation betrachtet (*Cicchetti, Schneider-Rosen* 1984, 1986; *Sroufe, Rutter* 1984). Die Arbeiten der humanistischen Psychologen und die Praxis der auf ihren Überlegungen gründenden humanistischen Psychotherapieverfahren – z.B. von *Rogers* oder *Perls* – blieben, bei aller Rede von „Wachstum" und „Entwicklung ", ohne solide entwicklungspsychologische Fundamente, verhaftet an eine zeittheoretisch oberflächliche oder klinisch unsinnige „Hier-und-Jetzt-Konzeption " (vgl. *Petzold* 1981e) – bis in die jüngste Zeit (*Rosenblatt* 1986). Gestalttherapeuten oder klientenzentrierte Gesprächstherapeuten haben weder einen Blick auf die Entwicklungspsychologie des Kindes- und Jugendalters, geschweige denn einen Blick auf die Entwicklungspsychologie des Erwachsenenalters (*Faltermaier* et al. 1992) geworfen, obwohl die reiche Literatur zur Lebenslaufforschung – man denke an die Arbeiten von *Charlotte Bühler* – oder gestaltpsychologischer Entwicklungstheorie – man denke an die Arbeiten von *Kurt Koffka* und *Kurt Lewin* – eine solche Perspektive nahegelegt hätte.

Brücken zwischen Entwicklungspsychologie und dem klinischen Feld wurden einerseits von Entwicklungspsychologen selbst geschlagen – wir denken hier an die Arbeiten von *Bärbel Inhelder* (1943/1968, 1966, 1976a, b), der Mitarbeiterin von *Piaget*, zur Entwicklung geistig Behinderter – und andererseits von seiten der Psychiatrie bzw. Kinderpsychiatrie, die Konzepte von *Piaget* aufnahmen (*Anthony* 1956). Wichtig wurden hier auch die Arbeiten von *Heinz Werner* (1948, 1957; *Werner, Kaplan* 1963), wie das einflußreiche Werk von *S. Arieti* (1967, „The intrapsychic self") zeigt. Mit *Adolf Meyer* (1957) und *Lee Robins* (1966) kam dann eine longitudinale Betrachtungsweise für die Aufklärung pathologischen Verhaltens auf, die zunehmend die *„pathways"* zu kranken *und* gesundem Verhalten untersuchten (*Garmezy* 1974b, 1981, 1983; *Sroufe* 1979a; *Rutter* 1983, *Achenbach* 1982). Das Feld der „developmental psychopathology" (idem 1982; *Sroufe, Rutter* 1984) begann sich zu etablieren mit einer zunehmenden Beachtung protektiver Faktoren (*Garmezy* 1985; *Rutter* 1979a, 1985a, z.B. „Spannkraft, Widerstandsfähigkeit, Resilienzen") und einer Betonung der Interaktion von Risiko- und Schutzfaktoren (*Rolf* et al. 1990). Ein anderer Schwerpunkt, der sich herausbildete, war die Betrachtung von *Netzwerkbeziehungen* und der in ihnen wirkenden Kräfte unter longitudinaler Perspektive mit einem Interesse an *Ressourcen, supportiven Faktoren* und entlastenden Einflüssen (*Keupp, Röhrle* 1987; *Sameroff, Emde* 1989). Eine solche umfassende Verschränkung von Entwicklungspsychologie, klinischer Psychologie und psychiatrischer Psychopathologieforschung unter longitudinaler Perspektive beginnt allmählich einiges Licht auf die komplexen „straight and devious pathways from childhood to adulthood" (*Robins, Rutter* 1990) zu werfen.

Für die Psychotherapie wurden diese Entwicklungen bisher noch nicht fruchtbar gemacht, ja, sie wurden in der Regel noch nicht einmal zur Kenntnis genommen. Der schulenimmanente Diskurs spekulativer Pathogenesetheorie geht weiter an den Erkenntnissen der klinischen Entwicklungspsychologie – etwa der Emotions- (*Kruse* 1991) oder der Temperamentforschung (*Thomas, Chess* 1977; *Zentner* 1993; *Kagan* et al. 1990) oder der Forschung zu sozioökologischen Faktoren (*Richters, Weintraub* 1990) – vorbei und natürlich auch an den Ergebnissen der *„developmental psychopathology"* (*Achenbach* 1990; *Garmezy* 1974c).

Mit der *developmental psychopathology*, wie sie *Achenbach, Garmezy, Sameroff, Sroufe, Anthony, Rutter* u. a. inauguriert haben, wurde in den vergangenen zwanzig Jahren eine Disziplin geschaffen, die an der Schnittstelle von Entwicklungspsychologie, Sozialpsychologie und Psychopathologie sich auf „the study of the origins and causes of individual patterns of behavior adaption" (*Sroufe, Rutter* 1984, 18) richtete und die in umfangreichen und methodisch differenzierten Untersuchungen sich auf Kontinuitäten und Diskontinuitäten in der Entwicklung des Verhaltens richtete. „Developmental psychopathologists make no prior assumptions about either continuity or discontinuity. They are concerned centrally with both, the connection and lack of connections between normality and disorder" (*Sameroff, Seifer* 1990, 52). Dabei wurde vielfach von Krankheitsmodellen abgegangen und auf „*models of competence* coping" abgestellt (ibid. 53; *Garmezy, Devine* 1984), in denen das *interplay* zwischen individuellen und sozialen Einflüssen untersucht wurde, um das „competent and sufficient functioning" von Kindern und Erwachsenen in der Lebensspanne zu erklären. Damit kamen Fragen nach der *„problem-solving ability"*, nach *„mastery motivation"* oder nach *„effectiv coping"* in den Blick (*Matas* et al. 1978; *Messer* et al. 1986; *Seifer* et al. 1992). Weiterhin wurde auf die Störung von Beziehungen zentriert, ausgehend von der an sich trivialen Feststellung, daß Menschen in gesunden, sozialen Netzwerken mit positiven Beziehungen und einer hohen supportiven Valenz sich gesund entwickeln, in defizienten Netzwerken indes erkranken (*Petzold* 1979c). Mit Untersuchungen von *„At risk-"* oder *„High risk"*-Gruppen in ihren Beziehungsgeflechten (*Sameroff, Emde* 1989) und in ihren „environments" (high risk environments, *Richters, Weintraub* 1990) unter longitudinaler Perspektive, die genetische, kognitive, emotionale, soziale, ökonomische und ökologische Einflußgrößen in ihrer protektiven und adversiven Wirkung bzw. die Interaktion solcher Wirkungen betrachtet, um Entwicklungs*prozesse* des Individuums und seines Kontextes verstehbar zu machen, mit derartigen Untersuchungen also wurde ein *neues Paradigma eingeführt, das für Diagnostik und Psychotherapie als das Paradigma der Zukunft anzusehen ist*. Im Unterschied zum traditionellen psychoanalytischen Ansatz der Rekonstruktion eines Krankheitsgeschehens und einer Krankheitsentwicklung aus der Retrospektive wurde ein prospektiver Weg eingeschlagen, der allein in der Lage ist, nach den Kriterien empirischer Wissenschaft über die Entwicklung komplexer Störungen und Erkrankungen einigermaßen gesicherte Aussagen zu machen. Die Untersuchung von Kindern aus Risikogruppen (etwa die Kinder von schizophrenen Patienten) im Vergleich mit unbelasteten Populationen (*Mednick* 1967; *Mednick, Schulsinger* 1968; *Watt* et al. 1984) stellten hier einen Meilenstein dar, die Identifizierung von *„risk reducers"*, *„protektiven Faktoren"*, *„stressful life events"* in Entwicklungsverläufen (*Murphy, Moriatry* 1976; *Werner, Smith* 1982) einen anderen Markierungspunkt. Die Identifizierung von singulären Traumata oder Defiziten als bedeutsamen Einflußgrößen in Karriereverläufen stellt sich dabei als Alternative zur Identifizierung monokausal wirkender Traumatisierung heraus, und Begriffe wie *causal path, chains, strands, convoys, Karrieren, Viationen, trajectories* (*Brown* 1988; *Rutter* 1988; *Petzold* 1988n; *Petzold, Hentschel* 1991) erhalten dabei herausragende Bedeutung. *Achenbach* (1990, 31) bezeichnet deshalb zu Recht *„developmental psychpathology as a macro* *paradigma"*, und er macht deutlich, daß es sich hier um einen „integrativen" Ansatz zur Erklärung komplexen Entwicklungsgeschehens handelt, der biomedizinische, behaviorale, psychodynamische, soziologische, familiendynamische, kognitive und interaktionale Dimensionen einbezieht (Abb. 1).

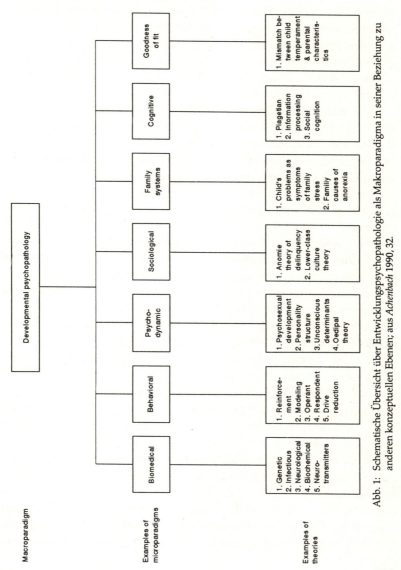

Abb. 1: Schematische Übersicht über Entwicklungspsychopathologie als Makroparadigma in seiner Beziehung zu anderen konzeptuellen Ebenen; aus *Achenbach* 1990, 32.

Da in dieser neuen Disziplin schon in ihren Anfängen mit der Zentrierung auf das „Kompetenz-Konzept" nicht nur der Fokus bei der Aufklärung von Psychopathologie lag, sondern gesundes wie krankes Verhalten gleichermaßen in den Blick genommen wurde, weil hier ein „life span developmental approach" (Baltes et al. 1980) konsequent verfolgt wurde, und zwar mit klinisch relevanten Populationen und Normalpopulationen als Vergleichsgruppen, weil sie sozialpsychologische Parameter genauso einbezieht wie ökologische Perspektiven der Entwicklungspsychologie, bleibt sie nicht nur bei „labeled environments" (Wachs, Gruen 1982) und „high risk environments" (Richters, Weintraub 1990) stehen, sondern arbeitet auch entwicklungsfördernde Mikroökologien heraus (Werner, Smith 1982; Bronfenbrenner 1978). Bei einer solchen Perspektive scheint die Zentrierung auf den Begriff „Psychopathologie" eine unnötige Begrenzung einzuführen, die im Konzept einer „klinischen Entwicklungspsychologie" (Petzold 1990e, 1992d) überschritten werden kann, weil hier alle „klinisch relevanten", entwicklungsbezogenen Phänomene und Erkenntnisse – und zu diesen gehört ein gutes Verständnis von Gesundheit und gesunder Entwicklung – besser untergebracht werden können. Aus der psychiatrischen bzw. kinder- und jugendpsychiatrischen Epidemiologie- und Pathologieforschung hervorgegangen, wurde diese neue Disziplin von ihren Protagonisten von Anfang an so konzipiert, daß eine einseitige Zentrierung auf das medizinische Paradigma der Krankheitserklärung überschritten wurde, ohne dieses Modell auszugrenzen. „Umbrella-Konzepte" wie „developmental psychopathology" oder „klinische Entwicklungspsychologie" bieten aufgrund ihres weiten differenzierenden und integrierenden Rahmens die wertvolle Möglichkeit „of studying psychopathology in relation to the major changes that typically occur across the life cycle. It does not dictate a specific theoretical explanation for disorders, their causes, or their outcomes. Instead, it suggests a conceptual framework for organizing the study of psychopathology around milestones and sequences in areas such as physical, cognitive, social-emotional and educational development. Its heuristic value is analogous to that of terms such as ‚learning', ‚cognition', ‚genetic', and ‚biological'. The utility of such terms does not stem from prescriptive definitions of a field, but from focussing attention on connections among phenomena that otherwise seem haphazard and unrelated" (*Achenbach* 1990, 30).

Ein weiterer Bereich ist bislang für die Psychotherapie noch wenig fruchtbar gemacht worden: der der Gesundheitspsychologie, wo man sich bemüht, die Bedingungen zur Entwicklung von Gesundheit und Wohlbefinden zu erforschen (*Haisch, Zeitler* 1991; *Schröder, Reschke* 1992; *Abele, Becker* 1991; *Becker* 1982; *Becker, Minsel* 1986). Eine positive Bestimmung von *Gesundheit* ist für Psychotherapie von grundsätzlicher Bedeutung, weil sie doch Gesundheit wiederherstellen will, und diese ist durch „Arbeits- und Liebesfähigkeit" (*Freud*), „das ungestörte Funktionieren des Organismus" (*Perls*) genausowenig bestimmt wie durch eine Negativdefinition („Abwesenheit von Krankheit", *Rogers*). Die Bestimmungen der WHO: „Gesundheit ist ein Zustand vollkommenen, körperlichen, psychischen und sozialen Wohlbefindens, nicht nur definiert durch die Abwesenheit von Krankheit und Behinderung" (zitiert nach *Becker* 1982, 42) greift so weit, daß hier ein Ideal beschrieben wird, dem höchstens 20 % der Bevölkerung entsprechen können (ibid.). Über lange Zeit wurde versucht, Gesundheit (wie auch Krankheit) vom Kontext abstrahiert zu fassen. Sie wurde bestimmt als Auflistung von Qualitäten und Kompetenzen, die sehr stark vom jeweiligen Zeitgeist und den Strömungen der psychologischen Theorienbildung bestimmt war. *Jahoda* (1958) orientiert sich deutlich an der humanistischen Psychologie mit seinen sechs Komponenten von Gesundheit:

- positive Einstellung zu sich selbst,
- Selbstverwirklichung,
- Integration,
- Autonomie,
- korrekte Wahrnehmung der Realität,
- Meistern von Anforderungen.

Becker hat in seiner Übersicht über die verschiedenen Ansätze drei Hauptorientierungen herausgearbeitet:
 1. Regulationskompetenzmodelle,
 2. Selbstaktualisierungsmodelle,
 3. Sinnfindungsmodelle.

Hier zeigen sich Ansätze, die Psychotherapeuten Hilfen geben könnten zu verstehen, wie denn im Entwicklungsprozeß Gesundheit entsteht und wie diese schließlich in therapeutischen Prozessen gezielt gefördert werden könnte. *Antonovsky* (1979, 1987) hat mit seiner einflußreichen, forschungsbasierten Theorie beabsichtigt, komplementäre Fragen nach den Bedingungen von Krankheit und den Bedingungen von Gesundheit zu beantworten. Es wird der Versuch unternommen zu erklären, warum manche Menschen trotz belastender Lebensumstände gesund bleiben und andere nicht. Die komplexe Interaktion zwischen Risiko- und Schutzfaktoren, internalen und externalen Einflüsse über die persönliche Geschichte hin führt in einem „Gesundheits-Krankheits-Kontinuum" zu jeweils spezifischen Ausprägungen von Persönlichkeiten mit Verhaltensaspekten und subjektivem Selbsterleben, das als gesund und krank gekennzeichnet werden kann. *Antonovsky* sieht in seinem Modell zur Untersuchung von „*Pathogenese*" und „*Salutogenese*" die Einstellungen, Überzeugungen, Kompetenzen als wichtig an, die das Gesundwerden und Gesundbleiben unter belastenden Lebensumständen ermöglichen. Hier kommt sein Konstrukt des „Kohärenzsinnes" (*Antonovsky* 1979, 123) zum Tragen, unter dem er eine „globale Orientierung" versteht, „die zum Ausdruck bringt, in welchem Umfang man ein generalisiertes, stabiles und dynamisches Gefühl der Gewißheit besitzt, daß die eigene innere und äußere Umwelt vorhersagbar ist und mit großer Wahrscheinlichkeit sich alles so entwickeln wird, wie es man logischerweise erwarten kann". Die Faktoren, die die Ausbildung eines hohen Kohärenzsinnes fördern, wären demnach als „salutogen" zu sehen. Die hier zur Wirkung kommenden Einflußgrößen allerdings sind äußerst komplex (vgl. Abb. 1). Im wesentlichen ist von einer Interaktion von Vulnerabilität und Stressoren einerseits und Kompetenz und fördernden Umweltbedingungen andererseits auszugehen. *Becker* faßt dies in einer Formel zusammen, die die „Wahrscheinlichkeit einer Psychischen Erkrankung" bestimmbar machen soll (*Becker* 1982, 283):

$$WPE = f \frac{\text{Risikofaktor}}{\text{Schutzfaktoren}}$$

Nach dieser Formel kann sowohl eine Verminderung protektiver Faktoren (Verlust von Ressourcen, Verlust sozialer Wertschätzung, Verlust von Kompetenzen und Performanzen, von körperlicher Gesundheit etc.) als auch ein Vermehrung von Risikofaktoren (Zunahme von Stressoren, kritischen Lebensereignissen, Verlusterfahrungen etc.) die Wahrscheinlichkeit für eine psychische Erkrankung erhöhen. In einem solchen Modell wie auch in dem Zwei-Komponenten-Modell der Gesundheit von *Becker* (1982, 262), das psychisches Wohlbefinden und psychische Kompetenz als *salutogen* herausstellt, kommt letztlich protektiven Faktoren eine erhebliche Bedeutung zu.

Auf der Grundlage von *Antonovsky* kommt *Becker* (1982, 282) zur Bestimmung von seelischer Gesundheit als „Muster all jener psychischen Eigenschaften (relativ stabilen Kennzeichen des Verhaltens und Erlebens)..., die bei vorgegebenem Ausmaß der konstitutionellen Vulnerabilitäten, bei vorgegebener Intensität und Dauer der Stressoren und bei vorgegebenem Ausmaß der förderlichen Umweltbedingungen, die Wahrscheinlichkeit des Auftretens einer psychischen Krankheit verringern".

Was aber ist in einer „förderlichen Umwelt" förderlich? Was sind die „psychischen Eigenschaften", die psychische Krankheit verringern? Ist mit einer solchen funktionalen Definition Gesundheit ausreichend gekennzeichnet? Wo kommen „subjektive Theorien", „soziale Repräsentationen" (*Flick* 1991; *Moscovici* 1984) und gesellschaftliche Bewertung zum Tragen? Legt man umfassende Betrachtungsperspektiven zugrunde, so wird sich Gesundheit und Krankheit nicht nur auf die Interaktion von Schutz- und Risikofaktoren begrenzen lassen (*Pritz, Petzold* 1991). Man wird wahrscheinlich zu einem „erweiterten Gesundheits- und Krankheitsbegriff" (*Petzold* 1990i, 1991a; *Petzold, Schuch* 1991) vorstoßen müssen, um ein Gesundheits- und Krankheitsverständnis von einer Komplexität zu gewinnen, wie es zur Grundlegung psychotherapeutischer Interventionen notwendig ist, und dabei dürfen gesellschaftliche Perspektiven nicht ausgeblendet werden, sondern es müssen – über die Erklärung von Symptomatiken hinausgehend – die „Ursachen hinter den Ursachen" (*Petzold* 1991b) angeschaut werden, will man nicht nur an „Symptomen kurieren" oder „salutogene Faktoren" in kompensatorischen Programmen anbieten, die – „der Unfug mit

der kompensatorischen Erziehung" (*Bernstein* 1971) hat dies gezeigt
– zum Scheitern verurteilt sind. Gesundheit kann bestimmt werden:
Gesundheit wird als „eine subjektiv erlebte und bewertete sowie external wahrnehmbare, genuine Qualität der Lebensprozesse im Entwicklungsgeschehen des Leib-Subjektes und seiner Lebenswelt gesehen. Sie ist dadurch gekennzeichnet, daß der Mensch sich selbst, ganzheitlich und differentiell, in leiblich-konkreter Verbundenheit mit dem Lebenszusammenhang (Kontext und Kontinuum) wahrnimmt und im Wechselspiel von protektiven und Risikofaktoren entsprechend seiner Vitalität/Vulnerabilität, Bewältigungspotentiale, Kompetenzen und Ressourcenlage imstande ist, kritische Lebensereignisse bzw. Probleme zu handhaben, sich zu regulieren und zu erhalten, schließlich, daß er auf dieser Grundlage seine körperlichen, seelischen, geistigen, sozialen und ökologischen Potentiale ko-kreativ und konstruktiv entfalten und gestalten kann und so ein Gefühl von Kohärenz, Sinnhaftigkeit, Integrität und Wohlbefinden entwickelt" (*Petzold* 1992a, 553).

Durch eine solche komplexe Definition von Gesundheit, die mit ähnlich komplexen Bestimmungen von Krankheit in einen dialektischen Bezug gestellt werden muß (*Petzold* 1992a, 531 ff.), wird ein breiter Rahmen gesteckt, dessen Einzeldimensionen sorgfältiger Untersuchungen bedürfen. Der komplexe Blick auf übergeordnete Zusammenhänge darf aber nicht zu einer Vernachlässigung der Betrachtung einzelner Faktoren und ihrer Interaktion führen. Es soll in diesem Kontext deshalb der Frage nach den „protektiven Faktoren" näher nachgegangen werden, weil diese für die Psychotherapie insgesamt und für spezifische Interventionen doch erhebliche Bedeutung gewinnen können, besonders wenn man Psychotherapie, die in der Regel als Hilfsmaßnahme in belastenden Lebenssituationen eingesetzt wird, selbst als einen „protektiven Megafaktor" beschreiben will.

2. Protektive Faktoren und Prozesse – Dimensionen eines Konzeptes

> *„We have not studied the individual's ressources for coping, for helping himself, as thoroughly as we studied areas of anxiety and conflict"*
>
> Barker, Dembo, Lewin (1943)

Insbesondere im Bereich der Untersuchungen zu Problemen der kindlichen Entwicklung hat sich die Forschung im wesentlichen darauf zentriert, Risiken aufzufinden und zu beschreiben, durch die eine gesunde Entwicklung gefährdet wird. Ein Schwerpunkt dabei waren die medizinisch-biologischen Risiken. Wie *Kopp* und *Krakow* (1983) in ihrem historischen Überblick über die Forschung zeigen, wurden die Entwicklungsrisiken im wesentlichen als biologische gesehen. Als Risikokinder werden solche gefaßt, die einem oder mehreren organismischen Streßfaktoren (*organismic stresses*) in der pränatalen, perinatalen und postnatalen Periode ausgesetzt waren, oder bei denen *„diagnosed handicaping or clinical condition"* festgestellt wurde. *Kopp* und *Krakow* kommen zu dem Schluß, daß sechzig Jahre biologischer Risikoforschung nicht zu einem *„cohesive and definitive body of information"* über den Einfluß biologischer Risiken geführt haben. Fehlentwicklungen von Kindern können also nicht allein am Einwirken biologischer Risikofaktoren festgemacht werden. Es wurde deshalb auch zunehmend psychosozialen Faktoren Aufmerksamkeit geschenkt, und sie wurden in Untersuchungen einbezogen. Durch die unterschiedlichen Disziplinen mit sehr heterogenen erkenntnisleitenden Interessen, divergierenden, theoretischen Bezugssystemen und jeweils spezifischen Forschungsstrategien ist eine sehr unklare Situation im Hinblick auf die vorhandenen Ergebnisse entstanden, die zahlreiche Quergänge notwendig macht, um Erkenntnisse zu vernetzen. Dies wurde schon in unseren Ausführungen zur Verbindung entwicklungspsychologischer, gesundheitspsychologischer und klinisch-psychologischer Konzepte deutlich.

Ausgangspunkt der Suche nach „protektiven Faktoren" war die Beobachtung, daß es in Risikopopulationen immer wieder größere

Gruppen gibt, die belastende Einflüsse offenbar unbeschadet überstehen. Schon *Barker, Dembo, Lewin* (1943) stellen dies für 33 % ihrer Untersuchungsgruppe fest, *Werner, Smith* (1982) für 25 %, *Rutter* (1981) für fast 50 %. Bei solchen, doch beachtlichen Zahlen, erscheint die einseitige „pre-occupation" mit Risikofaktoren verwunderlich. *Garmezy* (1981, 2, 114) sieht sie als Folge des *„law of the hammer"*: „Give a kid a hammer and everything he/she runs into will need pounding. Our hammer is psychopathology and everything we turn to we see disorder or dynamic substitutes for disorder" (ibid.). Forscher, die im Bereich des *high-risk-research* engagiert sind, haben mit ihrer Entdeckung, daß es offenbar „*survivors*" gibt, Kinder, die sogar bei äußerst belastenden oder toxischen Erfahrungen gesund bleiben und sich situationsangemessen verhalten (*Despert* 1942; *Moskovitz* 1983; *Murphy, Moriarty* 1976; *Werner, Smith* 1982; *Garmezy, Rutter* 1985), Beobachtungen von Praktikern im Feld psychosozialer Hilfeleistung bestätigt. Offenbar gibt es also in desolaten Situationen noch die Chance, eine gesunde, stabile Persönlichkeit zu entwickeln (*Anthony* 1974; *Rutter* et al. 1979; *Garmezy* 1981). In der Risikoforschung tauchen Begriffe wie „Widerstandsfähigkeit, Elastizität, Unverwundbarkeit, Robustheit" auf (*invulnerability, resilience* etc.). Aber nur allmählich begann man, sich der Erforschung dieses Phänomens zuzuwenden (*Lilienfeld* et al. 1955; *Ainsworth* 1962; *Gottfried* 1973; *Quinton, Rutter* 1984a, b) und insbesondere in Longitudinalstudien, die die Spanne von der Babyzeit bis zum Erwachsenenalter umgreifen, nach solchen Faktoren zu suchen (*Block, Block* 1980; *Garmezy, Devine* 1984; *Garmezy, Masten, Tellegen* 1984; *Werner* 1986; *Zimrin* 1986). Insbesondere *Garmezy* und seine Mitarbeiter und Schüler haben ihre Aufmerksamkeit auf konstruktive Entwicklungsprozesse, Schutzfaktoren, Streßresistenz, Spannkraft gerichtet. Die Longitudinaluntersuchungen setzen dabei:
1. prospektiv an bei Kindern, die
2. schweren Belastungen (*stressors*) ausgesetzt sind und die
3. durch bestimmte biologische Prädispositionen, familiäre und/ oder mikroökologische Mangelsituationen gekennzeichnet sind, was
4. in der Regel mit einer erhöhten Wahrscheinlichkeit für parallele oder künftige Fehlentwicklung und Fehlanpassung verbunden ist, welche sich indes

5. bei einigen Kinder *nicht* einstellen, nämlich bei denen, deren Verhalten durch Kompetenz statt durch Anpassung gekennzeichnet ist (*Garmezy* 1983).

Diese Aufstellung zeigt, es geht keineswegs nur um das Auffinden und Isolieren von Einzelfaktoren, sondern um das Identifizieren von komplexen, Entwicklungen beeinflussenden protektiven und aversiven *Prozessen*.

Die Frage, wie es möglich ist, daß manche Kindern sich in unglücklichen Lebensituationen so elastisch verhalten, so „kompetent" handeln, so effektiv „copen", daß sie – im Unterschied zu ihren weniger erfolgreichen Schicksalsgenossen, denen es nicht gelungen ist, unbeschädigt erwachsen zu werden – selbst traumatischen Streß, Naturkatastrophen, Krieg unbeschadet überstanden haben (*Garmezy, Rutter* 1985), diese Frage ist also im Hinblick auf die Erklärung von **Pathogenese** und **Salutogenese** von sehr großer Wichtigkeit. „*Protektive Faktoren*" oder „*risk reducer*" (*Richters, Weintraub* 1990, 79) und „*coping capacity*" kommen hier als Konstrukte ins Spiel, die aufgrund der unterschiedlichen Disziplinen und Orientierungen z.T. sehr verschiedenartig gefaßt werden. *Garmezy* (1983) spricht hier zu Recht von „research, that may pass under many banners". Eine der wichtigsten Untersuchungen in diesem Kontext ist die Studie von *Murphy* und *Moriarty* (1976) „Vulnerability, coping and growth". Die Forscherinnen versuchten herauszufinden, mit welchen Strategien Kinder Überforderungen, Anforderungen und Belastungen bewältigten und welche Langzeitfolgen diese Strategien haben. Sie fanden zwei Hauptrichtungen der Bewältigung:

1. die Kompetenz, routinemäßige Lösungswege, die in der Belastungssituation nicht mehr greifen, zugunsten anderer Strategien zu überschreiten,
2. die Kompetenz, das innere Gleichgewicht zu regulieren, um starken Spannungen, negativen Emotionen und Störungen kognitiver Funktionen zu entgehen (*Murphy, Moriarty* 1976, 116 ff.).

Kinder, die dabei auch unter Streßbedingungen mit der Umwelt noch interagieren, Hilfe und Unterstützung suchten, erwiesen sich dabei als die besten „Bewältiger" (ibid. 120). Strategien wie Rückzug, Aufschub, Abschirmung, Regression waren im Bewältigungsverhalten wichtig, um die „Möglichkeit der Integration" als wichtige Bewältigungskompetenz zu nutzen. So müssen auch Phasen zeitweiliger Desintegration (ibid. 116 ff.) neu bewertet werden (ibid. 198), da auf gelegentlichen, regressiven Rückzug unter longitudinaler Perspektive erstaunliche Möglichkeiten zur Regeneration und Wiederherstellung der Handlungsfähigkeit festgestellt werden konnten (ibid. 263f). Von Säuglingszeiten an zeigt sich der Mensch als „problems solver" (*Rovee-Collier* 1983). „Bewältigungsanstrengungen wurden bereits bei den Säuglingen beobachtet, wenn sie die Nahrungsaufnahme gezielt beendeten, zu starke Reizeinwirkungen verringerten oder gegen das Weggehen der Betreuungsperson protestierten. Der Erfolg hierbei korrelierte positiv mit der Effektivität der Bewältigungsanstrengungen im Vorschulalter und diese wiederum mit vorpubertärem entsprechendem Verhalten" (*Gräser, Reinhardt* 1980).

Nun ist keineswegs davon auszugehen, daß die „Bewältigungskompetenz" nur an *internale Faktoren* gebunden ist, wie die Untersuchungen von *Murphy* und *Moriarty* nahezulegen scheinen oder andere Untersuchungen, die genetisch disponierte Vulnerabilität oder Vitalität (*Gottesmann, Shields* 1972; *Gershon* 1984; *Cloninger* et al. 1981) annehmen bzw. Temperamentfaktoren einführten (*Buss, Plomin* 1984; *Kagan* et al. 1990; *Kagan, Moss* 1962; *Plomin* 1986; *Goldsmith, Gottesmann* 1981; *Thomas, Chess, Birch* 1968). Die Mehrzahl der Studien läßt eine Unterscheidung zu in „*internale* Faktoren im Sinne einer individuumsspezifischen Bewältigungskompetenz" und „*externale* Faktoren im Sinne mikroökologischer, familiendynamischer, sozialer Einflüsse". Diese äußeren Faktoren beeinflussen natürlich aufgrund ihrer Intensität oder jeweils gegebenen Vielfalt internale Bewältigungskompetenz. Die grundlegenden Arbeiten von *Elder* und Mitarbeitern, die die Daten der „Oakland-Growth-Study " und der „Berkeley-Guidance-Study", Longitudinalstudien, die Anfang der 20er Jahre begonnen wurden, in Sekundäranalysen auswerteten (*Elder* 1974; *Elder, Caspi, Nguyen* 1986), zeigen differenziert Einflüsse der Umwelt und der Familiendynamik auf die spezifischen Eigenschaften und Verhaltensweisen des Kindes auf. Folgende wichtige Einflußgrößen wurden deutlich:

1. *Alter* und *Geschlecht* der Kinder (es war nicht unerheblich, in welchem Alter die Belastungen für Jungen oder Mädchen eintraten),

2. *Körperliche Attraktivität* (attraktiven Kindern werden eher positive Eigenschaften zugemessen, Väter verhielten sich attraktiven Töchtern gegenüber positiver).
3. Es zeigt sich ein wechselseitiger Einfluß zwischen problematischen Vätern und problematischen Babys und Kleinkindern.
4. Die Rolle der Mütter ist bedeutsam, weil sie Negativität von Vätern abpuffern können und in einer guten Mutter-Kind-Beziehung auch Probleme der Kinder aufgefangen werden können.

Die Vielfalt der Ergebnisse dieser Studien kann hier nicht referiert werden, obgleich sie für psychotherapeutische Pathogenesetheorien große Relevanz haben, nicht zuletzt, weil sie die Bedeutung der Familiendynamik so klar erkennbar machen, insbesondere die Gewichtigkeit der *Vater-Mutter-Interaktion*, ein Aspekt, der etwa in der „Mütter-zentrierten" psychoanalytischen Pathogenesetheorie kaum Beachtung gefunden hat. Ökonomische Belastungen wirken durch eine Destabilisierung der Familienbeziehungen (*Elder* et al. 1986, 183), wobei Kinder, die zumindest zu einem Elternteil eine gute Beziehung haben und bewahren konnten, auch schwierigste Probleme bewältigen können, ohne Schaden zu nehmen (ibid. 1985), ein Faktor, der von zahlreichen anderen Studien bestätigt wurde. Von besonderem Interesse ist in *Elder*s Untersuchungen das Faktum, daß eine Kohorte *vor* Beginn der „großen Depression" in einer Zeit relativen Wohlstandes angelegt wurde, die Kinder also erst im Jugendalter durch den wirtschaftlichen Zusammenbruch betroffen wurden, die 214 Kinder der Berkeley-Studie hingegen kurz vor dem Zusammenbruch geboren wurden und ihre ersten Kindheitsjahre unter den Einwirkungen der „Great Depression" verbrachten. Diese zeitliche Verschiebung ließ erkennbar werden, daß Bewältigungskompetenzen, die Lösung von Entwicklungsaufgaben, Verhaltensstabilitäten, die *vor der Krise* entwickelt wurden, für die Krisenzeit als „protektive Faktoren" wirkten (bzw. wo sie fehlten als *Risikofaktoren*). Gelungene Problemlösungen sind für ein Kind, aber auch für ein Familiensystem als ganzes ein „protektives Kapital".

Die referierten Studien, die exemplarisch aufgegriffen wurden, zeigen, daß den Konzepten der *Belastung* und *Überforderung*, „Streß" also, und solchen Konzepten wie *Bewältigung* und *Adaptierung* bei der Betrachtung von „protektiven Faktoren", von *stress-resistance* oder *„invulnerability"* große Bedeutung zukommt; denn durch sie ergibt sich eine „greater likeleyhood of successful adaptation despite exposure to stressful life events of unusual severity" (*Masten, Garmezy* 1985). Sind es nun die Coping-Stile, die optimalen Formen der Streßbewältigung, die das Wesen protektiver Faktoren und Prozesse ausmachen (*Murphy, Moriarty* 1976, 1981; *Zimrin* 1986)? Oder ist eine „Ego-Elastizität" anzunehmen, wie *Block* und *Block* (1980) auf dem Hintergrund psychoanalytischer Überlegungen konzeptualisieren? Die Fragen machen deutlich, daß der theoretische Bezugsrahmen für die Interpretation der Daten nicht unerheblich ist. *Block* und *Block* überschreiten den behavioralen Rahmen, indem sie die Coping-Fähigkeiten, das Coping-Verhalten einem „Ich" zuordnen, das elastisch ist, ein inneres Gleichgewicht herzustellen vermag und Anpassungsleistungen an die Anforderungen der Umgebung erbringen kann. Ganz gleich aber, ob der theoretische Bezugsrahmen ein sozialpsychologischer, behavioraler oder tiefenpsychologischer ist, Kinder, die als *„psychologically invulnerable"* (*Anthony* 1974), als *„survivers"* (*Radke-Yarrow, Sherman* 1990) bezeichnet werden, sind durch eine hohe Verhaltenselastizität, d.h. Kreativität, Originalität, Durchsetzungskraft und *„resourcefullness"* gekennzeichnet. Die bekannte Longitudinaluntersuchung von *Werner* und *Smith* (1982; *Werner* 1985), die 698 Kinder der Geburtskohorte 1955 auf der Insel Kauai des Hawaii-Archipels untersuchte, Kinder, die zumeist den unteren Sozialschichten angehörten, stellt dieses Moment der „Elastizität" besonders heraus. Der plakative Titel der Veröffentlichung „Vulnerable but invincible" suggeriert eine Robustheit und Widerstandsfähigkeit, eine Unverwüstlichkeit, die bei einer differenzierteren Betrachtung von „hard growing children" (*Radke-Yarrow, Sherman* 1990) so nicht standhält. Einzelfallstudien zeigen, daß auch „survivers" einen Preis zahlen: „There exists a group of children who have not been devastated by adversity, but even within that group, the story of each child, in its way, shows that children cannot ‚walk between the raindrops', that environmental and genetic risks are costly" (ibid. 101). Wie in der Studie von *Elder* (1974) zeigt die Untersuchung von *Werner* und *Smith* für die Entstehung von Pathogenese und Salutogenese vielfältige Wechselwirkungen zwischen unterschiedlichen Einflußgrößen. Überzeugend ist, daß Risikokinder mit Risikokindern verglichen wurden, eine Vergleichbarkeit widriger Umstände gegeben war und daß die so ermittelten „unverwundbaren" Kinder mit perinatalen Belastungen, Frühgeburt, chronischer Armut, niedrigem Bildungsniveau der Mutter selbst bei vorübergehenden Verhaltensproblemen während der ersten 10 Lebensjahre fertigwerden konnten. Deutlich wird in dieser Studie das sozioökonomische Moment erkennbar. In Familien, die intakt und ökonomisch gesichert waren und wo eine gebildete Mutter die Erziehungsarbeit leistete, führten perinatale Komplikationen und Probleme im ersten Lebensjahr zu keiner anhaltenden physischen und psychischen Beeinträchtigung der Entwicklung. Wiederum sind die Ergebnisse differenziert zu sehen. Alter und Geschlecht spielen eine wichtige Rolle. Jungen waren in der Kindheit, Mädchen in der Adoleszenz verletzbarer (*Werner* 1985, 343 f). „Trotz der biologischen und sozialen Pressionen, die die beiden Geschlechter in dieser Kultur zu unterschiedlichen Zeiten verletzbarer machen, wurden mehr Risiko-Mädchen als Risiko-Jungen zu widerstandsfähigen Erwachsenen" (*Werner, Smith* 1982, 154). *Werner* und *Smith* konnten aufgrund ihrer Untersuchung als Faktoren, die zu „Elastizität" und „Unverwüstlichkeit" (*resilience*) beitrugen, folgende Momente herausstellen:

1. das Alter des gegengeschlechtlichen Elternteils (jüngere Mütter für Jungen, ältere Väter für Mädchen),
2. die Zahl der Kinder in der Familie und der Altersabstand zwischen den Kindern,
3. Hilfskräfte für die Mutter im Haushalt (ältere Geschwister, Großeltern, etc.)
4. Arbeitsmöglichkeiten der Mutter außerhalb des Haushalts,
5. Aufmerksamkeit und Zuwendung in der frühen Kindheit durch eine kontinuierliche Versorgungsperson,
6. intakte Familienstrukturen während der Adoleszenz,
7. das Vorhandensein eines intakten, sozialen Netzwerks (Verwandte, Freunde, Nachbarn etc.),
8. Support und Rat in Krisenzeiten (*Werner* 1985, 345 f).

Mit derartigen „protektiven Faktoren" können Kinder *positive Selbstkonzepte* aufbauen und wird das *internale* „*protektive Potential*" durch Internalisierung salutogener Einflüsse gefördert. Im Bezug auf *externale* Faktoren kann man hier die Definition von *Rutter* (1979) anführen, der protektive Faktoren umschreibt als: „Factors or circumstances that provide a support, protection or amelioration for the children reared in deprivation". Diese Faktoren wirken wie Katalysatoren: Sie vermindern die Einflüsse widriger Umstände, wie in chemischen Reaktionen der Katalysator die Wirkung anderer Stoffe verändert. *Garmezy* (1983) faßt protektive Faktoren wie folgt: „Those attributes of persons, environments, situations and events, that appeared to temper prediction of psychopathology based upon an individual's at risk status". Später differenziert er das Konzept durch drei Variablengruppen:

1. Persönlichkeitsfaktoren wie „autonomy, self esteem" und eine positive soziale Orientierung,
2. family cohesion, Familien-Wärme, Abwesenheit von „discord",
3. die Anwesenheit von externen „support systems that encourage and reinforce a child's coping efforts" (*Garmezy* 1987; *Masten, Garmezy* 1985).

Protektive Faktoren führen damit zu einer Elastizität und Anpassungsfähigkeit in widrigen und bedrohlichen Situationen. Eine solche Kompetenz für Bewältigung und Problemlösung ergibt sich – blickt man in die Literatur – also durch vielfältige Faktoren und Prozesse, die im Lebensvollzug zum Tragen kommen. *Garmezy* und *Nuechterlein* (1972; *Garmezy* 1983, 74 ff.) stellen aus ihrer Literaturübersicht folgende Schutzfaktoren heraus:

1. Die Kinder verfügten über gute soziale Fertigkeiten (kontaktfreundlich und beliebt, ausgeglichen, sensibel, kooperativ, wenig defensiv und aggressiv).
2. Sie hatten mehr Selbstvertrauen, positive Selbsteinschätzungen.
3. Sie hatten positive Kontrollüberzeugungen.
4. Sie waren kognitiv kompetent, reflektierend, impulskontrolliert.
5. Eine intakte Familie war *keine* unabdingbare Voraussetzung. Abwesenheit des Vaters hatte, wo die Mutter in der Lage war, diese voll auszugleichen, keine negativen Folgen.
6. Es war eine ordentliche, häusliche Umwelt vorhanden.

7. Die Eltern waren am schulischen Fortkommen und der Bildung ihrer Kinder interessiert und unterstützten sie in dieser Hinsicht.
8. Die Rollenbeziehungen waren in der Familie klar strukturiert.
9. Selbständigkeit wurde unterstützt, die Interessen der Kinder werden gefördert.
10. Die Kinder hatten wenigstens *eine*, für sie positive Bezugs- und Identifikationsfigur unter den Erwachsenen ihres Kontextes. Sie waren durch eine positivere Einstellung gegenüber Erwachsenen und Autoritären gekennzeichnet als andere Kinder.

Wenngleich es sich hier um Untersuchungen handelt, die bei Ghetto-Kindern und ihren Familien durchgeführt wurden, so daß die Ergebnisse nicht unbedingt generalisierbar sind, werden doch Trends deutlich, die auch durch Untersuchungen bei anderen Populationen bestätigt werden. Auf jeden Fall lassen sich *externale* und *internale* Faktoren unterscheiden oder eine Dreigliederung in Faktoren, die 1. dem Bereich individueller Eigenschaften zuzuordnen sind, die 2. dem Bereich der Familie zuzuordnen sind und die 3. dem übergeordneten, sozialen Netzwerk und seiner „supportiven Valenz" (*Petzold* 1979c) zuzuordnen sind.

Hier besteht nun die Möglichkeit, eine Querverbindung zum *„social support research"* herzustellen (*Nestmann* 1988; *Schuch* 1990), das, von anderen Fragestellungen ausgehend, protektive Momente sozialer Netzwerke und Felder herausgearbeitet hat. Die Zusammenführung dieser bisher kaum vernetzten Forschungsströmungen erweist sich in interventiver Hinsicht, nämlich zur Strukturierung supportiver und protektiver Maßnahmen der Hilfeleistung – etwa durch Psychotherapie, Soziotherapie, Sozialarbeit, Sozialpädagogik, Community-Projekte –, als äußerst fruchtbar. Blickt man auf die mittlerweile schon beachtliche Literatur zu „protektiven Faktoren" und verwandten Konzepten in der ganzen Breite, so sieht man, daß hier eine große Vielfalt von Begrifflichkeiten und Konzepten, von empirischen Daten mit ihren (aufgrund von z.T. sehr divergierenden theoretischen Annahmen) recht unterschiedlichen Interpretationen zusammenkommen, die bislang noch wenig Kohärenz aufweisen. Übergreifende Definitionen müssen in dieser Situation sehr generell bleiben. *Masten* und *Garmezy* (1985) formulieren sehr pragmatisch: „Protective factors are associated with a lower than expected incidence of illness or maladaptation." Wir haben das Konzept der „protektiven Faktoren" wie folgt zu bestimmen versucht:

*»Protektive Faktoren sind einerseits – internal – Persönlichkeitsmerkmale und verinnerlichte positive Erfahrungen, andererseits – external – spezifische und unspezifische Einflußgrößen des sozio-ökologischen Mikrokontextes (Familie, Freunde, significant caring adults, Wohnung), Mesokontextes (Subkultur, Schicht, Quartier, Region) und Makrokontextes (übergreifende politische und sozioökonomische Situation, Zeitgeist, Armuts- bzw. Krisenregion), die im **Prozeß ihrer Interaktion** miteinander und mit vorhandenen Risikofaktoren Entwicklungsrisiken für das Individuum und sein soziales Netzwerk weitgehend vermindern. Sie verringern Gefühle der Ohnmacht und Wertlosigkeit und gleichen den Einfluß adversiver Ereignisse und Ereignisketten aus bzw. kompensieren ihn. Sie fördern und verstärken aber auch als salutogene Einflußgrößen die Selbstwert- und Kompetenzgefühle und -kognitionen sowie die Ressourcenlage und „supportive Valenz" sozioökologischer Kontexte (Familie, Schule, Nachbarschaft, Arbeitssituation), so daß persönliche Gesundheit, Wohlbefinden und Entwicklungschancen über ein bloßes Überleben hinaus gewährleistet werden«* (Petzold).

Eine solche breite Bestimmung des Konzeptes hat den Vorteil, Überlebensfähigkeiten nicht individualisierend als „internale Faktoren" zu fixieren. Es betont die Interaktion protektiver Faktoren untereinander bzw. von protektiven *und* Risikofaktoren (vgl. *Sameroff, Seifer* 1990, 62). Es stellt auf den Prozeßcharakter dieser Interaktion ab, so daß es besser ist, von *„protektiven Prozessen"* zu sprechen als von Einzelfaktoren oder Faktorenclustern. Weiterhin wird neben den *sozialen Faktoren* der *ökologischen Dimension* (z.B. Wohnsituation, Quartierverhältnisse) Aufmerksamkeit geschenkt, deren spezifischer und unspezifischer Einfluß in vielen Studien immer wieder benannt wird (*Vaughn, Gove, Egeland* 1980; *Sameroff, Bakow* et al. 1978; *Richters, Weintraub* 1990), insbesondere in Arbeiten zum *„labeled environment"* (*Wachs, Gruen* 1982), leider ohne daß eine Rückbindung an die ökologische Entwicklungspsychologie oder die Setting-Theorie (*Bronfenbrenner, Barker*) erfolgt. Schließlich wird über das bloße *„survival"* hinausgehend der selbständige salutogene Einfluß protektiver Faktoren auf die Ermöglichung von Entwicklungschancen ausgedehnt. Ein solches multifaktorielles und transaktionales Modell, das nicht nur auf Verminderung von Risiken und Verhinderung von Schäden, sondern auch auf Entwicklungsförderung abstellt, eröffnet über diagnostische Zielsetzungen hinaus *interventive* Perspektiven, die Möglichkeiten bieten, über das Bereitstellen protektiver Beziehungen, supportiver Netzwerke und fördernder Umwelten nachzudenken und reparative Perspektiven überschreitend, Entwicklungsziele in den Blick zu nehmen.

Aber es wird um mehr gehen als darum, überlebenssichernde Stützsysteme bereitzustellen. *Garmezy* (1983, 76 ff.) weist darauf hin, daß das bloße *Überleben*, etwa in einer Bürgerkriegssituation, bei Ausbildung aller notwendigen Handlungskompetenzen doch nicht gewährleistet, daß Zukunftsperspektiven, Bindungsfähigkeit, Hoffnung oder Zielorientierung in ausreichendem Maße entstehen können. Die Gefahren soziobiologischer Verkürzungen oder einer Glorifizierung der „Survivors", wie sie in manchen amerikanischen Untersuchungen zum Ausdruck kommt, könnte in interventiver Hinsicht die verhängnisvolle Folge haben: daß man nämlich im wesentlichen protektive Faktoren bereitstellt, gerade genug, daß sie ausreichen, das Überleben zu sichern, eine optimale Anpassung an widrige Umstände zu ermöglichen, ohne daß dabei die Umstände selbst nachhaltig verändert werden (weil dies zunächst – wenngleich nicht auf lange Sicht – kostenaufwendiger ist). Im Bereich der „niedrigschwelligen Drogenarbeit" (Methadonprogramm, Fixerräume, Notschlafräume etc.) zeigen sich derartige Gefahren überdeutlich (*Petzold, Hentschel* 1991; *Hentschel* 1993). Wir haben in unserer Definition deshalb auf das weitgehende Vermindern oder Kompensieren von „Entwicklungsrisiken" abgestellt, auf das Ausgleichen von Negativeinflüssen *und* auf die Förderung positiver oder alternativer Möglichkeiten, um gar nicht erst der Illusion Vorschub zu leisten, daß protektive Faktoren alle negativen und adversiven Einflüsse „abpuffern" könnten und in der Lage wären, einen umfassenden Schutz (*protection*) zu gewährleisten. Protektive Faktoren sollten uneingeschränkt der Salutogenese zugute kommen, statt zur Kompensation oder beim „buffering" pathogener Einflüsse verbraucht zu werden, womit sie für das Entwicklungspotential des Individuums verloren sind.

Was das Konzept insgesamt bieten kann, sind diagnostische Raster für das Erkennen und Einschätzen von Situationen und Strategeme für die interventive Bereitstellung von schützenden und kompensatorischen Einflußmöglichkeiten, die die Entwicklung von Kindern – aber auch von Erwachsenen und alten Menschen (*Brown, Harris* 1978; *Saup* 1991) – in konstruktiver Weise zu fördern vermögen.

Betrachten wir die Forschungslage zu Risiko- und protektiven Faktoren, so zeigt sich, daß wir in der Regel Studien mit großen Untersuchungspopulationen haben, die in einem „true experimental control group research design" durchgeführt wurden. Wir wissen deshalb in recht allgemeiner Weise, welche protektiven Faktoren in „Multi-Problem-Haushalten", schwerwiegendem Umgebungsstreß als „challengers" Kindern das Überleben zu sichern helfen. „The data from developmental psychopathology (*Garmezy* 1983; *Rutter* 1983) indicate that factors such as intelligence, sex of child, age of child, and family socioeconomic status have value as predictors of how well children *on the average* will weather stresses. The challenge is to understand how and when these and other factors can deflect risks and reflect processes that mediate the experiences of the individual child" (*Radke-Yarrow, Sherman* 1990, 101). Diese Aufgabe kann durch „single case studies" im Rahmen solcher umfassender Untersuchungsprojekte bewältigt werden. Die Untersuchungen von *Masten* (et al. 1990) und *Radke-Yarrow, Sherman* (1990) sind Beispiele für derartige kombinierte Forschungsstrategien, die auch zeigen, *wie* Schutz und *vor was* Schutz gegeben wird, *wie* „Unverwundbarkeit" und *gegenüber welchen* Einflüssen Unverwundbarkeit gewonnen werden kann oder ob es überhaupt so etwas wie „Unverwundbarkeit" oder eine prinzipielle Robustheit gibt. Auch wird sich das Problem der Beeinflussung späterer Lebensphasen durch frühere nur durch eine große Zahl von Feinanalysen aufklären lassen, denn die Beziehungen zwischen Kindheitsschädigungen und -problemen und späteren Fehlentwicklungen sind außerordentlich komplex (*Sroufe, Rutter* 1984, 17), so daß sich keine linearen oder eindimensionalen Ursache-Wirkungszusammenhänge herstellen lassen, eine Auffassung, die schon *Anna Freud* (1965, 151) vertrat: „There is not certainty that a particular type of infantile neurosis will prove to be the forrunner of the same type of adult neurosis."

Eine differenzierte Betrachtung familiendynamischer Konstellationen und der in ihnen wirkenden protektiven Faktoren bzw. Prozesse macht auch deutlich, daß die überlebenssichernden Strategien, die Kindern vorübergehend weiterhelfen, nicht unbedingt funktional für spätere Lebensbewältigung sind. *Radke-Yarrow, Sherman* (1990) fanden heraus, daß „each surviver-child has been found to fullfill a need of one or both ill parents that also serves the child positively, at least for the present" (ibid. 118). Aber eine solche Anpassung „harbors the seeds of possible future serious problems"... „these children will be able to satisfy their parents' needs and their own needs only at increasing costs to the children themselves" (ibid.). Hier wird man an Ferenczis Überlegungen zu „malignen Progressionen" (*Ferenczi* 1932; *Petzold* 1969c) erinnert. Eine differentielle und kontextuelle Betrachtung des Konstruktes „protektiver Faktoren" wird deshalb unerläßlich. Der derzeitige Forschungsstand hat zwar dargestellt, „daß" protektive Faktoren wirken. Die Frage nach dem „Wie", insbesondere nach der Interaktion der verschiedenen Einflußgrößen, bleibt nach wie vor ungeklärt bzw. muß in der Betrachtung jedes einzelnen Schicksals exploriert werden. *Kalverboer* (1988) faßt die derzeitige Situation wie folgt zusammen: „Tatsächlich kommt man heute noch nicht weiter als zu einer Zusammenstellung umfassender Tabellen von Faktoren, die Risiken bieten oder mindern, ohne daß man ein genaueres Wissen über wechselseitige Beziehungen hat oder über die Art und Weise, wie sie die Entwicklung des Verhaltens beeinflussen." Es geht also um die *Gewichtung* von Faktoren, und eine solche wird wiederum im Hinblick auf Zielsetzungen erfolgen müssen: Ist man mehr auf diagnostische Erkenntnisse gerichtet oder auf interventive Ziele? Für die Psychotherapie sind beide Dimensionen wesentlich!

Wir wollen im folgenden eine Zusammenstellung von Aspekten geben, die uns sowohl für die Praxis der Kindertherapie wesentlich erscheinen als auch für die rekonstruktive Arbeit in der Therapie Erwachsener, welche im Sinne eines „hermeneutischen Durchdringens der Lebensgeschichte" dazu beitragen will, an Verständnis für die Entwicklung der eigenen Persönlichkeit zu gewinnen. Da das eigene Identitätserleben ein Verstehen der persönlichen Geschichte erfordert, wird es wichtig werden, auf die Gesamtheit biographischer Formierungsprozesse zu schauen (*Petzold, Schuch* 1991) und nicht nur auf die traumatischen Erfahrungen. Unter einer solchen psychotherapeutischen Perspektive wird also protektiven Faktoren, benignen Vergangenheitserfahrungen in einer Therapie von Jugendlichen, Erwachsenen und alten Menschen eine nicht zu unterschätzende Bedeutung zukommen. Es wird dabei *retrospektiv* vielleicht deutlich werden können, welche wesentlichen Bezugspersonen durch welche Supportleistungen überlebenssichernde und salutogene Funktionen in einer Biographie hatten (*Garmezy* 1983, 76f; *Tress* 1986) und welche Copingstrategien in Kinderzeiten probat waren (*Honig* 1986), welche gegenwärtig (*aspektiv*) noch nützlich sind oder aber im Sinne einer dysfunktionalen Fixierung als überholt betrachtet werden müssen und schließlich welche unter *prospektiver* Optik für die Zukunft noch Bedeutung haben könnten. Letztlich wird der Stellenwert deutlich, den Großeltern, Geschwister und Freunde gehabt haben – die Longitudinalforschung weist klar ihre protektive Bedeutung aus (*Werner* 1985, 350) – und welche Personen als „innere Beistände" (*Petzold* 1985l) internalisiert wurden. Das Bewußtmachen solcher „Beistände" erschließt persönliche *Ressourcen* und stabilisiert die Persönlichkeit, besonders, wenn man eine persönlichkeitstheoretische Perspektive zugrunde legt, in der „personality" nicht nur als die Gesamtheit der Selbstrepräsentanzen bzw. Selbstkonzepte gesehen wird, sondern diesen auch noch die Repräsentanzen wichtiger Bezugspersonen zugeordnet werden. Auch die verinnerlichten Bilder bzw. Fremdbilder, *Imagines* von Menschen, die ich „in mir trage", bestimmen die Persönlichkeit (*Petzold* 1992a). Durch eine biographische Betrachtung der positiven, negativen und Defiziterfahrung wird der *„sense of coherence"* gefördert, den *Antonovsky* (1979, 123) als so bedeutsam für seelische Gesundheit ansieht. Eine solche Erfahrung des Integrierens und positiven Antizipierens wird durch gegenwartsbezogene biographische *und* prospektiv orientierte Therapie mit umfassenden Perspektiven (*Petzold, Orth* 1993) konstituiert, denn sie stellt „Zusammenhänge" her. „Sinn" aber scheint nur in Zusammenhängen auf und schafft als gemeinschaftlich getragenes Unterfangen einen Vertrauenshintergrund (*confidentia*), der es ermöglicht, negative soziale Komplexität zu reduzieren (*Luhmann* 1971, 1978). Die nachstehende

Zusammenstellung zum Konstrukt „*protektiver Faktoren*" bzw. „*protektiver Prozesse*" ist auf dem Hintergrund der soeben umrissenen therapeutisch-interventiven Interessenlage zu sehen.

2.1 Die Wichtigkeit eines guten Anfangs

In den traditionellen Anamneseschemata tiefenpsychologisch ausgerichteter Psychotherapeuten, aber auch theoretisch anders orientierter klinischer Psychologen findet sich in der Regel die Frage nach pränatalen, perinatalen oder postnatalen Komplikationen. Frühgeburt, ein zu niedriges Geburtsgewicht, ein Oxygendefizit zur Zeit der Geburt werden als Entwicklungsrisiken betrachtet und mehr noch: als bedeutsame Ursachen oder Teilursachen späterer Fehlentwicklungen und seelischer Erkrankungen. Bei Kindern mit perinatalen Komplikationen wird versucht, durch ein sorgfältiges, neurologisches *Assessment* (z.B. *Apgar*-Test) festzustellen, ob Schädigungen vorliegen, um diese so früh wie möglich zu entdecken und behandeln zu können. Die Auswirkungen derartiger „früher Entwicklungsrisiken" von Neugeborenen sind vielfach unter longitudinaler Perspektive untersucht worden, und es besteht kein Zweifel, daß postnatal objektivierbare Schädigungen, wie z.B. Hirnläsionen, ein erhebliches Risiko für die weitere Entwicklung des Kindes bieten (*van Engeland* 1988; *Rauh* 1989). Bei einer differentiellen Betrachtung wird aber deutlich, daß die Auswirkung von prä-, peri- und postnatalen Belastungen oder Schädigungen im Einzelfall sehr stark variieren. Die stereotype anamnestische Frage nach den Bedingungen der Geburt („schwer" oder „leicht", lange Dauer, Kaiserschnitt etc.) steht indes im psychoanalytischen Paradigma auf einem anderen Boden als die Frage nach medizinisch objektivierbaren, somatischen bzw. zerebralen Schädigungen. Für *Freud* (1920, 385) war die Geburt „Quelle und Vorbild für den Angstaffekt", eine *Urangst*, die durch die traumatische Erfahrung des Geburtsaktes gesetzt wurde. Seine Schüler *Otto Rank* (1924) und *Siegfried Bernfeld* (1925) entwickelten auf diesem Boden die Theorie vom „Geburtstrauma". Dieser Gedanke, in denen die jüdisch-christliche Erbsündenlehre im säkularisierten Gewand der Tiefenpsychologie Urstände feiert (wie Eva, durch die „alle Sünde" in die Welt kam, wird jede

Frau an ihrem Kind schuldig, durch das Faktum des Gebärens, indem sie ihm eine Urangst, ein Trauma mit auf den Lebensweg gibt), hat zahlreiche Anhänger gefunden. Bis heute findet sie sich mehr oder weniger deutlich in der „psychoanalytic community", aber auch Autoren wie *Laing* (1976, 30-68), *Janov* (1970), *Freundlich* (1981), *Grof* (1978), *Orr* (1977) und auch Bioenergetiker wie *Reich, Lowen, Boadella* vertreten diese Auffassung. Zweifelsohne gibt es traumatische Geburten, pränatale Schädigungen. Auch ist es auf dem Hintergrund dieses kryptoreligiösen Diskurses verstehbar, wenn viele Menschen das Geburtsereignis als pathogenes, traumatisches Widerfahrnis in ihre subjektiven Krankheitstheorien (*Flick* 1991) einbauen, die aus „sozialen Repräsentationen" (*Moscovici* 1984), kollektiven „Glaubenssystemen" (believe systems) gespeist werden. Aber klinisch arbeitende Psychologen und Psychotherapeuten sollten derartige Annahmen anhand von Forschungsergebnissen überprüfen. Leider geschieht dies in der Regel nicht, wie die Unausrottbarkeit mehr oder weniger prägnant formulierter Konzepte über die pathogene Wirkung der Geburt in der Vorstellung von Patienten und mehr noch, von Therapeuten zeigt. Für normal verlaufende Geburten von *„full-term babies"* kann ausgesagt werden, daß sie *nicht* traumatisiert erscheinen (*MacFarlane* 1978), vergleicht man diese Säuglinge mit denen, die eine schwere, komplizierte Geburt (das sind in den westlichen Industrienationen zwischen 2,4-4 %) durchlaufen haben oder die durch Unfall und Mißhandlung traumatisiert wurden und die dann durch ein spezifisches, klinisches Bild imponieren.

In der klinischen Praxis ist es vielfach üblich, bei älteren Kindern mit Verhaltensauffälligkeiten und Problemlagen unter retrospektiver Perspektive Kausalitäten in „frühen Schädigungen" zu sehen. Therapeuten und Eltern, unter *Erklärungszwang* stehend, suchen nach *Ursachen* und „finden" sie oft genug in einer schweren Geburt, die natürlich Eltern von anderen, möglicherweise problematischeren Ursachen freistellt und Therapeuten davon entbindet, weiter nach solchen zu forschen. Kaum jemals wird überdies bei biographischen Anamnesen in der Psychotherapie geklärt, was denn eine „schwere" oder eine „komplizierte" Geburt sei, geschweige denn, daß Krankenhausakten beigezogen würden. Wir haben als Stichprobe aus einer Population von 14 Kindern aus der kinderpsychotherapeutischen Ambulanz (Alter zwischen vier und sechs Jahren mit verschiedenen Verhaltensauffälligkeiten und Störungen), bei denen die Mütter in der Anamnese eine „schwere Geburt" angaben, die Angaben anhand der obstetrischen Dokumentation zu objektivieren versucht. In den neun Fällen, wo dies gelang, bestätigt sich diese Aussage nur einmal. Die übrigen Angaben müssen auf das Konto subjektiven Erlebens, des Erklärungsbedürfnisses oder der Suggestivität der Exploration von seiten der Therapeuten gebucht werden. Unter einer derartigen pathologisierenden Perspektive leitet die Geburt ein *„continuum of reproductive wastage"* (Lilienfeld, Parkhurst 1951) bzw. ein *„continuum of reproductive casuality"* (Pasamanick, Knobloch 1966) ein. Prospektive Studien allerdings demonstrieren, daß andere Faktoren gleichgewichtig oder sogar gewichtiger sein können (*Garmezy* 1981; *Werner* 1985). Ja, es konnte schon sehr früh bei einer Population von einigen hundert Neugeborenen gezeigt werden, daß perinatale Anoxie, obgleich sie in der unmittelbaren postnatalen Phase eine Beeinträchtigung des neurologischen und des Entwicklungsstatus bewirkt, bei der Nachuntersuchung mit drei Jahren und mit sieben Jahren sich *nicht* als signifikanter Prädikator für Fehlentwicklungen erwies (*Graham* et al. 1956, 1962; *Corah* et al. 1965). Die bekannte Untersuchung von *Broman* (et al. 1975), in der 53.000 amerikanische Kinder im „Perinatal Project of the National Institute of Neurological Deseases and Stroke" über sechs Jahre (1959-1965) in einem prospektiven Design untersucht wurden, konnte zeigen, daß verläßliche Prädikatoren im Hinblick auf spätere kognitive Kompetenz *sozioökonomische Faktoren* waren, insbesondere der Bildungsstand der Mutter, daß also Armut und negative Umwelteinflüsse für Kindersterblichkeit, Erkrankungen und problematische Entwicklungsverläufe ausschlaggebend waren, obgleich natürlich objektivierbare hirnorganische Schädigungen und pränatale Entwicklungsrückstände gleichfalls signifikanten Einfluß hatten (*Niswander, Gordon* 1972). Die schon mehrfach zitierte, 1954 begonnene Studie von *Werner* (et al. 1971, 1977, 1982) bei einer Kohorte von 857 Geburten, kommt zu einem ähnlichen Ergebnis. *Sameroff, Chandler* (1975) ersetzten deshalb den Begriff *„continuum of reproductive casualty"* durch den eines *„continuum of caretaking casualty"*. In ihrer Übersichtsarbeit kommen sie zu dem Schluß, daß die ökonomische, soziale und familiäre Situation Entwicklungsrisiken in hohem Maße bestimmt und ein „schlechter Anfang" nicht unbedingt wegen des Anfangs zu einem „schlechen Ende" gerät, sondern wegen der Fortsetzung von Negativeinflüssen (*adversive events*) und dem Fehlen protektiver und supportiver Einflüsse (*Rutter* 1989; *Robins, Rutter* 1990).

Es ist aber nicht nur der soziale Kontext, der über den Verlauf von Entwicklungen entscheidet. Es gibt auch andere spezifische Einflüsse, durch die sich Gruppen von Risikokindern differenzieren lassen. *Sameroff* (1975) zeigt, daß Kindesvernachlässigung und Kindesmißhandlungen bei Kindern mit einem niedrigen Geburtsgewicht häufiger vorkommen als bei normalgewichtigen Kindern. 10 % aller Neugeboren haben ein zu niedriges Geburtsgewicht. *Klein* und *Stern* (1971) konnten in ihrer Untersuchung feststellen, daß 40 % der mißhandelten und vernachlässigten Kinder ein zu niedriges Geburtsgewicht hatten, also offensichtlich der Schwierigkeitsgrad dieser Kinder, ihr „a-typisches Verhalten" zu keinem positiven *„parenting"* führte, sondern über Verunsicherung und Frustration das Mißhandlungsrisiko erhöhte. *Rheingold* (1966) konnte in einer Untersuchung zeigen, daß die äußerliche Erscheinung eines Kindes das Ernährungsverhalten der Eltern bestimmte. Diese und ähnliche Befunde haben *Sameroff* (1975) zu seinem „transaktionalen Modell der Erforschung von Mutter-Kind-Interaktionen" geführt, das den Akzent von einer „monadistischen" Betrachtung des Säuglings zu einer Betrachtung gesunder *und* pathologischer *Beziehungen* verschob (*Sameroff, Emde* 1989). Beispielhaft sei für diesen Ansatz das „Mother-Child-Interaction-Research-Project" an der Universität von Minnesota genannt, das sich unter anderem mit dem Einfluß persönlicher Streßfaktoren der Mutter auf die Mutter-Kind-Interaktion befaßt. Hoher, *zeitextendierter Streß* der Mutter beeinflußte die Interaktion negativ und dies stärker bei Müttern von Mädchen als bei Müttern von Jungen. Bei Müttern mit Mädchen im Alter von etwa sechs Monaten begann sich in signifikanter Abhängigkeit von ihrem Streß ein unempathisches Parenting-Verhalten auszubilden. Bis zum dritten Lebensjahr wurden die Unterschiede zwischen der Gruppe von Müttern und Mädchen und Müttern und Jungen immer größer (*Pianta, Egeland* 1990). Die Autoren stellten auch eine Änderung im Verhalten der Mädchen ihren Müttern gegenüber fest: „By 42 months it appeared that the girls had adopted a strategy of disengaging from or resisting their mothers" (ibid.). Unter transaktionaler Perspektive liegt der Schluß nahe, daß hier ein Interaktionsprozeß von zunehmender Negativität entstanden ist.

Forschungen scheinen nahezulegen, daß die Untersuchung derartiger Interaktionen und der sie determinierenden Bedingungen Prädikatoren für Kindesmißhandlungen hergeben (*Egeland* et al. 1980; *Pianta* et al. 1986, 1989; *Cicchetti, Carlson* 1989). In eine ähnliche Richtung weist das „scoop-model" (*Kopp, McCall* 1982). Die Autoren gehen davon aus, daß Kinder in den ersten beiden Lebensjahren biologisch gut gegen negative Umwelteinflüsse und adversive Erfahrungen – bewirkt etwa durch Unerfahrenheit und Ungeschicktheit der Eltern – abgeschirmt (*buffered*) sind. Die Untersuchung verweist darauf, daß bei Kindern mit einem Handikap oder bei Risikokindern dieser „Puffer" reduziert ist und daß unter transaktionaler Perspektive auch mit einem größeren Maß an Negativeinflüssen zu rechnen ist, da sie an ihre Umgebung höhere Anforderungen stellen, die durch die damit gegebenen höheren Belastungen negativ zu Buche schlagen. Eine Studie von *Escalona* (1982) unterstützt diese Auffassung. Sie untersuchte prospektiv 114 Couveuse-Kinder (hauptsächlich Frühgeborene) über einen Zeitraum von 3,5 Jahren. Die meisten Säuglinge stammten aus farbigen Armutspopulationen. Bis zum Alter von 15 Monaten zeigte sich eine weitgehend normale kognitive Entwicklung. Beim Meßzeitpunkt von 28 Monaten fand sich ein Abfallen des kognitiven Niveaus (was für die These einer erhöhten Vulnerabilität im zweiten Lebensjahr spricht, vgl. *Vyt* 1989) und zwar in direkter Abhängigkeit vom sozioökonomischen Status der Familie. Die Negativentwicklung hielt auch weiterhin an. Die Untersuchung von *Escalona* weist darauf hin, daß auch bei „fullterm-babies" negative Kontextbedingungen Wirkung zeigen, Frühgeborene aber eine erhöhte Sensibilität bzw. Vulnerabilität aufweisen.

Konzepte wie das der „biologischen Abschirmung", des „Puffers", der „relativen Robustheit" oder das der hohen Kompensationsfähigkeit wurden aufgrund der Untersuchungen von Kindern mit verschiedenen medizinischen Risiken (*O'Dougherty, Wright* 1990) entwickelt. Sie betonen die „Kompetenz" von Säuglingen, seine Fähigkeit, auf die Umwelt einzuwirken (*Rauh* 1989), so daß sie – wie *Bronfenbrenner* (1988 zitiert bei *Rauh* 1989) hervorhob – auf diese Weise selbst ihre Entwicklung beeinflussen. Eine solche Sicht setzt einen gewichtigen Kontrapunkt gegen die pathologisierende Darstellung des Säuglings durch *Freud* und in seiner Folge durch *Spitz, Mahler* und in Sonderheit durch *Melanie Klein* und die in ihrem Einfluß stehenden Analytiker, z.B. *Bion, Kernberg* u.a. sowie gegen die auf diesen einseitigen und zum Teil falschen Annahmen aufbauenden Pathogenesetheorien dieser Autoren. Wir haben an anderer Stelle diesen Aspekt psychoanalytischer Theorienbildung als „unbewußten Ausdruck protektiver Impulse gegenüber dem Säugling" gedeutet (*Petzold* 1991c): Indem man ihn als extrem hilflos und krank hinstellt, wird damit einem (genetisch vorgegebenen) „*parenting-programme*" (*Papoušek, Papoušek* 1981) der Fürsorge und des Schutzes entsprochen.

Es liegt nach dieser Darstellung wichtiger Befunde klinischer Entwicklungspsychologie die Konklusion nahe: Theoreme über offenbar monokausal wirkende „frühe Störungen" sollten nicht zur Grundlage weitreichender Schlußfolgerungen für die Krankheitslehre gemacht werden, etwa für die Pathogenese der Borderline-Erkrankung (*Rhode-Dachser* 1979; vgl. aber die halbherzigen Infragestellungen ihrer Position im Vorwort zur neuesten Auflage aufgrund einer selektiven Rezeption der neueren Babyforschung, ohne daß von der Autorin die angedeutete, notwendige Revision – und sie müßte eine sehr grundsätzliche werden – der Theorie in Angriff genommen worden wäre, eadem 1989).

Die Vorstellung vom „kompetenten Säugling" (vgl. *Stone* et al. 1973 und jetzt *Dornes* 1993), der aufgrund protektiver Faktoren Entwicklungsrisiken meistern und Entwicklungsrückstände aufholen kann, eröffnet eine positive Perspektive, nicht zuletzt in interventiver Hinsicht, wenn es nämlich gelingt, das „*continuum of casualty and caretaking*" zu beeinflussen und zu verändern, „Ketten adversiver Ereignisse" durch das Heranführen von Ressourcen und Zur-Verfügungstellen supportiver Faktoren, d.h. durch das Initiieren „protektiver Prozesse" zu beeinflussen. Es wäre aber verfehlt, aufgrund der Forschungslage von einem „robusten" oder gar „unverwüstlichen" Säugling zu sprechen, nur weil salutogene Einflußgrößen Risiken vermindern und protektive Faktoren eine gewisse Widerstandsfähigkeit fördern und weil offenbar in der Säuglingszeit eine gute Elastizität gegeben ist.

Als Folgerung der in diesem Abschnitt referierten Studien kann man durchaus festhalten: Ein guter Anfang ist wichtig – und eine normal verlaufende Geburt ist ein guter Anfang –, aber sie ist nicht die uneingeschränkte und bedeutendste Einflußgröße für den Verlauf der weiteren Entwicklung. Die Eigenschaften des Kindes sind ein bestimmendes Moment. Seine Interaktion mit den relevanten „*caretakers*" und deren Interaktion mit dem Säugling über die Zeit hin sind ein ausschlaggebendes Moment, und Babys, die in dieser Interaktion *kompetent* sind und eine aktive Rolle spielen, haben besonders gute Entwicklungschancen. Säuglinge mit einem Handikap oder massiven Entwicklungsrisiken sind auch für ihre weitere Entwicklung mehr „*at risk*", nicht zuletzt, weil sie im Zusammenspiel mit ihren relevanten Bezugspersonen weniger zu „stimmigen" Interaktionen kommen, zu einem guten „*fit*", guten „*matches*", gutem „*affect attunement*" (*Stern* 1985), einer optimalen „*Kommotibilität*" (*Petzold* 1991e) oder „*Kontingenz*" (*DeCasper, Carstens* 1981). So kann *kommunikative Kompetenz* und *Performanz* sowohl von seiten des Säuglings als auch von seiten der Mutter bzw. anderer „*relevant caregivers*" als ein bedeutsamer protektiver Faktor gesehen werden, der gelingende Interaktion ermöglicht. Beeinträchtigungen bei einem oder beiden der Interaktionspartner „Kind und Erwachsener" erhöhen das Risiko mißlingender Kommunikation und damit gesunder Entwicklung erheblich.

2.2 Situations- und Selbstbewertungen

Schon im pränatalen Bereich reagiert der Föte im letzten Gestationstertial auf Schmerzreize mit einem „agitiert-motorischen Muster". Säuglinge versuchen, motorisch adversiver Stimulierung zu entgehen. Von diesen einfachen Reaktionsweisen bis zu einer negativen Situationsbewertung ist es ein langer Weg. Eine solche beginnt sich im zweiten Lebensjahr mit dem Erwachen der persönlichen „awareness" (*Kagan* 1981) zu entwickeln (*Vyt* 1989). Die Bedingungen, die zu archaischen Situationsbewertungen führen, hat *Katherine Nelson* (1989) aufgrund von Einschlafmonologen und Eltern-Kind-Dialogen aus diesem Zeitraum dokumentiert. In dieser „*world of stories*" (*Stern* 1989a, 1990), in der sich eine Biographie zu formieren beginnt, werden *Identifizierungen*, d.h. Attributionen aus dem Außenfeld allmählich einfachen und in der Folge immer komplexer werdenden Bewertungsprozessen (*appraisal, valuation*) unterzogen. Die Ermöglichung solcher Bewertungsprozesse ist ein äußerst wichtiges Moment in der Eltern-Kind-Interaktion des zweiten Lebensjahres. Diese Interaktion ist nicht mehr nur durch Muster des „*intuitive parenting*" als „mitgegebenen Handlungskompetenzen" gesichert, sondern erfordert von den Eltern empathische Leistungen, ein „*sensitive caregiving*" (*Vyt* 1989; *Petzold* 1991e), das gewährleistet, daß das Kind in einer Art „psychologischer Atempause" eine *Resonanz* auf die eingehenden Attributionen finden kann, sie mit vorgängigen Erfahrungen – insbesondere seinen rudimentären Identitätsfolien und Selbstkonzepten – abgleicht, um sie innerlich abzulehnen oder sie mit *Identifikationen* zu belegen (vgl. *Petzold* 1992a, 530 f). Dieses Moment des „*appraisal*" ist in der Regel als *kognitives* herausgestellt worden. Eine solche Zuordnung greift sicher zu kurz, es sei denn, man faßt den Kognitionsbegriff so weit (und dann wahrscheinlich unzulässig weit), daß man das Moment der Emotionalität unter ihm subsumiert.

Die neuere Emotionsforschung und komplexere Emotionstheorien geben zu einer solchen Annahme keinen Anlaß (*Izard* 1977; *Leventhal* 1979; vgl. *Petzold* 1991b). In Bewertungsprozesse gehen kognitive *und* emotionale Schemata ein, ja, blickt man auf Mimik, Gestik, Haltung, so wird deutlich: Die *appraisals* oder *valuations* werden auch von *somato-motorischen Schemata* begleitet. In den Prozessen der Identitätsbildung, die im zweiten Lebensjahr mit Ausbildung einer „archaischen Identität" (*Petzold* 1991e) beginnen und im vierten Lebensjahr einen Kulminationspunkt erfahren, spielen Bewertungsparameter, d.h. kognitive Einschätzungen *und* ihre emotionalen Konnotationen eine große Rolle, denn sind sie positiv, so stellen sie einen gewichtigen protektiven Faktor dar, sind sie negativ, so führen sie zu negativen „subjektiven Theorien" (*Flick* 1991) über das Selbst, d.h. sie konstituieren Risikofaktoren. Dem Aufbau positiver „selbstreferentieller Gefühle" (*Petzold* 1992a, 823 ff.) als Grundlage der Ausbildung positiver Selbstkonzepte und eines positiven Identitätserlebens ist deshalb größte Bedeutung zuzumessen. Nur Menschen, die ein klares *Selbstgefühl* haben, eine *Selbstgewißheit*, die sich zum *Selbstwertgefühl* verdichtet und dann zu einem positiven *Selbstbewußtsein* führt (ibid., 677 ff.), Menschen, die nicht von Minderwertigkeitsgefühlen und Selbstzweifeln gequält werden, die sich nicht abwerten, sondern sich für wertvoll halten (weil sie Wertschätzung erfahren haben), haben gute Chancen in der Bewältigung ihrer „Entwicklungsaufgaben" (*Havinghurst*). Feinanalysen des Aufbaus von Selbstkonzepten zeigen, daß diese wesentlich durch die Internalisierung positiver Attributionen aus dem sozialen Kontext erfolgen. Dabei spielen die Bezugspersonen oder zumindest *eine* wichtige, positive Bezugsperson eine wesentliche Rolle, wie aus verschiedenen Longitudinalstudien ersichtlich wird (siehe unter 2.5). Das „*appraisal*" gewinnt, ist es einmal ausgebildet, eine bestimmende Qualität für unsere Situationswahrnehmung. *Zimrin* (1986) hat in seinen Longitudinaluntersuchungen zu „Überlebensstrategien" eine Reihe instruktiver Beispiele für das Moment des „*appraisal*" gebracht, die zeigen, daß es sich hier keineswegs nur um eine kognitive, sondern auch um emotionale Bewertungen handelt (wir ziehen daher den Begriff der „*valuation*" vor, vgl. *Petzold* 1992a, 532 ff.). Ein Junge der Untersuchungsgruppe *Zimrins* berichtet, daß seine Mutter ihn mit dem Satz vorstellte: „Haben Sie jemals etwas so Dummes gesehen?" Der Junge erzählte dann den Forschern: „Ich blieb dazu stumm, aber in meinem Herzen sagte ich mir: ,Ich bin nicht blöde. Sie selbst ist blöde.'!" Dieser Junge hatte durch protektive Umwelteinflüsse (die es unter Forschungsperspektive, aber auch in therapeutischen Prozessen jeweils zu lokalisieren gilt), die Möglichkeit entwickelt, *Identifizierungen* aus der Außenwelt, positive und negative Attributionen mit einem relativ stabilen Selbstkonzept abzugleichen *und* kognitiv sowie emotional zu gewichten. Die Prägnanz des vorhandenen Selbstkonzeptes und die Fähigkeit zu solchen Bewertungen müssen als protektive Faktoren gesehen werden, denn fehlt es an Prägnanz des Selbstbildes oder ist dieses einseitig negativ, so daß eventuelle positive Attributionen gar nicht zum Tragen kommen können – was häufig bei negativen Selbstreferenzen, z.B. Minderwertigkeitsgefühlen der Fall ist –, so findet die Fähigkeit zu *appraisal/valuation* keinen Bezugspunkt oder zumindest keinen adäquaten, so daß es beständig zu Fehlwertungen kommt. Aus dem gleichen Forschungssample berichtet ein anderer Junge: „Zu Hause ist alles Scheiße, aber woanders lernte ich, daß ich etwas wert bin. Die Kinder in der Schule haßten mich, aber mein Zeugnis war hervorragend, und die Lehrer schätzten meine Leistung" (ibid). Hier wird deutlich, wie externaler Support ein positives Selbstbild aufbauen und soweit stärken kann, daß dieses zum „protektiven Faktor" gegenüber feindseligen (*adversive*) Einflüssen und externalen Negativattributionen wird. Die positive Selbstattribution bzw. die Bewertung der eigenen Möglichkeiten, des eigenen Wertes, ist stärker. Noch ein anderer Junge berichtet über seine Mutter: „She beats me because she is disturbed... and.... I just happened to fall into her hands." Hier ist offensichtlich die Möglichkeit gewachsen, das eigene, gesunde und normale Funktionieren gegenüber einem kranken, verwirrten, pathologischen Verhalten abzuwägen (she ist disturbed). Diese Bewertung gewinnt einen protektiven Charakter. Sie hat einen Erklärungswert. Das Kind sieht die Schicksalhaftigkeit seiner Situation und auch, daß seine Mutter nicht bösartig ist, „just disturbed". Eine derartige „innere Distanzierung" von der Situation wird natürlich als Schutzfaktor allein nicht genügen, weil die auftretenden, emotionalen Defizite – hier etwa Vernachlässigung und Mißhandlung – kompensiert werden müssen. Unter Forschungsperspektive (und natürlich auch unter klinisch-therapeutischer) müßte gefragt werden, wo diese protektiven Faktoren anzusiedeln sind, denn ein Mädchen des gleichen Forschungssamples kommt zu einer ganz anderen Bewertung: „It is impossible that they beat me like that if I don't deserve it" (*Zimrin* 1986, 140). Es geht aus diesen Beispielen aus der Untersuchung von *Zimrin* – und jeder praktizierende Kinderpsychotherapeut würde zahlreiche ähnlich gelagerte Beispiele aufführen können – hervor, daß Kinder für vergleichbare Negativsituationen völlig verschiedene *Valuationen* haben und daß sie über unterschiedliche Kompetenzen verfügen, mit derartigen Situationen umzugehen. Es wird damit deutlich, daß negative *„events"* allein keine hinreichende Erklärungsgrundlage für Fehlentwicklungen bieten, sondern daß eine *transaktionale* Beziehung zwischen *externalen*, situativen Aspekten und *internalen*, individuumsspezifischen Dimensionen in den Blick genommen werden müssen bzw. die psychobiologische Konstitution, das Temperament, die kognitive und emotionale Bewertung von Situationen, das Selbstbild, wobei diese Größen natürlich in ihrer Ausprägung nicht ganz unabhängig von Situationseinflüssen sind. Die Untersuchung früher Formierungsprozesse (*Dunn* 1987, 16; *Nelson* 1990; *Stern* 1985; *Bischof-Köhler* 1989) zeigt dabei, daß die Beziehung von Kindern zu ihrer Umgebung aktiver ist und stärker von Momenten kognitiver Kompetenz und emotionaler Bewertung bestimmt wird, als dies bislang angenommen wurde (*Hopkins* 1989; *Rutter* 1990), wobei allerdings kulturspezifische Einflußgrößen mit in Betracht gezogen werden müssen (*Barrat* 1993).

Der von der Longitudinalforschung herausgearbeitete Stellenwert des positiven Selbstbildes als protektiver Faktor hat für biographische, therapeutische Arbeit in diagnostischer und interventiver Hinsicht eine hervorragende Bedeutung. In anamnestisch-explorativer Arbeit müssen die Bedingungen des Entstehens von *selbstreferentiellen Gefühlen* (*Petzold* 1992b), von *Selbstbildern* und *Identitätsfolien* angeschaut werden, und es muß versucht werden, aufgefundene Defizite oder Schädigungen durch therapeutische Maßnahmen zu kompensieren, d.h. neue Möglichkeiten der kognitiven und emotionalen Selbstbewertung durch die Verinnerlichung externaler Fremdbewertungen (wiederum auf kognitiver und emotionaler Ebene) zu korrigieren (vgl. 4).

Garmezy (1981) nennt unter den Faktoren, die „kompetente Kinder" in benachteiligten Familiensituationen auszeichnen, Kinder also, die trotz Armut und familiärer Probleme überleben und eine positive Persönlichkeitsentwicklung nehmen können, als bedeutende, persönliche Eigenschaft den *„positive sense of self"*. *Werner* (1986) findet den gleichen Faktor, den er *„positive self-concept"* nennt, und *Murphy* und *Moriarty* (1976) umschreiben die Zusammenhänge einfach: „*the child likes himself"*. Die Studie von *Zimrin* (1986) stellt denn auch im *„survival profile"* für Kinder mit der besten Bewältigungsleistung *ein hohes Maß positiver Selbstwertung* als wichtigsten Faktor heraus.

Diese longitudinalen Untersuchungen verwenden den Begriff des *„self"* ohne explizite theoretische Anbindung. Im Hintergrund stehen in der Regel die Annahme kognitiver Schemata oder psychodynamische Gleichgewichtsmodelle (bei *Murphy, Moriarty* 1976). Es wird hier der Bedarf an persönlichkeitstheoretischer Konzeptualisierung deutlich, die Aufgabe, Entwicklungspsychologie und Persönlichkeitstheorie zu verbinden, zumindest wenn man in klinisch interventiver Hinsicht therapeutisch tätig werden will. Es wird aufgrund der vorliegenden Forschung, insbesondere bei komplexeren Designs (*Werner, Smith* 1982) ersichtlich, daß es sich bei Bewertungsprozessen nicht nur um *kognitive Stile* handelt, sondern daß vielmehr *kommunikativ-interaktive* Momente als *Verhaltensstile* oder -schemata ins Spiel kommen, daß *emotionale Stile* oder Schemata (*Ulich* 1992; *Petzold* 1991e) einbezogen werden müssen und – unter neuromotorischer Perspektive – auch *sensumotorische Stile* oder Schemata, wie sie sich in Mimik, Gestik, Bewegung, Koordination, Tonus, endokrinem und immunologischem Geschehen – psychosomatischen Reaktionsbildungen also – zeigen (*de Groot* et al. 1992; *Kalverboer* et al. 1993; *Salvesbergh* 1993; *Hopkins, Vermeer* 1992). Daß die konzeptuelle Basis breiter gefaßt werden muß, als dies mit einem ausschließlich kognitivistischen Ansatz geschieht, mag exemplarisch an einer Arbeit von *Dunn* (1987) demonstriert werden, die nach einer Erklärung für das Faktum sucht, daß die Wirkung von *zwei* Krankenhausaufnahmen für Kinder belastender ist als der Streß *einer* Hospitalisierung (dabei müßte allerdings berücksichtigt werden, welche Erfahrungen diese Kinder mit dem Krankenhausaufenthalt gemacht haben). Die Autorin erklärt den nachhaltigen Einfluß der zweiten Krankenhausaufnahme durch eine „sensitivisierende", kognitive Bewertung aufgrund der Reflexion der ersten Hospitalisierung (ibid. 20). Die auf diese Weise entstehende „Empfindlichkeit" in der Erinnerung an die Erstaufnahme und ihre *kognitive Bewertung* führen nach *Dunn* zu den ängstlichen und abwehrenden Reaktionen bei der zweiten Aufnahme. Hier geht es aber doch eindeutig – sowohl beim ersten wie beim zweiten Aufenthalt – auch um *emotionale Erfahrungen* und Reaktionen, und da diese Kinder aufgrund somatischer Krisensituationen hospitalisiert wurden, um ein eminent *leibliches* Geschehen. Wer mit Kindern bei Erst- und Mehrfachaufenthalten im Krankenhaus gearbeitet hat (wo Blut entnommen wird, Spritzen gesetzt werden, Bronchoskopien oder andere invasive, diagnostische Untersuchungen oder chirurgische Eingriffe vorgenommen werden müssen), weiß um das *leibliche* Abwehrverhalten in Form von Mimik, Gestik, Verspannungsmustern, Kreislaufreaktionen etc. Die Vernachlässigung dieser Parameter in der Forschung kann eigentlich nur mit einer Abwehr dieses „hautnahen Geschehens" durch die Kliniker und Forscher erklärt werden. Insgesamt tut also hier eine „ganzheitlichere Betrachtung" not.

2.3 Die Bedeutung persönlicher Eigenschaften als protektive Faktoren

Es wurde schon verschiedentlich erwähnt, daß bestimmte persönliche Eigenschaften die Qualität „protektiver Faktoren" haben können. Bei der Durchsicht der Literatur imponieren genetische Ausstattung, Temperament, Geschlecht, Selbstbild, soziale Fertigkeiten.

Grundsätzlich gehört zu den persönlichen (*internalen*) protektiven Faktoren die basale Ausstattung und Vitalität des Organismus. Beim Säugling ist dies ein uneingeschränktes, optimales Funktionieren seiner sensumotorischen Fähigkeiten, seiner emotionalen und seiner sozial-kommunikativen Möglichkeiten sowie seines *kognitiven* Potentials. Dabei ist folgendes zu beachten: Die neuere Forschung zeigt, daß sich kognitive Funktionen nicht wie in der Theorie *Piagets* (und auch bei *Freud*) auf der Grundlage von sensumotorischen Fähigkeiten entwickeln, sondern daß kognitive Strukturen sich schon intrauterin ausbilden, so daß sie bei der Geburt da sind und sich folglich bei Kindern in den ersten Lebenswochen und -monaten erstaunliche kognitive Leistungen feststellen lassen (vgl. z.B. *Baillargeon* et al. 1992; *Diamond* 1990). Diese formieren sich zur Sensumotorik nicht synchron, sondern diachron. Wenn auch wechselseitige Einflüsse vorhanden sind, so sind sie doch eher schwach ausgeprägt, wie fehlende Signifikanzen in der Evaluation etwa des Ansatzes von *J. Ayres* zeigen (*Netelenbos* 1988). Es ist demnach von einer Non-Equivalenz des kognitiven und motorischen Bereiches auszugehen. Neben die Frage nach der Interaktion von kognitiven, emotionalen und motorischen Kompetenzen und Performanzen muß die Frage der „*domain specifity*" gestellt werden, aus der sich die Frage nach der „*mediation*" zwischen den „*domains*" dann weiter (ibid. 292) aufklären läßt, was wiederum erhebliche interventive Konsequenzen haben könnte.

Es wäre also falsch, kognitiven Momenten und ihrer Förderung für den Frühbereich geringe Bedeutung zuzumessen. Das Maß an kognitiver Stimulierung in den Interaktionen von Müttern und Säuglingen ist beträchtlich, und das Faktum, daß der Bildungsstand der Mutter zu den protektiven Faktoren bei Risikokindern gehört, ist sicher nicht allein dem Umstand beizumessen, daß sich diese

Mütter im Pflegeverhalten intelligenter verhalten oder sie bei Interventionsmaßnahmen besser kooperieren, sondern auch darin, daß sie in der Regel mehr kognitive Stimulierung bereitstellen und dieses Potential des Kindes besser zu nutzen verstehen. Gelingt es Bezugspersonen, die verschiedenen *Potentiale* und *„domains"* des Säuglings und Kleinkindes (und dies gilt prinzipiell für jedes Lebensstadium) optimal anzusprechen, zu vernetzen und zu fördern, dürfte darin ein wesentlicher salutogener Einfluß zu sehen sein.

Ein weiteres, bedeutsames Konzept, das bei Überlegungen zu protektiven Faktoren und Prozessen in den Blick genommen werden muß, ist das *„Temperament"*. Die Temperamentforschung (vgl. *Zentner* 1993a, b) hat in der US-amerikanischen Literatur zunehmend Beachtung gefunden und wird im deutschsprachigen Bereich erst in jüngster Zeit zur Kenntnis genommen – sie trägt am Erbe des Temperamentbegriffes, der in der deutschen Psychologie sehr zwiespältige Resonanzen auslöst. Da die Absicherung des Temperamentkonzeptes indes durch fundierte Longitudinalforschung gegeben ist, bietet es für das Verständnis von Entwicklungsprozessen und für die Therapie mit Kindern, Jugendlichen, aber auch mit Erwachsenen beachtenswerte Perspektiven.

„Unter *Temperament* ist der Verhaltensstil bzw. die Art und Weise zu verstehen, in der ein Kind Handlungen ausführt." Definitionen dieser Art, wie man sie in der Literatur in dieser oder ähnlicher Form findet, haben keine hohe Eindeutigkeit. Deshalb hat man zur Umschreibung von Temperamenten beobachtbare Qualitäten verwendet, z.B. das Aktivitätsniveau, Stimmungsänderung, Neugierverhalten, Annäherung oder Rückzug „bei ungewohnten Situationen", spezifische emotionale Reaktionen usw. Dies führte zu einer biopsychologischen bzw. ethologischen Theorie des Temperaments, die davon ausgeht, daß individuelle Reaktionen in psychophysiologischen Dispositionen gründen (*Kagan, Gibbons, Johnson, Reznick, Snidman* 1990). Temperamente sind Einflußgrößen im Umgang mit Umweltanforderungen, insbesondere mit „stressfull life events". *Swets-Gronert* (1988) gibt hier folgendes Beispiel: Zwei Jungen wechseln auf die Hauptschule und finden dort eine schwierige Situation auf dem Schulhof vor. Der erste Junge sagt: „Wenn sie mich verprügeln wollen, dann gehe ich einfach weiter, und dann denken sie, daß ich keine Angst habe!" Der andere Junge: „Wenn sie sich mit mir schlagen wollen, dann baue ich mich vor ihnen auf und mache einen Schritt nach vorne, und dann machen die einen Schritt nach hinten!" Die Feinanalyse solcher Verhaltensweisen zeigt (und dies nicht nur in sorgfältigen retrospektiven Explorationen, sondern durch prospektive Forschung), daß es sich hier um *Verhaltensstile* im Sinne des Temperamentkonzeptes handelt. Im Kontext unserer Arbeit ist nun die Frage zu stellen, ob Temperament eine protektive Wirkung mit Blick auf widrige Umstände hat und haben kann. *Thomas, Chess* und *Birch* (1968), Protagonisten der Temperamentforschung, führten die Begriffe „einfaches" und „schwieriges" Temperament ein. Kinder mit einem „schwierigen Temperament" haben einen Verhaltensstil, der für die Eltern und die Umgebung erhebliche Schwierigkeiten aufwirft durch negative Launen, heftige Reaktionen, Unausgeglichenheit, unregelmäßige Wach-, Schlaf- und Essensrhythmen, ein schlechtes Anpassungsvermögen, ein hohes Rückzugsverhalten. Kinder mit „einfachem Temperament" zeigen die entgegengesetzten Eigenschaften. *Rutter* (1985) konnte aufgrund seiner Untersuchungen zeigen, daß Kinder mit einem einfachen Temperament gegenüber Disharmonien in der Familie weniger empfindlich sind, was durch die Forschungen von *Swets-Gronert* (1988) bestätigt wird: Kinder mit einfachem Temperament zeigen weniger negative Folgen bei leichten oder ernsteren Formen von Familienstreß. Hier aber tut eine differenzierende Betrachtung not. Es kann nicht ohne weiteres davon ausgegangen werden, daß ein Persönlichkeitsfaktor wie „einfaches oder schwieriges Temperament" unbesehen als risikofördernder oder protektiver Faktor eingestuft werden kann. *Kalverboer* (1988) verweist auf Forschungen von *De Vries* (1984), aus denen sich ergibt, daß bei den Masai, einem afrikanischen Völkerstamm, gerade ein „schwieriges Temperament" (im Sinne von *Thomas* und *Chess*) die Überlebensaussichten von Kindern erhöhte. Die Mortalität bei Kindern mit einem einfachen Temperament lag höher. *De Vries* argumentiert, daß die einfach zu handhabenden Kinder nicht so gut imstande waren, das Versorgungsverhalten der Mütter abzurufen, wie die schwierigen. Es wird also der jeweilige soziokulturelle Kontext zu betrachten sein, um Aussagen darüber zu treffen, ob ein einfaches Temperament ein protektiver Faktor ist oder nicht. Auch im Hinblick auf das Geschlecht zeigt sich die Wichtigkeit der Kontextvariablen. In zahlreichen Forschungsarbeiten wurde deutlich, daß in der Gruppe der Kleinkinder und Kinder Mädchen gegenüber Risikofaktoren widerstandsfähiger sind als Jungen (*Garmezy* 1981; *Rutter* 1981; *Dunn* 1987). Die schon erwähnte Studie von *Pianta* und *Egeland* (1990) zeigt aber ein anderes Ergebnis. Man wird also, ähnlich wie im Hinblick auf die „*labeled environments*" (*Wachs, Gruen* 1982; *Richters, Weintraub* 1990), jeweils in Feinanalysen situationsspezifische Bewertungsparameter zu erheben haben, weil Verhaltensbewertungen, kultur-, schicht-, ja familienspezifisch variieren können („Mein Sohn hat einen Dickschädel wie ich, der läßt sich nichts sagen!" – schwieriges Temperament positiv bewertet; „Mein Sohn ist absolut schwierig. Er läßt sich nichts sagen. Es ist schlimm!" – schwieriges Temperament negativ bewertet usw.).

Einfaches Temperament, ansprechendes Äußeres, Kontaktfähigkeit, kommunikative Kompetenz... all diese Eigenschaften als „individuelle Qualitäten" einer Person erweisen sich nicht nur bei Kleinkindern, Kindern und Jugendlichen als wichtige Einflußgrößen. Sie zeigen sich auch im Erwachsenenalter als protektive Einflußgrößen, nicht zuletzt auch als prognostische Indikatoren bei Patienten. Neurose-, Sucht- und Psychiatriepatienten, die die genannten Merkmale nicht aufweisen, sind genau die Gruppe, die immer wieder durch das *Netz* „der helfenden Agenturen" fallen, nicht zuletzt, weil sie auch bei den Helfern schlechtere Karten haben als „sympathische" Patienten. Die Frage, was in Patientenkarrieren Risiko- und protektive Faktoren sind, wird für die klinische Psychologie und für die Psychotherapie noch von großem Interesse sein.

2.4 Lebensstandard und psychosoziale Situation als Schutz- und Risikofaktoren

„Im Klassenzimmer konnten sie gähnen wie keine sonst. Wieder zu spät ins Bett gegangen! Pausenbrot oder etwas Obst hatten sie nicht dabei. Dafür hatte man zu Hause nicht gesorgt. Während der Pause schauten die Jungen aus jener marokkanischen Familie immer zu ihren Klassenkameraden, die reichliche Lunchpakete dabei hatten. Auf dem Schulhof machten sie sich dann über die Brotreste ihrer Freunde her." De Volkskrant

9.4.1991. Hier lag der Ansatz für ein Modellprojekt in Den Haag zur Hilfe für deprivierte Schulkinder, initiiert von Lehrern, die mit den Schulproblemen konfrontiert waren, und Ärzten und Sozialarbeitern, die sahen, wie schwierig es diese Kinder zu Hause hatten: viel zu kleine Wohnung, kein Platz für die Hausaufgaben, ein Schlafraum für alle, Gesundheitsprobleme – das sind eine Menge Risikofaktoren auf einmal. Die Eltern nahmen die Hilfe des Projektes gerne an. Jetzt bekommen die Kinder z.B. jeden Tag ihr Pausenbrot. „Was in Klassenzimmern eindeutig hilft, ist ein gefüllter Magen", so folgerte die Projektleitung, und sie behielt recht, denn die Kinder folgten dem Unterricht besser als vorher. Man sagt zwar: „Voller Bauch studiert nicht gern!" Ein leerer Bauch aber kann nicht richtig studieren! Mit Blick auf die internationale Forschungsliteratur kann man sagen, in der Welt sind Armut und Notsituationen der wesentlichste und verbreitetste Risikofaktor für Entwicklung von Kindern (und nicht nur bei ihnen). Von Not, Armut und Katastrophen sind besonders Kinder in den Dritte-Welt-Ländern betroffen (*Baldinger* 1993; *Schwarz* 1993), aber nicht nur dort. „In den Fabriken Portugals schuften 35 000 Kinder" (*Salzburger Nachrichten*, 14.06.1993, 3). „1,5 bis 2 Millionen Niederländer sind arm. Sie gehören zu 800 000 Familien, die, so hat man festgestellt, permanent in Notverhältnissen leben" (*Het Parool* 18.3.1993). Das Gutachten des nationalen Kirchenrates „Die Armutsseite der Niederlande" stellt heraus, daß ein Zehntel der Holländer Armut leidet. Das ist eine Verdopplung der Erwachsenen und Kinder, die unter der Armutsgrenze leben gegenüber der Zeit vor dem „ökonomischen Sanierungsprogramm der Niederlande", das in den vergangen Jahren installiert wurde. In den Vereinigten Staaten ist eines von fünf Kindern von Armut betroffen (*Werner* 1986), in Großbritannien eines von sechs. Der sozioökonomische Status (SES) bestimmt, wenn auch in sehr unspezifischer Weise, die kindliche Entwicklung und die Häufigkeit und Intensität von fast allen anderen Risikofaktoren (*Kopp, Krakow* 1983). *Wilson* (1985) untersuchte in einer Longitudinalstudie Zwillinge mit einem Geburtsgewicht von weniger als 1750 Gramm. Diese „At-risk"-Zwillinge zeigten signifikante Unterschiede im Hinblick auf die Intelligenzwerte einer Kontrollgruppe von normalgewichtigen Zwillingen über den gesamten Untersuchungszeitraum hin. Die Feinanalyse des „Catch-up-Wachstums" dieser Kinder, d.h. ihres

„Beiwachsens" ergab, daß Zwillinge aus Familien mit einem hohen sozioökonomischen Status ihren Rückstand völlig aufholen, während Zwillinge aus Familien mit niedrigem SES entwicklungsverzögert blieben. Außerdem korrellierte das Ausbildungsniveau der Eltern signifikant mit dem Intelligenzquotienten der Kinder (gemessen im Alter von 24 Monaten). Die direkte Koppelung des Bildungsstandes der Eltern mit dem SES ist in dieser amerikanischen Untersuchung dem weitgehenden Fehlen von Arbeitslosenunterstützung zuzuschreiben. Der Einfluß des SES ist besonders in den ersten vier Lebensjahren bedeutsam. Bei älteren Kindern scheint dieser Faktor nicht immer so schwer zu wiegen. *Sameroff* und *Seifer* (1983) fanden, daß der Unterschied zwischen Kindern von Müttern ohne finanzielle Probleme und von Müttern mit niedrigem SES nach dem vierten Lebensjahr weniger ausgeprägt ist. Auch hier sind also differenzierende Betrachtungen notwendig. Nicht alle als negativ gelabelten, sozialen Kontexte und nicht jede sozioökonomisch benachteiligte Situation muß zum Risiko werden. Eindeutig aber ist, daß ein guter sozioökonomischer Status ein „protektiver Faktor" ist, der die vorhandene Elastizität und Spannkraft, die Kleinkindern eigen ist, ihre natürliche Fähigkeit zur Restitution und Kompensation in sensumotorischer, emotionaler, kognitiver und soziokommunikativer Hinsicht wesentlich fördert und zu einer Wiederherstellung von Schädigungen und zum Ausgleich von Defiziten entscheidend beiträgt.

2.5 „Significant caring adults"

> „It... (is) surprising how a single good relationship within an otherwise disorganized family can help a child to overcome severe difficulties"
> (*Koupernik* 1974, 193).

Diese Feststellung wird durch die Mehrzahl der Longitudinalstudien vollauf bestätigt (*Werner, Smith* 1982; *Werner* 1985; *Rutter* 1990). Sie dokumentieren damit auch einen Wandel der entwicklungspsychologischen Perspektive, die nicht mehr einseitig auf Konzepten wie „oraler oder analer" Phase zentrieren, sondern auf andere Grundfakten im Leben des Säuglings und Kleinkindes: Kommunikation, Attachment, Bindung, die eine „secure base" (*Bowlby* 1988) bereitstellen. Dabei wird nun nicht eine primäre „Symbiose", ein undifferenzierter Zustand der Verschmelzung von Mutter und Kind unterstellt, aus dem sich dann durch Differenzierungsleistungen post partum das Baby erst allmählich von der Mutter als abgegrenztes, eigenständiges Wesen erlebt, sondern wir gehen allenfalls von einer frühen, intrauterinen „Konfluenz" aus, bei der sich von dem letzten Schwangerschaftstertial Erfahrungen von Unterschiedenheit ausbilden, die für die frühe nachgeburtliche Zeit als sicher festzustellen sind. Die sozialen, zwischenmenschlichen Beziehungen bilden damit den Schwerpunkt der Betrachtung (*Stern* 1985; *Lewis*, *Miller* 1988). Sichernde, stützende, soziale Beziehungen sind deshalb von Babyzeiten an als zentraler, protektiver Faktor zu sehen (*Bowlby* 1988). Es kommen hier attachment-theoretische Konzepte ins Spiel. Als Grundlage des Attachements werden biologische Programme angesehen, die kommunikatives Verhalten vom Säugling zu den Eltern und von den Eltern zum Säugling organisieren. In den ersten Lebenstagen schon bevorzugen Babys menschliche Gesichter anderen visuellen Stimulierungen, und es erfolgen einfache Imitationen der Gesichtsmimik (*Meltzoff*, *Moore* 1977, 1983, 1989). Sie suchen in den ersten Lebenswochen sozialen Kontakt. Mit zwei oder drei Monaten beginnen sie, ihre Eltern spezifisch zu erkennen und gegenüber anderen Kontaktpersonen zu bevorzugen. Sie zeigen sogar – und das steht den Annahmen der Attachment-Theorie entgegen – schon im Alter zwischen 2 – 3 Monaten, wenn sie von der Mutter getrennt werden, Streß, wie teletermographische Messungen zeigen. Es sinkt dann nämlich die Stirntemperatur dieser Babys (*Kobayashi* et al. 1991), was allerdings nur von kurzfristiger Dauer ist. Säuglinge dieses Alters sind für Ablenkung und „Umstimmung" gut ansprechbar. Sie reagieren auf alle „babygerechten", sozialen Interaktionsangebote, die „shared action" (*Meltzoff* 1993) ermöglichen, im Sinne einer „multiplen Responsivität" gegenüber Angeboten des „intuitive parenting" (*Papoušek*, *Papoušek* 1981). Derartige Angebote sind demnach ein wichtiger, protektiver Faktor, weil sich in ihnen das Baby in seinen sozialen Fertigkeiten üben und diese entwickeln kann. In der Zeit zwischen sechs und acht Monaten beginnen sich dann *„multiple selective attachment-Beziehungen"* auszubilden, Zugehörigkeitsgefühle mit einer *„relationship quality"*, die dazu führen, daß der Säugling irritiert wird, wenn die Hauptbezugsperson – in der Regel die Mutter – oder eine der anderen wichtigen Bezugspersonen aus seinem sozialen Netz weggeht. Wir finden also keine totale Bindung (*total attachment*), sondern *„selective attachments"* (*Rutter, Rutter* 1992, 111f) zu verschiedenen Personen (zwischen drei und sechs, z.B. Großmutter, ältere Schwester, Kindermädchen, Babysitter, Vater etc.) mit unterschiedlicher Gewichtigkeit. Angst gegenüber Fremden besteht aber nicht, so daß zwischenmenschliche Situationen insgesamt als sichernd und protektiv erlebt werden und liebevoll-spielerische *Interaktionen* auch mit Unbekannten die Regel sind. Erst zwischen dem zehnten und zwölften Monat und dann auch überwiegend bei plötzlicheren Annäherungen ohne „Anwärmphase" kommt Fremdenangst auf. Verbunden ist dies mit der beginnenden „aktiven" Memorations- und Antizipationsfähigkeit. Mit dem dritten Lebensjahr dünnt sich das *„multiple, selektive Attachment"* dann wieder aus, und Kinder können auch von fremden Erwachsenen, die einen „stimmigen Kontakt" anbieten, Zuwendung annehmen. „There is every reason to consider attachment as a crucially important feature of young childrens' social relationships, however is it *not* equivalent to the whole of their relationships" (*Rutter, Rutter* 1992, 114). *Michael Rutter* betont deshalb die Unterscheidung zwischen „attachment *interactions"* und *„selective* attachment *relationships"* (ibid. 116), die die Folge sich wiederholender naher Interaktionen sind. Zweifellos sind also sichere Attachment-Beziehungen ein protektiver Faktor für Kinder (*Sroufe* 1983; *Belsky, Nezworski* 1988), wobei *„insecure attachment"* einen gewissen Risikofaktor für spätere Verhaltensauffälligkeiten darstellt (ibid., vgl. aber *Ellis* 1982). Eine differentielle Betrachtung ist hier wichtig, da Attachement sich auch bei Mißhandlungen entwickeln wird und solche Kinder sich auch in Gefahrensituationen an die sie so negativ behandelnden Erwachsenen, klammern (*Bretherton, Waters* 1985; *Ainsworth* et al. 1978). Daß derartige positive Beziehungserfahrungen insgesamt eine schützende und stützende Funktion gewinnen, ergibt sich aus ihrer *Internalisierung*. *Bowlby* (1988) nimmt an, daß „internal working models" von Beziehungen entstehen. *Stern* (1985) spricht von R.I.G.s (**R**epresentations of Interactions that have been Generalized). Ich habe von „inneren Beiständen" gesprochen (*Petzold* 1969c, 1985l), verinnerlichte „*Personen in Interaktionen*" und ihre Atmosphären als Niederschlag von *Interaktionserfahrungen*, die für den Menschen einen positiven emotionalen Hintergrund bilden, sein Selbstwertgefühl bestärken und im Sinne des *Mead*schen Konzeptes vom „*generalized other*" (*Mead* 1934) z.T. eingeschmolzen werden in das eigene Selbst (vgl. 4).

Für die frühe Entwicklung in der Zeit vor der Ausbildung stärkerer „selektiver Attachments" sind die wohl genetisch disponierten Kommunikationsmuster zwischen Erwachsenen und Babys, die *Papoušek* und *Papoušek* (1987) als „*intuitive parenting*" bezeichnet haben, ein mächtiger protektiver Faktor, sofern dieses „*early interactional signalling*" (dieselben 1993) funktioniert und nicht etwa durch psychische Störungen der *caretaker* gestört ist. Bei depressiven Müttern finden sich bei den Babys weniger motorische Aktivitäten, insbesondere in der Gesichtsmimik (*Field* et al. 1985), und bei „gespieltem" depressiven Gesichtsausdruck von seiten der Mütter – wie in einem Experiment von *Cohn* und *Tronik* (1983) – reagierten die Babys irritiert. Weil aber das „Intuitive parenting"-Verhalten transkulturell auffindbar ist – bei Männern, Frauen und Kindern (ältere Geschwister, Babysitter) – und als artspezifischer, kollektiv verankerter Schutzfaktor zum Tragen kommt, besteht für die Bonding-Doktrin von *Bowlby, Klaus, Kennell* u. a. eigentlich keine Notwendigkeit, zumal das Parenting-Muster sich im kommunikativen Vollzug durch den sich in ihm vollziehenden, wechselseitigen „emotionalen Ansteckungseffekt" noch verstärkt. Dabei kommt dem Auslösen und Austauschen positiver Affekte besondere Schutzfunktion zu, die bei Risikokindern (*Goldberg* 1979; *Kagan* et al. 1990) oft fortfällt, wenn sie ihre Umgebung nicht „triggern" wie gesunde Babys, die schon in den ersten Lebenswochen ein umfangreiches, emotionales Repertoire in differenzierter Gesichtsmimik aufweisen, welches überwiegend dem Muster diskreter Emotionen bei Erwachsenen entspricht (*Oster* 1978). Schon bei Frühgeborenen finden sich diskriminierbare mimische Muster (ibid.), ja, solche sind schon im letzten Gestationstertial feststellbar (*Birnholz* 1986). Das Wechselspiel der Emotionen, das in den ersten beiden Lebensjahren und darüber hinaus zu einer „emotionalen Differenzierungsarbeit" (*Petzold* 1969c) zwischen Erwachsenen und Babys bzw. Kleinkindern führt (*Malatesta* et al. 1989), wobei Mimik, Gestik, Berührung, Blicke, Hände spielerisch eingesetzt werden (*Papoušek, Papoušek* 1993; *Hopkins* 1993), ist ein transkulturell wirksames, protektives Parenting-Muster (*Bornstein* 1991). Es bildet eine Grundlage für Beruhigung, Tröstung, Spielaktionen, die Spannungen abbauen und für beide, den Säugling und den *Caregiver*, einen „pleasurable state" aufbauen. *Papoušek, Papoušek* und *Haeckel* (1987) stellen folgende supportive und stimulierende Aktionen heraus:

1. *Erhöhung der Stimmlage, um sich der des Babys anzunähern;*
2. *Gebrauch einfacher, sich wiederholender Laute;*
3. *Abgehen von der Erwachsenenprosodie zu repetitiven, melodischen Mustern einer Babyprosodie;*
4. *Adaptierung dieser Prosodie an die Interaktion mit dem Kind, um Imitationsvorlagen zu bieten;*
5. *Imitation der Laute des Babys mit begleitender imitierender Mimik, um den Kommunikationsprozeß zu fördern;*
6. *Modulation vokaler Kommunikation mit begleitender, emotional getönter Expression von spielerischer, freudiger Charakteristik, was zu wechselseitiger Bekräftigung intrinsischer Motivationen führt;*
7. *Förderung kommunikativer Feinstrukturen, die letztlich den Spracherwerb vorbereiten und ermöglichen.*

Wie für die Frühphase derartige Kommunikations*muster* des „*intuitiven parentings*", die in **Intuition** (*Bastik* 1982) gründen, als protektiv bzw. salutogen anzusprechen sind, scheinen sie auch in *Parenting*-Sequenzen regressionszentrierter Erwachsenentherapien mit leiborientierten Methoden zu wirken (*Petzold, Orth* 1993). Auch für die mit dem zweiten Lebensjahr einsetzenden Kommunikations*formen* des „*sensitive caregiving*", die in **Empathie** (*Katz* 1963) gründen und weniger den Charakter prädisponierter *Muster* haben, haben eine solche protektive Qualität. Sie schließen als kulturspezifische, individuell zugepaßte, kommunikative *Formen* zwar durchaus an die frühen Parentagemuster an, nuancieren sie aber mit Blick auf die sich zeigende Persönlichkeit des Kindes.

»*Differentielle Parentage-/Reparentageprozesse im Bereich des Entwicklungsniveaus des Kleinkindes vom zweiten bis zum vierten Lebensjahr erfordern:*

1. *Einstimmen auf die emotionale Lage des Kleinkindes.*

2. *Austausch mimischer und vokaler affektiver Botschaften.*
3. *Differenzierende Benennung von Gefühlen und inneren Zuständen mit affektiver Intonation in altersspezifischer, kindgemäßer Weise.*
4. *Umstimmen von Affekten des Unwohlseins, der Irritation, des Schmerzes usw. in Richtung positiver Gefühlslagen.*
5. *Fördern von Kommunikationsvielfalt in komplexeren sozialen Situationen.*
6. *Vermitteln von Sicherheit, Reduktion von Fremdheitsgefühlen durch Gewährleisten von „schützenden Insel-Erfahrungen".*
7. *Bereitstellen von stimulierenden Angeboten durch Spiel, Experimentieren, Wahrnehmungs-, Erfahrungs- und Erlebnismöglichkeiten „mit allen Sinnen" (Merleau-Ponty).*
8. *Hilfen bei der kognitiven Strukturierung von Situationen.*
9. *Ermöglichen empathischer Verhaltensweisen von seiten des Kindes zum Erwachsenen im Sinne „mutueller Empathie".*
10. *Aushandeln von Grenzen in der Kommunikation, damit der „potential space" (Winnicott) zugleich Freiraum und Struktur, Explorationsmöglichkeiten und Sicherheit bietet.*

Diese Verhaltensformen kommen dann auch in der regressionsorientierten leib- und bewegungstherapeutischen Arbeit mit jugendlichen und erwachsenen Patienten zum Tragen, insbesondere in der Therapeutischen Wohngemeinschaft« (Petzold 1969c).

Menschen brauchen also aktual greifbare und internalisierbare, positive Bezugspersonen und dies nicht nur in der Baby- und Kleinkindzeit. Bei allen „Statuspassagen" (Kindergarten Schule, Schule Berufsleben usw.) und dem damit verbundenen „normalen Streß" während der Veränderungen und Wachstumsübergänge (*transitions*) in der Jugendzeit und bei allen tiefgreifenderen Umstellungen im Erwachsenenleben, ja bei Lebenskrisen, sind verläßliche „Beistände" als Einzelbeziehungen und als stützende Netzwerke zur Existenzsicherung und Stärkung *personaler Identität* (*Petzold* 1984i; *Kames* 1992) erforderlich. Für die Kinder ist die Familie das primäre Netz, sind die Familienbeziehungen das durchtragende Moment und die Voraussetzung für eine gesunde Entwicklung. Stellt man hier aber mit *Dunn* (1987) die hohe Arbeitstätigkeit von Müttern mit kleinen Kindern in Rechnung, die Vielzahl der Ehescheidungen, die große und ständig wachsende Anzahl von Alleinerziehenden, so wird damit ersichtlich, daß immer mehr Kinder in die Situation kommen, über nur schwache soziale Netzwerke zu verfügen, in denen es schwierig ist, zuverlässige Bezugspersonen zu finden, die ausreichend Zeit haben und über das erforderliche Maß an Wertschätzung und Akzeptanz verfügen. Belastungssituationen wie Umzüge, Einschulung, die Geburt von Geschwistern, Trennungen und Streit mit Freundinnen und Freunden, Schulstreß, all das, was sich ohnehin in normalen Entwicklungsverläufen findet, erhalten dann nicht den flankierenden Schutz und Support, der oftmals notwendig wäre. Die notwendige Vertrauensbeziehung, positive „selektive Attachement-Beziehungen" zu mindestens einem Elternteil oder einer anderen „signifikanten" erwachsenen Person (Großmutter, Großvater, Patentante, Nachbarin) ist dann oft nicht gegeben. Damit fällt weg, was *Rutter* (1979) als wichtigsten, protektiven Faktor für das Kind kennzeichnet: eine Beziehung mit einem Elternteil, die durch „high warmth and the absence of the severe criticism" gekennzeichnet ist. Daß das protektive Moment einer liebevollen Beziehung auch für „Wahlverwandschaften", z.B. gelungene Adoptionen gilt oder für Beziehungen zu Kindermädchen und Pflegepersonen, „hired hands" (*Werner* 1984), haben zahlreiche Studien gezeigt (*Hodges, Tizard* 1989 a, b; *Capron, Duyme* 1989). In Problemfamilien unter benachteiligten sozialen Bedingungen, charakterisiert durch Armut, schlechte Wohnsituation und Beziehungsproblematiken, sind es 25 % der Kinder, die trotz guter Beziehung zu den Eltern, Verhaltensstörungen (*conduct disorders*) entwickeln, während 75 % der Kinder aus solchen Familien *ohne* eine solche „bewahrende Beziehung" Verhaltensstörungen aufweisen. Nach *Zimrin* (1986) unterstellt das Kind einem solchen „umsorgenden Erwachsenen" als positiver Bezugsperson gute Absichten. Er bildet einen verläßlichen Hintergrund und stellt die Möglichkeiten für eine positive „*selektive Attachement*-Beziehung" (*Rutter, Rutter* 1992) bereit (vgl. auch 3.2). Deshalb ist es sogar nicht nötig, daß eine solche Beziehung eine hohe Frequenz von Kontakten haben muß. Wichtig ist, daß sie im Hintergrund „zur Verfügung steht", stabil ist, über eine längere Zeit dauert und immer wieder „schützende Insel-Erfahrungen" ermöglicht. Was für Kinder lebensnotwendig, ja, überlebensnotwendig ist, ist für den erwachsenen, älteren Menschen zumindest wesentlich. Gute Beziehungen helfen Belastungssituationen und Streß zu bewältigen (*Brown, Harris* 1989; *Quinton, Rutter* 1988). *Levitt* et al. (1987) konnten in ihrer Untersuchung feststellen, daß das Vorhandensein einer „*close support figure*" bei ihrer Untersuchungsgruppe von 87 Menschen im Alter von 60 Jahren und mehr ein wichtiger Faktor für das persönliche Wohlbefinden und die Handhabung von Problemsituationen war, ein Faktum, das von den Befunden moderner Sozialgerontologie (*Saup* 1991) bestätigt wird und sich auch in der Bedeutung „multipler selektiver Attachment-Beziehungen" in sozialen Netzwerken und funktionierenden soziökologischen Settings im Alter zeigt (*Petzold* 1979c; *Saup* 1993).

2.6 „Innere Beistände" als schützende und „innere Feinde" als belastende Repräsentanzen

Die Frage, wie lange eine solche „*support figure*" präsent sein muß, um eine protektive Wirkung zu entfalten, läßt sich nur individualisiert beantworten, da die *Bewertung* (*valuation*) dieser Präsenz sehr stark variiert und abhängig ist einerseits von der Bedürftigkeit des Kindes, zum anderen vom Gesamtkontext, besonders von der Qualität des sozialen Netzwerks, zum dritten von den Bewertungen des Kontextes und Netzwerks. Hier kommen Erlebnisintensitäten ins Spiel, die höchst individualisiert sind. Das Erleben einer liebevollen Erzieherin, die eine harte und kalte Kollegin für ein paar Wochen vertritt, mag „aus der Kontrasterfahrung" das eine Kind in eine noch tiefere Verzweiflung stürzen, dem anderen Kind aber einen Hoffnungshorizont eröffnen, weil es – wenn auch nur für kurze Zeit – sich liebevoll angenommen und gemeint fühlte. Derartige – von uns so genannten – „*schützenden Insel-Erfahrungen*" (*Petzold* 1969b, c) können also, auch wenn sie nur über einige Monate dauern, wie z.B. bei Aufenthalten in der Kinder- und Jugendlichenpsychiatrie, Kinderhäusern, therapeutischen Wohngemeinschaften (*Witt* 1980; *Petzold, Vormann* 1980), offenbar eine nicht zu unterschätzende *protektive Valenz* durch Verinnerlichung eines *temporären* „*facilitating environment*" bzw. „*potential space*" (vgl. *Winnicott* 1972; *Neubaur* 1987) gewinnen, auf die bei späteren Krisensituationen zurückgegriffen wird oder an die bei späteren Therapien im Erwachsenenalter angeknüpft werden kann, wie der Seniorautor bei einigen Behandlungen von Patienten, die in ihrer Kindheit und Jugend psychotherapeutische Erfahrungen gemacht hatten, feststellen konnte. Systematische, prospektive Untersuchung von Kindertherapiepatienten, aber auch Studien, die „long term follow ups" unternehmen, wären hier sicher wünschenswert.

In einer eigenen Follow-up-Untersuchung von vier Kinderpsychotherapiegruppen (N 17), die wir in den Jahren 1970 bis 1973 im Rahmen der von uns an den Volkshochschulen Büderich und Büttgen eingerichteten Frühförderungs-, Kindertherapie- und Eltern-Kind-Programme (*Geibel* 1971; *Petzold* 1973f) durchgeführt hatten (*Petzold, Geibel* 1972) und von denen wir 1992, also nach ca. 20 Jahren, neun (6 w, 3 m) in fünf Kurz- und vier Tiefeninterviews nachbefragen konnten, bezeichneten sieben die Teilnahme an der mit *kreative Medien* und *Puppen* (*Petzold* 1972e, 1987a) durchgeführten ein- bis zweijährigen Behandlung als eine wichtige Hilfe für ihre damalige Lebenssituation – die Kinder waren zwischen vier und sieben Jahre alt und stammten aus sozial benachteiligten Schichten (vgl. Abb. 2).

Keiner der derzeit Befragten zeigte im übrigen irgendwelche psychischen Auffälligkeiten oder schwerwiegende Lebensprobleme, obgleich alle als Kinder Verhaltensstörungen und einschlägige Symptomatiken (Enkopresis, Enuresis, Pavor nocturnus, Aggressivität, Kontaktstörungen usw.) hatten. Zwei (1 m, 1 w) hatten keine genauere Erinnerung mehr an die Therapiegruppe und konnten sich zu irgendwelchen weiterführenden Einflüssen nicht äußern. Von den übrigen sieben sahen vier der weiblichen und einer der männlichen einstmaligen Gruppenteilnehmer in dieser Erfahrung eine wichtige Schutzfunktion für ihr späteres Leben. „Ich habe oft an die Spielgruppe gedacht." – „Wenn es mir schlecht ging, kamen mir Bilder von den Therapeuten, weil die so nett waren. Die haben mich verstanden!" – „Irgendwie hat es mein Leben positiv beeinflußt. Ich hab' noch als Erwachsener manchmal daran gedacht." – „Ich hab' an was Gutes im Leben glauben gelernt. Ja, das war es wohl!" Aus der retrospektiven Betrachtung der Interviews wurde eines jedenfalls deutlich: Die kinderpsychotherapeutische Gruppenerfahrung war ein wichtiger „protektiver Faktor", der nicht nur im

Hinblick auf das häusliche Milieu Stütze und Entlastung brachte, sondern der auch durch die Verinnerlichung der Erfahrung, „gemeint zu sein", ja durch das bloße Erleben, daß es auch andere Formen des zwischenmenschlichen Umgangs und der Beziehung geben kann („Ich habe gemerkt, die sind so nett *zu mir*, zu mir, wo ich doch immer das freche Miststück war... zu Hause!"), offenbar eine schützende Qualität im Sinne einer Verinnerlichung eines guten *„inneren" Beistandes* (Petzold 1969c, 1985l) hatte. („An die C. [Name der Therapeutin] hab ich noch oft gedacht, auch noch später als Jugendliche, wenn es mir mal schlecht ging. Einmal hab ich sie sogar angerufen, aber nicht gesagt, daß ich früher mal in Therapie war bei ihr.")

Angeregt und ermöglicht wurde diese Nachuntersuchung durch den Umstand, daß im Jahre 1991 eine junge Sozialpädagogin, *Petra*, zum Seniorautor dieses Artikels zum Aufnahmeinterview für die Kinder- und Jugendlichenpsychotherapieausbildung kam, um an dem von ihm geleiteten Institut eine Weiterbildung zu beginnen. Sie hatte in ihrem sechsten und siebten Lebensjahr an einer der erwähnten Kindertherapiegruppen teilgenommen, bei denen für jedes Kind ein Dossier angelegt wurde, „in dem die Zeichnungen, Sitzungsprotokolle und Beurteilungen aufbewahrt wurden. Material aus den parallellaufenden Elterngruppen bzw. Einzelgesprächen mit Eltern wird gleichfalls hier festgehalten" (*Petzold, Geibel* 1972, 332). Dieses Material – es wurde glücklicherweise aufbewahrt – kam uns nun sehr zugute. *Petras* Geschichte soll hier als Beispiel dienen.

Beispiel 1: Petra

Als Kind zeigte *Petra* seinerzeit erhebliche Verhaltensauffälligkeiten (Verschlossenheit, Aggressivität, Enkopresis) und lebte in sehr schwierigen Verhältnissen. Der Vater war oft aggressiv, Gelegenheitsarbeiter und Alkoholiker. Die Mutter war instabil, häufig krank und zur Vernachlässigung ihrer drei Kinder tendierend. *Petra* war sehr verschlossen und im Spiel sehr randständig. Gelang es, Petra in das Spiel einzubeziehen, so versteckte sie sich stets hinter den Stabpuppen. Über die Situation zu Hause sprach das Kind nicht. Dafür sprachen seine Buntstiftzeichnungen (Abb. 3) eine beredte Sprache.

Die Mutter wendet Petra den Rücken zu, während der Vater das Kind an den Haaren zerrt und mit einen Gegenstand schlägt (von der erwachsenen Petra erfahren wir, es war ein Handfeger). Im Hintergrund ist ein großer Kopf gezeichnet, dessen Bedeutung uns seinerzeit nicht klar war.

Petra teilt uns heute mit, daß es sich um das Gesicht der Therapeutin handelt. Sie habe sich gewünscht, die könne das alles sehen, was mit ihr gemacht wurde. Die Therapeutin hatte offenbar hier die Funktion des *„significant caring adult"* bzw. des *„inneren Beistandes"*. Weiterhin hat das Kind eine Puppe in der Hand, eine „Großmutter-Puppe", die sie aus der Therapiegruppe mit nach Hause nehmen durfte – es gehörte zu unserem Konzept, *„protektive Puppen"* (ibid. 333) Kindern nach Hause mitzugeben, zuweilen fertigten wir sie mit ihnen an (*Petzold, Kirchmann* 1990, 952). Als *Petra* allmählich etwas zugänglicher und offener wurde, brachte die Mutter das Kind nicht mehr zur Therapie. Unsere prognostische Einschätzung war damals nicht sehr günstig. Auch in der Grundschule des gleichen Dorfes, wo dieses Kind in der Folge noch von einer von uns ausgebildeten, psychodramatisch arbeitenden Lehrerin in der Klasse besonders betreut wurde (*Petzold, Schulwitz* 1972), zeigte sich die Situation als äußerst problematisch. *Petra* gehörte zum Typus der „gehemmten Schülerinnen" (ibid. 319). Im soziometrischen Zonenprofil ist und bleibt sie „randständig" (ibid. 326). Heute macht die 27jährige Sozialpädagogin indes einen gut integrierten, gefestigten Eindruck. Auf der standardmäßig in jedem Auswahlseminar durchgeführten „Zeichnung des Lebenspanoramas" (*Petzold, Orth* 1993a), war die Kindertherapiegruppe als „protektive Erfahrung" eingezeichnet (Abb. 4).

Das Panorama hatte eine rein farbsymbolische Qualität, wobei gelb und grün schützende Personen und Gruppen darstellten (wie schon in den Kinderzeichnungen!), braun und schwarz hingegen bedrohliche Ereignisse und Menschen. Die Bedeutung der einzelnen Farbkomplexe und Formen im Panorama wurde in der „Bearbeitung aus der Resonanz" erschlossen. Die Farben hatten die Funktion, die „Atmosphären" von Szenen und Ereignissen aufs Papier zu bringen. In der Bearbeitung konnte dann von der Protagonistin das jeweilige Geschehen mit seinem affektivem Gehalt berichtet werden.

Für *Petra* war die Erfahrung mit dem Lebenspanorama im Auswahlseminar und im nachfolgenden, auswertenden Interview, weiterhin die Einsichtnahme in ihr kindertherapeutisches Dossier so eindrücklich, daß sie dann auch daran mitwirkte, weitere Teilnehmer aus den damaligen Kindertherapiegruppen aufzufinden.

Dieses Beispiel macht sehr eindrücklich klar, daß die positiven „inneren Beistände" (und natürlich auch „innere Feinde", vgl. *Petzold* 1979b, 1985l; *Bach, Torbet* 1985) eine zentrale Bedeutung haben, sind doch nach der Persönlichkeitstheorie der „Integrativen Therapie" die verinnerlichten Personenrepräsentanzen („Imagines") neben den Selbstbildern *Teil der Persönlichkeit* (idem 1992a, 531 ff.), die die

Legende zum Lebenspanorama von Petra (Abb. 4):

»Meine Geburt muß ja gut gewesen sein, sonst wäre ich jetzt nicht da. Die guten Farben in meinem Leben sind grün, gelb und orange. Mein Vater ist braun und schwarz. Er ist ein schwerer Eisenklöppel über meiner Kindheit. Meine Mutter ist schwarz, niedergebrochen, voller Depressionen. Das Spielen draußen in der Natur mit den Geschwistern, das war alles grün, wie das Leben. Mein Vater war manchmal rührselig nett (violett). Gewalt und depressive Düsternis haben mir das Grün des Lebensweges eingeschwärzt und eingezwängt. Dann bin ich in das Kinderprogramm gekommen. Da war es lebendig (gelbe und orange Farben), viele Spiele, nette Leiter. Das waren gelbe Jahre. Aber dann durfte ich nicht mehr hin. Die Schule war wichtiger, sagte meine Mutter. Sie wurde immer verbitterter. Alle guten Impulse von der Kindergruppe wurden verschmutzt. Aber es blieb was, und die Felder in Büttgen. Die Lehrerin in Fliederfarben war ernst und gut. Sonst war die Schule furchtbar. Als ich 12 war, brach alles zusammen. Meine Eltern trennten sich, aber nicht richtig. Mein Vater zog aus, kam aber oft betrunken zurück. Mit Hilfe meiner Lehrerin fand ich eine Möglichkeit, die Aufbaustufe zu machen. Mein Vater wollte das torpedieren. Von meiner Mutter fühlte ich mich runtergezogen, aber von anderen Menschen kam immer wieder Ermutigung, und eines Tages spürte ich in mir etwas wie eine Quelle, das blaue Lebenswasser in meinem Bild. Ein Junge hatte mir gesagt, ich sei schön. Die Schule und die Sozialpädagogikschule läßt wieder alles leuchten. Gelb und orange, eine geballte Kugel. Ich fühle soviel Lebensenergie wie nie zuvor. Mein Vater wird für mich zum „Fall". Ich kann jetzt als „Fachfrau" sehen, was da läuft. Sein Einfluß wird schwächer. Der meiner Mutter bricht ab. Als ich einundzwanzig bin, stirbt sie plötzlich an einer Embolie. Mein grüner Lebensfluß kann sich nun frei entfalten. Ich reise und arbeite an verschiedenen Stellen, um Erfahrungen zu sammeln. Mein Freundeskreis und meine Kollegen (orange und gelbe Kreise) bilden ein lebendiges Gewusel. Das ist die Gegenwart. Der Impuls geht in die Zukunft, auf die ich neugierig bin.«

„personale Identität" (idem 1993d) und die „selbstreferentiellen Emotionen" (idem 1992b, 823 ff.) – etwa Selbstwertgefühl, Minderwertigkeits- oder Wertlosigkeitsgefühle – nachhaltig beeinflussen. „Innere Beistände" und die mit ihnen erlebten „positiven Narrationen", die als heilsame persönliche Geschichten Niederschlag in der *Biographie* gefunden haben, sind damit als *internale* Schutzfaktoren zu sehen, die sich offenbar auch aufgrund von vorübergehenden oder intermittierenden guten Beziehungserfahrungen (z.B. bei Aufenthalt in einer Pflegefamilie, einem Heim) auszubilden vermögen.

Damit wird es aber erforderlich, über die *Qualität* von „inneren Beiständen" mehr zu wissen, um sie für die Kindertherapie, für die Psychotherapie mit Erwachsenen, aber auch in der Prävention gezielt einsetzen und nutzen zu können. Deshalb darf das Konzept der *Ereignisketten* und *convoys* in denen adversive, defizitäre und protektive Faktoren zum Tragen kommen, auch nun nicht „summativ" verkürzt werden, also ob die Akkumulation von Plus- und Minusmengen das Ausschlaggebende sei. Wesentlich ist

1. die *Qualität* von „events",
2. die *Interaktion* von Negativerfahrungen und Positiverfahrungen und Defiziterleben, schließlich
3. ihre *mnestische Archivierung*,
4. ihre *Repräsentanz* und
5. ihre *lebensbestimmende Wirksamkeit* sowie die Qualität des *convoys*, d.h. die persönliche Charakteristik und die Interaktionen der Personen, die an *events* beteiligt sind und – unter longitudinaler Perspektive in *convoys* weiterhin mitfahren.

Es wird deshalb eine differentielle und integrierende Sicht erforderlich, die auf Gesamtwirkungen ausgerichtet sein muß und nicht nur auf Einzelfaktoren, Einzelereignisse und isolierte „innere Beistände oder Feinde" zentrieren darf, denn all dieses steht in einem *übersummativen* Kontext. Einzelfaktoren sind als solche folglich immer *überdeterminiert*. Besonders deutlich wird dies, wenn man „komplexe" protektive Faktoren in unterschiedlicher, theoretischer Optik in den Blick nimmt. Beim Konzept des *„significant caring adult"* oder dem der *„schützenden Insel-Erfahrung"* z.B. ist der erstgenannte Faktor weitgehend mit dem der „positiven Elternimago" in der psychoanalytischen Theorie gleichbedeutend, der zweitgenannte mit dem Erleben von „potential space" bzw. von „facilitating environment" bei *Winnicott* (vgl. *Neubaur* 1987). Derartige Konzepte haben, wenngleich sie in sehr unterschiedlichen Traditionen und vor sehr divergierendem Hintergrund formuliert wurden, erstaunliche Gemeinsamkeiten, und eine integrative Sicht kann von beiden Traditionen – der sozialwissenschaftlichen und der psychoanaly-

Abb. 2: Therapeutisches Puppenspiel mit Stabpuppen 1970, *Hilarion Petzold* und *Christa Petzold* (*Geibel*)

Abb. 3:   Petras Kinderzeichnung 1970

Abb. 4:   Lebenspanorama von Petra 1991

b. 5: Karrierepanorama von Martha (Beispiel 2)

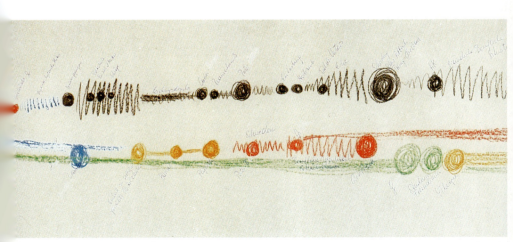

. 6: Karrierepanorama von Renate

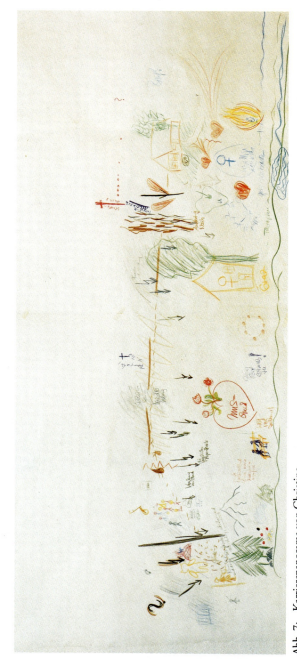

Abb. 7: Karrierepanorama von Christine

Abb. 8: Karrierepanorama von Mara (Beispiel 3)

Abb. 9: „Über-Ich-Bänke" von Mara

Abb. 10: „Über-Ich-Bänke" von Frederike

tischen – gewinnen. Spezifiziert die sozialpsychologische Forschung die Schutzpersonen mit Blick auf ihre faktische, protektive Wirksamkeit in jeweils gesondert zu betrachtenden – weil so verschieden – „settings", so richtet sich die tiefenpsychologische Sicht auf die Generalisierung, die Gesamtwirkung einer „Imago", wie sie sich als „Repräsentanz" formiert hat, niedergeschlagen hat und wirksam wird.

Um Aufschluß zu erhalten über die Frage der „Qualität" von *significant caring adults* und ihrer „Archivierung" als „innereren Beiständen" – denn die reale Hilfeleistung in Kindertagen, die memorierte Hilfe und die Ausbildung einer positiven Repräsentanz und einer guten Geschichte (*benignes Narrativ*) sind durchaus zu unterscheiden – haben wir mit der Hilfe von Studenten eine kleine *pilot study* durchgeführt, die indes interessant genug ist, um eine methodisch aufwendigere Untersuchung anzuregen und deren Materialien für unsere Fragestellung nützliche Hinweise bietet.

In karriere-explorierenden Interviews bzw. in fokussierenden Explorationen von Karrierepanoramen bei vier verschiedenen Patienten und Klientenpopulationen – verhaltensgestörten Kindern, Drogenabhängigen, erwachsenen Psychotherapiepatienten (Depressionen, Psychosomatikern) und Ausbildungskandidaten – haben wir Eigenschaften von „significant caring adults" zu erheben versucht. Dabei konnten wir feststellen, daß es „unspezifische" Eigenschaften gab, die sich durchgängig fanden, aber auch „spezifische" Qualitäten, die in starkem Maße vom Alter und von den Situationen abhingen, in denen Unterstützung und Schutz benötigt wurden. Die milieuspezifischen Unterschiede waren dabei erheblich. (Wie schon erwähnt, stellt dabei ein interessantes Moment die Differenz zwischen faktisch erhaltenen und memorierten protektiven Zuwendungen und Qualitäten dar.) In der Exploration von fünf- bis achtjährigen Kindern aus Kindertherapiegruppe (N 8/ w 5, m 3) mit Kindern aus sozial benachteiligten Schichten wurden die Qualitäten von „significant caring adults" (Tanten, Großmütter, Großväter, Nachbarsleute) z.B. wie folgt umschrieben: „Die ist immer lieb!", „Die hilft mir bei den Schularbeiten!", „Die schenkt mir immer was Schönes!", „Bei der kann ich immer so schön spielen!", „Der spielt immer ganz lange mit mir!", „Der hat immer ganz viel Zeit für mich!", „Die erzählt mir so schöne Geschichten!" usw. Es handelt sich also im wesentlichen um handlungsbezogene, emotional-getönte Eigenschaften.

Bei der Befragung von jugendlichen Drogenabhängigen (N 12/ w 3, m 9) aus ähnlichem Herkunftsmilieu zu protektiven Bezugspersonen ihrer

Kinderzeit tönt es recht anders: „Der war echt Spitze, immer gut drauf!", „Bei der war das total anders als bei uns, da war der Eisschrank immer voll!", „Die hat echt Verständnis jehabt für einen, und immer hat se einen was zujesteckt!", „Da wurd man wenigstens nich geschlagen!", „Die hat auch immer ein gutes Wort für einen eingelegt!" usw. Deutlich hat sich die Perspektive verändert. Die Personen (es handelt sich wiederum um den obengenannten Kreis) und die mit ihnen erlebten Situationen werden aus der Sicht des Jugendlichen beurteilt. Andere Qualitäten und Handlungen werden hervorgehoben. Die Bewertung emotionaler Zusammenhänge tritt zurück. Bei der Frage nach Schutzpersonen in der gegenwärtigen Lebenssituation (der Personenkreis beinhaltet nun Freunde, Verwandte, Berater) findet sich für diese wiederum eine andere Charakteristik: Aussprache, Entlastungsmöglichkeiten, und vor allen Dingen das Zur-Verfügung-Stellen von Ressourcen dominierte. Geschlechterspezifische Differenzen konnten wir wegen der kleinen Zahl der Klienten nicht ausmachen.

Schließlich die Befragung von erwachsenen Patienten (Depressionen, Psychosomatosen, N 12/ w 9, m 4): Wiederum ursprünglich aus benachteiligten Schichten kommend, finden wir bei dieser Gruppe für die Schutzpersonen der Kindheit (Großeltern etc. siehe oben) komplexe Eigenschaftslisten, eingebettet in ausführlichere Schilderungen: „Die war immer freundlich und gut gelaunt!", „Die hat gesehen, was los war, hat zugepackt und Verständnis gehabt!", „Die hat mich wirklich geliebt!", „Bei der konnte ich sein, so wie ich bin!", „Der hat mich immer verteidigt!", „Der hat meinem Vater mal die Meinung gesagt!", „Bei dem mußte ich nicht immer was tun, um was Wert zu sein!", „Die hat mich wirklich gesehen!", „Die hatte immer etwas für uns!", „Die strahlte soviel Güte aus!", „Die hat geholfen, wo sie konnte!" usw. Auffallend ist, daß hier aus der Erwachsenenperspektive auf die Schutzpersonen geschaut wird und ihre besonderen Eigenschaften in den Vordergrund treten: Tapferkeit, Mut, Wärme, Freundlichkeit, Nichtbewertung, Engagement, praktische Hilfeleistung. Es wird im übrigen immer wieder berichtet, daß diese Eigenschaften sich nicht nur auf das Kind gerichtet haben, sondern daß sie für das gesamte Sozialverhalten der Schutzpersonen bestimmend waren. Ihr „Vorbildcharakter" wird also betont: „Die war mir ein echtes Vorbild!", „Von der kann man sich was abschneiden!", „So würde ich auch gerne werden!". Eigenschaften können in den Vergleich zu Verhaltensweisen anderer Menschen gesetzt werden: „Das war ein wirklicher Mensch. Der hatte echt Zivilcourage!", „Die hat es in ihrem Leben auch nicht leicht gehabt, und dennoch hat sie nie den Mut verloren!". Von den protektiven Handlungen werden hervorgehoben: Trost spenden, praktische Hilfe geben, Mut machen, Beruhigen, Wertschätzung, Akzeptanz, Verständnis geben, ernst und wichtig nehmen, Nähe, Wärme, Schutz und Geborgenheit vermitteln. Wiederum war eine geschlechtsspezifische Differenzierung nicht möglich, und auch hinsichtlich des Altersrange (26 bis 51) ergaben sich aufgrund der kleinen Befragungsgruppe keine auffälligen Differenzen. Als Persönlichkeitseigenschaften überwogen bei den Darstellungen empathische Qualitäten in der Interaktion, Ruhe, Ausgeglichenheit und Wärme.

Bei den Aussagen von Ausbildungskandidaten der Psychotherapie aus der Mittelschicht (N 12/ w 7, m 5) über Schutzpersonen ihrer Kindheit tritt das Moment der praktischen Hilfeleistung gegenüber der Patientenpopulation deutlich zurück. Emotionale Qualitäten werden noch präziser formuliert und interaktionale Eigenschaften offenbar noch höher bewertet: „Die hat mich wirklich verstanden!", „Mit der konnte man reden!", „Die hat einem zugehört!", „Der hat sich an mir gefreut!", „Sie hat mich immer wieder bestätigt!", „Da gab es keine Ambivalenzen!", „Der hat mir eindeutige körperliche Nähe gegeben!", „Die hat mein Selbstwertgefühl aufgebaut!" usw. Die psychologische Perspektive der Ausbildungskandidaten der Psychotherapie schlägt hier offenbar zu Buche.

Diese kursorische Zusammenstellung von typischen Aussagen bietet für die praktische psychotherapeutische Arbeit sehr interessante Perspektiven, vergleicht man die psycho-*logische* Übereinstimmung der Qualitäten der „significant caring adults", ihre supportiven und protektiven Eigenschaften mit den Eigenschaften, die „gute Therapeuten" und „gute therapeutische Beziehungen" kennzeichnen, wie sie in der empirischen Psychotherapie-Effektforschung und der Psychotherapie-Prozeßforschung herausgearbeitet wurden (*Huf* 1992). Auch hier werden Empathie, emotionale Wärme, Wertschätzung, Versicherung, Entlastung, Verständnis, Humor, Akzeptanz, die Fähigkeit, den anderen ernst zu nehmen und in seiner Besonderheit zu sehen, sein Selbstwertgefühl aufzubauen, Freude an ihm zu zeigen, Hoffnung und Ermutigung zu vermitteln als Eigenschaften guter Therapeuten und guter therapeutischer Beziehungen herausgestellt (*Orlinsky, Howard* 1986b, 1987; *Strupp* 1993; *Butler, Strupp* 1986; *Frank, Frank* 1991; *Hartley, Strupp* 1983; *Marziali* et al. 1981; *Huf* 1992). *Psychotherapie wirkt also u. a., weil sie Qualitäten von „significant caring adults" im Verhalten von Therapeuten aktualisiert und weil sie insgesamt u n s p e z i f i s c h e und s p e z i f i s c h e Faktoren bereitstellt (Butler, Strupp 1986; Petzold 1992g; Enke, Czogalik 1993), die in hoher Übereinstimmung mit unspezifischen und spezifischen Faktoren bei salutogenen bzw. protektiven Einflüssen sind.* Wo Therapien mißlingen oder eine negative Wirkung haben, ist – wiederum im Vergleich mit der Charakteristik von „adversive events" und „negative psychotherapy effects" – anzunehmen, daß sich in ihr pathogene Einflußgrößen, maligne Beziehungsqualitäten und Persönlichkeitseigenschaften reproduzieren (*Strupp, Hadley* 1977; *Strupp* 1977).

Dem Zusammenhang von *protective factor research* bzw. *Salutogeneseforschung* unter longitudinaler Perspektive und der Wirkungsforschung in der Kinder- und Jugendlichenpsychotherapie (*Heekerens* 1992) einerseits sowie wirksamer, pädagogischer Einflußfaktoren andererseits, schließlich der Wirkungsforschung in der Psychotherapie mit erwachsenen Patienten wird in Zukunft große Bedeutung zuzumessen sein, nicht zuletzt mit Blick auf die Entwicklung effektiverer Behandlungsstrategien. Die Schulung von Psychotherapeuten im Bereich der „Integrativen Therapie" richtet sich dezidiert an diesen Forschungsergebnissen aus, um bei dem angehenden Therapeuten Wissen und Erfahrung über sein Verhaltensrepertoire, seine Emotionalität und seine Einstellung zum Patienten (dessen jeweilige Erkrankungen und belastenden Lebenssituationen) zu entwickeln. Untersucht man mit unseren projektiven, lebenslaufbezogenen Diagnosetechniken (*Petzold, Orth* 1994) die Feinstruktur protektiver Szenen (sie beinhalten schützende Atmosphären und hilfreiche Interaktionen mit Schutzpersonen), so wird deutlich, daß in ihnen Grundmotive erkennbar werden, die in einer frühen Arbeit zur Kinderpsychotherapie (*Petzold* 1969c) für die Erziehungsarbeit und für die Therapie mit Kindern (aber auch für die regressionsbezogene Arbeit mit dem „inneren Kind" bzw. den „inneren Kindern" in der Behandlung von Erwachsenen) wie folgt umrissen wurden:

»... so können wir denn feststellen, daß gute Erziehung in Schule und Elternhaus und effektive Therapie bei Kindern und Jugendlichen, ja bei Erwachsenen, deren ‚inneres Kind' bzw. ‚innere Kindzustände' wir in der benignen Regression zu erreichen suchen, um ihm „*korrektive emotionale Erfahrungen*" zu vermitteln, ganz spezifischen Mustern und Handlungsstrategien folgen. Diese kommen im übrigen auch in der Arbeit mit Jugendlichen und Erwachsenen zum Tragen, denen man *ohne* aufdeckenden biographischen Bezug in kreativtherapeutischer Weise „*alternative emotionale Erfahrungen*" zu vermitteln sucht.

Herausgestellt werden können folgende:

In Erziehung und Therapie geht es darum,
- einem Kind (Menschen) zu vermitteln, daß es (er) wertvoll ist, daß man es (ihn) in seiner Einzigartigkeit erkennt und bestätigt;
- einem Kind die Welt zu zeigen und erklären;
- einem Kind einen verläßlichen, emotionalen Boden und Vertrauenshintergrund zu schaffen;
- einem Kind eine positive Zukunftsperspektive zu eröffnen;
- einem Kind zu zeigen, wie man Beziehungsnetze aufbaut und pflegt;
- es geht um ein Aushandeln von Grenzen,
- das Akzeptieren der eigenen Gefühle und die Freude an der eigenen Leiblichkeit;
- es geht um das Differenzieren von Emotionen im Austausch von Gefühlen.

All dieses wird in intersubjektiven Beziehungen, gemeinsam durchlebten Geschichten erlebt, und diese Erfahrungen werden in den Archiven des Gedächtnisses gespeichert und aufgehoben. Die beschädigenden, demütigenden, entwertenden, feindseligen Beziehungserfahrungen formieren „innere Feinde". Die beschützenden, ermutigenden, vertrauenschaffenden, wertschätzenden Beziehungserfahrungen führen zur Ausbildung „innerer Beistände" – beide Gruppen von Repräsentanzen sind Teil der Persönlichkeit des Menschen, die in sich vielfältig strukturiert ist (*Ichheiser* 1929). Eine wichtige Aufgabe der Psychotherapie besteht darin, den Einfluß der „inneren Feinde", eines „malignen Über-Ich" abzubauen, indes ein „benignes Über-Ich", d.h. die Wirkmächtigkeit von „inneren Beiständen" und „guten Geschichten" zu bekräftigen. Bei gelingender Therapie wird der Therapeut selbst in die Reihe der Beistände eingefügt werden, denn das Entstehen und die Bekräftigung, aber auch das Verblassen, ja Vergehen der Repräsentationen von Beziehungserfahrungen als „inneren Beiständen" und „inneren Feinden" vollzieht sich über die Gesamtheit des Lebens« (*Petzold* 1969c).

In diesem frühen Text sind schon die Grundlagen „Integrativer Kinder- und Jugendlichentherapie" umrissen, die heute in nachstehender Weise auf den Punkt gebracht werden:

»Integrative Kinder- und Jugendlichentherapie ist ein ganzheitlicher und differentieller Ansatz der Behandlung und Förderung von Kindern und Jugendlichen in Einzel- und Gruppensitzungen unter Einbeziehung ihrer Familien bzw. Bezugspersonen in Berücksichtigung der pathogenen und salutogenen Einflüsse des jeweiligen mikroökologischen und sozialen Kontextes. Auf eine „kindgemäße Weise" wird mit den „heilenden Kräften des kindlichen Spiels" (*Zulliger*), mit Spielmitteln, kreativen Medien gearbeitet, die auf die jeweilige Altersstufe und Spielkultur zugepaßt werden, so daß ein „Raum des Möglichen", eine „fördernde Umwelt" (*Winnicott*) entstehen kann. Die Integrative Kindertherapie gründet sich dabei auf tiefenpsychologische Denkmodelle und Konzepte, die Ergebnisse modernerLongitudinalforschung und auf eine „integrative Entwicklungspsychologie", die richtungsübergreifend die Erträge psychomotorischer, emotionaler, kognitiver, sozialer und ökologischer Entwicklungsforschung einbezieht, um sie mit einem reichen Repertoire an Methoden, Techniken, Medien, Formen auf kreative Weise interventiv umzusetzen. Dies geschieht „im Prozeß" eines „Handelns um Grenzen", in gemeinsamem Gestalten, in liebevoller Bezogenheit und Respekt vor der sich in der Ko-respondenz entwickelnden, einzigartigen Persönlichkeit des Kindes oder Jugendlichen. In der Integrativen Kindertherapie wird versucht, für Kinder in schwierigen Lebenslagen „schützende Insel-Erfahrungen" bereitzustellen. Der Kindertherapeut bemüht sich dabei, zum wichtigsten protektiven Faktor zu werden, den es für Kinder geben kann: ein „significant caring adult" (*Rutter*), der als „innerer Beistand" internalisiert werden kann und der das bereitzustellen und zu ermöglichen sucht, was das Kind braucht.«

In dieser Definition und dem, was sie beinhaltet (vgl. *Petzold, Ramin* 1986/1993a, 1089-1150), wird genau wie in dem zitierten Text von 1969 die „Lebenslaufperspektive" von Pathogenese und Salutogenese affirmiert, die an die repräsentationale Realität *schützender und schädigender Personen* im Lebens*convoy, an protektive und adversive Ereignisse und Einflüsse* gebunden ist. Das „Über-Ich" wird in diesem Zusammenhang als Archiv toxischer oder benigner Beziehungserfahrungen aufgefaßt, in dem Werte und Normen rückgebunden sind an normsetzende Interaktionen mit „significant others", Menschen, die positive oder negative Werte verkörpern bzw. durch ihr Handeln zeigen. Werte sind deshalb, wenn sie an überzeugende Leitfiguren gebunden sind, recht „enttäuschungsfest".

Für die psychotherapeutische Praxis ist es von größtem Interesse, Aufschluß über die narrativen und dramatisch-aktionalen Formierungsprozesse (*Petzold* 1990p) von Repräsentanzen, schützenden oder bedrohlichen, sicherheitsgebenden oder verunsichernden, wertschätzenden oder abwertenden, sorgenden oder vernachlässigenden „significant others" und „significant events", bzw. die Verschränkung von beidem zu erhalten. Mit der Betonung von *„Ereignisrepräsentanzen"* (*event representations*) wird das psychoanalytische Konzept der *„Objektrepräsentanzen"*, das im Prinzip unserem Konzept der „inneren Beistände" und „inneren Feinde" als *„Subjektrepräsentanzen in Interaktion"* entspricht, überschritten und szenisch erweitert. (Wir rücken überdies vom psychoanalytischen „Objekt-Begriff" wegen seiner anthropologischen und sprachlogischen Problematik dezidiert ab.) Ereignisse als solche – *benigne* (z.B. die beglückende Erfahrung einer schönen Landschaft) und *maligne* (z.B. das Erleben einer Naturkatastrophe) – erhalten damit nicht nur einen Stellenwert als *„event"* in einer Ereigniskette, sie werden auch als Repräsentanz entsprechend gewichtet, und das gilt natürlich auch für die *Subjektrepräsentanzen*, da es sich, genauer betrachtet, immer um „Subjekte in Situationen" handelt, die repräsentiert werden. Bei der Herausarbeitung von *„significant caring adults"* in der therapeutischen Arbeit müssen deshalb immer auch die *Situationen* des „carings" mitangeschaut werden, weil Personen nicht von den Szenen und Stücken (*scripts*), in denen sie agieren, losgelöst betrachtet werden können (*Petzold* 1990i).

Um diesen repräsentationalen Niederschlag pathogener und salutogener Einflüsse diagnostisch zu erfassen, bedienen wir uns (*Petzold, Orth* 1993a, 1994) neben dem *Karrierepanorama* und oft auch in Ergänzung zu ihm einer bildnerischen Darstellung der *„Über-Ich-Bänke"*, indem wir die Metapher einer „Richtbank" (negative Repräsentanzen) und einer „Festbank" (positive Repräsentanzen) verwenden, auf denen sich die „inneren Feinde" und „inneren Beistände", die das Lebensgefühl eines Menschen so wesentlich mitbestimmen, finden (vgl. Abb. 9 + 10). In symbolischer Form oder figurativ oder in der Durchmischung beider Möglichkeiten stellen die Patienten mit Farbstiften oder in Kollagen Personen dar, von denen sie meinen, daß sie ihre Lebenshaltung und ihre Grundstimmungen wesentlich beeinflußt haben, ja noch gegenwärtig bestimmen. In Formen und Farben kommen dann Atmosphären zum Ausdruck, in denen *Szenen* eingefangen sind, welche einen z.T. lebensbestimmenden Charakter gewonnen hatten. Durch die Methoden der „Erlebnisaktivierung" und der „szenischen Evokation" können sie dann noch präziser ins Bewußtsein gehoben werden bzw. lassen sie sich mit „events" aus den gleichfalls vorhandenen Karrierepanoramen verbinden (vgl. Abschnitt 4, Beispiel 8). Als Beispiel sei auf das in Abb. 10 wiedergegebene Bild der „Über-Ich-Bänke" von Frederike, einer 35jährigen Psychosomatikpatientin, hingewiesen.

Das Bild ist selbstexplikativ. Die *toxische Über-Ich-Bank* wird symbolisiert durch den geöffneten Rachen eines Krokodils, mit bösen, reißenden Zähnen bewehrt. Die bösen Botschaften: „Faul/Du willst nicht, Schlampe, disziplinlos, vergnügungssüchtig, gleichgültig, egoistisch, interessenlos, verspielt, kindlich, zu nichts zu gebrauchen, lebensuntüchtig". Gleichsam in einem Mittelfeld steht: „Zäh, nicht klein zu kriegen." Die Botschaften, die von der *benignen Über-Ich-Bank* kommen, von stützenden, positiven Bezugspersonen – symbolisiert von leuchtenden Farben, Gräsern, gelben Blüten – lauten anders: „Gutes Mädchen, treu, anhänglich, hat Charakter, grundehrlich, lebenslustig, voller Energie, sensibel, kraftvoll, mutig, sinnlich, kreativ." Wie das „Zäh und nicht klein zu kriegen" sind einige dieser Botschaften durchaus „doppelbödig" (z.B. anhänglich, hat Charakter). Beim Betrachten der „inneren Beistände" sind sie doch insgesamt für die Klientin lebenssichernd, wenngleich sie schwerwiegende, biographische Negativbotschaften zu kompensieren bzw. auszubalancieren haben.

3. Wirkungsbedingungen protektiver Faktoren

Aus den voranstehenden Fakten und Überlegungen zu protektiven Faktoren ergeben sich zahlreiche Fragestellungen mit dem Blick auf Gewichtung, Interaktion mit Risikofaktoren, Kontextbedingungen. Viele dieser Fragen müssen beim derzeitigen Forschungsstand noch offenbleiben. So wäre es z.B. von Interesse zu wissen, wie Eltern in Problemfamilien die protektiven Bezugspersonen oder protektive Angebote für ihre Kinder sehen. In der obengenannten Nachuntersuchung unserer Kindertherapiegruppen wurde diese Frage überwiegend positiv beantwortet. Dies ging auch aus unseren eigenen Aufzeichnungen hervor, daß nämlich die Eltern (im wesentlichen die Mütter) froh waren, für ihre Kinder ein Hilfsangebot und für sich Entlastung gefunden zu haben („Herr Doktor, was haben sie bloß mit unserem Kind gemacht, das kommt so gerne zur Therapie. Das freut sich die ganze Woche drauf!" – „Ich bin so froh, daß das

Kind in die Spielgruppe kommen kann!"). In zwei Fällen aber reagierte die Mutter sehr negativ auf die Therapeuten, und die Situation der Kinder verschärfte sich zu Hause („Seitdem du dahin gehst, bist du noch unausstehlicher!" – „Sie machen mir das Kind ganz durcheinander. Das ist überhaupt gar nicht mehr zu bändigen!"). Trotz dieser Belastung wurde in der Aktualsituation und aus der Retrospektive die therapeutische Spielgruppe als wichtig und hilfreich erlebt („Heute sehe ich, die mußte doch eifersüchtig sein, wie unfähig die als Mutter war. Aber ich hab' gesehen, daß das auch anders geht. Wie die Therapeuten miteinander umgegangen sind... die sind eben wie richtige Eltern miteinander umgegangen, so wie... wie man sich das vorstellt!").

Auf zwei Fragen mit Blick auf die protektiven Faktoren sei noch näher nachgegangen, nämlich, ob *„protective factors"* das Vorhandensein von positiven, salutogenen Einflüssen oder das Fehlen negativer Einflußgrößen (*adversive events*) sind. Die zweite Frage ist, ob der Effekt protektiver Einflüsse vom Alter des Kindes abhängt.

3.1 „Gewinnen" oder „verlieren" – ein Definitionsproblem

Wird das Verhältnis zwischen protektiven Faktoren und Risikofaktoren thematisiert, so wird häufig das sogenannte „Münz-Bild" ins Spiel gebracht. Risiko- und Schutzfaktoren sind die beiden Seiten der Medaille, d.h. ein und desselben Phänomens. Liegt im Lebensspiel „die Zahl oben", heißt das ‚protection', also „Gewinnen". Die andere Seite würde dann bedeuten: *risk*, das ins „Verlieren" führen kann. Ein protektiver Faktor wäre in diesem Bild also das Fehlen von Risikofaktoren. Man hat damit kein „auf eigenen Füßen stehendes" Konzept. Wenn Armut der wesentlichste Risikofaktor in der Entwicklung von Kindern ist, so hat nach dem Münz-Bild die Mehrzahl der holländischen Kinder und Jugendlichen dieses Risiko nicht, vielmehr ist bei ihnen der „protektive Faktor" der ausreichenden finanziellen Absicherung des sozialen Kontextes (der Eltern, der Erziehungsberechtigten, der Familie) gegeben. Sie sind damit nicht den vielfältigen *„risk factors"* oder *„adversive events"* ausgesetzt, die man bei Kindern in Familien mit einem niedrigen SES finden kann (*Masten, Garmezy* 1985). Bei einem schlechten SES kommt es häufig zu einem *kumulativen Deprivationsprozeß* (den Haushalten, den Eltern, den Kindern fehlt es „an allen Ecken und Enden"), der zu einer Bremse für die Entwicklung der Kinder wird („es ist für nichts Geld da", „alle Kraft geht fürs bloße Überleben drauf"). Ein hoher SES kann Risikofaktoren kompensieren (*Wilson* 1985; *Werner* 1986). Das Münz-Bild ist also auch auf den SES anwendbar: Risikofaktor = Armut mit all ihren Konsequenzen/protektiver Faktor = ausreichende finanzielle Tragkraft der Familie. Auch der protektive Faktor des „emotional bedeutungsvollen, verläßlichen Erwachsenen", auf den man immer wieder zurückgreifen kann (*Rutter* 1971), ist unter der Perspektive des Münz-Bildes zu sehen. Dieser Erwachsene ist nämlich ein beschützender „Puffer" gegenüber den Einflüssen, die die Entwicklung des Kindes bedrohen. Er bietet „... the umbrella of security and protection raised over development by the significant caring figures in the environment" (*Masten, Garmezy* 1985). Risikofaktoren wären demnach die „Abwesenheit von Unterstützung durch signifikante Erwachsene". Das Kind hat niemanden, auf den es zurückgreifen kann, wenn es Probleme hat, bei dem es Schutz suchen kann, wenn es bedroht wird. Abschließend sei noch auf den protektiven Faktor der „adäquaten, kognitiven Einschätzung von Streßsituationen" verwiesen, der – wie gezeigt (2.2) – Entwicklungsrisiken bei Kindern stark verringert. Auch hier kann man formulieren: „Eine nicht angemessene, kognitive Einschätzung von Streßsituationen" ist ein Risikofaktor. Sind also die Konzepte „risk factor" und „protective factor" unabhängig voneinander zu definieren und zu verwenden? Sind sie Zwillinge, oder sind sie theoretisch und praxeologisch voneinander zu unterscheiden? In forschungsgeschichtlicher Hinsicht sind sie auf jeden Fall miteinander verbunden, und in interventiver Hinsicht stehen sie nicht weit voneinander. Dennoch kann man sagen, daß unter dem Einfluß einer pathologiezentrierten, medizinalisierten Optik die Konzepte der „protektiven Faktoren", der „salutogenen Einflüsse" dem Konzept der „Risikofaktoren" und der Zentrierung auf „pathogene Einflüsse" nachgeordnet ist. Im Bereich der Psychotherapie von Kindern, Jugendlichen und Erwachsenen haben – sieht man von den Arbeiten zur Integrativen Therapie einmal ab (*Petzold* 1969b, c, 1974j, 1985a, 1988n) – die Salutogenesetheorie und die Forschungen und Theoreme zu „protective factors", „positive events", "easy temperaments" bislang noch kaum Beachtung gefunden, geschweige zu konsistenten Praxisstrategien geführt, und dies nicht, weil sie im Bereich der entwicklungspsychologischen Forschung noch nicht gut genug definierte und abgesicherte Konstrukte sind. Die Vielzahl der Forschungsrichtungen und Disziplinen, die zu diesen Konstrukten beigetragen haben – oft, ohne daß sie voneinander wußten –, hat zwar die konzeptuelle Klarheit nicht gefördert, aber den *heuristischen Wert* der „Schutzfaktoren" durchaus bekräftigt.

Nunmehr aber wäre es an der Zeit, in Zusammenführung der verschiedenen Forschungstraditionen und durch die Entwicklung übergreifender Forschungsdesigns das Konzept der „Schutzfaktoren" besser abzusichern, so daß es nicht nur zusammen mit Risikofaktoren wie eine „Zwei-Einheit" benutzt wird. Von der dialektischen Bezogenheit dieser beiden Seiten wird man nicht absehen können, jedoch kann nur eine von der Definition von Risikofaktoren unabhängige Bestimmung und wissenschaftliche Untermauerung der „protective factors" zur fundierten Entwicklung von brauchbaren Interventionsmodellen für die Praxis – insbesondere in der Arbeit mit Kindern, die Überlastungen bzw. „zeitextendierten Belastungen" (*Petzold, Schuch* 1992) in risikoreichen Lebenszusammenhängen ausgesetzt sind – führen (*Rutter* 1990). Eine differenziertere Untersuchung der Zusammenhänge würde auch bestimmte Widersprüchlichkeiten aufklären, daß nämlich in manchen Situationen Risikofaktoren und adversive Erfahrungen auch eine protektive Qualität gewinnen können. „Hard growing children" sind oftmals durch den „rauhen Wind", in dem sie aufwuchsen, für härtere Zeiten besser ausgerüstet als Kinder, die wohlbehütet aufwuchsen (wir denken hier keineswegs an ein Aufwachsen in einem überprotektiven Milieu) und die damit auf schwierige Lebenssituationen, plötzliche Verarmung, Katastrophenereignisse u. ä. schlecht vorbereitet sind. In einer eigenen Longitudinalstudie (1972 – 1978) bei Drogenabhängigen zu ihrem Gebrauch von Hilfsagenturen (Beratungsstellen, Entgiftungseinrichtungen etc.) zeigte sich, daß „lebenserfahrene Unterschichtspatienten" eher in der Lage waren, bei Fehlen oder Versagen von Hilfsagenturen sich eigene Stützsysteme aufzubauen (*Petzold* 1980c). In der Untersuchung von *Robins, Davis, Wish* (1977) über den Einfluß sozio-demographischer Faktoren auf die Heroinabhängigkeit amerikanischer Soldaten im Vietnam-Krieg gab es zunächst keine Verbindung zwischen dem Herkunftsmilieu und dem Rauschgiftkonsum. Offenbar war der kriegsbedingte Aktualstreß der prävalente Risikofaktor. Die Feinanalyse der Longitudinaldaten jedoch zeigte, daß farbige Soldaten aus Slums mit größerer Wahrscheinlichkeit mit dem Heroingebrauch begannen als weiße Soldaten aus wohlsituierten Stadtteilen. Es war aber die Gruppe der in Slums aufgewachsenen Farbigen, die nach der Heimkehr aus Vietnam am leichtesten aus der Sucht aussteigen konnten. Als Erklärung wurde aufgeführt, daß das Aufwachsen in Slums und in Armut schon früh mit den Bedingungen und Folgen des Heroinkonsums vertraut gemacht hatte, das Risiko einer dauerhaften Abhängigkeit besser eingeschätzt werden konnte und auch bessere Bewältigungsmuster für dieses Problem vorhanden waren als bei den weißen Männern aus den reicheren Stadtteilen, die über all diese Erfahrungen nicht verfügten. Gerade für Rand- und Risikogruppen wären hier Überlegungen für die psychotherapeutische, soziotherapeutische und sozialarbeiterische Betreuung anzustellen, nämlich wie man belastende Erfahrungen nutzen könnte, um erworbene Bewältigungsfähigkeiten und Lebenstechniken bei der Rekonstruierung einer negativen Lebenssituation und bei Neuorientierung einer Lebenskarriere konstruktiv einzusetzen. *Rutter* (1990) hat mit seiner Forschergruppe herausgefunden, daß junge Frauen, die eine Devianzkarriere hatten und überwiegend in Erziehungsheimen aufgewachsen waren, durch die Ehe mit einem „non-deviant-spouse", mit dem eine positive Beziehung aufgebaut werden konnte, zu einer guten Qualität von Elternschaft finden konnte, weil hier mit der Beziehung als positives *adult attachment* ein mächtiger protektiver Faktor zum Tragen kam, der eben nicht nur ein „Nicht-Risikofaktor" ist.

Will man also zu einer Trennschärfe der Konzepte finden, so kann man sagen, daß ein *Risikofaktor* einen *direkten negativen* Einfluß auf das Kind und sein Verhalten ausübt, wohingegen ein *protektiver Faktor*, obwohl gleichfalls konkret und unmittelbar erfahren – wie z.B. körperliche, emotionale, verbale, materielle Zuwendung – mit Blick auf die Risiken eher einen *indirekten Einfluß* hat: Negative Einwirkungen können durch ihn besser ausgehalten oder abgewehrt werden, so daß sich sozial konstruktives Verhalten entwickeln kann. Auch unterscheiden sich die Formen der Einwirkung deutlich. Protektive Faktoren kommen nicht in der massiven, plötzlich einbrechenden Art und Weise zum Tragen, wie manche *„adversive events"*, z.B. Mißhandlung, Vergewaltigung usw.

Risikofaktoren „verbrauchen" Entwicklungspotentiale, indem sie z.b. positve, salutogene Einflüsse abschwächen, weil diese etwa zum *Abpuffern* von Traumata, Defiziten, Störungen und Konflikten – pathogenen Stimulierungskonstellationen also (*Petzold, Schuch* 1991) – eingesetzt werden müssen, wohingegen protektive und salutogene Einflüsse unmittelbar Entwicklungs- und Wachstumsprozessen zugute kommen. Das positive, entwicklungs- und gesundheitsfördernde Moment protektiver, stützender und salutogener Elemente in menschlichen Lebensverläufen muß also – und hier liegt wohl die Lösung des Problems – in seiner Charakteristik als *„chain of positive and nourishing events"* gesehen werden. Dies sind salutogene Einflußgrößen in eigenem Recht, die zunächst *keine Schutzfunktionen* haben, sondern als konstitutive Bestandteile positiver Sozialisationsverläufe betrachtet werden müssen, welche erst, wenn Risiken und adversive Ereignisse eintreten, eine Schutzfunktion erhalten, wobei einige dieser positiven Momente eine besondere „protektive Valenz" gewinnen können, wie die Forschung zeigt. Wir möchten sie damit gegenüber *allgemeinen förderlichen und salutogenen Entwicklungsbedingungen* (*„unspecific protective factors"*) als *„specific protective factors"* bezeichnen. Die Spezifität wird aber stets auch von den sozialen Bewertungsparametern, d.h. vom jeweiligen soziökologischen Kontext abhängen, wie schon ausgeführt wurde. Die *„social worlds"* (*Strauss* 1978; *Petzold, Petzold* 1991), d.h. kollektive valuierende Perspektiven auf Lebenssituationen, die *„représentations sociales"* (*Moscovici* 1984; *Jodelet* 1989), die gleichfalls kollektive Bewertungsmuster einschließen, spielen hier eine wichtige Rolle, denn ein Kind wird sich überwiegend an solchen *„shared perspectives"* (*Unruh* 1983) orientieren, weil sie ihm in seiner Lebenswelt vermittelt worden sind. Eine weitere Spezifität protektiver Faktoren ergibt sich aus den schon erwähnten biologischen Parametern (Geschlecht, Aussehen, Temperament, genetisch disponierte Vulnerabilität oder Vitalität).

3.2 Entwicklungsniveau und protektive Faktoren

Es liegt der Gedanke nahe, daß der Einfluß von „stressful life events" und „prolongierten Mangelerfahrungen", „critical or adversive events" im Bezug auf das Alter des Kindes gesehen werden muß. In der Tat wird in entwicklungspsychologischer Forschungsliteratur immer wieder auf Stadien verwiesen, in denen Übergänge (*transitions*) stattfinden, sogenannte „sensible Phasen" (ein durchaus kontrovers diskutiertes Konzept), die auch zu Phasen besonderer *Vulnerabilität* geraten können, wenn in ihnen die altersspezifischen Copingmöglichkeiten und Ressourcen durch „zeitextendierte Belastungen" (*Petzold, Schuch* 1991) oder gar durch Überlastungen, „traumatischen Streß" bzw. durch „Disstreß" überfordert werden (*Malt* 1993). Es ist aber auch möglich, daß in „Entwicklungsstadien mit besonderer Empfänglichkeit" (wie wir sie bezeichnen möchten) notwendige, positive Stimulierungen bzw. Umweltangebote nicht vorhanden sind, so daß Defizite entstehen: etwa in der *„sprachsensiblen Phase"* durch fehlende Ansprache (*Bruner* 1987). Die Frage nach den „sensiblen Phasen" ist durch die Forschung noch nicht eindeutig geklärt und auch noch nicht theoretisch in einer übergreifenden systematischen Darstellung entfaltet worden, was mit Blick auf die Praxis der Kleinkind- und Kinderpsychotherapie unbedingt notwendig wäre, aber auch für Therapieansätze, die beanspruchen, mit Erwachsenen über regressive Arbeit eine Art *„reparenting"* (*Petzold* 1969b, c, 1988n, 238 ff.), eine *Nachsozialisation* zu betreiben, von hoher Bedeutung ist. Schließlich muß unter der Perspektive eines *„life span developmental approachs"* gesehen werden, daß es offenbar auch im weiteren Lebensverlauf: in der Adoleszenz, im Erwachsenenalter, im Senium Zeiten besonderer Sensibilität, ja Vulnerabilität gibt (Partnerverlust, Menopause, *empty-nest-situation*, Pensionierung, Relokationen usw., vgl. *Saup* 1993, 141 ff.). Derartige Sensibilitäten haben unterschiedliche Hintergründe. Im Frühbereich sind sie z.T. genetisch disponiert, im Erwachsenenalter sind sie zumeist psychosozial bestimmt, d.h. sie sind durch gesellschaftliche Lebensformen an die Diskontinuitäten in Karrieren und an Statuspassagen (Schuleintritt, Eintritt ins Berufsleben, Pensionierung) gebunden. In der Pubertät und den Wechseljahren sind sie mit biologischen *und* sozialen Faktoren verbunden.

Bei sich normal entwickelnden Babys finden wir im Alter von drei Monaten z.B. vielfältige Verhaltensänderungen, die *Prechtl* (1990) als Kennzeichen einer neurologischen Reorganisation sieht, durch die der Säugling in der Folge fähig zu flexibleren und komplexeren Verhaltensweisen wird. Risikofaktoren somatischer wie auch psychosozialer Art können derartige Entwicklungen gravierend beeinträchtigen, aber auch, wenn die zerebrale Neuorientierung stattfinden konnte, werden deprivierende Situationen für den Säugling erhöhte Risiken bergen bzw. ihn auch sensibler machen für das Fehlen von entwicklungsfördernden Umweltangeboten, weil seine neuerworbenen Fähigkeiten nicht genutzt werden können. Neurologische, emotionale und soziale Entwicklungsschritte, die einen Übergang von einem Kompetenzniveau zu einem anderen bewirken, können dann auch zu „kritischen Perioden", zu Phasen „besonderer Vulnerabilität" geraten. *Bowlby* (1969) nahm an, daß im Hinblick auf den kindlichen Bindungsprozeß das neurologische System über eine bestimmte Zeit besonders „geöffnet" ist, um ein Band mit der Mutter aufzubauen (*bonding*), das eine „primäre Vertrautheit" (*Bishof* 1991, 199f, 205 f) herstellt. *Bowlbys* Überlegung wurde von Vertretern der Attachment-Theorien aufgenommen und ausgebaut. Sei eine solche „kritische Periode" vorübergegangen, ohne daß in ihr die erforderlichen Erfahrungen gemacht werden konnten, so sollten diese Prozesse nie mehr in der gleichen Effektivität ablaufen können. Es entstände demnach ein wirkliches Defizit. Besonders durch die sehr populär gewordenen Arbeiten von *Klaus* und *Kennell* (1976, vgl. *Kennell, Voos, Klaus* 1979), die eine problematische Verquickung von *primärer Vertrautheit* (der des Kindes zur Mutter) und *tertiärer Vertrautheit* (die der Mutter zum Kind) – um auf *Bishofs* (1991, 148) Konzeptualisierungen zurückzugreifen – vornehmen, fand diese Doktrin große Verbreitung, traf sie doch auf Ideen, die *Dick-Read* (1942), *Spock* (1945) und *Leboyer* (1975) auf breiter Basis vorbereitet hatten. Diese und andere Autoren vertraten mit dem – z.T. auch als reziproken, zwischen Mutter und Kind sich vollziehendem Geschehen aufgefaßten – *Bonding*-Konzept, daß die Mutter durch Haut-zu-Haut-Kontakt in einer sensiblen oder kritischen Phase unmittelbar nach der Geburt ein festes Band aufbaut durch „Kosen, Küssen, Knuddeln und langes Anschauen" (*Klaus, Kennell* 1976) und, wo diese Erfahrungen nicht möglich waren, sollten sich – so die Autoren – negative Entwicklungen einstellen (*Klaus* et al. 1972; *Kennell* et al. 1974; *Ringler* et al. 1975). Die Konsequenzen, die z.T. aus dieser Doktrin gezogen wurden, waren fatal. Zahlreiche Autoren vertraten die Auffassung, daß Kindesmißhandlung und Vernachlässigung das Resultat fehlender *Bonding*-Prozesse seien, ja daß ein solcher fehlender Intensivkontakt in der „kritischen, sensitiven Phase" unmittelbar post partum die Ursache von Autismus sei (*Wing* 1971; *Lynch, Roberts* 1977; *Argles* 1980; *Gaines* et al. 1978; *Carter, Easton* 1980). Hier wurde eine Linie aufgenommen, die *Bettelheim* (1967) schon vertreten hatte und die durch seine Popularität erhebliche Resonanz fand. Einer empirischen Überprüfung unter longitudinaler Perspektive hielt die *Bonding*-Doktrin nicht stand. Der angenommene protektive Faktor des frühen *Bondings*, dessen Fehlen dann zu einem Risikofaktor werden sollte, konnte in den longitudinalen Untersuchungen von *Dunn* und *Richards* (1977) bei 77 Mutter-Kind-Paaren nicht gefunden werden. Nachfolgende Forschung (*Carlsson* et al. 1979; *Schaller* et al. 1979; *Jones* et al. 1980; *Sluckin* et al. 1983) bestätigt die Existenz einer solchen sensiblen Phase nicht, und inzwischen liegt eine Fülle von Forschungen vor, die in einem Übersichtsreferat von *Lamb* (1983, 492) wie folgt zusammengefaßt werden:

„In sum, it is clear that claims regarding the effects of early contact on mother-infant bonding are not well supported by the empirical evidence. Most charitably, one could say that the advocates of mother-infant bonding have yet to prove their case. More critically, one could say that early contact has no enduring effects on maternal attachment, but may sometimes have modest short-term effects on *some* mothers in *some* circumstances" (vgl. auch *Lamb, Hwang* 1982; *Sluckin, Herbert* 1986).

Gegen die Annahme determinierender, früher „sensibler" Phasen beim Säugling – sie wären dann zugleich als Risikofaktoren zu betrachten – und von prädisponierten Bondingprozessen bei Müttern haben sich zahlreiche renommierte Entwicklungsforscher gewandt (*Chess, Thomas* 1982; *Herbert* et al. 1982; *Leidermann* 1981; *Redshaw, Rosenblatt* 1982; *Sluckin* et al. 1983, 1986; *Rutter* 1980). *Hinde* (1983), *Rutter* (1987) und andere sehen eine derartige Position als viel zu radikal, und ziehen es deshalb vor, von „sensiblen Perioden" zu sprechen. In die Argumentation von *Bowlby* einerseits und von

Klaus und *Kennell* andererseits sind in zu starkem Maße ethologische Konzepte eingegangen, wie z.B. eine „primäre Prägung" – aber Säuglinge funktionieren nicht wie die Gössel, bei denen *Konrad Lorenz* (1965) das Prägungsphänomen untersucht hatte, und Mütter funktionieren nicht wie die Geißen, deren „*maternal imprinting*" *Klopfer* und Mitarbeiter (1966, 1968) studierten (zum primären Bindungsverhalten aus ethologischer Sicht vgl. *Bateson* 1983, 1990; *Bishof* 1991). Ein Kind kann in bestimmten Perioden für spezifische Erfahrungen besonders empfänglich bzw. *sensitiv* sein, weil sein Nervensystem ein höheres Reifungsniveau erreicht hat und ein aktiviertes genetisches Programm für Erfahrungen in besonderer Weise disponiert (z.B. bei der Organisation des visuellen Cortex). Aber das Nervensystem hat genügend Flexibilität, um auch – fand in sensiblen Phasen eine Unterstimulierung statt – in späteren Situationen die entsprechenden Umweltangebote aufnehmen und verarbeiten zu können, so daß Lernerfahrungen nachgeholt werden können (*Kohnstamm* 1987). Die „harten" Positionen der frühen Deprivationstheoretiker, wie z.B. *Bowlby* oder *Spitz*, mit der Annahme irreversibler Schäden aufgrund „früher Störungen" (worin ihnen Kliniker, z.B. *Bion, Kernberg*, z.T. *Kohut* gefolgt sind) können mit Blick auf die Ergebnisse der Longitudinalforschung heute so apodiktisch nicht mehr vertreten werden (*Ernst, Luckner* 1987; *Rutter* 1988; *Rolf* et al. 1990). Die *Möglichkeit* von besonderen Vulnerabilitäten, ja, Folgeschäden aufgrund „sensibler Perioden" wird damit keineswegs in Abrede gestellt. Sie ist ja durchaus belegt (*Bock, Whelan* 1991; *Rutter* 1987). Deshalb wird Forschungen und Überlegungen zu sensiblen Perioden in präventiver wie auch in kurativer Hinsicht (*Papoušek, Papoušek* 1993), aber auch für die Bewertung sogenannter „Kausalitäten" in psychotherapeutischen Prozessen oder für das Formulieren von erklärenden Hypothesen in Therapien großes Interesse zukommen.

Kinder in den ersten Lebensmonaten sind im Sinne „evolutionärer Logik" zur Erhöhung ihrer Überlebensmöglichkeiten nicht fest auf bestimmte Personen geprägt (*Chasiotis, Keller* 1992), sondern sie können mit unterschiedlichen, „kompetenten" Pflege- und Bezugspersonen gut gedeihen. Die Fähigkeiten solcher *caregiver*, die genetisch disponierten Muster des „*intuitive parenting*" (*Papoušek, Papoušek* 1981, 1987) in der Interaktion mit dem Kind zu realisieren (vgl. 4.2.1), müssen als zentraler salutogener Einfluß bzw. als protektiver Megafaktor für diese Altersstufe angesehen werden, denn Säuglinge benötigen diese Kommunikationsmuster. Sie sind „primär sozial" (*Rutter, Rutter* 1992, 110) und oft so kommunikationsfreudig, daß man sogar von einer „Beziehungspromiskuität des Säuglings" in dieser Phase sprechen kann. Kleinkinder hingegen haben sich an ihre Bezugspersonen gewöhnt und zu ihnen spezifische Bindungen aufgebaut (*Bishof* 1991, 431 ff.) – nicht zuletzt weil auch die Caregiver nun nicht mehr typisierten Parentingmustern folgen, sondern sich in differenzierten Formen des *„sensitive caregiving"* (*Vyt* 1989) auf die sich entwickelnde Persönlichkeit des Kindes eingestellt haben, und dies ist wiederum ein salutogener und schützender Einfluß. Deshalb sind Kleinkinder Trennungen gegenüber viel sensibler als Säuglinge. Wenn im zweiten Lebensjahr das Erwachen der „self-awareness" (*Kagan* 1981) erfolgt, ist offenbar eine besondere Vulnerabilität (*Vyt* 1989) gegeben. *Rutter* (1981) hat die Empfindlichkeit gegenüber Trennungserfahrungen anhand der Reaktion auf Krankenhausaufnahmen bei Kindern zwischen dem sechsten Monat und dem vierten Lebensjahr untersucht. Dabei kam er zu der Auffassung, daß aufgrund der beobachteten Reaktionen Kinder, die jünger als sechs Monate sind, mit der Situation gut fertig wurden, weil sie noch keine starken selektiven Bindungen entwickelt hatten, und Kinder, die älter waren als vier Jahre, über genügend kognitive Fähigkeiten verfügten, um zu wissen, daß der Krankenhausaufenthalt nur vorübergehend ist und keine vollständige Trennung von den Eltern oder gar ihren Verlust bedeutet, gleichfalls ein gutes Bewältigungsverhalten zeigen. Außerdem verstehen sie besser, *warum* sie im Krankenhaus sind, eine Möglichkeit, über die das Zweijährige nicht verfügt, das damit in ganz anderer Weise an eine Situation ausgeliefert ist. Das Entwicklungsalter ist also eine wichtige Variable für die Verarbeitung von „stressfull life events".

Masten und *Garmezy* (1985) verweisen auf die unterschiedlichen Reaktionsformen bei Kindern verschiedenen Alters, bezogen auf den Tod eines Elternteils. Ein auffälliger Unterschied ist, daß sich Trauerreaktionen bei jüngeren Kindern als flacher und von kürzerer Dauer erweisen, als bei älteren Kindern oder gar bei Adoleszenten und Erwachsenen. Wir neigen dazu, bei Kleinkindern gar nicht von *Trauer,* sondern von Reaktionen des *Schmerzes,* der Verunsicherung, des *Distreß* zu sprechen, weil Trauer ein „komplexes Gefühl" bzw. ein *emotionaler Prozeß* mit unterschiedlichen Gefühlskomponenten ist, der ein relativ hohes, kognitives *und* emotionales Differenzierungsniveau, d.h. ein ausreichend „reifes Ich" voraussetzt *(Petzold* 1993a, 1164). *Rutter* (1966, 1981) bringt die Trauer mit dem Grad der kognitiven Entwicklung in Zusammenhang, den Möglichkeiten, Vergangenheit zu bewerten und Zukunft antizipierend in ihrer Tragweite zu erfassen und damit die Bedeutung des Todes als eines endgültigen, auch für die Zukunft geltenden Verlustes zu begreifen. Trauer, in vollem Sinne, setzt als Ich-Leistung ein bestimmtes Organisationsniveau der Persönlichkeit voraus *(Rutter, Rutter* 1992, 132f) und kann deshalb erst nach einer längeren Phase emotionaler Sozialisation, d.h. emotionaler Differenzierungsarbeit vollzogen werden, nämlich um das vierte Lebensjahr. Wenn auch die Distreß-Reaktion kleiner Kinder, wird eine wichtige Bezugsperson verloren, kurz und nicht sehr tiefgreifend zu sein scheint, so sind unter longitudinaler Perspektive bei ihnen nachfolgende, psychische Störungen gegenüber den Kindern, die solche Erfahrungen nicht machen mußten, größer *(Rutter* 1981; *Rutter, Izard, Read* 1986).

Für diesen Befund ist jedoch nicht unbedingt die unmittelbare Verlusterfahrung ausschlaggebend oder allein ursächlich, sondern es sind die vielfältigen, in der Regel negativen Folgewirkungen eines solchen Verlustes in Rechnung zu stellen: Die Pflege und Erziehungsarbeit wird vielleicht nicht mehr so gut geleistet, Verhaltenskontinuitäten werden unterbrochen, die Familienrollen verändern sich. Bei dem verbleibenden Elternteil kommt es zudem häufig zu Überlastungsreaktionen, die wirtschaftliche Situation verschlechtert sich usw. Es kommen also protektive Faktoren und salutogene Einflüsse zum Fortfall, oder sie werden ausgedünnt, und andererseits nehmen Risikofaktoren und *„adversive events"* zu.

Den hier aufgezeigten, komplexen Zusammenhängen wird in der Longitudinalforschung in Zukunft noch weitere Aufmerksamkeit zu schenken sein, ja sie müssen einen Schwerpunkt in der empirischen „klinischen Entwicklungspsychologie" bilden, da in einer solchen spezifischen *„developmental psychopathology"* Antworten auf Fragen nach der Pathogenese im allgemeinen und nach dem Entstehen spezifischer Krankheitsbilder im besonderen zu finden sind, Antworten, die bessere Begründungen und Zusammenhänge bereitstellen als etwa die Konstrukte von *Freuds* klassischer psychoanalytischer Phasenlehren, aber auch die Phasenkonzepte von *Melanie Klein* oder *Margret Mahler* und ihren Schulen. Die Vielfalt der Einflußgrößen und interagierenden Wirkfaktoren familienspezifischer (*Schneewind* 1991) oder z.B. kultureller Art, die große Zahl der die frühe Entwicklung beeinflussenden Besonderheiten (vgl. *Barrat* 1993; *Hopkins, Westra* 1988, 1990) werden es allerdings nicht mehr möglich machen, daß man zu monokausalen Erklärungsmodellen kommt, indem man jetzt etwa mit Bezug auf – in der Regel sehr selektiv rezipierte – Ergebnisse der Säuglingsforschung (die Kleinkindforschung wird dabei noch kaum zur Kenntnis genommen) wiederum von Ereignissen im „frühen Milieu" auf spätere Pathologien schließt. Immer noch wird bei psychischen und psychosomatischen Erkrankungen im Erwachsenenalter zunächst nach potentiellen Problemen in der Babyzeit gefahndet, und man unterstellt den vermuteten (weil durch Fremdanamnestik in der Regel kaum zu objektivierenden) Einflüssen eine monokausale und zugleich linear-kausale Bedeutung für die Erklärung etwa einer Borderline-Erkrankung. Die Arbeiten von *Daniel Stern* (1985) in dieser Weise zu gebrauchen hieße, sie mißbrauchen, denn es wird damit der ganze Zwischenbereich der späteren Kindheit, Adoleszenz, des jungen Erwachsenenlebens mit seinen salutogenen und pathogenen Einflüssen ausgeblendet, obgleich *Stern* (1991) eine lebenslange Entwicklung des Selbst affirmiert und sich gegen die determinierende Wirkung früher Erfahrungen wendet. Höchst problematisch ist es auch, die von *Stern* beim derzeitigen Forschungsstand eher im Sinne einer *entwicklungspsychologischen Heuristik* konzipierten, frühen Entwicklungsstufen des Selbst als einen gesicherten Phasenablauf zu betrachten, der in der Psychotherapie bei frühgestörten, erwachsenen Patienten nachvollzogen werden müsse, etwa der Schritt vom „Kernselbst" zum „subjektiven Selbst" (*Basch* 1991). Hier allerdings von „applied developmental psychology" zu sprechen (ibid.), zeugt eher von einem verkürzten Entwicklungsverständnis, das lineare Folgen annimmt und die Entwicklungspsychologie des Erwachsenenalters (*Faltermaier* et al. 1992) und die sich in späteren Lebensphasen – im Senium – vollziehenden Kompensations- und Adaptationsprozesse (*Saup* 1991, 1993) unberücksichtigt läßt. Auch in einem „nachsozialisierenden Ansatz", wie dem von uns vertretenen „parenting/reparenting Modell" (*Ramin, Petzold* 1987; idem 1991e, vgl. 4.2.1), werden keine „Stufen" nachgeholt, sondern es wird versucht, phänomenologisch „hier und jetzt" objektivierbare Persönlichkeitsdefizite (die ihren Hintergrund natürlich in vielfältigen Entwicklungsdefiziten bzw. -störungen und unterschiedlichen Altersstufen haben) durch das Ermöglichen „*korrigierender* bzw. *alternativer*" somatomotorischer, emotionaler, kognitiver und sozialkommunikativer Erfahrungen in der therapeutischen Beziehung hier und heute auszugleichen, denn: „*Research findings suggest, that to an important extend, close relationships later may compensate for earlier lacks*" (*Rutter, Rutter* 1992, 125). Dies erfordert natürlich Kenntnisse über frühe Konstellationen (*Basch* 1977, 1988a, b), die interventive Konsequenzen haben müssen, z.B. eine flexible, elastische Behandlungstechnik (*Ferenczi* 1927/28; *Petzold* 1969c, 1974j; *Gedo* 1973, 1979; *Basch* 1991), die über sprachliche Interventionen hinausgehend – und hier liegen die Grenzen der psychoanalytischen Behandlungsmethodik – nonverbale Elemente einbeziehen müssen, wie heute von analytischer Seite mit Bezug auf die Säuglingsforschung durchaus gesehen wird (*McLaughlin* 1987, 1989; *Scharfman* 1989; *Jacobs* 1973, 1986; *Mahl* 1977; *Lilleskov* 1977 und schon *F. Deutsch* 1949, 1951, 1959).

Hier ist nun der Ort, wo die Ergebnisse von *Longitudinalstudien* mit komplexen Designs beigezogen werden müssen, und zwar Studien, die möglichst aus unterschiedlichen theoretischen Schulen kommen sollten. Die dadurch zunächst entstehende Komplexität, ja manchmal Unübersichtlichkeit erweist sich insgesamt als fruchtbar, weil unterschiedliche Ergebnisse neue Forschungsfragen generieren können und weil sie – bringt man sie in Ko-respondenz – füreinander Korrektive zu setzen vermögen. Die einseitige Abstützung der psychoanalytischen Entwicklungs- und Pathogenesetheorie auf die Konzepte *M. Kleins* oder *M. Mahlers*, die nicht in den kritischen Diskurs mit den Ergebnissen anderer entwicklungspsychologischer und sozialisationstheoretischer Schulen (z.B. *Ch. Bühler, J. Piaget, G.H. Mead*) gestellt wurden, zeigt, wie problematisch Schulenverhaftetheit werden kann. Nicht nur, daß konzeptuelle Schwächen und Einseitigkeiten verborgen bleiben und sich perpetuieren, es ist auch damit zu rechnen, daß schon in der Forschungsfragestellung und in der Hypothesenbildung die Weichen so gestellt werden – wie bei den Arbeiten von *Mahler* der Fall –, daß die Ergebnisse herauskommen, die man haben will, die also das eigene Konzept abstützen, weil der Outcome schon in den theoretischen Vorannahmen impliziert wird. Auch differenzierte Untersuchungen wie die von *Massie* et al. (1988) führen durch ihre einseitige Orientierung an psychoanalytischen Konzeptbildungen – für sich genommen – zu einer verengten Perspektive, im Zusammendenken aber mit anderen longitudinalen Forschungsergebnissen zu einer bereichernden Sichtweise. *Massie* und seine Mitarbeiter haben „innere Themen" der *Mütter* (!) – *Lambs* (1981) „The role of the father in child development" z.B. wurde nicht beachtet – und der Familie über Jahre hin untersucht, um zu sehen, wie diese sich in Handlungsstrategien umsetzten. Dabei wurde hauptsächlich die mütterliche Persönlichkeit mit ihren bewußten Wünschen und unbewußten Konflikten untersucht (1.) und die Art und Weise, wie diese sich im Interaktionsstil der Mutter manifestierten (2.), schließlich welche Auswirkungen sich daraus für die kindliche Persönlichkeit ergeben (3.). Von den zwanzig untersuchten Familien werden zwei ausführlich dokumentiert (die Auswahlkriterien, warum gerade diese zwei, werden nicht offengelegt, aber dennoch evident, weil sie die Hypothesen der Forscher stützen). Die einseitige Zentrierung auf die Mutter steht in guter, psychoanalytischer Tradition. Der Vater (*M. Papoušek* 1987; *Lamb* 1981; *Fthenakis* 1988) wird unzureichend berücksichtigt. Von *Massie* et al. wird ein prototypisches *familiäres Konfliktthema* zur generellen Explikationsfolie komplexer Familiendynamik gemacht und im wesentlichen nach pathogenen Faktoren geschaut, nicht aber nach protektiven oder salutogenen. Exemplarisch polarisierend stellen die beiden Fallbeispiele eine „gute Mutter" und eine „unzureichende Mutter" dar. Ohne die eigenen Erziehungsideologien – sie kommen massiv zum Tragen – reflektierend offenzulegen, werden von den Autoren Interaktionsstile aufgeteilt in „angemessen" und „unangemessen", wobei Verhaltensweisen und ihre Wirkungen ständig auf unbewußte Motivationen hin interpretiert werden, ohne daß wiederum Selektions- und Interpretationskriterien klar werden.

Dennoch hat eine solche Untersuchung mit Blick auf die gesamte Forschungslage einen hohen wissenschaftlichen und klinischen Wert, weil sie rein ethologisch ausgelegte Longitudinaluntersuchungen ergänzen kann, ja eine einseitig verhaltensorientierte Sicht zu korrigieren vermag. Auch in der Arbeit von *Massie* könnte eine differenzierte Betrachtung der einzelnen Altersstufen unter dem Aspekt besonderer Sensibilitäten – sprachsensible Periode (*Bruner* 1987), rollensensible Periode (*Flavell* 1975) – und des Sozialisationsprozesses zum Verständnis der beobachteten Phänomene Wesentliches beitragen, genauso wie eine attributionstheoretische und identitätstheoretische Folie (Erwartungsstrukturen der Eltern, Verhaltensattributionen) oder das Einbeziehen von Ergebnissen der emotionalen Entwicklungspsychologie (*Kruse* 1991) – etwa von Stilen in der emotionalen Differenzierungsarbeit (*Petzold* 1992b) – oder des *developmental memory research* (*Rovee-Collier* 1987, 1993; *Nelson* 1986, 1993). All das aber unterbleibt, und so entstehen sehr einseitige Ergebnisse, die komplettiert werden müssen.

4. Therapeutische Konsequenzen aus der longitudinalen Entwicklungsforschung zu protektiven und Risikofaktoren

Entwicklungsforschung steht in der Gefahr, zur „*l'art pour l'art*" zu geraten, werden ihre Ergebnisse nicht in präventiver und kurativer Hinsicht interventiv umgesetzt. Dafür muß eine Vernetzung mit anderen Forschungsergebnissen der „*clinical developmental psychology*" – etwa zum frühen Interaktionsverhalten vom Kind und Bezugspersonen – erfolgen, um eine Zupassung von Konzepten für die Praxis zu erreichen. Für die Psychotherapie von Kindern und Erwachsenen wird es unverzichtbar, eine derartige Arbeit zu leisten. Bislang wurden hierzu noch kaum Schritte unternommen. Es sollen deshalb zumindest einige Hinweise aus dem praktischen, in diese Richtung gehenden Bemühungen der Integrativen Therapie mit Kindern und Erwachsenen mitgeteilt werden.

4.1 Perspektiven für die Praxis helfender und therapeutischer Arbeit mit Kindern

> *"Delevopment is fluid and it is never too late for changes to take place"*
> *(Rutter 1987, 57).*

Nur von einigen wenigen genetischen, pränatalen oder perinatalen Risikofaktoren kann man mit Sicherheit sagen, daß sie zu einem eindeutig negativen Entwicklungsverlauf bzw. Entwicklungsresultat führen – z.B. zu einem frühen Tod oder einer geistigen Behinderung. Zu diesen Risikofaktoren gehören die Tay-Sachs-Krankheit, das Hurler-Syndrom, die Anencephalie und verschiedene Chromosomenanomalien (Trisomie 13, 18, Cri-du-Chat-Syndrom). Alle anderen Risikofaktoren können mit Hilfe protektiver Faktoren beeinflußt werden, so daß es zu Modifikationen im Entwicklungsergebnis kommen kann. Wie kompensatorische Interventionen im einzelnen verlaufen müssen, wann und in welchem Maße protektive Einflüsse gezielt eingesetzt werden müssen, bedarf noch weiterer Forschung. Man ist bislang im wesentlichen auf klinische Heuristiken verwiesen, die man aus dem *"protective factor research"*, das die vorliegende Arbeit darstellen wollte, ableiten kann.

Sieht man die vielfach beschriebene „Kompetenz", „Elastizität", „Spannkraft" und „Kompensationsfähigkeit" von Babys und Kleinkindern (*Stone* et al. 1973; *Dornes* 1993), Faktoren, die als Grundeigenschaft der frühen, menschlichen Entwicklung gesehen werden müssen, als evolutionsbiologisch bestimmte Überlebensprogramme, die der Arterhaltung dienen, so können wir mit Blick auf eine solche Grundausstattung in theoretischer wie in praxeologischer Hinsicht uns durchaus auf eine „positive Perspektive" in der Entwicklungspsychologie ausrichten, statt unsere (gleichfalls evolutionsbiologisch disponierten) protektiven „Parenting-Impulse" dergestalt auszuleben, daß wir uns auf vermutete pränatale Schädigungen, das Geburtstrauma sowie ausschließlich auf den „vulnerablen" und gefährdeten Säugling zentrieren, wobei wir von allen belastenden Einflüssen annehmen, sie hätten unabdingbar schlimme, das gesamte weitere Leben bestimmende Folgen. Die schlimmsten sind dabei gerade gut genug (Autismus, Psychosen, Rauschmittelabhängigkeit, Borderline-Erkrankungen usw.). Die auf Problem- und Konfliktlösung (*Rovee-Collier* 1983), auf Bewältigungsfähigkeit und auf Restitution bzw. Kompensation angelegte Grundausstattung des Menschen kann im Verein mit hinreichenden protektiven Einflüssen über kürzere oder längere Zeit wirksam gewordene Deprivationen und Schädigungen ganz oder teilweise ausgleichen (*Tizard* 1977; *Hodges, Tizard* 1989). Bei Bereitstellung „hinlänglich guter Bezugspersonen" und einer „fördernden Umwelt" (*Winnicott*), um zu verhindern, daß sich einzelne Negativeinwirkungen zu *„chains of adversive events"* ausweiten, und durch Gewährleistung von *„chains of protective and nourishing events"*, werden für die Mehrzahl von Risikokindern keine bleibenden Schäden eintreten. Dafür sprechen die Ergebnisse zahlreicher Longitudinalstudien (*Rutter, Rutter* 1992). Selbst von ihrer Mutter ernsthaft vernachlässigte und gequälte Kinder konnten, als ihre Versorgung verbessert wurde, wieder Elastizität und Kommunikationsfähigkeit aufbauen (*Crittenden* 1985), ähnlich wie schwer deprivierte rumänische Heimkinder nach Berichten von *Stern* und *Buschweiler-Stern* (*Stern* 1991) nach kurzer Zeit therapeutischer Arbeit aus ihrer Apathie zu einer „emotional responsiveness" finden konnten.

Aus all diesem muß man allerdings Konsequenzen ziehen, nämlich die, daß Kinder mit Entwicklungsrisiken besonders gute Betreuung und Eltern mit solchen Kinder besonders effektiv Unterstützung brauchen. *Rauh* (1989) führt hierzu aus: „Parents of infants most in need of educational advise and help are those with deviant or sick infants. These infants need ‚optimal' parents from early on. These children offer little help to their parents to develop their parental skills. At the same time these infants seem to be more vulnerable to even minor educational deficiencies in their parents." Alles in allem ergeben sich damit bei Kindern, die frühe Handikaps haben, hohe Anforderungen für die Eltern, weil sie von Geburt an protektive Faktoren bereitstellen müssen, eine optimale Versorgung zu gewährleisten haben, um die Verletzlichkeit ihres Kindes zu kompensieren bzw. ihm dabei zu helfen, seine restitutiven Fähigkeiten auf die bestmögliche Art und Weise zu entfalten. Deshalb empfiehlt es sich, Eltern mit Risikokindern so früh wie möglich Hilfen zu geben und ihnen Kenntnisse und Fähigkeiten für die

Versorgung ihres Kindes zu vermitteln, wie es in verschiedenen Modellen aus dem Bereich der „infant psychiatry" unternommen wurde (*Brazelton, Cramer* 1989; *Cramer* 1989). Ein Beispiel für eine solche Intervention ist das niederländische interuniversitäre ELO-Projekt, das auf die experimentelle, longitudinale Erforschung der Eltern-Kind-Interaktion gerichtet ist (*Koops, Kalverboer* 1987). Hier wird versucht, bei Risikogruppen verschiedener Art die Sensibilität der Betreuungspersonen für die Signale des Kindes zu erhöhen, um so optimale Voraussetzungen für die emotionale, kognitive und soziale Entwicklung zu schaffen. Auch in dem an unserer Abteilung durchgeführten, longitudinalen Forschungsprojekt zu Risiken von Frühgeborenen (*Hopkins, Vermeer* 1992; *Beek* et al. 1992; *Hoeksma, Koomen* 1992; *Beek* 1993; *Geerding* 1993; *Kalverboer, Hopkins, Geuze* 1993) werden neben neuromotorischen und physiotherapeutischen Frühinterventionen (*de Groot* 1991; *de Groot* et al. 1992) Hilfen für die Eltern bereitgestellt, um mit ihren Kindern in optimaler Weise umgehen zu können. Insbesondere werden ihre Fähigkeiten, auf ihr „intuitives Beelterungsverhalten" (vgl. 4.2.1) zu trauen und ihre Impulse zu Pflegehandlungen optimal zu nutzen, bestärkt. Bei Unsicherheiten werden beratend Hilfen gegeben.

Bei all diesen Maßnahmen – dies sei vermerkt – muß im Auge behalten werden, daß *professionelle*, präventive und supportive Hilfeleistung auch einen iatrogenen Einfluß haben kann, wenn dadurch die Bewältigungsfähigkeit des Familiensystems entweder beschnitten oder auch überlastet wird, z.B. dadurch, daß Eltern ohne Expertenhilfe sich kaum noch als handlungsfähig erweisen oder einen Verhaltensstil der Übervorsichtigkeit annehmen, der – wenn er sich habitualisiert – die Entwicklungschancen des Kindes beeinträchtigt. Haben wir es mit älteren Kindern zu tun, so werden sich im Rahmen soziotherapeutischer Projekte oder in der Integrativen Kindertherapie (*Petzold, Ramin* 1987; *Metzmacher, Petzold, Zaepfel* 1995) stützende oder therapeutische Maßnahmen nicht nur auf Familiensystem und ökologischen Zusammenhang beziehen (Familienberatung, Familientherapie, Netzwerkarbeit, *environmentalmodelling*), sondern auch auf das Kind selbst. Es gilt, seine Coping-Möglichkeiten zu fördern oder ihm dabei zu helfen, spezifische Bewältigungsformen zu entwickeln. Es wird notwendig, ihm emotionale Entlastungsmöglichkeiten bereitzustellen. Schließlich wird es wichtig, wenn es keine Möglichkeiten gibt, Situationen zu ändern oder man mit den Auswirkungen schädigender Situationen konfrontiert ist (körperliche Behinderung, Unfallfolgen, Tod eines Elternteils, körperliche Mißhandlung etc.), Verarbeitungshilfen zu geben, etwa durch Förderung zurückgehaltenen, emotionalen Ausdrucks oder durch das Anbieten von Möglichkeiten symbolisierender Gestaltung, wenn das Ereignis noch zu besetzt ist, als daß es offen angesprochen werden kann, schließlich durch Hilfen zur emotionalen und kognitiven Einordnung oder gegebenenfalls Umbewertung von Situationen.

Eingedenk der hohen Bedeutung, die aufgrund der Forschungsbefunde zu den „protektiven Faktoren" einem „wichtigen, stützenden Erwachsenen" zukommt, der kontinuierlich, d.h. über die Kindheit, ja über die Jugendzeit hin als Ansprechpartner und Entlastungsperson zur Verfügung steht, ist der Gewährleistung dieser potenten Schutzmöglichkeit besondere Beachtung zu schenken. Im Jahr 1986 hat der holländische „Rat für Angelegenheiten der Jugendverwaltung" deshalb einen Plan ausgearbeitet, wieder „aktiv vollzogene" Patenschaften einzuführen – bei den hohen Scheidungsraten in den westlichen, hochtechnisierten Gesellschaften ein durchaus sinnvolles Projekt. Beabsichtigt wird damit, daß die Paten mit den Kindern einen aktiven Kontakt pflegen und auch noch im Kontakt bleiben, wenn es zu Ehescheidungen kommt, damit sie dem Kind in Problemsituationen oder problematischen Lebensphasen Hilfen bieten und als Vertrauenspersonen fungieren können. Familienbezogene Interventionen durch professionelle Helfer sollten stets darum bemüht sein, die gesunden Seiten von Eltern und Familien zu stützen und protektive Momente zu fördern (*Prazar* 1990). Das setzt voraus, daß man in der Diagnostik protektive Aspekte bei Kindern mit Entwicklungsrisiken und -störungen stärker berücksichtigt und zu eruieren sucht (*Couturier* 1987). Beratungs- und Behandlungsstrategien sollten also nicht nur auf Risikofaktoren und „adverse influences" gerichtet sein, sondern auch darauf, salutogene Einflüsse in die Familie (wieder) einzuführen, protektive Faktoren gleichsam zu „implantieren", und sei es nur mit dem Effekt, ein Gegengleichgewicht zu Risikofaktoren herzustellen oder „*schützende Insel-Erfahrungen*" (*Petzold* 1969c) zu ermöglichen, wenn schon keine Beseitigung aller pathogenen Einflußgrößen erreicht werden kann. Dazu wird es erforderlich, daß Sozialarbeiter, Kindertherapeuten, Krankenschwestern, Psychologen und Ärzte selbst ein Gefühl für die Bedeutung protektiver Faktoren sowie eine angemessene, kognitive Einschätzung und Bewertung salutogener Einflüsse für die Entwicklung von Kindern, Jugendlichen, Erwachsenen und alten Menschen gewinnen und über Beziehungskompetenzen verfügen, in denen „Parenting-Muster" oder die Qualitäten von „significant caring adults" bzw. „persönlich bedeutsamer Bezugs- und Schutzpersonen" zum Tragen kommen können. Es wird damit auch, wie *Pyck* (1984) in seiner breiten Übersicht über natürliche Supportsysteme gezeigt hat, wichtig werden, die naturwüchsigen Ressourcen von Familien und ihrer Umgebung (Freunde, Nachbarschaften etc.) zu mobilisieren und Selbsthilfefähigkeit besser zu nutzen (*Petzold, Schobert* 1991).

4.2 Einige Perspektiven für die diagnostische und therapeutische Praxis der Integrativen Therapie mit Erwachsenen

Um in diagnostischer und behandlungspraktischer Hinsicht Ergebnisse klinischer Entwicklungspsychologie, z.B. die Konzepte der *„chains of adversive and protective events"* und „prolongierten Mangelerfahrungen", der pathogenen und salutogenen Einflußlinien der „significant caring adults", praktisch handhabbar zu machen, haben wir verschiedene Interventionsinstrumente und Behandlungsstrategien entwickelt.

4.2.1 Parenting-Interventionen in der Integrativen Therapie

Stimmige Interaktionen mit „emotional bedeutsamen Bezugspersonen" bzw. „significant caring adults" als zentraler salutogener Einfluß und protektiver Faktor geben für therapeutische Praxis, die sich auf entwicklungspsychologischen Überlegungen und Forschungsergebnisse abstützt, ein wichtiges konzeptuelles Rahmenwerk ab. Für die Baby- und Kleinkindphase sind wir durch die Forschungen zum Bindungsverhalten und zu Eltern-Kind-Interaktionen gut darüber informiert, wie protektive Interaktionsqualitäten beschaffen sein müssen. Wir haben diesem Themenkomplex unter Punkt 2.5 schon einmal berührt. Es wurde gezeigt, daß sich im Umgang von Eltern mit ihren Säuglingen und Kleinkindern zwei Konzepte zu spezifischen Interaktionsstilen in der entwicklungspsychologischen Literatur finden lassen, die beide Relevanz für psychotherapeutisches und insbesondere thymopraktisches bzw. leibtherapeutisches Vorgehen besitzen. Es handelt sich um die Konzepte des *„intuitive parenting"* (*Papoušek, Papoušek* 1981) und des *„sensitive caregiving"* (*Vyt* 1989). Das erstgenannte Konzept zentriert auf die Pflegehandlungen von Müttern und Vätern oder von anderen relevanten Pflegepersonen des Säuglings im ersten Lebensjahr. Das zweite auf das Pflegeverhalten von Eltern und anderen Caregivern im zweiten Lebensjahr und später. Beide Stile haben eine grundsätzliche salutogene bzw. protektive Qualität. Ihr Fehlen oder ihr beeinträchtigter Vollzug ist als ein massiver Risikofaktor zu sehen. Die psychobiologische Entwicklungsforschung verweist auf das Vorhandensein von Verhaltensprogrammen, nach denen Eltern auf ihre Kinder „intuitiv *richtig"* reagieren. Das Baby löst durch seine Signale (*Papoušek, Papoušek* 1993) spezifische Verhaltenssequenzen aus (Blickdialoge, nonverbale Interaktionen), und auch der Erwachsene kann durch sein Verhalten (z.B. „play-face") solche Verhaltensprogramme beim Säugling „triggern", aus denen sich wiederum nach weitgehend vorgegebenen Mustern „coaction" entwickelt (vgl. 2.5). In diesen Formen des Zusammenspiels und dem damit einhergehenden, affektiven Austausch finden sich die Grundlagen der Ausbildung von *Empathie* in vielfältigen Zwischenschritten wie z.B. das „affective attunement" (*Stern* 1985) bis hin zur „mutuellen Empathie" (*Petzold* 1986e, 1991b). Für die Kinderpsychotherapie und eine Pathogenesetheorie unter einer Beziehungsperspektive (*Sameroff, Emde* 1989) haben solche Entwicklungen große Bedeutung mit Konsequenzen für bestimmte Formen der Erwachsenentherapie.

Die Eltern-Kind-Interaktion entwickelt sich im zweiten Lebensjahr zum *„sensitive caregiving"* weiter, das sich als eine Transformation des *„intuitive parenting"* und der durch dieses begründeten, kindspezifischen interaktiven bzw. kommunikativen Kompetenzen sehen läßt (vgl. 2.5). Es ist nicht mehr oder allenfalls nur noch rudimentär von festgelegten Verhaltensprogrammen bestimmt (deren individuelle Variationsbreite und Ausgestaltung ohnehin breit streut). Vielmehr kommen kulturell determinierte „child rearing practices" (*Hopkins, Westra* 1984; *Barrat* 1993) ins Spiel und die jeweils spezifische Sensibilität und *„empathische Kompetenz"* der Bezugsperson (*caregiver*). Die *Koaktionen* sind komplex, in variable, soziale Kontexte eingebettet, und – dies ist von entscheidender Bedeutung – sie beziehen mit *Bedeutungssinn* versehene, verbale Kommunikation ein. Die Sprachentwicklung führt zu einem Interaktionsverhalten, das es weniger erforderlich macht, typisierte „intuitive" Hilfen bereitzustellen, durch welche in der frühen Entwicklung die fehlende, sprachliche Kommunikationsmöglichkeit mit dem Säugling gleichsam kompensiert wird und die Pflegepersonen Verhaltenssicherheit gewinnen. Die Empathie für die inneren, seelischen Zustände des Kindes wird nunmehr dadurch erleichtert, daß das Kleinkind sich auch sprachlich verständlich machen kann. Typische Interaktionsschemata würden in diesem Zeitraum zu „kalibrierten" Persönlichkeiten führen, was die überlebensnotwendige „kulturelle Evolution", die vielfältige Talente braucht, verhindern würde. Durch die sprachliche Verständigung nähern sich die Empathieleistungen der Erwachsenen dem Kinde gegenüber dem Bereich an, in dem sich Erwachsenenempathie in der Regel bewegt. Das empathisch Empfundene wird bei „kompetenten" *sensitive caregivers* differenziert versprachlicht. Die „emotionale Differenzierungsarbeit" verläuft also nicht mehr nur über Mimik, Gestik, Berührungsqualitäten, Prosodik und ihre Intonation, sondern durch *sprachliche Benennungen affektiver Zustände*. „Och, du bist ja ganz schläfrig. Du bist ja todmüde... Ja, das macht dir riesig Spaß. Da freust du dich. Da lachst du!" Hier wird durch Adjektive, Adverbien und Verben der jeweilige *„affective state"* gekennzeichnet, und zwar in einer Weise, daß das Kind zunehmend die Differenzierungen *wahrnimmt, erfaßt, versteht,* und sich auf diese Weise später selbst anderen gegenüber in differenzierten Sprachformen erklären (*Petzold* 1988a) kann. Natürlich finden sich solche nuancierenden Versprachlichungen auch schon in der Zeit des *„intuitive parenting"*, nur, sie können vom Kind allenfalls als *Lautikonen* mit einer bestimmten Färbung wahrgenommen werden, ohne daß der sprachliche Bedeutungsgehalt einbezogen werden kann. In der Zeit des *„sensitive caregiving"* ist dies anders. Es wird damit an die empathischen Fähigkeiten der Eltern einerseits und ihre Fähigkeit, das

Erfaßte in der Interaktion zu vermitteln, große Anforderungen gestellt. Zwar stehen diese Vorgänge näher an der Erwachsenenkommunikation, aber es sind doch immer noch „Kinderseelen", auf die sich die Einfühlung richtet. Das erfordert von den Bezugspersonen, daß sie in der Lage sind, ihre eigenen *Kinderwelten* zu aktivieren, um das jeweilige „Kinderland" (des Zweijährigen, der Vierjährigen etc. oder des in dieses Alter regredierten Erwachsenen betreten zu können), um den kleinen Erdenbürgern oder regressiv fixierten Patienten zu helfen, ihre emotionalen Zustände zu erfassen und zu benennen, d.h. sich selbst „besser verstehen zu lernen", *Selbstverständnis* (kognitiv), Selbst-verständlichkeit zu erlangen. Das Kind entwickelt durch *Selbstempathie* „selbstreferentielle Gefühle " (*Petzold* 1992a, 823 ff.), z.B. Selbstwertgefühl, Selbstsicherheit, weil es wieder und wieder „stimmig" empathiert worden ist. Es gewinnt in diesem Prozeß überdies die Fähigkeit, auch zunehmend den Erwachsenen empathisch zu erfassen und dessen „innere Zustände" immer besser zu benennen. Dabei werden diejenigen *„affective states"* am besten identifiziert und gehandhabt, die Erwachsene und Kinder gemeinsam haben. Diejenigen aber, die für die Erwachsenenwelt spezifisch sind (Ordnungsgefühl, Pflichtbewußtsein, sexuelles Begehren etc.) bleiben noch über lange Zeit dem Kind unverständlich. Ja, es kann, wenn eine gewisse Affinität der „states" gegeben ist (kindliches Zärtlichkeitsbedürfnis, genitales Begehren), zu „Sprachverwirrungen" zwischen den Erwachsenen und dem Kinde (*Ferenczi* 1932) kommen. Das *„sensitive caregiving"* wird deshalb in weitaus größerem Maße von neurotischen Fehlentwicklungen des Erwachsenen beeinträchtigt, als dies beim *„intuitive parenting"* der Fall ist, obgleich auch bei diesem (z.B. bei depressiven Müttern und Vätern) Beeinträchtigungen möglich sind. Aggressive Bezugspersonen mit unsensiblen Händen, die schimpfen und schreien oder mit *terrifying eyes* schrecken (*Petö* 1969), unempathische Caregiver, die die Bedürfnisse des Kindes übergehen oder nicht treffen, können – sofern keine kompensatorischen Erfahrungen mit anderen Caregivern, die dann ein „protective factor" sind, gemacht werden – zu negativen Auswirkungen führen, wenn sie eine negative Ereigniskette initiieren. Derartige störende Einflüsse, mißlungenes *„matching"* in der Zeit des *„intuitive parentings"*, d.h. Unstimmigkeiten im Rahmen von *„coaction"* (*Beebe, Lachmann* 1986), sollten aber nicht ohne weiteres als Ursprung von Pathogenese gesehen werden. Es muß schon zu beständigen „*mismatches*", „*insensitivities*" oder *Fehlempathierungen* kommen oder es muß ein weitgehender Mangel an sensiblen, empathischen Kommunikationen vorliegen, wenn im Verein mit anderen pathogenen Faktoren es zur Entwicklung von Pathologie kommen soll (*Petzold, Schuch* 1991).

Die Muster des „*intuitive parenting*" und der sensiblen Einfühlung im „*sensitive caregiving*" (vgl. 2.5) sind also für den mit Kindern oder mit dem „inneren Kind" bei Erwachsenen in regressiven Settings arbeitenden Psycho- und Leibtherapeuten von großer Wichtigkeit. Es ist *Balint* (1987) gänzlich zuzustimmen, wenn er meint, daß der Therapeut die Regressionen des Patienten mit eigener Regression begleiten können müsse. Er muß in der „partiellen Teilhabe" (*Petzold* 1969b, 1980g) – also auf der Erwachsenen- und der Kinderebene zugleich – bei seinem „Patientenkind" (*Ferenczi* 1931) sein können, um je nach Milieu der Regressionen, empathisch wohlgegründet, sensibel, differenziert und taktvoll (idem 1927/1928) handeln zu können. Mimik, Gestik, Berührungsqualität, Blickintensität, Intonation – all das muß „stimmig" sein. Die *therapeutische Kompetenz* in regressiver Arbeit wird u. a. einschätzbar durch den Vergleich von Videoaufzeichnungen aus Therapien mit *Tapes* von Eltern-Kind-Interaktionen aus der Periode des „*intuitive parentings*" oder „*sensitive caregivings*". Hier nämlich findet man die frappierende Feststellung, daß sich in der Regressionsbehandlung durch einen erwachsenen Leibtherapeuten mit einem Adoleszenten oder einem erwachsenen „Therapiekind" wesentliche Übereinstimmungen in den verbalen, prosodischen und nonverbalen Interaktionsformen mit denen von frühen Eltern-Kind-Interaktionen finden (*Petzold* 1985h, 566). In der „begleiteten Regression", d.h. der partiellen Ko-regression des Therapeuten werden offensichtlich archaische „affective states" aktualisierbar (ibid. 551). Es geschieht sicher nicht im Sinne einer Homologie. Eine Sechzehnjährige oder Dreißigjährige kann niemals wieder so fühlen, wie sie als Zweijährige gefühlt hat. Es gibt offensichtlich aber „similäre Zustände", Annäherung an emotionale Lagen, die in ihrem *Kern* Relikte aus der Frühzeit haben (*Petzold* 1992c) und sich auf diese Weise archaischen Erlebnisformen annähern. Die gedächtnistheoretischen Grundlagen dieses Geschehens verdienen nähere Erforschung und besondere Aufmerksamkeit (ibid.). Derartige Phänomene im regressiven Setting stützen auch die These der „emotionalen Nachsozialisation", des „Nachnährens", wie es auch durch Patientenberichte und die in diesen zum Ausdruck kommenden Bewertungen der „heilende Effekte" derartiger Therapien ersichtlich wird: Wir haben bei 32 Leibtherapie-Patienten (21 w, 11 m, Altersrange 22-53 Jahre) katamnestische Nachbefragungen durchgeführt. Dabei wurden besonders Berührungsqualitäten im „sensiblen Milieu" früher *Zwischenleiblichkeit*: Blickinteraktionen, bergendes Halten, Wiegen, Streicheln des Kopfes, das In-die-Hände-Nehmen des Kopfes, die Berührung der Herzregion durch die Hand des Therapeuten, die stützende Hand im Rücken als Schlüsselerlebnisse in der Therapie und Erfahrungen von „vitaler Evidenz" herausgehoben und zwar vom männlichen und weiblichen Patienten gleichermaßen. Die protektiven Beziehungsqualitäten standen im Vordergrund: „Hier habe ich mich zum ersten Mal wirklich angenommen gefühlt!" – „Ich habe in dem Halten und Wiegen erfahren, was wirkliche Geborgenheit ist." – „Da ist irgendetwas in mir wieder aufgebrochen, was ich kannte, was verloren war, ganz weit weg. Das hat mir wirklich wieder Boden gegeben." – „So berührt zu werden und wirklich gehalten und so lange in deine Augen schauen zu können... ich bin nie wirklich angeschaut worden. In all den Jahren meiner Analyse habe ich mich nie wirklich erkannt gefühlt. Ich beginne mich erst jetzt wirklich zu spüren!" – „Wenn ich auf meine ganze Therapiekarriere zurückschaue, die vielen Jahre Reden und Nachdenken... das alles war sicher wichtig, aber wirklich zu mir gekommen, so ein Gefühl für mich bekommen habe ich durch die Körpertherapie. Jetzt, aus dem Abstand, da muß ich sagen, diese Körpersitzungen haben mein Leben wirklich verändert!"

Derartige und andere Aussagen z.B. aus Patiententagebüchern und Patientenbriefen (*Petzold, Orth* 1993a) und aus katamnestischen Nachbefragungen weisen die Bedeutung leibtherapeutischer Arbeit aus, die die salutogenen Qualitäten des *„intuitive parenting"* und *„sensitive caregiving"* nutzt.

Interessanterweise war es in unserer Befragung *nicht* das „Aufdecken" verdrängter Traumata oder Defizite, das von den befragten Patientinnen und Patienten als heilsam erlebt wurde, sondern das Faktum, daß in diesen Sequenzen biographisch-regressiver Arbeit über maligne Sozialisationserfahrungen von seiten des Therapeuten positive Qualitäten der Zuwendung kamen – also korrektive emotionale Erfahrungen gemacht werden konnten. Weiterhin waren aber auch die benignen Regressionen (*Petzold* 1985h, 566 f), ohne Bezug auf negative, biographische Kontexte, ganz wesentlich als in der Therapie erlebte, nährende und stützende Erfahrungen. Werden solche Prozesse und ihre Bedeutung von bestimmten Analytikern in Frage gestellt oder bestritten (z.B. von *H. Thomä* in der Diskussion mit *I. Orth* und *T. Moser* auf den Lindauer Psychotherapiewochen 1991), weil „nichts substituiert werden könne und Nachnährung nicht möglich sei", so wird hier weiterhin in der Linie der *Freud*schen Theorie (vgl. *Freud* 1912, GW 8, 380 f) eines „Verzichtsparadigmas" – in seiner Praxis arbeitete *Freud* durchaus anders (*Cremerius* 1981) – die Verweigerung von emotionalen Gratifikationen für den Patienten durch distante Abstinenz des Therapeuten vertreten (ähnlich *Perls*, der es ablehnt, für den Patienten „helpful" zu sein [1969, 36 f], allerdings mit „skillfull frustration" *und* „support" [1976, 97, 125 f] arbeitet).

Das von *Ferenczi* begründete „Gewährungsparadigma" mit dem Reparenting-Ansatz (*Petzold* 1993a, 1113 ff.) vertritt hier einen anderen Standpunkt, für den, wie deutlich geworden sein dürfte, mit Rückgriff auf die Forschung zu protektiven Faktoren und die Bedeutung von verläßlichen, emotional wichtigen und persönlich zugewandten Bezugspersonen gute Gründe geltend gemacht werden können. Die Ablehnung von regressiver Arbeit im Sinne eines positiven Parenting/Reparenting läßt sich aufgrund von Argumentationen aus dem Bereich empirischer Forschung nicht stützen. Nichts spricht gegen die Wirksamkeit emotionalen Lernens in regressiven Zuständen. Vieles spricht sogar dafür, wie die Methoden und Arbeiten *Milton Erickson*s und seiner Schüler zeigen (*Erickson, Rossi* 1981, 1989; *Revenstorf* 1990). Allein aufgrund metapsychologischer oder theorie-immanenter Annahmen der Psychoanalyse hier ablehnende Positionen zu vertreten ist beim derzeitigen Stand unserer Kenntnisse in keiner Weise gerechtfertigt. Hier verhindert eine vorurteilsbehaftete Auseinandersetzung mit derartigen Phänomenen vielleicht Entwicklungen, die für die klinische Arbeit eine erhebliche Relevanz gewinnen könnten. Wenn es tatsächlich „frühe Störungen" im Sinne von *Balint, Mahler, Kohut, Kernberg* gibt, dann müssen für ihre Behandlung auch angemessene Behandlungstechniken gefunden werden. In der „Integrativen Therapie" nehmen wir aufgrund der Ergebnisse der Longitudinalforschung dezidiert an, daß es im Verlauf einer pathogenen Lebenskarriere auch nachhaltig wirkende „*frühe Schädigungen*" geben *kann* (*Petzold, Schuch* 1991), die auf folgende Schädigungen Einfluß haben, sie aber keineswegs ausschließlich oder überwiegend bedingen, die auch nicht pathogener sein müssen als spätere traumatische Erfahrungen. Weil es eben *frühe Schädigungen* und auch *frühe Positiverfahrungen* gibt, die nährend, fördernd oder zumindest protektiv wirken, wurden im integrativen Ansatz regressionsorientierte Behandlungsmethoden entwickelt, die auch leibtherapeutische Sequenzen einbeziehen und die dabei an die Ergebnisse der Babyforschung und – das ist wesentlich – an die Konzepte und Methoden der Frühförderung und Babybehandlung (*Brack* 1986; *Bobath* 1976; *Holle* 1988; *Ayres* 1979, 1984; *Petzold, DeGroot* 1992) anschließen bzw. auf die leibtherapeutische Behandlung von Kleinkindern und Kindern zurückgreifen (*Petzold, Kirchmann* 1990; *Petzold, Metzmacher* 1987).

In eine ganz andere Richtung gehen die Versuche, das Konzept adversiver und nährender Lebensereignisse, mit den in ihnen zum Tragen kommende „*protective and risk factors*" diagnostisch und therapeutisch im Rahmen Integrativer Therapie umzusetzen, mit denen wir uns im folgenden Abschnitt befassen wollen.

4.2.2 Karrierepanorama als diagnostische und therapeutische Technik der Integrativen Therapie

Neben der gezielten Exploration kritischer Lebensereignisse, etwa durch *life-event-questionaries* und Erhebungen salutogener und protektiver Einflußfaktoren, z.B. in strukturierten und halbstrukturierten Interviews bzw. in Tiefeninterviews, greifen wir auf die Technik des **„Lebenspanoramas"** zurück, die wir in den sechziger Jahren zur Diagnose von Lebenskontinuitäten entwickelt hatten (vgl. *Petzold* 1970c, 1981g; *Heinl, Petzold, Fallenstein* 1983 und zusammenfassend *Petzold, Orth* 1993).

Die Technik wird nun als **„zweizügiges Karrierepanorama fördernder und belastender Ereignisse"** bzw. **„dreizügiges Panorama** fördernder, defizitärer und belastender Lebenseinflüsse" (vgl. *Petzold, Orth,* 1993a, 1994; *Petzold* 1993p) entsprechend zugepaßt. Den Klienten werden kurz die Konzepte „Schutzfaktoren" (*protective factors*) und „gesundheitsfördernde Einflüsse" (*salutogenic influences*) dargestellt sowie das Konzept der „Mangelerfahrungen" (Defizite) sowie der „Risikofaktoren" und der „kritischen bzw. widrigen Lebensereignisse" (*critical resp. adversive life-events*). Letztere umfassen *Traumata* (z.B. Belastungserfahrungen, Überlastungen, Trennungen), *Störungen* (Inkonstanz, *Doublebinds*), *Konflikte* (Spannungen, Streit) und *Defizite* (Entbehrungen, Vernachlässigung), also pathogene Stimulierungskonstellationen (*Petzold* 1975e, 1988n, 356 f). Dabei wird auf die Differenzierung von *Defiziten* (Unterstimulierung) und *traumatischen Erfahrungen* (Überstimulierung) Wert gelegt. Den Klienten/Patienten wird also einsichtig gemacht, daß ihre gegenwärtige Persönlichkeit in ihren gesunden und kranken Seiten „das Resultat aller positiven Erfahrung, negativen Erfahrungen und Defiziterfahrungen" ist, daß das derzeitige Lebensgefühl bestimmt ist von diesem Erfahrungshintergrund, aber auch von der gegenwärtigen Lebenssituation, ihren Belastungen, aber auch ihren aufbauenden und stützenden Seiten, daß schließlich die Zukunftsantizipationen, Projektionen und Prospektionen (*Petzold, Orth* 1993a) Wirksamkeit haben, nämlich das Faktum, daß man in einer noch so guten, beschützten Gegenwart nicht ruhig leben kann, wenn sie durch realistisch antizipierbare Katastrophen bedroht wird. Zukunft ist also nicht etwas „fern am Horizont der Zeit Liegendes", sondern sie kann über Antizipationen genauso bestimmend wirken, wie lebensgeschichtliche Ereignisse die Gegenwart beeinflussen können. Es wird den Patienten weiterhin deutlich gemacht, wie Gegenwart, die belastet ist, auch den Blick auf die Vergangenheit „einfärbt". Die dunklen Wolken gegenwärtiger belastender Situationen können selbst gute Vergangenheit überschatten, so daß einstmals schöne oder aufbauende Erfahrungen abgewertet werden und grau oder unbedeutend erscheinen. Für Patienten ist es wichtig, diese, für die allgemeine Lebenserfahrung jedes Menschen zugängliche Funktionsweise des menschlichen Bewußtseins und der „Stimmungslagen", die auf dieses einwirken, sich deutlich vor Augen zu führen. Therapeutische Arbeit besteht aus der Sicht der Integrativen Therapie u. a. auch darin, psychologisches Wissen in einer Art „therapeutische Propädeutik" (*Petzold, Orth* 1994) Menschen zugänglich zu machen und mit ihren Alltagserfahrungen und ihrem „common sense" zu verbinden. Viele therapeutische Theoreme, Konzepte, Strategien und Techniken in der Integrativen Therapie sind überdies der Alltagserfahrung oder „naturwüchsigen Strategie der Lebensbewältigung und Lebenshilfe" entlehnt. Das Konzept, daß das Leben eine *in sich verflochtene Kette von positiven und negativen Ereignissen* sowie *prolongierten Mangelerfahrungen* ist, wird für die Mehrzahl der Menschen unmittelbar einsichtig. Aus diesem Grunde wird die Instruktion, ein „Karrierepanorama" als Kette von Schutz- und Risikofaktoren, von aufbauenden und destruktiven Ereignissen, von nährenden Situationen und Mangelerfahrungen, gesundheitsfördernden (salutogenen) und krankheitsbewirkenden (pathogenen) Einflüssen bildlich darzustellen, gut aufgenommen und umgesetzt. Die Klientin/Patientin erhält Wachsmalstifte oder Jackson-Kreiden, einen Papierbogen (mindestens DIN-A 1 oder auch zweimal DIN-A 1), und es wird folgende oder eine ähnliche Instruktion gegeben:

»Zeichnen Sie auf diesem Papier Ihren Lebensweg unter dem Gesichtspunkt positiver und negativer Lebensereignisse, das Panorama schützender und belastender Einflüsse, aber auch von Mangelerfahrungen und Defiziten von Ihrer Geburt an über die Jugendzeit, die Erwachsenenzeit bis in die Gegenwart. Schauen Sie, ob es Ereignisketten, Wiederholungen, Kontinuitäten gibt. Nutzen Sie Formen und Farben, so wie es Ihnen in den Sinn kommt. Wenn Sie – in der Gegenwart angekommen – auch noch Zukunftsvorstellungen haben, wie Ihr Lebensweg weitergeht, wie sich gute oder schlechte Einflußlinien fortsetzen, so zeichnen Sie auch dies auf.«

Die auf diese Weise entstehenden Bilder von „dreizügigen Karrierepanoramen" ermöglichen durch den medialen Aufforderungscharakter (*Petzold* 1977c) das Einbeziehen von *projektiven* Momenten. Neben der Darstellung von aktualen Ereignissen, so, wie sie memoriert werden, fließen über Formen und Farben Symbolisierungen (*Petzold* 1988t) als Ausdruck des Unbewußten ein. Es lassen sich – ähnlich wie bei Lebenspanoramen oder beim Gesundheits-/Krankheitspanorama (*Petzold, Orth* 1993a) – unterschiedliche Darstellungstypen finden:

- a) Sie werden entweder als „systematische, graphische Aufzeichnung" (Karrierediagramme) angefertigt (vgl. Abb. 6), in der Ereignisketten

positiver und negativer Art parallelgestellt und durch Farben und Chiffren gekennzeichnet werden, etwa durch kleine und große Punkte, Linien mit kleinen und größeren Zackungen, um Intensitäten anzuzeigen, wobei Beschriftungen möglich sind, die Personen, Ereignisse, Situationen markieren.
- b) Andererseits gibt es auch Karrierepanoramen, die als „Bilderzählungen", als „ikonische Narrationen" gestaltet werden: Szenen werden figürlich in ihrer Folge über den Lebensverlauf hin repräsentiert (vgl. Abb. 7). Dabei kommt unbewußtes Material in seinen projektiven Äußerungen durch Farben, Formen, Anordnungen, Wiederholungen, Sequenzbildungen zum Ausdruck (vgl. Abb. 8), wodurch nicht nur bewußt Memoriertes in der nachfolgenden Exploration erschlossen werden kann, sondern auch Schutzfaktoren und Risikofaktoren, pathogene und salutogene Einflüsse, die nicht bewußt waren, deutlich werden können. Derartige ikonische Erzählung intensivieren Erlebensprozesse, indem sie die Atmosphären der Ereignisse, die Handlungsfülle des Geschehens durch die Möglichkeiten symbolischer Formen *verdichten*.
- c) Dies kann soweit gehen, daß ein Bild nur noch als „abstrakte, symbolisierende Darstellung" (vgl. Abb. 4) über den Ausdruck von Farben und Formen ein Geschehen vermittelt, ohne daß dieses figural gestaltete Szenen enthält. Der Betrachter ist damit auf das Gespräch mit dem Klienten verwiesen, auf seinen Bericht, seine Erzählung. In der verbalen Aufarbeitung gliedern sich dann aus den in Formen und Farben festgehaltenen Atmosphären die Lebensszenen mit ihren positiven und negativen Elementen aus.
Im Unterschied zum niedergeschriebenen Lebenslauf bieten die „ikonischen Narrationen" den Vorteil, daß die affektive Besetzung von Ereignissen, die in Situationen ausgelösten Gefühle, die aus Ereignisketten hervorgegangenen Stimmungen, ja Grundstimmungen oder sogar das Lebensgefühl (*Petzold* 1992b) in großer Unmittelbarkeit deutlich werden.
- d) In manchen Darstellungen finden sich alle der voranstehend beschriebenen Formen (vgl. Abb. 5 + 8).

Es sind folgende „Formen des Aufarbeitens" möglich:
1. *„Alltagsgespräch"* (man läßt sich die Inhalte erzählen, fragt nach, macht eine Anmerkung usw.),
2. *„erlebnisaktivierende Auswertung"* (man fragt nach der emotionalen Resonanz, nach dem Gefühl, der Stimmung),
3. *„konfliktzentriert-aufdeckendes Durcharbeiten"* in Fokalsitzungen (*Petzold, Heinl* 1980) oder in „narrativer Praxis" (*Petzold, Orth*

1993a), welches sich darauf richtet, unbewußtes Konfliktmaterial, das als „nicht intentionale Mitteilungen" über das Medium, die Formen und Farben in die Darstellung eingeflossen ist (*Petzold* 1977c), erfahrbar und einsichtig zu machen.

Die Bearbeitung erfolgt immer vom „Ganzen zum Detail": „Lasse das Bild als Ganzes auf dich wirken [*Primärqualität*] und schaue, welche *Atmosphären* von dem ganzen Bild ausgehen, auf dich zukommen [*Tertiärqualität*] und welche *Stimmungen* sie in dir auslösen!" Die Qualität der mitgeteilten Stimmung läßt den Therapeuten darüber entscheiden, ob er direktiv-strukturierend weiterarbeitet (bei düsteren, beunruhigenden, bedrohlichen Atmosphären etwa), indem er zunächst eine gute „*Plattform*" schafft („Wo ist auf diesem Bild ein guter Ort? Vielleicht gehen wir zunächst einmal dorthin!") oder ob er dem Patienten die freie Wahl gibt, einen Einstieg in das Bild zu finden, vom Ganzen also zum Detail [*Sekundärqualität*] zu gelangen: „Vielleicht schauen sie, welches Detail sie jetzt, nachdem sie das ganze in den Blick genommen hatten, anspricht, zu welchem Teil ihres Bildes es sie hinzieht!" Die gesamte Arbeit verläuft auf einer Ebene der „mittleren Tiefung". Emotionale Berührtheit wird durch die Erlebnisaktivierung angestrebt. Jedoch wird konfliktzentrierte Fokussierung nie so weit vertieft, daß es zu einer aufgewühlten Involviertheit kommt. Nur so wird „Überschau", wird eine „Synopse" möglich, in der sich leibliches Erleben, affektive Berührtheit und rationale Einsicht verbinden. In Fokalsitzungen in der Integrativen Therapie findet sich häufig folgende Sequenz im Prozeß der Vertiefung des Erlebens beim Patienten: I. *Kontakt* (Tiefungsebene I, *Petzold* 1988n, 105) verbunden mit einem persönlich bedeutsamen Ereignis wird der Patient *berührt*, ja, *bewegt* (II), zuweilen *aufgewühlt* (III), manchmal *erschüttert* (IV) – eine solche Sequenz wird auf der „Tiefungsebene" der *Berührtheit* und *Bewegtheit* (II) stabilisiert (wo immer dies möglich ist), so daß der Patient – die Ereigniskette überschauend und nicht mit dem Blick auf ein Detail oder Ereignis fixiert – zu einer **Synopse** gelangen kann, zu einer emotional unterfangenen Überschau über sein Leben. Die vertieften, auf diese Weise gewonnenen „Einsichten im emotionalen Konnex" haben ein hohes veränderungswirksames Potential.

Als Vorbereitung für derartige Bearbeitungen „ikonischer Narrationen" lassen wir des öfteren, wo dies dem Patienten möglich ist, in schriftlicher Form „Geschichten zum Bild" aufschreiben. Diese haben zuweilen den Charakter von Auflistungen im Sinne einer sprachlich gefaßten Inventarisierung, z.T. haben sie die Form eines Berichtes, manchmal – in einem weiteren Schritt der Symbolisierung (*Petzold, Orth* 1993a) – Märchenform. In der therapeutischen Bearbeitung wird dann beides, Bild und Text, verwandt. Die Texte haben zunächst einmal eine kanalisierende Aufgabe, sie fassen Bildhaftes in Worte – nicht weil dies unbedingt notwendig wäre, die sprachliche Auslegung unverzichtbar ist, sondern weil mit der Sprache eine andere Möglichkeit des *Erfassens* und *Verstehens* (idem 1988a) gegeben ist, keine bessere, umfassendere, sondern eine *andere*. Sprache *und* Bild bieten die Möglichkeit einer wechselseitigen Interpretation und damit die Chance der Erschließung eines „fülligeren Sinnes". Im folgenden werden als Beispiele Berichte zu Karrierepanoramen sowie Geschichten zu Bildern über „positive und negative Ereignisketten" mitgeteilt.

Als Beispiel sei das *„Karrierepanorama"* von *Martha*, einer dreißigjährigen Pädagogin angeführt:

Beispiel 2: Martha (Abb. 5)

Martha beginnt ihren Lebensweg (grün) von ihrer Geburt ausgehend zu gestalten (Mutter grün, Vater schwarz). Oberhalb des Lebensweges entfaltet sich ein Strom düsterer Atmosphären (*adversive events, deficits*), dargestellt durch schwarze Schraffuren, unterhalb eine blaue und grüne Linie als Strom schützender und fördernder Einflüsse (*protective events*). Diese werden z.T. konkret figural dargestellt, wohingegen die einbrechenden Negativerfahrungen nicht konkretisiert, sondern symbolisch in Form schwarzer Blitze dargestellt werden. Diesen stehen blaue und grüne Pfeile als Positiveinflüsse gegenüber. Das Resultat der gegensätzlichen Atmosphären bzw. Einflußkräfte führte für die Klientin zu einem Lebensweg voller Irrungen und Verwirrungen. Bei der Feinexploration in der erlebnisaktivierenden Bearbeitung und Nachbesprechung des Bildes zeigten sich als adversive Einflüsse: durchgängige Armut (*Defizit*), ein düsteres, vielfach zerrissenes, familiäres Klima (*Störungen, Konflikte*), Depressionen der Mutter, unduldsame Brachialität des Vaters (*Traumata, Konflikte*). Das Kind fühlte sich von klein auf als nicht zu dieser Familie gehörig: „Ich war anders!" Im späteren Lebensverlauf kann es dann ein Gymnasium besuchen, kann studieren, bleibt an der Universität und wird in der Lehre tätig. Aus dem Gefühl des Nicht-dazugehörig-Seins in der Familie flieht es in andere Bereiche. Die Einflußlinie protektiver Ereignisse zeigt einen grünen Baum, die Natur, den

Bauernhof der Tante, einen Kreis, in dem spielende Kinder dargestellt sind und in den die Protagonistin *von außen* hereinkommt, sich zwar im *Kreis* wiederfindet, auch von den Kindern auf- und angenommen wird, aber trotzdem randständig bleibt, immer nahe am „Ausgang", um fliehen zu können. Dieses Moment „protektiver, sozialer Netzwerke" (*Keupp, Röhrle* 1987) setzt sich durch die ganze *„chain of salutogenic influences"* fort. Der Kreis taucht verschiedentlich auf, und immer stellt sich die Klientin als äußerste Person rechts dar. „Ich gehöre dazu, aber ich kann mich nicht ganz einlassen, kann jederzeit schnell herausgehen." Auch in der Familie gehörte sie dazu, obwohl sie sich nicht daheim fühlte. Das ganze familiäre Klima hinterließ in ihr ein tiefes Mißtrauen, das ein „Sicheinlassen" in soziale Beziehungen einschränkt. Die blauen Häuser (Grundschule und weiterführende Schulen) kennzeichnen schützende, stützende Lebenszusammenhänge bis hin zu ihrer gegenwärtigen Arbeitsstelle der Universität. Schwarze Fragezeichen über diesem letzten blauen Haus machen aber deutlich, daß der Schutzfaktor „befriedigende Arbeitsverhältnisse" offensichtlich nicht so eindeutig ist, denn er ist mit Überforderung und Selbstausbeutung verbunden. Die Auswertung zeigt die Zwiespältigkeit des Arbeitsbereiches. Es bleibt eine „*Kontinuität* der Spannungsverhältnisse und Verwirrungen". Heraus ragt ein roter Punkt: die Großmutter und die großmütterliche Familie. In der Großmutter haben wir den *„significant caring adult"*. Als Mutter des Vaters hat sie einen kritischen Abstand zur Familie der Klientin: „Wir sind zwar auch arm, aber bei uns läßt man den Kopf nicht hängen, bei uns ist man guter Laune!" So erinnert sich die Protagonistin an die Worte der Großmutter – „Am liebsten würde ich das Kind aus dieser finsteren Stimmung holen!" – diesen Satz imaginiert sie im *Rollentausch* mit der alten Frau. Die Großmutter ermöglicht dem Kind zu erkennen, daß es noch andere Familienatmosphären gibt als Depressionen und Aggressivität. Sie kann das Kind in seiner Andersartigkeit akzeptieren, und so tritt neben die Kette positiver sozialer Bezüge (Kindergruppe, Kommilitonengruppe) und positiver Arbeits- und Lebenszusammenhänge die Großmutter als *„innerer Beistand"*, deren positive Atmosphäre noch über ihren Tod hinaus im Inneren der Klientin weiterwirkt. Die düsteren Einflußlinien dünnen sich aus, nehmen weiteren Abstand vom Lebensweg, in dem immer wieder – dargestellt durch schwarze Querstriche – Trennungserfahrungen als Einschnitte die Kontinuität durchbrechen. Die Fragezeichen zeigen auch an: „Wie wird es weitergehen?" – „Werde ich aus dem Hin-und-her-gerissen-Sein zwischen den düsteren und positiven Kräften in meinem Leben herauskommen?" – „Werde ich das Verwirrtsein überwinden?" – „Eigentlich ist es mir *unvorstellbar*, daß es mal anders wird, und ich bin schon etwas resigniert!" Aber genau darum wird es gehen, eine Vorstellung zu entwickeln, eine neue Vision, denn solange die Linie sich fortsetzt und es *unvorstellbar* bleibt, daß es anders gehen könnte als in der Vergangenheit, werden die Ereignisketten sich als *„fixierende Narrative"* und *„Skripts"* perpetuieren. Eine Bearbeitung der Vergangenheitseinflüsse einerseits, Hilfen in der Strukturierung der Gegenwart – insbesondere der sozialen Netzwerke und der Beziehungen – und die Entwicklung einer alternativen Zukunftsvision auf diesem Hintergrund, dies wird der Weg sein, therapeutisch weiterzukommen.

Das *„dreizügige Karrierepanorama"* bzw. *„Panorama der fördernden, defizienten und belastenden biographischen Einflüsse"* vermag viele Einzelereignisse, die der Klientin schon bekannt waren, in einen Zusammenhang zu stellen, das Zusammenspiel der Wirkungen *protektiver* und *adversiver* Kräfte zu verdeutlichen, um auf diese Weise die Grundlagen für die Erarbeitung einer neuen Zukunftsperspektive zu gewinnen, in der sich die alten Muster nicht als „Wiederholungszwänge" (*Freud*) reproduzieren und als „maligne Narrative" (*Petzold* 1992a, 906f) fortschreiben, sondern in der ein neuer „Lebensstil" (*Adler*) gewonnen werden kann.

„Karrierepanoramen", die protektive und adversive Ereignisse sowie Defizite in der Langzeitperspektive *retrospektiv, aspektiv* und *prospektiv* zugänglich machen, ermöglichen, daß in der gegenwärtig sich vollziehenden Lebenserzählung (*Biosodie*) Determinierungen der Lebensgeschichte (*Biographie*) aufgefunden werden, daß im lebendigen Fluß der Erzählung, der „Narration", fixierende Skripts (*Berne* 1972; *Steiner* 1985), „maligne Narrative" (*Petzold* 1992a, 906) deutlich zum Vorschein kommen. Dabei werden bestimmte „Typiken" von Karriereverläufen erkennbar. Solche, die stärker von *Defiziten* bestimmt sind (an Zuwendung, an Kommunikation, an materieller Sicherheit bei schlechten SES), solche, in denen *Störungen* und *Konflikte* vorherrschen (der Beziehung zwischen Eltern und Kind, zwischen Vater und Mutter, im sozialen Netzwerk), solchen, in denen *Trauma*-Erfahrungen (aufgrund von Trennungen, Mißhandlungen, körperlicher Züchtigung) überwiegen oder in denen sich solche „pathogenen Stimulierungskonstellationen" (ibid. 577ff.; *Petzold, Schuch* 1991) kombinieren. Es zeigen sich weiterhin *Karriereverläufe*, in denen ausreichend protektive Faktoren vorhanden sind, die Negativereignisse „abpuffern", ausgleichen, kompensieren, oder andere Karrieren, in denen Schutzfaktoren fehlen, wo ganze Lebensstrecken ohne *„significant caring adults"* sind, wo über bestimmte Phasen sich kein supportives, soziales Netzwerk findet oder auch keine materielle Absicherung für das Kind und die Familie gegeben ist. Schließlich verweisen Karrierepanoramen auf „prävalent pathogene Milieus" (*Petzold* 1988n, 238), also Abschnitte der Biographie, in denen in besonderer Weise widrige Lebensereignisse vorherrschten, „*critical life events*" (*Filipp* 1990) zur Wirkung kamen, die durch *unspezifische* oder *spezifische Schutzfaktoren* nicht oder mehr oder weniger gut „abgepuffert" wurden.

Die „*dreizügigen Karrierepanoramen*" lassen einerseits die Massierung von Ereignissen in der Biographie und andererseits ihre Nachwirkungen im subjektiven Erleben als bewußte Memorationen erkennbar werden („Diese ständigen Streitereien meiner Eltern haben mich schwer geschädigt!" – „Der Tod meines Bruders war für mich ein einschneidendes, lebensbestimmendes Ereignis!" – „Damals fehlte es an allem. Wir sind nie richtig satt geworden. Da hab' ich mir geschworen: Nie wieder arm sein!" usw. – so Kommentare zu den aufgezeichneten Ereignissen).

Schließlich machen sie auch fixierende, einseitige Bewertungen deutlich. Das mitgeteilte Beispiel 2 zu Abb. 5 von *Martha* wurde z.B. begonnen mit der Äußerung der Patientin: „In meiner Biographie war nur die erste Zeit, meine Geburt und Babyzeit gut. Die hab' ich in leuchtendem Grün gemalt! Sonst war alles düster!" Erst im Verlauf der Bearbeitung des „*Karrierepanoramas*" wurde ihr dann erkennbar, daß es durchaus positive, schützende und stützende, ja auch frohe Ereignisse im Lebenslauf gab. Durch derartige Erfahrungen kann eine *Umbewertung* bestimmter Lebensabschnitte, ja der gesamten Karriere möglich werden – und hier, in der kognitiven und emotionalen Um- oder Neubewertung von Ereignisketten in ihrem Zusammenspiel, liegt ein wesentliches therapeutisches Potential dieser Technik, die nicht nur vergangene Lebenszusammenhänge einsichtig und damit besser verstehbar macht, sondern die durch das Herstellen von sinn-vollen Bezügen, durch die Gewichtung von Ereignissequenzen, den Gewinn einer neuen Einstellung zu Vergangenem, der aktiven Umgestaltung gegenwärtiger Lebensrealität und der Umorientierung bzw. Neuausrichtung von Zukunftsperspektiven ein hohes veränderungswirksames Potential hat.

4.2.3 Karriereberichte

Ehe wir in erlebnisaktivierender oder/und konfliktzentrierter Form die Darstellung mit diagnostisch-anamnestischer Zielrichtung explorieren und bearbeiten – ein Geschehen, das sich über eine Reihe von Sitzungen hinziehen kann und stets auch therapeutische Qualität hat –, lassen wir von den Patienten oder Klientinnen einen Kommentar zu den Bildern schreiben, einen „Karrierebericht". Dadurch erhalten wir Aufschluß über persönliche Einschätzungen und Wertungen, über „subjektive Theorien" (*Flick* 1991) zu pathogenen und salutogenen Einflüssen, die im Verlauf der Behandlung Gegenstand des therapeutischen Diskurses werden, wobei sich zeigt, ob sie Bestand haben, in ihrem explikativen Wert bestätigt werden können oder verändert werden müssen. Im folgenden Beispiele für erläuternde Bildkommentare bzw. Karriereberichte:

Beispiel 3: *Mara* (Abb. 8)

Geschichten zum Bild
„Kette von positiven und negativen Erlebnissen in meinem bisherigem Leben" (Abb. 8)

Mara A. (33, Sozialarbeiterin)

Das Blatt ist groß und noch weiß, und die erste prägnante Situation, die mir heute zu dieser Frage in Erinnerung kommt, ist die Pistole meines Vaters. Ich fühle sie kalt und schwer in meiner kleinen Hand. Doch es war damals anders. Ich war in meinem Zimmer, vielleicht 9 Jahre alt, als meine Mutter völlig hilflos und verzweifelt zu mir sagt, daß sich „der Papi" auf dem WC umbringen will. Ich renne los und spüre unheimlichen Druck und Angst. Ich knie mich vor die verschlossene WC-Tür und spreche zu Papi: „Papi bringe dich nicht um, ich habe dich doch so lieb, du darfst nicht weggehen."
Ich hörte lange nichts von ihm, aber ich wußte, er hat mich gehört, und ich glaube, er weinte. – Er hat sich nicht umgebracht. Ich bin in mein Zimmer zurückgegangen und bin aufs Bett gefallen und habe für mich geweint. Und ich habe an den „lieben Gott" gedacht und ihm gedankt. Ja, dieser „liebe Gott", der großväterlich mit weißem Bart in meinem

Inneren lebte, auf den konnte ich immer zählen. Immer, wenn ich es fast nicht mehr aushielt, konnte ich mit ihm reden, ihn anflehen, daß es gut wird oder wenn ich Angst hatte, meinen Eltern wäre etwas passiert. Dieser Gott, der sich in meinem Leben mit meiner Entwicklung auch wandelte, war stets mein Ansprechpartner im tiefen Unglück, aber auch im größten Glück.

Er füllt die rechte Seite meines Bildes, ist hell und strahlend und mysteriös, geheimnisvoll, aber immer da. Als Kind war er über mir im Himmel, heute fühle ich ihn auch in mir – ich konnte ihn langsam von oben zu mir in mein Herz hineinnehmen.

In meiner frühen Kindheit erinnere ich mich vieler Momente, in denen Vater und Mutter überfordert waren. Eigentlich wollten wir vier, meine Eltern, mein 1½ Jahre älterer Bruder und ich, es gemütlich, warm, harmonisch haben, was es auch manchmal war, wo ich von meiner Mutter oft Zärtlichkeit und Interesse gespürt habe und von meinem Vater irgendwie wußte, obwohl er mir das nie konkret sagte, daß er mich gern hatte.

Doch dieses so sehr von allen gesehnte harmonische Klima wurde immer wieder abrupt unterbrochen. Ich erinnere mich an unendlich viele Szenen zwischen meinen Eltern, die sich streiten und total entwerten, Szenen mit meinem Bruder, der „nicht lernen will", der immer noch das Bett näßt... immer wieder das gleiche. Lautes Geschrei, Schläge auf meinem Bruder, plötzliche Ohnmachtanfälle meiner Mutter, grausames Gesicht meines Vaters. Ich stets tröstend bei meiner Mutter, jedoch auch in Gedanken bei meinem Vater, der da allein in seinem Zimmer sitzt und sicher auch ganz traurig ist. Ich leide an den Schlägen meines Bruders, der immer dran kommt, bin aber gleichzeitig auch böse über ihn, „weil es doch wegen ihm" soviel Krach gibt. Ich sehe meine Mutter, die mit einer großen Schere nach meinem Vater wirft. Und doch sind wir eine kleine intensive Familie, nach außen aber ganz stark „abgesichert". Dafür gibt es drinnen keine Grenzen. *Ich* bin eigentlich die ganze Familie, ich fühle für jeden da „draußen", für Mutter, Vater und Bruder. Ständig auf der Hut, ob nicht plötzlich wieder was explodieren könnte, gar tödlich sein könnte.

Ich bin eigentlich, bis ich ausziehe, „Familie". Wärme mich und erkälte mich darin. Aber was stets warmer Hintergrund ist, ist mein „lieber Gott", aber auch mein kleiner Bär. Dieser Bär, der Nacht für Nacht an meiner Seite wacht, den ich an meiner Backe spüre, wenn ich nachts Angst habe vor „bösen Geistern", die mich überfallen, erschrecken könnten.

Da war auch stets eine Freundin in jedem Abschnitt, doch meine intimsten Dinge wußte nur der „liebe Gott". Und zudem schien mir das ganze Chaos und die Gewalt zu Hause auch ganz normal, darum war es schließlich auch nicht so schlimm damals.

Mit 20 Jahren zog ich von zu Hause fort. Wohnte dann 4 Jahre mit meinem Freund, den ich mit 18 kennenlernte, zusammen. Dieser liebte mich auch sehr, wenn ich so war, wie er sich mich wünschte, und brauchte mich auch fest, um seine Sorgen mit mir zu besprechen. Es war für ihn schön und richtig, daß ich der „ausgleichende Pol" war. Mein Leben war ruhig und normal – ich hatte ja alles, was ich mir wünschte.

Plötzlich war da die Idee, nach Asien zu verreisen. Ein unbekannter Drang, diesen Erdteil kennernzulernen, aber auch ein eigenartiges Gefühl, wenn ich das alleine kann, dann bin ich jemand. So zog ich mit 23 Jahren für 2 Jahre nach Sri Lanka, Nepal und Indien, und die Folge dieser Reise war ein großer Horizont, und zwar auf mehreren Ebenen und dem Gefühl, ich kann ganz alleine so was machen, bin ja eigenständig. Wieder waren auch da Begegnungen, die mich prägten, ein alter indischer Guru, den ich zufällig kennenlernte. Im kommenden Jahr trennte ich mich von meinem Freund, mit dem ich eigentlich eine Familien hatte gründen wollen. Ich wechselte Wohnung und Beruf. Ich fühlte mich gut in all den neuen Anfängen. Bald lernte ich meinen heutigen Mann kennen, der wie ich selbst auf der Suche war. Manchmal schien es, als wären wir zwei kleine suchende Kinder, die sich gegenseitig verlassen und einander trauen konnten.

Nur konnte ich mich diesem Mann nicht mehr anpassen, wie ich das so gewohnt war. Oft fühlte ich mich deshalb irritiert und unsicher, lernte aber meine freien Räume kennen.

Übers Leben konnte ich erst bewußter phantasieren, als ich diese Horizonterweiterung durch die Asienreise und die Begegnung dort mit den verschiedensten Menschen erfahren hatte.

Ich begann damit, langsam meine bisherigen, vielen einengenden Werte zu hinterfragen, beobachtete andere Menschen, für die ich in meinem Inneren ein gutes warmes ehrfürchtiges Gefühl empfand.

Mein „lieber Gott" bekam immer mehr neue Formen und Audrucksbilder durch das Lesen von Büchern über andere Religionen oder esoterische Schriften. Ich fand auch immer wieder Menschen, mit denen ich mich austauschen konnte.

Eine schlimme Zeit erlebte ich dann nochmals, als ich an meiner jetzigen Stelle zu arbeiten begann, nicht in der Patientenarbeit, sondern mit einigen Teamkolleginnen. Wie ich mich verhielt, war offenbar für einige eine ständige Provokation. Irgendwie versuchte ich es immer besser zu machen, aber genau damit ging es immer schlechter, bis ich kapitulierte und

mir sagte: *so bin ich* und es etwas besser sein lassen konnte, daß ich nicht bei allen geschätzt war. Meine wichtigste Ressource waren die vielen Gespräche mit meinem Freund und das Wissen, daß er mich genau so liebte wie ich war. Viel gaben mir auch die Kontakte, Beziehungen, die sich ab 1988 durch Selbsterfahrungsgruppen und ab 1989 durch Therapieausbildungsgruppen ergaben. Viele neue Verhaltensweisen konnte ich ausprobieren und bekam liebevolle, achtsame Feedbacks.
Seit einem Monat bin ich mit Freuden verheiratet. Wir bewohnen ein kleines Häuschen mit Garten, wo ich mich wohl und geborgen fühle. Die Natur ist nah bei mir und läßt mich vieles in ihrem Wachsen begreifen.
In mir ist trotz immer wiederkehrenden Phasen von Selbstunsicherheit ein Kern voller Sicherheit und Vertrauen, und ich spüre noch einiges an Potentialen, die ich noch entdecken kann, spüre auch weniger Angst, das Thema Gewalt/Aggression mir näher anzuschauen – spüre allmählich die verborgene Kraft, die ich darin kultivieren kann.

Es läuft eigentlich zur Zeit auf allen Ebenen fein und gut, und das macht mir etwas Sorgen. Da müßte doch mal wieder was Ungutes kommen! Zur Zeit macht es sich etwas daran fest, daß ich schon recht besorgt darüber bin, daß ich nach einem halben Jahr noch nicht schwanger bin – und wenn ich mich so schreiben sehe, muß ich auch gleich wieder schmunzeln.
Mir sagte kürzlich meine Lehrtherapeutin: „Du kannst ruhig auch mal zornig zu deinem Gott sein, wenn du nicht kriegst, was du dir so wünschst." Das ist für mich neu aber tut gut, wenn er mich nicht verläßt, wenn ich auch mal zornig über ihn bin.

Das Karrierepanorama von *Mara* (Abb. 8) ist dem Darstellungstypus der „ikonischen Narration" zuzuordnen, in dem szenische und symbolische Darstellung verschränkt sind, ja das symbolische Moment gegenüber der figural-szenischen Darstellung überwiegt. „*Ereigniskerne*" (z.B. die Pistole des Vaters) sind figural erkennbar. Aber ansonsten versucht die Darstellung das „Klima" darzustellen, die chaotische häusliche *Atmosphäre*. Sie beschränkt sich indes nicht nur auf die Dokumentation „äußerer Szenen", sie zeichnet auch „innere Stimmungen" und Befindlichkeiten auf, repräsentiert Innenwelten: Den „lieben Gott" als sichernde, schützende Realität, die Landschaft, die Natur als beruhigende Einflußgröße. Spannungszonen werden in schwarz/rot-Schraffuren dargestellt, Blitze, Bluts-

oder Tränentropfen, dunkle Wolken, glühende Herzen symbolisieren die Intensität des emotionalen Geschehens in den positiven und negativen Ereignisfolgen. Die „Geschichten zum Bild" sind aufgrund der symbolischen Qualität der Darstellung nicht nur Bericht, sie sind auch schon *Erläuterung* und *Interpretation*. Sie sind ein Schritt „persönlicher Hermeneutik" (*Petzold* 1988a, b, p), eine Auslegung der im Bild festgehaltenen Lebensszenen mit ihren Atmosphären. Damit werden schon Schritte der Verarbeitung unternommen, die allerdings ein therapeutisch fokussierendes Durcharbeiten nicht entbehrlich machen, denn erschließt sich auch in den „Geschichten" schon unbewußtes Material, so bleiben in der Regel abgewehrte Geschehnisse oder Dimensionen weiterhin verborgen, besonders wenn die „Notwendigkeit des Verdrängens" noch gegeben ist, das Material also eine zu bedrohliche Qualität hat, als daß es ohne den Beistand und die Präsenz des Therapeuten bearbeitet werden könnte. Werden Bild und Bericht dann Gegenstand des therapeutischen Diskurses, so erschließen sich oftmals noch weitergreifenderer Sinn und Zusammenhänge, die zuvor nicht gesehen werden konnten, erhalten Symbole, aber auch Formulierungen des Textes eine neue Bedeutung. All dieses führt zu *Umbewertungen* „biographischer Ereignisse" und kann eine Neuformierung biographischen Materials bewirken, wodurch sich dessen Einwirkungen (in Form von Skripts bzw. Narrativen, Mustern, Wiederholungszwängen) auf den gegenwärtigen und zukünftigen Lebensvollzug verändern – und dadurch entstehen Neustrukturierungen der Persönlichkeit, des Lebensstils, der Beziehungsgestaltung, geschieht Heilung.

Bild und Geschichte von *Mara* waren darauf gerichtet – der Aufgabenstellung folgend –, „äußere" Lebensereignisse und „innere Stimmungen" zu dokumentieren. Die Klientin konnte sich einige Wochen später in anderem Kontext mit den „verinnerlichten Lebenseinflüssen" auseinandersetzen vermittels der erwähnten Darstellung (2.5) der „Über-Ich-Bänke" (*Petzold, Orth* 1994), einer projektiven diagnostischen Technik, die von *Petzold* in der Integrativen Therapie entwickelt wurde. *Mara* wurde aufgefordert, sich vorzustellen, in „ihrem Kopf" seien zwei Bänke. Auf der einen, der *Richtbank*, sitzen alle die Menschen, Menschengruppen und Institutionen mit dem kritischen Blick, den abschätzig herabgezogenen

Mundwinkeln, den Drohgebärden, den beschämenden, strafenden Worten, die die „kleine Mara" bedrängen, bedrücken, entwerten. Auf der anderen Bank, der *Festbank*, sitzen all die Menschen, Menschengruppen und Institutionen, die stützen, bekräftigen, ermutigen, die „eine 5 gerade sein lassen", die eine nachsichtige, wertschätzende Haltung zeigen. Durch die bildnerische Darstellung (Abb. 9) ihrer „Über-Ich-Bänke" wurde der Klientin deutlich, wie die „protective and adversive events" keineswegs nur „äußere" Widerfahrnisse waren, sondern daß diese Geschehnisse in „Fleisch und Blut übergegangen sind". Sie erfährt ihre muskulären Verspannungsmuster, nimmt wahr, wie bedrückene Atmosphären ihr die Luft wegnehmen, spürt, wie „eine Platte auf ihrem Brustraum liegt" und sie sich mit verspannter Schulter-Nacken-Muskulatur auflehnt gegen den „Druck des Lebens", der – trotz einer weitgehend konsolidierten Lebenssituation – sich aus der Vergangenheit fortschreibt und noch auf ihr lastet. Es wird ihr bewußt, daß bedrückende Atmosphären, die stets noch in ihrem Inneren nisten, auch weiterhin Wirkung zeigen. Sie erkannte, wie stark die Kette negativer und positiver Ereignisse im Lebenslauf ihren Niederschlag in verinnerlichten Realitäten geführt hatte. Dabei ging es nicht nur um die Internalisierungen von „Objekt-Repräsentanzen", „Elternimagines", sondern um die Repräsentation von „Interaktionen mit Personen", von „Beziehungserfahrungen" (*Sameroff, Emde* 1989). Diese Erkenntnis führte nun wieder zu einer „exzentrischen Betrachtung" der Ereignisketten, zu einem Erkennen von Ereigniseinflüssen, insbesondere der Einwirkung von *„critical life events"*, weiterhin zum Bewußt-Werden der Abwehr- und Bewältigungsformen, die sich als Reaktionen auf diese Ereignisse ausgebildet hatten und zum Teil zu „dysfunktional generalisierten", d.h. zu *dominanten Abwehrmechanismen* wurden, die, obgleich damals brauchbar, auch heute noch ohne zwingende Notwendigkeiten zum Einsatz kommen. Schließlich wurde im Zusammenwirken der Erkenntnisschritte und Erfahrungsmöglichkeiten der Klientin ein „neuer *Sinn*" erschlossen. Sie konnte erlebniskonkret Einblick in die formierenden Kräfte ihrer *Biographie* gewinnen und beginnen, ihre therapeutischen Schritte in ihrer Einzelanalyse selbstbestimmter zu planen, indem sie bereit war, bestimmte Themen systematischer aufzuarbeiten und im Lebensalltag umzusetzen.

Für den therapeutischen Prozeß werden durch die verschiedenen, in der Integrativen Therapie entwickelten, lebenslaufbezogenen diagnostischen Instrumente (Karrierediagramme, Identitätsbilder, Lebenspanoramen, Über-Ich-Bänke, Zukunftsprojektionen, Lebensberichte, Geschichten zu ikonischen Narrationen usw.) *Strukturen* in den Ereignisketten deutlich: sich wiederholende Muster, die sichernden, aber auch behindernden Charakter haben und die durch **Einsicht in die Zusammenhänge** verändert werden können (*„erster Weg der Heilung"*, Petzold 1988n, 218 ff.). Weiterhin können **„korrigierende emotionale Erfahrungen"** (*„zweiter Weg der Heilung"*, ibid. 236 ff.) wirksam werden, mittels derer in regressiver Arbeit z.B. der Therapeut als guter, stützender Vater Atmosphären schafft, die verinnerlicht werden können und die die in den „Archiven des Gedächtnisses" verankerten aggressiven Atmosphären des realen, biographischen Vaters in ihrer Qualität abschwächen oder zumindest in ihrer Wirksamkeit korrigieren können. Veränderungen können aber auch durch **„alternative Erfahrungen"** – sensumotorischer, emotionaler, kognitiver und sozial-kommunikativer Art – erreicht werden (*„dritter Weg der Heilung"*, ibid. 250 ff.), indem auf spielerische Weise im Hier und Jetzt, ohne daß unbedingt der Bezug auf biographische Ereignisse, Erfahrungen notwendig wird, Erlebnisse möglich werden, die zu den bisher erlebten Lebensqualitäten eine Alternative bieten.

Das Konzept der *Wirkung* ineinander verflochtener Ereignisketten mit positiver, negativer und defizitärer Qualität in den komplexen Vorgängen der Biographieformation, d.h. des Niederschlags von *nicht-memorierbaren* – aber wirksamen – und *memorierbaren* Gedächtnisinhalten, wird in den projektiven diagnostischen Instrumenten der Integrativen Therapie besonders deutlich. Es wird die atmosphärische und szenische Qualität der *„events"* unterstrichen, und damit wird das nützliche klinische Konzept der „pathogenen Stimulierungskonstellationen" (ibid. 353ff) durch eine ganzheitliche Perspektive aufgefüllt. Die Archivierung der Ereignisketten und ihre Memoration, ihre Bedeutung bei der Herausbildung von „Grundstimmungen", die das „Lebensgefühl" bestimmen (*Petzold* 1993b), ist nicht zu unterschätzen. *Grundstimmungen* der Niedergeschlagenheit oder der Zufriedenheit, der Hoffnungslosigkeit oder der Zuversicht, die ja natürlich auch den gegenwärtigen und sich zukünftig entwickelnden Lebensvollzug bestimmen, werden aus den erlebten und archivierten „events" (d.h. *Szenen* mit ihren *Atmosphären*, die den Leib einstimmen, gegebenenfalls zu Verstimmungen führen) konstituiert. Das Leib-Subjekt, das z.B. Mißstimmungen in sich trägt und diese „Dysphorien" um seine Person als „Atmosphären", d.h. wahrnehmbare Mikrosignale (die im Gegenüber entsprechende Resonanzen auslösen) verbreitet, löst damit entsprechende Reaktionen der Ablehnung, des Rückzugs, der Aggression aus, was wiederum zu Unstimmigkeiten führt, zu Verstimmtheiten. Die negative Grundstimmung, das düstere Lebensgefühl werden verstärkt, ein *circulus vitiosus*. Die Veränderung der Lebenskontinuität bedarf deshalb nicht nur der kognitiven „*Umbewertungen*", sondern auch der „*Umstimmung*", der Bearbeitung der archivierten **leiblichen** Muster des **Selbst**. Diese sind als sensumotorische, emotionale und kognitiv repräsentierte Schemata (*Petzold* 1992a, 529) zu verstehen. Dergestalt nachwirkende Vergangenheitseinflüsse einerseits *und* die „facts of life", die allgemeinen gegenwärtigen Lebensbedingungen – das soziale Netzwerk, die Arbeitssituation, die Ressourcenlage, sofern dies alles risikofördernde und widrige Einflüsse darstellt – anderseits müssen verändert werden, denn beide Einflußgrößen sind entscheidend. So nimmt es nicht wunder, daß die empirische Psychotherapieforschung die „rationale Einsicht in Zusammenhänge", ihre „kognitiv-emotionale Neubewertung" und die „praktische Lebenshilfe" im Rahmen einer guten und tragfähigen, therapeutischen Beziehung (sie ist ein protektiver Megafaktor) als die herausragenden Wirkfaktoren therapeutischen Handelns markiert hat (*Orlinsky, Howard* 1986a, 1987, 1988; *Huf* 1992; *Petzold* 1992a, 992f). Therapie auf dem Hintergrund der Konzepte der Karriere, der Ereignisketten, des Narrationsmodells (dies sind aus unterschiedlichen Traditionen stammende Konzeptualisierungen, die in die gleiche Richtung laufen) bedeutet dann – *retrospektiv* –, in Karrieren Ordnung zu schaffen auf der sensumotorischen, emotionalen, kognitiven und sozialkommunikativen Dimension. Es heißt weiterhin – *aspektiv* –, Ordnung zu schaffen in gegenwärtigen Manifestationen der Karriere, wiederum unter Einbeziehung aller genannter Dimensionen, und es heißt schließlich – *prospektiv* –, Entwicklungen vorzubereiten und einzuleiten, in denen neue Ordnungen zur Wirkung kommen können, so daß sich dysfunktionale Karrieremuster nicht perpetuieren. In einer solchen therapeutischen Konzeption haben die Karrierepanoramen oder verwandte Methoden, z.B. andere Formen der Panoramatechnik (*Petzold, Orth* 1993), ein wertvolles Potential, umfassen sie doch die Vergangenheitsdimension, die Gegenwart, und lassen sie doch Ausgriffe auf die Zukunft zu, die projektiv/prospektiv gestaltet werden kann.

Ein letztes Beispiel soll noch einmal in einer „ikonischen Narration" eines „zweizügigen" Panoramas (widrige und schützende Ereignisse) und ihrer Erläuterung durch die Klientin *Christine* (Abb. 7) die interaktive Dynamik protektiver und adversiver Ereignisse verdeutlichen.

Beispiel 4: *Christine* (Abb. 7)

Inventar der Belastungs- und Schutzfaktoren (zu Abb. 7)

Christine W. (37, Behindertenpädagogin)

A – Zur Kette der Belastungsfaktoren in meinem Leben
- Aus Erzählungen weiß ich, daß ich die ersten sechs Wochen im Krankenhaus verbrachte, da meine Mutter beidseitige Brustentzündungen hatte, wobei sie sehr wenig Kontakt mit mir hatte (und sie natürlich nicht stillen konnte). [*Berichterinnerung*]
- Mit ca. 2 Jahren wurde ich für 14 Tage zu entfernten Nachbarn gegeben, während alle anderen Familienmitglieder irgendwohin fahren. Angeblich habe ich danach „gebettnäßt".
- Eine sehr frühe Erinnerung habe ich an einen riesigen Teddybären, der mir von eben diesen Nachbarn geschenkt worden war. Ich fand es sehr schlimm, daß meine Eltern ihn mir sofort wegnahmen, weil er scheußlich sei. [*Ereigniserinnerung*]
- Eine Stoffkatze hat mein Vater aus demselben Grund auf einem Müllhaufen verbrannt, wobei ich zugucken mußte.
- Ich erinnere mich an meinen Vater, als er noch bei uns war, entsetzlich laut und eiskalt schreiend, wobei ich in einer Art mich totzustellen reagierte. Sonst habe ich keine Erinnerungen an ihn in dieser Zeit.

- Meine Mutter: ich sehe mich immer wieder nach ihr rufend, aber sie hört nicht. Sie arbeitete sehr viel, wir hatten einen Fremdenverkehrsbetrieb. Ansonsten war sie sehr streng und gewaltig – ich erinnere viel Schimpfen, weil ich so viel falsch und kaputt machte. Ich bin hin- und hergependelt zwischen Alleinsein und dem lauten brodelnden Aufenthaltsraum, der spannend war, aber auch immer zu eng und zu dicht.
- Scheidung meiner Eltern mit 4 Jahren. Papi zog weg. (Er war allerdings in den Sommern immer schon weggewesen.)
- Mit ca. 4 Jahren überraschte mich ein Nachbar allein und griff an meine Genitalien, was ich nie jemandem erzählte.
- Volksschule: Schock, daß die anderen Kinder ganz anders sprechen (starken Dialekt), fühle mich ausgeschlossen, bleibe Außenseiterin. Der Lehrer läßt mich wegen meiner Zappeligkeit immer wieder knien. Große Angst, meine ältere Schwester als Gefährtin zu verlieren, als die ins Gymnasium wechselt.
- Gymnasium: ich bleibe Außenseiterin, mit kurzen Ausnahmen. Anfangs schlimme Strafen von meiner Lehrerin für mein Zappelphilipp-Sein. Mein hoch verehrter Bruder (Ältester, der die Vaterrolle hatte) findet mich lästig, verrät mich, straft mich immer wieder. Meine Mutter schützt mich nicht vor ihm.
- Mit ca. 8 Jahren zieht mein Vater wieder ins Dorf. Wir müssen ihn regelmäßig besuchen – Horror (schrecklich langweilig, viele fremde Leute, er ist oft entsetzlich schlecht gelaunt, schreit, tobt, oder zwingt uns zu fürchterlich anstrengenden Bergtouren). Wir wagen nie uns zu verweigern, und meine Mutter hilft mir auch nicht dabei.
- Ich rette mich mit „Totstellen" darüber weg.
- Im Dunkeln liegt ein Mißbrauchserlebnis, von dem ich nur wenige, sehr vage Bilder und eine deutliche Körpererinnerung habe.
- Pubertät: Meine Mutter befühlt meinen Busen, findet mich lächerlich in meiner Abscheu.
- In ersten sexuellen Erfahrungen viel Überforderung und Kränkungen durch Jungen.
- Ich fühle mich sehr oft sehr alleine.
- Der erste Geschlechtsverkehr mit 16 ist äußerst schmerzhaft, ich komme mir völlig unnormal vor.
- Von 18-21 erste Männerbeziehung, die oft sehr belastend war. Viel Schuldgefühle, weil der Mann nicht mit mir schlafen konnte; Sexualität war immer Unerfülltsein, Schmerz, und es war unmöglich, mit Dritten darüber zu sprechen.
Nach der von mir gewollten Trennung tiefe Krise, Desorientierung, Einsamkeit, Schuldgefühle. Letztere steigerten sich noch nach dem kurz danach erfolgten Unfall-Tod des ehemaligen Freundes.

- In den folgenden Partnerschaften immer wieder die Erfahrung vom baldigen Umkippen ins Belastende, Verletzende. Die Sicherheit in der Beziehung ist untrennbar verknüpft mit Schmerz, Schuldgefühlen, Überforderungen. Meiner inneren Emigration folgen schließlich:
- Ausbruch und Trennung.
- Beruf: Sehr viel Überforderung, Anstrengung, Hilflosigkeitserfahrungen.
- In einer berufsbegleitenden sozialtherapeutischen Fortbildung schockierende Erfahrung mit Frauen; tiefe Erschütterung meines Frauenbildes; Ausgeschlossenheitsgefühle, Sündenbockrolle.
- Zwei männliche Einzeltherapeuten sind pushend bis zu körperlicher Gewalt (Körperorientierte Therapien).
- Mit 28 Jahren erstmals ein positives Ergebnis des Gebärmutterhals-Krebsabstrich-Tests.
- Mit 31 Jahren in einer Arbeitsstelle massive Ausbeutung und Verletzungen durch die Leitung, die trotz rascher Kündigung lange nachwirken.
- Ab 32 wieder verschlechterte Krebsabstrich-Ergebnisse, ein ständiges Damokles-Schwert. – In diesem Jahr die äußerst schmerzliche Trennung von meiner ersten, wirklich hoffnungsvollen Beziehung.
- Mir 36 Jahren: Enttäuschung vom Vater, der wieder kaum mehr Interesse an mir zeigt.
- Zur Zeit wieder Ansätze des bekannten Gefühls von Last in der Partnerschaft trotz veränderter Formen.
- Offene Fragen/ mögliche Belastungen:
- Beruf – immer wieder „zu viel" und „zu nahe"; Berufswechsel – aber wohin?
- Die Krebsabstriche: verschlechtern sie sich wieder?
- Meine ungeklärte Vaterbeziehung – ich befürchte da noch manche Konflikte.

B – Zur Kette der protektiven Faktoren in meinem Leben
- Wald, Wiesen, Berge (ich bin weit entfernt vom nächsten Dorf im Hochgebirge aufgewachen); draußen Spielen, Spazierengehen, Bergsteigen;
- Die Gemeinschaft mit meinen 3 Geschwistern, später eigentlich die mit den 2 Schwestern;
- Schule: einige wohlwollende Lehrer, dazu meine Wachheit und Neugier;
- eine Schulfreundin (von ca. 13-20 Jahren), mit der ich doch sehr vieles besprechen konnte;

- Das Weggehen von Zuhause, mein erstes Zimmer für mich allein; meine Heimat Innsbruck, verbunden mit der unglaublichen Erfahrung, daß ich mich von einem Mitbewohner erstmals wirklich gesehen, gehört, verstanden fühlte;
- eine Gemeinschaft mit anderen Studenten, die sowohl einen religiösen Aspekt als auch gemeinsames Alltagsleben beinhaltet;
- ein sehr stützendes, heimatgebendes Frauen-Team in meiner ersten Arbeitsstelle.
- Mit 24 erstmals Psychotherapie, die ich mit zeitlichen Lücken immer wieder genutzt habe.
- Jahrelange Zugehörigkeit zu einer Frauengruppe;
- eine Afrikareise;
- eine kurze, große Liebe und später die Erfahrung, daß Abschied wirklich möglich ist;
- einzelne wichtige Frauenfreundschaften;
- Meditation und heilsame Unterstützung durch diese Lehrer;
- relativ gute Arbeitsstellen;
- Schwimmen;
- ein winziges Häuschen in einer friedenstiftenden Umgebung auf dem Land, Rückzugsort und Symbol für Autonomie;
- eine überwiegend nährende Partnerschaft.

Sind Ketten von Belastungs- und Schutzfaktoren wie in *Christines* „zweizügigem" Karrierepanorama bildlich dargestellt worden, so kommt es darauf an, den *Darstellungstypus* zu erfassen, zumal von der Instruktion her sehr viel Freiraum gegeben wird, so daß die Klientinnen bzw. Patientinnen genügend Gestaltungsmöglichkeiten haben, in denen sich projektives Material artikulieren kann. Zuweilen werden in strenger Parallelführung die positiven und negativen Einflußlinien dargestellt (wie in dem vorliegenden Beispiel, Abb. 7, vgl. auch Abb. 6), manchmal sogar mit jeweils nur einer Farbe (z.B. die negativen Ereignisse schwarz, die positiven grün). Das macht Identifikation einfach. Ambivalente Situationen werden dann etwa schwarz und grün gemalt. Insgesamt bietet aber die Gestaltung mit vielen Farben breitere Möglichkeiten. Oft werden die Parallelführungen miteinander verwoben, wird die *Interaktion* der Einflüsse dargestellt. Zuweilen werden *Defizite* und *Trauma*-Erfahrungen von den Patienten differenziert. Kontinuitäten sind nicht nur durch lineare Reihungen zu erkennen, sondern auch durch das wiederholte Auftauchen von Motiven. Das ist gerade bei Bildern wichtig, in denen keine zeitliche Reihenfolge eingehalten wird, sondern bei denen die Ereignisse über das ganze Bild verstreut sind. Kontinuitäten sind dann durch bestimmte Symbole, Szenenarrangements, Farben, Formen, Leerstellen erkennbar. Läßt man zum Bild Geschichten schreiben oder ein Inventar anfertigen, so haben wir für den therapeutischen Prozeß wichtige und nützliche Erläuterungen. Im Bild von *Christine* ist die Kette protektiver und die Kette adversiver Ereignisse deutlich parallel geführt. Auch Wechselwirkungen werden erkennbar. Die Darstellung ist figürlich bzw. szenisch, wobei immer wieder auch neben der Farbsymbolik Symbolzeichen (Fragezeichen, Kreuz, Baum, Blume, Herz usw.) auftauchen. In *Christine*s Karrierepanorama werden überdies auch noch durch Beschriftungen Episoden verdeutlicht. In der Niederschrift des „Inventars der Belastungs- und Schutzfaktoren" fallen die vielen Trennungen mit dem Resultat von Verlassenheitsgefühlen, weiterhin die Überforderungen mit dem Resultat von Wertlosigkeitsgefühlen (durch Abwertungen) besonders ins Auge. Immer wieder tauchen auch Verletzungen und Demütigungen auf. Die Klientin erinnert sich an Abwehr- und Bewältigungsstrategien (Sich-tot-stellen). Fehlende Beziehungsmöglichkeit zum Vater, zur Mutter, schränken die Möglichkeiten ein, das Herstellen guter Beziehungen zu erfahren und damit Beziehungsfähigkeit zu lernen. Es wird deutlich, wie sich aus den kindlichen Mustern über die Adoleszenz allmählich Muster im Erwachsenenleben herausbilden, in der sich die mißglückenden Beziehungen, die Trennungs- und Verlassenheitserfahrungen und die Überforderungen und Entwertungen wiederholen und fortsetzen. Die Kette der protektiven Faktoren macht deutlich, wie all diese belastenden Erlebnisse auch kompensiert wurden (durch Landschaft, Aktivitäten in der Natur, positive Netzwerke mit Geschwistern und Peers) und wie auf diese Entlastungsmöglichkeiten auch im weiteren Lebensverlauf kompensatorisch zurückgegriffen wird: ein stützendes, heimatgebendes Frauenteam, Unterstützung durch Lehrer in der Schule und im Erwachsenenalter durch die Meditationslehrer, das Häuschen auf dem Lande in der Natur usw. Die Schutzfaktoren erweisen sich der Qualität nach in der Kindheit und im Erwachsenenleben als ähnlich. Ihre salutogene Kettenstruktur wird genauso deutlich wie ihre entlastende Funktion im Hinblick auf die Belastungsereignisse in den adversiven Ketten.

In der Bearbeitung von Inventar und Bild werden noch viele andere Bezüge deutlich, und es stellen sich die Konturen der gegenwärtigen Problematik gut heraus. In der Exploration ihres eigenen Bildes mit erlebnisaktivierenden Techniken unter Beiziehung des Berichts wird die Klientin zur „Ko-Diagnostikerin". Sie wird in das Verstehen ihres biographischen Prozesses mit seinen heilsamen Seiten, aber auch mit seinen pathologischen Seiten aktiv einbezogen und erhält damit über die in der Diagnostik gewonnen Transparenz hinaus die Möglichkeit, aktiv an der Planung und Gestaltung des therapeutischen Prozesses teilzunehmen. Sie wird in ihrem eigenen Prozeß zur „Ko-Therapeutin" und kann die von ihr gewünschten Veränderungen in ihrem Leben bzw. Lebenszusammenhang selbstbestimmt in die Hand nehmen. Es wird damit die in der entwicklungspsychologischen Forschung immer wieder betonte Möglichkeit aufgegriffen, daß Kindern die Sozialisation nicht nur einfach widerfährt, sondern daß sie auch *Mitgestalter* ihres Schicksals sind, was natürlich abhängig ist von dem Freiraum, den man ihnen gibt. Sie werden damit in ähnlicher Weise wie Erwachsene zu „makers of their own identity", Gestalter ihrer eigenen Entwicklung (*Brandtstädter* 1985).

Die vorgestellten, kommentierten Beispiele haben, so hoffen wir, folgendes deutlich gemacht: In den *„Karrierepanoramen und -berichten zu positiven und negativen Ereignisketten"* geht es um Biographie und dem Bewußtsein zugängliches Material, welches durch „autobiographisches Memorieren" (*Conway* 1990) vom Subjekt erschlossen werden kann. Dabei vermischen sich oftmals *Ereigniserinnerungen* (*Nelson* 1986) – „Eine sehr frühe Erinnerung habe ich an einen riesigen Teddybär" – und *Berichterinnerungen* – „Aus Erzählungen weiß ich, daß ich die ersten sechs Wochen im Krankenhaus verbrachte!"; „Ich erinnere mich an Erzählungen meiner Mutter über die schwere Zeit damals, als sie mit mir schwanger war!". Die Darstellungen verbinden weiterhin *„historic truth"*, d.h. relativ präzise, objektivierbare Lebensfakten (sie können durch Fremdanamnestik oder durch biographische Dokumente, Photos, Alben, Krankenakten belegt werden) und *„narrative truth"* (*Spence* 1982; *Petzold* 1991o), d.h. die subjektive Ausgestaltung, Bewertung, „Einfärbung", Ergänzung der historischen Fakten, wie sie sich aus der aktualen Situation des Patienten (z.B. einer momentanen Depression, die die positive Vergangenheit überschattet) oder aus dem Bezug zu dem bzw. den Adressaten der Lebenserzählung ergeben mag (man erzählt das gleiche Ereignis dem explorierenden Arzt anders als einem Freund oder anders als einer Mitreisenden im Zug). Schließlich sind die „ikonischen Narrationen" z.B. der Panoramatechnik von der Dynamik der therapeutischen Beziehung bestimmt, dem Geflecht von Übertragung und Gegenübertragung, werden doch *„Karrierepanoramen"* auch im Rahmen laufender Therapien erstellt (also nicht nur in der diagnostischen Initialphase). Damit sind auch bewußte und unbewußte Botschaften des Patienten an den Therapeuten ein Faktum, das bei der Bearbeitung solcher Materialien wesentlich ist. Weil wir es in dieser Arbeit nicht nur mit dem Moment der Gestaltung vermittels bildnerischer Medien, sondern auch mit dem Formierungsprozeß einer *Biographie* als Niederschlag der Lebenserzählung, der *Biosodie*, zu tun haben können, kommen formgebende Momente – im Sinne des *Freud*schen „Familienromans" oder von *Polster*s (1987) Konzeption „persönlicher Romane" – im Sinne der Qualität einer *„esthetic truth"* (*Spence* 1982) zum Tragen. Auch diese hat eine heilende Qualität, wenn „Schönheit die Welt retten kann", wie *Dostojewski* meinte (*Petzold* 1992h).

Die „objektive" *historic truth*, wie sie von einem abständigen Historiker bzw. Beobachter von Biographien dokumentiert werden könnte, tritt dabei hinter die *„subjektive Wahrhaftigkeit"* und die „persönliche Geltung" von Handlungen oder Erfahrungen zurück. In diesem Faktum liegen Fallstricke, aber auch Chancen, die durch die therapeutische Bearbeitung bewußt memorierte Vergangenheit oder die bewußt gemachten, zuvor verdrängten, biographischen Ereignisse umzugestalten. Indem neue Zusammenhänge hergestellt werden, scheinen Dimensionen eines *anderen Sinnes* auf, können neue Bedeutungszuweisungen erfolgen, weil **alternative** *emotionale Erfahrungen"* aus der Gegenwart (z.B. in einer Therapie oder in einer gelungenen Liebesbeziehung oder Freundschaft) die persönliche Geschichte in einem neuen Licht erscheinen lassen dadurch, daß etwa protektive Faktoren sichtbar werden, die zuvor nicht erkannt worden waren („Mir wird erst *jetzt* deutlich, wie wichtig meine Großmutter damals für mich war!" – „In der Stadt, auf einem Hinterhof hätte ich sicher nicht überlebt. Jetzt sehe ich erst, wie wesentlich die Natur und die Tiere für meine Kindheit waren!"). Negative Ereignisse können relativiert werden („Es war schlimm, aber es gab mehr Gutes als ich dachte!" – „Ich hab es ja auch bewältigt, bin damit fertiggeworden und hab' gelernt, wie ich mich schützen kann!"). Es können Konsequenzen gezogen werden („*Diese* Linie soll sich *nicht* fortsetzen! Drei solcher Narzißten waren genug. Den nächsten Typ schau' ich mir vorher sehr gründlich an!").

Aus der Übersicht über Karrierekonstellationen sollen aber nicht nur „gute Vorsätze" entstehen, die durch die Macht des Wiederholungszwangs „fixierender Narrative" scheitern müssen, sondern es wird natürlich notwendig, die deutlich werdenden pathogenen Konstellationen der Biographie auf einer emotionalen Ebene – die rationale Einsicht ergänzend – zu bearbeiten, „eingefleischte Muster" zu verändern („Umleibungen" im Sinne von *Hermann Schmitz* 1989). Kommunikative Stile – d.h. Formen der Beziehungsgestaltung – müssen gegebenenfalls um- oder neugestaltet, um- oder neugelernt werden, sonst bleibt die *Karriere* „mit guten Vorsätzen gepflastert", die nicht zum Tragen kommen und scheitern..., und die *Ereignisketten* schreiben sich fort.

In der Therapie werden also nicht nur neue *Zukunftsentwürfe* erarbeitet, sie werden auch in ihrer *Umsetzung* begleitet, wobei das Wissen um mögliche Reinszenierungen alter Konstellationen oder von der Nachwirkung biographischer Traumata, aber auch die Kenntnis von Bewältigungsstrategien, die sich bewährt haben, von protektiven Faktoren, auf die man zurückgreifen kann oder die man sich neu erschließen kann, eine beachtenswerte Hilfe darstellen. Die *therapeutische Beziehung* und der therapeutische Prozeß selbst werden dabei zu einem *„protektiven Megafaktor"*. Hier werden ja nicht nur im Sinne von *Gedo* (1973, 1979) oder *Basch* (1991) durch „Interpretation" unbewußte Konstellationen bewußt gemacht und wird in der Reinszenierung von Problemsituationen und der in ihnen aufgebauten Abwehrformen eine *„optimal desillusion"* geleistet, es wird nicht nur in der Bearbeitung solcher biographischer Materialien eine *„unification"* ermöglicht, d.h. die Verbindung disparater Persönlichkeitsanteile, Folgen zerrissener und zerreißender Lebensgeschichte, es wird vielmehr eine *Ordnung* in die Geschichte des Kranken und darüber hinaus in seine persönliche Lebenssituation gebracht – *Basch* (1991) spricht von *„passification"* –, und Therapeut und Patient erfahren gemeinsam neue Fähigkeiten, die sich im Lebensvollzug des Patienten entwickeln und die der Therapeut bezeugt („*bearing witness*", idem).

Eine solche „begleitete Neuorientierung" (*Petzold* 1969b) erfordert Vorbereitung, denn sonst kann der „Neubeginn" (*Balint* 1948; *Loewald* 1960) scheitern. Die Bearbeitung biographischer Konstellationen muß eine gewisse „Prägnanz" erreicht haben, und dies nicht nur auf einem kognitiven Niveau, genauso wie die Umsetzung von Neuorientierungen keineswegs nur ein kognitives Geschehen ist. Im Sinne *„vitaler Evidenz"* (*Petzold* 1970c), in der sich „leibliches Erleben, emotionale Erfahrung und rationale Einsicht auf der Grundlage von konkreter Bezogenheit verbinden" (ibid. 42; 1992a, 917), müßten *„alternative (emotionale) Erfahrungen"* (idem 1970c, 48) durch neue Erlebens- und Handlungsmöglichkeiten gemacht worden sein oder – wir differenzieren und betonen diese beiden Möglichkeiten (ibid.) – durch *„korrigierende emotionale Erfahrungen"* (*Alexander, French* 1948), in denen Situationen fehlenden Beistandes durch *„significant caring adults"* in der therapeutischen Dyade ausgeglichen werden (*Scharfman* 1989, 57), und dies leiblich konkret unter Einbezug zwischenleiblicher Interaktion und nonverbaler Kommunikation (ibid.; *McLaughlin* 1989, 112; *Petzold* 1969c, 1975e; *Petzold, Orth* 1993). Der Therapeut (bzw. die Therapeutin oder das Therapeutenpaar) wird aber nicht nur im Hinblick auf vergangene Defizite zum *„significant caring adult"*, etwa durch die regressionsorientierte Arbeit mit dem Patienten, sondern er wird es auch für die Lebensgegenwart, ja, er begleitet als eine solche „bedeutungsvolle, sorgende und stützende Bezugsperson" den Patienten durch den fortlaufenden, therapeutischen Prozeß „von Gegenwart zu Gegenwart" in die Zukunft, so daß sich eine Zukunftsperspektive als „antizipierter Raum von Sicherheit" entwickeln kann (der Patient weiß, daß seine Therapie noch einige Zeit dauert und er sich der damit gegebenen Stütze und Hilfe sicher sein kann). Der Therapeut verkörpert also den durch die Longitudinalforschung herausgestellten, wichtigsten „protektiven Faktor": den einer wertschätzenden und stützenden Bezugsperson und zu der eine verläßliche *„selektive Attachmentbeziehung aufgebaut und gelebt werden kann"*. Von der vergleichenden Psychotherapieforschung bzw. von der Prozeßforschung werden diese Zusammenhänge bestätigt, wenn sie eine „gute therapeutische Beziehung" als den wichtigsten Heilungsfaktor herausstellt (*Orlinsky, Howard* 1988). Der Therapeut hilft aufgrund seiner therapeutischen Schulung, Erfahrung, seiner Lebensklugheit und „*clinical wisdom*" (*Petzold* 1991a, 395) dem Patienten, „*risk factors*" zu vermeiden und sich weitere *protektive Faktoren* zu erschließen (wie z.b. ein stabiles, soziales Netzwerk), und er ermöglicht dem Patienten, Hoffnung bzw. einen positiven Zukunftshorizont zu entwickeln (*Thomas* 1990).

4.3 Convoys, Ereignisbewertungen und nicht-lineare Resonanzphänomene – einige abschließende Überlegungen

Die an der Longitudinalforschung, an Konzepten der „protektiven und Risikofaktoren", der Interaktion von pathogenen und salutogenen Einflüssen ausgerichtete Psychotherapie, die sich um das Erfassen von *Karrieretypiken* bemüht, steht in diagnostischer sowie in therapeutischer Hinsicht immer wieder und sehr grundsätzlich vor Neuland, und je tiefer man in die Fragestellungen unter Aufgabe konventioneller, linearkausaler Erklärungsmuster eindringt, desto komplexer stellt sich die Lebenswirklichkeit unserer Patienten in ihrem Lebenskontinuum mit ihrem „*convoy*" relevanter Bezugspersonen dar. Es wird aber auch deutlich, daß eine solche komplexe Betrachtungsweise ihrem Schicksal und ihrer Lebenswirklichkeit weitaus besser gerecht wird als simplifizierende Modelle, die Psychotherapeuten zwar einfache Erklärungen bieten, aber letztlich Erklärungen, die offenbar nicht wirklich greifen, denn man ist mit ihnen so unzufrieden, daß immer neue Erklärungsmodelle (zumeist linearkausale) entwickelt werden. Die in diesem Text enthaltene Betrachtungsweise will nicht *die* Lösung bieten und auch nicht nur den Mangel an Modellen beklagen. Sie will einen kleinen, komplexitätsreduzierenden Beitrag für die psychotherapeutische Indikationsstellung und die Wahl der Behandlungsmodelle und -medien leisten.

Wenn wir davon ausgehen, daß wir drei Einflußströmungen in Lebenskarrieren finden: A. **Ketten widriger Ereignisse**, B. **Ketten** schützender und entwicklungsfördernder Ereignisse, C. prolongierte Mangelerfahrungen bzw. Ketten von Defiziten, und daß all diese „*events*" unmittelbar oder mittelbar in Beziehungserfahrungen eingebunden sind, so wird deutlich, daß das Wissen um vorherrschende Elemente in derartigen Ketten oder Verläufen für die Konzeptualisierung, Planung und Durchführung von Behandlungen von großer Wichtigkeit ist. Dabei ist zu unterstreichen, daß die „*events*" unmittelbar oder mittelbar *Beziehungsereignisse* sind. Eine Mißhandlung, ein Verlust, eine Vernachlässigung sind unmittelbare Ereignisse in der Primärgruppe bzw. im relevanten sozialen Netzwerk des Betroffenen. Aber auch „*critical life events*" (*Filipp* 1990), wie eine schwere Infektionskrankheit oder ein Unfall, sind in soziale Beziehungen eingebunden, etwa dadurch, daß eine Mutter durch ein „*rooming in*" bei ihrem Kind im Krankenhaus bleibt und diese Präsenz möglich macht oder eine andere Mutter ihr Kind nicht besucht („Es ist ja eh auf der Isolierstation!") oder daß der Vater unmittelbar nach dem Unfall als Schutzperson auftaucht und sich um die Versorgung seines verunglückten Kindes kümmert oder daß Fremde diese Aufgabe wahrnehmen. Weil „*events*" Szenen und Szenenfolgen mit Akteuren, nämlich emotional bedeutsame Bezugspersonen sind, werden die durch die kritischen Lebensereignisse geschaffenen psychischen Realitäten (in Form von Erinnerungen und Verarbeitungsprozessen der Geschehnisse) für die weitere Gestaltung von „Beziehungen in Situationen" Bedeutungen gewinnen, d.h. gegebenenfalls auch für das Entwickeln von Übertragungen, Abwehr- und Bewältigungsformen im Alltagsleben und dann später in Therapien. Es ist deshalb wichtig, immer wieder darauf hinzuweisen, daß die „*events*" als zwischenmenschliche Ereignisse in Kontinuitäten oder Diskontinuitäten eingebunden sind und daß damit die „*chains*" in ihren *relationalen Qualitäten* gesehen werden müssen (*Sameroff, Emde* 1989), daß es sich also im Sinne der Wortbedeutung um „*convoys*", um „gemeinsam durchmessene Wegstrecken" handelt, in denen die Beteiligten füreinander gutes oder schlechtes „Geleit" geben... und wehe dem, dem jegliche Begleitung, dem Stütze, Trost, Hilfe und Geleitschutz fehlt. Das Erfassen der *Convoy-Qualität* ist für das Verstehen von „subjektiven Theorien", „social worlds" und „Ereignisbewertungen" – und damit für ein Erfassen pathogener Wirkfaktoren wesentlich. In den Panoramen kommt immer wieder zum Ausdruck, daß es nicht nur die „*events*" als solche sind, die wirken, sondern die „events" oder „chains" als *bewertete*. Derartige *Valuationen* (*Petzold* 1992a, 529, 696, 1116) bzw. *appraisals*, die als ein „processing" der Ereignisse aufzufassen sind, bestimmen fraglos das „Gewicht" der Geschehnisse – und je jünger die Kinder sind, desto stärker sind die Valuationen als external bestimmte Angleichungen an bestehende Bewertungsparameter zu sehen. Aber auch bei Klimata in den sozialen Bezugssystemen, in denen durch Ko-respondenz „Sinn als Konsens" (idem 1991e) gefunden werden kann, wird die Frage nach der Konstruktion gemeinsam gefundener Bewertungen zu stellen sein. Wie entsteht „*shared meaning*", über „*everyday's events*" (*Dunn* 1987) oder gar über „*critical life events*"? Die Karrierepanoramen vermögen in der Exploration derartige Zusammenhänge zu erhellen und familiendynamisch und netzwerkdynamisch bestimmte Bewertungspraktiken deutlich werden zu lassen – oft sind sie Niederschlag übergeordneter „social worlds" oder „*représentations sociales*" (*Jodelet* 1989). – „Wie hätte deine Mutter [dein Vater, dein Freund, deine Lehrerin] das gesehen?" – „Wie würde das von der Nachbarschaft beurteilt?" Derartige Fragen erhellen den Rahmen von Bewertungen (vgl. z.B. das Fallbeispiel von Klaus O. in *Petzold*, 1993p). Das Problem der „*Event-Bewertung*" – für Longitudinalforscher stets ein neuralgischer Punkt *(Brown* et al. 1987; *Rutter* 1986; *Angold* et al. 1987) – kann auf diese Weise in praxi angegangen werden. Besonders wichtig wird dies, wenn die „shared meaning" dysfunktional ist und z.B. zu negativen Selbstbewertungen führt: „Wir sind uns doch einig, daß du hier völlig versagt hast, oder?!" *Hay* (1988, 247) hat, um diese komplexen Vorgänge plastisch und einer Forschungsperspektive zugänglich zu machen, folgendes Modell (vgl. Abb. 11) vorgestellt und die Überlegungen von *Dunn* (1987) verdeutlicht (vgl. *Petzold* 1994p).

Ereignisse geschehen im *Kontext* und *Kontinuum*, haben einen mittelbaren Verlauf und unmittelbare Folgen, die zu faktischen und – per Valuation – „mentalen Ergebnissen" führen. Bedeutsam sind die Reaktionen des Kindes und der jeweils vorhandene oder fehlende „social support". Dabei interagieren das Ereigniserleben und die Ereignisbewertung von Eltern und Kind (in konsenter oder dissenter Weise) auf dem Hintergrund der Eltern-Kind-, aber auch der

Kind-Eltern-Beziehung. Das Resultat kann vielschichtig sein: Dissens oder eine generelle konsensuelle „shared meaning", eine partielle oder nur vordergründig konsensuelle „shared meaning", d.h. verdeckter Dissens. Hays Diagramm bedarf hier noch der Spezifizierung *(Petzold* 1994p). Nicht zuletzt muß auch die Integration/Konsolidierung der Ereignisse auf der Seite der Eltern [Geschwister – Nachbarn usw.] gesehen werden. Dabei ist noch zu beachten, in welcher Folge die Ereignisse und die Bewertungen stehen, welche „Geschichte" das Ereignis hat, welche „Geschichten" mit ihm verbunden sind, die die Bewertungen prägen, ja, welche Zukunft zu erwarten steht („Was kommt denn noch?", „Ausgerechnet vor der Prüfung!"). Die Verflechtungen faktischer Wirkungen, Bewertungen, Auswirkungen und die Resonanzen auf Auswirkungen, von Memorationen, Gegenwartserleben und Antizipationen schaffen ein ultrakomplexes Wirkungsgefüge, das mit linearkausalen Erklärungsmodellen nicht mehr beschrieben werden kann, son-

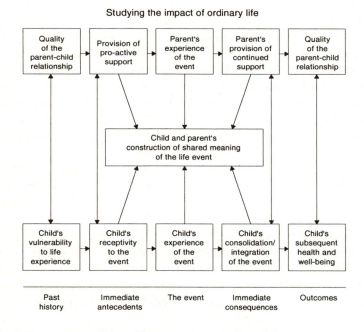

Abb. 11: Das „processing" von „life events" (aus *Hay* 1988, 247)

dern nur mit nonlinearen Ansätzen, die die Interferenz der Einflußströme und Resonanzphänomene zu erfassen suchen. *Modellvorstellungen* müssen in diesem Zusammenhang entwickelt werden, um Forschungsvorhaben auf den Weg zu bringen, die mit longitudinaler Anlage „multiple Kausalitäten" und „vielfältige Interferenzen" über eine bestimmte Zeitstrecke in der Lebensspanne eines Individuums im „convoy", d.h. mit seinen vertrauten Bezugspersonen zu erfassen suchen. Solche Modelle hätten aber – neben der Forschungsperspektive – auch die Aufgabe, die zumeist linearkausale Erklärungsmechanik zu verändern, die das Denken der meisten Psychotherapeuten heute immer noch bestimmt, sofern sie einen klassisch behavioralen oder auch psychoanalytischen Ansatz vertreten. Stimulus-Response-Modelle in die Lebensspanne getragen, werden genauso falsch, wie einfache Ursache-Wirkungs-Ätiologien: „Frühe Ursachen, späte Schäden!" Diese Explikationsfolie, die das psychoanalytische Denken von *Freud* bis *Kernberg* bestimmt, greift in der Regel zu kurz und ermöglicht *keine validen und zuverlässigen Aussagen* über die Pathogenese, die den komplexen Prozessen der Formierung von Krankheit und Gesundheit – über die Lebensspanne hin – entspricht. Die neuen Modelle, etwa systemischer Psychotherapie (*Ludewig* 1992), sind hier vielversprechender, besonders wenn sie mit einer Longitudinalperspektive verbunden werden. Aber der Grad ihrer Elaboration läßt noch zu wünschen übrig. Unverzichtbar ist indes, daß Therapeuten beginnen, die einseitig linearkausalen Perspektiven zu überwinden. Wir haben hier unter Rückgriff auf eines der ältesten Modelle einer ökologischen Perspektive in der Psychologie – den *Lewin*schen zeitlich gestaffelten Lebensraum, welcher auf die Zeitperspektive von Frank rekurriert – ein Modell konzipiert, das die Verbindung von „klassifizierten" Ereignissen (positive, negative und defizitäre „events") und Ereigniswirkungen, wie sie sich in den verschiedensten Longitudinalstudien (*Rutter* 1988; *Robins, Rutter* 1989) darstellen, zu fassen versucht.

Lebenswege (Biosodien) sind keine „Verlaufs*gestalten*". Dieser Begriff in der Gestaltpsychologie kennzeichnet klare, konturierte Sequenzen wie die Verlaufsgestalt eines Speerwurfes (*Buytendijk* 1956). Lebenswege sind vielmehr als vielfältig interferierende Bewegungsmuster zu sehen, die mit gleichfalls interferierenden Be-

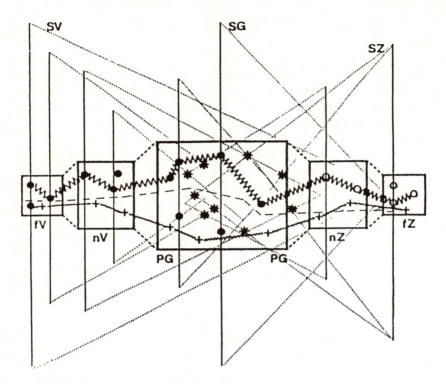

Abb. 12: Pathogene und salutogene Ereignisse, protektive, defiziente und adversive Erlebnisströme im Lebenszusammenhang, d. h. in Kontext/Kontinuum bzw. Lebensraum/Zeitperspektive als individuelle Lebenskarriere

Legende

PG	psychologische Gegenwart
nV	nähere Vergangenheit
fV	ferne Vergangenheit
nZ	nähere Zukunft
fZ	ferne Zukunft
SV	Schatten der Vergangenheit auf die Gegenwart bzw. Zukunft
SG	Schatten aus der Gegenwart in die Zukunft
SZ	Schatten aus der Zukunft
+	positive Stimulierung/ förderndes Lebensereignis/ Eustreß
O	antizipierte Bedrohung (threat) oder Streßsituation
●	pathogene Stimulierung/ kritisches Lebensereignis/Distreß oder **Krise** in der Vergangenheit oder Gegenwart
*	Schnittpunkt pathogener Einflußlinien, Störzone, **Krise**, Symptome, Erkrankung
⌊˙.	Prägnanzhöhe des Ereignisses
∿∿	maligne Narrative, pathogene Faktoren, Risiken, chain of negative events
∼∼	benigne Narrationen, salutogene Faktoren, chain of positive events, continuity of protective factors
...	pathogene Einflußlinien
- - -	prolongierte Mangelerfahrungen, Defizite

deutungslinien sich fortschreiben (Narrationen), abhängig von den „wirkenden Kräften im Feld". Folgendes metaphorisierende Beispiel mag die Zusammenhänge verdeutlichen:

„Ein kritisches Lebensereignis" ist mit einem Felsbrocken vergleichbar, der in ein leicht von Wind und Strömung in „regelmäßigen Unregelmäßigkeiten" gekräuseltes Gewässer geworfen wird, in den *Lebensfluß* eines Menschen, oder mit einem „Seebeben", das ein Gewässer erschüttert. Es finden sich vom Eintrittspunkt bzw. Epizentrum ausgehende, konzentrische Wellenkreise, die – Solitärwellen gleich (*Dodd* et al. 1988) – das bestehende Wellenmuster durchlaufen, ohne es zu zerstören (die Eintrittsstelle ausgenommen) und ohne sich selbst zu verändern (Abb. 13).

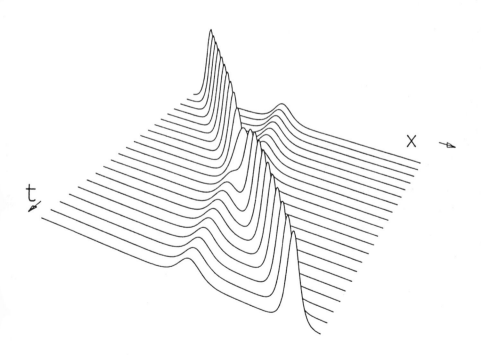

Abb. 13: Kollision zweier KdV-Solitärwellen (aus *Dodd* et al. 1988, 10)

Je nach Gewicht, Größe und Eintrittsgeschwindigkeit des Felsbrockens oder der Stärke des Bebens sind der Wellenradius und die Wirkungsdauer auf dem Gewässer kleiner oder größer – zuweilen kommt es zu katastrophalen Tsunamis (*Jacob* 1993). Hinzu kommen Resonanzphänomene durch das Auftreffen der Wellen an den Ufern mit ihren unterschiedlichen Formen und Gegebenheiten. Zuweilen wird der Grund aufgewühlt, und es bleibt für einige Zeit eine Prägung, bis diese von Strömungen verändert oder eingeebnet wird. Die schwarzen Punkte (•) im Diagramm (Abb. 12) sind solche Felsbrocken/Beben (Traumata, critical life events), die vertikalen Linien die Wirkungsradien mit ihren Fortschreibungen in der Zeit. Positive Einflüsse (+) stabilisieren die bewegte Ruhe bzw. ruhigen Bewegtheiten, bis neue, energiereiche Einschläge oder Erschütterungen im Untergrund neue Wellen erzeugen und es an Überschneidungspunkten unterschiedlicher Radien zu starken Interferenzen (Abb. 14) – zum Teil weitab

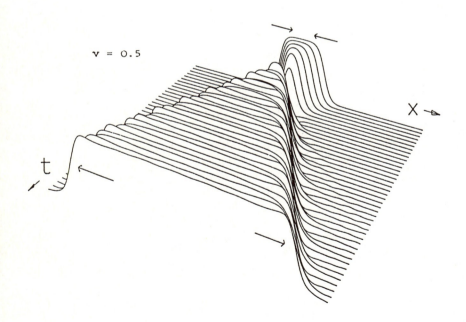

Abb. 14: High-energy Kollisionen (aus *Dodd* et. al. 1988, 31)

von Eintrittspunkt –, ja zu schweren Turbulenzen ✱ im Gegenwartsfeld des Lebensstromes kommt: zu Krisen, Symptomen, Beziehungsstörungen, Erkrankungen, psychotischen Dekompensationen – „psychischen Tsunamis". Da der Lebensstrom eines Menschen aber nicht nur von vergangenen und gegenwärtigen positiven (+), defizitären (-) und negativen (•) „events" unterschiedlicher Wirkung ｜﹅ bestimmt ist, sondern in seiner Qualität als Bewußtseinsstrom auch durch antizipatorischen Ausgriff auf die Zukunft, können auch antizipierte Belastungen oder „critical life events" (○) wie auch absehbarer Mangel (-) in der „psychologischen Gegenwart" die Turbulenzen ✱ verschärfen und zu weiterwirkenden zerstörerischen Solitonen ⸝⸜⸝ führen, die von den kohäsiven Kräften, ausgleichenden Wellenmustern ⌒⌒ und von positiven Einflußlinien +++ nicht mehr abgefangen werden können.

Das Diagramm in Abb. 12 und seine metaphorisierende Erläuterung (und auch die Solitonwellenabbildungen haben selbstverständlich derzeit nur den Status von Modellmetaphern) vermittelt, so ist zu hoffen, die Komplexität longitudinaler Betrachtung von Lebenskarrieren und der Datenfülle, die uns in der Longitudinalforschung geliefert wird. Ihre Aufarbeitung und Interpretation wird in Theorie, Forschung und interventiver Umsetzung große Anforderungen an Forscher und Therapeuten stellen. Differentielle Sichtweisen, höchst individualisierende Betrachtungsweisen und das insgesamte Abgehen von generalisierenden Erklärungsmodellen der Pathogenese bzw. der Entwicklung (z.B. durch starre Phasenmodelle) sind die Konsequenz einer solchen Sichtweise, die die konventionellen Pathogenesekonzepte doch massiv in Frage stellt und nach prozeßdiagnostischen Modellen und Praktiken verlangt.

Die Panoramatechnik, insbesondere das *zwei-* oder *dreizügige* Karrierepanorama oder andere, deskriptiv dokumentierende und zugleich projektive Dimensionen einbeziehende Instrumente der „prozessualen Diagnostik" (vgl. *Petzold* 1993p; *Petzold, Orth* 1994) sind praxeologische Ansätze, die versuchen, Erkenntnisse longitudinaler Forschung zur Entstehung von Gesundheit und Krankheit für den Alltag der psychotherapeutischen und psychosozialen Praxis umzusetzen. Dabei sollten die vorgestellten Konzepte und Methoden unsere tentativen Ausführungen und die Mitteilung unserer Erfahrungen auf einige Möglichkeiten hinweisen, wie longitudinale Pathogenese- und Salutogeneseforschung, „risk and protective factor research" und komplexe Modellbildung in der diagnostischen und therapeutischen Praxis der „Integrativen Therapie" umgesetzt werden. Hier nun kommt uns zugute, daß die Forschung zu protektiven Faktoren, salutogenen Entwicklungseinflüssen und sozialen Supportsystemen derzeit schon einen so guten Stand erreicht hat, daß sie ermöglicht, die bisherigen Erkenntnisse für Interventionsmaßnahmen umzusetzen, auch wenn noch viele Fragen geklärt oder vertieft werden müssen. Man wird nicht bei einzelnen Risiko- und Schutzfaktoren stehenbleiben können, sondern wird, wie die „Karrierepanoramen" und „Karriereberichte" verdeutlichen, komplexe *Interaktionen* in ihrer Verlaufsdynamik als „chains" oder „convoys" in den Blick zu nehmen haben – protektive **Prozesse** wie *Risikoverläufe* –, um ein umfassendes Verständnis von gelingenden und mißlingenden Karrieren (*Petzold, Hentschel* 1991) und Entwicklungswegen, von „straight and devious pathways" (*Robins, Rutter* 1990) zu gewinnen, denn nur so wird man Menschen auf Dauer effektiv helfen können, alte, eingefahrene Gleise destruktiver Lebensführung zu verbessern und „neue Wege" einzuschlagen.

Literatur

Abele, A., Becker, P., Wohlbefinden. Theorie – Empirie – Diagnostik, Juventa, München 1991.
Achenbach, T.M., Developmental psychopathology, Wiley, New York 1982^2.
Achenbach, T.M., What is „developmental" about developmental psychopathology? in: *Rolf* et al. (1990) 29-48.
Ainsworth, M.D., The effects of maternal deprivation: A review of findings and controversy in the context of research strategy, in: Deprivation of maternal care: an reassessment of its effects, World Health Organization, Geneva 1962.
Ainsworth, M.D.S., Blehar, M.C., Waters, E., Wall, S., Patterns of attachment. A psychological study of the strange situation, Lawrence Erlbaum, Hillsdale 1978.
Alexander, F., French, T.M., Studies in psychosomatic medicine, Ronald Press, New York 1948.
Anthony, E.J., The significance of Jean Piaget for child psychiatry, *British Journal of Medical Psychology* 29 (1956) 30-34.
Anthony, E.J., The syndrome of the psychologically invulnerable child, in: *Anthony, Koupernik* (1974) 529-544.
Anthony, E.J., Koupernik, C. (eds.), The child in his family: Children at psychiatric risk, Wiley, New York 1974.

Antonovsky, A., Health, stress, and coping, Jossey Bass, London 1979.
Antonovsky, A., Unraveling the mystery of health, Jossey Bass, London 1987.
Arieti, S., The intrapsychic self: Feeling, cognition, and creativity in health and mental illness, Basic Books, New York 1967.
Argles, P., Attachment and child abuse, *British Journal of Social Work* 10 (1980) 33-42.
Ayres, J., Lernstörung. Sensorisch-integrative Dysfunktionen, Springer, Heidelberg 1979.
Ayres, J., Bausteine der kindlichen Entwicklung, Springer, Heidelberg 1984.
Bach, G.R., Torbet, L., Ich liebe mich, ich hasse mich. Fairness und Offenheit im Umgang mit sich selbst, Rowohlt, Reinbek 1985.
Baillargeon, R., Needham, A., DeVos, J., The development of young infant's intuition about support, *Early Development and Parenting* 2 (1992) 69-78.
Baldinger, J., Das Schweigen der Lämmer. Kinderleid: Eine Aufzählung – Billige Arbeitskräfte, Freiwild für die Heckenschützen oder einfach „Strafe Gottes", *Salzburger Nachrichten*, 14. Juni (1993), 3.
Baldwin, A.J., Baldwin, C., Cole, R.E., Stress-resistant families and stress-resistant children, in: *Rolf* et al. (1990) 257-280.
Balint, M., Individual differences of behavior in early infancy and an objective way of recording them, *J. Gen. Psychol.* 73 (1948) 57-117.
Balint, M., Regression, dtv, München 1987.
Baltes, P.B., Reese, H.W., Lipsitt, L.P., Life-span developmental psychology, *Annual Review of Psychology* 31 (1980) 65-110.
Barrat, M.S., Early child rearing in Japan: Cross Cultural and intra-cultural perspectives, *Early Development and Parenting* 1 (1993) 3-6.
Basch, M.F., Developmental psychology and explanatory theory in psychoanalysis, *Ann. Psychoanal.* 4 (1977) 229-263.
Basch, M.F., Reflections on self-psychology and infancy, empathy and theory, in: *Goldberg, A.* (ed.), Frontiers in self psychology. Progress in self psychology, Vol. 3, Erlbaum, Hillsdale 1988a, 55-59.
Basch, M.F., Understanding psychotherapy. The science behind art, Basic Books, New York 1988b.
Basch, M.F., An operational definition of the self. Script Workshop Basch/Stern am 14.-17.6.1991, organisiert von der René-Spitz-Gesellschaft unter der Leitung von L. Köhler, München 1991, 1-27.
Bastik, T., Intuition. How we think and act, Wiley & Sons, Chichester 1982.
Bastine, R., Ethische Probleme der Psychotherapie, in: *Bastine, R.* et al., Grundbegriffe der Psychotherapie, edition psychologie, Weinheim 1982.
Bateson, P., The interpretation of sensitive periods, in: *Oliverio, A., Zappelta, M.* (eds.), The behavior of human infants, Plenum, New York 1983.
Bateson, P., Is imprinting such a special case? *Philosophical Transactions of the Royal Society of London* 329 (1990) 125-131.
Beebe, B., Lachmann, F.M., Mother-infant mutual influence and precursors of psychic structure, in: *Goldberg, A.* (ed.), Frontiers in self psychology, 2 Vol., The Guilford Press, New York 1986.
Beek, van Y., The development of early communication in preterm infants, Diss. Freie Universität Amsterdam, CopyPrint 2000, Enschede 1993.

Beek, van Y., Hopkins, B., Molemaer, P.C.M., Complex system approaches to the development of action, in: *Salvesbergh* (1993) 448-515.
Beek, Y. van, Hopkins, B., Hoeksma, J.B., Development of communicative behaviors in preterm infants: The effects of birthweight status and gestational age, in: *Beek* (1993) 35-56.
Beek, Y. van, Papousek, H., Hopkins, B., Beweging en vroege communicatie bij prematuren, in: *Hopkins, Vermeer* (1992) 63-78.
Beek, Y. van, Roos, B. de, Hoeksma, J.B., Prematurity, posture and the development of looking behavior during early communication, in: *Beek* (1993) 57-76.
Becker, P., Psychologie der seelischen Gesundheit, Hogrefe, Göttingen, Bd. I 1982.
Becker, P., Minsel, B., Psychologie der seelischen Gesundheit, Hogrefe, Göttingen, Bd. II 1986.
Belsky, J., Nezworski, T., Clinical implications of attachment, Erlbaum, Hillsdale 1988.
Bergin, A. E., Lambert, M.J., The evaluation of therapeutic outcomes, in: *Garfield, Bergin* (1978^2) 139-189.
Berne, E., What do you say after you say hello? Grove, New York 1972; dtsch. Was sagen Sie, nachdem Sie guten Tag gesagt haben, Kindler, München 1975.
Bernfeld, S., Psychologie des Säuglings, J. Springer, Wien 1925.
Bernstein, B., Class, codes, and control, Vol. 1, Routledge & Kegan, London 1971.
Bettelheim, B., The empty fortress, Free Press, New York 1967.
Beutler, L.E., Crago, M. (eds.), Psychotherapy research, American Psychological Association, Washington 1991.
Birnholz, J.C., Ultrasonic studies of human fetal brain development, *Trends in Neurosciences* 9 (1986) 329-333.
Bishof, N., Das Rätsel Ödipus. Die biologischen Wurzeln des Urkonflikts von Intimität und Autonomie, Piper, München 1985, 3. Aufl., Rowohlt, Reinbek 1991.
Bischof-Köhler, D., Spiegelbild und Empathie. Die Anfänge der sozialen Kognition, Huber, Bern 1989.
Block, J.H., Block, J., The role of ego-control and ego-resiliency in the organization of behavior, in: *Collins, W.A.* (ed.), Development of cognition, affect and social relations, The Minnesota Symposia on Child Psychology, Erlbaum, Hillsdale 1980, 39-101.
Block, J.H., Gjerde, P.F., Depressive symptoms in late adolescence: a longitudinal perspective on personality antecedents, in: *Rolf* et al. (1990) 334-361.
Bobath, B., Abnorme Haltungsreflexe bei Gehirnschäden, Thieme, Stuttgart 1976.
Bock, G.R., Whelan, J. (eds.), The childhood environment and adult disease, Ciba Foundation Symposium No. 156, Wiley, Chichester 1991.
Bornstein, M.H., Cultural approaches to parenting, Erlbaum, Hillsdale 1991.

Bowlby, J., Attachment and loss: Attachment (Vol. 1), Basic Books, New York 1969.

Bowlby, J., The making and breaking of affectional bonds: 1. Aetiology and psychopathology in the light of attachment theory, *British Journal of Psychiatry* 130 (1977) 201-210.

Bowlby, J., A secure base: Clinical applications of attachment theory, Routledge, London 1988.

Brack, U.B., Frühdiagnostik und Frühtherapie, Psychologische Behandlung von entwicklungs- und verhaltensgestörten Kindern, Psychologie Verlags Union, München/Weinheim 1986.

Brandtstädter, J., Emotion, Kognition, Handlung: Konzeptuelle Beziehungen, in: *Eckensberger, L., Lantermann, E.D.* (Hrsg.), Emotion und Reflexivität, Urban & Schwarzenberg, München 1985, 252-264.

Brazelton, B.T., Cramer, B.G., The earliest relationship – parents, infants and the drama of early attachment, Addison-Wesley 1989; dtsch. Die frühe Bindung. Die erste Beziehung zwischen dem Baby und seinen Eltern, Klett-Cotta, Stuttgart 1991.

Bretherton, I., Waters, E. (eds.), Growing points of attachment theory and research, Child Development Monographs, University of Chicago Press, Chicago 1985.

Broman, S.H., Nichols, P.L., Kennedy, W.A., Preschool IQ: Prenatal and early developmental correlates, Erlbaum, Hillsdale 1975.

Bronfenbrenner, U., Ansätze zu einer experimentellen Ökologie menschlicher Entwicklung, in: *Oerter, R.* (Hrsg.), Entwicklung als lebenslanger Prozeß, Hoffmann & Campe, Hamburg 1978, 33-65.

Brown, G.W., Causal paths, chains and strands, in: *Rutter* (1988) 285-314.

Brown, G.W., Harris, T., Social origins of depression, Tavistock, London 1978.

Brown, G.W., Harris, T., Stressor, vulnerability and depression: a question of replication, *Psychological Medicine* 16 (1986) 739-744.

Brown, G.W., Harris, T., Life events and illness, Guilford, New York 1989.

Bruner, J.S., Wie das Kind sprechen lernt, Huber, Bern 1987.

Buss, A.H., Plomin, R., Temperament: Early developing personality traits, Erlbaum, Hillsdale 1984.

Butler, S.F., Strupp, H.H., „Specific" and „Nonspecific" factors in psychotherapy: A problematic paradigm for psychotherapy research, *Psychotherapy* 23 (1986) 30-40.

Buytendijk, F.J.J., The phenomenological approach to the problems of feelings and emotions, in: *Reymert, M.L.*, Feelings and emotions, McGraw Hill, New York 1950, 127-141.

Buytendijk, F.J.J., Zur Phänomenologie der Begegnung, *Eranos* (1959) 431-486.

Capron, C., Duyme, M., Assessment of effects of socioeconomic status on IQ in a full cross-fostering study, *Nature* 340 (1989) 552-554.

Carlsson, S.G., Fagenberg, H., Horneman, G., Hwang, C.-P., Larsson, K., Rodholm, M., Schaller, J., Danielsson, B., Gundewall, C., Effects of amount of contact between mother and child on the mother's nursing behavior, *Developmental Psychobiology* 11 (1978) 143-150.

Carlsson, S.G., Fagenberg, H., Horneman, G., Hwang, C.-P., Larsson, K., Rodholm, M., Schaller, J., Danielsson, B., Gundewall, C., Effects of various amounts of contact between mother and child on the mother's behavior: A follow up study, *Infant Behavior and Development* 2 (1979) 209-214.

Carter, J.I., Easton, P.M., Separation and other stress in child abuse, *Lancet* 1 (1980) 972-974.

Chasiotis, A., Keller, H., Zur Relevanz evolutionsbiologischer Überlegungen für die klinische Psychologie: Psychoanalytische und interaktionistische Ansätze im Lichte der Kleinkindforschung, *Integrative Therapie* 1-2 (1992) 74-100; repr. Petzold (1993c).

Chess, S., Thomas, A., Infant bonding: Mystique and reality, *American Journal of Orthopsychiatry* 52 (1982) 213-222.

Cicchetti, D., A historical perspective on the discipline of developmental psychopathology, in: *Rolf* et al. (1990) 2-28.

Cicchetti, D., Carlson, V. (eds.), Child treatment: Theory and research on the causes and consequences of child abuse and neglect, Cambridge University Press, Cambridge 1989.

Cicchetti, D., Schneider-Rosen, K., Theoretical and empirical considerations in the investigation of the relationship between affect and cognition in atypical populations of infants: Contributions to the formulation of an integrative theory of development, in: *Izard, C., Kagan, J., Zajonc, R.* (eds.), Emotions, cognition, and behavior, Cambridge University Press, Cambridge 1984a, 366-406.

Cicchetti, D., Schneider-Rosen, K., Toward a developmental model of the depressive disorders, *New Directions for Child Development* 26 (1984b) 5-27.

Cicchetti, D., Schneider-Rosen, K., An organizational approach to childhood depression, in: *Rutter, Izard, Read* (1986) 71-134.

Cloninger, C.R., Bohman, M., Sigvardsson, S., Inheritance of alcohol abuse: Cross-fostering of analysis of adopted men, *Archives of General Psychiatry* 38 (1981) 861-868.

Cohn, J., Tronick, E., Three-month-old infants' reaction to simulated maternal depression, *Child Development* 54 (1983) 185-193.

Conway, M.A., Autobiographical memory. An introduction, Open University Press, Philadelphia 1990.

Corah, N.L., Anthony, E.J., Painter, P., Stern, J.A., Thurston, D.L., Effects of perinatal anoxia after seven years, *Psychological Monographs* 79 (1965).

Couturier, G., Het meewegen von protectieve factoren in de diagnostiek en de behandeling von jonge kinderen, in: *Groenendaal, H. Meyer, R., Veerman, J., de Wit, J.* (eds.), Protectieve factoren in de ontwikkeling van kinderen en adolescenten, Zwets & Zeitlinger, Lisse 1987, 125-136.

Cramer, B.G., Profession Bébé, Calman-Lévy, Paris 1989; dtsch. Frühe Erwartungen. Unsichtbare Bindungen zwischen Mutter und Kind, Kösel, München 1991.

Cremerius, J., Freud bei der Arbeit über die Schulter geschaut – seine Technik im Spiegel von Schüler und Patienten, in: *Ehebald, U., Eickhoff, F.W.,* Jahrbuch der Psychoanalyse 6, Huber, Bern 1981, 128-599.

Crittenden, P.M., Maltreated infants: Vulnerability and resilience, *Journal of Child Psychology and Psychiatry* 26 (1985) 85-96.

DeCasper, A., Carstens, A., Contingencies of stimulation: Effects on learning and emotion in neonates, *Infant Behav. and Development* 4 (1981) 19-35.

DeChateau, P., Neonatal care routines: Influences on maternal and infant behaviour and on breastfeeding, Umeå University Medical Dissertations, Umeå, Schweden 1976.

DeChateau, P., The importance of the neonatal period for the development of synchrony in the mother-infant dyad: a review, *Birth Family Journal* 4 (1977) 12-22.

DeChateau, P., Parent-neonate interaction and its long term effects, in: *Simmel, E.G.,* Early experiences and early behavior, Academic Press, New York 1980.

Dekers, W.J.M., Het bezielde lichaam. Het ontwerp van een anthropologische fysiologie en geneeskunde volgens F.J.J. Buytendijk, Kerckebosch, Zeist 1985.

Deneke, F.W. et al., Ein praxisnaher Ansatz von Indikationskriterien für psychosomatische Patienten, in: *Baumann, U.,* Indikation zur Psychotherapie. Fortschritte der Klinischen Psychologie, Urban & Schwarzenberg, München 1981.

Despert, J.L., Preliminary report on children's reactions to war, New York Hospital and Department of Psychiatry, Cornell University Medical College, New York 1942.

Deutsch, F., Thus speaks the body – An analysis of postural behavior, *Trans. New York Academy of Science,* Serial 2, 12 (1949).

Deutsch, F., Thus speaks the body, IV. Some psychosomatic aspects of the respiratory disorder: Asthma, *Acta Medica Orientalia* 3/4 (1951) 67-69.

Deutsch, F., On the mysterious leap from the mind to the body, International Universities Press, New York 1959.

Diamond, A., (Hrsg.), The development and neural bases of higher cognition functioning, Annual of the New York Academy of Sciences, New York 1990.

Dick-Read, G., Childbirth without fear, Heinemann, London 1942.

Dieterich, R., Integrale Persönlichkeitstheorie, Schöningh, Paderborn 1981.

Dieterich, R., Ein konkreter Entwurf: Eklektische Persönlichkeitstheorie als Akt von Wissenschaftskonstruktion, in: *Plaum, E.* (Hrsg.), Eklektizismus in der Psychologie, Asanger, Heidelberg 1988.

Dodd, R.K., Eilbeck, J.C., Gibbon, J.D., Morris, H.C., Solitons and nonlinear wave equitations, Academic Press, London/New York 1988.

Dornes, M., Der kompetente Säugling. Die präverbale Entwicklung des Menschen, Fischer, Frankfurt 1993.

Dunn, J., Normative life events as a risk/protective factor in childhood, Minster Lovell Workshop, 28-31 January 1987.

Dunn, J., Richards, M.P.M., Observations on the developing relationhip between mother and baby in the neonatal period, in: *Schafer, H.R.* (ed.), Studies in mother-infant interaction, Academic Press, London 1977.
Ebata, A.T., Petersen, A.C., Conger, J.J., The development of psychopathology in adolescence, in: *Rolf* et al. (1990) 308-333.
Egeland, B., Breitenbucher, M., Rosenberg, D., Prospective study of the etiology of child abuse, *Journal of Consulting and Clinical Psychology* 48 (1980) 195-205.
Egeland, B., Gaughn, B., Failure of 'bond formation' as a cause of abuse, neglect and maltreatment, *American Journal of Orthopsychiatry* 51 (1981) 78-84.
Eibl-Eibesfeldt, I., Ethology: The biology of behavior, Holt, Rinehart and Winston, New York 1970.
Eisenberg, L., Social context of child development, *Paediatrics* 68 (1981) 705-711.
Elder, G.H., Children of the great depression, University of Chicago Press, Chicago 1974.
Elder, G.H., Life course dynamics: trajectories and transitions, 1968-1980, Cornell University Press, Ithaca 1985.
Elder, G.H., Caspi, A., Nguyen, v.T., Resourceful and vulnerable children: Familiy influences in hard times, in: *Silbereisen, R.K., Eyferth, K., Rudinger, G.* (eds.), Development as action in context, Springer, New York 1986, 167-186.
Ellis, P.L., Empathy: A factor in antisocial behavior, *Journal of Abnormal Child Psychology* 10 (1982) 123-134.
Emde, R.N., Developmental terminable and interminable. II. Recent psychoanalytic theory and therapeutic considerations, *International Journal for Psychoanalysis* 69 (1988b) 283-296, dtsch. Die endliche und die unendliche Entwicklung. II Neuere psychoanalytische Theorie und therapeutische Überlegungen, *Psyche* 45 (1991) 890-913, auch in: *Petzold* (1993c).
Emde, R.N., Biringen, Z., Clyman, R.B., Oppenheim, D., The moral self of infancy: Affective core and procedural knowledge, *Development Review* 11 (1991) 251-270.
Engeland, H. van, De invloed van biologische factoren op de ontwikkeling van het kind, in: *Goudena* et al. (1988) 37-47.
Enke, H., Czogalik, D., Allgemeine und spezielle Wirkfaktoren in der Psychotherapie, in: *Heigl-Evers, A., Heigl, F., Alt. J.*, Lehrbuch der Psychotherapie, G. Fischer, Stuttgart 1993, 511-522.
Erickson, M.H., Rossi, E.L., Hypnotherapie. Aufbau – Beispiele – Forschungen, Pfeiffer, München 1981.
Erickson, M.H., Rossi, E.L., The February Man, Brunner/Mazel, New York 1989, dtsch. Der Februarmann, Junfermann, Paderborn, 2. Aufl. 1994.
Ernst, C., Luckner, N.v., Stellt die Frühkindheit die Weichen? Eine Kritik an der Lehre von der schicksalshaften Bedeutung erster Erlebnisse, Enke, Stuttgart 1987.
Escalona, S.K., Babies at double hazard: Early development of infants at biologic and social risk, *Pediatrics* 70 (1982) 670-676.

Fairbairn, W.R.D. Synopsis of an object-relations theory of the personality, *International Journal for Psychoanalysis* 44 (1963) 224-225.
Faltermaier, T., Mayring, Ph., Saup, W., Strehmel, P., Entwicklungspsychologie des Erwachsenenalters, Kohlhammer, Stuttgart 1992.
Ferenczi, S., Technische Schwierigkeiten einer Hysterieanalyse (1919b), Bausteine III, 129-147.
Ferenczi, S., Die Elastizität der psychoanalytischen Technik (1927/28), Bausteine III, 380-398.
Ferenczi, S., Kinderanalysen mit Erwachsenen, Bausteine III, 1931, 490-510.
Ferenczi, S., Journal clinique [1932], Payot, Paris 1985; dtsch.: Ohne Sympathie keine Heilung. Das klinische Tagebuch von 1932, Fischer, Frankfurt 1988.
Ferenczi, S., Bausteine zur Psychoanalyse, 4 Bde., Huber, Bern 1964.
Field, T., Goldberg, S., Stern, D., Sostek, A., High risk infants and children: Adult and peer interactions, Academic Press, New York 1986.
Field, T., Sandberg, D., Gareiea, R., Vega-Lahr, N., Goldstein, S., Guy, L., Pregnancy problems, post partum depression and early mother infant interactions, *Developmental Psychology* 21 (1985) 1152-1156.
Filipp, S.H., Kritische Lebensereignisse, Urban & Schwarzenberg, München 1981, erw. Aufl. 1990.
Flavell, J.H., Rollenübernahme und Kommunikation bei Kindern, Beltz, Weinheim 1975.
Flick, U. (Hrsg.), Alltagswissen über Gesundheit und Krankheit: subjektive Theorien und soziale Repräsentationen, Asanger, Heidelberg 1991.
Fraiberg, S., Clinical studies in infant mental health: the first year of life, Basic Books, New York 1980.
Frank, J.D., Frank, J.B., Persuasion and healing, Johns Hopkins University Press, Baltimore 1991[3].
Freud, A., Normality and pathology in childhood, Writings of Anna Freud, Vol. 6, International Universities Press, New York 1965.
Freud, A., A psychoanalytic view of developmental psychopathology, *Journal of the Philadelphia Association for Psychoanalysis* 1 (1974) 7-17.
Freud, A., Changes in psychoanalytic practice and experience, *Int. J. Psychoanal.* 57 (1976) 227-260.
Freud, S., Aus der Geschichte der infantilen Neurose, GW XII (1918b) 27-157.
Freud, S., Gesammelte Werke (GW), chronologisch geordnet, hrsg. v. *Freud, A., Hoffer, W., Kris, E., Isakower O.,* Imago Publishing Co., London 1940ff.; deutsche Ausgabe, Fischer, Frankfurt 1952 ff.
Freud, S., Jenseits des Lustprinzips, GW XIII (1920) 1-69.
Freud, S., Hemmung, Symptom und Angst, 1926, Gesammelte Werke Band 14, Fischer Frankfurt 1972.
Freundlich, D., Geburtstrauma und die Geburtstherapien, *Gestalt-Bulletin* 1/2 (1981) 69-82.
Frijda, N.H., De emoties, Bert Bakker, Amsterdam 1988.
Fthenakis, W., Väter, 2 Bde. dtv, München 1988.

Gaines, R., Sandgrund, A., Greer, A.H., Power, E., Etiological factors in child maltreatment: a multivariate study of abusing, neglecting and normal mothers, *Journal of Abnormal Psychology* 87 (1978) 531-540.

Garfield, S.L., Psychotherapie: Ein eklektischer Ansatz, Beltz, Weinheim/Basel 1982.

Garfield, S.L., Research on client variables in psychotherapy, in: *Garfield, Bergin* (1986³) 213-310.

Garfield, S.L., Bergin, A.E. (eds), Handbook of psychotherapy and behavior change, Wiley, New York 1978², 1986³.

Garmezy, N., Children at risk: The search for the antecendents of schizophrenia, *Schizophrenia Bulletin* 8 (1974a) 14-90.

Garmezy, N., Children at risk: Conceptual models and research methods, *Schizophrenia Bulletin* 9 (1974b) 55-125.

Garmezy, N., The study of children at risk: New perspectives for developmental psychopathology, Distinguished Scientist Award Presentation, Section III, Division 12, APA 1974c.

Garmezy, N., Children under stress: Perspectives on antecendents and correlates of vulnerability and resistance to psychopathology, in: *Rubin, A.I., Aronoff, J., Barclay, A.M., Zucker, R.A.* (eds.), Further explorations in personality, Wiley, New York 1981, 196-269.

Garmezy, N., Stressors of childhood, in: *Garmezy, Rutter* (1983) 43-84.

Garmezy, N., Stress-resistant children: The search for protective factors, in: *Stevenson, J.E.* (ed.), Recent research in developmental psychopathology, Pergamon Press, Oxford 1985, 213-233.

Garmezy, N., Stress-resistente kinderen: op zoek naar protectieve factoren, in: *Groenendaal, H., Meyer, R., Veerman, J., de Witt, J.* (eds.), Protectieve factoren in de ontwikkeling von kinderen en adolescenten, Swets & Zeitlinger, Lisse 1987, 17-39.

Garmezy, N., A closing note: Reflections on the future, in: *Rolf* et al. (1990) 527-534.

Garmezy, N., Devine, V., Project competence: The Minnesota studies of children vulnerable to psychopathology, in: *Watt, N., Anthony, E.J., Wynne, L.C., Rolf, J.E.* (eds.), Children at risk for schizophrenia, Cambridge University Press, Cambridge 1984.

Garmezy, N., Masten, A.S., Tellegen, A., The study of stress and competence in children: A building block for developmental psychopathology, *Child Development* 55 (1984) 97-111.

Garmezy, N., Nuechterlein, K., Invulnerable children: The fact and fiction of competence and disadvantage, *American Journal of Orthopsychiatry* 42 (1972) 328-329.

Garmezy, N., Rutter, M. (eds.), Stress, coping, and development in children, McGraw Hill, New York 1983.

Garmezy, N., Rutter, M., Acute reactions to stress in children, in: *Rutter, M., Hersov, L.* (eds.), Child and adolescent psychiatry: Modern approaches, Blackwell Scientific, Oxford 1985, 152-176.

Gavin, B.J. (ed.), „Infancy", Blackwell, London 1988.

Gedo, J.E., Beyond interpretations. Toward a revised theory of psychoanalysis, Int. Univ. Press, New York 1979.
Gedo, J.E., Goldberg, A., Models of mind: A psychoanalytic theory, University Press Chicago, Chicago 1973.
Geerdink, J., Early motor development in preterm infants, Diss. Free University Amsterdam, CopyPrint 2000 B.V., Enschede 1993.
Geibel, Ch., Psychologische Gruppenarbeit mit Kindern – ein Bericht aus der VHS Büttgen, *Volkshochschule im Westen* 6 (1971) 271-273
Gershon, E.S., The origins of depression: Current concepts and approaches, Springer, New York 1984.
Goldberg, S., Premature birth: consequences for parent-infant relationship, *American Scientist* 67 (1979) 214-220.
Goldsmith, H.H., Gottesmann, I.I., Origins of variation in behavioral style: A longitudinal study of temperament in young twins, *Child Development* 52 (1981) 91-103.
Goldstein, K., Human nature in the light of psychopathology, Harvard University Press, Cambridge 1940.
Goldstein, M., Familiy relations as risk factors for the onset and course of schizophrenia, in: *Rolf* et al. (1990) 408-423.
Gottesmann, I.I., Shields, J., Schizophrenia and genetics: A twin study vantage point, Academic Press, New York 1972.
Gottfried, A.W., Intellectual consequences of perinatal anoxia, *Psychological Bulletin* 80 (1973) 231-242.
Goudena, P.P., Groenendaal, H.J., Swets-Gronert, F.A. (eds.), Kind in geding: Bedreigende en beschermende factoren in de psychosociale ontwikkeling van kinderen, ACCO, Leuven/Amersfoort 1988.
Graham, F.K., Ernhart, C.B., Thurston, D.L., Craft, M., Development three years after perinatal anoxia and other potentially damaging newborn experiences, *Psychological Monographs* 76 (1962).
Graham, F.K., Matarazzo, R.G., Caldwell, B.M., Behavioral differences between normal and traumatized newborns: II: Standardization, reliability, and validity, *Psychological Monographs* 70 (1956).
Grof, St., Beyond psychoanalysis III: birth trauma and its relation to mental illness, suicide and ecstacy, *Primal Community* 1 (1975) 3.
Grof, St., Topographie des Unbewußten, Klett-Cotta, Suttgart 1978.
Groot, L. de, Vroege interventie bij de prematuur geboerene: noodzaak of mode? in: *Hopkins, Vermeer* (1992) 107-122.
Groot, L. de., Hoeck, A. van der, Hopkins, B., Touwen, B.C.L., Development of the relationship between active and passive muscle power in preterms after term age, *Neuropediatrics* 23 (1992) 248-305.
Haisch, J., Zeitler, H.-P., Gesundheitspsychologie. Zur Sozialpsychologie der Prävention und Krankheitsbewältigung, Asanger, Heidelberg 1991.
Hartley, D.E., Strupp, H.H., The therapeutic alliance: its relationship to outcome in brief psychotherapy, in: *Masling, J.* (ed.), Empirical studies of psychoanalytic theories, vol 1., Analytic Press, Hillside, New York 1983, 1-37.

Heekerens, H.P., Zur Zukunft der Kinder- und Jugendlichenpsychotherapie, *Psychologie Report* 4 (1992) 8-18.

Heinl, H., Petzold, H.G., Fallenstein, A., Das Arbeitspanorama, in: *Petzold, Heinl* (1983) 356-408.

Hentschel, U., Niedrigschwellige Angebote in der Drogenarbeit. Abschlußbericht zum Modellvorhaben in Nordrhein-Westfalen im Auftrag des Ministeriums für Arbeit, Gesundheit und Soziales des Landes Nordrhein-Westfalen, Weiterbildungsstelle für Drogenarbeit und Suchtprobleme, Europäische Akademie für psychosoziale Gesundheit, Düsseldorf 1993.

Herbert, M., Iwaniec, D., Children who are hard to love, *New Society* (1977) 109-111.

Herbert, M., Sluckin, W., Sluckin, A., Mother-to-infant 'bonding', *Journal of Child Psychology and Psychiatry* 23 (1982) 205-221.

Hinde, R.A., Ethology and child development, in: *Haith, M., Campos, J.* (eds.), Carmichael's manual of child psychology, Vol. 2, Wiley, New York 1983a, 27-94.

Hinde, R.A., Ethology and psychiatry, in: *Shepard, M.*, The scientific foundations of psychiatry, Cambridge University Press, Cambridge 1983b.

Hodges, J., Tizard, B., IQ and behavioural adjustment of ex-institutional adolescents, *Journal of Child Psychology and Psychiatry* 30 (1989a) 53-75.

Hodges, J., Tizard, B., Social family relationships of ex-institutional adolescents, *Journal of Child Psychology and Psychiatry* 30 (1989b) 77-97.

Hoeksma, J.B., Koomen, H.M.Y., Development of early mother-child interaction and attachment, Diss. Freie Universität Amsterdam, Amsterdam 1992.

Hoeksma, J.B., Koomen, H.M.Y., Multilevel models in developmental psychological research: rationales and applications, *Early Development and Parenting* 1 (1992) 157-167.

Holle, B., Die motorische und perzeptuelle Entwicklung des Kindes, Psychologie Verlags Union, München 1988.

Honig, A.S., Stress and coping in children, *Young Children*, May (1986) 50-63 and July (1986) 47-59.

Hopkins, B., Introduction. Infancy and education: The ups and downs of a neglected relationship, *European Journal of Psychology of Education* 4 (1989) 113-122.

Hopkins, J.B., Putting the motor back into development, Freie Universität Amsterdam, Inauguralvorlesung, VU Boekhandel 1991.

Hopkins, B., On faces and hands and the development of communication, in: *Kalverboer* et al. (1993) 166-173.

Hopkins, B., Vermeer, A., Kinderen in beweging, VU Uitgeverij, Amsterdam 1992.

Hopkins, B., Westra, T., Maternal handling and motor development, *Genetic, Social and General Psychology Monographs* 107 (1988) 377-408.

Hopkins, B., Westra, T., Maternal expectations of motor development, *Developmental Medicine and Child Neurology* (1989) 384-390.

Hopkins, B., Westra, T., Motor development, maternal expectations and the role of handling, *Infant Behavior and Development* 13 (1990) 117-122.

Huf, A., Psychotherapeutische Wirkfaktoren, Psychologie Verlags Union, Weinheim 1992.

Ichheiser, G., Die Überschätzung der Einheit der Persönlichkeit als Täuschungsquelle bei der psychologischen Beurteilung des Menschen, *Zeitschr. für angew. Psychol.* 33 (1929) 279-291.

Inhelder, B., Cognitive development and its contribution to the diagnosis of some phenomena of mental deficiency, *Merrill-Palmer Quaterly* 22 (1966) 299-319.

Inhelder, B., The diagnosis of reasoning in the mentally retarded (Orig. 1943), John Day Co., New York 1968.

Inhelder, B., Some pathologic phenomena analyzed in the perspective of developmental psychology, in: *Inhelder, B., Chipman, H.* (eds.), Piaget and his school, Springer, New York 1976a, 221-227.

Inhelder, B., Operatory thought processes in psychotic children, in: *Inhelder, B., Chipman, H.* (eds.), Piaget and his school, Springer, New York 1976b, 228-233.

Iwaniec, D., Herbert, M., The assessment and treatment of children who fail to thrive, *Social Work Today* 13 (1982) 8-12.

Izard, C., Human emotions, Plenum, New York 1977.

Jacob, K., Große Welle, *Die Zeit* 30 (1993) 23.

Jacobs, Th., Posture, gesture, and movement in the analyst: Clues to interpretation and countertransference, *Journ. Amer. Psychoanal. Assn.* 21 (1973) 77-92.

Jacobs, Th., On countertransference enactments, *Journ. Amer. Psychoanal. Assn.* 34 (1986) 289-307.

Jahoda, M., Current concepts of positive mental health, Basic Books, New York 1958.

Janov, A., The primal scream – primal therapy: The cure for neurosis, Dell Publishing Co., New York 1970.

Jodelet, D., Les représentations sociales, P.U.F., Paris 1989a.

Jones, F.A., Green, V., Krauss, D.R., Maternal responsiveness of primiparous mothers during the postpartum period: Age differences, *Paediatrica* 65 (1980) 579-584.

Kagan, J., Interaction systems between preschool aged, handicapped or developmentally delayed children and their parents, in: *Field* et al. (1980) 227-247.

Kagan, J., The second year of life: The emergence of self awareness, Harvard Univ. Press, Cambridge 1981.

Kagan, J., Gibbons, J.L., Johnson, M.O., Reznick, J.S., Snidman, N., A temperamental disposition to the state of uncertainty, in: *Rolf* et al. (1990) 164-178.

Kagan, J., Moss, H.A., Birth to maturity, Wiley, New York 1962.

Kalverboer, A.F., Longitudinaal onderzoek bij risicogroepen: problemen en perspectieven, in: *Goudena* et al. (1988) 9-17.

Kalverboer, A.F., Hopkins, A.F., Geuze, R., Motor development in early and later childhood: Longitudinal approaches, Cambridge Univ. Press, Cambridge 1993.

Kames, H., Ein Fragebogen zur Erfassung der fünf Säulen der Identität (FESI), Integrative Therapie 4 (1992) 363-386.

Katz, R.L., Empathy, its nature and uses, The Free Press, Glencoe 1963.

Kennell, J.H., Jerauld, R., Wolfe, H., Chester, D., Kreger, N., McAlpine, W., Steffa, M., Klaus, M.H., Maternal behavior one year after early and extended postpartum contact, Developmental Medicine and Child Neurology 16 (1974) 172-179.

Kennell, J.H., Voos, D.K., Klaus, M.H., Parent-infant bonding, in: Osofsky, J.D., Handbook of infant development, Wiley, New York 1979.

Kernberg, O., Objektbeziehungen und Praxis der Psychoanalyse, frommanholzboog, Stuttgart 1981.

Keupp, H., Röhrle, B., Soziale Netzwerke, Campus, Frankfurt 1987.

Klaus, M.H., Jerauld, R., Kreger, M.C., McAlpine, W., Steffa, M., Kennell, J.H., Maternal attachment: Importance of the first post-partum days, New Engl. J. Med., 286 (1972) 460-463.

Klaus, M.H., Kennell, J.H., Maternal-Infant Bonding, Mosby, St. Louis 1976.

Klaus, M.H., Kennell, J.H., Parent-to-infant attachment, in: D. Hull (ed.), Recent Advances in Paediatries, Churchill Livingstone, London 1976b.

Klaus, M.H., Kennell, J.H., Parent-infant Bonding, Mosby, St. Louis 1982.

Klein, M., Stern, L., Low birth weight and the battered child syndrome, American Journal of Diseases of Children 122 (1971) 15-18.

Klopfer, P.H., Mother love: what turns it on, American Scientist 59 (1971) 404-407.

Klopfer, P.H., Gamble, J., Maternal imprinting in goats: The role of chemical senses, Zeitschrift für Tierpsychologie 23 (1966) 588-592.

Klopfer, P.H., Klopfer, M.S., Maternal imprinting in goats: Fostering of alien young, Zeitschrift für Tierpsychologie 25 (1968) 862-866.

Kobayashi, N., Ishii, T., Watanabe, T., Quantitative evaluation of infant behavior and mother-infant interaction: an overview of a Japanese interdisciplinary programme of research, Early Development and Parenting 1 (1991) 23-31.

Kohnstamm, R., Kleine ontwikkelingspsychologie, deel 1: Het jonge kind, Van Loghum Slaterus, Deventer 1987^3.

Kohut, H., How does analysis cure?, University of Chicago Press, Chicago 1984.

Koops, W., Kalverboer, A.F., Experimenteel longitudinaal onderzoek naar opvoeder-kind interacties; inleiding op een thema-nummer, Nederlands Tijdschrift voor de Psychologie 42 (1987) 273-281.

Kopp, C.B., Krakow, J.B., The developmentalist and the study of biological risk: A view of the past with an eye toward the future, Child Development 54 (1983) 1086-1108.

Kopp, C.B., McCall, R.B., Predicting later mental performance to normal, at risk and handicapped infants, in: Baltes, P.B., Brim, O.G., Life-span

development and behavior (Vol. 4), Academic Press, New York 1982, 35-63.
Koupernik, C., The bled discussion: A review, in: *Anthony, Koupernik* (1974) 193-221.
Kruse, O., Emotionsentwicklung und Neuroseentstehung, Enke, Stuttgart 1991.
Laing, R.D., The Facts of Life, Ballantine Books, New York 1976.
Lamb, M. E., Thompson, R.A., Gardner, W.P., Charnov, E.L., Estes, D., Security of infantile attachment as assessed in the 'strange situation': Its study and biological interpretation, *Behavioral and Brain Sciences* 7 (1984) 121-171.
Lamb, M. E. (ed.), The role of the father in child development, Wiley, New York 1981.
Lamb, M. E., Early mother-neonate contact and the mother-child relationship, *Journal of Child Psychology and Psychiatry* 24 (1983) 487-494.
Lamb, M. E., Hwang, C.-P., Maternal attachment and mother-neonate bonding: A critical review, in: *Lamb, M. E., Brown, A.L.* (eds.), Advances in developmental psychology, Vol. 2, Erlbaum, Hillsdale 1982.
Lambert, M.J., Introduction to psychotherapy research, in: *Beutler, Crago* (1991) 1-11.
Latner, J., The gestalt therapy book, Julian Press, New York 1973.
Leboyer, F., Birth without violence, Wildwood House, London 1975.
Leiderman, P.H., Human mother-infant social bonding: Is there a sensitive phase? in: *Immelmann, K., Barlow, G.W., Petrinovich, L., Main, M.* (eds.), Behavioral development, Cambridge University Press, Cambridge 1981.
Leventhal, H., A perceptual-motor processing model of emotion, in: *Pliner, P., Blankstein, K., Spiegel, I.*, Advances in the study of communication and affect, Plenum Press, New York 1979.
Levitt, M.J., Cherie, Clark, M., Rotton, J., Finley, G.E., Social support, perceived control, and well being: A study of an environmentally stressed population, *International Journal of Aging and Human Development* 25 (1987) 247-258.
Lewis, M., Miller, S.M., Handbook of developmental psychopathology, Plenum, New York 1988.
Lilienfeld, A.M., Parkhurst, E., A study of the association of factors of pregnancy and parturition with the development of cerebral palsy: A preliminary report, *American Journal of Hygiene* 53 (1951) 262-282.
Lilienfeld, A.M., Pasamanick, B., Rogers, M., Relationships between pregnancy experience and the development of certain neuropsychiatric disorders in childhood, *American Journal of Public Health* 45 (1955) 637-643.
Lilleskov, R., Nonverbal aspects of child and adult analysis, *Journal Amer. Psychoanal.* 25 (1977) 693-705.
Loewald, H.W., On the therapeutic action of psychoanalysis, *Int. J. Psychoanal.* 41 (1960) 16-33.
Lozoff, B., The sensitive period: an anthropological view, Paper presented to the Society for Research in Child Development, New Orleans 1977.

Ludewig, K., Systemische Therapie, Grundlagen zur klinischen Praxis, Klett-Cotta, Stuttgart 1992.
Luhmann, N., Theorie, Gesellschaft oder Sozialtechnologie, Suhrkamp, Frankfurt 1971.
Luhmann, N., Vertrauen, ein Mechanismus zur Reduktion sozialer Komplexität, Enke, Stuttgart 1978.
Lynch, M.A., Roberts, J., Predicting child abuse: Signs of bonding failure in the maternity hospital, *British Medical Journal* 1 (1977) 624-636.
Mahl, G., Body, movement, ideation, and verbalization during psychoanalysis, in: *Freedman, N., Grand, S.* (eds.), Communicative structures and psychic structures, Plenum, New York 1977, 291-310.
Malatesta, C., Culver, C., Tesman, J., Shepard, B., The development of emotion expression during the first two years of life, Monographs of the Society for Research in Child Development, Vol. 54, University of Chicago Press, Chicago 1989.
Malt, U.F., Traumatischer Streß, in: *Schnyder, U., Sauvant, J.-D.*, Krisenintervention in der Psychiatrie, Huber, Bern 1993, 121-136.
Marziali, E., Marmar, C., Krupnick, J., Therapeutic alliance scales: development and relationship to psychotherapy outcome, *American Journal for Psychiatry* 138 (1981) 361-364.
Maslow, A., Toward a psychology of being, Van Nostrand, New York 1962.
Massie, H., Bornstein, A., Afterman, J., Campbell, B., Inner themes and outer behavior in early childhood development, *Psychoanalytic Study of the Child* 43 (1988) 213-242; auch in: *Petzold* (1993c).
Masten, A.S., Garmezy, N., Risk, vulnerability, and protective factors in developmental psychopathology, in: *Lahey, B.B., Kadzin, A.E.* (eds.), Advances in clinical child psychology, Plenum Press, New York 1985, 1-52.
Masten, A.S., Morison, P., Pellegrini, D., Tellegen, A., Competence under stress: risk and protective factors, in: *Rolf* et al. (1990) 236-256.
Matas, L., Arend, R.A., Sroufe, L.A., Continuity of adaptation in the second year: The relationship between quality of attachment and later competence, *Child Development* 49 (1978) 547-556.
MacFarlane, A., Die Geburt, Klett-Cotta, Stuttgart 1978.
McLaughlin, L., The play of transference: Some reflections on enactment in the psychoanalytic situation, *Journ. Amer. Psychoanal. Assn.* 36 (1987) 557-582.
McLaughlin, L., The relevance of infant observational research for the analytic understanding of adult patients' nonverbal behaviors, in: *Dowling, S., Rothenstein, A.* (eds.), The significance of infant observational research for clinical work with children, adolescents, and adults, Int. Univ. Press, Madison 1989, 109-122.
Mead, G.H., Mind, self, and society, University of Chicago Press, Chicago 1934; dtsch. Geist, Identität, Gesellschaft, Suhrkamp, Frankfurt 1968. 1973, 1975, 1988.

Mednick, S.A., Psychophysiology, thought processes, personality and social development of children at risk for schizophrenia, *Sociological Micro-Journal* 1 (1967) 1-100.

Mednick, S.A., Schulsinger, F., Some premorbid characteristics related to breakdown in children with schizophrenic mothers, in: Rosenthal, D., Kety, S.S. (eds.), The transmission of schizophrenia, Pergamon Press, Oxford 1968, 267-291.

Meltzoff, A.N., Moore, M.K., Imitation of facial and manual gestures by human neonates, *Science* 189 (1977) 75-78.

Meltzoff, A., Moore, M., Newborn infants imitate adult facial gestures, *Child Development* 54 (1983a) 702-709.

Meltzoff, A., Moore, M., The orgins of imitation in infancy, in: Lipsitt, L., Rovee-Collier, C. (Eds.), Advances in Infancy Research, Vol. 2., Ablex, Norwood 1983b, 265-301.

Meltzoff, A., Moore, M.K., Imitation in newborn infants: Exploring the range of gestures imitated and the underlying mechanisms, *Developmental Psychologie* 25 (1989) 954-962.

Meltzoff, A.N., Newborn infants imitate adult facial gestures, *Child Development* 54 (1983) 702-709.

Meltzoff, A.N., Imitation in newborn infants: Exploring the range of gestures imitated and the underlying mechanisms, *Developmental Psychology* 25 (1984) 954-962.

Meltzoff, A.N., The centrality of neonate coordination and proprioception in social and cognitive development: From shared actions to shared minds, in: *Salvesbergh* (1993).

Messer, D.J., McCarthy, M. E., McQuiston, S., MacTurk, R.H., Yarrow, L.J., Vietze, P.M., Relation between mastery behavior in infancy and competence in early childhood, *Developmental Psychology* 22 (1986) 366-372.

Metzmacher, B., Petzold, H., Zaepfel, H., Integrative Kindertherapie, Junfermann, Paderborn 1995 (in Vorber.).

Meyer, A., Psychobiology: A science of man, Charles C. Thomas, Springfield 1957.

Montgomery, S., Problems in the perinatal prediction of child abuse, *British Journal of Social Work* 12 (1982) 189-196.

Moscovici, S., The phenomenon of social representations, in: Farr, R.M., Moscovici, S. (eds.), Social representations, Cambridge University Press, Cambridge 1984.

Moskovitz, S., Love despite hate: Child survivors of the Holocaust and their adult lives, Schocken Books, New York 1983.

Murphy, L.B., Moriarty, A.E., Vulnerability, coping, and growth. From infancy to adolescence, Yale University Press, New Haven 1976, 1978^2.

Nelson, K., Event knowledge: Structure and function in development, Erlbaum, Hillsdale 1986.

Nelson, K., Narratives from the crib, Harvard University Press, Cambridge 1989a.

Nelson, K., Remembering: A functional developmental perspective, in: *Solomon, P.F., Goethals, G.R., Kelley, D.M., Stephens, B.R.* (eds.), Memory: An interdisciplinary approach, Springer, New York 1990.

Nelson, K., Erinnern und Erzählen: eine Entwicklungsgeschichte, *Integrative Therapie* 1-2 (1993) und in: *Petzold* (1993c).

Nestmann, F., Die alltäglichen Helfer, de Gruyter, Berlin 1988.

Netelenbos, J.B., Cognitie en motoriek bij jonge kinderen, VU Uitgeverij, Amsterdam 1988.

Neubaur, C., Übergänge. Spiel und Realität in der Psychoanalyse Donald W. Winnicotts, Athenäum, Frankfurt 1987.

Niswander, K.R., Gordon, M., The women and their pregnancies: The collaborative perinatal study of the National Institute of Neurological Diseases and Stroke, Saunders, Philadelphia 1972.

Nuechterlein, K.H., Phipps-Yonas, S., Driscoll, R., Garmezy, N., Vulnerability factors in children at risk: anomalies in attentional functioning and social behavior, in: *Rolf* et al. (1990) 445-479.

O'Dougherty, M., Wright, F.S., Children born at medical risk: factors affecting vulnerability and resilience, in: *Rolf* et al. (1990) 120-141.

Orlinsky, D.E., Howard, K.J., The relation of process to outcome in psychotherapy, in: *Garfield, S.L., Bergin, A.E.* (eds.), Handbook of psychotherapy and behavior change, Wiley, New York 1986a.

Orlinsky, D.E., Howard, K.J., The psychological interior of psychotherapy: Explorations with the therapy session reports, in: *Greenberg, L.S., Pinsof, W.M.* (Eds.), The psychotherapeutic process: A research handbook, Guilford Press, New York 1986b.

Orlinsky, D.E., Howard, K.J., A generic model of psychotherapy, *Journal of Integrative and Eclectic Psychotherapy* 6 (1987) 6-27; dtsch. *Integrative Therapie* 4 (1988) 281-308.

Orr, L., Ray, S., Rebirthing in the New Age, Celestial Arts, Millbrae 1977.

Osofsky, J.D., Handbook of infant development, Wiley, New York 1979, 1987^2.

Oster, H., Facial expression and affect development, in: *Lewis, M., Rosenblum, L.*, The development of affect, Plenum Press, New York 1978, 43-75.

Otto, H., Group methods to actualize human potential – a handbook, Holistic Press, Beverly Hills 1970.

Papoušek, H., Papoušek, M., Neue Wege in der Verhaltensbeobachtung und Verhaltensmikroanalyse, *Sozialpädiatrie in Praxis und Klinik* 3 (1981a) 20-22.

Papoušek, H., Papoušek, M., Intuitives elterliches Verhalten im Zwiegespräch mit dem Neugeborenen, *Sozialpäd. Prax. Klin.* 3 (1981b) 229-238.

Papoušek, H., Papoušek, M., Intuitive parenting: a dialectic counterpart to the infants integrative competence, in: *Osofsky* (1987) 669-720.

Papoušek, H., Papoušek, M., Early interactional signalling: The role of facial movements, in: *Kalverboer* et al. (1993) 136-152.

Papoušek, H., Papoušek, M., Vorsprachliche Kommunikation: Anfänge, Formen, Störungen und psychotherapeutische Ansätze, in: *Petzold* (1993c).

Papoušek, H., Papoušek, M., Haeckel, M., Didactic adjustments in father's and mother's speech to their three-month-old infants, J. of Psycholinguistic Research 16 (1987) 491-516.

Papoušek, M., Die Rolle des Vaters in der frühen Kindheit: Ergebnisse der psychobiologischen Forschung, Kind und Umwelt, Beiträge zur analytischen Kinder- und Jugendlichenpsychotherapie 54 (1987) 29-49.

Patterson, G.R., Capaldi, D.M, A mediational model for boy's depressed mood, in: Rolf et al. (1990) 141-163.

Pasamanick, B., Knobloch, H., Retrospective studies on the epidemiology of reproductive causality: Old and new, Merrill-Palmer Quaterly of Behavior and Development 12 (1966) 7-26.

Perls, F.S., Gestalt Therapy Verbatim, Real People Press, Lafayette 1969.

Perls, F.S., Grundlagen der Gestalt-Therapie. Einführung und Sitzungsprotokolle, Pfeiffer, München 1976.

Perls, F.S., Gestalt, Wachstum, Integration, Junfermann, Paderborn 1980, 1987³.

Petö, A., Terrifying eyes, The Psychoanalytic Study of the Child 24 (1969) 197-212.

Petzold, H.G., L'analyse progressive en psychodrame analytique, Paris 1969b; auszugsweise dtsch. in: (1988n), 455-491.

Petzold, H.G., Les Quatre Pas. Concept d'une communauté thérapeutique, Paris 1969c; teilweise dtsch. in: (1974l).

Petzold, H.G., Thérapie du mouvement, training rélaxatif, thymopratique et éducation corporelle comme integration, Paris 1970c.

Petzold, H.G., (Hrsg.) Angewandtes Psychodrama in Therapie, Pädagogik und Wirtschaft, Junfermann, Paderborn 1972a.

Petzold, H.G., Komplexes Kreativitätstraining mit Vorschulkindern, Schule und Psychologie 3 (1972e) 146-157.

Petzold, H.G., Gestalttherapie und Psychodrama, Nicol, Kassel 1973a.

Petzold, H.G., (Hrsg.) Kreativität und Konflikte, Junfermann, Paderborn 1973c.

Petzold, H.G., Gestalttherapie und direkte Kommunikation in der Arbeit mit Elterngruppen, 1973f, in: Petzold (1973c) 271-289.

Petzold, H.G. (Hrsg.), Psychotherapie und Körperdynamik, Junfermann, Paderborn 1974j, 3. Aufl. 1979.

Petzold, H.G., Die Rolle der Medien in der integrativen Pädagogik 1977c, in: Petzold, Brown (1977) 101-123.

Petzold, H.G., Thymopraktik als körperbezogene Arbeit in der Integrativen Therapie, Integrative Therapie 2/3 (1975e) 115-145; erweitert in: Petzold 1977n; revid. in: (1988n), 341-406.

Petzold, H.G. (Hrsg.), Die neuen Körpertherapien, Junfermann, Paderborn 1977n; Taschenbuchausgabe dtv, München 1992.

Petzold, H.G., Psychodrama, Therapeutisches Theater und Gestalt als Methoden der Interventionsgerontologie und der Alterspsychotherapie, 1979b, in: Petzold, Bubolz (1979) 147-260.

Petzold, H.G., Zur Veränderung der sozialen Mikrostruktur im Alter – eine Untersuchung von 40 „sozialen Atomen" alter Menschen, *Integrative Therapie* 1/2 (1979c) 51-78.

Petzold, H.G., Zum Konzept der Therapiekette und zur Karriere Drogenabhängiger, 1980c, in: *Petzold, Vormann* (1980) 208-228.

Petzold, H.G., Die Rolle des Therapeuten und die therapeutische Beziehung, Junfermann, Paderborn 1980f.

Petzold, H.G., Die Rolle des Therapeuten und die therapeutische Beziehung in der Integrativen Therapie, 1980g, in: *Petzold* (1980f) 223-290.

Petzold, H.G., Sich selbst im Lebensganzen verstehen lernen, 1981g, in: *Pro Senectute, Schneider, H.G.* (Hrsg.), Vorbereitung auf das Alter, Schönigh, Paderborn 1981, 89-112; repr. (1985a) 93-122.

Petzold, H.G., Das Hier-und-Jetzt-Prinzip in der psychologischen Gruppenarbeit, 1981e, in: *C. Bachmann*, Kritik der Gruppendynamik, Fischer, Frankfurt 1981, 214-299.

Petzold, H.G., Vorüberlegungen und Konzepte zu einer integrativen Persönlichkeitstheorie, *Integrative Therapie* 1/2 (1984i) 73-115.

Petzold, H.G., Mit alten Menschen arbeiten, Pfeiffer, München 1985a.

Petzold, H.G., Die Rolle der Gruppe in der therapeutischen Arbeit mit alten Menschen – Konzepte zu einer „Integrativen Intervention" 1985e, in: *Petzold* (1985a) 409-446; revid. in: *Petzold, Frühmann*, Bd. II (1986).

Petzold, H.G. (Hrsg.), Leiblichkeit. Philosophische, gesellschaftliche und therapeutische Perspektiven, Junfermann, Paderborn 1985g.

Petzold, H.G., Der Schrei in der Therapie, 1985h, in: *Petzold* (1985g) 547-572.

Petzold, H.G., Über innere Feinde und innere Beistände, in: *Bach, G., Torbet, W.*, Ich liebe mich – ich hasse mich, Rowohlt, Reinbek 1985l, 11-15.

Petzold, H.G., Konfluenz, Kontakt, Begegnung und Beziehung im Ko-respondenz-Prozeß der Integrativen Therapie, *Integrative Therapie* 4 (1986e) 320-341.

Petzold, H.G., Puppen und Puppenspiel in der Integrativen Therapie mit Kindern, 1987a, in: *Petzold, Ramin* (1987) 427-490.

Petzold, H.G., Integrative Therapie als intersubjektive Hermeneutik bewußter und unbewußter Lebenswirklichkeit, Fritz Perls Institut, Düsseldorf 1988a; repr. (1991a) 452-331.

Petzold, H.G., Zur Hermeneutik des sprachlichen und nichtsprachlichen Ausdrucks in der Integrativen Therapie, Fritz Perls Institut, Düsseldorf 1988b; repr. (1991a) 91-150.

Petzold, H.G., Integrative Bewegungs- und Leibtherapie. Ausgewählte Werke Bd. I/1 und I/2, Junfermann, Paderborn 1988n.

Petzold, H.G., Methoden des therapeutischen Umgangs mit Symbolen und Symbolisierungsprozessen, Vortrag auf dem 7. Deutschen Symposium für Kunsttherapie, 27.-30.11.1988, Fritz Perls Akademie, Hückeswagen 1988t.

Petzold, H.G., „Entwicklung in der Lebensspanne" und Pathogenese, Vortragsfolge auf der Tagung „Bewegungstherapie und Psychosomatik", 22. – 23.11.1990 an der Freien Universität Amsterdam, 1990e; erw. als „Integrative Therapie in der Lebensspanne", in: *Petzold* (1992a) 649-775.

Petzold, H.G., Selbsthilfe und Professionelle – Gesundheit und Krankheit, Überlegungen zu einem „erweiterten Gesundheitsbegriff", Vortrag auf der Arbeitstagung „Zukunftsperspektiven der Selbsthilfe", 8.-10. Juni 1990, Düsseldorf, 1990i, in: *Petzold, Schobert,* (1991) 17-28

Petzold, H.G., Integrative Dramatherapie und Szenentheorie – Überlegungen und Konzepte zur Verwendung dramatherapeutischer Methoden in der Integrativen Therapie, 1990p, in: *Petzold, Orth* (1990a) II, 849-880; repr. (1992) 897-926.

Petzold, H.G., Integrative Therapie – Methoden und Modelle zu einer schulenübergreifenden Psychotherapie, Bd. II/1: Klinische Philosophie, Junfermann, Paderborn 1991a.

Petzold, H. G., Die Chance der Begegnung. Dapo, Wiesbaden, 1991b; repr. in: *Petzold* (1993a) 1047-1086.

Petzold, H.G., Die Ursachen hinter den Ursachen, in: Festschrift zum 50jährigen Geburtstag von Rolf Schwendter, Wien 1991c.

Petzold, H.G., Das Ko-respondenzmodell als Grundlage der Integrativen Therapie und Agogik, 1991e, in: *Petzold* (1991a) 19-90.

Petzold, H.G., Chronosophische Überlegungen zu Zeit, Identitätsarbeit und biographischer Narration, 1991o, in: *Petzold* (1991a) 333-396.

Petzold, H.G., Integrative Therapie – Methoden und Modelle zu einer schulenübergreifenden Psychotherapie, Bd. II/1: Klinische Philosophie, Junfermann, Paderborn 1992a.

Petzold, H.G., Konzepte zu einer integrativen Emotionstheorie und zur emotionalen Differenzierungsarbeit als Thymopraktik, 1992b, in: idem (1992a) 789-870.

Petzold, H.G., Bemerkungen zur Bedeutung frühkindlicher Gedächtnisentwicklung für die Theorie der Pathogenese und die Praxis regressionsorientierter Leib- und Psychotherapie, *Gestalt & Integration* 1 (1992c) 100-109.

Petzold, H.G., Editorial. Empirische Baby- und Kleinkindforschung und der Paradigmenwechsel von psychoanalytischer Entwicklungsmythologie und humanistisch-psychologischer Unbekümmertheit zu einer „mehrperspektivischen, klinischen Entwicklungspsychologie", *Integrative Therapie* 1-2 (1992d) 1-10.

Petzold, H.G., Das „neue" Integrationsparadigma in Psychotherapie und klinischer Psychologie und die „Schulen des Integrierens" in einer „pluralen therapeutischen Kultur", 1992g, in: *Petzold* (1992a) 927-1040.

Petzold, H.G., Die heilende Kraft des Schöpferischen, *Orff-Schulwerk-Informationen* 50 (1992h) 6-9.

Petzold, H.G., Integrative Therapie – Methoden und Modelle zu einer schulenübergreifenden Psychotherapie, Bd. II/3: Klinische Praxeologie, Junfermann, Paderborn 1993a.

Petzold, H.G., Die Wiederentdeckung des Gefühls. Emotionen in der Psychotherapie und der menschlichen Entwicklung, Junfermann, Paderborn 1993b.

Petzold, H.G., Psychotherapie und Babyforschung, Junfermann, Paderborn 1993c.

Petzold, H.G., Identität und Entfremdung, Fritz Perls Institut, Düsseldorf 1993d, in: *Petzold, Sieper* (1993a).

Petzold, H.G., Brown, G. (Hrsg.), Gestaltpädagogik, Pfeiffer, München 1977.

Petzold, H.G., Bubolz, E., Psychotherapie mit alten Menschen, Junfermann, Paderborn 1979.

Petzold, H.G., Frühmann, R., Modelle der Gruppe in der Psychotherapie und psychosozialen Arbeit, 2 Bde, Junfermann, Paderborn 1986.

Petzold, H.G, Geibel, Ch., „Komplexes Kreativitätstraining" in der Vorschulerziehung durch Psychodrama, Puppenspiel und Kreativitätstechniken, in: *Petzold* (1972a) 414-427.

Petzold, H.G., Groot, de L., Therapeutische Arbeit mit Frühgeborenen, Faculty of Human, Movement Sciences, Dept. Movement Education, Clinical Movement Therapie, Amsterdam 1991.

Petzold, H.G., Heinl, H., Gestalttherapeutische Fokaldiagnose und Fokalintervention bei Störungen aus der Arbeitswelt, *Integrative Therapie* 1 (1980) 20-57; auch in: *Petzold, Heinl* (1983) 178-219.

Petzold, H.G,. Heinl, H., Psychotherapie und Arbeitswelt, Junfermann, Paderborn 1983.

Petzold, H.G., Hentschel, U., Niedrigschwellige und karrierebegleitende Drogenarbeit als Elemente einer Gesamtstrategie der Drogenhilfe, *Wiener Zeitschrift für Suchtforschung* 1 (1991) 11-19

Petzold, H.G., Kirchmann, E., Selbstdarstellungen mit Ton in der Integrativen Kindertherapie, in: *Petzold, Orth* (1990a) II, 933-974.

Petzold, H.G., Metzmacher, B., Integrative Bewegungstherapie met kinderen, *Bewegen und Hulpverlening* 2 (1987) 112-134.

Petzold, H.G., Orth, I., Die neuen Kreativitätstherapien. Handbuch der Kunsttherapie, 2. Bde., Junfermann, Paderborn 1990a.

Petzold, H.G., Orth, I., Therapietagebücher, Lebenspanorama, Gesundheits-/Krankheitspanorama als Instrumente der Symbolisierung und karrierebezogenen Patientenarbeit und Lehranalyse in der Integrativen Therapie, *Integrative Therapie* 1/2 (1993) 95-153 repr. dieses Buch.

Petzold, H.G., Petzold, Ch., Lebenswelten alter Menschen, Vincentz Verlag, Hannover 1991a.

Petzold, H.G., Ramin, G., Schulen der Kinderpsychotherapie, Junfermann, Paderborn 1987.

Petzold, H.G., Schobert, R., Selbsthilfe und Psychosomatik, Junfermann, Paderborn 1991.

Petzold, H.G., Schuch, W., Grundzüge des Krankheitsbegriffes im Entwurf der Integrativen Therapie, in: *Pritz, Petzold* (1992) 371-486.

Petzold, H.G., Schulwitz, I., Tetradisches Psychodrama in der Arbeit mit Schulkindern, in: *Petzold* (1972a) 394-413.

Petzold, H.G., Vormann, G., Therapeutische Wohngemeinschaften. Erfahrungen – Modelle – Supervision, Pfeiffer, München 1980.

Pianta, R.C., Egeland, B., Life stress and parenting outcomes in a disadvantaged sample: Results of the mother-child interaction project, *Journal of Clinical Child Psychology* 49 (1990) 329-336.

Pianta, R.C., Egeland, B., Erickson, M., The antecendents of child maltreatment: The results of the mother-child interaction research project, in: Cicchetti, Carlson (1989) 203-253.
Pianta, R.C., Egeland, B., Hyatt, A., Maternal relationship history as an indicator of developmental risk, American Journal of Orthopsychiatry 56 (1986) 385-398.
Pianta, R.C., Egeland, B., Sroufe, L.A., Maternal stress and children's development: prediction of school outcomes and identification of protective factors, in: Rolf et al. (1990) 215-235.
Plomin, R., Development, genetics and psychology, Erlbaum, Hillsdale 1986.
Polster, E., Jedes Menschenleben ist einen Roman wert, Edition Humanistische Psychologie, Köln 1987.
Prazar, G., Psychosocial risk factors in childhood: What can the pediatrician in practice do? Developmental and Behavioral Pediatrics 11 (1990) 210-211.
Prechtl, H.F.R., Frühe Schäden – späte Folgen. Neuere Erkenntnisse aus Nachuntersuchungen von Kindern, in: Schmidt, M.H., Droemann, S. (Hrsg.), Langzeitverlauf Kinder- und Jugend-psychiatrischer Erkrankungen, Enke, Stuttgart 1981.
Prechtl, H.F.R., Qualitative changes of spontaneous movements in fetus and preterm infant are a marker of neurological dysfunction, Early Human Development 23 (1990) 151-158.
Prechtl, H.F.R., Fargel, J.W., Weinmann, H.M., Bakker, H.H., Posture, motility and respiration in low-risk preterm infants, Dev. Med. Child Neurol. 21 (1979) 3-27.
Pritz, A., Petzold, H.G., Der Krankheitsbegriff in den psychotherapeutischen Schulen, Junfermann, Paderborn 1992.
Pyck, K., Protectieve factoren ten aanzien van stress: Implicaties voor de preventieve curatieve GGZ voor jongeren, Tijdschrift voor Orthopedagogiek & Kinderpsychiatrie 9 (1984) 14-33.
Quinton, D., Rutter, M., Parents with children in care, I: Current circumstances and parenting, Journal of Child Psychology and Psychiatry 25 (1984a) 211-229.
Quinton, D., Rutter, M., Parents with children in care, II: Intergenerational continuities, Journal of Child Psychology and Psychiatry 25 (1984b) 231-250.
Quinton, D., Rutter, M., Parenting breakdown: The making and breaking of inter-generational links, Aldershot, Avebury 1988.
Radke-Yarrow, M., Sherman, T., Hard growing: children who survive, in: Rolf et al. (1990) 97-119.
Ramin, G., Petzold, H.G., Integrative Therapie mit Kindern, in: Petzold, Ramin (1987) 359-426.
Rank, O., Das Trauma der Geburt, Int. Psychoanalyse Verlag, Leipzig 1924.
Rauh, H., The meaning of risk and protective factors in infancy, European Journal of Psychology of Education 2 (1989) 161-173.
Redshaw, M., Rosenblatt, D.B., The influence of analgesia in labour on the baby, Midwife, Health Visitor and Community Nurse 18 (1982) 126-132.
Revenstorf, D., Klinische Hypnose, Springer, Berlin 1990.

Rheingold, H.L., The development of social behavior in the human infant, in: *Stevenson, H.W.* (ed.), Concept of development, *Monographs of the Society for Research in Child Development* 31 (1966) 5-107.

Rhode-Dachser, Ch., Das Borderline-Syndrom, Huber, Bern 1979, 1989^2.

Ringler, N.M., Kennell, J.H., Jarvella, R., Novojosky, B., Klaus, M.H., Mother-to-child speech at two years – effects of early postnatal contacts, *Journal of Pediatrics* 86 (1975) 141-144.

Richters, J., Weintraub, S., Beyond diathesis: toward an understanding of high-risk environments, in: *Rolf* et al. (1990) 67-97.

Robins, L.N., Davis, D. h., Wish, E., Detecting predictors of rare events: Demographic, family and personal deviance as predictors of stages in the progression towards narcotic addition, in: *Strauss, J.S., Barbigian, H.N., Roff, M.* (eds.), The origins and course of psychopathology. Methods of longitudinal research, Plenum Press, New York 1977.

Robins, L.N., Deviant children grown up, Williams & Wilkins, Baltimore 1966.

Robins, L.N., Rutter, M., Straight and devious pathways from childhood to adulthood, University of Cambridge Press, Cambridge 1990.

Rogers, C., Die klientenzentrierte Gesprächspsychotherapie, Kindler, München 1976.

Rolf, J., Masten, A.S., Cicchetti, D., Nuechterlein, K.H., Weintraub, S., Risk and protective factors in the development of psychopathology, Cambridge University Press, Cambridge 1990.

Rosenblatt, D.O., Türen öffnen. Was geschieht in der Gestalttherapie? Edition Humanistische Psychologie, Köln 1986.

Rosenblatt, D., Redshaw, M., Packer, M., Lieberman, B., Drugs, birth and infant behaviour, *New Scientist* 81 (1978) 487-489.

Rovee-Collier, C.K., Infants as problem-solvers: A psychobiological perspective, in: *Zeiler, M.D., Harzem, P.* (eds.), Advances in analysis of behavior, Vol. 3, Biological factors in learning, Wiley, Chicchester 1983.

Rovee-Collier, C., Learning and memory in infants, in: *Osofsky, J.D.*, Handbook of infant development, Wiley, New York 1987, 98-148.

Rovee-Collier, C., Bhatt, R., Langzeiterinnerung bei Säuglingen, in: *Petzold* (1993c).

Rutter, M., Children of sick parents: An environmental and psychiatric study, Oxford University Press, Oxford 1966.

Rutter, M., Parent-child separation: Psychological effects on the children, *Journal of Child Psychology and Psychiatry* 12 (1971) 233-260.

Rutter, M., Protective factors in children's responses to stress and disadvantage, in: *Kent, M.W., Rolf, J.* (eds.), Primary preventions of psychopathology, Vol. III: Social competence in children, University Press of New England, Hanover (N.H.), 49-74. 1979a.

Rutter, M., Scientific foundations of developmental psychiatry, Heinemann Medical, London 1980.

Rutter, M., The long-term effects of early experience, *Developmental Medicine and Child Neurology* 22 (1980) 800-815.

Rutter, M., Stress, coping, and development: Some issues and some questions, *Journal of Child Psychology and Psychiatry* 22 (1981) 323-356.

Rutter, M., Statistical and personal interactions: Facts and perspectives, in: Magnusson, D., Allen, V. (eds.), Human development: An interactive perspective, Academic Press, New York 1983, 295-319.

Rutter, M., Resilience in the face of adversity: Protective factors and resistance to psychiatric disorder, *British Journal of Psychiatry* 147 (1985a) 598-611.

Rutter, M., Family and school influences on behavioral development, *Journal of Child Psychology and Psychiatry* 26 (1985b) 349-368.

Rutter, M., Longitudinal data in the study of causal processes: some uses and some pitfalls, Minster Lovell Workshop 1987.

Rutter, M., Studies of psychosocial risk. The power of longitudinal data, Cambridge Univ. Press, Cambridge 1988.

Rutter, M., Pathways from childhood to adult life, *J. Child Psychology, Psychiatry* I (1989) 23-51; dtsch.: *Integrative Therapie* 1/2 (1992) 11-44 und in *Petzold* (1993c).

Rutter, M., Psychosocial resilience and protective mechanism, in: *Rolf* et al. (1990) 181-214.

Rutter, M., A fresh look at 'maternal deprivation', in: Bateson, P. (ed.), The development and integration of behavior, Cambridge University Press, Cambridge 1991, 331-374.

Rutter, M., Izard, C., Read, P.B. (eds.), Depression in young people: Developmental and clinical perspectives, Guilford Press, New York 1986.

Rutter, M., Maughan, B., Mortimore, P., Ouston, J., Fifteen thousand hours: Secondary schools and their effects on children, Harvard University Press, Cambridge 1979.

Rutter, M., Robins, L., Straight and devious pathways from childhood to adulthood, Cambridge University Press, Cambridge 1989.

Rutter, M., Rutter, M., Developing minds. Challenge and continuity across the life span, Penguin Books, London 1992.

Salvesbergh, G. J. P., The Development of Coordination in Infancy, Elsevier Sience Publishers, North Holland 1993.

Salvesbergh, G. J. P., Kamp, J. v. d., The coordination of infants reaching, grasping, catching posture: A natural physical approach, in: *Salvesbergh* (1993) 290-317.

Sameroff, A.J., Early influences on development: fact or fancy, *Merril-Palmer Quaterly* 21 (1975) 267-294.

Sameroff, A., Bakow, H.A., McComb, N., Collins, A., Racial and social class differences in newborn heart rate, *Infant Behavior and Development* 1 (1978) 199-204.

Sameroff, A.J., Chandler, M.J., Reproductive risk and the continuum of caretaking casuality, in: Horowitz, F.D. (ed.), Review of child development research, Vol. 4, University of Chicago Press, Chicago 1975, 87-244.

Sameroff, A.J., Emde, R.N., Relationship disturbances in early childhood, Basic Books, New York 1989.

Sameroff, A.J., Seifer, R., Familial risk and child competence, *Child development* 54 (1983) 1254-1268.
Sameroff, A.J., Seifer, R., Early contributors to developmental risk, in: *Rolf* et al. (1990) 52-66.
Satir, V., Selbstwert und Kommunikation, Pfeiffer, München 1975.
Satir, V., Conjoint family therapy, Science and Behavior Books, Palo Alto 1967; dtsch. Familienbehandlung, Lambertus, Freiburg 1973.
Saup, W., Konstruktives Altern, Hogrefe, Göttingen 1991.
Saup, W., Alter und Umwelt – Eine Einführung in die ökologische Gerontologie, Kohlhammer, Stuttgart 1993.
Schaller, J., Carlsson, S.G., Larsson, K., Effect of extended post-partum mother-child contact on the mothers's behavior during nursing, *Infant Behavior and Development* 2 (1979) 319-324.
Scharfman, M.A., The therapeutic dyad in the light of infant observational research, in: *Dowling, S., Rothstein, A.* (eds.), The significance of the infant observational research for clinical work with children, adolescents, and adults, Workshop series, Am. Psychoanal. Assoc. Monograph V, Int. Univ. Press, Madison 1989, 53-64.
Schmitz, H., Leib und Gefühl. Materialien zu einer philosophischen Therapeutik, Junfermann, Paderborn 1989.
Schneewind, K., Familienpsychologie, Kohlhammer, Stuttgart 1991.
Schröder, H., Reschke, K., Psychosoziale Prävention und Gesundheitsförderung, Roderer Verlag, Regensburg 1992.
Schuch, B., Zum gegenwärtigen Stand der Social-support-Forschung, *Gruppendynamik* 2 (1990) 221-234.
Schwarz, B., Kinder als Sklaven, *Der Spiegel* 47 (1993) 186-202.
Seifer, R., Vaughn, B.E., Lefever, G., Smith, C., Relationships among mastery motivation and attachment within a general model of competence, in: *Vietze, P.M., MacTurk, R.H.* (eds.), Perspectives on mastery motivation in infants and children, Ablex, Norwood 1992.
Shakow, D., Contributions from schizophrenia to the understanding of normal psychological function, in: *Simmel, M.* (ed.), The reach of mind: Essays in memory of Kurt Goldstein, Springer, New York 1968, 173-199.
Sluckin, W., Hargreaves, D.J., Colman, A.M., Some experimental studies of familiarity and liking, *Bulletin of the British Psychological Society* 35 (1982) 189-194.
Sluckin, W., Herbert, M., Sluckin, A., Maternal bonding, Basil Blackwell, Oxford 1983.
Sluckin, W., Herbert, M. (eds.), Parental behavior, Basil Blackwell, Oxford 1986.
Spence, D.P., Narrative truth and theoretical truth, Norton, New York 1982.
Spock, B., The common sense book of baby and child care, Duell, Sloan and Parce, New York 1945.
Spock, B., Baby and Child Care, Pocket Books, New York 1957.
Sroufe, L.A., Socioemotional development, in: *Osofsky* (1979) 462-516.

Sroufe, A., Infant-caregiver attachment and patterns of adaption in preschool: The roots of maladaption and competence, in: *Perlmutter, M.* (ed.), The Minnesota symoposia on child psychology, Vol. 16, 1983, 41-84.

Sroufe, L.A., Rutter, M., The domain of developmental psychopathology, *Child Development* 55 (1984) 17-29.

Steiner, C., Wie man Lebenspläne verändert, Junfermann, Paderborn 1985.

Stern, D.N., The interpersonal world of the infant, Basic Books, New York 1985.

Stern, D.N., Crib monologues from a psychoanalytic perspective, in: *Nelson* (1989a) 309-320.

Stern, D.N., Diary of a baby, Basic Books, New York 1990.

Stern, D.N., Workshop zum Thema: „The sense of self, development, pathology, treatment" 14.-17.6.1991, organisiert von der René-Spitz-Gesellschaft unter der Leitung von L. Köhler, München 1991.

Stone, J., Smith, H., Murphy, L., (Eds.), The Competent Infant, Basic Books, New York 1973.

Strauss, A.L., A social world perspective, in: *Denzin, M.K.*, Studies in symbolic interaction, Vol. I, JAI Press, Greenwich 1978, 119-128.

Strauss, J.S., Harding, C.M., Relationships between adult development and the course of mental disorder, in: *Rolf* et al. (1990) 514-526.

Strupp, H.H., Hadley, S.W., A tripartite model of mental health and therapeutic outcomes: with specifical reference to negative effects in psychotherapy, *American Psychology* 32 (1977) 187-196.

Strupp, H.H., Hadley, S.W., Gomes-Schwartz, B., Psychotherapy for better or worse: an analysis of the problem of negative effects, Jason Aronson, New York 1977.

Strupp, H.H., Psychotherapie: Zeitgenössische Strömungen, *Psychotherapie Forum* 1 (1993) 1-7.

Svejda, M.J., Campos, J.J., Emde, R.N., Mother-infant ‚bonding': failure to generalize, *Child Development* 51 (1980) 775-779.

Swets-Gronert, F.A., Kinderlijk temperament en ontwikkeling; een afstemmingsproces, in: *Goudena, Groenendaal, Swets-Gronert* (1988) 17-37.

Thomas, R.M., Counseling and life span-development, Sage Publications, Newbury Park 1990.

Thomas, A., Chess, S., Temperament and development, Brunner/Mazel, New York 1977.

Thomas, A., Chess, S., Birch, H.G., Temperament and behavior disorders in children, University Press, New York 1968.

Tizard, B., Adoption: A Second Chance, Open Books, London 1977.

Tress, W., Die positive frühkindliche Bezugsperson – Der Schutz vor psychogenen Erkrankungen, *Psychoherapie, Psychosomatik, medizinische Psychologie* 36 (1986) 51-57.

Ulich, D., Sozialisation und Entwicklung von Emotionen, *Gestalt & Integration* 1 (1992) 7-17; repr. in: *Petzold* (1993c).

Unruh, D.R., Invisible lives. Social worlds of the aged, Sage Publications, Beverly Hills 1983.

Vaughn, B., Gove, F., Egeland, B., The relationship between out of home care and the quality of infant-mother attachment in an economically disadvantaged population, *Child Development* 51 (1980) 1203-1214.

Vietze, P.M., O'Connor, S.M., Falsey, S., Altemeier, W.A., Newborn behavioural and interactional characteristics of nonorganic failure-to-thrive infants, in: High-Risk Infants and Children: Adult and Peer Interactions, Academic Press, London 1980.

Vries, M.W. de, Temperament and infant mortality among the Masai of East Africa, *American Journal of Psychiary* 141 (1984) 1189-1194.

Vyt, A., The second year of life as a developmental turning point: implications for sensitive caretaking, *European Journal of Psychology of Education* 2 (1989) 145-158.

Wachs, T.D., Gruen, G.E., Early experience and human development, Plenum Press, New York 1982.

Watt, N.F., Anthony, E.J., Wynne, L.C., Rolf, J.E. (eds.), Children at risk for schizophrenia: A longitudinal perspective, Cambridge University Press, Cambridge 1984.

Weiss, P.A., Deformities as cues to understanding development of form, *Perspectives in Biology and Medicine* 4 (1961) 133-151.

Weiss, P.A., The living system: Determinism stratified, in: Koestler, A., Smythies, J. (eds.), Beyond reductionism, Beacon Press, Boston 1969a.

Weiss, P.A., Principles of development, Hafner, New York 1969b.

Werner, E.E., Child care: Kith, kin and hired hands, University Park Press, Baltimore 1984.

Werner, E.E., Stress and protective factors in children's lives, in: Nicol, A.R. (ed.), Longitudinal studies in child psychology and psychiatry, Wiley, New York 1985, 335-355.

Werner, E.E., The concept of risk from a developmental perspective, *Advances in Special Education* (1986) 1-23.

Werner, E.E., Bierman, J.M., French, F.E., The children of Kauai: A longitudinal study from the prenatal period to age ten, University of Hawaii Press, Honululu 1971.

Werner, E.E., Smith, R.S., Kauai's children come of age, University of Hawaii Press, Honululu 1977.

Werner, E.E., Smith, R.S., Vulnerable but invincible: A longitudinal study of resilent children and youth, McGraw Hill, New York 1982.

Werner, H., Comparative psychology of mental development, International Universities Press, New York 1948.

Werner, H., The concept of development from a comparative and organismic point of view, in: Harris, D.B. (ed.), The concept of development, University of Minnesota Press, Minneapolis 1957.

Werner, H., Kaplan, B., Symbol formation: An organismic-developmental approach to language and the expression of thought, Wiley, New York 1963.

Wilson, R.S., Risk and resilience in early mental development, *Developmental Psychology* 21 (1985) 795-805.

Wing, L., Autistic children, Constable, London 1971.

Winnicott, D.W., The maturational process and the facilitating environment: Studies in the theory of emotional development, Hogarth Press, London 1965, 1972²; dtsch. Reifungsprozeß und fördernde Umwelt, Kindler, München 1974.

Witt, G., Kinderhäuser mit gestalttherapeutischer Begleitung, in: *Petzold, Vormann* (1980) 404-422.

Zentner, M., Die Wiederentdeckung des Temperaments. Die Entwicklung des Kindes im Lichte moderner Temperamentsforschung und ihrer Anwendungen, 1993a in: Petzold (1993c).

Zentner, M., Die Wiederentdeckung des Temperaments, Junfermann, Paderborn 1993b.

Zimrin, H., A profile of survival, *Child Abuse and Neglect* 10 (1986) 339-349.

Autorenverzeichnis

Emde, Robert N., Prof. Dr. med., Psychiater an der Medizinischen Fakultät der Universität Colorado; Forschungsschwerpunkte: Entwicklungspsychologie, Emotionstheorie, Psychoanalyse

Ernst, Cécile, Dr. med., phil., wissenschaftliche Mitarbeiterin an der Psychiatrischen Universitätsklinik „Burg Hölzli" in Zürich; Interessenschwerpunkt: Entwicklungspsychologie

Fremmer-Bombik, Elisabeth, Dr., Dipl.-Psych., Studium in Regensburg, nach dem Diplom wissenschaftliche Assistentin am Lehrstuhl für Entwicklungspsychologie (Prof. Grossmann), Promotion über Bindungsrepräsentation bei Erwachsenen. Mitarbeit an mehreren Längsschnittstudien und Erforschung der Bedeutung früher Bindungserfahrungen über mehrere Generationen an deutschen Probanden. Seit kurzem arbeitet sie als Stationspsychologin in der Fachklinik für Kinder- und Jugendpsychiatrie in Regensburg.

Grossmann, Klaus E., Prof. Dr., Lehrstuhl für Psychologie, Universität Regensburg. Dipl.-Psych. (Universität Hamburg, 1961), Ph.D. in Allgemeiner und Experimenteller Psychologie (University of Arkansas, 1965), Dr. habil. in Psychologie und Verhaltensbiologie (Universität Freiburg, 1971). Forschungsgebiete: kulturvergleichende Psychologie, ethologische und anthropologische Aspekte menschlichen Verhaltens, sozial-emotionale Entwicklung und längsschnittliche Bindungsforschung vom Säuglingsalter an über den Lebenslauf.

Massie, Henry N., Dr. med., Direktor der kinderpsychiatrischen Ausbildungsstätte am St. Mary's Hospital San Francisco

Nelson, Katherine, Dr., lehrt an der City University of New York, The Graduate School and University Center, Department Developmental Psychology. Arbeitsschwerpunkte: entwicklungspsychologische Kognitions- und Gedächtnisforschung.

Petzold, Hilarion, Prof. DDDr., lehrt Klinische Bewegungstherapie und Psychomotorik unter dem Aspekt des „life span developmental approachs" und leitet die postgradualen Aufbaustudiengänge Psychotherapie und Supervision an der Freien Universität Amsterdam, wissenschaftlicher Leiter der „Europäischen Akademie für psychosoziale Gesundheit". Arbeitsschwerpunkt: entwicklungsbezogene Psychotherapie (Kinder, Erwachsene, alte Menschen).

Rutter, Michael, Prof. Dr. med., lehrt Kinderpsychiatrie am Institut für Psychiatrie der Universität London. Er zählt zu den führenden Longitudinalforschern und Vertretern der Developmental Psychopathology.

Vyt, André, Dr., wissenschaftlicher Mitarbeiter an der Abteilung für Persönlichkeits- und Entwicklungsforschung der Universität Gent, Belgien. Forschungsschwerpunkt: Säuglings- und Kleinkindforschung

Zentner, Marcel R., Dr., Studium der Psychologie und Philosophie an der Harvard University und an der Universität Zürich. Februar 1994 Promotion. Danach wissenschaftlicher Mitarbeiter an der Eidgenössisch Technischen Hochschule und am Institut für klinische Psychologie der Universität Zürich. Zur Zeit Stipendiat des Schweizerischen Nationalfonds am Department of Psychology der Harvard University im Forschungsteam von Prof. J. Kagan. Bisherige Forschungsschwerpunkte: Entwicklungspsychologie; Geschichte der Psychologie

Personenregister

A

Abele, A.	353
Abelson, R.P.	297
Achenbach, T.M.	16, 348ff, 353
Adler, A.	14, 442
Afterman, J.	235ff
Ainsworth, M.D.S.	74, 84, 85ff, 88ff, 92ff, 95ff, 102, 157, 186, 236, 266, 309, 318, 358, 390
Alexander, F.	460
Anders, T.	326
Angleitner, A.	164
Anglin, J.	224
Anthony, E.J.	312, 348f, 358, 362
Antonovsky, A.	10, 354f, 370
Arend, R.	98
Argles, P.	416
Arieti, S.	348
Ayres, J.	383, 435

B

Bach, G.R.	398
Baillargeon, R.	383
Baisl, M.	96
Bakhtin, M.	220
Baldinger, J.	387
Balint, M.	69, 327, 329, 432, 434, 460
Baltes, P.B.	352
Barrat, M.S.	381, 420, 430
Basch, M.F.	263, 313, 420f, 459f
Bastik, T.	392
Bates, J.E.	118f, 124, 144, 159
Bateson, G.	417
Bauer, P.J.	221
Baumann, U.	185
Becker, P.	353ff
Beebe, B.	431
Beek, van Y.	13, 426
Bell, R.Q.	158
Belsky, J.	125, 144, 390
Berlyne, D.E.	290
Berne, E.	442
Bernfeld, S.	371
Bernstein, B.	356

Berreuta-Clement, J.R.	50
Bertalanffy, L. von	290, 293
Bettelheim, B.	416
Bibring, G.L.	237, 261, 312
Bion, W.R.	318, 376, 417
Birnholz, J.C.	391
Birns, B.	160
Bischof-Köhler, D.	381
Bishof, N.	415, 417f
Blau, A.	313
Block, J.H.	24, 358, 362
Bobath, B.	435
Bock, G.R.	417
Bornstein, M.H.	128f, 131, 137, 280, 287
Bourguière, A.	75
Bowlby, J.	23, 51, 53, 68, 84f, 92, 97, 99ff, 102ff, 143, 157, 236, 294, 298, 316, 318f, 347, 389ff, 415ff
Brack, U.B.	435
Brandtstädter, J.	457
Brazelton, T.	160, 237, 295, 302, 426
Brenner, J.	307, 311ff
Bretherton, I.	51, 54, 92, 305, 307, 309, 318, 390
Breznitz, Z.	141
Briely, M.	312
Brody, S.	237, 264
Broman, S.H.	373
Bronfenbrenner, U.	24, 352, 366, 375
Bronson, W.C.	132f
Bronstein, A.	235ff
Brown, G.W.	28, 44, 49, 53, 350, 368, 395, 463
Bruner, J.S.	202ff, 212, 216f, 224, 228, 302f, 307, 328, 414, 423
Brunk, M.A.	50
Bühler, Ch.	348, 421
Burke, K.	202
Buss, A.	163, 165, 284, 360
Butler, S.F.	403
Butterworth, G.	295
Buytendijk, F.J.J.	465

501

C

Cadoret, R.J.	45, 47
Call, J.D.	321, 326
Cameron, J.	172f, 176
Campbell, B.K.	235ff
Campbell, S.B.G.	118
Campos, J.J.	294, 296, 298
Capron, C.	394
Carey, W.B.	163, 168, 171
Carlsson, S.G.	416
Carr, S.J.	310
Carter, J.I.	416
Caspi, A.	40ff, 49
Castelnuovo-Tedesco, P.	313
Chasiotis, A.	11, 417
Chess, S.	159ff, 165f, 168f, 172ff, 185f, 189f, 288, 385, 416
Cicchetti, D.	348, 375
Ciodo, L.M.	146
Clarke, A.D.B.	23
Clarke, A.M.	113, 280, 293
Clausen, J.A.	39, 49
Cloninger, C.R.	360
Cohler, B.J.	51
Cohn, J.	391
Cole, M.	119, 147
Condon, W.S.	295
Conway, M.A.	457
Corah, N.L.	373
Couturier, G.	427
Cramer, B.	289
Cremerius, J.	434
Crittenden, P.M.	89, 425
Crockenberg, S.B.	97
Crowell, J.A.	125

D

Daniels, D.	118
De M'Uzan	331
De Vries, M.W.	119, 185f, 385
DeCarie, T.G.	293
DeCasper, A.	377
Deci, E.	290
Despert, J.L.	358
Deutsch, F.	421
Diamond, A.	383
Dick-Read, G.	415
Diderot, D.	76
Dodd, R.K.	467f
Dodge, K.A.	50f
Doi, T.	329
Donovan, W.L.	123f
Dornes, M.	376, 424
Dorsch, F.	85
Dostojewski, F.	458
Dowling, S.	267
Dunn, J.	168, 302, 381f, 386, 393, 416, 463

E

Eaton, W.O.	126
Egeland, B.	375, 386
Eggers, C.	185
Ekman, P.	296
Ekstein, R.	303
Elder, G.H.	28, 42, 49, 53, 360ff
Elliger, T.J.	67
Ellis, P.L.	390
Emde, R.N.	10, 12, 16, 134, 277ff
Engel, G.	207f, 211f, 218, 229, 267, 311
Engfer, A.	122, 168, 186
Enke, H.	403
Epstein, H.T.	134
Epstein, S.	24
Erickson, M.	260, 434
Erikson, E.H.	24, 55, 263, 315
Ernst, C.	11, 67ff, 417
Escalona, S.K.	237, 375
Eysenck, H.J.	184

F

Fairbairn, W.R.D.	318
Faltermaier, T.	348, 420
Farrington, D.P.	31
Feinman, S.	298
Felsman, J.K.	52
Ferenczi, S.	12, 14, 314, 369, 421, 431f
Field, T.	391
Filipp, S.H.	443, 462
Fivush, R.	199f, 209f, 220
Flavell, J.H.	423
Flick, U.	355, 372, 378, 444
Folstein, S.	46f
Fonagy, P.	96
Fox, N.A.	87
Fraiberg, S.	267, 289, 293, 320f, 327

Frank, J.D.	403	Grof, St.	372
Frankel, K.A.	144	Grolnick, W.	121
Freedman, D.A.	293	Groot, L. de	382, 426
Fremmer-Bombik, E.	83ff	Grossmann, K.	289, 319f
French, L.A.	198	Grossmann, K.E.	83ff
Freud, A.	237, 260, 300, 314, 347, 368	Gruendel, J.M.	203
		Guntern, G.	174
Freud, S.	7, 13f, 67, 69f, 77, 83f, 136f, 198, 267, 277f, 280f, 297, 310ff, 313ff, 322, 326, 330ff, 346f, 353, 371, 376, 383, 434, 442, 458, 465	Guntrip, H.	318

H

Freundlich, D.	372	Haisch, J.	353
Frijda, N.	297	Haith, M.M.	279, 291f, 295
Fröhlich, W.D.	185	Harlow, H.F.	84, 290
Fthenakis, W.	422	Harris, T.	44, 100
		Hartley, D.E.	403
		Hartmann, H.	291, 301, 312

G

		Havinghurst	379
Gaensbauer, T.J.	328	Hayes, C.D.	25
Gaines, R.	416	Heekerens, H.P.	404
Garmezy, N.	51, 318, 348f, 358f, 364ff, 370, 373, 386, 418	Heimann, P.	329
		Heinicke, C.M.	125, 130
		Heinl, H.	435
Garrison, W.T.	168	Hendrick, I.	290
Gauda, G.	11, 16	Hennessy, J.	48
Gedo, J.E.	421, 459	Hentschel, U.	367
Geerdink. J.	426	Herbert, M.	416
Geibel, Ch.	396	Herzka, St.	10
Gershon, E.S.	360	Herzog, W.	14
Ghodsian, M.	142	Hetherington, E.M.	55
Gitelson, M.	331	Hinde, R.A.	24, 26, 90, 416
Gladstone, W.H.	297	Hodges, J.	32, 52, 140f, 394, 425
Goffin, J.J.M.	345ff	Hoeksma, J.B.	426
Goldberg, M.	391	Hoffman, M.L.	300, 302
Goldberg, S.	114	Hoffmann, S.O.	68
Goldsmith, H.H.	89, 163, 165, 284f, 299, 360	Holder, A.	314
		Holle, B.	435
Goldstein, M.	348	Honig, A.S.	370
Goodman, R.	25	Hopkins, B.	9, 381f, 392, 420, 426, 430
Goodnough, J.	301		
Gottesman, I.I.	47, 360	Horowitz, M.	327
Gottfried, A.W.	358	Hudson, J.A.	197, 199, 207, 211, 220
Graf-Nold, A.	76	Huf, A.	403, 451
Graham, F.K.	373	Hunt, J.	48, 290
Graham, P.	25		
Gräser, B.	360		
Grawe, K.	12, 17		
Gray, G.	33f	**I**	
Greenacre, P.	313	Ichheiser, G.	405
Greenough, W.T.	48, 134	Inhelder, B.	348
Greenspan, S.	265	Izard, C.E.	290, 296f, 378

503

J

Jacob, K.	468
Jacobs, Th.	421
Jacobson, E.	311f
Jahoda, M.	347, 353
Janov, A.	372
Jodelet, D.	413, 463
Johnson, A.	268
Jones, F.A.	416
Jung, C.G.	14, 166

K

Kadushin, A.	186
Kagan, J.	23, 80, 112, 116, 132, 143, 163, 165, 175, 179f, 186, 260, 287, 302, 349, 360, 377, 384, 391, 418
Kalverboer, A.F.	369, 382, 385, 426
Kames, H.	393
Kandel, D.B.	33, 282
Katz, R.L.	392
Kaufmann, I.C.	312
Kaye, K.	303, 305, 307, 328
Kelly, E.L.	23
Kennedy, H.	300, 314, 330
Kennell, J.H.	391, 415ff
Keogh, B.	168
Kernberg, O.F.	11, 17, 69, 318, 321f, 324, 328, 331, 346f, 376, 417, 434, 465
Keupp, H.	349
Klaus, M.H.	391, 415ff
Klein, G.	307
Klein, M.	69, 118, 318, 374, 376, 420f
Kline, P.	70
Klinner, M.D.	298
Klopfer, P.H.	417
Knapp, U.	75
Kobak, R.	99
Kobayashi, N.	389
Koffka, K.	348
Kohnstamm, G.A.	169, 185
Kohnstamm, R.	417
Kohut, H.	12, 69, 268, 321, 324, 331, 417, 434
Koops, W.	426
Kopp, C.B.	357, 375, 387
Korn, S.	119
Koupernik, C.	388
Kruse, O.	16, 349, 423
Kühn, R.	14
Kyratzis, A.	225

L

Labov, W.	202
LaBuda, M.C.	126
Lacan, J.	321
LaGasse, L.L.	186
Laing, R.D.	372
Lamb, M.E.	146, 164, 416, 422
Landauer, K.	312f
Latner, J.	345
Leboyer, F.	415
Lécuyer, R.	129
Leidermann, P.H.	416
Lerner, R.M.	170
Leventhal, H.A.	378
Levinson, D.	55
Levitt, M.J.	395
Lewin, B.D.	264, 348, 465
Lewis, S.W.	47, 114, 389
Lichtenberg, J.D.	10ff
Liebermann, A.F.	104
Lilienfeld, A.M.	358, 373
Lilleskov, R.	421
Lipton, S.D.	330
Loewald, H.W.	324, 327f, 331, 460
Lombroso, C.	170
Lorenz, K.	84, 417
Lowen, A.	372
Luborsky, L.	326f, 330
Luciarello, J.	198, 203, 224f, 227
Luckner, N.v.	71, 74
Ludewig, K.	465
Luhmann, N.	370
Lynch, M.A.	416

M

Maccoby, E.E.	24, 121, 125, 158, 301, 305
MacDonald, K.	113, 117, 121
MacFarlane, A.	372
Magnusson, D.	24, 31, 43, 49
Mahl, G.	421
Mahler, M.	11, 69, 122, 143, 237, 242, 262, 298, 309, 321, 376, 420ff, 434

Main, M.	53, 89ff, 95f, 101f, 124, 260, 266, 270f, 289, 320	Nelson, K.	9, 195ff, 377, 381, 423, 457
Malatesta, C.	392	Nestmann, F.	365
Malcuit, G.	129	Netelenbos, J.B.	383
Malt, U.F.	414	Neubaur, C.	395, 400
Martin, R.	168	Niswander, K.R.	373
Marziali, E.	403	Novey, S.	313
Maslow, A.	347	Nuechterlein, K.H.	27, 47
Massie, H.N.	10, 235ff, 422		
Masten, A.S.	29, 362, 364f, 368, 409, 418		
Matas, L.	98, 144, 298, 350	O'Connor, N.	23
Matheney, A.P.	165, 168, 173	O'Dougherty, M.	375
Maughan, D.	34, 46, 49	Olson, S.L.	120
Mayer-Bahlberg, H.F.L.	25, 48	Olwens, D.	24
Maziade, M.	167, 169, 175	Oppenheim, R.W.	115, 134
McCall, R.B.	24, 131ff, 279, 283, 293	Orlansky, H.	23
McDevitt, S.C.	175	Orlinsky, D.E.	403, 451, 461
McGuffin, P.	332	Orr, L.	372
McLaughlin, L.	421, 460	Orth, I.	434
Mead, G.H.	13, 220, 308, 391, 421	Osgood, C.	297
Mednick, S.A.	350	Osofsky, J.D.	279, 306
Mehrabian, A.	168	Otto, H.	347
Meierhofer, M.	71	Otto, L.B.	25
Meins, S.E.	148	Oudhof, J.	345ff
Mente, A.	17		
Merleau-Ponty, M.	392		
Mervis, C.B.	224	Papoušek, H.	9, 16f, 294, 321, 376, 389, 391f, 417, 422, 429
Messer, D.J.	350		
Metzloff, A.N.	294f, 389	Papoušek, M.	16f
Metzmacher, B.	426	Paret, I.	270
Meyer, A.	348	Parker, J.G.	31, 51
Miller, A.	157	Parkes, C.M.	100, 106
Minturn, L.	76	Parnas, J.	47
Mischel, W.	23	Pasamanick, B.	373
Modell, A.H.	328f	Pedersen, E.	50
Moos, R.H.	54	Pennington, B.F.	284
Morgan, G.A.	290	Perlmutter, M.	197
Morisset, C.E.	145	Perls, F.	10, 347f, 353, 434
Mortimore, P.	26	Perris, C.	71
Moscovici, S.	355, 372, 434	Peters-Martin, P.	118
Moser, T.	434	Petersen, A.C.	25
Moskovitz, S.	358	Peterson, C.	202
Moss, H.A.	30	Petö, A.	431
Muir, R.C.	329	Petzold, H.G.	7, 11ff, 14ff, 345–497
Murphy, L.B.	350, 358f, 362, 381	Piaget, J.	13, 127, 134, 254, 290, 348, 383, 421
Murray, R.M.	47, 103		
		Pianta, R.C.	123, 374f, 386
		Pillemer, D.B.	198, 220
		Pine, E.	321

Platt, J.R.	281	Rosenblatt, D.	11, 348
Plomin, R.	25, 77, 79, 157, 165, 183, 282ff, 285ff, 360	Rosenthal, D.	236, 282
		Rosenzweig, M.R.	48
Polster, M.	458	Rothbart, M.K.	163
Porter, R.	48	Rovee-Collier, C.	9, 11, 15, 369, 423ff
Pound, A.	142	Roy, A.	71
Prazar, G.	427	Russel, J.A.	297
Prechtl, H.F.R.	415	Rutter, M.	10f, 13, 18, 23ff, 125, 160, 165f, 183, 347ff, 358, 364, 368, 374, 381, 385ff, 388, 390, 394, 406, 416ff, 419ff, 421, 424f, 463, 465
Pritz, A.	355		
Provence, S.	268		
Pyck, K.	428		

Q

Quinton, D.	27, 34ff, 52ff, 358, 395		

S

		Sagi, A.	90
		Salvesbergh, G.J.P.	382

R

		Sameroff, A.J.	16, 117, 160, 281, 288, 293, 349f, 366, 373f, 388, 429, 449, 462
Radke-Yarrow, M.	302f, 362, 368f		
Ramin, G.	13, 421		
Rangell, L.	297, 313, 328	Sander, L.	12, 240, 290, 310, 316, 324f
Rank, O.	14, 371	Sandler, J.	295, 312ff, 322, 328f
Rapaport, D.	313	Satir, V.	347
Ratner, H.H.	207	Saup, W.	368, 395, 414, 420
Rauh, H.	371, 375, 425	Scaife, M.	295
Redding, R.E.	141	Scarr, S.	49, 157, 283f, 286
Redshaw, M.	416	Schafer, R.	313
Reich, W.	14, 314, 372	Schaffer, H.R.	84
Remschmidt, H.	185	Schaller, J.	416
Rest, J.R.	300	Schank, R.C.	197, 202
Revenstorf, D.	434	Scharfman, M.A.	421, 460
Reznick, J.S.	287	Scheurer-Englisch, H.	99
Rheingold, H.L.	302, 374	Schindler, B.	67
Rhode-Dachser, Ch.	376	Schmidt-Denter, U.	185
Richman, N.	32, 141	Schmitz, H.	459
Richters, J.	349f, 352, 359, 366, 386	Schneewind, K.	420
Ricks, M.H.	125, 289, 320	Schneider, K.	170
Riese, M.L.	126	Schröder, H.	353
Riksen-Walraven, J.	144, 148	Schuch, W.	365
Ringler, N.M.	416	Schur, M.	311, 313
Robbins, M.	324	Schwarz, B.	387
Roberts, W.L.	115	Schwarz, G.	96
Robins, L.N.	11f, 27, 30, 33, 46, 50, 348f, 411, 465, 470	Schwarzmeier, I.	96
		Seifer, R.	350
Rogers, C.	347f, 353	Shakow, D.	348
Rolf, J.	349, 417	Shaver, P.	289
Rommetveit, R.	307	Sheldon, W.H.	170
Rosch, E.	224	Skinner, B.F.	157
Rosenbaum, J.F.	168	Slabach, E.H.	175
Rosenberg, A.	164	Slade, A.	144, 146

Sluckin, W.	416	Turecki, S.	163, 174, 178
Smalley, S.L.	46	Turner, P.	98
Smith, B.	178, 181	Tyson, R.L.	330
Snow, C.	295		
Snyder, C.R.	54		
Sorce, J.	298, 310		
Spangler, G.	89, 91, 122	**U**	
Spence, D.P.	15, 457	Ulich, D.	382
Spencer, H.	297	Unruh, D.R.	413
Spitz, R.	68, 84, 268, 301, 313ff, 326, 331, 347, 376, 417	Ursano, J.R.	326
Spock, B.	415		
Sroufe, L.A.	98, 289, 319f, 322, 348f, 368, 390	**V**	
Steiner, C.	442	van den Boom, D.C	97
Steinhausen, H.	185	van der Veer, R.	144
Stern, D.	10, 12, 124, 146, 237, 261, 289, 294f, 300, 302f, 307, 309, 313, 316f, 330, 374, 377, 381, 389f, 420, 425, 429	van Geert, P.	115
		van Ijzendoorn, M.H.	118, 125
		Vaughn, B.	366
		Vygotsky, L.	220, 228, 308, 328
		Vyt, A.	9f, 15f, 111ff, 375, 377ff, 418, 429
Stone, J.	376, 424		
Strauss, M.E.	160, 413		
Strelau, J.	159, 163f, 170, 175		
Strotzka, H.	8		
Strupp, H.H.	403f	**W**	
Suess, G.	74, 98	Wachs, T.D.	352, 366, 386
Sutherland, J.D.	318	Waddington, C.H.	116, 293
Swets-Gronert, F.A.	384f	Ward, M.J.	121, 144
		Warr, P.	25
		Wartner, U.	92
		Waters, E.	51
T		Watson, J.B.	157
Talwar, R.	170	Watt, N.F.	350
Tessler, M.	211ff, 217f, 224, 229	Weidenmann, B.	185
Thatcher, R.W.	134	Weinberger, D.R.	48
Thomä, H.	434	Weinert, F.	222
Thoman, E.B.	135	Weintraub, S.	142, 349
Thomas, A.	158ff 162f, 165f, 169, 172, 174, 182, 185, 260, 349, 360, 385, 461	Weisner, T.S.	149
		Weiss, P.A.	348
		Werner, H.	52, 350, 352, 358, 362f, 370, 373, 381f, 387f, 394, 410
Thompson, R.A.	127	Wertsch, J.V.	220, 328
Tinbergen, N.	84, 236	White, R.W.	290
Tizard, B.	26, 32, 425	Wilson, A.	329f, 387, 410
Tolstoy, L.	258	Wing, L.	416
Torgersen, A.M.	164f	Winnicott, D.W.	18, 69, 236, 261, 289, 318f, 331, 393, 395, 400, 406, 425
Tourrette, C.	158, 160		
Tress, W.	370		
Tronick, E.	237, 302		
Tulving, E.	195f, 200	Witt, G.	395

Wohlwill, J.	117, 132
Wolf, D.	210
Wolff, P.H.	300
Wortman, C.B.	52
Wundt, W.	297

Y

Yarrow, L.J.	23

Z

Zahn-Waxler, C.	142, 302
Zeitlin, H.	27
Zentner, M.	157ff, 349, 384
Ziegler, R.	240
Zimrin, H.	358, 362, 379f, 394

Sachwortregister

A

Ablehnung, soziale	50
Ablenkbarkeit	180
Abwehr	268
Abwehrmechanismen	171, 238, 449
Abwehrprozesse	105
Abwesenheit	71
Adaptierung	236, 238, 361
Adaptionsstile	240
Adoleszenz	29, 35, 37, 40, 52, 105, 166, 285, 363, 414, 418, 456
Adoption	28, 32, 56, 126, 140, 394
Adoptionsuntersuchungen	283
Adoptivkinder	77, 78
Adult Attachment Interview	95
adversive events	374, 436, 404, 409, 413, 419, 440
affect attunement	377, 429
affective state	430f
Affektabstimmung	303
Affekte	239, 264, 269, 303, 311f
affektiver Kern	296f
Affektivität	287
Aggression	131, 250, 369f
Aggressionstrieb	322
Agoraphobie	100
Aktivität	161, 285, 290, 317, 323
Aktivität, motorische	290, 294
Aktivitätsgrad	126
Aktivitätsniveau	172, 384
Alkohol	31, 45
Alkoholismus	26, 71
Alleinerziehende	393
Alltagsgespräch	438
Alter	360, 363
Ambivalenz	248
Amnesie, frühkindliche	198
Anamnese	176
Angst	102, 240, 251
Angstaffekt	371
Angstbindung	101
Anpassung	138, 260, 280
Anpassungsfähigkeit	161f, 180, 364
Anpassungsstörungen	167
Antizipation	204, 436, 464
Appetitlosigkeit, nervöse	101
appraisal	378
Äquifinalität	80, 293
Arbeitsbündnis	326
Arbeitsmodelle, innere	93ff, 96ff, 99f, 102f, 107, 143, 318
Armut	387
Assoziationen	69, 331
Ätiologie	106, 286, 321
Atmosphären	391, 398, 404, 407, 439, 447, 451
attachment	252, 260, 389
attachment theory	143, 415
Attachment-Forschung	159, 260
Attraktivität, körperliche	361
Attributionen	378, 379
Attributionsstil	121
Aufmerksamkeit	317
Aufmerksamkeit, gleichschwebende	329
Aufmerksamkeitsfokus	141
Augenbewegungen	291
Augenkontakt	294
Ausbildung	49
Ausbildungsstand	48
Autismus	46, 416
Autonomie	80, 95, 315, 317, 353
awareness	377

B

Babys	415
Babysprache	295
bad mothering	68
Baltimore-Studie	90
Basis, sichere	86, 93, 105
Bedeutungskern	202
Bedürfnis	85, 122, 268, 298
Bedürftigkeit	242
Befriedigung	313, 317
Begehren, genitales	431
Behandlung	57
Behaviorismus	157, 347
Beistände, innere	370, 391, 395, 397, 405ff, 441
Belastungen, Ökonomische	361
Belastungsfaktoren	452

509

believe system	372	Bindungsmodell	95, 104
Bemutterung	68, 74	Bindungsmuster	319
Beratung	427	Bindungsperson,	
Beratung, antizipatorische	173	s. Bezugsperson	90f, 94f, 96f, 101
Berichterinnerung	452		
Berkeley-Guidance-Study	39, 92, 360	Bindungsprobleme	90
Berührtheit	439	Bindungsprozesse	137
Betreuerbeziehung	287	Bindungsqualität	86, 91, 96f, 118, 124f, 129, 145, 147f
Betreuungserleben	301		
Bewältigung	28	Bindungsstatus	146
Bewältigungsfähigkeit	52, 425	Bindungsstrategie	87, 89ff, 94, 104
Bewältigungskompetenz	360f		
Bewältigungsmuster	412	Bindungsstrategie,	
Bewältigungsstile	53	unsichere	88
Bewertung	212	Bindungssystem	86, 91, 93f, 138, 143, 318
Bewertung, mütterliche	120		
Bewertung, kognitive	382	Bindungstheorie	83f, 92, 99f, 102ff, 106, 143, 157, 316
Bewertungsprozesse	378		
Bewußtsein	332	Bindungstherapie	103
Bewußtseinsstrom	469	Bindungsverhalten	85, 88, 90ff, 101, 289
Beziehung, emotionale	71, 102, 145		
Beziehung, frühe	51	Bioenergetiker	372
Beziehung, therapeutische	403, 459, 461	Biographie	377, 399, 442, 449, 458
Beziehung, unsichere	97, 103	Biologie	133, 281, 293
Beziehungen, früheste	79	biologische Mechanismen	47
Beziehungserfahrung	323, 389, 449	Biosodie	442, 458, 465
Beziehungserfahrungen, positive	390	Blickdialoge	236
		Blickverhalten	239, 253, 265
Beziehungsfähigkeit	74, 456	Blickverlauf	295
Beziehungsmodelle, funktionierende	54	Bonding	391, 415f
		Borderline-Störungen	69, 80, 331, 346, 420
Beziehungsmotive	305		
Beziehungspromiskuität	418	Brust	135
Beziehungsstörungen	68	Bruststillen	241
Beziehungszusammenhänge	289	buffering	347, 367, 375
Bezugspersonen	175		
Bezugspersonen, relevante	377		
Bielefelder Längsschnittstudie	97ff	C	
Bild	448	chain of salutogenic influences	441
Bild vom Kind	75f		
Bilderzählungen	438	chains	350, 470
Bildung	365	chains of adverse and protective events	428
Bildungsniveau der Mutter	363		
Bindung	68, 83, 85, 103, 139, 236	Charakterstrukturen	238
Bindung, sichere	97, 99	clinical wisdom	461
Bindungsbeziehungen	289	Colorado-Adoption-Studie	77, 79
Bindungserfahrung, frühe	83, 96, 98ff, 102	common sense	437
		convoys	350, 400, 461, 465, 470
Bindungsforschung	150	coping	359, 426
Bindungsgefühle	101	Coping-Fähigkeiten	362

Coping-Stile	362	drittes Lebensjahr	261
Copingstrategien	370	Drogen	30, 54
Cortisol	91	Drogenabhängige	401, 411
Creode	132	Drogenarbeit,	
critical life events	443, 449, 462, 468f	niedrigschwellige	367
		Drohungen	95, 100
		Durcharbeiten	448
		Dyade	114, 147, 242, 254, 263, 271

D

E

Datensammlung	120	Dysphorie	69
Dauerbelastungen	74		
Defizite	279, 381, 440, 455		
Defizite, emotionale	380		
Depression	44f, 47, 52, 68, 70, 100ff, 241, 245f, 264, 267, 399, 401f	effectance	290
		Effizienz, therapeutische	277
		Ego-Elastizität	362
Depression, adoleszente	33	Ehe	39, 44, 49
Depression, anaklitische	268	Ehestreit	55
Depression, mütterliche	141	Eigenmotivation	292
Depressionsneigung	53	Eigenschaften, persönliche	383
Depressionsrisiko	46	Eigenständigkeit	98
Deprivation	102, 116f, 135, 243, 293, 425	Einfühlung	431
		Einpassung, soziale	294, 323
Deprivationsprozeß, kumulativer	410	Einsamkeit	289
		Einsicht	459
Deprivationstheoretiker	417	Einzelanalyse	449
Desintegration	360	Elastizität	358, 364, 376, 388, 424
Desorganisation	90ff, 96	Eltern	41, 44, 71, 119, 143, 175, 205, 220, 240, 245, 289, 374, 389, 408, 425
Desorganisation, emotionale	102		
Desorientierung	90	Eltern, depressive	139
Determiniertheit, genetische	286	Eltern-Kind-Beziehung	32, 51
		Eltern-Kind-Bindung	149
developmental psychopathology	348	Eltern-Kind-Interaktion	116, 136, 145, 147, 378, 426, 428
Devianz	37f	Elternbeziehung, frühe	320
Devianzkarriere	412	Elterngruppen	397
Diagnose	113, 175, 435	Elternstil, effektiver	122
Diagnosetechniken	404	Elterntherapien	183
Diagnostik	350, 427, 457	Elternverhalten	36f, 113, 124
Dialog	92, 201	Elternverlust	100
Disharmonie	32	Elternversagen	35
Diskontinuitäten	24, 26, 46, 55, 83, 112, 349	Emily	201
		emotionale Wärme	403
Diskriminierung	56	Emotionalität	285, 378
Diskurs	278, 448	Emotionen	124, 297, 359, 391
Distanz	95, 99, 101	Emotionen, frühe	299
Distanzierung, innere	380	Emotionen, selbstreferentielle	399
Distreß	419		
double bind	243	Empathie	97, 263, 321, 329, 392, 429f
dreizügiges Karrierepanorama	437, 442		

511

Empathie, mütterliche	69, 104
Empathie, mutuelle	393
Empfindlichkeit	382
Encephalitis	48
Engagement	120
Enkopresis	397
Entbehrungen, psychosoziale	28
Entwicklung	23f, 57, 131, 181, 348, 457
Entwicklung, frühkindliche	235
Entwicklung, kindliche	79
Entwicklung, kognitive	78, 290, 419
Entwicklung, normale	283
Entwicklung, pathologische	100
Entwicklung, proximale	328
Entwicklung, psychische	70, 157
Entwicklung, soziale	96, 125
Entwicklung, unendliche	277
Entwicklungsagenden	292
Entwicklungsaufgaben	379
Entwicklungsbiologie	279, 281, 310
Entwicklungsforschung, longitudinale	423
Entwicklungsfunktionen	283
Entwicklungskompetenz	144
Entwicklungskontinuität	111, 260
Entwicklungsmodell, interaktionales	114
Entwicklungsprozeß	332
Entwicklungspsychologie	67, 77, 83, 111, 195, 349
Entwicklungspsychologie der Lebensspanne	83
Entwicklungspsychologie des Erwachsenenalters	420
Entwicklungspsychologie, klinische	345, 352, 419
Entwicklungspsychologie, ökologische	366
Entwicklungsrisiken	371, 376, 425, 427
Entwicklungsrückstand	72
Entwicklungsstufen des Selbst	420
Entwicklungsverläufe, pathologische	83f, 121
Entwicklungsziele	293
Enuresis	396
Episoden	197, 217
Erbeinflüsse	282, 323
Ereignis-Gedächtnis	195
Ereignis-Repräsentation	199, 202
Ereignis-Schemata	228
Ereignisbewertungen	461
Ereigniserfahrung	206
Ereigniserinnerung	452
Ereignisfolgen	221
Ereigniskerne	447
Ereignisketten	54, 400, 450, 457, 459
Ereignisrepräsentanzen	407
Ereignisse	195, 199
Ereignisse, schützende	462
Ereigniswissen	221
Erfahrung, ontogenetische	133
Erfahrung, protektive	398
Erfahrungen	25
Erfahrungen, alternative emotionale	382, 404, 458
Erfahrungen, frühe	113
Erfahrungen, korrektive emotionale	404
Erfahrungen, präverbale	272
Erfahrungen, sensomotorische	293
Erfahrungen, sinnliche	48
Erfassen	440
Erinnerung	125, 202, 206, 211, 217
Erinnerung, autobiographische	202, 206, 228
Erinnerungen von Kleinkindern	200
Erinnerungen, episodische	200, 202, 225, 228
Erinnerungen, spezifische	199
Erinnerungshilfen	198
Erinnerungsvermögen	195, 211, 220
Erklärungsmodelle, linearkausale	420, 464
Erkrankungen, geistige	159
Erkunden	309
Erkundungssystem	86
Erkundungsverhalten	87, 93, 298
Erlebnisaktivierung	408
Erlebnisse, traumatische	96
erogene Zonen	137
erstes Lebensjahr	261
Erwachsenenalter	23, 27, 42, 52, 95, 284, 348, 414
Erwachsenentherapien	392
Erwartungen	93, 121, 292
Erwartungshaltung, positive	94
Erzählform	204

Erziehungsideologien	422		Fertigkeiten, soziale	50f, 364
Erziehungskontext	140		Figur	365
Erziehungsmethoden	124		Fixierungen	136f
Erziehungsmilieu	78		Flexibilität	139, 281, 417
Erziehungspraktiken	159		Fokussierung	439
Erziehungsstil	158, 171		Follow-up-	
Erziehungsverhalten	158		Untersuchung	32f, 43, 54, 140,
Ethik, egalitäre	184			149, 237, 246, 270, 396
Ethologie	133f, 417		Formbarkeit des Kindes	121, 138
event	400, 407		Föte	377
Evokation, szenische	408		Freiraum	393
Evolution	293		Fremdbewertungen	381
Evolutionsbiologie	323		Fremdbilder	370
Evolutionstheorie	134		Fremde Situation,	
Extraversion	163		s. strange	87, 89, 90ff,
				94, 96f, 101, 103f,
				144, 149, 260, 318
F			Freunde	99, 428
facilitating environment	395, 400		Freundschaftsbeziehungen	99
Fähigkeiten	128		Frühförderung	396
Fähigkeiten, kognitive	50, 77, 126,		Frühgeborene	135, 145, 375, 426
	135, 138		Frühgeburt	130, 363, 371
Faktoren, genetische	25, 78f		Frühinterventionen	426
Faktoren, protektive	345, 350,		Frühreife	43
	356, 363, 365, 383, 388,		Führungsstile	181
	408, 424, 454, 470		Funktionen, kognitive	131, 140
Faktoren, salutogene	355		Fürsorge	71
Faktoren, sozioökonomische	373		Fürsorgeverhalten,	
Faktoren, supportive	349		zwanghaftes	102
Fallstudien	239			
Familie	52, 182, 236, 238f, 258,			
	365f, 272, 385, 394, 409, 422		**G**	
Familie, erweiterte	75		Geburt	47, 85, 123, 149,
Familie, instabile	150			285, 292, 371f, 377
Familienbeziehungen	361		Geburt, komplizierte	372
Familienbild	257		Geburtsphantasmen	137
Familieninterviews	239		Geburtstrauma	67, 76, 424
Familienrollen	419		Gedächtnis	111, 128, 195,
Familiensitzung	245			206, 223, 450
Familienstrukturen, intakte	363		Gedächtnis,	
Familienthema	240, 263		autobiographisches	199, 204
Familientherapie	174, 183, 347, 426		Gedächtnis,	
Familienumwelt	323		episodisches	195, 198, 220, 223
Fatalismus	116		Gedächtnis, generisches	199
Feedback	136		Gedächtnis, kindliches	220
Fehlanpassungen	84		Gedächtnis, semantisches	196, 200
Fehlentwicklungen	272		Gedächtnisforschung	196
Feinde, innere	395, 398, 405		Gefühl des subjektiven Selbst	317
Feinfühligkeit	88f, 97		Gefühle	85, 93, 102f, 105, 393
Fels Longitudinal Study	166		Gefühle als Kind	103
Fertigkeiten	179		Gefühle, negative	88, 93f, 100

513

Gefühle, positive	299, 325	Herzschlagmuster	135
Gefühle, selbstreferentielle	378, 381, 431	Heuristiken, klinische	424
		Hier-und-Jetzt-Konzeption	348
Gefühle, unverfälschte	105	high risk environments	352
Gefühle, verletzte	304	high-risk-research	358
Gefühlsausdruck	297	Hilfe	98
Gegenübertragung	458	Hilflosigkeit	45, 312, 326
Gegenwart	211, 216, 436, 460	Hilfs-Ich	265
Gegenwart, psychologische	469	Hirnschäden	25, 130
Gehirn	133	Hospitalisierung	382
Gehirnstrukturen	48	Hyperaktivitätsstörung	170
Gene	74, 282	Hypochondrie	101
Generationen	102, 125, 320		
Genetik	134, 163		
genetisches System	46, 125, 139	**I**	
Genotypus	121, 286	Ich	307, 311, 321, 362
Geschichten	197, 202	Ich, reifes	419
Geschlecht	113, 360, 363	Ich-Begriff	112
Geschwister	149	Ich-Bewußtsein	293
Geschwisterbeziehung	99	Ich-Du-Dialektik	308
Gesicht	292, 302	Ich-Entwicklung	301
Gesichtsmimik	389	Ich-Faktoren	278
Gespenster im Kinderzimmer	321	Ich-Funktionen	265
Gespräche zwischen Eltern und Kindern	207	Ich-Grenzen	261, 263
		Ich-Strukturen	312
Gestalten, visuelles	292	Ich-Wir-Dialoge	308
Gestaltpsychologie	348, 465	Identifikation	306, 314, 329, 378
Gestalttherapie	347	Identifikation mit dem Aggressor	314
Gesundheit	345, 347, 353, 356, 366		
Gesundheit, psychische	77	Identifizierungen	378f
Gesundheits-/Krankheitspanorama	437	Identität	315
		Identität, archaische	378
Gesundheitspsychologie	353	Identität, personale	393, 399
Gewährungsparadigma	434	Identitätserleben	369
Gewohnheiten	53	Identitätsfolien	381
Gössel	417	Identitätsgefühl	315
great depression	361	Ignorieren	100
Grenzen	250	Imitation	306
Grundbedürfnisse	116	Imprinting-Mechanismus	138
Grundschulleistungen	26	Individualisierung	85
		Individualität	282
		Indoktrination	70
H		infant psychiatry	426
Habituierung	130	Informationsverarbeitung	287
Handlungssequenzen, zeitliche	221	Inkompatibilität	171
Hauptkonflikte	240	Inkompetenz, soziale	51
Hauptschulabschluß	39	inner working model	92
Hauptursachen-Modell	115, 117	inneres Kind	404
Heim	52, 71f, 135	Integration	353, 360, 464
Heimkinder	32, 23, 37, 140, 425	Integration, emotionale	94, 103
Hermeneutik, persönliche	448	Integrative Kindertherapie	426

Integrative Therapie	345, 404, 423, 428, 435, 437, 470	Kette von Ereignissen	28, 55, 437, 444, 454, 456, 461
Integrität	356	Kette von Widrigkeiten	34
Intelligenz	126, 131	Ketten von Defiziten	462
Intelligenzleistungen	140	Ketteneffekte	46
Intelligenzquotient (IQ)	51, 72, 125, 130, 140, 168, 246, 256, 283ff	Kettenwirkungen	57
		Kibbuz	119
Intelligenztest	72, 119, 130	Kind	102, 289, 393, 395
Intentionalität	203, 212	Kind als Triebwesen	76
Interaktionen	24, 28, 32, 77, 111, 293, 316, 449, 455, 470	Kind, sicher gebundenes	88, 91f, 93ff, 98f
Interaktionserfahrungen	391	Kind-Eltern-Beziehung	464
Interaktionsforschung	150	Kinder, hospitalisierte	135
Interaktionsmuster	105	Kinder, kompetente	381
Interaktionsstile	422	Kinder, uneheliche	71
Interaktionsverhalten	104	Kinder, unsicher gebundene	91, 99
Interaktionszyklen	74	Kinder, widerständige	50
Interferenzen	468	Kindererziehung	75
internal working models	143, 390	Kinderfehler	78
Internalisierung	390, 499	Kindergarten	98, 132, 205
Interpretation	448, 459	Kindergeschichten	203
Interpretationsarbeit	222	Kinderland	431
Intervention	116, 183, 421	Kinderpsychiatrie	348
Interventionsgruppe	104	Kinderpsychotherapie	181, 401, 404, 408
Introversion	163		
Intuition	331, 392	Kindersterblichkeit	76
intuitive parenting	389, 391f, 417, 429	Kinderwelten	431
invulnerability	362	Kindesmißhandlung	114, 168, 374f, 416
		Kindheit	23, 27, 52, 76
		Kindheit, frühe	133, 277, 279, 287, 289f, 297f
J			
Jugendjahre	283	Kindheitserfahrungen	124
Jugendkriminalität	159	Kindheitserinnerungen	103, 105
Jungen	98, 360, 363, 374, 386, 399	Kindheitserlebnisse, negative	95
Jungen, aggressive	50	Kindheitstraumen	277
		Kleinkind	68, 75, 198, 418
		Kleinkindalter	83
K		Kleinkindforschung	279
Karriere	459	Klima	447
Karriereberichte	444	Ko-konstruktion	220
Karrierepanorama	401, 407, 435, 440, 443, 452, 470	Kognition	54, 116, 121, 146
		Kognitionsbegriff	378
Karrieretypiken	461	Kognitionspsychologie	224
Kastrationsangst	248	Kohärenz	94, 100, 296, 317, 356
Kastrationsdrohungen	67	Kohärenzsinn	354
Kategorien-Wissen	227	Kommotibilität	377
Kausalität	203, 212, 372	Kommunikation	135, 139, 146, 303
Kausalität, multiple	465	Kommunikation von Affekten	313
Kausalität, zeitliche	114	Kommunikation, negative	144
Kausalzusammenhänge	202, 210	Kommunikation, referentielle	148
Kernselbst	420		

Kommunikationsmuster	149
Kompensation	420
Kompensationsfähigkeit	375
Kompetenz	117, 121, 126, 137, 261, 355f, 359, 364, 375, 424, 429
Kompetenz, adaptive	137
Kompetenz, kindliche	126, 146
Kompetenz, kognitive	120, 128, 144, 147, 149, 373, 381
Kompetenz, kommunikative	377, 386
Kompetenz, motorische	383
Kompetenz, soziale	142, 320
Kompetenz, verbale	125
Kompetenz-Konzept	352
Kompetenzleistung, kulturelle	150
Komplex	113
Komplexität, soziale	370
Konflikte	272, 301
Konflikte, unbewußte	238, 422
Konfliktverhalten	89
Konfluenz	389
Konstruktion, gesellschaftliche	220, 222
Kontakt	439
Kontaktschwierigkeiten	74
Kontext	463
Kontext, dyadischer	135, 139
Kontext, kultureller	119
Kontigenzen	136
Kontinuität	23, 26f, 31, 33, 44, 46, 55, 83, 130, 287f, 297f, 310, 349, 441
Kontinuitätsparadoxon	279, 290
Kontinuitätsperspektive	128
Kontinuum	463
Kontrolle, soziale	41
Kontrollüberzeugungen	364
Konversionssymptome	101
Konzentrationsprobleme	141
Kooperationsbereitschaft, emotionale	122
Körperkontakt	89, 146, 241
Korrelation	129
Krankheit	101, 345
Krankheitsmodell	346, 349
Krankheitstheorien, subjektive	372
Kreativität	137
Krisensituation	395
Kultur	70, 118, 125, 363, 392

L

labeled environments	386
Lächeln	120
Landschaft der Handlung	204
Landschaft des Bewußtseins	203
Längsschnittuntersuchungen, s. longitudinal	23, 27, 30f, 46, 48, 56, 90, 92, 96f, 132, 146, 279, 287, 306
Langzeitbehandlung	327
Langzeitbeobachtungen	305
Langzeitfolgen	149
Laufen	301
Lautikonen	430
Lebensbedingungen	49
Lebensereignis, kritisches	467
Lebensereignisse, s. life event	104
Lebensfluß	467
Lebensgefühl	245, 438, 450
Lebensgeschichte	195, 223, 369
Lebenshilfe, praktische	451
Lebenskarriere	346, 412
Lebenskontinuum	435, 461
Lebenspanorama	398, 435
Lebensphasen	134
Lebensspanne	27, 55, 465
Lebensstandard	386
Lebensübergänge	55, 57
Lebensverlauf	345
Lebenszeit	24
Leib-Subjekt	451
Leiblichkeit	405
Leistungen, kognitive	383
Lernbehinderung	175
Lernen	139
Lernen, emotionales	434
Lernfähigkeit	138
Lernprozesse	129
Lerntheoretiker	160, 171
Libido	277, 322
Liebe	241, 245
Liebesbeziehungen	289
Liebesentzug	100
life span developmental approach	352
life event	464
Longitudinalforschung, s. Längsschnitt	159, 381, 406, 411, 417, 435, 460f, 465
Longitudinalstudie Zwillinge	387

516

Longitudinalstudien	325, 346f, 358, 360, 362, 388, 421, 423, 425	Moralsysteme		302
		Motivation, intrinsische		290
		Motivation, unbewußte		422
Lust	311	Motivationsprinzipien		290
Lust-Unlust-Kontinuum	312	Motivationsstrukturen	296, 318, 322
Lustcharakter	297	Motivationssysteme	292, 294
		Motive		85
		Muster, emotionale		296
M		Muster, kognitive		53
Mädchen	37, 45, 49, 53, 98, 201, 360, 363, 374, 380, 386	Muster, überdauernde		272
		Mutabilität		285f
Mangel	95, 469	Mutter	68, 74, 83, 88, 92, 103, 131, 209, 235, 237, 245f, 249, 264, 295, 298, 361, 363, 379, 383, 422
Mangelerfahrungen, prolongierte	414, 436, 462		
Mangelsituation	69		
maternal deprivation	23	Mutter und Kind	104, 239
maternal imprinting	417	Mütter, depressive	391
Medien, kreative	396, 406	Mütter, labile	74
Mehrfachbetreuung	75	Mutter, ungenügende	68
Mehrgenerationen-Entwicklungsstudien	289	Mutter-Kind-Beziehung	74, 86, 90, 111, 207, 210
Mehrgenerationenfamilien	75	Mutter-Kind-Interaktion	114, 236, 261, 271, 374
Memorationen	464		
Messung	120, 210	Mutter-Kind-Spiele	243
Metaphysik, neue	69	Mutterleib	135
Metapsychologie	311	Müttersterblichkeit	77
Methoden, retrospektive	84	Mutualität	265
Migration	56	Mythen, strukturierende	239
Mikroanalysen	295		
Mikrokontext, ökologischer	366		
Mikroökologien	352	**N**	
Mikroprozesse	243	Nachnährung	434
Milieu	77, 79	Nachsozialisation	414
Minderwertigkeit	399	Nähe	86
Minderwertigkeitsgefühle	379	Nähren	237
Mißhandlung	89, 96, 102, 320, 325, 380, 390, 413, 427, 442, 462	Narration	195, 202, 211, 399, 467
		Narration, ikonische	438f, 447, 450, 458
Mißtrauen	102	Narrationsfähigkeit	204
Mittelstandsfamilie	77	Narrationsprozeß	204
Modell	93ff, 99	Narrationsrahmen	218
Modell, lineares	115	Narrativ, benignes	401
Modell, psychoanalytisches	112	Narrative	216, 222
Modell, transaktionales	111, 115, 148, 374	narrative Praxis	438
		narrative truth	457
Modellvorstellungen	465	Narrative, fixierende	459
models of competence coping	349	Narrative, maligne	442
		Narzißmus	321
Monolog	201, 215, 220	Natur	139
Monologe, antizipierende	216	negative events	380
Moralentwicklung	300	Nein	314

517

Nervensystem, zentrales	129, 133, 417
Netzwerkarbeit	426
Netzwerke, soziale	350, 365, 393ff, 441, 443, 451, 456
Neubeginn	327
Neugeborene	97, 160, 371, 373
Neuinszenierungen	296
Neuorientierung	460
Neurologie	133
Neuronen	282
Neurophysiologie	163
Neurose, infantile	346
Neurose, narzißtische	346
New Yorker Langzeitstudie	160

O

Oakland-Growth-Study	360
Objekt-Begriff	407
Objektbeziehungstheorie	318
Objektrepräsentanzen	407, 449
ödipale Struktur	136
Ontogenese	84, 134, 139, 163
Ordnung	459
Organisation, innere	93
Organisation, zeitliche	292
Organismus-Umwelt-Interaktion	288
Orientierungsfähigkeit des Neugeborenen	97

P

Paradigma	350
parent guidance	173f, 181
parenting	68, 374, 376, 392, 421
Parenting-Muster	392, 428
Parkinsonsche Krankheit	48
Partnerschaft, zielkorrigierte	85, 94, 98, 105, 107
Passung	157, 174, 176, 184
Passungs-Konzept	170f, 181
Patenschaften	427
Pathogenese	345, 354, 359, 362, 406, 469
Pathogenesetheorie	361, 376, 421
Pathologie	280f
Peer-Gruppe	43, 50
Performanz	117, 355, 377, 388

Periode, sprachsensible	423
Perioden, sensible, s. Phase	416
Persönlichkeit	283, 370, 398
Persönlichkeit beider Eltern	79
Persönlichkeit, hysterische	102
Persönlichkeit, labile	74
Persönlichkeitsbildung	328
Persönlichkeitsdefizite	421
Persönlichkeitsentwicklung	101, 235
Persönlichkeitsfaktoren	78, 364
Persönlichkeitsstörungen	69
Persönlichkeitstheorie	381
Perspektive, ökologische	352, 465
Pfadanalyse	126, 130
Pfade von der Kindheit zum Erwachsenenalter	57
Pflegeperson, sensible	147
Pflegesystem	94
Phantasien	84, 105
Phase, anale	389
Phase, sensitive	144, 288, 416
Phase, orale	241
Phasenmodelle	469
Phobien	100
Planung	49
Plastizität	281
Platzangst	101
Populationsgenetik	323
Positiverfahrungen, frühe	435
potential space	395
Potential, kognitives	383
Potential, protektives	363
Prägung	51, 137, 139, 417
Prägung, primäre	417
Prävention	57, 116, 172
Primärqualität	439
Problembewältigung	52
Probleme	45, 202, 216
Probleme, antisoziale	31, 45
Problemfamilien	408
Problemlösesituationen	98
Problemverhalten	41
Prognosen	126
Programm, genetisches	417
Progression	55
Progressionen, maligne	369
Projektion	264, 436
Propädeutik, therapeutische	437
Prosodik	430
Prospektionen	436

prospektive Studien	373
protection	347, 367, 409
protective events	440
protective factor	431
Protestverhalten	118, 149
Proto-Narrationen	203, 211
Prozesse	470
Prozesse, nichtlineare	114
Prozesse, protektive	366, 371, 376
Prozesse, therapeutische	100, 104, 106
Psychiatrie	395
Psychoanalyse	51, 83, 112, 136, 157, 278, 300, 307, 310, 326f, 332, 345, 421, 434
Psychoanalyse der Frühkindheit	69
Psychoanalytiker	160
Psychodrama	398
Psychologie der Mutter	237
Psychologie, humanistische	347, 353
Psychopathologie	30, 47, 51, 100, 106, 170f, 238, 321, 345
Psychopathologiemodell	319
Psychose	69, 346
Psychosen, affektive	283
Psychosomatose	346, 402
Psychotherapie	100, 103, 106, 111, 317, 356, 423
Psychotherapie, systemische	465
psychotoxisch	68
Pubertät	25, 43, 49, 414
Puffer	410
Puppe	205, 396

Q

Qualität	400
Qualität der Bindung	89

R

R.I.G.s	390
Reaktionsbereitschaft, gleichschwebende	329
Reaktionsbereitschaft, mütterliche	118
Realität, visuelle	295
Regeln	301
Regeln sozialer Interaktion	303

Regensburger Längsschnittstudien	92
Regression	242, 261
Regressionen, benigne	434
Regulatoren-Gene	134
Reife	131, 278
Reifemuster	134
Reifungsprozeß	116, 135, 248
Reiz	300
Reorganisation, neurologische	415
Repräsentanz	395, 401, 405f
Repräsentation	197, 221, 405
Repräsentation, innere	92
Repräsentation, soziale	355, 372
Repräsentation, symbolische	254
représentations sociales	413
resilience	98f, 349, 358, 363
resistance	362
Resonanzphänomene, nicht-lineare	461, 468
Ressourcen	349, 370, 376
Risiko	23, 31, 33, 36, 41, 44, 50, 89
Risiko, soziales	140
Risikofaktoren	27, 100, 166, 172, 345, 354f, 361, 366, 378, 387, 390, 409, 413, 415f, 419, 424, 429, 436, 461
Risikofaktoren, genetische	45
Risikofaktoren, psychosoziale	72
Risikokinder	357, 363, 374f, 383, 425
Risikopopulationen	357
Risikosituation	239
risk factors	461
Robustheit	115, 358, 362, 375
Rollentausch	101, 441
Rollenumkehr	92, 94

S

Salutogenese	354, 359, 362, 406, 410, 469
Salutogeneseforschung	404
Sauberkeitserziehung	178, 243, 314
Säugling	68, 129, 138, 158, 264, 290, 389
Säugling, empfindlicher	114
Säugling, kompetenter	376
Säugling, unverwüstlicher	376
Säugling, verletzlicher	75

Säugling-mit-Mutter	289	Script-Wissen	224
Säuglinge, schwierige	118	Sekundärqualität	439
Säuglingsalter	74	Selbst	264, 268, 296,
Säuglingsperiode	71		315f, 322, 451
Säuglingstemperament	121	Selbst, affektives	317
Säuglingsverhalten	119	Selbst, falsches	319
Säuglingszeit	133	Selbst, subjektives	420
Schädigung, frühe	372, 435	Selbst, verbales	317
Schädigungen	381, 425	Selbst-Psychologie	308
Scham	304	Selbstachtung	53
Scheidung	71, 149, 427	Selbstbestimmung	282
Scheidungskinder	70	Selbstbewertung	381
Schemata	314, 382	Selbstbewußtheit	131f, 136, 143
Schemata, emotionale	378	Selbstbewußtsein	379
Schemata, kognitive	381	Selbstbild	80, 380f, 398
Schemata, somato-motorische	378	Selbsteffizienz	53, 123, 136
Schizophrenie	26, 47, 68, 283, 350	Selbsteinschätzungen, positive	364
Schlaf-Wach-Rhythmen	119, 162, 169, 177, 180, 293, 300	Selbsterkenntnis	333
Schlafstörungen	172	Selbstgefühl	316, 378
Schmerz	419	Selbstgespräche	200, 206, 229
Schüchternheit	42	Selbstgewißheit	378
Schulabbrüche	43	Selbsthilfe	428
Schulabschluß	34	Selbstkonzept	131, 378f
Schulbildung	33	Selbstkonzepte, positive	363
Schuldgefühle	101, 269	Selbstmord	101
Schule	37, 393, 399, 404	Selbstobjektbild	266
Schulenverhaftetheit	421	Selbstregulation	261, 265
Schulerfolg	168	Selbstrepräsentanzen	370
Schulphobien	101	Selbststeuerung	270, 295, 316, 323
Schutz	86, 368, 394	Selbstvertrauen	42, 101, 123, 147, 364
schützende Insel-Erfahrungen	395, 400, 406, 427	Selbstverwirklichung	353
		Selbstwert	53
Schutzfaktoren, s. Faktoren, protektive	28, 99, 349, 354, 391, 411, 436, 456	Selbstwertgefühl	245, 378, 391, 399, 403, 431
		selective attachment	390
		Senium	420
		sense of coherence, s. Kohärenz	370
Schutzfaktoren, internale	399	Sensibilität	122, 125, 144, 148, 328, 414, 423
Schutzfunktion	42, 53		
Schutzpersonen	401	Sensibilität, elterliche	121
Schwangerschaft	47ff	Sensibilität, emotionale	327
Schweigen	331	sensitive caregiving	378, 392, 418, 429, 430
Schwellenwert	116		
Scoop-Ansatz	132f, 375	Sensitivitätsphase	133
Script	197, 202, 204, 216, 407, 442	Sensumotorik	383
		SES	129, 388, 409, 442
Script-Gedächtnis	198	Sexualität	136
Script-Modell	197	Sicherheit	87, 90, 271, 318, 393
Script-Produktionen	206	Signale	86, 89, 103, 311
Script-Repräsentation	219		

Signale, emotionale	298, 303, 309	stressful life events	350, 384, 414, 418
significant caring adults	388f, 400f, 403, 407, 428, 441f	Stressoren	117, 355, 357f
Sinn	205, 440, 449	Streß	48, 54, 91, 123, 174, 235, 361
social support research	365		
Solitärwellen	467	Streß, sozialer	33
Sozialgerontologie	395	Streß, zeitextendierter	374
Sozialisation	119	Streßresistenz	358
Sozialisationserfahrungen, maligne	434	Streßsituationen	410
		Subjektrepräsentanzen in Interaktion	407
Sozialisationsprozesse	423		
Sozialisationsstrategie	124	Support	363, 380, 394
Sozialpsychologie	308, 349	support figure	395
Sozialverhalten	167	Supportleistungen	370
Sozialverhalten im Kindergarten	98	Supportsysteme	428
Soziogramm	72	Survivors	358, 367
Soziotherapie	365	Symbiose	242f, 265, 389
Spiegeln	321	Symbole	317
Spiel	147, 298, 393, 395	Symbolisierung	437, 440
Spiel, dramatisches	197	Symptome, neurotische	100
Spiel, kindliches	406	Symptome, psychosomatische	101
Sprachentwicklung	135, 321, 430		
Spracherwerb	128, 136f, 145	Symptomhäufigkeit	73
Sprachvermögen	236	Synopse	439
Sprachverwirrungen	431	Systemansatz, dynamischer	115
Sprechen	207, 211	Systeme, sensomotorische	292
Sprechmuster	270	Szenen	203, 407, 447, 451
Stabilität	71, 91f, 96, 102, 280		
Status, beruflicher	40	**T**	
Status, sozioökonomischer	375, 387	Techniken, therapeutische	106
Stereotypien	72, 89, 146	Teddybär	135, 457
Stil, kognitiver	210, 212, 382	Teenager	49f
Stil, kommunikativer	459	Teilnahmslosigkeit	124
Stil, narrativer	213	Temperament	77, 118, 126, 149, 160f, 163, 177, 183, 260, 285, 322, 384, 413
Stile, sensumotorische	382		
Stimmungen	312, 436, 439, 447		
Stimulation, emotionale	116		
Stimulation, mütterliche	145	Temperament, schwieriges	115, 119, 169, 385
Stimulierung	116, 130, 135		
Störung, frühe	68, 346, 376, 434	Temperament-Umwelt-Dissonanzen	176
Störungen	31, 52, 166f, 172, 283, 436		
		Temperamentfaktoren	360
Störungen, bipolare affektive	26	Temperamentforschung	157f, 180, 349, 384
Störungen, emotionale	31		
Störungen, psychiatrische	47, 51, 283	Temperamentmerkmale	179
Störungen, psychische	55, 68, 169, 182	Temperamentprofil	172, 181
		Temperamentseigenschaften	78, 118, 179
Story	202		
strange situation	144, 148, 266	Temporalität	203
Strategie der Vermeidung	94	Tennis-Metapher	117
Streit, elterlicher	71	Tertiärqualität	439

Theorie	278	Umbewertungen	448, 451
Theoriebildung	278, 311	Umgebung	54
Theorien, subjektive	444	Umgebungstypen	56
Therapeuten	104f, 372, 405, 460	Umstimmung	451
Therapeutische Wohngemeinschaft	393	Umwelt	169, 172, 178, 182, 286, 375
Therapie	103	Umwelt, bergende	261
Tiefenpsychologie	371	Umwelt, fördernde	355, 406
Tiefung	439	Umwelt, haltende	331
Tierkind	138	Umwelt-Interaktion	332
Tod	56, 71, 101	Umweltanforderungen	384
Tod des Partners	100	Umwelteinflüsse	78, 115, 184, 323
Tonband-Modell	111, 143,	Umweltresistenz	67, 79
Transaktionen	24, 288	Unbewußtes	437
Transaktionseffekte	117	Unflexibilität, mütterliche	123
Trauer	52, 90, 102, 106, 419	unification	459
Trauer, unverarbeitete	94, 96	Unlust	311
Traum	113	Unreife	138
Trauma	279, 345, 440, 442, 455, 468	Unterschichtspatienten	411
		Unterstützung	36, 120, 130
Trauma, sexuelles	67	Unterstützungssysteme, soziale	29
Trauma, unverarbeitetes	96	Unverwundbarkeit	368
Traumatheorie	112	Urangst	372
Traumerzählungen	69	Urszene	67
Trennung	48, 67, 70, 78, 85, 88, 90f, 92f, 95, 100, 102, 105, 251, 258, 261, 418, 456	Urtrauma	67
		V	
Trennungsängste	248	Valenz, supportive	350, 365
Trennungserfahrungen	25	Validität	148
Trennungsschmerz	90	Valuation	378, 380, 395
Trennungstrauma	68	Väter	77, 214f, 240, 245, 249, 271, 361, 363
Triade, orale	264		
Triebe	157, 261, 277	Vater-Mutter-Interaktion	361
Triebreduktion	290	Veränderungen	280
Triebverzicht	76	Verdrängungen	277
Trost	93	Vererbung	282, 292
Tröstungsreaktionen	302	Verfügbarkeit der Mutter	93
Trotzreaktionen	172	Verfügbarkeit, emotionale	317, 325, 330
truth	458	Verführung	67
Tsunamis	468f	Vergangenheit	56, 201, 204ff, 220, 436
		Verhalten	56
U		Verhalten der Eltern	79
Über-Ich	268, 406	Verhalten, antisoziales	50, 142
Über-Ich, malignes	405	Verhalten, kindliches	157
Über-Ich-Bänke	407f, 448	Verhalten, prosoziales	301
Über-Ich-Entwicklung	314	Verhaltensanpassung	120
Überforderung	361, 441, 456	Verhaltensauffälligkeiten	41, 98
Übergänge	27	Verhaltensbereitschaften	178
Übertragung	330, 458	Verhaltensforschung	51, 84

Verhaltensgenetik	182
Verhaltenskontinuitäten	131
Verhaltensmuster	111, 182
Verhaltensprobleme	30, 34
Verhaltensrepertoire	85, 134, 279, 404
Verhaltensschwierigkeiten	114
Verhaltensstabilitäten	361
Verhaltensstil	160, 382, 385
Verhaltensstörungen	31, 50, 158, 167, 394, 396
Verhaltensstrategie	91
Verhaltenssynchronizität	295
Verhaltenstherapie	70
Verhaltensvariabilität	281
Verinnerlichung	300, 303, 314
Verlaufsgestalt	465
Verletzlichkeit	425
Verleugnung	267
Verlust	95, 102, 106
Verlusterfahrung	419
Vermeidung	89, 95, 104
Vernachlässigung	89, 113, 380, 416
Verstärkungen, negative	171
Verstehen	218, 440
Vertrauen	93, 263, 370
Vertrautheit, primäre	415
Verunsicherung	86, 94, 107
Verzichtsparadigma	434
Viationen	350
Vokalisation	236, 244
Vorstellungsmodell von sich	99
Vorurteile	183
Vulnerabilität	79f, 136, 356, 359f, 413ff, 417

W

Wachstum	271, 348
Wahrnehmung	118, 121
Wahrnehmungen, subjektive	122
Wechselseitigkeit	302
Wechselwirkungen	456
Weg der Heilung	450
Welt, interpersonale	316
Weltbild des Kindes	85
Wendepunkte	44
Wertlosigkeit	366
Widerstandsfähigkeit	80, 113, 145, 349, 358, 362
Wiederannäherungsphase	143

Wiederholungen	322
Wiedervereinigung	91
Wir-Gefühl	305, 307f, 315, 317, 324, 328
Wir-Psychologie	308
Wohlbefinden	304, 353
Wunsch nach Nähe	100
Wut	320
Wut, narzißtische	268
Wutanfälle	40

Z

Zeichnung, projektive	248
Zeit	212
Zeitperspektive	465
Ziele	24, 85, 100, 197, 202f
Zivilisationskritik	76
Zukunft	214, 216, 219, 469
Zukunftsentwürfe	459
Zukunftsperspektive	460
Zurückweisung	88, 90, 94f, 100f
Zusammenspiel	117
Zuwendung, affektive	116
Zweigenerationenfamilie	75
zweites Lebensjahr	122, 124, 126, 131, 133, 136, 142, 148, 261, 302, 375, 377, 418, 429
Zwillings- und Adoptionsstudien	80
Zwillingsuntersuchungen	284

523

Gabriele Ramin

Inzest und sexueller Mißbrauch

Es kommen erstmals Vertreter verschiedener Therapieansätze und Berater anderer Institutionen zu Wort, die sich den mißbrauchten Kindern und Erwachsenen zuwenden.

504 S.; DM 49,80

Virginia Satir, Paula Englander-Golden

Sei direkt

Dieses Buch handelt von dem Sinn, den man an die Stelle des *Un*sinns in Beziehungen setzen kann.

327 S.; DM 44,–

Konrad Stauss

Neue Konzepte zum Borderline-Syndrom

Das Buch zeigt Wege auf, wie das Borderline-Syndrom effektiv stationär behandelt werden kann.

223 S.; DM 38,–

Hilarion Petzold

Integrative Therapie

„Dieser Ansatz ist Ausdruck eines neuen Denkens in der Psychotherapie: einer integrativen, schulenübergreifenden Theorie und Praxis."
– Prof. Dr. Hans Strotzka

3 Bde.; 1552 S.; DM 149,–

Connirae & Steve Andreas

Mit Herz und Verstand

In diesem Buch geht es um Probleme wie Mißbrauch, Scham, Schuld, Gewichtsprobleme, Trauer, Umgang mit Kritik, Lampenfieber etc.

453 S.; DM 44,–

Ida Rolf

Rolfing im Überblick

„Rolfing war ein aufschlußreiches und unvergeßliches Erlebnis für mich."
– Moshe Feldenkrais

212 S.; DM 34,80

Marcel Zentner

Die Wiederentdeckung des Temperaments

„Eine bedeutende, wenn nicht revolutionierende neue Richtung klinisch relevanter Entwicklungspsychologie."
– Prof. Dr. H. Petzold

293 S.; DM 48,–

Thomas Hanna

Das Geheimnis gesunder Bewegung

Hanna beschäftigt sich in seinem Hauptwerk vor allem mit der Praxis Funktionaler Integration, die von Moshe Feldenkrais entwickelt wurde.

188 S.; DM 29,80

Fordern Sie unsere kostenlosen Prospekte an! (Postfach 18 40, D-33048 Paderborn – Tel.: 0 52 51 / 3 40 34)

JUNFERMANN VERLAG